DE LA RÉUNION DES OFFICIERS

MANUEL

DES CANDIDATS AUX GRADES D'OFFICIER

DE

L'ARMÉE TERRITORIALE

D'APRÈS LE PROGRAMME OFFICIEL D'EXAMEN

Du 26 Juin 1874

CAVALERIE

PAR

DE CHALENDAR

Capitaine adjudant-major au 9e hussards

A. DE LA VILLATTE

Capitaine au 76e régiment d'Infanterie

JEANNEL

Lieutenant au 20e d'artillerie

DALLY

Capitaine au 102e d'infanterie

MARTNER

Capitaine d'État-Major

PARIS

LIBRAIRIE DE FIRMIN-DIDOT FRÈRES, FILS ET Cie

IMPRIMEURS DE L'INSTITUT, RUE JACOB, 56

1874

MANUEL

DES CANDIDATS AUX GRADES D'OFFICIER

DE

L'ARMÉE TERRITORIALE.

Paris. — Typ. de Firmin-Didot frères, fils et Cie, rue Jacob, 56.

PUBLICATION DE LA RÉUNION DES OFFICIERS

MANUEL

DES CANDIDATS AUX GRADES D'OFFICIER

DE

L'ARMÉE TERRITORIALE

D'APRÈS LE PROGRAMME OFFICIEL D'EXAMEN

Du 26 Juin 1874

CAVALERIE

PAR

DE CHALENDAR
Capitaine adjudant-major au 9e hussards

A. DE LA VILLATTE
Capitaine au 76e régiment d'infanterie

JEANNEL
Lieutenant au 26e d'artillerie

DALLY
Capitaine au 102e d'infanterie

MARTNER
Capitaine d'État-Major

PARIS
LIBRAIRIE DE FIRMIN-DIDOT FRÈRES, FILS ET Cie
IMPRIMEURS DE L'INSTITUT, RUE JACOB, 56
1874

PRÉFACE.

Le manuel que nous présentons aujourd'hui à nos futurs camarades de l'armée territoriale a pour objet de grouper les connaissances techniques indispensables, afin d'aider les aspirants aux grades d'officier à préparer leurs examens.

On y trouvera la réponse à toutes les parties du programme ministériel du 26 juin 1874. Nous n'avons fait d'exception que pour les règlements de manœuvres; car, bien que le programme n'en demande que certaines parties, chaque officier voudra les connaître en entier. Il n'en est pas de même des extraits des ordonnances sur les services intérieur, des places et en campagne; ils peuvent suffire pour une première étude; néanmoins on leur a conservé les numéros officiels des chapitres et des paragraphes dans le but de faciliter les recherches.

Quant aux connaissances techniques, on s'est

efforcé de les présenter de la façon la plus simple et la plus pratique.

Ce travail était préparé, et une partie du volume déjà tirée, lorsqu'au dernier moment le programme a subi diverses modifications. Pour ne pas retarder la publication de cet ouvrage, nous avons réuni, dans un Supplément, les quelques articles des règlements et des connaissances techniques ajoutés au programme.

Afin d'éviter tout embarras, le lecteur devra donc consulter le programme que nous reproduisons ci-après, page XI ; il y trouvera, soigneusement notés, les renvois au volume ou au Supplément, et l'indication des pages où se trouvent les matières.

De C.

CIRCULAIRE MINISTÉRIELLE

RELATIVE

AUX EXAMENS DE L'ARMÉE TERRITORIALE.

(*Envoi des programmes d'examen des candidats aux emplois de sous-lieutenant auxiliaire dans la réserve de l'armée active et d'officier dans l'armée territoriale. — Transmission des demandes d'emploi.*)

MON CHER GÉNÉRAL,

Aux termes du premier paragraphe de l'article 11 de la loi du 24 juillet 1873, les officiers de la garde nationale mobile, assujettis par leur âge à servir dans la réserve de l'armée active, peuvent transitoirement, et à la condition de satisfaire à un examen déterminé par le ministre de la guerre, recevoir un brevet de sous-lieutenant au titre auxiliaire de ladite réserve.

D'après le second paragraphe du même article, les officiers, sous-officiers et soldats de la garde nationale mobile et des corps mobilisés qui, en raison de leur âge, ne sont pas classés dans la réserve, peuvent, aux mêmes conditions, être admis dans les cadres de l'armée territoriale.

Enfin l'article 31 de la même loi dispose que les anciens sous-officiers de la réserve pourront, après avoir subi un examen, être promus au grade de sous-lieutenant dans l'armée territoriale au moment où ils passent dans ladite armée, conformément à la loi du 27 juillet 1872.

D'après ces principes, et en attendant la loi spéciale

qui doit déterminer la composition des cadres de l'armée territoriale, il y a lieu de s'occuper, dès à présent, de former des listes de candidatures qui serviront à constituer ces cadres, ainsi qu'à pourvoir aux emplois d'officiers auxiliaires, selon les prescriptions de la loi de 1873 précitée.

J'ai donc fait établir le programme des connaissances exigées des candidats aux divers grades de sous-lieutenant à titre auxiliaire dans la réserve de l'armée active, et de sous-lieutenant, de lieutenant et de capitaine dans l'armée territoriale.

Quant aux candidats aux grades d'officier supérieur, ils n'auront pas à subir un examen proprement dit, comme les candidats aux autres grades.

Les fonctions de chef de bataillon ou de chef d'escadron, et, *à fortiori*, celles de chef de corps, exigeront, de la part de ceux qui seront appelés à les remplir, de sérieux antécédents militaires.

Les choix devront donc porter à peu près exclusivement, soit sur d'anciens officiers de l'armée active, dispensés en principe de tous examens, soit sur d'anciens officiers de l'armée auxiliaire.

Les commissions n'auront pas à faire passer à ces derniers un examen formel; elles émettront seulement un avis sur chacun d'eux, d'après les renseignements recueillis par leur président sur leur aptitude physique, leurs connaissances militaires et leur conduite pendant la guerre. Ces avis vous seront transmis avec les résultats des examens, et vous aurez à les compléter par vos appréciations personnelles.

Les programmes d'examen, dont je vous adresse ci-joint des exemplaires, vont être publiés au *Journal officiel*, au *Journal militaire officiel* et dans le *Recueil des actes administratifs des départements*. Ils serviront de base aux épreuves que les candidats des diverses catégories auront à subir.

A cet effet, j'ai décidé, le 2 juillet courant, qu'il sera constitué en temps utile, dans les gouvernements de Paris et de Lyon et dans chaque région territoriale, le nombre nécessaire de commissions d'examen, qui siégeront dans des centres de subdivision distincts, au choix du général commandant le corps d'armée, et seront composées de :

Un général de brigade, président;

Un officier supérieur de chacune des armes de l'infanterie, de la cavalerie et de l'artillerie ;

Un sous-intendant militaire.

Le nombre de commissions à instituer dans chaque région devra être calculé de manière à ce que chacune d'elles ait à examiner environ cent candidats.

Les épreuves théoriques et pratiques indiquées par les programmes ne commenceront que le 15 octobre prochain; mais les commissions devront être constituées par vos soins un mois à l'avance, afin qu'elles puissent régler l'ordre de leurs travaux, étudier les dossiers des candidats dont le nombre sera alors approximativement connu, et adresser à ceux-ci les convocations nécessaires.

Les résultats partiels et généraux des diverses épreuves seront constatés, pour chaque candidat, par des cotes numériques variant de 0 à 20, et la moyenne générale qui décidera du degré d'aptitude sera représentée par les bases d'appréciation ci-après :

De 0 à 3. . . . . *mal.*
De 4 à 8. . . . . *passable.*
De 9 à 15. . . . . *bien.*
De 16 à 20. . . . . *très-bien.*

Ceux qui auront obtenu les mots *bien* et *très-bien* seront seuls classés comme admissibles.

Vous recevrez prochainement des formules imprimées sur lesquelles vous aurez à consigner vos notes sur tous les aspirants, et des modèles de mémoires de proposition pour les admissibles.

Afin de faciliter dès aujourd'hui votre tâche, je vous renvoie, pour être jointes à celles que vous auriez déjà recueillies directement, ou que vous aurez à provoquer au besoin, les demandes d'emplois de toute nature qui me sont parvenues jusqu'à ce jour. Cet envoi est accompagné d'un bordereau nominatif que je vous prie de me retourner revêtu de l'accusé de réception.

Rien ne vous oblige d'ailleurs à admettre aux épreuves les auteurs de ces demandes, s'ils ne vous semblent pas, d'après les informations minutieuses que je vous recommande instamment de recueillir par tous les moyens possibles, réunir à un degré suffisant les conditions de moralité nécessaires pour exercer convenablement les fonctions du grade qu'ils sollicitent; mais vous auriez à me signaler les exclusions que vous auriez prononcées.

En ce qui regarde les demandes d'emplois formées par des officiers démissionnaires, j'ai décidé que les candidats de cette catégorie seront dispensés des examens lorsqu'ils justifieront avoir servi pendant deux ans comme officiers dans l'armée active; mais vous n'en devrez pas moins vous enquérir soigneusement de leurs antécédents et de leur honorabilité.

Je vous prie de vouloir bien me rendre compte, le 15 septembre prochain, des dispositions que vous aurez prises, en ce qui vous concerne, pour l'exécution des prescriptions qui précèdent.

Recevez, etc.

Le vice-président du conseil,

Ministre de la guerre,

Signé : Général E. DE CISSEY.

PROGRAMME

DES

CONNAISSANCES EXIGÉES DES CANDIDATS

AU GRADE DE SOUS-LIEUTENANT
A TITRE AUXILIAIRE

DANS LA RÉSERVE DE L'ARMÉE ACTIVE

(LOI DU 24 JUILLET 1873, ART. 41)

ET DES CANDIDATS

AUX GRADES DE SOUS-LIEUTENANT OU LIEUTENANT ET DE CAPITAINE

DANS L'ARMÉE TERRITORIALE

(ART. 31 ET 41 DE LA LOI.)

PREMIÈRE PARTIE.

CONNAISSANCES GÉNÉRALES PROFESSIONNELLES.

RÈGLEMENT SUR LE SERVICE DES PLACES.

(Décret du 13 octobre 1863.)

RÈGLEMENT SUR LE SERVICE EN CAMPAGNE.

(Ordonnance du 3 mai 1832.)

FORTIFICATION.

TOPOGRAPHIE.

ARTILLERIE.

ADMINISTRATION ET LÉGISLATION.

DEUXIÈME PARTIE.

PROGRAMME

Des connaissances spéciales exigées des candidats aux emplois de Sous-Lieutenant à titre auxiliaire dans la réserve de l'armée active, et aux emplois de Sous-Lieutenant ou Lieutenant et de Capitaine dans l'armée territoriale, selon l'arme à laquelle ces candidats se destinent, en sus des connaissances énumérées dans la première partie.

Règlement du 5 *mars* 1872.

	Pages. Manuel.	Supplément.
Hygiène du cheval, comprenant des notions générales sur l'âge, les robes, les tares, la ferrure, la nourriture, les maladies les plus fréquentes, les soins à donner en station, en route, en campagne.	369	
Savoir monter à cheval.	Voir préface.	
Commander sur le terrain l'école du cavalier et l'école du peloton sans détailler.		
Remplir les fonctions de chef de peloton à l'école d'escadron.		

Ordonnance du 2 novembre 1833.

I.	VI. Adjudants-majors.		555
II.	XXVII. Réception des officiers, sous-officiers et brigadiers.		577
—	XXXV. Revues.		593
—	XL. Conseils de discipline.		605
—	XLI. Assiette du logement; casernement. .		607
—	XLII. Tables.		611

Règlement du 5 mars 1872.

I. En entier.
IV. École de l'escadron à cheval.
Voir préface.

MANUEL

DE

L'ARMÉE TERRITORIALE

(CAVALERIE).

SERVICE INTÉRIEUR.

RÈGLEMENT DU 2 NOVEMBRE 1833.

Principes généraux de la subordination.

La discipline faisant la force principale des armées, il importe que tout supérieur obtienne de ses subordonnés une obéissance entière et une soumission de tous les instants; que les ordres soient exécutés littéralement, sans hésitation ni murmure : l'autorité qui les donne en est responsable, et la réclamation n'est permise à l'inférieur que lorsqu'il a obéi.

Si l'intérêt du service veut que la discipline soit ferme, il veut en même temps qu'elle soit paternelle : toute rigueur qui n'est pas de nécessité; toute punition qui n'est pas déterminée par le règlement, ou que ferait prononcer un sentiment autre que celui du devoir; tout acte, tout geste, tout propos outrageant d'un supérieur envers un subordonné, sont sévèrement interdits. Les membres de la hiérarchie militaire, à quelque degré qu'ils y soient placés, doivent traiter leurs inférieurs avec bonté, être pour eux des guides bienveillants, leur porter tout l'intérêt et avoir envers eux tous les égards dus à des hommes dont la valeur et le dévouement procurent leurs succès et préparent leur gloire.

La subordination doit avoir lieu rigoureusement de grade à grade; l'exacte observation des règles qui la garantissent, en écartant l'arbitraire, doit maintenir chacun dans ses droits comme dans ses devoirs.

Le cavalier doit obéir au brigadier, le brigadier au fourrier et au maréchal des logis, le fourrier et le maréchal des logis chef à l'adjudant, l'adjudant au sous-lieutenant, le sous-lieutenant au lieutenant en second, le lieutenant en second au lieutenant en premier, le lieutenant en premier à l'adjudant-major et au capitaine en second, le capitaine en second au capitaine-commandant, l'adjudant-major et le capitaine-commandant au major et au chef d'escadrons, le major et le chef d'escadrons au lieutenant-colonel, le lieutenant-colonel au colonel, le colonel au général de brigade, le général de brigade au général de division, le général de division au général de division commandant en chef et au maréchal de France.

Indépendamment de cette subordination au grade, la discipline exige, à grade égal, la subordination à l'ancienneté, en tout ce qui concerne le service général et l'ordre public. Ainsi plusieurs militaires du même grade, de service ensemble, qu'ils soient ou non du même corps et de même arme, doivent obéissance au plus ancien d'entre eux, comme s'il leur était supérieur en grade.

Même hors du service, les supérieurs ont droit à la déférence et au respect de leurs subordonnés.

Le chef de l'État charge particulièrement les officiers généraux de s'assurer, par une surveillance ferme et constante, de la stricte exécution de ces dispositions dans les corps sous leurs ordres, et, tout en maintenant l'émulation entre les différents corps et les différentes armes, d'apporter l'attention la plus scrupuleuse à ce que rien n'altère la bonne harmonie et la mutuelle confiance qui leur sont indispensables.

Capitaine-commandant.

Devoirs généraux.

80. Les premiers soins du capitaine-commandant doivent être d'inspirer aux militaires de son escadron du zèle et de l'amour pour le service; de leur rendre facile la pratique de leurs devoirs par ses conseils, par l'usage équitable de son autorité et par une constante sollicitude pour leur bien-être. Il est l'intermédiaire indispensable de leurs demandes. Il doit s'attacher à connaître le caractère et l'intelligence de chacun d'eux pour les traiter, en toute circonstance, avec une justice éclairée. Il réprime au besoin la familiarité et la brusquerie de ses subordonnés envers les cavaliers, qu'on ne doit jamais tutoyer, injurier ni maltraiter.

Il visite chaque jour son escadron. Il peut se faire suppléer ou seconder à cet égard par le capitaine en second.

Il est chargé, sous les ordres des chefs d'escadrons, de l'instruction de la première et de la deuxième classe:

Responsabilité.

81. Le capitaine-commandant est responsable de la police, de la discipline et de la tenue de son escadron. Il l'est également des parties de l'instruction qui doivent être enseignées dans les chambres et aux écuries, telles que les règles de discipline, de tenue et de service intérieur; les dispositions du Code pénal, surtout celles relatives à la désertion; le service des cavaliers de garde dans les places et en campagne; le soin des armes et des effets d'habillement, d'équipement et de harnachement, le paquetage, le pansage des chevaux, la manière de seller, desseller, brider, débrider, etc.

Il est responsable de la bonne administration de son escadron. Il est responsable des fonds, effets et fournitures quelconques, dont il donne quittance, et des distributions de toute nature effectuées d'après les situations qu'il a certifiées; cette responsabilité s'étend à tous les détails relatifs à la perception, à la distribution et à l'emploi des diverses prestations en argent et en nature, et plus particulièrement à la masse individuelle; cette masse doit être l'objet de la sollicitude continuelle du capitaine-commandant. Il doit exiger que les officiers de peloton et le maréchal des logis chef remplissent rigoureusement leurs devoirs à cet égard; il visite lui-même fréquemment le livret et le porte-manteau des cavaliers, de manière à ce qu'il puisse toujours répondre aux questions de son che d'escadrons sur la situation de la masse de tout sous-officier, brigadier ou cavalier de son escadron. Il juge directement, sauf le recours des parties intéressées au major et au conseil, le prix des réparations aux effets et aux armes.

Il est autorisé à suspendre, avec l'approbation du major, la réparation des effets de la deuxième catégorie, et des armes laissées par les hommes qui entrent dans une position d'absence, lorsqu'il reconnaît que ces effets ou armes sont encore susceptibles de faire un bon service entre les mains de ces hommes à leur retour au corps.

Il assiste aux distributions d'effets d'habillement, d'équipement, de harnachement et d'armement faites à son escadron; en cas d'empêchement, il est remplacé par un officier de l'escadron; il se fait alors présenter les hommes avec les effets qu'ils ont reçus.

Il fait marquer les effets au numéro matricule de chaque homme.

Formation de l'escadron.

82. Chaque escadron est partagé, pour les détails et le service journalier et intérieur, en pelotons, sections et escouades.

Les pelotons restent, pour l'ordre de bataille, composés des mêmes sous-officiers, brigadiers et cavaliers.

Les brigadiers et les cavaliers sont répartis de manière que chaque peloton ait à peu près un nombre égal d'anciens et de nouveaux cavaliers.

Le capitaine-commandant veille à ce que les pelotons soient également partagés pour l'espèce, la taille et la qualité des chevaux.

Les pelotons sont divisés en deux sections et quatre escouades; le contrôle général reste dans cette formation pour les chambres, les ordinaires, les évolutions, les marches, etc.

Ce contrôle est le seul en usage pour commander le

service, tant à pied qu'à cheval, et pour tous les rassemblements armés et non armés, afin que les officiers et les sous-officiers aient les mêmes subordonnés à commander dans toutes les situations.

On a soin de répartir les recrues et les remontes de manière à maintenir l'ordre ci-dessus prescrit.

Prêt.

83. Le capitaine-commandant signe la feuille de prêt, après l'avoir vérifiée et avoir pris note de la somme à recevoir chez le trésorier. A l'heure indiquée, le maréchal des logis chef va en toucher le montant; il le remet au capitaine immédiatement après.

Le prêt se divise en deux parties : la première est destinée aux dépenses *de l'ordinaire;* la seconde est payée, comme *centimes de poche,* aux hommes qui vivent à l'ordinaire.

Chaque brigadier ou cavalier doit verser à l'ordinaire dix-huit centimes par jour avec les vivres de campagne, trente-huit centimes avec le pain en garnison, et quarante-huit centimes avec le pain en marche. Lorsque, dans quelques localités, le prix des comestibles sort des proportions communes, le colonel peut, avec l'approbation du maréchal de camp, faire verser temporairement à l'ordinaire une plus forte partie du prêt. *Il en est donné avis au sous-intendant militaire, pour le mettre à même d'opérer ses vérifications.* Dans aucun cas, le cavalier ne peut recevoir moins de cinq centimes de poche.

Le capitaine charge le maréchal des logis de distribuer chaque jour, aux brigadiers d'ordinaire, l'argent nécessaire pour les dépenses du lendemain.

Il ne remet à ce sous-officier, et celui-ci ne paye que

le premier jour du prêt suivant, la solde des sous-officiers, celle des hommes qui ne vivent pas à l'ordinaire, celle des enfants de troupe, les centimes de poche et les hautes-payes.

Il veille à ce qu'il ne soit fait sur l'argent de poche d'autre retenue que celle qui est prescrite pour les hommes punis de la prison ou du cachot.

Les centimes de poche des hommes qui sont irrégulièrement absents le dernier jour du prêt sont versés à l'ordinaire.

Les hommes qui s'absentent avec permission sont payés des centimes de poche et des hautes-payes jusqu'au jour de leur départ exclusivement.

Ordinaires.

84. Le capitaine-commandant désigne alternativement, pour tenir les ordinaires, les brigadiers les plus aptes à cette fonction.

Il s'assure fréquemment par lui-même que les comestibles sont de bonne qualité et en quantité suffisante; que le prêt est employé à sa destination; que les bouchers, les boulangers et les épiciers sont régulièrement payés, et qu'ils inscrivent chaque jour leur quittance sur le cahier destiné à cet usage; il empêche, par tous les moyens qui sont en son pouvoir, qu'aucun abus ne s'introduise dans la gestion de l'ordinaire.

Hommes allant aux hôpitaux ou en congé; effets des hommes décédés; harnachement des chevaux douteux.

85. Le capitaine-commandant signe les billets d'hôpital; il arrête le compte des hommes qui s'absentent pour

un motif quelconque et signe leur livret qu'ils doivent emporter avec eux.

Lorsque des chevaux douteux ou atteints d'une maladie contagieuse ont été abattus, le capitaine fait prévenir l'officier d'habillement, afin que le harnachement de ces chevaux et les effets des cavaliers qui les ont soignés soient purifiés avant leur entrée en magasin.

Il fait faire l'inventaire des effets des sous-officiers et cavaliers décédés, et en remet un double au major.

Tous les hommes rentrant après une absence sont présentés le lendemain au capitaine-commandant par l'officier de peloton, ou, à son défaut, par le maréchal des logis; ils doivent être munis de leur livret.

Comptabilité.

86. Le maréchal des logis chef et le maréchal des logis fourrier sont les agents du capitaine-commandant pour tout ce qui concerne l'administration et la comptabilité. Le capitaine-commandant vérifie souvent les registres de l'escadron. Chaque trimestre, en faisant le décompte, il compare le livre d'escadron avec les livrets des sous-officiers et cavaliers. Il fait arrêter les comptes et les signe sur le livre d'escadron et sur les livrets; les hommes signent sur le livre d'escadron; ceux qui ne savent pas signer font une marque qui est légalisée par la signature du commandant du peloton.

Le capitaine-commandant veille à ce que les hommes conservent constamment leurs livrets, et qu'il n'y soit fait d'inscription qu'en leur présence.

Quand le maréchal des logis chef est remplacé, le capitaine-commandant vérifie et arrête ses comptes; il ne peut rendre responsable le successeur qu'autant que celui-ci a assisté à cette vérification ou l'a faite lui-même.

Administration de la masse individuelle.

87. Les capitaines sont chargés, sous la direction spéciale du major, de pourvoir les sous-officiers et cavaliers des effets au compte de la masse individuelle; ils sont tenus de se conformer aux échantillons et modèles adoptés ; ils doivent connaître les prix de confection, le prix, l'espèce et la qualité des matières qui entrent dans la confection.

Les capitaines réunis nomment trois d'entre eux pour former, sous la présidence du major, une commission chargée de passer et de rédiger les marchés pour l'achat des effets au compte des hommes, de vérifier ceux que les fournisseurs et les maîtres ouvriers du corps livrent au magasin. Les effets reçus par la commission sont déposés au magasin d'habillement; l'officier d'habillement ne les distribue aux escadrons que sur des bons nominatifs signés par le capitaine-commandant et visés par le major.

La commission est renouvelée au 1er avril et au 1er octobre de chaque année, ou plus souvent, s'il est nécessaire. Trois capitaines sont désignés pour suppléer les membres titulaires.

Le capitaine-commandant fait passer tous les mois, par les officiers de peloton, une revue générale des effets ; ces officiers lui proposent les remplacements et les réparations, et s'assurent que les livrets sont à jour.

Le capitaine-commandant ordonne de semblables revues toutes les fois qu'il le juge nécessaire. Il en passe une lui-même avant la fin de chaque trimestre. Le jour de cette dernière revue est fixé par le colonel; autant que possible, elle se passe à la même heure dans tous les escadrons du régiment.

Réparations et remplacements d'effets.

88. Le capitaine-commandant met la plus sévère impartialité à imputer, soit à la charge du cavalier, soit au compte des abonnements, suivant le cas, les réparations d'effets.

Services payés.

89. Il désigne, sur la proposition des officiers de peloton, les hommes qui ont besoin, pour améliorer leurs masses, de faire des services payés. Il ne permet pas qu'un homme fasse seul un service payé, à moins qu'il n'ait quatre nuits de repos entre chaque garde.

Perruquier.

90. Le cavalier chargé de la coupe des cheveux des sous-officiers, brigadiers et cavaliers ne reçoit pour cet objet aucune rétribution, mais il est exempté de service. Le capitaine lui fait payer tous les mois, sur les fonds de l'ordinaire, dix centimes pour chaque homme qu'il rase; il fait également remettre sur l'ordinaire dix centimes par mois à chaque homme qui se rase lui-même.

Ferrage.

91. Le capitaine-commandant exige que la ferrure soit visitée par les officiers et les sous-officiers de peloton, et qu'elle soit renouvelée aussi souvent qu'il le faut; il s'as-

sure toujours de ce point avant de délivrer au maréchal l'état d'après lequel il est payé par le trésorier.

Pansage et nourriture des chevaux.

92. Il donne la plus grande attention non-seulement au pansage des chevaux, mais encore à la manière dont ils sont nourris; il fait mettre ensemble ceux qui mangent lentement, et à part ceux qui ont besoin d'être au régime.

Répartition des chevaux.

93. Dans l'intérêt de la conservation des chevaux, il retire ceux qui sont dans de mauvaises mains, et les donne aux cavaliers les plus en état de les conduire. Il ne doit cependant ôter à un homme son cheval que pour des motifs graves, dont il rend compte au rapport.

La répartition générale des chevaux a lieu très-rarement et seulement lorsque le colonel l'ordonne, par suite de l'admission dans les rangs d'un grand nombre de chevaux neufs, ou pour rendre des escadrons disponibles; elle se fait sous la direction du capitaine-commandant, par rang de grade, de classe et d'ancienneté. Cet ordre cependant n'est pas toujours rigoureusement suivi; les cavaliers du peloton modèle peuvent être l'objet d'une juste préférence. Le capitaine commandant consulte les qualités et les défauts des chevaux, afin de les assortir aux moyens et au degré d'instruction des cavaliers.

Rapports aux chefs d'escadrons.

94. Le capitaine-commandant fait immédiatement à

son chef d'escadrons le rapport des punitions graves qui sont infligées dans l'escadron, et des événements dont il importe que cet officier supérieur soit prévenu sans délai.

Cas de partage de l'escadron.

95. En cas de partage de l'escadron, le capitaine-commandant marche avec la première division ; il emmène avec lui le maréchal des logis chef et le brigadier fourrier.

Cas d'absence du chef d'escadrons.

96. En l'absence du chef d'escadrons, le capitaine-commandant rend compte directement au lieutenant-colonel.

CHAPITRE XII.

Capitaine en second.

Devoirs généraux.

97. Le capitaine en second est subordonné au capitaine-commandant; il est chargé, sous ses ordres, de la police intérieure de l'escadron, de la surveillance des chambrées, de la direction des parties de l'instruction qui doivent être enseignées dans les chambres et dans les écuries, et de la surveillance spéciale des ordinaires.

Il s'assure fréquemment si les comestibles sont de bonne qualité et en quantité suffisante, si le prêt est employé à sa destination, et si les fournisseurs sont exactement payés.

L'administration étant sous la responsabilité du capitaine-commandant, le capitaine en second, quand il ne commande pas l'escadron, ne reçoit sur l'administration ni rapports ni propositions.

Pelotons sans officier.

98. Il surveille principalement le service intérieur des pelotons qui se trouvent, par intérim, sous les ordres d'un maréchal des logis.

Rapports au capitaine-commandant.

99. Il rend compte à son capitaine-commandant de tous les détails dont il est chargé, de l'exécution des ordres qu'il a reçus de cet officier, et des événements dont il importe qu'il soit prévenu sans délai.

Capitaine en second commandant un escadron.

100. Quand il commande par intérim l'escadron, il ne doit pas de rapport officiel au capitaine-commandant dont il a, dans ce cas, tous les droits et la responsabilité; il lui rend compte, à son retour, de ce qui a été fait pendant son absence.

Lorsque les deux capitaines sont absents pour plus de quinze jours, le colonel désigne, pour prendre le commandement de leur escadron, un capitaine en second d'un autre escadron ; si le colonel croit utile de laisser le commandement au lieutenant en premier de l'escadron, il en rend compte au maréchal de camp. Lorsque l'absence des deux capitaines ne doit pas durer plus de quinze jours, le plus ancien lieutenant de l'escadron en prend le commandement.

Semestres.

101. Les capitaines en second alternent, pour les semestres, avec les capitaines-commandants.

Missions particulières.

102. Quand les capitaines en second ne commandent pas par intérim un escadron, ils sont employés, de préférence, à toutes les missions extérieures, à des détails d'administration intérieure ou autres, et spécialement au service des adjudants-majors absents.

L'un d'eux seconde le capitaine instructeur et le remplace en cas d'absence ou de maladie.

Les capitaines en second sont commandés pour les corvées.

Service de semaine.

Les capitaines alternent pour le service de semaine.

103. Les capitaines-commandants et les capitaines en second roulent entre eux pour le service de semaine ; le capitaine adjoint au capitaine instructeur en est exempt.

Ce service est commandé par la tête du contrôle. Il a lieu de la même manière dans plusieurs escadrons, détachés ensemble.

Dans un escadron détaché seul, l'officier de semaine est chargé des distributions, sous la direction du capitaine en second.

Lorsque le capitaine de semaine est commandé pour un service de place, il est remplacé pour la journée, dans le service de semaine, par le capitaine qui marche après lui.

Visite de l'infirmerie. — Soins relatifs à la proprete.

104. Le capitaine de semaine visite tous les jours l'infirmerie, pour s'assurer de la conduite et de la tenue des malades ; il reçoit leurs réclamations et les fait parvenir à qui de droit, s'il y a lieu.

Le samedi, il s'assure de l'exécution de tous les ordres relatifs à la propreté.

Promenades ; bains ; corvées générales.

105. Quand le régiment est rassemblé pour la promenade des chevaux, pour le bain ou pour une corvée générale, le capitaine de semaine en a le commandement, à défaut du chef d'escadrons de semaine. Si ce chef d'escadrons est présent, le capitaine est sous ses ordres.

Distributions.

Le capitaine de semaine est chargé des distributions.

106. Le capitaine de semaine est chargé des distributions, sous les ordres et la direction du major ; il lui en rend compte. En l'absence du major, il rend compte au lieutenant-colonel. — Il reçoit du trésorier le détail de ce qui revient à chaque escadron et les bons pour chaque espèce de distributions.

Il est secondé par les officiers et les sous-officiers de semaine.

Si les diverses distributions ont lieu successivement, le capitaine de semaine y préside lui-même ; dans le cas contraire, il se réserve celle des fourrages, et charge des officiers de semaine, à qui il remet les bons, de présider aux autres.

Rassemblement et conduite des corvées.

107. Aux heures indiquées, le trompette de service sonne pour les distributions. Les brigadiers et les cavaliers sont en tenue d'écurie, les fourriers font l'appel; les maréchaux des logis de semaine s'assurent, pendant ce temps, que pour les distributions de fourrage les brigadiers et les cavaliers sont munis de cordes à fourrages, et qu'ils ont le nombre prescrit de sacs à distributions.

Les appels étant terminés et les rapports rendus par les officiers de semaine, le capitaine, aidé de l'adjudant de semaine, fait le rassemblement général par espèce de corvée ; il répartit les officiers. Les diverses corvées se mettent en marche ; le capitaine conduit celle des fourrages ; les officiers et les sous-officiers marchent sur le flanc de la troupe et maintiennent l'ordre.

L'officier chargé de la distribution entre au magasin pour examiner les denrées ; les maréchaux de logis et les fourriers restent en dehors pour le bon ordre, pendant que les escadrons attendent leur tour. Chaque escadron est alternativement servi le premier.

Lorsque le fourrage est transporté du magasin au quartier par des voitures, la corvée est tenue de les charger et décharger.

Examen et distribution des denrées.

108. Le capitaine de semaine prend tous les moyens convenables pour s'assurer de la qualité et du poids des

denrées ; il surveille ceux qui reçoivent et comptent ; il fait de nouveau compter, mesurer ou peser, s'il le juge convenable.

S'il a à se plaindre du poids ou de la qualité, et s'il ne peut faire changer à temps les denrées, ou obtenir un supplément proportionné, il suspend la distribution et se rend de suite chez le major, qui fait toutes les démarches nécessaires auprès du sous-intendant militaire ou du commandant de la place. A défaut du major, ces démarches sont faites directement par le capitaine.

Il est porté plainte au sous-intendant militaire, toutes les fois qu'on a été dans la nécessité de faire changer les denrées ou d'accepter un supplément. Il est rendu compte au maréchal de camp.

Lorsque plusieurs distributions ont lieu en même temps, le capitaine fait commencer celle des fourrages ; après en avoir vérifié la qualité, il charge le plus ancien officier de semaine de la suivre, et se rend aux autres distributions pour les vérifier également. L'officier qui l'y a devancé a dû, après un premier examen, faire commencer la distribution, s'il n'y a pas eu de réclamation ; dans le cas contraire. il a dû faire prévenir le capitaine et attendre son arrivée.

La distribution terminée, le capitaine inscrit ses observations sur un registre tenu au magasin à cet effet.

Si le fourrier ne peut assister à toutes les distributions, il va à celle des fourrages ; il est suppléé pour les autres par le brigadier-fourrier, à qui il remet les bons.

Le fourrier de chaque escadron, ou son suppléant, compte toutes les rations avec le préposé, en présence de l'officier, et demeure responsable de toute erreur.

Envoi du fourrage au magasin de l'escadron.

109. Le maréchal des logis de semaine fait transporter à une distance convenable le fourrage de son escadron, à mesure qu'on le compte. Dès que la totalité est livrée, il le fait emporter ; le brigadier de semaine accompagne les hommes qui en sont chargés, et le recompte en l'emmagasinant ; il renvoie des cavaliers à la distribution pour rapporter l'avoine, s'il n'y en est pas resté assez à cet effet. Le fourrier ramène les hommes qui portent l'avoine ; le brigadier la fait déposer dans le coffre et remet la clef au maréchal des logis de semaine, qui la garde.

CHAPITRE XIII.

Lieutenants et sous-lieutenants.

Fonctions.

110. Les lieutenants et les sous-lieutenants roulent ensemble pour le service. Ils sont employés par les capitaines-commandants à tous les détails de service, de police et d'administration de l'escadron.

Leurs fonctions sont de deux sortes, celles d'officier de peloton, et celles d'officier de semaine.

Officier de peloton.

Maintien de l'ordre dans le peloton.

111. L'officier de peloton maintient un ordre invariable dans son peloton ; il y excite l'émulation ; il dirige et surveille les maréchaux des logis et les brigadiers sous ses ordres ; il étouffe avec soin tout germe de rixe,

entretient l'union et le goût du service, et prend toujours pour règle l'impartialité et la justice.

Livret à tenir.

112. L'officier de peloton reçoit du maréchal des logis chef tous les renseignements relatifs à l'administration. Il tient pour son peloton un livret conforme au modèle F; il y inscrit sommairement les mutations qui surviennent.

Conservation des effets.

113. Il visite tous les jours son peloton, il veille à ce que tous les effets d'habillement, d'armement, de grand et de petit équipement et de harnachement, soient tenus constamment en bon état; il ne néglige aucun moyen d'en assurer la propreté et la conservation.

Il se fait rendre compte des effets qui sont perdus ou dégradés, surtout au retour des exercices; il recherche les causes des pertes ou dégradations et en fait le rapport au capitaine-commandant; souvent, et à l'improviste, il fait la visite des effets d'un homme qu'il soupçonne d'inconduite.

Tenue des chambres.

114. Il est responsable de la tenue des chambres; le samedi il s'assure qu'elles sont nettoyées à fond.

Revue mensuelle.

115. Vers la fin de chaque mois, au jour prescrit par le capitaine-commandant, il passe une revue de tous les effets des hommes de son peloton; il vérifie si les livrets sont à jour et tenus avec exactitude; il remet au

capitaine-commandant l'état des réparations qu'il a jugées nécessaires à l'habillement, à la coiffure et au grand équipement, ainsi que celui des remplacements à faire au compte de la masse individuelle.

Lorsqu'un homme rentre après une absence qui a duré huit jours ou plus, l'officier de peloton passe la revue de ses effets.

Visite des chevaux et de la sellerie.

116. Il visite fréquemment la ferrure et la ganache des chevaux. Du 25 au 30 de chaque mois, il s'assure que les maréchaux des logis font faire les crins. Dès qu'il aperçoit quelque chose qui mérite l'attention du vétérinaire, il le fait appeler.

Toutes les semaines il visite les selles, charge le maréchal des logis de surveiller les réparations qui se font par abonnement, et fait pour les autres son rapport au capitaine-commandant.

Direction des ordinaires.

117. Lorsque les ordinaires se font par division, les lieutenants en ont la direction; lorsque les ordinaires se font par peloton, cette direction appartient aux officiers de peloton.

Ces officiers s'assurent que l'inscription du prêt et des divers produits qui augmentent la recette est faite régulièrement sur les livrets d'ordinaire, et que la recette, à l'exception des centimes de poche, est employée uniquement à la nourriture et aux dépenses de propreté. Ils arrêtent et signent le compte de l'ordinaire. Ils font porter au nouveau prêt l'excédant de la recette ou de la dépense. Il n'est pas fait de décompte de l'excé-

Consommation des fourrages.

123. En prenant le service de semaine, et avant chaque distribution de fourrages, l'officier de semaine vérifie ce qui reste au magasin de l'escadron; il en est dès lors responsable.

Devoirs aux écuries; appels, etc.

124. Lorsque les escadrons sont réunis, un officier de semaine par deux escadrons est désigné, chaque jour, pour veiller au repas des chevaux; il s'assure qu'à la sonnerie les sous-officiers de semaine et les cavaliers chargés de donner à manger se rendent aux écuries, et que cette partie essentielle du service s'exécute avec toute la régularité possible. Il rend compte à l'adjudant-major à l'heure du pansage.

L'officier de semaine doit arriver un quart d'heure avant l'appel du pansage, afin de s'assurer si la litière est levée et si les écuries sont nettoyées.

Il se trouve à tous les appels; le maréchal des logis chef et le maréchal des logis de semaine l'informent de tout ce qui s'est passé depuis l'appel précédent, et spécialement de la rentrée des hommes qui manquaient. Il fait, s'il y a lieu, donner lecture de l'ordre à l'escadron formé en cercle; il y ajoute les explications qu'il juge nécessaires.

Après avoir reçu du maréchal des logis chef le nom des sous-officiers et cavaliers pour lesquels il est arrivé de l'argent ou des lettres chargées, il s'assure que la distribution leur en est faite sans retard; le maréchal des logis de semaine est tenu de lui rendre compte à cet égard.

Il rend compte à l'adjudant-major des appels et de tout ce qui concerne le service.

Aux appels du pansage, les cavaliers sont en tenue d'écurie, tenant au bras gauche les bridons, leur musette garnie des ustensiles d'écurie, et sous le même bras un bouchon de paille.

Après le signal général, l'officier de semaine ordonne au maréchal des logis chef de faire rompre les rangs. Il fait, aussitôt après, distribuer l'avoine aux cavaliers, et il exige qu'elle soit répartie également à chaque ordinaire de chevaux.

Pansages.

125. Il suit et surveille les pansages ; il en fait enseigner le détail aux recrues par les brigadiers.

Abreuvoir.

126. A la sonnerie de l'abreuvoir, il a soin que les maréchaux des logis rassemblent au pas l'escadron. Lorsqu'on abreuve aux auges du quartier, il veille à ce que les chevaux ne soient ni tourmentés ni gênés par le nombre, et boivent suffisamment.

Lorsque l'abreuvoir est éloigné du quartier, il fait partir l'escadron, au commandement du maréchal des logis de semaine. Celui-ci reste à la queue, ou sur le flanc quand le terrain le permet, afin de mieux surveiller la colonne. Le brigadier est en tête ; il marche toujours au pas, et sur le côté droit de la route, pour ne point obstruer la voie publique et pour éviter les accidents. Les hommes qui n'ont qu'un cheval sont en tête de la colonne, ceux qui en ont deux tiennent le second par les rênes du bridon, et à un pied environ de la bouche du cheval.

Quand il y a de la glace ou de la neige, l'officier fait conduire tous les chevaux en main.

Quand on est dans la nécessité de faire boire à la rivière, tous les sous-officiers montent à cheval ; chaque officier de semaine y conduit son escadron ; l'adjudant-major y conduit tous les escadrons, s'ils vont au même abreuvoir. Les officiers ne négligent rien pour éviter les accidents ; ils veillent à ce que les cavaliers entrent dans la rivière et en sortent dans le meilleur ordre. Lorsqu'un escadron est réuni, l'officier de semaine le reconduit au quartier, fait mettre pied à terre, et fait rentrer les chevaux.

Pendant qu'on est à l'abreuvoir, les cavaliers restés aux écuries les balayent et nettoient soigneusement les mangeoires.

Les dispositions ci-dessus sont également suivies lorsque le colonel a ordonné de conduire les chevaux à l'abreuvoir par peloton.

Retour de l'abreuvoir.

127. Quand les chevaux sont rentrés, l'officier de semaine exige qu'on leur bouchonne avec soin les jambes et toutes les parties mouillées. Il fait donner l'avoine à tous en même temps, à l'avertissement : *donnez l'avoine.* Elle est donnée par peloton lorsqu'on a été dans cet ordre à l'abreuvoir. Pendant que les chevaux la mangent, un cavalier reste entre chaque ordinaire.

Les autres cavaliers reçoivent la paille du brigadier de semaine, délient les bottes et les placent en arrière des chevaux. L'avoine mangée, l'officier de semaine fait jeter la paille dans le râtelier par les cavaliers restés dans les intervalles.

Chevaux malades.

128. Il veille à ce que le maréchal des logis de semaine fasse conduire, à l'heure indiquée, les chevaux malades au pansement.

Rapports à l'adjudant-major et aux capitaines.

129. Le pansage terminé, l'officier de semaine se rend auprès de l'adjudant-major de semaine, pour lui faire le rapport verbal.

Lorsqu'un des deux capitaines de l'escadron vient au quartier, l'officier de semaine lui rend compte de tout ce qui s'est passé depuis la veille. Dans un cas extraordinaire, il va sur-le-champ faire son rapport au capitaine-commandant; s'il ne peut y aller lui-même, il y envoie le maréchal des logis de semaine.

Garde montante et parade.

130. Les officiers de semaine se trouvent à la garde montante, à la parade générale de la garnison et à celle du régiment ; ils passent une inspection préparatoire des hommes de leur escadron qui sont de service.

Quand la garde montante n'est composée que de la garde de police, ils sont habituellement dispensés de s'y trouver. Lorsque le colonel juge que leur présence y est utile, il donne ses ordres à cet égard.

Appel du soir.

131. À l'heure de l'appel du soir, l'officier de se-

maine passe dans les chambres, accompagné du maréchal des logis chef, et fait faire l'appel par le brigadier de chambrée. Il signe le billet d'appel, et le remet à l'adjudant-major de semaine, dans la salle du rapport. Il attend l'ordre de l'adjudant-major pour se retirer.

Quand le colonel juge nécessaire d'alléger le service des officiers de semaine, il permet qu'il n'y en ait qu'un à l'appel du soir pour deux escadrons.

Rassemblement d'une partie ou de la totalité de l'escadron.

132. L'officier de semaine se trouve à tous les rassemblements de vingt hommes et au-delà; il en passe l'inspection. Lorsque l'escadron se réunit à cheval, il se trouve aux écuries à toutes les sonneries, pour assurer l'exécution immédiate et régulière de ce qu'elles indiquent. L'officier le plus élevé en grade conduit toujours l'escadron au rassemblement général.

Propreté des corridors et des escaliers.

133. L'officier de semaine veille à la propreté des corridors et des escaliers de son escadron; le samedi il s'assure qu'ils sont nettoyés à fond.

CHAPITRE XVIII.

Maréchal des logis chef.

Devoirs généraux.

162. Le maréchal des logis chef s'applique à connaître la conduite, les mœurs et la capacité des sous-officiers, des brigadiers et cavaliers de l'escadron; il éclaire

l'opinion du capitaine-commandant sur leur compte, et n'agit envers eux qu'avec les ménagements ou la sévérité que comportent leur âge ou leur caractère. Il les commande en tout ce qui est relatif au service, à la tenue et à la discipline. Il est responsable de ces détails envers les officiers de l'escadron, et spécialement envers l'officier de semaine.

Il est responsable de l'administration envers le capitaine-commandant. Il surveille le maréchal des logis fourrier et le brigadier-fourrier chargés, sous sa direction, de faire toutes les écritures.

Il est habituellement dispensé de se trouver au pansage du matin; il assiste à celui du soir. Il se trouve aux exercices et aux évolutions.

Vérification à son entrée en fonctions.

163. En entrant en fonctions, il vérifie si les effets de toute nature en service cadrent avec le livre de l'escadron et les livrets.

Prêt.

164. Il touche le prêt sur une feuille signée par le capitaine-commandant, et au bas de laquelle il met son acquit; il porte le prêt immédiatement chez le capitaine.

Le premier jour du prêt, en présence des officiers chargés de la surveillance des ordinaires, il paye aux chefs d'escouade les centimes de poche et les hautes-payes du prêt échu; il paye en même temps aux sous-officiers le prêt échu.

Comptabilité de l'escadron.

165. Il fait tenir par le fourrier les registres d'esca-

dron, d'ordres et de punitions; il exige qu'ils soient constamment au courant et que les mutations, ainsi que les recettes et les distributions de toute nature, soient portées chaque jour sur le livre d'escadron. Il veille à ce que le fourrier inscrive en présence des hommes, sur leur livret, tous les effets qu'ils reçoivent, les réparations et les dégradations mises à leur charge, ainsi que les versements qu'ils ont faits entre les mains du capitaine-commandant pour améliorer leur masse. Sous aucun prétexte il ne garde les livrets par-devers lui, et ne permet au fourrier de les garder.

Effets des recrues.

166. A mesure que des recrues reçoivent des effets militaires, le maréchal des logis chef leur fait vendre leurs effets bourgeois, en présence du maréchal des logis de peloton.

Effets des hommes qui s'absentent ou qui désertent.

167. Lorsqu'un homme s'absente pour une cause quelconque, ses effets d'armement, d'habillement et d'équipement sont visités en sa présence au magasin du régiment, où ils restent déposés; ses effets d'habillement, de grand ou de petit équipement, sont placés dans le sac à distribution, qui est fermé et étiqueté: l'état en est dressé; il est signé par l'homme qui s'absente et par le maréchal des logis chef, et renfermé dans le sac; un double de cet état, également signé, est conservé par le maréchal des logis chef.

Lorsqu'un cavalier entrant à l'hôpital ne peut assiste à cette visite, il y est remplacé par le brigadier et un cavalier de l'escouade.

Le maréchal des logis chef inscrit sur la pièce en vertu de laquelle l'homme s'absente les effets qu'il emporte et la situation de sa masse individuelle ; il arrête son livret, le présente à la signature du capitaine-commandant, et le remet à l'homme, qui doit toujours en être porteur. Il inscrit sur le rapport du lendemain la mutation et la situation de la masse.

Lorsque l'homme qui a fait une absence rentre au régiment, ses effets sont retirés du magasin et vérifiés en sa présence.

Dès que le maréchal des logis chef suppose qu'un homme a déserté, il fait établir en double expédition l'inventaire de ses effets en présence du brigadier et d'un cavalier de la chambrée qui le certifient ; cet inventaire est visé par le capitaine-commandant. Le portemanteau et tous les effets sont aussitôt déposés provisoirement au magasin du régiment avec une expédition de l'inventaire ; l'autre expédition est remise au major. Le versement définitif au magasin a lieu le jour où l'absent est déclaré déserteur.

Listes et placards à afficher.

168. Le maréchal des logis chef fait placer par le fourrier, à la porte de chaque chambre, une liste indiquant le numéro de l'escadron, le nom des deux capitaines, celui de l'officier et du maréchal des logis de peloton, des brigadiers et des cavaliers de la chambrée.

Il affiche sur la porte de sa chambre le nom des officiers de l'escadron avec l'indication de leurs logements ; il y affiche également son nom et celui du fourrier.

Il fait afficher encore dans les chambres les articles de la présente ordonnance sur les marques extérieures de respect et sur les devoirs des brigadiers de chambrée; l'instruction sur la manière de monter et de démonter les armes, et l'état des objets de casernement signé par le fourrier et le brigadier.

Il fait placer, en gros caractères, le nom de chaque cheval et son numéro matricule sur une petite planche fixée au mur, au-dessus du râtelier.

Malades à la chambre.

169. Après l'appel du matin, il envoie au corps de garde le nom des hommes malades et celui des hommes rentrés la veille des hôpitaux, avec le numéro de leurs chambres; en cas d'urgence, il fait avertir sur-le-champ le chirurgien-major.

Il fait prévenir un des chirurgiens, dès qu'un homme rentre de congé, permission ou de l'hôpital externe, afin qu'il visite cet homme immédiatement.

Appels.

170. Il fait les appels qui précèdent les pansages; il fait donner lecture des ordres par le brigadier-fourrier et ne fait rompre les rangs que lorsque l'officier de semaine le prescrit. Après l'appel de deux heures, il commande les hommes de service; il donne leur nom au maréchal des logis de semaine.

Il fait faire devant lui l'appel du soir par les brigadiers de chambre; il établit le billet d'appel, le remet à l'officier de semaine, et se rend avec lui dans la salle du rapport.

Il peut, avec l'autorisation de l'officier de semaine, être remplacé pour cet appel par le maréchal des logis de semaine; toutefois il ne peut se dispenser de s'y trouver lorsque, dans le cas prévu par l'art. 131, l'officier de semaine de l'escadron n'y assiste pas.

Garde montante.

171. Il se trouve à la garde montante. S'il y a reçu des ordres d'une exécution urgente, il va les communiquer au capitaine-commandant; il en fait informer les autres officiers par le brigadier-fourrier.

Demandes des sous-officiers et brigadiers.

172. Le maréchal des logis chef reçoit toutes les demandes que les sous-officiers, brigadiers et cavaliers ont à faire par la voie du rapport; il les soumet au capitaine-commandant et en instruit l'officier de semaine. Les cavaliers ne peuvent pas, sans sa permission, changer entre eux leur tour de garde.

Prix des remplacements pour le service.

173. Les demandes de remplacement de service lui sont soumises; il les accorde s'il y a lieu; il en rend compte à l'officier de semaine. Le prix de ces remplacements est fixé de la manière suivante :

Pour une garde, ou pour une ordonnance qui découche. . . . . 75 cent.

Pour un piquet de 24 heures, pour une ordonnance qui rentre le soir, ou pour faire la soupe. . . . . 50 —

Pour une corvée. . . . . 25 —

Cas d'empêchement ou d'absence.

174. Lorsque le maréchal des logis chef est dispensé de quelque partie de service, il est remplacé par le ma-

réchal des logis de semaine, auquel il remet le contrôle pour commander le service.

En cas d'absence, il est remplacé, pour le service et la police, par le plus ancien maréchal des logis de l'escadron, qui est alors dispensé du service de la place ; dans ce cas, le fourrier devient responsable de la comptabilité envers le capitaine-commandant.

CHAPITRE XIX.

Maréchaux des logis.

Fonctions générales.

175. Les maréchaux des logis commandent aux brigadiers et aux cavaliers de l'escadron, en tout ce qui est relatif au service, à la police et à la discipline; ils surveillent leur conduite privée. Ils sont responsables envers le maréchal des logis chef et les officiers, de l'exécution des ordres et de la police.

Ils alternent dans chaque escadron pour le service de semaine et celui des détachements ; ils roulent entre eux dans le régiment pour les gardes, les plantons et les corvées.

Pansages.

176. Ils assistent tous les jours aux pansages ; ils en surveillent les détails.

Maréchal des logis de peloton.

Fonctions.

177. Le maréchal des logis de peloton dirige, sous l'autorité de l'officier de peloton, les détails intérieurs

des chambrées ; il surveille la conservation et la tenue des effets.

Il appuie les brigadiers de son autorité, les habitue à commander avec fermeté, mais sans brusquerie, et veille à ce qu'ils ne s'écartent jamais de l'impartialité et de la justice.

Dans les pelotons où il y a deux maréchaux des logis, chacun d'eux à la surveillance d'une section.

Livret et contrôle.

178. Le maréchal des logis de peloton tient un livret semblable à celui qui est prescrit pour les officiers à l'art. 112.

Il doit avoir en outre un contrôle de l'escadron pour suppléer le maréchal des logis chef dans les appels.

Surveillance des chambres.

179. Il s'assure que les chambres sont balayées tous les jours ; il veille à la conservation et au remplacement des affiches et étiquettes, ainsi qu'au maintien de l'ordre établi pour l'arrangement des effets. Il apporte une attention particulière à la bonne tenue des armes, de la buffleterie et du harnachement.

Le samedi, il fait mettre dans le plus grand état de propreté les effets de toute nature ; il fait balayer les chambres à fond et battre les couvertures, les matelas, les schabraques et les manteaux.

Propreté des hommes.

180. Il exige que les brigadiers et les cavaliers fassent faire à leur linge les réparations nécessaires, et qu'ils en changent le dimanche ; qu'ils soient rasés trois fois

par semaine, et particulièrement les jours où ils doivent être de service; que leurs cheveux soient coupés fréquemment et tenus courts, surtout en été.

Prêt.

181. Il veille à l'emploi que les brigadiers font du prêt, et vérifie souvent les prix et la qualité des achats de toute espèce. Il s'informe chez les marchands s'il ne leur est rien dû.

Rassemblement de l'escadron.

182. Toutes les fois que l'escadron doit s'assembler, le maréchal des logis de peloton se rend de bonne heure dans les chambres de son peloton et veille à ce que les hommes s'apprêtent.

Si l'escadron doit monter à cheval, il se rend aux écuries et veille à ce que les chevaux soient sellés, chargés, bridés avec le plus grand soin.

Désignation des chevaux.

183. Il désigne les chevaux disponibles qui doivent être montés pour les divers rassemblements de l'escadron ou pour les classes d'instruction.

Rapports à l'officier de peloton.

184. Il fait verbalement son rapport à l'officier de peloton, lorsque celui-ci vient au quartier. Il informe cet officier des mutations journalières, des pertes ou dégradations d'effets, ainsi que des réparations à faire. Il prend ses ordres avant de demander au maréchal des logis chef les bons nécessaires.

Service de semaine.

Le maréchal des logis de semaine est aux ordres de l'officier de semaine.

185. Le maréchal des logis de semaine est particulièrement aux ordres de l'officier de semaine; il assure, sous l'autorité de ce dernier, l'exécution des détails de service, de police et de discipline; il lui fait des rapports verbaux, ainsi qu'au maréchal des logis chef; il aide et supplée ce dernier dans le service journalier.

Appels.

186. Il assiste à tous les appels et se place à côté du maréchal des logis chef, afin de répondre pour les hommes de service et pour les malades à la chambre; il fait lui-même les appels lorsque le maréchal des logis chef ne s'y trouve pas.

Devoirs aux écuries lors du réveil.

187. A la sonnerie du réveil, il se rend aux écuries, pour s'assurer que les brigadiers et cavaliers qui doivent distribuer le fourrage et donner à manger aux chevaux sont tous présents et s'acquittent de ce soin avec exactitude; il visite les licous, reçoit des gardes d'écurie le rapport des événements de la nuit, et fait le sien à chaque appel.

Il veille à ce que le brigadier de semaine fasse nettoyer l'écurie.

Chevaux sortis pour le pansage.

188. Lorsque le pansage doit avoir lieu dehors, il fait

sortir les chevaux et les fait attacher par les rênes du bridon.

Recrues exercées au pansage.

189. Il s'assure que les brigadiers chargés d'apprendre aux hommes de recrue à panser les chevaux remplissent ce devoir avec soin.

Licous et billots.

190. Il passe dans les écuries pour observer si tous les licous sont attachés au râtelier par la boucle du montant ou la sous-gorge.

Distribution de l'avoine.

191. Il a la clef du coffre où est renfermée l'avoine. Il est présent lorsqu'elle est distribuée.

Il ne quitte les écuries qu'après les avoir fait balayer en dedans et en dehors.

Surveillance à l'égard des gardes d'écurie.

192. Dans l'intervalle des pansages, il surveille les gardes d'écurie, leur fait répéter les consignes, les empêche de s'absenter, et exige qu'ils tiennent les écuries dans un état de grande propreté.

Il veille à ce que, autant que possible, il y ait constamment, pendant le jour, une demi-litière sous les chevaux.

Une partie de la litière est employée à remplacer les bouchons de paille qui ne peuvent plus servir.

Repas des chevaux.

193. Il se trouve à tous les repas des chevaux, pour

s'assurer de l'exactitude du brigadier de semaine dans les distributions de fourrages; il exige que le foin soit bien secoué pour en faire sortir la poussière, que les tiges de la paille soient croisées, et que la ration soit placée au milieu de chaque ordinaire.

Rassemblement des classes d'instruction et des corvées.

194. Il fait rassembler par le brigadier de semaine les hommes commandés pour les classes d'instruction et pour les corvées; il en passe l'inspection.

Inspection des hommes de service; garde montante.

195. Une demi-heure avant le rassemblement de la garde, il inspecte dans les chambres les hommes de service et de piquet; il est responsable de leur bonne tenue; il inspecte de même les hommes commandés de détachement.

Il se trouve à la garde montante.

Surveillance pour la propreté du quartier.

196. Il s'assure que les corridors et les escaliers sont balayés tous les jours; le samedi il les fait nettoyer à fond.

Souper des chevaux.

197. Au souper des chevaux, il a soin de faire balayer avant qu'on étende la litière; il ne se retire qu'après avoir vu qu'elle est faite partout, et que les chevaux ont leur fourrage.

Descente de cheval.

198. Chaque fois qu'on descend de cheval, ou qu'un

détachement rentre, il empêche qu'on ne desselle les chevaux avant le moment prescrit, et jusqu'alors il exige que les chevaux soient attachés au râtelier par la longe du licou, assez court pour qu'ils ne puissent pas se rouler ; lorsqu'on a dessellé, il fait mettre les selles à l'air ou au soleil; il en fait battre et nettoyer les panneaux avant qu'elles soient remises en place; il veille à ce que les chevaux soient bouchonnés.

Remise des fourrages, des ustensiles d'écurie et des consignes.

199. Le dimanche, après la garde montante, il fait faire en sa présence, par le brigadier qui descend de semaine, à celui qui prend la semaine, la remise des fourrages, ainsi que celle des ustensiles d'écurie et des consignes.

Détenus et malades à l'infirmerie.

200. Il veille à ce que les hommes de l'escadron, détenus dans les salles de police ou dans les prisons du quartier, ainsi que les malades à l'infirmerie, soient rasés deux fois par semaine par le perruquier de l'escadron, et à ce que, le dimanche, il leur soit fourni du linge blanc par les soins de leur ordinaire; il en est responsable.

Cas où le maréchal des logis de semaine est forcé de s'absenter.

201. Il ne peut s'absenter du quartier, même pour le service, sans l'autorisation de l'adjudant de semaine; il se fait alors remplacer par le brigadier de semaine.

CHAPITRE XX.

Fourriers.

Fonctions générales.

202. Le maréchal des logis-fourrier est aux ordres immédiats du maréchal des logis chef ; il tient, sous la direction de celui-ci, tous les registres et fait les écritures et les états relatifs aux détails de l'escadron.

Il est chargé du casernement.

Il remplace au besoin le maréchal des logis chef pour les réceptions et les distributions d'effets d'habillement, de grand et de petit équipement, de harnachement et d'armement.

Il assiste aux exercices et aux évolutions ; il est exempt de se trouver aux pansages.

Le fourrier de l'état-major remplit les fonctions de fourrier près du peloton hors rang.

Corvées et distributions.

203. Le fourrier fait connaître au brigadier de semaine le nombre d'hommes à fournir pour les corvées ; il aide à leur rassemblement.

Il reçoit les distributions ; il est responsable de toute erreur. Il ramène au quartier les hommes de corvée, et fait la répartition de ce qu'il a reçu.

Brigadier-fourrier.

204. Le brigadier-fourrier seconde le maréchal des logis-fourrier dans ses fonctions et fait une partie des écritures, suivant ce qui est déterminé par le maréchal des logis chef.

Il tient le livre d'ordres; il est responsable de sa régularité; il le communique, dès qu'il y a de nouveaux ordres, aux officiers de l'escadron, dont la signature justifie qu'il le leur a présenté. Il leur transmet immédiatement les ordres donnés à la garde montante ou dans la journée, et dont il importe qu'ils aient connaissance.

Il se trouve aux exercices et aux évolutions; il est exempt de se trouver aux pansages. Aux appels qui précèdent les pansages, il donne lecture des ordres à l'escadron.

CHAPITRE XXI.

Brigadiers.

Devoirs généraux.

205. Les brigadiers doivent donner l'exemple de la bonne conduite, de la subordination et de l'exactitude à remplir leurs devoirs.

Ils surveillent les cavaliers en tout ce qui tient au bon ordre et à la tranquillité publique; ils sont particulièrement chargés de tout ce qui est relatif au service, à la tenue, à la police et à la discipline de leur escouade.

Ils doivent user au besoin des moyens de répression que la présente ordonnance leur accorde, et, si ces moyens sont insuffisants, en appeler à l'autorité de leurs supérieurs; mais ils ne doivent jamais oublier que la manière la plus sûre de se faire respecter et obéir est de se conduire envers leurs subordonnés avec fermeté et douceur, sans familiarité ni brusquerie.

Le jour du prêt, ils reçoivent du maréchal des logis chef, pour les hommes de leur escouade, les centimes de poche du prêt échu ; ils les leur distribuent immédiatement ; il ne peut y être fait d'autre retenue que celle qui est prescrite pour les hommes punis.

Ils forment les recrues de leur chambrée aux détails du service intérieur ; ils leur enseignent la manière d'entretenir dans le plus grand état de propreté leurs armes et leurs effets d'habillement, d'équipement et de harnachement.

Ils leur apprennent aussi à rouler le manteau, à placer les effets dans le porte-manteau, à faire les crins et à trousser la queue.

Ils pansent chaque jour leur cheval, excepté quand ils sont de service ou de semaine ; dans ce cas, le cheval est pansé par corvée.

Ils sont exempts des corvées auxquelles sont assujettis les cavaliers ; ils font seulement celles du fourrage pour leur cheval.

Ils ne montent pas de garde d'écurie.

Ils alternent dans chaque escadron pour le service de semaine et de détachement, et roulent sur tout le régiment pour les gardes, les plantons et les corvées.

Manière de panser un cheval.

206. Les brigadiers sont chargés d'instruire les recrues à panser leur cheval ; le pansage s'exécute de la manière suivante :

Le cheval est attaché par les rênes du bridon, la tête un peu haute.

Le cavalier relève le frontal sur la nuque et déboucle la sous-gorge.

Il tient l'étrille de la main droite, se place près de la croupe, saisit la queue de la main gauche et passe doucement l'étrille sur toutes les parties charnues du côté droit, allant successivement de la croupe à l'encolure et de l'encolure à la croupe. Il étrille ensuite le côté gauche, tenant la queue de la main droite et l'étrille de la main gauche. Il évite de passer l'étrille sur les parties osseuses et sur les parties de la peau dont le tissu est trop mince pour supporter le frottement de cet instrument.

Avant de bouchonner, il enlève la crasse à coups légers d'époussette; il prend ensuite le bouchon, s'approche de la tête du cheval et en frotte toutes les parties; il bouchonne le côté droit et le côté gauche et frotte avec force les membres et les parties qui n'ont pas été étrillés.

Avant de brosser, il donne un coup d'époussette; tenant ensuite la brosse de la main droite, et l'étrille les dents en dessus, de la main gauche, il se replace à la croupe du cheval, passe la brosse successivement sur toutes les parties, d'abord à rebrousse-poil, puis dans le sens du poil. Il brosse de même le côté droit; à chaque coup de la brosse, il la passe sur les lames de l'étrille, pour enlever la crasse; lorsque l'étrille en est chargée, il la frappe à petits coups sur un corps dur, en arrière du cheval.

Avant d'éponger, le cavalier donne un dernier coup d'époussette, et, prenant d'une main l'éponge imbibée d'eau et de l'autre le peigne, il éponge les yeux et les naseaux; puis, imprégnant d'eau les crins du toupet et de la crinière, il y passe le peigne pour les démêler. Il lave le dessous de la queue et le fourreau du cheval; il éponge toute la queue dont il peigne la partie supérieure; il passe l'éponge légèrement humide sur les extrémités, il essuie toutes les parties du corps du cheval avec l'époussette. Durant les grands froids, les chevaux ne sont pas épongés.

Quand la queue est crottée, le cavalier frotte les crins les uns contre les autres ; il trempe ensuite le fouet dans l'eau.

Il ne passe jamais le peigne dans les crins du fouet, pour ne pas les arracher.

Brigadier de chambrée.

Logement et casernement.

207. Le brigadier loge avec les hommes de son escouade. En prenant une chambre, il reconnaît avec le fourrier le nombre, l'espèce et la qualité des objets de casernement qu'elle contient; il veille à leur conservation. Le fourrier en dresse l'état; le brigadier le signe avec lui.

Devoirs au lever.

208. Au réveil, il fait lever les cavaliers; il en envoie de suite à l'écurie le nombre nécessaire pour donner le déjeuner aux chevaux et aider à nettoyer les écuries; les autres cavaliers découvrent les lits et roulent les manteaux, s'il a été permis de s'en servir.

Avant l'appel du matin, il fait ouvrir les fenêtres pour renouveler l'air.

Quand des cavaliers manquent au pansage, il rend compte des motifs de leur absence au maréchal des logis chef; il l'informe de l'heure à laquelle sont rentrés ceux qui, par permission ou autrement, n'étaient pas à l'appel du soir. Il lui donne le nom des malades; dans un cas grave, il va lui-même chercher le chirurgien-major; pendant la nuit, il avertit le maréchal des logis de garde, qui envoie appeler le chirurgien par un homme de service.

Soins de propreté; hommes de service.

209. Il veille à ce que les cavaliers se nettoient la tête et se lavent le visage et les mains. Il fait faire les lits et mettre tous les effets dans l'état de propreté et d'arrangement prescrit. Il fait préparer les hommes commandés de service et ceux qui sont désignés pour les classes d'instruction.

Un cavalier, commandé à tour de rôle parmi ceux de la chambrée, nettoie la table, les bancs, balaie la chambre, dépose les ordures dans le corridor, et enlève la poussière du râtelier d'armes et de la planche à pain.

Police de la chambrée.

210. Le brigadier de chambrée réprime tout ce qui se fait et se dit contre le bon ordre; il fait cesser les jeux, lorsqu'ils occasionnent des querelles; il fait coucher les hommes ivres; lorsqu'ils troublent l'ordre, il charge des hommes de la chambrée, et, au besoin, des hommes de garde, de les conduire à la salle de police.

Il empêche de fumer au lit, de battre les habits dans les chambres, de se servir des draps ou des couvertures pour s'essuyer, et de retirer de la paille des paillasses; il s'oppose à ce que les cavaliers se couchent sur les lits avec leurs bottes ou leurs souliers; il veille à ce qu'ils ne placent aucun effet entre la paillasse et le matelas.

Rapports.

211. Il rend compte au maréchal des logis de semaine et à celui de peloton des punitions qu'il a infligées et de tout ce qui intéresse le service et la discipline. En cas d'événement imprévu, tel que désertion, duel, vol, il en informe sur-le-champ le maréchal des logis de peloton, et, à son défaut, celui de semaine ou le maréchal des logis chef.

Effets prêtés; visite des portemanteaux.

212. Il s'oppose à ce que les cavaliers se prêtent leurs effets d'habillement de grand équipement, de harnachement ou d'armement.

Quand il soupçonne un homme d'avoir vendu des effets ou d'en recéler de perdus ou volés, il prévient le maréchal des logis chef ou, à son défaut, le maréchal des logis de peloton, qui visite aussitôt le portemanteau de cet homme, en présence du brigadier ou d'un cavalier. On agit de même à l'égard des hommes qui, ayant manqué à l'appel du soir, ne sont pas rentrés le matin.

Devoirs à l'appel.

213. Le brigadier de chambrée fait l'appel du soir à haute voix, en présence de l'officier de semaine ou du maréchal des logis chef, lorsqu'il passe dans les chambres. Il empêche les cavaliers de se servir de leur bonnet de police pour la nuit; il ne permet de se couvrir avec le manteau que lorsque l'autorisation en a été donnée au rapport. Il s'assure que l'homme de corvée a rempli la cruche d'eau. Il fait éteindre la lumière au signal donné.

S'il s'aperçoit qu'un homme soit sorti après l'appel, il en rend compte sur-le-champ au maréchal des logis chef.

Visites d'officiers.

214. Quand un officier entre dans une chambre, le brigadier commande : *fixe;* les cavaliers se lèvent, se découvrent s'ils sont en bonnet de police, gardent le silence et l'immobilité jusqu'à ce que l'officier soit sorti ou qu'il ait commandé : *repos.* Si c'est un officier supérieur, le brigadier commande : *à vos rangs;* les cavaliers se placent au pied de leurs lits; lorsqu'ils y sont, le brigadier commande : *fixe.*

Tenue des chambres.

215. Le nom de chaque cavalier est écrit sur une planchette placée à la tête de son lit : il l'est en outre sur une planchette de plus petite dimension au-dessus de ses pistolets, sabres, fourniments, brides, etc.

Les effets sont placés de la manière suivante :

Sur la première planche, le sac à distribution (il couvre les effets les jours ordinaires) ; l'habit plié en deux, la doublure en dehors (pour les hussards, la pelisse et le dolman) ; la veste d'écurie, le pantalon de drap, le pantalon d'écurie, le pantalon de treillis, le portemanteau, dans lequel se trouvent le linge blanc, le cordon de shako, la trousse, les gants, le plumet et le livret : le linge sale entre la patte et le portemanteau; au-dessus du portemanteau, le bonnet de police à plat, la houppette tournée extérieurement; le casque ou le shako couvert de sa coiffe sépare sur cette planche les effets de chaque homme.

Sur la seconde planche : la couverte du cheval, la

schabraque, le manteau roulé, le surfaix derrière le manteau, les bottes au-dessus de la coiffure, les éperons tournés en dehors.

Les fusils et les pistolets sont placés au râtelier d'armes; les chiens des armes à feu sont abattus.

Les sabres sont suspendus par leur ceinturon; les cuirasses, les fourniments et les brides sont accrochés à des chevilles; les musettes et les bridons sont à la tête des lits.

Les jours d'inspection, les sabres sont hors du fourreau, les shakos découverts, les sacs à distribution pliés en deux.

A défaut de sellerie, les selles sont placées dans les corridors, de manière à ne pas s'endommager; elles sont étiquetées à la lettre de l'escadron, au nom de l'homme et à celui du cheval.

Quand les localités ne se prêtent pas complétement à toutes ces dispositions, on s'en rapproche le plus possible. Dans tous les cas, les chambres sont tenues uniformément, dans l'ordre le plus favorable à la conservation des effets, et de manière que les cavaliers puissent monter promptement à cheval avec armes et bagages.

Soins de propreté le samedi et le dimanche.

216. Le samedi, dans la journée, le brigadier fait battre les couvertures, les matelas, les schabraques et les manteaux, laver les tables et les bancs, blanchir la buffleterie, nettoyer les armes et mettre tout dans le plus grand état de propreté pour l'inspection du lendemain. — Le dimanche, il s'assure que tous les cavaliers mettent du linge blanc.

Il veille également à ce qu'ils se lavent les pieds au moins une fois par semaine.

Le premier samedi de chaque mois, il fait nettoyer les vitres en dehors et en dedans.

Entretien du linge et de la chaussure.

217. Il veille à ce que le linge soit raccommodé après le blanchissage, à ce que la chaussure soit constamment tenue en bon état.

Cas d'absence.

218. En l'absence du brigadier de chambrée, et à défaut d'un autre brigadier logé dans la chambre, son autorité et sa responsabilité passent au plus ancien cavalier de première classe.

Police des repas.

221. Aucun brigadier ou cavalier ne peut être dispensé de manger habituellement à l'ordinaire, qu'en vertu d'une permission du capitaine en second, approuvée par le capitaine-commandant, qui en rend compte au rapport. Cette permission ne peut être refusée à l'homme marié dont la femme a obtenu l'autorisation de rester au régiment.

Le brigadier d'ordinaire veille à ce que la distribution des aliments se fasse avec une exacte justice.

Corvée de soupe; soupe portée à l'extérieur ou mise à part.

222. Le brigadier commande, à tour de rôle, les cavaliers pour faire la soupe; les cuisiniers sont toujours en blouse et en pantalon de cuisine.

Le brigadier fait porter la soupe aux hommes de garde ; il la fait aussi porter aux gardes d'écurie, lorsqu'ils ne peuvent venir la manger à l'ordinaire; il fait conserver chaude la soupe des hommes de service, lorsqu'ils ne peuvent la manger qu'à leur retour.

Il fait mettre de côté les subsistances des détenus.

Il n'est pas conservé de soupe pour les hommes qui ne sont pas présents à l'heure prescrite ; il est défendu d'en mettre à part, si ce n'est pour les sous-officiers qui seraient forcés de vivre à l'ordinaire.

Surveillance à l'égard du cuisinier.

224. Le chef d'ordinaire veille à ce que le cuisinier fende le bois dans la cour et remette les ustensiles de cuisine, dans le plus grand état de propreté, au cuisinier qui le relève.

Le chauffage et les légumes sont placés dans un endroit de la cuisine où ils ne puissent pas gêner. La viande est pendue à l'air et garantie du soleil et des mouches.

Service de semaine.

Corvées; consignés; classes d'instruction.

225. Le brigadier de semaine est chargé de commander et de réunir les cavaliers pour les corvées et les distributions.

Il se trouve à la garde montante. Il aide le maréchal des logis de semaine dans la réunion des classes d'instruction. Il assiste aux appels des consignés ; il présente ceux de l'escadron au maréchal des logis de garde.

Le contrôle de l'escadron lui est remis par le brigadier qu'il relève.

Déjeuner des chevaux.

226. Il se trouve le matin aux écuries pour distribuer le déjeuner des chevaux, faire sortir le fumier et faire balayer les écuries.

S'il y a des billots perdus, il en rend compte au maréchal des logis de semaine, qui les fait remplacer.

Distribution de l'avoine et de la paille.

227. Il distribue l'avoine aux cavaliers chargés de la donner à chaque ordinaire de chevaux ; il veille à ce que les musettes qui la contiennent soient placées de manière à ne pouvoir être renversées. Elle est distribuée aux chevaux après leur rentrée de l'abreuvoir; pendant qu'ils la mangent, le brigadier donne la paille; et, quand elle est dans les râteliers, il fait balayer le devant des écuries.

Propreté du quartier.

228. Après la soupe du matin, il rassemble les hommes de corvée pour leur faire nettoyer les corridors et les escaliers; il les conduit au maréchal des logis de garde lorsqu'ils doivent nettoyer les cours.

Gardes d'écurie; dîner des chevaux.

229. Les gardes d'écurie s'assemblent en même temps que la garde montante; les brigadiers de semaine les conduisent à leur poste après que la garde a défilé et que l'ordre a été donné.

Le brigadier de semaine vérifie l'état des ustensiles

d'écurie après que les gardes d'écurie se les sont consignés en sa présence; il en fait payer la réparation ou le remplacement quand il y a lieu.

Il délivre le fourrage pour le dîner des chevaux, et s'assure de la propreté de l'écurie avant de la quitter.

Fourrages.

230. Il rassemble avec le fourrier les cavaliers pour les corvées de fourrages, va avec eux à la distribution et ramène ceux qui sont chargés du foin et de la paille; il s'assure de l'exactitude du compte des rations; il en est responsable quand il les a reçues.

Quand il distribue le fourrage, il le fait partager également entre les ordinaires.

Portes et fenêtres des écuries; souper des chevaux.

231. Il fait ouvrir les portes et fenêtres des écuries, excepté dans les fortes gelées ou lorsque, dans les grandes chaleurs, le soleil gênerait les chevaux.

Un quart d'heure avant la sonnerie pour le souper des chevaux, il se trouve aux écuries pour le distribuer; il fait faire la litière, voit si les chevaux sont bien attachés, si les lampes sont suffisamment garnies et si les gardes d'écurie sont à leur poste.

Détenus.

232. Il est habituellement chargé de conduire à la salle de police les hommes qui y sont condamnés, de les en faire sortir pour le service, l'instruction ou les corvées, et de les y faire rentrer ensuite.

Aux heures de la soupe, il fait réunir les subsistances

des détenus; il conduit au maréchal des logis de garde le cavalier de corvée qui les porte.

Cas où le brigadier de semaine s'absente du quartier.

233. Le brigadier de semaine ne s'absente pas du quartier, même pour le service, sans l'autorisation du maréchal des logis de semaine. Lorsque celui-ci est absent, il le remplace.

Remise du service.

234. Le dimanche, il ne quitte son service qu'après avoir remis au brigadier qui le relève, en présence du maréchal des logis qui descend la semaine et de celui qui la prend, les ustensiles et les consignes d'écurie.

CHAPITRE XXII.

Cavaliers de première classe.

Comment choisis.

235. Les cavaliers de première classe sont choisis parmi les cavaliers admis à l'école d'escadron, qui ont au moins six mois de service, et qui ont mérité cette distinction par leur bonne conduite, leur zèle, leur tenue et leurs progrès en équitation.

Ils sont désignés par le colonel, sur la proposition de l'officier de peloton, l'approbation du capitaine-commandant et l'avis du chef d'escadrons.

A la guerre, un acte d'intrépidité, une bravoure soutenue, dispensent de l'ancienneté.

Service et corvées.

236. Les cavaliers de première classe font le même service et sont sujets au mêmes corvées que ceux de deuxième classe.

Ils entrent en nombre proportionnel dans la composition des différents services.

Lorsqu'un brigadier de chambrée s'absente, son autorité passe, à défaut d'autres brigadiers, au plus ancien cavalier de première classe de la chambrée.

Les escouades auxquelles il n'est point attaché de brigadiers sont commandées par le plus ancien cavalier de première classe qui s'y trouve.

CHAPITRE XXVI.

Marques extérieures de respect.

Devoirs généraux.

196. Tout militaire doit, en toutes circonstances, même hors du service, de la déférence et du respect aux grades qui sont supérieurs au sien, quels que soient l'arme et le corps auxquels appartiennent ceux qui en sont revêtus.

L'inférieur prévient le supérieur en le saluant le premier; le supérieur rend le salut.

Formes du salut.

197. Le salut des officiers consiste à porter la main droite au casque ou au shako, ou à se découvrir lorsqu'ils sont en bonnet de police.

Les sous-officiers et les cavaliers saluent en portant la main droite au côté droit de la visière du casque, du shako ou du turban du bonnet de police, la paume de la main en dehors, le coude à la hauteur de l'épaule.

A cheval, les officiers, les sous-officiers et les cavaliers saluent en portant la main droite à la coiffure, quelle qu'elle soit.

Tout sous-officier ou cavalier qui est assis se lève pour saluer un officier et se tourne de son côté.

Le salut ne se renouvelle pas dans une promenade ou dans tout autre lieu public.

Lorsque les officiers sont en casque ou en shako, ils ne se découvrent chez leur supérieur qu'après l'avoir salué; les sous-officiers et les cavaliers ne se découvrent que lorsque le supérieur les y autorise.

Tout sous-officier ou cavalier, parlant à un officier, prend une attitude militaire; s'il est en bonnet de police, il le tient à la main jusqu'à ce que l'officier l'autorise à se couvrir.

Salut à l'égard des officiers de l'intendance militaire et des fonctionnaires civils.

198. Les officiers de l'intendance militaire ont droit au salut des militaires, *suivant leur rang d'assimilation.* Y ont encore droit les fonctionnaires civils en costume, les médecins et les vétérinaires militaires.

Plantons et ordonnances.

199. En passant près des officiers, les plantons et ordonnances à pied portent l'arme sans s'arrêter. Quand ils sont chargés d'une dépêche, ils la remettent de la

main gauche, et vont attendre à quelques pas de distance, et reposés sur l'arme, la réponse ou le reçu. Si la dépêche est remise à un officier général ou supérieur, l'ordonnance présente l'arme, la contient de la main gauche, et remet la dépêche de la main droite.

Les ordonnances à cheval saluent et remettent ensuite la dépêche de la main droite.

CHAPITRE XXX.

Consigne des gardes d'écurie.

Rassemblements et tenue des gardes d'écurie.

283. Il est commandé tous les jours, dans chaque escadron, et en nombre nécessaire, des cavaliers de garde d'écurie : ces cavaliers sont en bonnet de police, en veste et pantalon d'écurie, en sabots ou souliers.

A l'heure de la garde montante, les gardes d'écurie sont réunis à la gauche de la garde de police. Lorsque celle-ci a défilé, les brigadiers de semaine relèvent les gardes d'écurie de leur escadron.

Consignes et ustensiles.

284. Les gardes d'écurie reçoivent et rendent, en présence du brigadier, les consignes et ustensiles d'écurie. S'il s'en trouve d'endommagés ou de perdus par leur faute, le prix de la réparation ou du remplacement est imputé sur leur masse individuelle.

Vigilance pour prévenir les accidents.

285. Ils doivent être vigilants jour et nuit, accourir au moindre bruit que font les chevaux, soit qu'ils se battent, s'embarrassent dans leurs longes ou se détachent.

Ils sont pourvus de plusieurs colliers et de longes de rechange pour attacher les chevaux qui cassent leur licou.

Comment les gardes peuvent s'absenter.

286. Ils ne peuvent s'absenter pour aller manger la soupe que successivement, d'après une autorisation qui n'est donnée que dans le cas où les écuries sont assez près des chambres pour qu'il n'en résulte aucun inconvénient.

Repas des chevaux ; propreté des écuries.

287. Aux heures des repas des chevaux, les brigadiers de chambrée envoient le nombre de cavaliers nécessaire pour aider les gardes d'écurie à donner à manger aux chevaux, à nettoyer les écuries, à relever et faire la litière. Les gardes d'écurie restent seuls chargés d'entretenir la plus grande propreté, de ne laisser séjourner sous les chevaux ni urine ni crottin.

Police intérieure des écuries.

288. Les écuries doivent être habituellement aérées.

Lorsque les chevaux y sont, les gardes d'écurie ont soin de n'y pas laisser pénétrer le soleil, et surtout d'éviter les courants d'air.

Lorsque les chevaux sont hors des écuries, les portes et les fenêtres en sont ouvertes.

Les gardes d'écurie empêchent qu'on entre dans les écuries avec du feu et qu'on y fume.

Ils n'en laissent sortir aucun cheval de troupe, sans

l'autorisation d'un officier ou d'un sous-officier, ou du brigadier de semaine.

Ils n'y admettent point de chevaux étrangers au régiment, sans l'ordre d'un officier ou d'un adjudant.

Quand il est fourni des couvertures aux gardes d'écurie, il leur est défendu de se servir de manteaux.

Accidents ; indispositions des chevaux.

289. Les gardes d'écurie rendent compte aux officiers et sous-officiers de ronde, et, à chaque pansage, au brigadier de semaine, du nombre des chevaux qui se sont détachés ou échappés, de celui des licous cassés, des accidents qui ont eu lieu dans l'intervalle des pansages, et des indispositions des chevaux, s'il en est survenu. Si ces accidents ou ces maladies sont d'une nature grave, ils en informent sur-le-champ le maréchal des logis de semaine ou celui de garde, qui en prévient le vétérinaire ou les officiers, selon le cas.

Exécution et affiche de la consigne.

290. Les officiers et sous-officiers de semaine, ainsi que le maréchal des logis de garde, sont chargés de l'exécution de la présente consigne, qui doit être affichée dans les écuries et au corps de garde.

Visites des ustensiles des écuries.

291. L'adjudant-major de semaine, l'officier chargé du casernement et l'officier qui a la surveillance spéciale des ustensiles d'écurie, en font de fréquentes visites, chacun en ce qui le concerne, et font mettre au compte des gardes d'écurie ou des escadrons, selon le cas, les réparations ou les remplacements nécessaires.

CHAPITRE XXXVII.

Punitions.

Fautes contre la discipline.

328. Sont réputés fautes contre la discipline et punis comme telles, suivant leur gravité :

De la part du supérieur, tout propos injurieux, toute voie de fait envers un subordonné, toute punition injustement infligée;

De la part de l'inférieur, tout murmure, mauvais propos ou désobéisance, quelque raison qu'il croie avoir de se plaindre; l'infraction de punitions; l'ivresse dans tous les cas, même quand elle ne trouble pas l'ordre; le dérangement de conduite; les dettes; les querelles entre militaires ou avec des citoyens; le manque aux appels, à l'instruction, aux différents services; les contraventions aux ordres et aux règles de police; enfin, toute faute contre le devoir militaire, provenant de négligence, de paresse ou de mauvaise volonté.

Les fautes sont toujours plus graves quand elles sont réitérées et surtout habituelles, quand elles ont lieu pendant la durée du service, ou lorsqu'il s'y joint quelque circonstance qui peut porter atteinte à l'honneur ou entraîner du désordre.

Tout supérieur qui rencontre un inférieur pris de vin, ou troublant la tranquillité publique, ou dans une tenue indécente, doit employer son influence et même son autorité pour le faire rentrer dans l'ordre, à quelque corps ou à quelque arme qu'il appartienne.

L'ivresse ne pourra en aucun cas être invoquée comme circonstance atténuante.

Droit de punir.

329. En ce qui concerne le service et l'ordre public, tout militaire peut être puni par un militaire d'un grade supérieur au sien, quels que soient l'arme et le corps de celui-ci.

Nul ne peut être puni de plusieurs peines de discipline, simultanément ni successivement, pour une seule et même faute.

Tout supérieur qui inflige une punition à un militaire d'un autre régiment en rend compte sur-le-champ au commandant de la place, qui en informe le chef du corps auquel appartient le militaire puni.

L'officier commandant par intérim un escadron a le droit d'infliger les mêmes punitions que le capitaine-commandant.

L'officier supérieur commandant par intérim le régiment a le droit d'infliger les mêmes punitions que le colonel.

Tout capitaine, lieutenant ou sous-lieutenant, commandant un détachement, a le droit d'infliger les mêmes punitions que les articles 332, 344, 348 et 349 assignent aux attributions des officiers supérieurs; l'officier supérieur commandant un détachement a les mêmes droits à cet égard que le colonel, sauf ce qui est dit article 352.

Le commandant du régiment peut augmenter ou diminuer les punitions; il peut en changer la nature et même les faire cesser. Dans ce dernier cas, il fait sentir à celui qui a puni l'erreur qu'il a commise, et le charge de lever la punition. Il le punit lui-même s'il est reconnu qu'il y a eu de sa part abus d'autorité.

Dans les corps qui ne sont composés que d'un escadron, l'officier commandant a le droit d'infliger les mêmes punitions qu'un chef d'escadrons dans un régiment. Lorsqu'il y a lieu d'ordonner des punitions plus graves, il en rend compte au commandant de la place, qui prononce.

Impartialité dans les punitions.

330. Les punitions doivent être proportionnées, non-seulement aux fautes, mais encore à la conduite habituelle de chaque homme, au temps de service qu'il a accompli, et à la connaissance qu'il a des règles de la discipline.

Elles doivent être infligées avec justice et impartialité, et jamais par aucun sentiment de haine ni de passion. Le supérieur doit s'attacher à prévenir les fautes ; lorsqu'il est dans l'obligation de punir, il recherche avec soin toutes les circonstances atténuantes. En infligeant une punition, il ne se permet jamais de propos outrageants; le calme du supérieur fait connaître qu'en punissant il n'est animé que par le bien du service et le sentiment de son devoir.

Punitions des officiers.

Nature des punitions.

331. Les punitions à infliger aux officiers, pour fautes de discipline, sont :

Les arrêts simples,

La réprimande du colonel,

Les arrêts de rigueur,

La prison.

La réprimande a lieu en présence seulement d'un ou de plusieurs officiers du grade supérieur, ou en présence aussi des officiers du même grade réunis à cet effet.

La durée des arrêts simples ne peut excéder trente jours; il en est de même de celle des arrêts de rigueur. La prison ne peut être ordonnée pour plus de quinze jours; cette dernière punition est toujours mise à l'ordre.

Le chef de musique est punissable pour les fautes contre la discipline par les officiers desquels il relève (les officiers supérieurs, les adjudants-majors et l'officier d'habillement), dans les conditions et les limites déterminées pour chaque grade par l'ordonnance du 2 novembre 1833. (Règlement du 25 août 1854 et décision impériale du 5 mars 1855.)

Arrêts simples.

332. Un officier peut être mis aux arrêts simples par tout autre officier d'un grade supérieur, ou même d'un grade égal, si ce dernier est plus ancien, ou s'il est adjudant-major, et s'il a le commandement du détachement, de la garnison ou du cantonnement dont l'autre fait partie.

Un lieutenant peut ordonner les arrêts simples pendant quatre jours; un adjudant-major ou un capitaine, pendant huit; un capitaine-commandant, dans son escadron, ou un officier supérieur, pendant quinze; le colonel pendant trente jours.

Un officier aux arrêts simples n'est exempt d'aucun

service ; il est tenu de garder la chambre sans recevoir personne, excepté pour affaires de service.

Le droit de punition du chef de musique à l'égard du sous-chef et des musiciens est celui attribué aux commandants d'escadrons à l'égard de leurs sous-officiers. Lorsque le chef de musique a à se plaindre d'un sous-officier, brigadier ou cavalier, il adresse sa plainte à l'adjudant-major de semaine ou au commandant de l'escadron, qui feront droit, s'il y a lieu. (Règlement du 25 août 1854 et décision impériale du 5 mars 1855.)

Arrêts de rigueur et prison.

333. Les arrêts de rigueur et la prison ne peuvent être ordonnés que par le commandant du régiment. Ces punitions suspendent de toutes fonctions militaires ; elles obligent l'officier puni à remettre son épée ou son sabre, et à payer la sentinelle lorsqu'il est jugé nécessaire d'en placer une à sa porte.

Il lui est fait à ce sujet une retenue journalière du cinquième de ses appointements ; cette retenue est versée à l'ordinaire des hommes qui ont fourni la garde.

L'épée d'un officier supérieur aux arrêts de rigueur en prison est portée chez le colonel par un adjudant-major, et celle d'un officier inférieur par un adjudant.

Comment sont ordonnées les punitions.

334. Les arrêts peuvent être ordonnés de vive voix ou ou par un billet cacheté ; ce billet, qui indique le jour de l'expiration des arrêts, est porté par l'adjudant-major de semaine aux officiers supérieurs, et par l'adjudant de semaine aux autres officiers. Un officier d'un grade supérieur à l'officier puni, ou plus ancien que lui, peut

seul être chargé de lui signifier verbalement les arrêts.

Les arrêts sont mis à l'ordre, lorsque l'intérêt de la discipline l'exige.

Compte rendu.

335. Tout officier qui a ordonné les arrêts à un officier du même escadron que lui en rend compte sur-le-champ au capitaine-commandant, qui en instruit le chef d'escadrons.

Si c'est un officier d'un autre escadron, mais sous les ordres du même chef d'escadrons, le compte est rendu à ce dernier, qui en fait informer le capitaine-commandant.

Si l'officier puni appartient aux autres escadrons, l'officier qui a ordonné la punition en rend compte directement au lieutenant-colonel, qui en fait donner avis au chef d'escadrons ; celui-ci en fait prévenir le capitaine-commandant.

Les chefs d'escadrons et le major rendent compte sur-le-champ au lieutenant-colonel des punitions infligées aux officiers sous leurs ordres.

Le colonel rend compte des arrêts simples dans les rapports périodiques qu'il adresse au maréchal de camp; lorsqu'il inflige les arrêts de rigueur ou la prison, il lui en rend compte immédiatement.

Levée des arrêts.

336. Les arrêts cessent à l'époque fixée pour l'expiration de la punition et sans autre formalité.

Tout officier doit, en sortant des arrêts ou de prison, se présenter chez celui par l'ordre duquel il a été puni, et le faire avec la déférence convenable. L'officier qui l'a puni l'a fait prévenir de l'heure et du lieu où il le recevra; l'un et l'autre sont dans la tenue du jour. Un officier d'un grade supérieur ou égal à l'officier puni peut être présent à cette visite; il ne doit pas s'y trouver d'officier inférieur en grade à l'officier puni.

Fautes pendant les arrêts.

337. Si un officier aux arrêts simples commet une faute, tout supérieur peut augmenter la durée de sa punition; le commandant du régiment peut seul changer les arrêts simples en arrêts de rigueur, et ceux-ci en prison.

L'officier qui viole ses arrêts est puni de la prison.

Adjudants-majors; officiers comptables.

338. En ce qui concerne leur service spécial, les adjudants-majors ne sont punis que par les officiers supérieurs; les officiers comptables ne peuvent l'être que par le colonel, le lieutenant-colonel ou le major. Pour ce qui est étranger à leur service, les uns et les autres peuvent être punis par tout officier d'un grade supérieur au leur.

Chirurgiens.

339. Le chirurgien-major ne peut être puni que par le colonel ou le lieutenant-colonel; le chirurgien aide-major ne peut l'être que par les officiers supérieurs ou par le chirurgien-major.

Le chirurgien-major s'adresse au lieutenant-colonel lorsqu'il a une punition à demander contre un lieutenant ou un sous-lieutenant.

Vétérinaires.

Les vétérinaires de 1re et 2e classe ne peuvent être punis que par les officiers supérieurs.

Les aides vétérinaires ne peuvent être punis que par les officiers supérieurs et les capitaines.

Les autres officiers peuvent seulement provoquer leur punition près du chef de corps.

Les vétérinaires sont subordonnés, les uns aux autres, d'après leur rang dans la hiérarchie, conformément à l'article 7 du décret du 28 janvier 1852 : chacun d'eux peut être puni par son supérieur.

Les punitions que peuvent encourir les vétérinaires sont déterminées ainsi qu'il suit :

Les arrêts simples, — la réprimande du colonel, — les arrêts de rigueur, — la prison.

Les vétérinaires provoquent, de la part du capitaine instructeur, des punitions pour tous les sous-officiers du corps, pour infractions dans le service général de l'infirmerie.

Dans tous les autres cas où ils auraient à se plaindre d'un cavalier, brigadier ou sous-officier, ils portent plainte à l'adjudant-major de semaine ou au capitaine-commandant, qui prononce la punition, s'il y a lieu. (Art. 30, 31 et 32 du règlement du 12 juin 1852, *Journal militaire*, p. 521.)

Punitions demandées par les membres de l'intendance.

340. Lorsque le sous-intendant militaire a sujet de se plaindre, *pour des faits particuliers à l'administration, du major, du trésorier ou de l'officier d'habillement, il en informe le colonel, et, s'il y a lieu, demande leur pu-*

nition; le colonel ne peut la refuser que par des considérations majeures, dont il rend compte immédiatement au maréchal de camp.

Il en est de même à l'égard des chirurgiens, en ce qui concerne leur service aux hôpitaux. (Article modifié conformément à la décision royale du 8 juillet 1835, *Journal militaire*, p. 39.)

Punitions infligées par les commandants de place.

341. Les commandants de place peuvent mettre aux arrêts simples tout officier d'un grade égal au leur; ils en rendent compte au maréchal de camp qui, sur leur rapport, et après avoir pris, s'il y a lieu, les renseignements nécessaires, fixe la durée de la punition.

Les commandants de place peuvent mettre aux arrêts de rigueur et en prison les officiers d'un grade qui leur est inférieur. Ils ont, quant à la durée des punitions qu'ils leur infligent, les mêmes droits qu'un colonel; ils informent les chefs de corps des punitions qu'ils ont infligées à leurs subordonnés; ils en rendent compte au maréchal de camp.

Punitions infligées par les généraux.

342. Le maréchal de camp et le lieutenant général sous les ordres desquels le corps est placé peuvent diminuer, augmenter ou changer la punition des arrêts de rigueur et de la prison; le maréchal de camp peut prolonger jusqu'à trente jours la durée de la prison; il en rend compte au lieutenant général. Le lieutenant général peut infliger la prison ou la détention dans un fort pendant soixante jours; il en rend compte sur-le-champ au ministre de la guerre.

Tout autre officier général peut ordonner les arrêts et la prison aux officiers de tout grade, en se renfermant dans les limites prescrites par l'article 331 ; il en rend compte au lieutenant général commandant la division.

Punitions des sous-officiers.

Nature des punitions.

343. Les punitions à infliger aux sous-officiers sont : la privation de sortir du quartier après l'appel du soir, — la consigne au quartier ou dans la chambre, — la salle de police, — la prison.

Pour les fautes de tenue, soit personnelles, soit relatives à leur troupe, les sous-officiers sont punis de la consigne.

Les sous-officiers pour les fautes contre la discipline intérieure sont punis de la salle de police.

Pour les fautes plus graves, entre autres celles qu'ils commettent pendant un service armé ou en état d'ivresse, ils sont punis de prison.

La punition de la consigne ne peut être infligée pour plus de trente jours ; il en est de même de la punition de la salle de police. La prison ne peut être infligée pour plus de quinze jours.

Par qui ordonnées.

344. Les punitions sont ordonnées aux sous-officiers de la manière suivante :

Par les maréchaux des logis chefs, quatre jours de consigne, ou deux jours de salle de police ;

Par le maréchal des logis chef, dans son escadron, par les adjudants, les sous-lieutenants ou les lieutenants, huit jours de consigne, ou quatre jours de salle de police;

Par les adjudants-majors ou par les capitaines, quinze jours de consigne ou huit de salle de police, ou quatre de prison;

Par le capitaine-commandant, dans son escadron, ou par les officiers supérieurs, trente jours de consigne ou quinze de salle de police, ou huit de prison;

Le colonel peut ordonner jusqu'à trente jours de salle de police ou quinze de prison.

Les punitions à infliger aux sous-officiers d'état-major et à ceux du peloton hors rang sont prononcées, pour ce qui regarde leur service spécial, par les officiers qui en ont la direction; pour tout autre objet, elles le sont par tout supérieur en grade.

Consignés.

345. Les sous-officiers consignés ne sont dispensés d'aucun service. Lorsque leur service exige qu'ils sortent du quartier, ils en préviennent l'adjudant de semaine, et reprennent leur punition aussitôt après.

Salle de police; prison.

346. Tout service est interdit aux sous-officiers à la salle de police ou en prison. Ceux qui sont à la salle de police assistent, dans la même tenue que les autres sous-officiers, à toutes les classes d'instruction auxquelles ils sont attachés. Ceux qui sont en prison n'y assistent pas.

Punitions des brigadiers et cavaliers.

Nature des punitions.

347. Les punitions à infliger aux brigadiers et aux soldats sont :

La consigne au quartier, la salle de police, la prison, la cellule de correction et l'interdiction de porter le sabre.

Pour les fautes légères dans les chambrées et aux écuries, pour irrégularité dans la tenue, pour négligence ou paresse à l'instruction, pour manque aux appels de la journée, les brigadiers et les cavaliers sont punis par la consigne; les cavaliers peuvent l'être aussi par une ou plusieurs corvées.

Tout homme légèrement pris de boisson, s'il ne se met pas souvent dans ce cas, et s'il ne trouble pas l'ordre et la tranquillité, est seulement puni de la consigne pour la journée.

Pour négligence dans l'entretien de leurs effets ou de leurs armes, les cavaliers sont punis par un ou plusieurs jours d'inspection avec la garde.

Pour manque à l'appel du soir, pour mauvais propos, désobéissance, querelle, ivresse, les brigadiers et les cavaliers sont punis de la salle de police.

Pour les fautes plus graves, particulièrement lorsqu'elles sont commises pendant un service armé ou en état d'ivresse, ils sont punis de la prison ou même de la cellule de correction.

Pour avoir tiré le sabre dans des rixes particulières, ils sont pour un temps déterminé, et indépendamment des autres punitions qu'ils peuvent avoir encourues, privés de la faculté de porter cette arme, même si le cas est grave, pendant le service. Toutefois, s'ils sont sévèrement punissables pour avoir tiré le sabre sans être attaqués, ils ne doivent pas hésiter à s'en servir lorsqu'ils sont dans le cas de légitime défense.

La punition de la consigne ne peut être infligée pour plus de trente jours; il en est de même de la punition de la salle de police.

La prison ne peut être infligée pour plus de quinze jours, la cellule de correction ne peut l'être que pour huit jours, en déduction d'autant de jours de prison.

Par qui ordonnées aux brigadiers.

348. Les punitions sont ordonnées aux brigadiers, y compris le brigadier-fourrier, de la manière suivante :

Par les sous-officiers, quatre jours de consigne, ou deux jours de salle de police;

Par le maréchal des logis chef dans son escadron, par les adjudants, les sous-lieutenants ou les lieutenants, huit jours de consigne, ou quatre de salle de police, et huit jours d'interdiction de port du sabre;

Par les adjudants majors ou les capitaines, quinze jours de consigne, ou huit de salle de police, ou quatre de prison, et quinze jours d'interdiction de port du sabre;

Par le capitaine-commandant dans son escadron, ou par les officiers supérieurs, trente jours de consigne, ou quinze de salle de police, ou huit jours de prison, et trente jours d'interdiction de port du sabre.

Le colonel peut infliger trente jours de salle de police ou quinze de prison, et ordonner la cellule de correction.

Il peut interdire le port du sabre pendant soixante jours.

Par qui ordonnées aux cavaliers.

349. Les corvées et l'inspection avec la garde peuvent être ordonnées aux cavaliers par les autorités de tout grade.

Les autres punitions sont ordonnées de la manière suivante :

Par les brigadiers et le brigadier-fourrier, quatre jours de consigne, ou deux de salle de police;

Par les sous-officiers, huit jours de consigne, ou quatre de salle de police;

Par le maréchal des logis chef dans son escadron, par les adjudants, les sous-lieutenants ou les lieutenants, quinze jours de consigne, ou huit jours de salle de police, et quinze jours d'interdiction de port du sabre;

Par les adjudants-majors ou les capitaines, trente jours de consigne, ou quinze de salle de police, ou quatre de prison, et trente jours d'interdiction de port du sabre;

Par le capitaine-commandant dans son escadron, ou par les officiers supérieurs, trente jours de consigne ou de salle de police, ou huit jours de prison, et soixante jours d'interdiction de port du sabre.

Le colonel peut infliger quinze jours de prison et ordonner la cellule de correction. Il peut interdire le port du sabre pendant quatre-vingt-dix jours.

Service des hommes punis.

350. Les brigadiers et cavaliers consignés ou détenus

à la salle de police ne sont dispensés d'aucun service ; ils assistent à toutes les classes d'instruction auxquelles ils sont attachés, ils reprennent leur punition au retour, les sous-officiers et les brigadiers de semaine en sont responsables.

Les cavaliers consignés ou détenus à la salle de police sont employés à toutes les corvées du quartier.

Les brigadiers et les soldats à la salle de police sont exercés deux fois par jour et pendant deux heures au peloton de punition, sous le commandement d'un sous-officier désigné à cet effet ; ils ne le sont qu'une fois les jours d'exercice du régiment. Les brigadiers et les soldats punis de prison ne font pas de service, mais ils assistent, pendant trois heures le matin et trois heures le soir, à un peloton de punitions spécial ; les soldats sont en outre employés aux corvées de propreté du quartier les plus pénibles. Les centimes de poche des uns et des autres sont versés en totalité aux ordinaires dont ils font partie.

Il en est de même des rations de vin, d'eau-de-vie et de café, dont l'usage leur est entièrement interdit.

Les soldats punis de la cellule de correction reçoivent comme nourriture le pain et la viande une fois par jour.

Dans les prisons comme dans les cellules de correction, les hommes ne reçoivent qu'une couverture ; toutefois, dans des circonstances exceptionnelles de température, le chef de corps peut y faire joindre la paille de couchage et une demi-couverture ; en aucun cas il ne leur sera donné de demi-fourniture.

Les punitions disciplinaires de prison seront toujours subies au corps.

Dispositions communes aux sous-officiers, brigadiers et cavaliers.

351. Tout officier, sous-officier ou brigadier qui inflige une punition, doit en faire informer le capitaine-commandant par le maréchal des logis chef de l'escadron auquel appartient l'homme puni, en indiquant le motif de la punition et le jour auquel elle expire.

A l'expiration des punitions, l'adjudant de semaine fait élargir les hommes punis, et les fait conduire à leur escadron par les brigadiers de semaine.

Lorsque des maréchaux des logis et des brigadiers sont chefs de poste, ils peuvent infliger aux hommes de service sous leurs ordres les punitions que les lieutenants sont autorisés à ordonner par les articles 348 et 349.

Les capitaines-commandants peuvent, dans leur escadron, augmenter les punitions infligées par leurs subordonnés; ils en rendent compte. Lorsqu'il y a lieu à diminuer les punitions, ils en font la demande par la voie du rapport.

Les chirurgiens peuvent infliger la consigne ou la salle de police aux sous-officiers, brigadiers et cavaliers; ils en rendent compte au lieutenant-colonel, qui, sur leur demande, fixe la durée de la punition et la fait porter au rapport.

Le droit de consigner au quartier la totalité ou une fraction d'une troupe n'appartient qu'aux officiers généraux sous les ordres desquels elle se trouve, au commandant de la place et au commandant de cette troupe. Ce dernier, lorsqu'il a jugé nécessaire d'ordonner cette punition, en informe sur-le-champ le commandant de la place et lui en fait connaître les motifs; il en rend compte au maréchal de camp. Hors le cas d'urgente nécessité, cette consigne ne peut, sans l'autorisation du maréchal de camp ou du commandant de la place, être infligée pour plus de vingt-quatre heures. Les officiers de semaine des escadrons consignés sont tenus de rester au quartier jusqu'à l'appel du soir; le colonel peut ordonner aussi que tous les officiers de ces escadrons se trouvent au quartier.

CHAPITRE XXXVIII.

Réclamations.

Dispositions générales.

354. Les réclamations individuelles sont les seules autorisées.

Réclamations par suite de punitions.

355. Des punitions injustes ou trop sévères pouvant être infligées par suite de rapports inexacts, d'informations mal prises, ou par des motifs particuliers étrangers au service, les réclamations sont admises en se conformant aux règles suivantes :

Quel que soit l'objet de la réclamation, elle ne peut être portée qu'aux officiers et aux généraux sous les ordres immédiats desquels se trouve le militaire qui la fait.

Tout militaire recevant l'ordre d'une punition doit d'abord s'y soumettre; les sous-officiers, les caporaux et les soldats peuvent ensuite adresser leurs réclamations, à leur capitaine ; les officiers peuvent soumettre les leurs à leur chef d'escadrons ou au lieutenant-colonel.

Les réclamations relatives aux punitions infligées pendant le service sont, de préférence, adressées à l'adjudant-major ou au chef d'escadrons de semaine.

Un homme qui réclame étant dans l'ivresse ne peut être entendu.

Les officiers et les sous-officiers doivent écouter avec calme les réclamations, en vérifier avec soin l'exactitude et y faire droit lorsqu'elles sont fondées ; mais ils peuvent augmenter les punitions contre lesquelles on aurait réclamé sans de justes motifs.

CHAPITRE XLIII.

DETTES.

Dettes des officiers.

Devoirs des officiers supérieurs.

392. Les officiers supérieurs doivent donner l'exemple de l'ordre et de l'économie.

Le lieutenant-colonel tient la main à ce qu'aucun officier ne se livre à des dépenses qui le mettent dans le cas de contracter des dettes ; il surveille particulièrement ceux qui ont l'habitude d'en contracter ou qui ont le goût du jeu.

Les officiers qui font des dettes sont sévèrement punis ; il est fait mention de leur inconduite sous ce rapport au registre du personnel.

Retenues sur les appointements.

393. Lorsque des officiers font des dettes, soit pour leur nourriture, soit pour leur logement, leur tenue ou d'autres fournitures relatives à leur état, la totalité de leurs appointements, moins ce qui est nécessaire pour les dépenses courantes et indispensables, est employée à les acquitter; le colonel, sur le compte qui lui en est rendu par le lieutenant-colonel, donne les ordres pour que le payement soit fait dans le plus bref délai possible; dans ce cas, il peut prescrire aussi que les officiers tirent leur nourriture d'un ordinaire de sous-officiers.

Lorsque les officiers ont des dettes d'une nature autre que celles ci-dessus, elles sont, après l'acquittement des premières, payées au moyen d'une retenue d'un cinquième de leurs appointements. Cette retenue est ordonnée par le colonel, sur l'avis du lieutenant-colonel et la représentation des titres constatant la légitimité des créances; le lieutenant-colonel inscrit en marge de ces titres les termes fixés pour le payement; les acquits sont remis pour comptant aux officiers par le trésorier.

Les indemnités, les gratifications d'entrée en campagne et le traitement de la Légion d'honneur ne sont pas passibles de cette retenue.

Les retenues ont lieu de plein droit quand elles sont ordonnées par le ministre, ou requises en vertu d'oppositions ou de saisies judiciaires. Elles n'excluent dans aucun cas l'action des créanciers sur les biens meubles et immeubles de leurs débiteurs, suivant les règles établies par les lois.

Dettes des sous-officiers, des caporaux et des soldats.

Vigilance des officiers.

395. Les officiers, et surtout les capitaines, doivent employer une grande vigilance à empêcher les sous-officiers, les caporaux et les soldats de faire des dettes; ils punissent avec sévérité ceux qui en contractent. La suspension et même la cassation sont encourues par les sous-officiers et les caporaux en cas de récidive.

SERVICE DANS LES PLACES

DE GUERRE.

DÉCRET DU 13 OCTOBRE 1863.

CHAPITRE VIII.

Du service des troupes dans les places.—Règles pour commander le service.

Service de la cavalerie.

70. Dans les places de guerre la cavalerie a quatre tours de service :

Premier tour : les détachements à l'extérieur qui ne sont relevés qu'après un certain nombre de jours.

<table>
<tr><td>Second tour : le service à cheval,</td><td rowspan="2">comprenant les gardes qui sont relevées chaque jour, le service des plantons et ordonnances et les détachements dont le service ne dure pas plus de vingt-quatre heures.</td></tr>
<tr><td>Troisième tour : le service à pied,</td></tr>
</table>

Quatrième tour : les rondes.

Lorsqu'un corps de cavalerie doit concourir avec l'infanterie au service de la place, le nombre des hommes qu'il fournit, en y comprenant la garde de police et les gardes d'écurie, est réglé par le commandant de place de manière que les cavaliers aient un nombre de nuits de repos double de celui des soldats de l'infanterie.

S'il n'y a pas d'infanterie dans la place, le service est fait en entier par la cavalerie; le commandant de place restreint alors ce service le plus possible, en ne faisant garder que les portes et les points les plus importants.

La garde du magasin à fourrages est fournie par les troupes à cheval.

Les règles prescrites pour la composition et le commandement des détachements d'infanterie sont applicables aux détachements de cavalerie.

Les capitaines-commandants concourent avec les capitaines en second pour tous les tours de service.

Les capitaines instructeurs sont en tout temps exempts du service de la place.

Les adjudants-majors, les adjudants et les maréchaux des logis chefs tiennent, pour commander le service, des contrôles par rang d'ancienneté.

CHAPITRE X.

SERVICE DES GARDES DANS LEURS POSTES.

I° Devoirs des chefs de poste.

Disposition générale.

77. Les divers détails applicables au service des gardes dans les postes sont successivement énumérés, dans ce chapitre et dans les chapitres suivants, en vue du service des troupes à pied.

Les troupes à cheval se conforment, pour le même service, à l'ensemble des mêmes dispositions.

Arrivée de la garde montante.

78. Lorsque la nouvelle garde est arrivée à cinquante pas environ du poste qu'elle doit relever, son commandant lui fait porter les armes.

Le commandant de la garde descendante lui a fait prendre les armes à l'avance et l'a établie sur le terrain, en laissant à sa gauche un espace suffisant pour que la garde montante puisse s'y former ; si le terrain ne l'a pas permis, l'ancienne garde s'est placée en face du poste, laissant entre elle et lui l'espace nécessaire à la nouvelle garde.

Le commandant de l'ancienne garde lui fait porter les armes. Les tambours ou clairons des deux gardes battent aux champs ou sonnent la marche.

Manière de former une garde.

79. Les gardes de neuf hommes et au-dessous sont formées sur un rang. Au-dessus de neuf hommes, elles sont formées sur deux rangs. Les hommes sont placés par rang de taille. Ils sont numérotés, par file, de la droite à la gauche, et c'est dans cet ordre qu'ils sont successivement désignés pour faire faction.

Quelle que soit la force d'une garde, elle est toujours partagée en deux ou quatre divisions, afin que, si elle est obligée de tirer, elle ne se dégarnisse pas à la fois de tout son feu.

Lorsque le chef de poste est officier, il se place, au

port du sabre, à deux pas devant le centre de sa troupe. Les officiers qui ne sont pas chefs de poste se placent en serre-files. Le premier sergent se place à la droite du premier rang, le second sergent à la gauche; les autres sergents et les caporaux sont en serre-files.

Lorsque le chef de poste est sergent, il se place à la droite de la troupe, le premier caporal à gauche, le second en serre-file.

Lorsque le chef de poste est caporal, il se place à la droite de la troupe; s'il y a un second caporal, il se place à la gauche.

Le tambour ou le clairon est placé à deux pas à la droite du premier rang de la garde. Toutes les fois que les gardes prennent les armes, elles se forment dans cet ordre.

Relèvement de la garde.

80. Les commandants des deux gardes, après avoir fait reposer sur les armes, s'avancent l'un vers l'autre, et se font réciproquement le salut des armes, s'ils sont officiers. Le chef de la garde descendante remet le service à celui de la garde montante, en y ajoutant tous les renseignements nécessaires.

Dans un poste d'officier, le sergent de la nouvelle garde reçoit également du sergent de l'ancienne garde les renseignements de détail relatifs à l'exécution du service.

Le commandant de la nouvelle garde ordonne au plus ancien caporal, appelé *caporal de consigne,* de prendre possession du corps-de-garde, et au second caporal, appelé *caporal de pose,* de numéroter les hommes et d'aller relever les sentinelles. L'un et l'autre opèrent avec le caporal de consigne et le caporal de pose de l'ancienne garde, ainsi qu'il sera expliqué aux articles 103 et 104.

Dès que les sentinelles ont été relevées, les commandants des deux gardes font porter les armes, les tambours ou clairons battent aux champs ou sonnent la marche, et le commandant de la garde descendante porte son peloton en avant. Il l'arrête à quelques pas, fait remettre la baïonnette et porter l'arme sur l'épaule droite; le tambour cesse de battre, et la troupe, marchant par le flanc, est ramenée au quartier en bon ordre et en silence.

Si le chef de poste est officier, il peut être autorisé à faire ramener la garde au quartier par le sergent.

Après le départ de la garde descendante, le commandant de la garde montante passe l'inspection des armes, lui fait faire demi-tour à droite ou par le flanc, suivant sa position par rapport au corps-de-garde, présenter les armes et rompre les rangs. Elle entre au poste.

Les armes sont placés au râtelier dans l'ordre des numéros des soldats.

Consignes.

81. Les consignes générales énoncent les obligations communes à tous les postes, les devoirs généraux des chefs de poste, des sous-officiers et des caporaux de garde et des sentinelles.

Les consignes particulières indiquent le but de l'établissement de chaque poste, les objets spécialement soumis à sa garde ou à sa surveillance, et les devoirs du poste dans les différents cas d'alarme.

Enfin l'ensemble des ordres verbaux que reçoit une

sentinelle au moment où elle est mise en faction prend également le nom de consigne.

Les consignes générales et particulières sont affichées dans chaque corps-de-garde sur des planches destinées à cet usage.

Dans des cas urgents, le major de la place, les adjudants de la place qui le suppléent, les officiers supérieurs de la garnison de visite des postes, peuvent, dans leurs tournées, donner des consignes provisoires, dont ils sont tenus d'informer sans délai le commandant de place. Le chef de poste en fait toujours mention dans son rapport.

Les mêmes officiers peuvent se faire répéter par les sentinelles les consignes qu'elles ont reçues, mais en présence du chef de poste, du sergent ou du caporal.

Service du chef de poste.

82. Le premier devoir d'un chef de poste est de prendre connaissance des consignes affichées dans le corps-de-garde et de donner aux sergents et aux caporaux les explications nécessaires pour leur exécution.

Dès que la garde est établie, il va visiter les sentinelles, accompagné par le caporal de pose, se fait répéter leur consigne, et la rectifie s'il y a lieu. Lorsqu'un sergent chef de poste n'a qu'un caporal avec lui, ce dernier ne l'accompagne pas.

De retour au poste, il règle tous les services et en assure la répartition de manière que tous les sous-officiers, caporaux et soldats y entrent, autant que possible, pour une part égale.

Un chef de poste ne peut s'absenter sous aucun prétexte; il prend ses repas au poste, où il lui est défendu de jouer ou de laisser jouer. Il ne peut offrir à manger ou à boire à qui que ce soit, ne quitte jamais son sabre, son hausse-col, et reste constamment en tenue. Les sous-officiers, les caporaux, les soldats et les tambours ne peuvent se déshabiller, ni quitter leur sabre ou leur giberne; il leur est apporté à manger au poste.

Le chef de poste ne permet à aucun des hommes de sa garde de s'éloigner. Il les surveille constamment, pour s'assurer qu'ils remplissent avec exactitude leurs devoirs; il en fait faire de fréquents appels et les fait quelquefois sortir en armes pour les habituer à se former promptement; sa surveillance est plus active les jours de foire, de marché, ou lorsque des circonstances particulières occasionnent ou peuvent occasionner dans la place des mouvements inaccoutumés.

A l'heure prescrite, le chef de poste ordonne au sergent d'aller prendre le mot au cercle, s'il ne l'a pas reçu directement. Si le chef de poste est sergent, il charge un caporal de cette mission. L'état-major de la place fait porter le mot aux postes commandés par des caporaux qui n'ont pas de caporal en sous-ordre.

Pendant la nuit, le chef de poste redouble de vigilance pour que la pose des sentinelles, les factions et les patrouilles soient faites avec exactitude; il visite fréquemment les sentinelles.

Lorsqu'il en a reçu l'ordre, il envoie, une demi-heure avant l'heure de la garde, un soldat d'ordonnance pour conduire la nouvelle garde au poste. Ce soldat est armé, et se rend sur la place d'armes ou à la caserne qui lui a été désignée. En général, tout homme de garde désigné pour faire un service extérieur autre qu'un service de corvée doit être porteur de son arme.

Quand, par exception, une garde de police ou un piquet est établi dans un poste concurremment avec une garde de la place, cette dernière est considérée comme garde principale, et son chef, qui doit avoir le grade supérieur ou l'ancienneté dans le grade, a le commandement. Quand le poste de la place prend les armes, la garde de police ou le piquet les prend également.

Surveillance de la tenue des hommes de garde. — Inspection.

83. Après le départ de la garde descendante et la prise de possession du corps-de-garde, le chef de poste fait régulariser la tenue.

Le matin, après le réveil, il passe l'inspection de la garde pour s'assurer de l'état des armes et de la tenue.

Le bonnet de police ne peut se porter qu'après la retraite. Il se quitte au point du jour. Les factionnaires et soldats en service armé ont toujours le shako.

Maintien de l'ordre public. — Informations à prendre. — Réquisitions. — Arrestations.

84. En vue des éventualités qui peuvent se produire, la demeure du commissaire de police du quartier et du médecin le plus voisin, la position des casernes ou postes les plus à portée de prêter main-forte, et celle des postes de sapeurs-pompiers, doivent être affichées dans le poste par les soins de l'état-major de la place.

Tout chef de poste, en arrivant au corps-de-garde, doit les réclamer si elles manquent.

Les chefs de poste ne doivent pas perdre de vue que la force armée est essentiellement protectrice de l'ordre public, des personnes et de la propriété. En conséquence, ils prêtent main-forte pour l'arrestation des individus signalés comme délinquants, et des perturbateurs de l'ordre, lorsqu'ils en sont requis par les officiers de police, leurs agents, ou même par les particuliers. Dans aucun cas, ils ne marchent eux-mêmes et ne dégarnissent leur poste de plus de la moitié de sa force.

Ils doivent protéger toute personne dont la sûreté est menacée. Ils font arrêter les individus poursuivis par la clameur publique ou surpris en flagrant délit, conformément à l'article 106 du code d'instruction criminelle.

Ils reçoivent tout individu qui est amené à leur poste par les agents de police. Ces agents doivent faire connaître le caractère public dont ils sont revêtus. Ils écrivent et signent leur réquisition sur le registre du poste.

Toutes les fois que les chefs de poste ont été dans le cas de faire procéder à une arrestation sur l'avertissement ou la plainte d'un tiers, sans l'intervention d'un officier de police, ils prennent, dans l'intérêt de leur responsabilité, les noms, professions et demeures des plaignants, et en font mention dans leur rapport.

Si un inconnu, n'offrant pas garantie suffisante, réclamait l'assistance de la garde pour faire arrêter une autre personne, en raison d'un dommage ou d'un délit qui ne serait pas apparent et bien constaté, le chef de poste les ferait conduire l'un et l'autre devant le commissaire de police.

Tous les individus arrêtés sont conduits, selon leurs qualités et les prescriptions des consignes, à l'état-major de la place ou devant le commissaire de police, auxquels le chef de poste fait connaître par écrit les motifs et toutes les circonstances des arrestations.

Si des individus arrêtés pendant la nuit ne peuvent être immédiatement conduits à l'état-major de la place ou devant le commissaire de police, ils sont déposés au violon du poste et ne peuvent communiquer avec qui que ce soit. Ils sont particulièrement surveillés.

Les militaires et autres qui ont été arrêtés en état d'ivresse ne doivent être conduits à l'état-major de la place ou devant le commissaire de police que lorsque leur ivresse a cessé.

Quand des rassemblements se sont formés à l'occasion d'une arrestation, et que, d'après les dispositions de la foule, le chef de poste juge que les personnes arrêtées ne peuvent être conduites avec sûreté par la force à ses ordres, il les fait garder au poste et informe l'état-major de la place.

Responsabilité des chefs de poste quant au maintien de l'ordre public.

85. En général, les commandants des gardes, piquets et patrouilles ne doivent pas perdre de vue les conditions de responsabilité, à l'égard du maintien de l'ordre public, que leur impose l'article 234 du code pénal, ainsi conçu :

« Tout commandant, officier ou sous-officier de la « force publique qui, après avoir été légalement requis « par l'autorité, aura refusé de faire agir la force à ses « ordres, sera puni d'un emprisonnement d'un mois à « trois mois, sans préjudice des réparations civiles qui « pourraient être dues. »

Mais, en obtempérant aux réquisitions des fonctionnaires chargés de l'exécution des lois et des règlements de police, les chefs de poste restent libres d'adopter telles dispositions militaires proprement dites que l'objet des réquisitions leur paraît exiger.

Rixes et querelles dans l'intérieur des établissements publics et des maisons particulières.

86. Si un chef de poste est informé que des rixes, querelles et désordres d'une nature sérieuse se produisent dans un cabaret, un café ou tout autre lieu public, il y envoie un sous-officier ou un caporal avec le nombre d'hommes nécessaire pour les faire cesser, et arrêter, s'il y a lieu, les perturbateurs.

Cette troupe peut pénétrer dans l'établissement, les désordres dont il s'agit continuant, sans être assistée d'un commissaire ou officier de police (loi du 22 juillet 1791). Mais si, à l'arrivée de la garde, l'ordre est rétabli, elle n'entre pas.

Si les désordres se produisent dans une maison particulière, le chef de poste y envoie également un détachement. Mais il ne peut y entrer sans la réquisition du propriétaire ou sans l'assistance d'un commissaire de police, à moins que les cris : *au feu! à l'assassin! au secours!* ne se fassent entendre.

Règles pour faire conduire des personnes arrêtées ou faire escorter des prisonniers.

87. Toutes les fois que le commandant d'une garde ou d'un piquet doit faire conduire des personnes arrêtées ou qu'il a été requis par l'autorité compétente de faire escorter des prisonniers, il se conforme aux règles suivantes :

L'escorte se compose toujours d'un nombre de soldats double du nombre des individus à conduire. Une escorte de deux à huit soldats est commandée par un caporal. Au-dessus de ce nombre elle est commandée par un sergent auquel le caporal reste adjoint. Elle est toujours en armes.

Le commandant de la garde ou du piquet, hors le cas d'empêchement absolu, assiste de sa personne à l'extraction des prisonniers et à leur remise à l'escorte. Il rappelle à son chef qu'aux termes de la loi il demeure responsable de leur évasion, et qu'il peut, par ce fait, être traduit devant un conseil de guerre.

Dispositions militaires à prendre par les escortes.

88. Les hommes commandés pour le service d'escorte sont choisis de préférence parmi les anciens soldats. Ils marchent de manière à envelopper les prisonniers. Si l'escorte est commandée par un caporal, il se place à la queue de la colonne. Si elle est commandée par un sergent, le caporal prend la tête et le sergent reste en observation sur l'un des flancs pour diriger les mouvements.

Les agents qui ont opéré les arrestations doivent d'ailleurs, autant qu'il est possible, conduire eux-mêmes les individus arrêtés, sous la protection de l'escorte, qui a surtout pour objet de prêter main-forte et d'empêcher les évasions.

Marches des escortes.

89. Il est expressément défendu à l'escorte de s'arrêter pendant le trajet et de permettre aux prisonniers de s'arrêter ou de communiquer avec qui que ce soit. Elle ne se laisse pas rompre par les voitures, évite les quartiers populeux, les foules, et se détourne, s'il est né-

cessaire, de la voie directe pour prendre les rues les moins fréquentées.

Effectif des escortes. — Cas d'insuffisance.

90. Dans aucun cas, les commandants des gardes ou piquets ne commandent pour le service d'escorte plus de la moitié de leur effectif. Pour se conformer à cette règle, ils font faire, s'il est nécessaire, l'opération en plusieurs fois, ou au moyen de réquisitions qu'ils sont autorisés à faire dans les postes ou casernes les plus rapprochés.

Évasion.

91. En cas d'évasion, les chefs de poste ou d'escorte, indépendamment de la responsabilité qu'ils encourent, sont tenus de faire immédiatement leur rapport, en spécifiant toutes les circonstances qui se rattachent à l'évasion.

Cas d'alarme, de trouble ou d'attaque.

92. En cas d'alarme, les chefs de poste tiennent leur troupe sous les armes. Ils ne laissent jamais de rassemblement ou d'attroupement se former dans les environs du corps de garde. Si, les rassemblements persistant, les chefs de poste constatent des symptômes de troubles sérieux, ils font charger les armes, préviennent les sentinelles d'être alertes, et précisent les circonstances dans lesquelles elles doivent se replier sur le poste.

L'état-major de la place, le commissaire de police et les postes voisins sont immédiatement avertis, si les communications le permettent.

En cas d'attaque, le commandant de la garde défend

énergiquement son poste par tous les moyens en son pouvoir et jusqu'à la dernière extrémité, en se conformant d'ailleurs, pour cette défense, aux dispositions écrites que le commandant de place a arrêtées pour chaque poste en vue d'événements de ce genre. Ces dispositions font connaître, conformément à l'article 12, les postes qui, n'ayant à remplir qu'un objet de police urbaine, doivent se replier sur d'autres, suivant des règles déterminées, et les postes qui, destinés au contraire à servir de points d'appui aux troupes de la garnison, doivent être défendus à outrance.

Hors des cas d'attaque, les gardes, piquets ou patrouilles ne peuvent faire usage de leurs armes, en vue du rétablissement de l'ordre, que dans les circonstances et sous les conditions prévues par l'article 212.

Coffre à cartouches.

93. Il y a dans certains corps de garde un coffret renfermant un nombre de paquets de cartouches au moins égal à celui des sous-officiers, des caporaux et des soldats qui composent le poste; ce coffret, qui ferme à clef, et sur lequel sont apposés des scellés au cachet de la place, est fourni par l'artillerie sur la demande du commandant de place; il est placé à l'abri du feu et des imprudences. La clef en est confiée au chef du poste, qui est responsable de la conservation des scellés, et qui ne peut les briser que lorsqu'il reçoit du commandant de place l'ordre de distribuer les cartouches, ou lorsque des circonstances extraordinaires et subites, compromettant évidemment la sûreté de son poste, l'obligent de faire charger les armes. Dans ce cas, il informe sur-le-champ l'état-major de la place et les postes ou casernes

à proximité, et rappelle à sa troupe les prescriptions des articles 110 et 232.

Les officiers supérieurs de jour et les officiers de l'état-major de la place, lorsqu'ils font la visite des postes, constatent que les scellés posés sur les coffrets sont intacts; un adjudant de place et un employé de l'artillerie s'assurent, aussi souvent qu'il est nécessaire, du bon état des munitions et renouvellent les scellés.

Les armes chargées dont la garde n'a pas été dans le cas de faire usage sont déchargées à la caserne aussitôt après qu'elle a été relevée. La poudre et les balles sont remises le même jour par l'adjudant de semaine au secrétaire-archiviste, qui en délivre un reçu et les fait verser dans les magasins de l'artillerie.

Cas d'incendie.

94. En cas d'incendie, le chef du poste fait prendre les armes et avertir le poste des sapeurs-pompiers. Il détache un caporal et deux soldats pour reconnaître si l'incendie peut avoir des suites graves. S'il paraît tel au caporal, celui-ci informe immédiatement le chef de poste, qui envoie sur les lieux le nombre d'hommes armés dont il peut disposer sans trop s'affaiblir, pour empêcher le désordre et faciliter les premiers secours.

Il avertit sans délai l'état-major de la place, le commissaire de police et les gardes de police des casernes qui sont à proximité.

Gardes des portes. — Manière de reconnaître une troupe entrant dans la place.

95. Les commandants des gardes placées aux portes sont tenus de déférer aux réquisitions des portiers-con-

signes pour l'exécution des ordres sur la police des portes et des passages, et à celles des gardes du génie et éclusiers pour tout ce qui tient à la conservation des fortifications; ils font saisir les animaux trouvés pâturant sur les remparts ou dans les ouvrages et les mettent en fourrière. Ils en rendent compte sur-le-champ à l'état-major de la place.

Ils prêtent main-forte aux préposés des octrois et des douanes, lorsque ceux-ci réclament assistance pour l'exercice de leurs fonctions.

En l'absence des portiers-consignes, et lorsqu'ils en ont reçu l'ordre, ils font procéder par le sergent du poste aux diverses constatations prévues par l'article 34.

Ils interdisent la sortie de la place aux sous-officiers et aux soldats de la garnison qui ne sont pas dans la tenue du jour, à ceux qui sont en état d'ivresse ou qui, porteurs de leurs sacs ou d'effets militaires autres que ceux de la tenue du jour, n'ont pas une feuille de route ou une autorisation visée du commandant de place; ils font conduire à l'état-major de la place ceux qui sont en contravention.

Les jours de marché, ou lorsqu'il y a affluence de voitures, ils placent des sentinelles volantes pour empêcher l'encombrement aux portes ou sur les ponts, et maintenir le passage libre. Lorsqu'un voiturier a été arrêté pour avoir fait des dégradations aux portes ou aux ponts, ils en font sur-le-champ rapport à l'état-major de la place et attendent des ordres.

Le chef de poste fait entrer les troupes de la garnison sorties de la ville et celles dont l'arrivée lui a été annoncée, après les avoir fait reconnaître par un sergent ou un caporal, qui se conforme aux règles suivantes :

Il se porte avec quatre hommes, deux au moins, à trente pas au-delà de la sentinelle la plus avancée et leur fait apprêter les armes. Si la troupe n'a déjà été arrêtée par la sentinelle, il lui crie : *Halte-là!* dès qu'elle est à portée de l'entendre. Lorsqu'elle s'est arrêtée, il lui crie : *Qui vive?* et quand il lui a été répondu : *France*, il crie : *Quel corps?* La troupe s'étant fait connaître, il l'informe qu'elle peut pénétrer dans la place, par l'avertissement : *Entrez quand il vous plaira.*

Lorsque des déserteurs étrangers se présentent au poste avancé, dans les places frontières, le chef de ce poste ne les laisse communiquer avec qui que ce soit; il les fait conduire au chef de la garde de la porte, qui les envoie sous escorte à l'état-major de la place.

Ouverture et fermeture des portes des places de guerre.

96. En temps de paix, les portes des places de guerre restent habituellement ouvertes jour et nuit.

Cependant, l'autorité militaire conserve la faculté de fermer, pendant la nuit, la totalité ou une partie de ces portes, toutes les fois qu'elle le juge nécessaire.

97. Lorsque, par application du paragraphe 2 de l'article précédent, il y a lieu, en temps de paix, de tenir closes, la nuit, les portes des places de guerre, on se conforme aux règles suivantes :

Les portes se ferment à huit heures dans les mois de novembre, décembre, janvier et février; à neuf heures, dans les mois de mars, avril, septembre et octobre; à dix heures, dans les mois de mai, juin, juillet et août. Dans tous les cas, le guichet reste ouvert jusqu'à l'heure fixée par le commandant de place, de concert avec l'autorité civile.

Une demi-heure avant la fermeture des portes, le tambour ou clairon de garde à la porte, et, à son défaut, un tambour ou clairon commandé pour ce service, monte sur le parapet du rempart; il y bat ou sonne la retraite. Cinq minutes avant la fermeture, il bat ou sonne le rappel.

Le portier-consigne, accompagné d'un soldat armé, va chercher les clefs chez le commandant de place. Un adjudant de place ou le secrétaire archiviste s'y trouve, pour les remettre au portier-consigne et pour les recevoir après la fermeture des portes. S'il n'y a point de portier-consigne, le chef de poste envoie un soldat sans armes accompagné d'un soldat armé.

Le portier-consigne, éclairé par un caporal tenant un falot et accompagné par des soldats de la garde portant leurs armes en bandoulière pour aider aux manœuvres nécessaires, ferme la barrière la plus avancée après qu'on a retiré les sentinelles extérieures; il ferme successivement les autres portes et barrières et fait lever les ponts-levis. La garde est sous les armes. Le chef du poste s'assure par le rapport du caporal que tout est exactement fermé.

Aussitôt après la fermeture des portes, le portier-consigne, accompagné comme il a été dit, rapporte les clefs chez le commandant de place.

L'ouverture des portes a lieu une demi-heure avant le lever du soleil. Les portiers-consignes se conforment, pour aller chercher les clefs et les reporter chez le commandant de place, aux prescriptions des paragraphes 4 et 6 du présent article.

Pour l'ouverture des portes, le portier-consigne est accompagné d'un caporal et des hommes nécessaires aux manœuvres. Jusqu'à leur rentrée, les gardes des postes sont sous les armes.

98. En temps de guerre ou dans des circonstances extraordinaires, le commandant de place se conforme rigoureusement pour l'ouverture, la fermeture des portes et l'exécution du service en général, aux prescriptions du titre IV, chapitre XXVII, articles 231 et suivants.

Rapport.

99. Tous les matins, à l'heure ordonnée par le commandant de place, les chefs de poste lui envoient un rapport relatant les faits et événements de toute nature qui se sont passés depuis qu'ils ont pris possession du poste ; ils entrent à cet égard dans des détails circonstanciés. Ainsi, si le poste a participé à des arrestations, le rapport fait mention des noms, prénoms, grades ou professions et demeures des personnes arrêtées, du motif de ces arrestations, de l'heure, du lieu où elles ont été faites, du lieu où ces personnes ont été conduites, etc.

Le rapport rend compte des punitions qui auraient été infligées aux hommes de garde, des mouvements de troupe qui auraient eu lieu aux environs du poste depuis la retraite jusqu'au réveil, des heures d'arrivée et de départ des piquets de renfort ou de surveillance qui seraient venus stationner au poste, etc.

Enfin les chefs de poste informent le commandant de place, dans un rapport spécial, de tout événement offrant quelque gravité et que l'autorité supérieure a intérêt à connaître sur-le-champ.

Le rapport est porté au secrétariat de la place par un sergent, si le chef de poste est officier ; par un caporal, si le chef de poste est sergent; par un soldat, si le chef de poste est caporal.

Punitions.

100. Pour des fautes légères, les hommes de garde sont employés, en dehors de leur tour, aux corvées du poste. On peut aussi leur infliger, à la descente de la garde, une des punitions déterminées par le règlement sur le service intérieur; il est défendu de les punir par des factions en dehors de leur tour.

Lorsqu'un homme de garde commet une faute grave, il en est rendu compte au commandant de place, qui le fait relever, s'il y a lieu.

Un homme de garde ne peut être arrêté dans un poste sans la participation du chef de poste.

Les fautes commises par les hommes de garde ont toujours un caractère particulier de gravité et doivent être réprimées sévèrement.

2° Devoirs des sergents et caporaux de garde qui ne sont pas chefs de poste.

Service du sergent de garde.

101. Le sergent de garde, sous les ordres d'un officier, surveille tous les détails du service et en assure l'accomplissement; il se porte partout où sa présence peut être utile; il ne s'écarte pas du poste lorsque l'officier en est lui-même éloigné.

En allant au rapport, il porte le registre du poste et les boîtes des rondes et des patrouilles; il les présente à la vérification du major de place; il rapporte au poste les marrons pour les rondes et les patrouilles, ainsi que pour la distribution du chauffage et de l'éclairage; il les remet au caporal de consigne, qui les donne au caporal de consigne de la nouvelle garde.

Le caporal ou le soldat qui, dans le cas prévu article 99, est envoyé au rapport, se conforme à ce qui vient d'être prescrit pour le sergent.

Service des caporaux de garde.

102. Lorsqu'il y a plusieurs caporaux dans un poste, le plus ancien est *caporal de consigne*. Les détails du service particulier dont il est chargé sont indiqués ci-après. Les autres se partagent entre eux la pose des sentinelles et la reconnaissance des rondes et patrouilles, de manière qu'ils aient un service égal à faire. Lorsqu'il n'y a qu'un caporal, il est chargé de l'ensemble du service.

Un caporal chef d'un petit poste peut, pendant le jour, se faire suppléer, pour la pose des sentinelles, par un soldat, choisi parmi les plus anciens, lequel n'en doit pas moins faire sa faction à son tour.

Le matin, les caporaux font balayer le corps de garde et les environs du poste par des hommes de corvée; ceux qui sont de garde aux portes font balayer, en outre, les ponts et le dessous des portes.

Caporal de consigne.

103. Le caporal de consigne est particulièrement chargé de veiller à la propreté et à l'entretien du matériel en service dans le corps de garde, tel qu'ustensiles, bancs, tables, planchettes de consigne et tous objets formant le mobilier du poste. Il est responsable de leur conservation.

En prenant possession du poste, il vérifie avec le caporal de consigne de la garde descendante si tous les effets énoncés dans l'inventaire affiché au corps de garde existent et sont en bon état; il s'assure également de l'état des portes, des fenêtres, etc.; il en rend compte au chef de poste.

Si des effets manquent ou sont dégradés, le chef du poste en informe le commandant de place, qui les fait sur-le-champ remplacer ou réparer aux frais du chef de poste de la garde descendante ou de qui de droit. Le caporal de consigne qui n'a pas rendu compte au chef de poste est seul responsable des effets manquants ou dégradés.

Dès que la garde a rompu les rangs, le caporal de consigne envoie chercher le chauffage et l'éclairage par des hommes de corvée; il leur remet le marron qui sert de bon pour la distribution, et le brancard, la brouette ou le panier destiné à transporter le chauffage. Les hommes de corvée sont en bonnet de police; ils conservent leur giberne comme marque de service.

Les corvées sont faites à tour de rôle, en commençant par les hommes qui doivent aller les derniers en faction.

Caporal de pose.

104. Le caporal de pose est responsable de la tenue des sentinelles, de leur exactitude à observer la consigne et à la transmettre aux sentinelles qui viennent les relever. Il est également responsable de la propreté et de la conservation des guérites et capotes de guérite.

Lorsque la garde est arrivée au poste, le caporal de pose, sur l'ordre du chef de poste, numérote les hommes, en commençant par ceux de la première file, pour déterminer les tours de faction (art. 80).

Il fait ensuite sortir la première pose, et la forme sur un rang en avant de la garde. Puis il va relever les sentinelles, de concert avec le caporal de pose de la garde descendante, en se conformant aux règles prescrites par l'article 106 ci-après.

Placement des sentinelles.

Elles ont le sac au dos ou le manteau en sautoir.

105. Les plus anciens soldats sont mis en faction devant les armes et aux postes les plus éloignés et les plus importants. Les jeunes soldats prennent les factions les plus rapprochées du corps de garde, pour qu'ils puissent être surveillés plus directement et instruits de leurs devoirs.

En règle générale, les sentinelles sont placées à telle distance qu'elles puissent être entendues du poste ou communiquer avec lui par les sentinelles intermédiaires.

Les sentinelles font faction avec le sac au dos (ou le manteau en sautoir), à moins que le ministre de la guerre (ou de la marine) n'en ordonne autrement.

Manière de relever les sentinelles.

106. Les sentinelles sont relevées de deux heures en deux heures, de jour comme de nuit ; elles le sont d'heure en heure lorsque la rigueur de la saison ou des circonstances particulières le font juger nécessaire au commandant de place ; dans ce cas, il en donne l'ordre au rapport.

Toutes les fois qu'un caporal doit aller relever les sentinelles, il fait sortir les soldats dont c'est le tour à marcher, en les appelant par leur numéro, les forme sur un rang et s'assure de la régularité de leur tenue et de l'état de leurs armes. Si, par exception, les armes doivent être chargées, il veille à ce qu'elles soient amorcées.

Il leur fait mettre l'arme au bras et les forme sur deux rangs, si le nombre des sentinelles est de quatre et au-dessus, se place à leur tête portant l'arme comme sous-officier, et les met en marche à une allure régulière. Il relève d'abord la sentinelle devant les armes, et successivement les autres, en commençant par les plus éloignées. Toutes, excepté la première, doivent le suivre jusqu'à son retour au poste.

A six pas de la sentinelle à relever, le caporal arrête ses hommes et leur fait porter les armes : la sentinelle se met également au port d'arme; le caporal s'avance avec la sentinelle, la place à gauche de l'ancienne et commande : *A droite et à gauche, présentez armes*. L'ancienne sentinelle donne la consigne ; le caporal la rectifie, s'il y a lieu, et ajoute les explications nécessaires. Il leur fait ensuite porter les armes et mettre l'arme au bras. Il fait reconnaître par la nouvelle sentinelle l'état de la guérite et de la capote de guérite. Il examine s'il n'a pas été mis dans la guérite, ou à côté, des pierres pour s'asseoir, et si les fenêtres n'ont pas été bouchées.

La sentinelle relevée se place à la gauche du peloton. Le caporal fait mettre l'arme au bras, commande : *En avant, marche!* et va relever les autres sentinelles.

Il ramène au poste, dans le même ordre, les sentinelles relevées; lorsque l'opération est terminée, il leur fait essuyer leurs armes, faire demi-tour à droite, présenter les armes et rompre les rangs; il rend compte au chef du poste.

Sentinelles d'augmentation.

107. A l'heure qui est prescrite par le commandant de place, le caporal prend les ordres du chef de poste pour placer, dans les lieux indiqués, les sentinelles d'augmentation pour la nuit; il les informe de ce qu'elles ont à faire ; il les retire pour l'ouverture des portes.

Sergents et caporaux détachés.

108. Les sergents et les caporaux détachés d'un poste rendent compte immédiatement au chef de ce poste de tous les événements qui peuvent intéresser le service ; ils lui envoient leur rapport le matin, assez tôt pour qu'il puisse le comprendre dans son rapport au commandant de place.

Dès que les postes détachés sont relevés, ils rejoignent le poste principal dont ils font partie.

3° Devoirs des sentinelles.

Devoirs généraux.

109. Les sentinelles ont toujours la baïonnette au canon ; elles peuvent mettre l'arme au bras, porter l'arme à volonté, ou avoir l'arme au pied ; elles ne doivent jamais la quitter, même dans la guérite ; lorsqu'elles sont dans le cas de se mettre en défense, elles croisent la baïonnette.

Elles doivent toujours garder une attitude militaire. Il leur est défendu de s'asseoir, de lire, de siffler, chanter ou fumer, de parler à qui que ce soit sans nécessité et de s'écarter de leur guérite à plus de trente pas. Elles ne souffrent pas qu'il soit fait des ordures ou des dégradations aux environs de leur poste.

Elles ne se laissent relever que par les caporaux du poste; elles ne répètent leur consigne ou n'en reçoivent de nouvelles qu'en présence du chef du poste, du sergent ou des caporaux.

Elles sont constamment attentives et observent, du plus loin qu'elles peuvent, tout ce qui se passe en vue de leur poste; à cet effet, elles ne restent dans leur guérite que pendant le mauvais temps. Elles en sortent toutes les fois qu'elles voient venir un officier général, le commandant de place, le major de la place, l'officier de visite des postes, une troupe quelle qu'elle soit, des autorités en corps, ou lorsqu'elles entendent du bruit.

Si, pendant la nuit, le mauvais temps les a forcées de se retirer dans leur guérite, elles en sortent lorsqu'elles entendent qui que ce soit approcher d'elles.

Alertes des sentinelles.

Les sentinelles ont trois alertes : le feu, le bruit, les honneurs.

Lorsqu'une sentinelle aperçoit un incendie, elle crie : *Au feu !*

Lorsqu'elle entend du bruit, voit commettre un délit ou du désordre, lorsqu'un individu est poursuivi par la clameur publique, etc., elle crie : *A la garde!* Ces cris sont répétés de sentinelle en sentinelle jusqu'au corps de garde ; le chef du poste envoie le sergent ou un caporal avec plusieurs soldats pour arrêter ceux qui troublent l'ordre, en se conformant aux prescriptions des articles 84, 85 et 86.

Pour rendre les honneurs, les sentinelles s'arrêtent,

font face en tête et portent ou présentent les armes lorsque le cortége ou la personne à qui ces honneurs sont dus est arrivé à cinq pas d'elles. Elles restent en position jusqu'à ce qu'elles aient été dépassées de cinq pas.

Les articles 338, 339 et 340 font connaître les circonstances dans lesquelles les sentinelles doivent porter ou présenter les armes ou régulariser leur position pour rendre les honneurs.

Sentinelles devant les armes.

Les sentinelles devant les armes crient : *Aux armes!* lorsqu'elles entendent battre la générale ou lorsqu'elles aperçoivent le Saint-Sacrement, une troupe armée, un officier général, le commandant de place, l'officier de visite des postes (article 129), toute personne ou tout corps constitué pour lequel la garde doit prendre les armes, conformément aux règles posées par le présent décret, articles 329 et suivants.

Les sentinelles reconnaissent les patrouilles, rondes et troupes armées, d'après les règles prescrites par les articles 120, 122, 126. Si la garde doit sortir sans armes, elles crient : *Hors la garde!* La garde sort sans armes et se forme comme à l'ordinaire. S'il arrive qu'une sentinelle ait besoin de se faire relever, elle crie : *Caporal, venez relever.*

Les sentinelles doivent protection, sans quitter leur poste, à tout individu dont la sûreté est menacée et qui se réfugie auprès d'elles.

Sentinelles pendant la nuit.

110. Pendant la nuit, et particulièrement dans les

circonstances prévues par l'article 92, les sentinelles ne se laissent pas approcher. A partir des heures fixées par les ordres de la place, elles crient : *Qui vive?* d'une voix forte, après avoir apprêté l'arme, à toutes personnes qui viennent à passer, et, lorsqu'il leur a été répondu, elles crient : *Au large*, pour les faire passer du côté opposé à celui qu'elles occupent.

Si, après qu'elles ont crié trois fois : *Qui vive?* on continue à s'avancer sans leur répondre, elles crient : *Halte-là !* Si l'on ne s'arrête pas, elles croisent la baïonnette et empêchent de passer.

Si, après que les sentinelles, qui ont leurs armes chargées, ont crié trois fois : *Qui vive?* on continue à s'avancer sans leur répondre, elles crient : *Halte-là !* et avertissent en même temps qu'elles vont tirer. Si, malgré cet avertissement, on continue à s'avancer, elles font feu et appellent la garde.

Sentinelles devant un magasin à poudre, à fourrages, sur le rempart, etc.

111. Les sentinelles placées devant les magasins à poudre, à fourrages, ou devant des établissements publics dont la garde comporte une surveillance particulière, reçoivent toujours des consignes spéciales détaillées. Il en est de même des sentinelles placées sur le rempart ou sur un autre point de la fortification. Elles empêchent de monter sur les parapets, talus, banquettes, etc., et veillent à ce qu'il n'y soit fait aucune dégradation; elles ne laissent entrer dans les ouvrages ou passer sur les glacis que les officiers ou agents militaires que leur service y appelle et les personnes munies de permissions écrites visées par le commandant de place.

Les sentinelles placées sur le terre-plein du rempart rendent les honneurs en faisant face à la personne qui passe. Celles qui sont sur le parapet ou placées à l'extérieur font face à la campagne.

Sentinelles aux portes.

112. Les sentinelles aux portes et aux barrières veillent à ce que les voitures n'encombrent jamais le passage. Avant de laisser entrer une voiture, la sentinelle de la barrière crie : *Arrête là-bas!* avis qui est répété de sentinelle en sentinelle jusqu'à celle de la porte de la place. Cette dernière sentinelle empêche alors toute voiture de sortir; et, s'il n'y en a pas entre les portes, elle crie : *Marche,* avis qui est répété de sentinelle en sentinelle jusqu'à celle de l'avancée, qui fait alors défiler les voitures. Pendant que les voitures du dehors entrent, la sentinelle de la porte fait ranger celles qui se présentent pour sortir, de manière qu'elles n'embarrassent pas le passage. Lorsque toutes les voitures arrivant sont entrées, la sentinelle de la porte crie à son tour : *Arrête.* Cet avis transmis à la sentinelle de l'avance, celle-ci répond : *Marche.* Alors la sentinelle de la porte fait mettre en marche les voitures qui veulent sortir, avec les précautions qui ont été indiquées ci-dessus.

Lorsqu'une voiture se casse sur un pont, la sentinelle la fait ranger de côté et en avertit le chef du poste; si la voiture est cassée de manière à obstruer la voie, le chef du poste fait interdire la circulation jusqu'à ce que le passage soit débarrassé. Lorsqu'une voiture occasionne une dégradation à un pont ou une porte, la sentinelle l'arrête, la fait ranger de côté et prévient le chef du poste.

Les sentinelles empêchent de trotter ou de galoper sur les ponts.

Sentinelle à l'avancée.

Dès que la sentinelle de l'avancée découvre une troupe, elle crie : *Aux armes!* Si, avant d'avoir été reconnue, la troupe s'approche, elle lui crie : *Halte-là!* Si, après que ce cri a été répété trois fois, la troupe continue à s'avancer, la sentinelle se retire derrière la barrière et la ferme, après avoir averti le chef du poste.

Sentinelles des gardes de police.

113. Les sentinelles extérieures des gardes de police sont assujetties aux mêmes devoirs généraux que les sentinelles des postes de la place.

Insulte envers une sentinelle.

114. Tout militaire, quel que soit son grade, ou tout autre individu, qui insulte ou frappe une sentinelle, doit être arrêté sur-le-champ et conduit au commandant de place, qui fait dresser une plainte et la transmet à l'autorité compétente.

Postes de cavalerie.

115. Toutes les prescriptions du présent chapitre sont applicables, par analogie, au service des postes de cavalerie, ainsi qu'il a été dit article 77. Les sentinelles ont le manteau en sautoir, à moins que l'autorité supérieure n'en ordonne autrement.

CHAPITRE XI.

Du mot et de la retraite.

Du mot.

116. Le mot se compose du mot d'ordre et du mot de ralliement.

Il est donné par le commandant de place, qui l'a reçu, par la voie hiérarchique, du général commandant la division.

Une demi-heure avant le coucher du soleil, le major de la place, après avoir pris auprès du commandant de place les mots d'ordre et de ralliement, envoie le mot de ralliement à ceux des chefs des postes qui sont chargés de le communiquer aux avancées et aux autres postes extérieurs; il se rend ensuite sur la place d'armes, et, au coucher du soleil, il fait battre à l'ordre par le tambour de garde. Les sous-officiers ou caporaux envoyés par les postes se forment en bataille d'après le rang que ces postes avaient entre eux en défilant; ils portent l'arme dans le bras droit; le major en fait l'appel par leur poste et leur commande: *A droite et à gauche formez le cercle!* Un caporal et le nombre d'hommes nécessaire sont détachés du poste de la place d'armes pour former un deuxième cercle faisant face à l'extérieur, à quatre pas du premier; ces hommes présentent les armes et empêchent qui que ce soit d'approcher.

Le major donne le mot à l'envoyé du premier poste, qui le donne à l'envoyé du second, placé à sa gauche, et ainsi de suite, jusqu'à ce que le mot soit rendu au major par l'envoyé du dernier poste. Si le mot n'est pas rendu exactement, le major le donne de la même manière une seconde fois ; il y ajoute les ordres relatifs aux patrouilles que les hommes doivent fournir pendant la nuit (art. 118), et fait rompre le cercle, au commandement de *rompez le cercle*. Les sous-officiers ou caporaux vont rendre aux chefs des postes le mot et les ordres donnés.

Les chefs des postes réunissent les sous-officiers et les caporaux de leur garde et leur donnent le mot.

Les caporaux donnent le mot de ralliement aux sentinelles.

Le major envoie le mot par un officier ou un sous-officier aux autorités civiles et militaires, aux officiers et fonctionnaires employés dans la place, en se conformant aux prescriptions de l'article 355.

De la retraite.

117. En règle générale, la retraite de la garnison dans les places de guerre est battue une heure après le coucher du soleil. Mais cette règle n'est pas absolue en temps de paix ; elle reste subordonnée aux saisons, aux circonstances, et dépend des ordres donnés par le général commandant la division.

Le commandant de place peut, lorsqu'il le juge utile, avancer ou retarder l'heure de la retraite ; mais il en rend compte au général commandant la subdivision et en informe l'autorité civile.

Les tambours, clairons et trompettes de la garnison sont conduits en ordre sur la place d'armes, un quart d'heure avant la retraite, par les caporaux tambours ou clairons, ou brigadiers trompettes, ou par le plus ancien tambour, clairon ou trompette ; ils se placent dans l'ordre des corps entre eux. Un des tambours-majors de la garnison, commandé à tour de rôle pour ce service, est présent. A l'heure fixée, les tambours font un roulement; après ce roulement, les clairons, puis les trompettes sonnent la retraite, ensuite les tambours la battent de pied ferme; après douze mesures battues, tous se divisent, et sont conduits en battant et sonnant jusqu'à leurs casernes, où les tambours battent douze mesures de pied ferme avant de se séparer.

Le commandant de place détermine les rues par lesquelles la retraite doit passer.

CHAPITRE XII.

Des patrouilles, des rondes et de la visite des postes.

Patrouilles.

118. Les patrouilles se font habituellement de nuit; il en est fait de jour lorsque les circonstances l'exigent. Elles marchent sac au dos. Elles parcourent l'intérieur de la place et le terrain militaire; le commandant de place peut les envoyer jusqu'aux limites de la garnison déterminées par l'article 145.

Le nombre des patrouilles et leur force sont réglés par le commandant de place, qui prescrit l'heure de leur départ et fixe leur itinéraire, en le modifiant souvent. Elles sont commandées, suivant les circonstances, par un officier, un sous-officier ou un caporal. Pendant la nuit, et quand l'objet qu'elles doivent remplir le fait juger nécessaire, elles peuvent être accompagnées par un agent de la police civile, qui marche à la droite du chef de patrouille.

Le major prescrit tous les jours, en donnant le mot,

les dispositions relatives aux patrouilles que les postes doivent faire pendant la nuit. Si la force des postes ne leur permet pas de fournir toutes les patrouilles, elles sont prises dans les piquets.

Les chefs de patrouille reçoivent, par les soins du major de place, des marrons sur lesquels sont inscrits le numéro et l'heure des patrouilles; ils sont tenus de les déposer dans des boîtes placées pour cet objet dans les corps de garde ou dans les guérites qui leur sont indiqués. Ces boîtes sont portées au secrétariat de la place avec le rapport du matin; le major en a la clef; il vérifie, au moyen des marrons, si les patrouilles ont été faites exactement et dans l'ordre voulu; il en rend compte au commandant de place.

Devoirs des chefs de patrouilles.

119. Les chefs de patrouille parcourent lentement, en bon ordre et en silence, le chemin qui leur a été tracé; ils ne peuvent s'en écarter que lorsqu'ils entendent du bruit dans les rues voisines ou aperçoivent un incendie. Dans le premier cas, ils se conforment aux prescriptions des articles 84, 85, 86 et suivants; dans le deuxième cas, ils se portent vers l'incendie pour maintenir l'ordre, après avoir fait avertir le poste le plus voisin. Ils se retirent quand les troupes de la garnison arrivent.

Les patrouilles arrêtent les militaires qu'elles trouvent sans permission dans les rues après la retraite, les sous-officiers qui sont rencontrés après l'heure fixée pour leur rentrée, et toutes personnes qui commettent des désordres, troublent le repos des habitants ou qui sont en contravention avec les lois ou règlements de police. Les uns et les autres sont déposés au corps de garde le plus voisin pour être, le lendemain, conduits à l'état-major de la place ou devant le commissaire de police, suivant leur qualité.

Les chefs de patrouille s'assurent de la vigilance des sentinelles; s'ils en trouvent en défaut, ils en préviennent le chef du poste auquel elles appartiennent.

A leur retour, ils rendent compte au chef de leur poste, qui fait entrer leur rapport dans celui qu'il adresse au commandant de place (art. 99).

Manière de reconnaître les patrouilles.

120. Lorsque la sentinelle placée devant les armes aperçoit une troupe armée, elle apprête son arme et crie : *Qui vive?* et lorsqu'il lui a été répondu : *patrouille*, elle crie : *Halte-là, caporal, patrouille!*

Un des caporaux de garde sort accompagné de deux hommes armés et d'un troisième portant un falot; il s'avance à quinze pas, laissant à quatre pas derrière lui son escorte, à laquelle il a fait apprêter les armes. Il crie : *Qui vive?* La patrouille ayant répondu, il crie : *Avance à l'ordre*, et croise la baïonnette. Le chef de la patrouille s'avance seul, les hommes qui l'accompagnent restant à l'endroit où ils ont été arrêtés par la sentinelle; il donne le mot d'ordre au caporal, qui lui rend le mot de ralliement, et qui se met en bataille avec son escorte pour le laisser passer : la sentinelle porte les armes.

Le caporal et les hommes qui doivent l'accompagner pour la reconnaissance des patrouilles et des rondes sont désignés à l'avance et se tiennent toujours prêts.

Si le mot d'ordre n'est pas celui qui a été donné, le caporal appelle la garde et conduit le chef de patrouille au commandant du poste. Celui-ci l'examine, et, s'il lui paraît suspect, il le fait arrêter, ainsi que les hommes qui l'accompagnent. Il en fait prévenir immédiatement le commandant de place.

Si la patrouille ne s'arrêtait pas au cri : *Halte-là!* la sentinelle le renouvellerait une seconde fois, et si la patrouille continuait à s'approcher, elle crierait : *Aux armes!* et croiserait la baïonnette; le poste sortirait et se mettrait en défense.

Les sentinelles qui ne sont pas devant les armes arrêtent également les patrouilles par le cri : *Qui vive?* après avoir apprêté l'arme. La réponse reçue, elles crient : *Halte-là, avance au ralliement,* et croisent en même temps la baïonnette. Elles reçoivent le mot de ralliement du chef de la patrouille, qui doit s'avancer seul, et ne le lui donnent jamais.

Les chefs de patrouilles entrent seuls au poste pour apposer leur signature sur la feuille du rapport. Ils y indiquent l'heure de leur passage au corps de garde et le nom du poste auquel ils appartiennent.

Rencontre de deux patrouilles.

121. Lorsque deux patrouilles se rencontrent, celle qui la première aperçoit l'autre crie : *Qui vive?* et s'arrête; l'autre répond et s'arrête aussi; la première crie : *Avance à l'ordre;* les chefs des deux patrouilles s'avancent seuls l'un vers l'autre; celui qui a crié le premier : *Qui vive?* reçoit de l'autre le mot d'ordre, quel que soit son grade, et lui donne le mot de ralliement. Les patrouilles se remettent en marche, et, en passant l'une auprès de l'autre, elles portent les armes.

Troupe armée passant de nuit à portée d'un poste.

122. Lorsque, pendant la nuit, une troupe passe à portée d'un poste, la sentinelle lui crie : *Qui vive ?* Le chef de la troupe répond en faisant connaître le corps auquel il appartient; la sentinelle crie : *Halte-là! aux armes! troupe.* Le chef du poste fait prendre les armes à la garde et envoie un caporal et deux hommes pour reconnaître la troupe; le caporal fait avancer à l'ordre, en se conformant, pour le placement de son escorte, aux dispositions de l'article 120, et, lorsque le chef de la troupe lui a donné le mot, il le conduit au chef du poste, qui l'examine. La troupe et la garde ont les armes portées.

Les sentinelles qui ne sont pas devant les armes arrêtent de même toute troupe passant à portée d'elles et font avancer son chef au ralliement.

Toutes les fois qu'une troupe sort des casernes pendant la nuit, l'officier qui la commande reçoit, par les soins du chef de coprs, les mots d'ordre et de ralliement; la troupe marche sans bruit de caisse ou de clairon.

Service de ronde.

123. Le commandant de place règle le nombre et l'espèce des rondes; il détermine les heures où elles doivent être faites, les postes d'où elles partent et ceux qu'elles ont à visiter. Lorsque l'étendue de la place en rend le parcours entier trop pénible, les rondes n'en suivent qu'une partie. Dans des cas extraordinaires, le commandant peut prescrire de doubles rondes qui, partant de points différents, se croisent en chemin.

Lorsque le petit nombre des officiers de compagnie présents rend le service des rondes trop pénible, les officiers pourvus d'emplois spéciaux peuvent être appelés à concourir avec eux pour ce service, par exception aux prescriptions de l'article 63. Les sergents-majors et les sergents-fourriers sont, en tous temps, commandés pour le service des rondes ; ils concourent avec les sergents et s'annoncent : *Ronde de sous-officier*.

Différentes espèces de rondes.

124. Il y a quatre espèces de rondes :

1° *Ronde simple*, de capitaine, lieutenant, sous-lieutenant ou sous-officier ;

2° *Ronde major*, du major de la place ou d'officier supérieur ;

3° *Ronde du commandant de place ;*

4° *Ronde d'officier général.*

Les officiers et sous-officiers de ronde reçoivent le mot de l'adjudant-major de semaine de leur régiment. Le poste d'où ils partent leur fournit un falot allumé. Les officiers le font porter devant eux par un soldat. Les sous-officiers le portent eux-mêmes et sont tenus de le rendre, leur ronde terminée. Les postes d'où partent les rondes sont pourvus de deux falots, afin qu'il en reste toujours un au corps de garde.

Les officiers généraux, le commandant de place, le major de place, les officiers supérieurs, commandés en certains cas pour le service de ronde, peuvent le faire à cheval. Les officiers généraux et le commandant de place, pour se faire reconnaître par les postes, ne sont pas tenus de mettre pied à terre.

Les officiers généraux peuvent se faire escorter par un caporal ou brigadier et quatre soldats, un autre soldat portant le falot; le commandant de place par deux soldats, un troisième portant le falot. La même escorte peut être donnée au major et aux officiers supérieurs de ronde, lorsque les circonstances le font juger nécessaire. Les escortes sont, sur la désignation du commandant de place, successivement relevées par les postes dont l'effectif le permet.

Devoirs des officiers et sous-officiers de ronde.

125. Les officiers et les sous-officiers de ronde suivent le terre-plein des ouvrages dans lesquels ils passent, et montent de temps en temps sur le rempart; ils examinent si les sentinelles sont toutes à leurs postes et si elles remplissent leurs devoirs; ils avertissent les chefs de poste des fautes ou des négligences qu'ils ont remarquées. S'ils découvrent des faits contraires au bon ordre, ils en préviennent le chef du poste le plus voisin, pour qu'il y pourvoie, et en font mention dans le rapport écrit qu'ils adressent au commandant de place le lendemain matin. Si ce qu'ils découvrent intéresse la sûreté de la place, ils en informent sur-le-champ les postes voisins et vont en rendre compte au commandant de place.

Les officiers et les sous-officiers de ronde sont tenus de signer le registre dans les corps de garde. Ils y indiquent l'heure de leur passage. On peut aussi placer dans certaines guérites des boîtes où ils déposent les marrons que le major de la place leur fait remettre.

Manière de reconnaître les différentes rondes.

126. Lorsque la sentinelle placée devant les armes a crié: *Qui vive?* et qu'il lui a été répondu: *Ronde d'officier* ou *ronde de sous-officier,* elle crie: *Halte-là! caporal,*

ronde d'officier ou *ronde de sous-officier*. Un caporal de la garde sort, accompagné de deux hommes armés et d'un troisième portant le falot; il se porte quinze pas en avant, plaçant son escorte comme il a été dit article 120, et crie : *Qui vive?* La ronde ayant répondu, il crie : *Avance à l'ordre!* et croise la baïonnette. L'officier ou le sous-officier de ronde lui donne le mot d'ordre, le caporal lui rend le mot de ralliement et se met en bataille avec son escorte pour le laisser passer; la sentinelle porte les armes. Si le mot d'ordre n'est pas celui donné par la place, le caporal conduit l'officier ou le sous-officier au chef de poste, qui l'examine et le fait arrêter s'il y a lieu.

S'il est répondu à la sentinelle : *Ronde major*, elle crie : *Halte-là! aux armes! ronde major!* La garde prend les armes sur-le-champ ; le chef du poste, après l'avoir formée et lui avoir fait porter les armes, se porte à quinze pas en avant, accompagné par un soldat portant le falot et suivi par un caporal et deux hommes armés, qui se tiennent à quatre pas derrière lui les armes apprêtées et qui, la ronde reconnue, vont reprendre leur rang. Le chef de poste crie de nouveau : *Qui vive?* et sur la réponse : *Ronde major*, il crie : *Avance à l'ordre!* Le major ou officier supérieur de ronde s'avance seul et donne le mot d'ordre; le chef du poste, le sabre ou l'épée à la main, lui rend le mot de ralliement; il lui présente la garde et lui fait son rapport. La sentinelle porte les armes.

La ronde du commandant de place et celles des officiers généraux s'annoncent : *Ronde du commandant de place* et *ronde d'officier général!* Elles sont reconnues et reçues de la même manière que la ronde major. La garde est au port d'armes, ainsi que la sentinelle.

Dans aucun cas, un officier de ronde ne peut passer l'inspection d'un poste dont le commandant a la supériorité du grade ou, à grade égal, l'ancienneté.

Rencontre de deux rondes.

127. Lorsque deux rondes se rencontrent, celle qui la première aperçoit l'autre, crie : *Qui vive?* et s'arrête ; celle-ci répond : *Ronde*, en désignant de quelle espèce, et s'arrête aussi ; la première s'annonce à son tour, et, lorsqu'elles sont à la même hauteur, celle qui la première a crié : *Qui vive?* reçoit le mot d'ordre et rend le mot de ralliement, de quelque espèce qu'elle soit.

La même règle s'applique à la rencontre d'une ronde et d'une patrouille.

Visites des postes. — Officier supérieur de jour.

128. Un officier supérieur est habituellement commandé pour la visite des postes pendant le jour ; il est dit officier supérieur de jour.

Les colonels, les lieutenants-colonels, les chefs de bataillon, les chefs d'escadron et les majors des troupes de la garnison, infanterie, cavalerie, artillerie et génie, roulent ensemble pour ce service ; les officiers supérieurs sans troupe, appartenant à l'état-major des armes spéciales, etc., en sont exempts, comme il a été dit à l'art. 73.

Le major de la place et, à son défaut, les adjudants de place peuvent faire également la visite des postes.

Le major de la place désigne l'officier supérieur de jour au rapport du matin.

A défaut ou en cas d'insuffisance d'officiers supérieurs, les capitaines peuvent être employés à la visite des postes.

Manière de reconnaître l'officier supérieur de jour. — Devoirs qu'il remplit.

129. Dès que la sentinelle devant les armes aperçoit l'officier supérieur désigné pour faire la visite des postes, lequel doit toujours être revêtu de l'insigne du service, elle crie : *Aux armes!* La garde se forme promptement ; le chef du poste la fait reposer sur les armes ; la sentinelle présente les armes.

L'officier supérieur de visite en passe l'inspection ; il s'assure qu'il ne manque personne et que les armes sont en bon état ; que chacun connaît ses devoirs et les remplit avec exactitude ; il reçoit le rapport verbal du chef de poste ; il s'assure que les sentinelles sont placées comme elles doivent l'être ; il leur fait répéter leur consigne en présence du chef de poste.

Il peut encore être chargé de visiter les prisons et les hôpitaux militaires. Dans ce cas, il se conforme aux prescriptions des articles 170 et 185.

Il adresse son rapport par écrit au commandant de place et le lui fait remettre le lendemain matin, à l'heure fixée ; dans des cas urgents, il le lui envoie sur-le-champ ou va le lui faire lui-même.

Dispositions générales.

130. Les officiers commandés pour faire les rondes, la visite des postes, celle des hôpitaux et des prisons, ne sont dispensés des devoirs du service ordinaire qu'autant que ces devoirs ne peuvent se concilier avec ceux du service de place.

Cette disposition est applicable aux sous-officiers commandés pour les rondes et les patrouilles.

DE LA POLICE MILITAIRE DANS LES PLACES.

CHAPITRE XIII.

Objet de la police militaire.

131. La police militaire s'exerce par le commandant de place ou, sous sa direction, par ses subordonnés, sur tout ce qui concerne l'ordre public, le service de la place, la garde des fortifications et des établissements militaires, la tenue et la police générale des troupes.

Officiers généraux, officiers, fonctionnaires et employés arrivant dans une place.

132. Les officiers généraux qui arrivent dans une place pour y séjourner en donnent avis au commandant de place. Ils le préviennent aussi de leur départ.

Les intendants généraux, les intendants divisionnaires, les inspecteurs du service de santé, se conforment à la même règle.

Les officiers supérieurs et autres, les sous-intendants militaires et adjoints se présentent chez le commandant de place à leur arrivée et à leur départ, à moins qu'ils ne soient d'un grade ou d'un rang supérieur au sien. Dans ce dernier cas, ils l'informent par écrit.

Les officiers d'administration, les employés et agents du département de la guerre, se présentent également chez le commandant de place à leur arrivée et à leur départ.

Les militaires de tout grade, fonctionnaires militaires, employés ou agents du département de la guerre (hors les officiers généraux, intendants généraux, intendants divisionnaires, inspecteurs du service de santé), quel que soit le motif de leur déplacement, doivent présenter à l'état-major de la place les titres dont ils sont porteurs. Inscription en est faite sur un registre particulier, avec indication du domicile du titulaire.

Ces dispositions sont applicables aux officiers généraux, supérieurs et autres, aux fonctionnaires et employés ou agents de l'armée de mer, excepté dans les places qui sont ports militaires.

Permissions.

133. Les permissions pour s'absenter de la place, que les chefs de corps ou de service accordent aux militaires ou agents sous leurs ordres, doivent être visées par le commandant de place, lors même qu'elles ne sont accordées que pour une nuit (art. 39, 5°).

Les chefs de service qui ne sont pas exclusivement attachés à la place dans laquelle ils résident informent le commandant de place lorsqu'ils ont à s'absenter. Ils le préviennent de leur retour.

Travailleurs en ville.

134. Les chefs de corps informent le commandant de place, par la voie du rapport, des permissions qu'ils accordent à des militaires sous leurs ordres pour travailler en ville, ainsi que du nom et de la demeure des habitants chez qui ces militaires sont employés. Ils l'informent également lorsque ces hommes reprennent leur service.

Obligation de l'uniforme.

135. Le commandant de place veille à ce que les mili-

taires de la garnison, quel que soit leur grade, soient toujours en tenue. Il donne lui-même l'exemple à cet égard.

Dans les places occupées par plusieurs corps, l'uniformité de la tenue, aux heures fixées par les règlements, est déterminée par un ordre du général commandant la subdivision.

Spectacle.

136. Le commandant de place intervient pour assurer les avantages de l'abonnement au spectacle aux officiers de la garnison qui voudraient en jouir, et pour que cet abonnement soit fait au plus bas prix possible.

Dans les places dont la garnison est nombreuse, le commandant de place prend les dispositions spéciales pour assurer, pendant les représentations théâtrales, le bon ordre et l'observation des règles de police intérieure par les militaires qui fréquentent le spectacle. Un officier est de service pour cet objet.

Cantiniers dans les casernes.

137. Il veille à ce que les employés chargés de la perception des droits dont les lois de finances rendent passibles les cantiniers non commissionnés par le ministre de la guerre, établis dans les bâtiments militaires, ne soient pas troublés dans l'exercice de leurs fonctions.

Maisons de jeu, cabarets, filles publiques.

138. Le commandant de place ne permet pas que les militaires de la garnison se livrent aux jeux de hasard. Lorsqu'il est informé qu'une maison de jeu est fréquentée par eux, il la signale à l'autorité civile.

Il peut aussi requérir la visite des auberges, cafés, cabarets et autres lieux publics, pour que les militaires n'y soient pas reçus après la retraite.

Toute fille publique rencontrée dans les casernes ou établissements militaires est arrêtée et remise à la police civile.

Le commandant de place a droit au concours de l'autorité civile pour toutes les mesures de recherche et de précaution, à l'égard des filles publiques, qu'exige le soin de la santé des hommes.

Déserteurs.

139. Dès qu'un militaire de la garnison est soupçonné de désertion, le chef du corps auquel il appartient envoie sur-le-champ son signalement au commandant de place, indépendamment de celui qu'il est tenu de faire remettre à la gendarmerie; le commandant de place prend les mesures nécessaires pour le faire arrêter.

Troupes consignées dans la place ou dans les casernes.

140. Lorsque les circonstances l'exigent, le commandant de place peut, de son propre mouvement ou sur la demande des chefs de corps, consigner aux portes les troupes ou une partie des troupes de la garnison; dans ce cas, les sous-officiers et les soldats consignés ne sortent de la place qu'avec une permission signée par le chef de corps et visée par le commandant de place.

Dans des circonstances graves, le commandant de place peut consigner dans les casernes la totalité ou une partie des troupes de la garnison.

Lorsqu'un chef de corps a jugé nécessaire de consigner au quartier son régiment en totalité ou en partie, il en informe sur-le-champ le commandant de place et lui en fait connaître les motifs.

Le commandant de place rend toujours compte de ces consignes au commandant de la subdivision ; hors le cas d'urgente nécessité, elles ne peuvent, sans l'autorisation de ce dernier, être prolongées au-delà de vingt-quatre heures, s'il s'agit d'un régiment ou d'un bataillon entier ou de plusieurs escadrons, ni au-delà de quarante-huit heures, s'il s'agit d'une compagnie, d'un escadron ou d'une batterie.

Cas d'alarme.

143. L'alarme, de quelque nature qu'elle soit, est annoncée par la générale (art. 213).

Toute troupe arrivant dans une place, soit qu'elle doive y séjourner, soit qu'elle ne fasse qu'y passer, reçoit du commandant de place des instructions relatives au rôle qu'elle doit remplir et aux postes qu'elle doit occuper en cas d'alarme.

A la générale, les officiers, les sous-officiers et les soldats sont tenus de se réunir sur-le-champ au corps dont ils font partie.

Chaque corps est formé immédiatement, et conduit avec armes et bagages à l'emplacement qu'il doit occuper.

Le commandant de place peut, en se conformant aux dispositions de l'article 213 du présent décret, faire battre la générale de jour ou de nuit, pour s'assurer de l'exécution des prescriptions de l'article 12 ; mais il ne doit user de cette faculté que très-rarement et avec la plus grande circonspection.

Distributions.

144. Le commandant de place assiste aux distributions toutes les fois qu'il le juge convenable.

Lorsqu'il y a plusieurs corps dans la place, le commandant de place règle, d'après les besoins du service, de concert avec le sous-intendant, les heures des différentes distributions. Chaque corps, autant que possible, est à son tour servi le premier. Quand l'un d'eux doit faire un mouvement, il est servi le premier, lors même que ce ne serait pas son tour. Si la distribution pour un corps est commencée, elle ne peut être interrompue par l'arrivée d'un autre qui aurait dû être servi avant lui.

Limites de la garnison.

145. Des poteaux portant pour inscription : « limite de la garnison, » sont plantés autour des places de guerre sur les routes qui y aboutissent. Ils déterminent la zone que les soldats de la garnison ne peuvent dépasser sans une autorisation du commandant de place, quand la place est déclarée en état de guerre.

Ces limites sont à la distance de 1,000 mètres à partir de la crête des chemins couverts les plus avancés. Toutefois, le général commandant la division a la faculté d'étendre ses limites jusqu'à 2,000 et 3,500 mètres, selon que la place est en première, deuxième ou troisième ligne, en ayant égard aux circonstances et aux localités.

DES PUNITIONS.

CHAPITRE XV.

Droits du commandant de place en matière de punitions.

150. Le commandant de place a, en matière de punitions, à l'égard des officiers, sous-officiers et soldats de la garnison, des gardes et autres employés de l'artillerie, du génie et des équipages, des officiers de santé, vétérinaires et chefs de musique des corps de troupe, tous les droits énumérés par le règlement sur le service intérieur, qui appartiennent à un officier supérieur chef de corps.

Lorsque le commandant de place est subordonné, conformément aux prévisions de l'article 4, il est en possession des mêmes droits à l'égard de ses inférieurs seulement.

L'épée d'un officier mis aux arrêts de rigueur ou en prison par ordre du commandant de place est portée chez celui-ci par un adjudant sous-officier du corps dont l'officier puni fait partie, et par un sous-officier désigné, si l'officier puni n'appartient pas à un corps de troupes.

Punitions infligées par les officiers de l'état-major de la place.

152. Les majors et les adjudants de place ont, en matière de punitions, quant à leur nature et à leur durée, tous les droits que le règlement sur le service intérieur attribue aux officiers de leur grade.

Lorsque les officiers de l'état-major de la place, les officiers et sous-officiers de la garnison employés dans un service de place, ont puni un militaire pour une infraction aux consignes générales de la police, ils en rendent compte au commandant de place. Celui-ci peut confirmer ou modifier la punition ; il peut même la faire cesser. Dans ce cas, il fait sentir à celui qui a puni l'erreur qu'il a commise et le charge de lever la punition. Il le punit lui-même, s'il est reconnu qu'il y a eu de sa part abus d'autorité.

Le commandant de place informe les chefs de corps des punitions infligées aux militaires sous leurs ordres.

Il rend compte au commandant de la subdivision des punitions infligées aux officiers pour fautes commises dans le service de la place ou contre les règles de la police générale de la garnison. Il provoque les punitions qu'il n'a pas le droit d'infliger.

Conformément aux prescriptions du règlement sur le service intérieur, tout supérieur qui inflige une punition à un militaire d'un autre corps en rend compte sur-le-champ au commandant de place, qui informe le chef du corps auquel appartient le militaire puni.

DES CONSEILS DE GUERRE ET DES EXÉCUTIONS.

CHAPITRE XVI.

Réunion des conseils de guerre. — Exécution des jugements.

153. Dans les places où siégent les conseils de guerre, le commandant de place est informé par le commissaire du gouvernement des jours et heures auxquels ils sont convoqués ; il fait commander les détachements nécessaires pour l'escorte des prévenus et pour la police des séances.

Lorsque les troupes de la garnison doivent assister, en totalité ou en partie, à l'exécution d'un jugement rendu par un conseil de guerre, le commandant de place, après avoir reçu les ordres du général commandant la subdivision, indique le lieu et l'heure de l'exécution, ainsi que le nombre d'hommes armés qui doit s'y trouver. Il prend toutes les mesures propres à assurer le maintien de l'ordre, et commander les détachements de gendarmerie et de troupes qui sont nécessaires.

Exécution à mort.

154. Si le condamné doit subir la peine capitale, l'exécution a lieu en présence des troupes de la garnison en armes. Le corps auquel appartient le condamné tient la droite; le plus ancien chef de corps prend le commandement.

Le condamné est amené sur le terrain par un détachement de cinquante hommes; il n'est pas porteur de ses insignes. Lorsqu'il arrive au centre des troupes, elles portent les armes, les tambours battent aux champs. Le commandant de place fait commander pour l'exécution un adjudant sous-officier, quatre sergents ou maréchaux des logis, quatre caporaux ou brigadiers et quatre soldats, pris à tour de rôle, en commençant par les plus anciens, dans le corps auquel appartenait le condamné, et, à défaut, dans le corps de même arme le premier dans l'ordre de bataille parmi ceux qui se trouvent dans la place. Dix de ces militaires sont placés sur deux rangs à dix pas du condamné, qui est à genoux, les yeux bandés; les deux autres sont en réserve. Le signal de faire feu est donné par l'adjudant, auquel un officier de l'état-major de la place en a fait connaître le moment.

Le commissaire du gouvernement, chargé de veiller à l'accomplissement des formalités prescrites par la loi, est présent à l'exécution; il est assisté par le greffier, qui en dresse le procès-verbal.

L'exécution terminée, les troupes défilent devant le mort et sont reconduites en ordre dans leurs quartiers. Le commandant de place donne les ordres nécessaires pour l'inhumation.

Condamnation aux travaux forcés, à la déportation, à la détention, à la réclusion, au bannissement et aux travaux publics.

155. Si le jugement porte condamnation à la peine des travaux forcés, à celle de la déportation, de la détention, de la réclusion, du bannissement ou des travaux publics, l'exécution a lieu à la parade. Le corps auquel appartenait le condamné s'y trouve en entier; il occupe la droite. Le condamné est amené par un détachement.

Tout militaire condamné aux travaux forcés, à la déportation, à la détention, à la réclusion ou au bannissement est dégradé à la parade, après que la lecture de son jugement a été faite par le greffier. Le commandant des troupes réunies pour la parade prononce à haute voix la formule de dégradation : « NN (nom et prénoms du condamné), vous êtes indigne de porter les armes; au nom du peuple français, nous vous dégradons. » Le plus ancien sous-officier du détachement qui a conduit le condamné lui enlève les insignes de grade et les décorations, s'il y a lieu, les épaulettes et tous les accessoires de l'uniforme qui sont des marques distinctives. Le condamné, conduit par un caporal ou brigadier et quatre soldats, passe ensuite devant le front des troupes, qui sont au port d'armes.

Tout militaire condamné aux travaux publics est conduit à la parade, revêtu de l'habillement des condamnés; il lui est donné par le greffier lecture du jugement; puis il passe devant le front des troupes, comme il vient d'être dit.

Les condamnés sont remis à la gendarmerie immédiatement après l'exécution des dispositions ci-dessus.

DE L'ÉTAT DE GUERRE.

TITRE IV.

CHAPITRE XXVI.

Déclaration de l'état de guerre.

Comment l'état de guerre est déclaré.

230. L'état de guerre est déclaré par une loi ou un décret, toutes les fois que la situation oblige à donner à la police militaire plus de force et d'action que pendant l'état de paix.

Il résulte, en outre, des circonstances suivantes :

1° En temps de guerre, lorsque la place est en première ligne, ou sur la côte, ou à moins de cinq journées de marche des places, camps et positions occupés par l'ennemi ;

2° En tout temps, quand on fait des travaux qui ouvrent une place ou un poste situé sur la côte ou en première ligne;

3° Lorsque des rassemblements sont formés dans le rayon de cinq journées de marche, sans l'autorisation des magistrats.

Le Ministre de la guerre est immédiatement informé.

DE L'ÉTAT DE SIÉGE.

TITRE V.

CHAPITRE XXIX.

Du service, de la police et de la défense dans l'état de siége.

Autorité du commandant supérieur.

249. Aussitôt que l'état de siége est déclaré, les pouvoirs dont l'autorité civile était revêtue pour le maintien de l'ordre et de la police passent tout entiers à l'autorité militaire.

L'autorité civile continue néanmoins d'exercer ceux de ces pouvoirs dont l'autorité militaire ne l'a pas dessaisie.

Le commandant supérieur ou commandant de place délègue, en conséquence, aux magistrats telle partie de ces pouvoirs qu'il juge convenable. Il exerce son autorité jusqu'aux limites du rayon d'investissement, ou jusqu'à celles que la déclaration de l'état de siége a déterminées. En proclamant cette déclaration, il fait connaître que tous les délits dont il ne juge pas à propos de laisser la connaissance aux tribunaux ordinaires seront jugés par les tribunaux militaires, quelle que soit la qualité des prévenus.

L'autorité du commandant supérieur s'étend à l'administration intérieure des corps et aux divers services. Les commandants des troupes, ceux de l'artillerie et du génie, les fonctionnaires de l'intendance militaire sont tenus de prendre toutes les mesures et d'exécuter tous les travaux qu'il prescrit.

Le commandant supérieur détermine, d'après les mouvements et les travaux de l'ennemi, et sans autre règle que ses instructions, le service des troupes de la garnison, des officiers de toutes armes employés dans la place, et des fonctionnaires de l'intendance militaire.

Il charge des détails relatifs aux différents services les officiers qu'il juge les plus propres à bien remplir cette mission; il confie la garde et la défense des ouvrages à ceux qu'il en croit les plus capables. Toutefois, il cherche à répartir également, entre les différents corps de la garnison, les travaux et les dangers; et, hors le cas de nécessité, il fait observer dans le service les règles prescrites par le présent décret.

Troupes n'appartenant pas à la garnison.

251. Lorsque des troupes se trouvent enfermées dans une place bloquée ou assiégée, sans faire partie de la garnison, le commandant supérieur en dispose et les fait concourir comme les autres troupes au service de la défense.

Ces troupes se rendent à leur destination dès que le blocus ou le siége est levé, et quand la position de l'ennemi permet qu'elles poursuivent leur route.

Service des troupes dans les places assiégées.

252. Dans une place assiégée, les troupes ont, autant que possible, deux tours de service.

1er *tour.*

Le premier tour comprend la garde des ouvrages du front d'attaque et les travaux de contre-approche et autres à exécuter sur le terrain qui en dépend. Un tiers de la garnison y est constamment employé.

2e *tour.*

Le second tour comprend la garde des ouvrages qui ne sont pas sur le front d'attaque, les travaux à exécuter partout ailleurs que sur ce front et les gardes de l'intérieur de la place; ces différents services sont faits par le second tiers de la garnison, qui se tient au bivouac dans les positions déterminées par le commandant supérieur.

Le dernier tiers se repose, et ne fait que les corvées de vivres et autres de même nature.

Dans le premier tour de service, les premiers à marcher sont de garde dans les chemins couverts; les suivants, dans les ouvrages extérieurs; ceux qui viennent après, dans les ouvrages du corps de la place; les derniers sont employés aux travaux. Les troupes de garde sont réparties sur le front d'attaque de la droite à la gauche, de manière que chaque corps tienne à son tour la droite. A cet effet, le corps qui se trouve à la gauche passe le lendemain à la droite, et chaque corps appuie à gauche. La droite est à la première place d'armes du front collatéral ayant vue sur les attaques. Les hommes descendant du premier tour de service sont immédiatement employés au second tour.

Dans le second tour de service, les premiers à marcher fournissent les gardes des ouvrages; les suivants, les gardes intérieures; les derniers restent au bivouac, prêts à fournir aux travaux hors du front d'attaque, aux sorties et aux services extraordinaires. Les troupes de garde du second jour sont également réparties dans les ouvrages hors du front d'attaque, de la droite à la gauche, en commençant à la place d'armes, qui se trouve immédiatement à la gauche des ouvrages gardés par les troupes du premier tour; chaque corps tient à son tour la droite.

Le service est commandé dans les corps d'après les mêmes règles que dans l'état de paix; on ne reprend pas les tours de service passés. Les gardes sont relevées toutes les vingt-quatre heures, les travailleurs toutes les douze heures; néanmoins, ces derniers peuvent être relevés de six heures en six heures; dans ce cas ils retournent au travail après six heures de repos, de manière à travailler toujours douze heures sur vingt-quatre. Ils ont constamment leurs armes auprès d'eux.

Les sergents-majors et les fourriers font le service comme les autres sous-officiers.

Lorsque la cavalerie fait le service à pied, elle prend la gauche de l'infanterie.

Responsabilité du commandement.

255. Le commandant d'une place de guerre ne doit jamais perdre de vue qu'il défend l'un des boulevards de la France, l'un des points d'appui de ses armées, et que,

de la reddition d'une place, avancée ou retardée d'un seul jour, peut dépendre le salut du pays.

Il doit rester sourd aux bruits répandus par la malveillance et aux nouvelles que l'ennemi lui ferait parvenir, résister à toutes les insinuations et ne pas souffrir que son courage ni celui de la garnison qu'il commande soient ébranlés par les événements.

Il ne doit pas oublier que les lois militaires condamnent à la peine de mort, avec dégradation militaire, le commandant d'une place de guerre qui capitule sans avoir forcé l'ennemi à passer par les travaux lents et successifs des siéges, et avant d'avoir repoussé au moins un assaut au corps de place sur des brèches praticables.

De la capitulation.

256. Lorsque le commandant supérieur juge que le dernier terme de la résistance est arrivé, il consulte le conseil de défense sur les moyens de prolonger le siége. Les articles 254 et 255 du présent décret sont lus à haute voix : les opinions des membres du conseil sont ensuite recueillies et consignées au registre des délibérations. Le commandant supérieur, le conseil entendu et la séance levée, prend de lui-même, en suivant l'avis le plus énergique, s'il n'est absolument impraticable, les résolutions que le sentiment de son devoir et de sa responsabilité lui suggère. Dans tous les cas, il décide seul de l'époque et des termes de la capitulation.

Jusque-là il a le moins de communication possible avec l'ennemi; il n'en tolère aucune. Il ne sort jamais lui-même de la place pour parlementer; il n'en charge que des officiers dont la fermeté, la présence d'esprit et le dévouement lui sont personnellement connus.

Dans la capitulation, il ne se sépare jamais de ses officiers ni de ses troupes, et il partage leur sort après comme pendant le siége. Il s'occupe surtout du soin d'améliorer le sort du soldat et de stipuler, pour les blessés et les malades, toutes les clauses d'exception et de faveur qu'il peut obtenir.

Récompenses accordées pour une défense honorable.

257. Tout officier commandant une place qui, après un siége, l'aura conservée contre les efforts de l'ennemi, ou qui, suivant la déclaration du conseil d'enquête, ne l'aura rendue qu'après l'avoir énergiquement défendue en homme d'honneur et en sujet fidèle, sera présenté au chef de l'État par le ministre de la guerre, pour recevoir, en présence des troupes, la récompense due à ses services. La même faveur sera accordée aux chefs de corps et de service et aux militaires qui se seront signalés dans la défense. Le ministre de la guerre hâtera l'échange de ceux qui seraient prisonniers, et, à leur retour, ils seront l'objet de la sollicitude du chef de l'État.

Tout officier commandant une place, tué sur la brèche, ou mort de ses blessures après une défense honorable, sera inhumé avec les honneurs spéciaux que le gouvernement déterminera; ses enfants seront présentés au chef de l'État pour être placés dans les institutions publiques; une pension spéciale sera accordée à sa veuve.

Les batteries et les ouvrages extérieurs des places de guerre recevront les noms des officiers commandants et des militaires sous leurs ordres qui se seront honorés dans la défense des places.

Les citoyens qui se seront distingués en concourant à

cette défense recevront également des témoignages publics de la satisfaction du chef de l'État.

HONNEURS MILITAIRES.

TITRE VII.

CHAPITRE XXXV.

HONNEURS A RENDRE PAR LES CORPS D'OFFICIERS ET LES PERSONNELS DES DIVERS SERVICES.

Visites de corps.

299. Les corps d'officiers des troupes de terre et de mer, les officiers sans troupes, fonctionnaires et employés de la guerre et de la marine, présents dans la localité, doivent des visites de corps :

Aux Maréchaux de France et Amiraux,
Généraux de division et vice-amiraux,
Préfets maritimes,
Intendants généraux inspecteurs,
Généraux de brigade et contre-amiraux,
Intendants divisionnaires,
Majors généraux de la marine qui ne sont pas contre-amiraux,
Inspecteur général des constructions navales,
Inspecteur général du service de santé (armée de mer),
Inspecteurs du service de santé (armée de terre),
Commandants de place

Aux Cardinaux, archevêques et évêques,
Premiers présidents des Cours d'appel,
Préfets,
Président de Cour d'assises.

Toutefois, l'obligation des visites de corps, aux officiers, fonctionnaires et employés des armées de terre et de mer, est subordonnée réciproquement à la restriction consacrée par l'article 300 ci-après :

Disposition spéciale.

300. Les corps d'officiers, les officiers sans troupe, fonctionnaires et employés de l'armée de terre, en ce qui concerne leurs obligations à l'égard des autorités maritimes, ne font de visites de corps qu'aux officiers généraux.

Chefs de corps ou chefs de service. — Officiers ou fonctionnaires en mission.

301. Les officiers, fonctionnaires et employés de la guerre et de la marine doivent des visites de corps aux officiers et fonctionnaires chefs de corps ou chefs de service, sous les ordres desquels ils sont directement placés, ou qui ont une mission des ministres de la guerre ou de la marine près du service dont ils dépendent.

Visite de corps faite en grande tenue. — Avis préalable.

302. Les visites de corps sont faites en grande tenue. Elles ont lieu après l'arrivée dans la place des personnes à qui elles sont dues, sur l'avis que ces personnes ont préalablement adressé à celle des autorités militaires ou maritimes qui a qualité pour donner les ordres nécessaires. Le lendemain de l'arrivée et la veille du départ

d'un corps de troupes, des visites sont également faites par le corps d'officiers (art. 197), dans les formes et aux heures indiquées par l'autorité militaire ou maritime.

Corps de passage dans une place.

303. Lorsqu'un corps de passage dans une place n'y doit pas séjourner, il ne fait pas de visites. Le chef de corps se présente seul chez l'officier général ou supérieur commandant sur les lieux, en tenue de route. Il est dispensé de cette visite, lorsque le corps ne fait que traverser la ville.

CHAPITRE XXXVI.

Honneurs à rendre par les troupes.

Le Saint-Sacrement.

307. Lorsque le Saint-Sacrement passe devant une troupe en armes, elle fait halte, si elle est en marche, et se forme en bataille. Les hommes dans le rang présentent les armes, mettent le genou droit à terre et portent la main droite à la coiffure. Les tambours et clairons battent et sonnent aux champs, les trompettes sonnent la marche. Tous les officiers saluent de l'épée ou du sabre. Les drapeaux et étendards saluent.

Troupes en marche.

322. Lorsqu'une troupe en armes en rencontre une autre, toutes les deux portent les armes; les tambours et clairons battent ou sonnent aux champs; les trompettes sonnent la marche; les commandants des deux troupes se font réciproquement le salut des armes; les drapeaux et étendards saluent.

Cet échange d'honneurs se fait sans arrêter la marche, et les deux troupes ne doivent pas s'attendre pour les rendre.

Elles prennent chacune leur droite. En cas d'encombrement, les troupes à cheval se rangent et laissent passer les troupes à pied.

Troupes passant devant un poste.

323. Lorsqu'une troupe en armes passe devant un poste, elle rend les honneurs la première, d'après les mêmes règles. Le poste se conforme aux dispositions de l'article 337.

CHAPITRE XXXVII.

Honneurs à rendre par les postes, gardes et piquets.

Le Saint-Sacrement.

327. La garde prend les armes ou monte à cheval, se forme en bataille, présente les armes, les tambours et les clairons battent ou sonnent aux champs, les trompettes sonnent la marche, les officiers saluent de l'épée ou du sabre, les hommes dans le rang (infanterie) mettent à terre le genou droit et portent la main droite à la coiffure.

Quand le Saint-Sacrement passe à la vue d'un poste.

Il est fourni du premier poste devant lequel passe le Saint-Sacrement deux soldats pour son escorte. Ils marchent l'arme dans le bras droit et sont relevés de poste en poste.

Les ministres, etc.

329. La garde prend les armes ou monte à cheval, se forme en bataille, porte les armes, les tambours et clairons battent ou sonnent aux champs, les trompettes sonnent la marche pour :

Les ministres,
Les maréchaux ou amiraux,
Une troupe en armes.

Cardinaux, généraux de division, vice-amiraux, archevêques et évêques, etc.

330. La garde prend les armes ou monte à cheval, se forme en bataille, porte les armes, les tambours, clairons et trompettes battent ou sonnent le rappel :

Pour les cardinaux,
Les généraux de division et vice-amiraux,
Les préfets maritimes,
Les archevêques ou évêques,
Le corps législatif,
Le conseil d'État,
La cour de cassation,
La cour des comptes,
Les cours d'appel,
} réunis en costume officiel.

Généraux de brigade et contre-amiraux.

331. La garde prend les armes ou monte à cheval, se forme en bataille, porte les armes, les tambours, clairons ou trompettes sont prêts à battre ou à sonner :

Pour les généraux de brigade et contre-amiraux.

Majors généraux de la marine, commandants de place, etc.

332. La garde prend les armes ou monte à cheval, se

forme en bataille, l'arme au pied ou le sabre au fourreau, les tambours, clairons ou trompettes sont prêts à battre ou à sonner :

Pour les majors généraux de la marine qui ne sont pas contre-amiraux,

Les commandants de place,

Les cours d'assises,

Les tribunaux de première instance,

Les tribunaux de commerce,

Les corps municipaux.

Préfets.

333. La garde prend les armes ou monte à cheval, porte les armes, les tambours, clairons et trompettes sont prêts à battre ou à sonner :

Pour le préfet, en costume officiel, lors de son entrée en fonctions, de ses tournées dans les villes du département, et lorsqu'il se rend avec son escorte à une cérémonie publique.

Toutes les fois qu'il sort de la préfecture en costume officiel, sa garde lui rend les mêmes honneurs.

Gardes de police.

334. La garde de police sort sans armes et se forme en bataille, quand le chef de corps passe devant elle. Elle prend les armes et rend les honneurs quand un officier général se présente pour visiter le quartier.

Piquets.

335. Les piquets, les gardes ou postes réunis accidentellement pour un service spécial (les gardes d'honneur

exceptées), se conforment, pour les honneurs à rendre, aux dispositions ci-dessus.

Gardes d'honneur.

336. Les gardes d'honneur ne rendent d'honneurs qu'au Saint-Sacrement, à la personne auprès de laquelle elles sont placées, à celles qui lui sont supérieures ou égales en rang, au major général de la marine et au commandant de place.

Troupes en armes.

337. Lorsqu'une troupe en armes passe devant un poste, la garde sort, se forme en bataille et porte les armes. Les tambours et les clairons battent ou sonnent aux champs, les trompettes sonnent la marche.

CHAPITRE XXXVIII.

Honneurs à rendre par les sentinelles, plantons, etc.

Présentation des armes.

338. Les sentinelles s'arrêtent et font face en tête pour rendre les honneurs, dès que le corps ou la personne à qui ils sont dus est arrivé à cinq pas d'elles. Elles restent dans cette position jusqu'à ce qu'elles aient été dépassées de cinq pas.

Elles présentent les armes :

Au Saint-Sacrement,

Au Chef de l'État,

Aux Ministres,

Aux députés du corps législatif,
Aux conseillers d'État,
Aux cardinaux, archevêques et évêques,
Aux maréchaux et amiraux,
Aux grands-croix
Aux grands-officiers } de la Légion d'honneur,
Aux commandeurs
Aux préfets maritimes,
Aux officiers généraux et supérieurs,
Aux intendants généraux inspecteurs, intendants et sous-intendants militaires,
Aux préfets,
Aux inspecteurs généraux, directeurs, ingénieurs en chef, ingénieurs des constructions navales et hydrographes de la marine,
Aux commissaires généraux, aux commissaires, commissaires-adjoints, inspecteurs en chef, inspecteurs adjoints des services administratifs de la marine,
Aux médecins et pharmaciens inspecteurs et principaux de l'armée,
A l'inspecteur général, aux directeurs du service de santé, aux officiers de santé en chef, professeurs du service de santé et chirurgiens principaux de la marine,
Aux examinateurs de l'école navale et des écoles d'hydrographie,
A l'aumônier en chef de la marine et aux aumôniers supérieurs de l'armée.

Port des armes.

339. Elles portent les armes :
Aux officiers et chevaliers de la Légion d'honneur,
Aux capitaines, lieutenants et sous-lieutenants,

Aux lieutenants et enseignes de vaisseau et aspirants de 1re classe de la marine,

Aux adjoints à l'intendance militaire,

Aux sous-ingénieurs de la marine (constructions navales et hydrographie),

Aux ingénieurs des travaux hydrauliques de la marine,

Aux sous-commissaires et aides-commissaires de la marine,

Aux médecins et pharmaciens-majors et aides-majors de l'armée,

Aux médecins et pharmaciens de 1re et 2e classe de la marine,

Aux mécaniciens en chef et principaux de 1re et 2e classe de la marine,

Aux officiers d'administration de l'armée,

Aux agents principaux des directions de travaux et des services administratifs de la marine,

Aux professeurs de l'école navale et des écoles d'hydrographie,

Aux vétérinaires de l'armée,

Aux aumôniers de l'armée et de la marine,

Aux trésoriers des invalides de la marine,

Aux interprètes principaux.

Immobilité sous les armes.

340. Les sentinelles gardent l'immobilité, la main dans le rang, l'arme au bras ou l'arme au pied :

Pour les adjudants d'administration,

Les aides-vétérinaires,

Les chefs de musique,

Les interprètes,

Les gardes et autres employés de l'artillerie, du génie et des équipages,

Les aspirants de 2e classe de la marine,

Pour les sous-officiers des armées de terre et de mer,

Les caporaux,

Les brigadiers,

Les quartiers maîtres de la marine,

Les soldats ou marins,

} décorés de la médaille militaire.

Plantons et ordonnances.

341. En passant près des officiers de tout grade, les sous-officiers, caporaux et soldats de planton ou envoyés en ordonnance, portent l'arme dans le bras droit sans s'arrêter.

CHAPITRE XLII.

Saluts.

358. Tout inférieur, dans l'ordre hiérarchique, doit le salut à son supérieur.

Dans le service, tout fonctionnaire ou employé doit le salut à l'officier revêtu de ses insignes qui est son supérieur ou égal en rang.

Les gendarmes, en raison de la nature de leur recrutement, ne doivent pas le salut aux sous-officiers, caporaux et brigadiers étrangers à leurs corps.

CHAPITRE XLIV.

Les honneurs rendus du lever au coucher du soleil.

386. Les honneurs militaires ne se rendent que du lever au coucher du soleil.

SERVICE EN CAMPAGNE.

ORDONNANCE DU 3 MAI 1832.

Droits au commandement.

TITRE Ier.

3. En cas de mort, de rappel, de démission ou d'absence temporaire, tout titulaire d'un commandement est provisoirement remplacé par l'officier le plus ancien dans le plus élevé des grades que comprend ce commandement.

Les officiers étrangers ne peuvent exercer ni titulairement, ni provisoirement, le commandement en chef d'une armée ou d'un corps d'armée.

Ils ne peuvent exercer le commandement d'une place forte, ou d'un poste de guerre, qu'à défaut d'officier français : si donc il s'en trouve dans la place ou le poste, le plus ancien dans le grade le plus élevé parmi eux, quel que soit ce grade, remplit les fonctions de commandant de place. L'officier étranger conserve d'ailleurs le commandement des troupes, s'il est supérieur en grade.

Les officiers étrangers peuvent exercer provisoirement le commandement des détachements dans lesquels des troupes des régiments français et des troupes des corps étrangers se trouvent réunies, mais seulement à raison de la supériorité de grade et jamais d'après leur ancienneté, le commandement, à grade égal, revenant toujours, dans ce cas, au plus ancien officier français de ce grade faisant partie du détachement. Quant au commandement par intérim des parties constituées des corps étrangers et au commandement provisoire des détachements uniquement composés de troupes de ces corps, tous les officiers en faisant partie concourent pour les exercer, à grade égal, d'après leur classement d'ancienneté et sans distinction d'origine.

Sont seuls considérés comme officiers français, les officiers nés ou naturalisés Français, qui sont pourvus de leur grade conformément à la loi du 14 avril 1832, sur l'avancement; les officiers français ou naturalisés Français servant au titre étranger sont assimilés, en toutes circonstances, aux officiers étrangers, et n'ont d'autres droits que ceux dont jouissent ces officiers.

Les dispositions qui précèdent sont applicables aux corps indigènes dans les limites posées par les ordonnances constitutives de ces corps.

Lorsqu'en conséquence de l'organisation de l'armée ou de dispositions éventuelles, soit du commandant en chef, soit d'un commandant de corps d'armée, d'aile ou de division, des troupes de cavalerie sont attachées à un corps ou détachement d'infanterie, le commandant de la cavalerie est, même à grade égal et quelle que soit son ancienneté, sous les ordres du commandant de l'infanterie; il ne prend le commandement qu'autant qu'il est supérieur en grade. Le commandant d'une troupe d'infanterie, attachée à un corps ou détachement de cavalerie, est soumis, sauf la même exception, aux ordres du commandant de la cavalerie.

Bases du service intérieur en campagne.

TITRE II.

Dispositions générales.

23. Les règles ordinaires sur le service intérieur des troupes sont observées en tout ce qui n'est pas contraire aux dispositions prescrites par la présente ordonnance.

Les rapports sur les événements de quelque importance sont transmis de suite par tout subordonné à son chef direct.

Service de semaine.

24. Les fonctions du capitaine de semaine se réduisent, en campagne, aux distributions; il prend, en conséquence, le titre de capitaine de *distributions;* les devoirs de police que lui assigne l'ordonnance sur le service intérieur sont alors remplis par le capitaine commandant la garde de police.

Aucun officier de semaine ne peut s'absenter du camp ou cantonnement, à moins d'en avoir obtenu la permission et de s'être fait remplacer.

Lorsque la situation des camps, cantonnements ou

bivouacs rend le service de semaine trop pénible, le colonel le modifie ou y substitue, avec l'autorisation du général, le service de jour.

Fixation des heures de service.

25. Le commandant d'un camp fixe les heures du réveil, des rapports, des appels, de la garde, de la soupe, du service des chevaux, des distributions, des corvées de propreté, etc.

Le même pouvoir est attribué à tout commandant de corps, de poste, de détachement isolé ou proche de l'ennemi.

Le signal du réveil est donné par le tambour de la garde de police du régiment qui est campé à la droite de la première ligne.

La corvée de propreté est surveillée par le lieutenant de la garde de police; les caporaux de semaine font balayer, par les hommes de corvée, les rues du camp et le front de bandière, jusqu'à quarante pas en avant des faisceaux.

A l'assemblée, les sergents de semaine réunissent, sur le front de bandière, les caporaux et soldats commandés de garde et de piquet, et les présentent à l'inspection des officiers de semaine. L'attention de ces officiers se porte particulièrement sur les armes et les munitions. Le capitaine de police surveille cette inspection.

Au rappel pour la garde montante, les gardes et le piquet se réunissent au centre du régiment, les gardes à vingt-cinq pas en avant des faisceaux, le piquet à douze pas en arrière des gardes; le chef de bataillon et les officiers de semaine sont présents. Après l'inspection, les gardes défilent au commandement du plus ancien capitaine de garde.

Le signal de la retraite est donné, comme celui du réveil, par les tambours du régiment placé à la droite.

Il est fait habituellement trois appels par jour : le premier une demi-heure après le réveil, le second à midi, et le troisième une demi-heure après la retraite. Les compagnies se forment sur le front de bandière ; elles sont sans armes aux appels du matin et du soir, en armes et sac au dos à l'appel de midi. Les officiers de semaine sont seuls tenus d'assister aux appels du matin et du soir ; mais, à l'appel de midi, tous les officiers doivent être présents.

Les appels sont rendus par les officiers de semaine au capitaine de la garde de police, ceux du matin et de midi verbalement, celui du soir par écrit.

Après l'appel du matin, les sous-officiers et les soldats prennent leurs armes aux faisceaux, les essuient, les mettent en état et les replacent aussitôt après ; les officiers de semaine surveillent ces détails.

A l'appel de midi, le chef de bataillon de semaine fait ouvrir les rangs ; les capitaines passent l'inspection de leurs compagnies. S'ils trouvent que des armes ont besoin de réparation, ils en font le rapport écrit à leur chef de bataillon qui le transmet sur-le-champ au colonel. Les sergents-majors commandent le service pour le lendemain.

A l'appel du soir, les officiers et les sergents de semaine font la visite des faisceaux. Si l'on prévoit un mauvais temps, le chef de bataillon de semaine ordonne de rentrer les armes dans les baraques.

Formation des ordinaires.

26. Chaque escouade forme un ordinaire; si l'effectif de la compagnie diminue, le nombre des ordinaires est réduit, de manière toutefois à ce que chacun d'eux comprenne de douze à seize hommes. Si la compagnie se divise pour cantonner, les hommes faisant ordinaire ensemble sont, autant que possible, réunis dans le même cantonnement.

Lorsqu'il est défendu d'aller à l'eau isolément, les sous-officiers de semaine réunissent les cuisiniers et les y conduisent en ordre.

Placement des officiers supérieurs.

27. Quand le régiment est divisé, le colonel réside près de la fraction que le général juge avoir le plus d'importance par sa force, par sa position ou par la nature des opérations qui lui sont confiées.

A moins qu'il n'en soit autrement ordonné, le lieutenant-colonel réside près de la fraction la plus nombreuse après celle que commande directement le colonel.

Les chefs de bataillon restent avec la partie de leur bataillon où leur présence est le plus nécessaire.

Major, officiers d'habillement et d'armement; ouvriers.

28. Les fonctions de major, en ce qui concerne la surveillance de la tenue des contrôles, des actes de l'état civil, de la comptabilité en deniers et en matières, sont remplies aux escadrons de guerre par un capitaine désigné à cet effet.

Le lieutenant d'armement est en même temps chargé de l'habillement.

Le maître armurier, les brigadiers tailleur, bottier, et sellier, suivent les escadrons de guerre, auxquels on attache, en outre, le nombre d'ouvriers *hors rang* qu'on qu'on juge nécessaire.

Indépendamment de la réparation des armes, le maître armurier est chargé de faire celle des ustensiles de cuisine. Il lui est accordé un ouvrier au moins par escadron.

Conservation des armes et munitions.

29. La conservation des armes et des munitions doit être l'objet de l'attention continuelle des capitaines ; ils veillent à ce que chaque soldat ait constamment son nécessaire d'armes et ses pièces de rechange.

Les cartouches des hommes allant aux hôpitaux sont données à ceux qui en manquent. Les balles des cartouches avariées sont retirées et remises à l'artillerie.

Les fusils qui doivent être déchargés le sont avec beaucoup de précautions.

Demandes de munitions.

30. Les demandes de munitions sont soumises par les colonels au général de brigade, puis, après l'approbation de celui-ci, au chef d'état-major de la division, qui prend les ordres du général divisionnaire et les transmet au commandant de l'artillerie.

Punitions.

31. L'épée ou le sabre d'un officier aux arrêts de rigueur se dépose chez le commandant du corps; l'épée d'un officier sans troupe, dans le même cas, est remise au chef d'état-major de la division.

Les arrêts sont gardés dans la tente ou baraque. Le poste avancé de la garde de police remplace la salle de police; la prison du quartier général supplée à celle de la place.

Il ne doit être consigné au poste avancé de la garde de police que les hommes punis pour fautes de simple discipline et qui, dans le cas d'une attaque, peuvent être renvoyés à leur compagnie.

Les hommes susceptibles d'être jugés par un conseil de guerre sont envoyés à la prison du quartier général et remis à la gendarmerie.

Des camps et des cantonnements.

TITRE III.

Camp de cavalerie.

42. Dans la cavalerie, chaque escadron a deux files de baraques, une par division.

Les baraques, quelle que soit leur dimension, ont leur grand côté parallèle au front de bandière, et leur ouverture sur la rue, à gauche de chaque file de baraques.

Les chevaux de chaque division sont placés sur une seule rangée, faisant face à l'ouverture des baraques; ils sont attachés par des cordes à des piquets plantés fortement en terre, à une distance de trois à six pas de la file des baraques de la division.

L'intervalle qui sépare les files de baraques doit être tel que, le régiment étant rompu en colonnes par division, chaque division de la colonne soit sur l'alignement de l'emplacement où doivent être attachés ses chevaux ; chaque intervalle forme une rue perpendiculaire. La deuxième rue de chaque escadron est plus large que la première, de tout l'intervalle qui doit séparer les escadrons en bataille. Cet intervalle reste toujours libre dans toute la profondeur du camp.

Les chevaux du second rang sont chacun à la gauche de leur chef de file. Les chevaux des lieutenants et sous-lieutenants sont à la droite des pelotons; ceux du capitaine-commandant, à la droite de la première division; ceux du capitaine en second, à la droite de la deuxième division.

L'espace qu'occupe un cheval est d'environ deux pas et demi (cinq pieds); le nombre des chevaux à placer dans une rangée détermine la profondeur du camp de la troupe et la distance entre les rangs de baraques; les fourrages se placent entre ces rangs.

Les cuisines sont à vingt pas en avant de chaque file de baraques.

Des sous-officiers des escadrons sont placés dans les baraques du premier rang. Les baraques du petit état-major, des ouvriers, des conducteurs des équipages, des cantiniers et des blanchisseuses, forment le dernier rang du camp de la troupe. La garde de police a son abri sur le même rang, vers le centre du régiment; ses armes sont posées contre l'abri.

Les baraques des officiers ont leur grand côté perpendiculairement au front de bandière; elles sont placées sur deux lignes, en arrière et sur le prolongement des files de baraques de la troupe, celles des officiers d'escadron à une distance de trente pas, celles des officiers de l'état-major à trente pas plus en arrière.

Les capitaines campent derrière la droite de leur escadron, les lieutenants et les sous-lieutenants derrière la gauche ; les chefs d'escadrons campent derrière un des escadrons soumis à leur commandement.

Le colonel campe derrière le centre du régiment, le lieutenant-colonel à sa droite, les adjudants-majors ensemble à sa gauche; l'adjoint au trésorier et le porte-étendard campent ensemble derrière un des escadrons de droite.

Les officiers de l'état-major ont leurs chevaux près de leurs baraques, sur le même alignement que ceux des escadrons.

Les chevaux à l'infirmerie sont placés sur une rangée à la gauche ou à la droite du régiment. Les hommes qui en prennent soin sont établis dans des baraques formant une file particulière ; l'artiste vétérinaire et ses aides occupent ensemble la dernière baraque, sur le rang de celles du petit état-major.

Les forges et autres voitures sont parquées en arrière de l'infirmerie.

Les chevaux des équipages et des cantiniers sont placés sur une ou plusieurs rangées, à hauteur des baraques de l'état-major et sur l'alignement de ceux de l'escadron de gauche ou de l'escadron de droite.

Le poste avancé de la garde de police est à deux cents pas environ en avant du premier rang de baraques, et habituellement vis-à-vis du centre du régiment. Autant que la configuration du terrain le permet, il est établi comme celui de l'infanterie. Ses chevaux sont placés sur une ou deux rangées.

Les latrines pour la troupe sont à cent cinquante pas en avant du premier rang de baraques ; les latrines pour les officiers à cent pas en arrière de la ligne des baraques de l'état-major. Les unes et les autres sont entourées d'une feuillée.

Bivouacs.

45. Les bivouacs sont établis de préférence sur des terrains secs, abrités, et à portée des ressources en vivres et en fourrages.

Dans les bivouacs d'infanterie, les feux sont établis en arrière de la ligne des faisceaux sur l'emplacement qu'occuperaient les baraques, si l'on était campé; les compagnies se placent alentour et, s'il se peut, construisent des abris.

Lorsqu'il y a lieu de craindre une surprise, on prend les armes à la pointe du jour. Si l'on doit démonter les armes pour les nettoyer, on ne le fait que successivement.

Infanterie dans les villages.

46. Quand l'infanterie est cantonnée dans les villages près de l'ennemi, les hommes sont réunis, autant que possible, dans les mêmes maisons, par compagnies entières ou par fractions constituées de compagnie. Au point du jour, il est fait un appel en armes.

Quand il y a dans le même cantonnement de l'infanterie et de la cavalerie, la cavalerie est plus particulièrement chargée de veiller à la sûreté du cantonnement pendant le jour, et l'infanterie pendant la nuit.

Cantonnements.

47. Lorsque les troupes se trouvent cantonnées en présence de l'ennemi, elles sont protégées par leur avant-garde et par des obstacles naturels ou artificiels.

Les cantonnements qu'on prend après une campagne ou pendant un armistice, doivent, autant que possible, être établis en arrière d'une ligne de défense, et en avant de positions sur lesquelles les troupes se concentreraient en cas d'attaque par l'ennemi.

Les commandants d'armée tracent l'arrondissement de chaque division; les généraux de division, celui de chaque brigade.

Les généraux de brigade assignent à chacun des régiments sous leurs ordres l'emplacement de ses bataillons.

Les généraux indiquent avec le plus grand soin les positions que doit occuper chaque corps sous leur commandement, dans le cas de rapprochement de l'ennemi ou d'apparence d'attaque.

Du mot d'ordre.

TITRE V

Ce que c'est que LE MOT.

54. *Le mot* est une expression qui varie chaque jour, et qui, chaque jour aussi, est communiquée aux patrouilles, rondes, reconnaissances, découvertes, postes et détachements, comme moyen de se reconnaître entre eux et d'éviter les surprises.

Le mot se compose de deux noms : le premier, qu'on appelle le *mot d'ordre*, doit être le nom d'un grand homme, d'un général célèbre ou d'un brave mort au champ d'honneur ; le second, qui est appelé *mot de ralliement*, doit présenter le nom d'une bataille, d'une ville, ou d'une vertu civile ou guerrière.

Le commandant de l'armée arrête une série de mots d'ordre et de ralliement, ou, s'il le juge convenable, forme *le mot* chaque jour. Le chef de l'état-major général l'adresse cacheté aux commandants des ailes, du centre, de la réserve de l'armée, et, s'il y a lieu, du corps d'armée, qui le transmettent aux commandants de division, ceux-ci aux commandants de brigade. Les chefs d'état major envoient aussi le mot aux commandants de l'artillerie, du génie, de la gendarmerie, à l'intendant ou sous-intendant, et aux commandants des quartiers généraux.

Les généraux de brigade donnent chaque jour le mot aux colonels et aux commandants des corps détachés, assez tôt pour qu'ils puissent parvenir aux postes avant la nuit.

Lorsqu'un corps de troupe est détaché à une distance trop grande pour que la correspondance soit prompte et facile, le mot est donné à ce corps par son commandant immédiat.

Il en est de même pour les places fortes occupées par l'armée, lorsque le quartier général est éloigné de ces places.

Comment le mot est donné dans les régiments et aux postes.

55. Dans les régiments, l'adjudant-major de semaine est chargé de communiquer le mot cacheté aux commandants des grand'gardes et des gardes extérieures, qui, à cet effet, lui envoient une ordonnance, ainsi qu'il est prescrit (article 86). Les chefs de ces gardes le transmettent verbalement aux petits postes qui sont sous leurs ordres.

Après la retraite, le mot est donné par l'officier supérieur de semaine aux officiers de service pour la nuit, aux adjudants-majors et adjudants, aux sergents de la garde de police et aux caporaux des postes qui en dépendent; tous sont réunis pour cet effet sur le front de bandière; la garde de police fournit le nombre d'hommes nécessaires pour former le cercle extérieur. Le chef de bataillon de semaine profite de cette réunion pour faire les recommandations qu'il croit convenables relativement au service des rondes, des patrouilles et des sentinelles pendant la nuit.

Perte du mot d'ordre.

56. Une instruction relative à l'interversion des mots d'ordre et de ralliement de la série, est donnée par le chef d'état-major général, pour le cas où cette série serait perdue ou tombée aux mains de l'ennemi. Dans ce double cas, l'officier général commandant rend compte sur-le-champ; il prévient, en outre, les commandants des troupes ou postes voisins.

Quand le mot d'ordre se perd à un avant-poste, ou qu'une désertion donne à craindre qu'il ne soit livré à l'ennemi, le commandant s'empresse d'en donner un autre; il avertit sur-le-champ les corps et les postes voisins, ainsi que les généraux.

De l'ordre à observer pour commander le service.

TITRE VI.

Service à pied dans la cavalerie.

63. Dans les troupes à cheval, les cavaliers démontés ou dont les chevaux ne sont pas disponibles sont commandés de préférence pour le service à pied. Les cavaliers montés et dans les rangs ne sont employés à ce service que dans le cas où les premiers ne se trouvent pas en nombre suffisant.

Tout brigadier ou cavalier commandé pour le service à pied dépose, avant de partir, et en présence du maréchal des logis de semaine, ou à défaut de celui-ci, en présence du maréchal des logis de peloton, ses effets de harnachement et son porte-mantean, prêts à être chargés. Le maréchal des logis veille à ce qu'en cas d'alerte les chevaux des cavaliers de service à pied soient conduits au lieu indiqué.

DE LA GARDE DE POLICE, DU PIQUET.

TITRE VII.

CHAPITRE Ier.

De la garde de police.

Composition de la garde de police.

68. Il est commandé tous les jours dans chaque régiment une *garde de police* composée de deux sergents, de quatre caporaux, de deux tambours, et d'un nombre de soldats suffisant pour fournir les sentinelles et faire les patrouilles que les localités et les circonstances rendent nécessaires. Les soldats sont pris dans toutes les compagnies, et, autant que possible, en nombre égal dans chacune.

La garde de police d'un régiment est commandée par un capitaine, ayant sous ses ordres un lieutenant ou un sous-lieutenant. Elle est de plus sous la surveillance du chef de bataillon de semaine. Son service est d'assurer l'ordre et de faire observer les règles de police.

On détache de la garde de police, pour former un poste avancé, un sergent, deux caporaux, un tambour, et un nombre de soldats, les premiers à marcher, suffisant à l'entretien du nombre de sentinelles et à la garde des hommes punis pour faute de simple discipline; les soldats sont, autant que possible, pris sur toutes les compagnies.

Si les quatre bataillons d'un régiment sont réunis pour

camper, il est formé deux gardes de police, l'une pour les deux bataillons de droite, l'autre pour les deux bataillons de gauche. Chacune de ces gardes est aux ordres d'un lieutenant ou d'un sous-lieutenant. Elles sont commandées par le capitaine de police, qui se tient habituellement au poste de la garde de police des bataillons de droite, et y passe la nuit. Elles détachent chacune un poste avancé.

Dans un bataillon détaché, la garde de police est composée de deux sergents, de trois caporaux, de deux tambours et du nombre de soldats jugé nécessaire; elle est commandée par un lieutenant ou un sous-lieutenant. Un sergent, un caporal, douze hommes et un tambour en sont détachés pour former le poste avancé. Un capitaine est commandé pour surveiller les appels et les détails dont est ordinairement chargé le commandant de la garde de police d'un régiment. Le service de ce capitaine compte au second tour.

La garde de police d'un régiment de cavalerie est, quant au nombre, la même que celle d'un bataillon; elle est aux ordres de l'adjudant-major de semaine. Si le colonel juge convenable, à raison de son importance, de la faire commander par un capitaine, ce capitaine est sous les ordres immédiats de l'officier supérieur de semaine. L'adjudant-major reste alors chargé des appels et des pansages. Une partie des cavaliers de la garde de police est successivement envoyée panser les chevaux.

Les hommes non montés sont employés de préférence à la garde de police; le poste avancé est toujours composé d'hommes montés.

Gardes d'écurie.

69. Il est commandé dans chaque escadron un brigadier pour surveiller les gardes d'écurie; son service commence à la retraite et finit au déjeûner des chevaux. Les gardes d'écurie sont commandés en nombre suffisant pour se relever de deux heures en deux heures. Le brigadier les appelle successivement dans leurs baraques. A la retraite, il fait barrer avec des cordes les rues du camp pour arrêter les chevaux lâchés.

Devoirs du commandant de la garde de police.

70. Le commandant de la garde de police est responsable du maintien de l'ordre et de la propreté dans le camp. Il fait faire par le tambour de garde les batteries et les signaux nécessaires; il reçoit les appels des compagnies; il dresse et porte au colonel le billet général d'appel du soir. Il en fait rendre compte verbalement par l'adjudant de semaine au lieutenant-colonel et au chef de bataillon de semaine.

La garde de police et le poste avancé rendent les mêmes honneurs que les autres gardes; ils prennent les armes lorsqu'une troupe armée s'approche.

Sentinelles; leurs consignes.

71. La garde de police d'un régiment de deux bataillons fournit dix sentinelles, savoir:

Une devant les armes,

Une à la baraque du colonel,

Trois devant le front de bandière, dont une près du drapeau,

Trois à cinquante pas en arrière des baraques des officiers supérieurs,

Une sur chaque flanc du régiment, dans l'intervalle qui le sépare des deux régiments voisins.

Si le régiment se trouve à la droite ou à la gauche de la ligne, il est placé une sentinelle de plus sur le flanc qui n'est pas couvert.

Les régiments de trois bataillons ont en plus deux sentinelles sur le front de bandière, et deux derrière les baraques des officiers supérieurs.

Outre les consignes générales, les sentinelles de la garde de police ont pour consignes particulières :

Celle du drapeau : de n'en permettre le déplacement qu'en présence d'un détachement ; de n'y laisser toucher que le porte-drapeau, ou le sergent de la garde de police lorsqu'il se présente avec deux hommes armés ;

Celle du chef du corps : de l'avertir, le jour comme la nuit, de tout mouvement extraordinaire dans le camp et hors du camp.

Les sentinelles placées sur le front, sur les flancs et en arrière, veillent à ce qu'aucun soldat ne sorte du camp avec un cheval ou un fusil sans être conduit par un sous-officier ou un caporal ; elles empêchent les sous-officiers et soldats de sortir pendant la nuit, si ce n'est pour aller aux latrines ; elles arrêtent de jour les individus suspects qui rôdent autour du camp, et la nuit quiconque cherche à s'y introduire, même les soldats des autres corps.

Les individus arrêtés sont conduits au capitaine de la garde de police, qui les interroge et les envoie, s'il y a lieu, à l'officier supérieur de semaine.

Détails de police.

72. A la retraite, le capitaine fait faire l'appel de la garde de police, et passe l'inspection des armes, afin de s'assurer qu'elles sont chargées et en état; le lieutenant se rend, pour le même objet, au poste avancé.

Le sergent, accompagné de deux soldats armés, plie le drapeau et le couche sur les chevalets plantés pour cet usage un peu en arrière des faisceaux. A l'appel du soir il passe chez les cantiniers, en fait sortir les sous-officiers et soldats qu'il y trouve, et exige que les feux des cuisines soient éteints.

Le chef de bataillon de semaine s'assure souvent la nuit, par lui-même, de la vigilance de la garde de police et du poste avancé; il prescrit les patrouilles et les rondes que doivent faire les officiers et les sous-officiers de ces deux gardes. Les officiers de garde en ordonnent eux-mêmes aussi souvent qu'ils le jugent nécessaire; ils visitent fréquemment les sentinelles.

Les hommes trouvés chez les cantiniers après l'appel du soir sont, ainsi que les cantiniers, conduits au poste avancé de la garde de police. Ces derniers sont sévèrement punis.

Au réveil, la garde de police prend les armes; le commandant de cette garde en passe l'inspection, le lieutenant inspecte le poste avancé; le sergent replante le drapeau à sa place habituelle.

Le commandant de la garde de police établit son rapport, où il comprend celui du poste avancé, et l'envoie au chef de bataillon de semaine.

Service du poste avancé de la garde de police.

73. Le poste avancé de la garde de police est sous les ordres du capitaine de cette garde. Les hommes qui le composent ne peuvent s'éloigner sous aucun prétexte; la soupe leur est portée au poste.

Dans un régiment de deux bataillons le poste avancé fournit pendant le jour quatre sentinelles, dont trois à quelques pas en avant du poste, vis-à-vis de la droite, de la gauche et du centre du régiment, et la quatrième devant les armes. Dans un régiment de trois bataillons, il est placé cinq sentinelles en avant du poste. Ces sentinelles sont établies de manière à pouvoir découvrir en avant d'elles, à la plus grande distance possible. Leur consigne est de ne laisser dépasser la ligne par aucun sous-officier ou soldat, d'avertir le commandant du poste de la marche de toute troupe qui se dirige sur le camp, et d'arrêter les personnes suspectes qui cherchent à y entrer; le sergent fait conduire ces personnes au commandant de la garde de police; il fait prévenir cet officier sur-le-champ, lorsqu'une troupe armée s'approche.

La sentinelle placée devant les armes surveille les prisonniers et ne les perd pas de vue; elle ne les laisse aller aux latrines qu'individuellement et sous l'escorte d'un soldat en armes.

A la retraite, le poste avancé prend les armes; le caporal place, sur le front du régiment, deux sentinelles d'augmentation.

Si, pendant la nuit, le service exige que quelqu'un dépasse les sentinelles, le capitaine de police le fait conduire sous escorte près du sergent du poste avancé, qui le fait accompagner par un caporal jusqu'en dehors de la ligne.

Au réveil, le poste avancé prend les armes; le caporal retire les sentinelles d'augmentation. Le sergent fait son rapport au lieutenant de la garde de police, lorsque celui-ci vient inspecter le poste.

Dans un bataillon détaché, le poste avancé de la garde de police fournit trois sentinelles, deux devant le front du bataillon et la troisième devant les armes; il ne fournit point, pour la nuit, de sentinelles d'augmentation.

Dans les régiments campés en seconde ligne, les sentinelles du poste avancé de la garde de police ont la même consigne que celles qui sont placées derrière les baraques des officiers supérieurs.

Petits postes détachés.

74. Lorsqu'il est jugé nécessaire de faire couvrir, pendant la nuit, le camp par de petits postes pour former une double enceinte de sentinelles, ces postes sont sous la surveillance du capitaine de la garde de police, qui lie leur service avec celui du camp, et les fait visiter par ses rondes et ses patrouilles.

Cas de marche.

75. Quand le régiment se met en marche, la garde de police rentre dans les compagnies, mais non le poste avancé.

Dans la cavalerie, à la sonnerie du boute-charge, le commandant de la garde de police envoie l'une après l'autre chaque moitié de cette garde seller et charger; quand le régiment est réuni, chaque cavalier rentre à son escadron.

Lorsque le campement précède le régiment, et que la nouvelle garde de police marche avec lui, elle se met en bataille, en arrivant au camp, à trente pas en avant du centre du terrain marqué pour le régiment; le capitaine fournit les postes et les sentinelles que lui demande l'officier qui conduit le campement; le poste avancé prend de suite sa position.

Hommes punis de la prison.

76. Le poste avancé de l'ancienne garde de police marche avec le régiment, entre le premier et le deuxième bataillon; il a la baïonnette au canon; les hommes punis de la prison marchent entre les deux rangs de ce poste; s'il y a des criminels qu'il n'ait pas été possible d'envoyer à la prison du quartier général, ils sont attachés et gardés particulièrement; un caporal marche derrière eux. En arrivant au camp, les prisonniers sont consignés au poste avancé de la nouvelle garde de police.

Des grand'gardes et autres postes extérieurs.

TITRE VIII.

Objet et composition des grand'gardes.

81. Les grand'gardes sont les postes avancés d'un camp ou d'un cantonnement : elles doivent en couvrir les approches.

Le nombre, la force et le placement des grand'gardes sont réglés par les généraux de brigade, et, dans un corps détaché, par l'officier qui commande ce corps. Autant qu'il se peut, les grand'gardes de cavalerie sont combinées avec les grand'gardes d'infanterie, celles-ci servant d'appui, les autres de sentinelles avancées. Quand la nature de la guerre et du pays le permettent, ou que l'affaiblissement de la cavalerie l'exige, on peut se borner à attacher des cavaliers aux grand'gardes d'infanterie, soit pour les faire concourir au service, soit pour avoir plus promptement des nouvelles de l'ennemi.

La grand'garde pour un régiment de cavalerie, est habituellement commandée par un capitaine; elle est composée d'un nombre d'officiers, de sous-officiers, de brigadiers et de cavaliers, fixé en raison de son objet, de la force du corps qui la fournit, et aussi du principe que quatre hommes sont nécessaires pour entretenir sans trop de fatigue une sentinelle.

Une connaissance plus approfondie du terrain, une appréciation plus exacte du nombre et de l'espèce des troupes opposées, de nouvelles données sur les projets de l'ennemi, enfin des considérations puisées dans la disposition d'esprit des habitants, peuvent autoriser à diminuer ou à augmenter le nombre et la force des grand'gardes, même après qu'elles ont été établies.

Surveillance du service des grand'gardes.

82. Indépendamment de la surveillance active exercée sur les grand'gardes par les officiers généraux, commandants de division ou de brigade, et par tout commandant de corps détaché, leur placement et la direction de leur service sont spécialement confiés, dans chaque régiment, au colonel et au lieutenant-colonel, et, en l'absence de ce dernier, à un chef de bataillon, secondé, quand il en est besoin, par les adjudants-majors. Dans

un escadron isolé, et dans un détachement, les grand'-gardes sont placées et dirigées par l'officier commandant le corps et par l'adjudant-major, ou, à défaut de l'adjudant-major, par l'officier qui en remplit les fonctions.

Le général ou l'officier commandant détermine, selon les circonstances, le mode de service des officiers qui doivent le seconder.

Un des officiers supérieurs de la brigade est désigné pour prendre le commandement des grand'gardes, lorsque leur nombre, le concours ou le mélange des différentes armes le font juger nécessaire; il s'établit au poste indiqué par le général.

Le général de division se fait seconder, dans la surveillance du placement et du service des grand'gardes, par des officiers d'état-major; mais le service extérieur devant être concentré dans chaque brigade, afin qu'il y ait régularité et responsabilité, ces officiers d'état-major se bornent à rendre compte au général de division; ils ne donnent des ordres que dans des cas urgents, et en l'absence de tout officier supérieur de la brigade chargé de ce service.

Réunion et départ des grand'gardes.

83. Les grand'gardes montent habituellement avec les autres gardes; cependant le général de brigade ou tout commandant d'un corps détaché peut, lorsqu'il croit indispensable de doubler les postes pendant les premières heures, les faire monter à la pointe du jour : alors elles s'assemblent et partent sans bruit; elles se font éclairer et fouillent le pays pendant leur marche; elles observent les mêmes précautions, le jour, lors de leur premier établissement, ou quand d'autres circonstances l'exi-

gent. Mais cette mesure de doubler les gardes affaiblissant les corps et fatiguant le soldat, on n'y doit recourir que très-rarement, et jamais quand on se prépare à marcher ou à combattre.

Les grand'gardes sont conduites à leur destination, la première fois, par le colonel ou le lieutenant-colonel, et par les adjudants-majors qui ont accompagné le général dans la reconnaissance du terrain, si le lieutenant-colonel n'a pu remplir lui-même cet important devoir.

Le poste une fois établi, le commandant d'une grand'-garde envoie à l'adjudant-major de semaine, autant de fois qu'il en est besoin, un homme de cette garde, pour servir de guide à celle qui doit la relever.

Le commandant d'un poste ne peut refuser de se laisser relever par une garde plus faible, ou dont le chef est d'un grade inférieur au sien; mais il ne se laisse point relever par une garde qui n'est pas du régiment ou de la brigade, si elle ne lui a pas été annoncée, ou si elle n'a un ordre écrit; si cette troupe lui est absolument inconnue, il ne la laisse point approcher qu'il n'en ait reçu l'ordre de son chef direct.

Placement des grand'gardes.

84. S'il n'y a pas de débouché qu'il faille principalement observer ou défendre, les grand'gardes sont établies, autant que les circonstances et les localités le permettent, au centre du terrain qu'elles doivent observer, dans quelque endroit couvert, élevé même s'il est possible, afin que l'ennemi ne puisse pas juger de leur force, et cependant soit aperçu de loin. On évite de les adosser à un bois, dans la crainte qu'elles ne soient enlevées. Quand les grand'gardes ont été placées de jour très-près

ou en vue de l'ennemi, il leur est assigné, pour la nuit, un poste plus en arrière; elles en prennent possession à la chute du jour. On doit encore les rapprocher des bivouacs, des camps ou des cantonnements dans les pays fourrés, coupés ou montagneux, surtout quand l'ennemi est favorisé par les habitants. Si l'on juge à propos de les tenir éloignées, on établit des postes intermédiaires.

Les grand'gardes étant principalement destinées à surveiller l'ennemi en avant de leur front, et leur liaison entre elles (que la ligne soit droite ou déviée) devant protéger leurs flancs respectifs, c'est au corps principal à fournir les postes intermédiaires de soutien et d'observation qu'exigeraient leur éloignement de ce corps, le débouché de vallées ou de bois sur leurs communications, enfin les ponts ou défilés qu'elles auraient à franchir en cas de retraite.

Les grand'gardes sont rarement retranchées, et ne peuvent l'être que sur l'ordre du général. Seulement, celles qui sont dans une plaine et exposées aux attaques de la cavalerie, peuvent se barricader, creuser un fossé en forme circulaire, ou se couvrir par des abatis.

Le général de division vérifie et rectifie, s'il le juge à propos, le placement et les consignes des grand'gardes. Il fait établir les postes qui lui paraissent nécessaires pour lier les brigades entre elles, ou pour couvrir leurs flancs extérieurs.

Petits postes.

85. Le premier soin du commandant d'une grand'garde, ainsi que des officiers généraux, colonels et lieutenants-colonels, est, dès qu'elle est placée, d'avoir des nouvelles de l'ennemi, puis de reconnaître sa position, les che-

mins, les débouchés, les défilés, les ponts et les gués par lesquels il peut arriver, et ceux par où il est possible d'aller à lui.

On détermine, d'après ces reconnaissances, la force des postes avancés ou *petits postes*, leur placement et celui de leurs sentinelles de jour et de nuit. Les petits postes sont commandés, selon leur degré d'importance, par des officiers, des sous-officiers ou des brigadiers; ceux de cavalerie peuvent, suivant les circonstances, être relevés toutes les quatre heures ou toutes les huit heures.

Le commandant de la grand'garde donne aux chefs des petits postes des instructions détaillées sur le service et la surveillance qu'exige leur position, et sur les dispositions qu'ils auraient à prendre pour la défense et la retraite. Les officiers généraux et supérieurs en usent de même à l'égard des commandants de grand'garde.

Le commandant de la grand'garde peut changer la position des petits postes, si cette mesure lui paraît urgente.

Lorsque les petits postes doivent, pour la nuit, changer leur position, ils ne quittent leur emplacement de jour pour prendre celui de nuit que quand la grand'garde est établie dans le sien, et que l'obscurité empêche l'ennemi d'apercevoir leur mouvement. Ils se retirent alors sans bruit et avec célérité, sous la direction d'un officier.

Dans les corps détachés, des petits postes, composés d'hommes intelligents, sont en outre, à la nuit, poussés au loin sur les chemins par lesquels l'ennemi peut arriver pour attaquer la position, pour la tourner ou pour couper la retraite. Ils sont placés de préférence sur l'embranchement de ces chemins; ils restent sans feu, se tiennent cachés, et changent fréquemment de position; ils ne sont point liés entre eux.

Ces postes annoncent l'approche de l'ennemi au moyen de signaux dont ils sont pourvus, ou, à défaut, au moyen d'indices dont il a été convenu. Ils se retirent sur des points qui leur ont été indiqués, et par des chemins qu'ils ont reconnus à l'avance. Au jour, ils rentrent à la grand'-garde.

Mot d'ordre dans les grand'gardes.

86. Tous les soirs, le commandant d'une grand'garde envoie un caporal ou un ancien soldat à l'adjudant-major de semaine, pour recevoir le billet contenant les mots d'ordre et de ralliement. Il les fait passer aux petits postes avant la nuit.

Si le mot d'ordre est égaré ou retardé, ou s'il a été surpris par l'ennemi, le commandant de la grand'garde s'empresse d'en donner un autre qu'il fait immédiatement connaître aux corps et aux postes voisins, ainsi qu'aux officièrs généraux.

Consignes.

87. Les grand'gardes ont des consignes relatives aux motifs particuliers pour lesquels elles sont placées; mais elles ont en tout temps une consigne qui leur est commune, et qui consiste :

A informer les postes voisins, le régiment et le général, de la marche et des mouvements de l'ennemi, ainsi que des attaques qu'elles ont à craindre ou qu'elles sont occupées à soutenir;

A examiner les personnes passant près d'elles, et particulièrement celles qui viennent du dehors; à arrêter les individus qui n'ont pas de passe-port d'un général connu, et les soldats, cantiniers ou domestiques qui cherchent à dépasser les avant-postes ; enfin à faire conduire devant le général, à moins qu'elles n'aient reçu l'ordre exprès d'agir autrement, les paysans qui se présentent au camp, même pour y apporter des vivres.

Toute garde extérieure prend les armes la nuit, pour les patrouilles, les rondes, et tout ce qui approche d'elle; il est donné à la sentinelle devant les armes la consigne nécessaire à cet effet.

Les postes avancés ne prennent les armes pour rendre les honneurs ou pour être inspectés, que lorsqu'ils ne risquent point d'être aperçus par l'ennemi.

Les grand'gardes reçoivent des consignes des officiers généraux et du chef d'état-major de la division ; du colonel, du lieutenant-colonel et de l'officier supérieur de semaine de leur régiment. Les commandants des grand'gardes doivent communication de ces consignes aux officiers de l'état-major de l'armée ou de la division; ils doivent la même communication aux adjudants-majors de leur corps qui la leur demandent. Ils fournissent en outre, à ces officiers, tous les autres renseignements qu'ils peuvent être à même de donner.

Les grand'gardes sont souvent chargées de la garde et de la direction des signaux que l'état-major fait établir sur des points élevés ; elles reçoivent à cet effet des consignes et des instructions spéciales.

Sentinelles et vedettes.

88. Les sentinelles et vedettes ayant pour objet principal d'observer l'ennemi et d'avertir de ses mouvements, on les place, sans toutefois interrompre la chaîne qui les

lie entre elles et avec leurs postes, sur des points d'où elles puissent découvrir au loin. Elles sont, autant que possible, dérobées à la vue de l'ennemi par des obstacles quelconques, dont elles ne dépassent le plan que de la tête. L'avantage d'observer et de ne pouvoir être vu ne doit cependant pas être sacrifié à celui d'apercevoir plus au loin. Il faut éviter de placer des sentinelles trop près de quelque lieu couvert où l'ennemi puisse se glisser pour les surprendre.

Les vedettes ont le fusil haut ou le pistolet à la main; cependant, pour ne pas s'exposer à donner une fausse alerte, une sentinelle ne tire que quand elle aperçoit très-distinctement l'ennemi; elle doit, alors même que toute défense de sa part serait inutile, tirer vivement pour avertir; le salut du poste peut en dépendre. Toute sentinelle fait feu sur quiconque passe à l'ennemi.

Si l'on est forcé de placer une sentinelle à une distance telle qu'elle ne puisse communiquer, le chef du poste détache, pour la fournir, un caporal et quatre hommes. Dans ce cas aussi, les sentinelles peuvent être doublées, afin que l'une vienne prévenir pendant que l'autre reste en observation. On peut encore suppléer pendant le jour à cette disposition par des signaux convenus d'avance pour annoncer l'ennemi. Pendant la nuit, les sentinelles sont placées de préférence dans les lieux bas, pour mieux distinguer ce qui vient d'en haut.

Pour alléger le service des rondes, et tenir pendant la nuit plus de monde sur pied, les sentinelles sont relevées toutes les heures. Il est souvent utile, pour éviter qu'elles soient surprises, que des signaux remplacent ou précèdent le mot de ralliement; les sentinelles de pose, les sentinelles volantes, les patrouilles, les rondes doivent alors frapper dans les mains ou sur une partie de l'armement, ou exécuter tout autre signal convenu.

Lorsque, pendant la nuit, une sentinelle entend quelqu'un s'approcher, elle arme son fusil, et crie : *Halte-là!* Si l'on ne s'arrête pas après qu'elle a crié une seconde fois, elle fait feu ; si l'on s'arrête, elle crie : *Qui vive?* Et lorsqu'il lui a été répondu : *ronde* ou *patrouille,* elle crie : *Avance au ralliement!* Si le chef de ronde ou de patrouille ne s'avance pas seul, s'il ne fait pas le signal convenu ou s'il ne donne pas le mot, la sentinelle fait feu et se replie sur le poste. Lorsqu'elle est placée devant les armes, et qu'il a été répondu au *qui vive,* elle crie *aux armes!* la garde se forme aussitôt et le brigadier va reconnaître.

Lorsqu'on veut dérober à l'ennemi la connaissance de l'emplacement des sentinelles, des signaux peuvent remplacer le *qui vive?* Dans ce cas, les sentinelles font les premières un signal, il leur est répondu par le signal convenu.

Lorsque les troupes n'ont pas l'habitude de la guerre ou que la quantité et l'espèce des troupes légères de l'ennemi l'exigent, les sentinelles peuvent être réunies par deux. Quelquefois encore, on les double pour qu'elles puissent se partager la surveillance de l'horizon, ou bien lorsqu'il doit y avoir un avis à faire parvenir, un individu à arrêter, etc. Dans ce cas, l'une des deux se détache, et la chaîne n'est pas interrompue. Cette mesure est nécessaire dans un terrain coupé, fourré, d'un aspect inégal, ou durant des nuits obscures et orageuses, qui favorisent les surprises. Pendant qu'une sentinelle observe, l'autre parcourt les sinuosités, les replis du terrain, les escarpements des chemins creux ; ces sentinelles mobiles sont appelées *volantes.* Des sentinelles volantes se croisent, lorsqu'il y a insuffisance d'hommes de garde pour observer toutes les issues.

Les commandants des grand'gardes visitent souvent les sentinelles, les déplacent ou en placent de nouvelles, selon qu'ils le jugent convenable; ils leur font répéter leur consigne, leur apprennent dans quelles circonstances et à quel signal elles doivent se retirer, et leur recommandent de ne pas se replier directement sur les petits postes, si elles se trouvent poursuivies, mais de n'y arriver que par un circuit, afin d'en tenir l'ennemi éloigné plus longtemps.

Vigilance pendant la nuit.

89. Les grand'gardes étant destinées à garantir les troupes auxquelles elles appartiennent d'attaques imprévues et de surprise nocturne, la moitié des hommes qui les composent veillent armés, pendant que les autres reposent, ayant leurs armes à côté d'eux. Les chevaux des grand'gardes de cavalerie restent bridés; les cavaliers ont la bride dans le bras, et doivent ne pas dormir.

Lorsqu'une grand'garde de cavalerie est établie dans un lieu dont l'accès du côté de l'ennemi est difficile, le général peut l'autoriser à faire manger ses chevaux pendant la nuit, en l'astreignant néanmoins à n'en débrider à la fois qu'un petit nombre; les cavaliers dont les chevaux sont débridés redoublent de surveillance pour les empêcher de s'échapper.

Une heure avant le jour, les grand'gardes d'infanterie prennent les armes, celles de cavalerie montent à cheval.

Dans les postes avancés, une partie des hommes reste pendant toute la nuit sous les armes ou à cheval.

Patrouilles, découvertes, rondes.

90. Le commandant d'une grand'garde règle le nombre, les heures et la marche des patrouilles et des rondes, selon la force de sa troupe et le besoin de multiplier les précautions. Ce besoin résulte de plus ou moins de facilité pour arriver sur le poste et pour l'assaillir, de la proximité plus ou moins grande de l'ennemi, des dispositions des habitants à son égard, et de toutes les circonstances qui peuvent le rendre audacieux ou circonspect.

Le commandant d'une grand'garde reconnaît luimême, accompagné de ceux qui doivent conduire les rondes et les patrouilles de nuit, les chemins que celles-ci doivent parcourir.

Les patrouilles marchent lentement, avec précaution et sans bruit; elles font de fréquentes haltes pour écouter; elles observent avec soin le terrain qu'elles explorent.

Les officiers et sous-officiers de ronde, chargés de s'assurer de la vigilance des postes et des sentinelles, sont accompagnés de deux ou trois hommes. Ils marchent, comme les patrouilles, avec lenteur et précaution, et observent tout ce qui peut intéresser les postes.

Au point du jour, les patrouilles doivent être plus fréquentes et ne plus se restreindre à parcourir les environs du poste. Elles marchent à la découverte bien qu'avec toutes les précautions possibles. Si elles sont attaquées, ou seulement rencontrées par l'ennemi, elles font feu et cherchent à arrêter sa marche. Pendant leur absence, les postes sont sous les armes ou à cheval.

Les patrouilles et les découvertes de cavalerie devant se porter au loin et fouiller le pays avec soin, avertissent les postes d'infanterie, dans l'intérêt de leur sûreté commune, de ce qu'elles ont observé Les patrouilles et découvertes du matin, tant d'infanterie que de cavalerie, ne reviennent qu'au grand jour. Ce n'est qu'à leur retour que les sentinelles de nuit sont retirées et que les postes reprennent leur position de jour.

Les patrouilles et découvertes se conforment à ce qui est prescrit au titre IX (des *Reconnaissances journalières*).

Lorsque le terrain permet de s'approcher des vedettes de l'ennemi sans en être aperçu, et que, pour un motif particulier, les patrouilles ont l'ordre de dépasser la chaîne des avants-postes, les petits postes et les sentinelles sont prévenus, et l'on prend les plus grandes précautions pour éviter une méprise au retour.

Les chefs de patrouille, à leur rentrée, rendent un compte exact de la configuration du terrain qu'ils ont parcouru, du plus ou moins de vigilance des postes ennemis, en un mot, de tout ce qu'ils ont observé. Le commandant de la grand'garde envoie un rapport à l'officier supérieur de semaine.

Par qui les postes peuvent être mis en mouvement.

91. Les généraux et leurs chefs d'état-major peuvent seuls, en dépassant les avant-postes, les déplacer et les employer.

Feux.

92. Lorsque les grand'gardes n'ont pu se placer derrière un mur, une éminence, un bois ou quelque autre rideau, elles masquent, du côté de l'ennemi, l'emplacement de leurs feux. A défaut d'autres moyens, elles les allument

dans des trous creusés à cet effet; on établit, en outre, à une certaine distance, des feux apparents qu'entretiennent des sentinelles volantes; on en établit encore, s'il est nécessaire, sur les passages que le défaut de monde empêche d'occuper; enfin on défend aux petits postes d'en allumer, si l'on a lieu de craindre que ces feux ne contribuent à les faire surprendre.

Comme il arrive quelquefois que, dans le but de tromper l'ennemi ou de se garantir d'être surpris, on doit éteindre subitement un feu, il est bon de tout tenir prêt, pour cet effet, un amas de terre, mouillée, s'il est possible.

Chevaux menés à l'abreuvoir.

93. Les chevaux sont conduits à l'abreuvoir avant d'aller prendre le poste de jour, et en prenant le poste de nuit. Quelquefois, dans les grandes chaleurs, ils y sont en outre conduits successivement pendant la journée. Lorsqu'on juge à propos de ne pas les débrider pour les faire boire, on leur lâche la gourmette et la muserolle. Pendant qu'une partie de la grand'garde est à l'abreuvoir, l'autre partie reste à cheval.

Quand la grand'garde a mis pied à terre, le commandant ordonne de faire manger les chevaux, mais successivement et de manière que, pendant qu'un certain nombre mangent, les autres restent bridés.

Les petits postes ne font boire qu'après être rentrés à la grand'garde.

Troupes se présentant aux avant-postes ; parlementaires.

94. Si, pendant la nuit, une troupe se présente à un

poste pour entrer au camp sans avoir été annoncée, le chef du poste ne la laisse passer que lorsque l'officier qui la commande est connu de lui ou bien porteur d'un ordre écrit; dans le cas contraire, il empêche la troupe d'approcher et il envoie le commandant, sous escorte, à l'officier supérieur de semaine; il fait avertir les chefs des postes voisins de se tenir sur leurs gardes.

Les trompettes et les parlementaires de l'ennemi ne dépassent jamais les premières sentinelles; ils sont tournés du côté opposé au poste et à l'armée; on leur bande les yeux, s'il en est besoin. Le commandant de la grand'-garde donne reçu des dépêches et les expédie immédiatement au général de la brigade; il congédie sur-le-champ le parlementaire.

Il est cependant des cas où le parlementaire doit être retenu temporairement, par exemple quand il a recueilli des renseignements qu'il importe de tenir cachés à l'ennemi, ou qu'il a surpris l'armée dans l'exécution de quelque mouvement.

Il est quelquefois utile de simuler sans affectation, à l'approche des parlementaires, des mouvements propres à les induire en erreur. On peut aussi interrompre précipitamment ces mouvements, comme si l'on avait à craindre d'en laisser pénétrer l'objet.

Déserteurs; gens suspects.

95. Les déserteurs, après avoir été désarmés aux avant-postes, sont conduits au commandant de la grand'garde, qui les interroge sur tout ce qui peut intéresser la sûreté de son poste. S'ils se présentent la nuit en grand nombre, le chef de la garde avancée ne les laisse approcher que successivement et avec précaution. Le com-

mandant de la grand'garde leur assigne une place à quelque distance de son poste et les fait surveiller. Au jour, il les envoie au commandant du camp ou cantonnement le plus voisin. Celui-ci les fait conduire devant le général de brigade qui, après les avoir questionnés, ordonne leur départ pour le quartier général de la division.

Les postes en arrière doivent, comme les postes avancés, et dans les mêmes cas, arrêter tous les étrangers; le commandant du poste fait fouiller en sa présence ceux qui lui paraissent suspects.

Conduite en cas d'attaque par l'ennemi.

96. Aussitôt qu'une grand'garde se trouve attaquée ou est menacée de l'être, elle fait prévenir le général de brigade et le chef du corps dont elle dépend.

Dès que l'ennemi marche pour l'attaquer, elle doit le prévenir, s'il n'est pas trop en force, si elle ne risque pas de se compromettre, si elle n'est pas dans un poste fermé ou sur un défilé qu'elle ait ordre de défendre; dans le cas contraire, elle doit prendre les positions, et exécuter les mouvements les plus propres à retarder la marche de l'ennemi, remplissant ainsi occasionnellement la destination de tirailleurs. Elle combat, réunie ou éparse, selon les localités ou l'espèce de troupe qui l'attaque; enfin elle rentre à son corps dès qu'il est en ligne ou que des troupes sont arrivées en nombre suffisant sur le terrain qu'elle défend.

Postes retranchés.

97. Dans une armée, on ne doit pas retrancher un poste, à moins qu'on ne soit dans des dispositions purement

défensives, qu'on n'ait à couvrir des parties faibles ou qu'on refuserait, ou des points que l'ennemi ne pourrait éviter, soit en attaquant, soit en poursuivant; qu'on ne fasse une guerre de montagne, etc. Tout poste retranché est donc lié aux opérations de l'armée, et entre dans le plan du général qui la commande.

Tout retranchement qui exige de l'artillerie est considéré comme un poste. Il lui est assigné une garde et un commandant particulier. On ne peut l'établir dans une armée en ligne, que sur l'ordre du commandant en chef, du général commandant l'aile, ou du général de division. Le général qui prescrit l'établissement d'un poste retranché donne au commandant une instruction détaillée sur la défense; il détermine les circonstances où cette défense doit cesser.

Le commandant, après avoir reconnu l'intérieur et l'extérieur de son poste, répartit le service et donne les instructions nécessaires.

Dans les temps de brouillard, il redouble de surveillance; il change les heures et la direction des patrouilles et des rondes.

Il refuse l'entrée de son poste aux parlementaires, aux déserteurs et aux étrangers. S'il doit laisser passer un parlementaire à portée, il lui fait bander les yeux. Il ne laisse pénétrer la garde qui doit le relever, ou toute autre troupe, qu'après l'avoir fait soigneusement reconnaître hors de son poste.

Dès qu'un poste retranché est attaqué, le commandant doit agir de lui-même sans attendre d'ordre ni tenir de conseil.

Lorsque, par suite de l'emploi de toutes ses munitions, soit de guerre, soit de bouche, ou de la perte de la majeure partie de sa troupe, le commandant est dans l'impossibilité de prolonger sa défense, il encloue les canons et cherche à regagner l'armée en surprenant de nuit ou en traversant de vive force les postes ennemis.

Tout commandant d'un poste retranché justifie, à son retour, de sa défense et de la nécessité de sa retraite. Le général en chef convoque, s'il y a lieu, un conseil d'enquête.

Des détachements.

TITRE IX.

Ordre de marche dans les détachements mixtes.

102. Les détachements observent en marche les précautions et l'ordre prescrits pour les corps, et détaillés au titre *des Marches.*

Si le détachement est composé d'infanterie et de cavalerie, les deux armes sont combinées de manière à pouvoir se prêter un appui mutuel. Dans les marches de jour et dans les pays de plaine, la cavalerie fournit l'avant-garde, l'arrière-garde et les éclaireurs sur les flancs ; elle tient habituellement la tête du corps principal. Dans les pays montueux ou couverts, et dans les marches de nuit, l'avant-garde et l'arrière-garde sont fournies par l'infanterie, qui à son tour prend la tête du principal corps; dans ce cas, quelques cavaliers précèdent l'avant-garde et suivent l'arrière-garde, pour avertir rapidement.

Quand le commandant d'un détachement n'a pas reçu le soir de mot d'ordre, il en donne un à sa troupe pour le service de nuit.

Autorité des commandants de détachement et comptes à rendre.

103. Les commandants de détachements ont la même autorité que les chefs de corps pour la police, la discipline et le service des troupes sous leurs ordres. Ils peuvent suspendre les sous-officiers, ainsi que les caporaux ou brigadiers, et en provoquer la cassation. Ils adressent à ce dernier effet leurs rapports au commandant du régiment et prennent ses ordres. Ils sont responsables du bon ordre dans les marches, dans les camps ou les cantonnements, de l'établissement ainsi que de la sûreté de la troupe, et, jusqu'à un certain point, du résultat des combats qu'ils peuvent avoir à livrer ou à soutenir. Ils sont autorisés à se retrancher au besoin, en se servant de tous les moyens que les localités peuvent leur fournir ; ils doivent éviter les dégradations qui ne sont pas indispensables.

A la rentrée d'un détachement, le commandant rend compte au général de la division, si c'est un détachement de division ; au général de la brigade, si c'est un détachement de brigade ; au colonel, si c'est un détachement de régiment, et ainsi de suite. Dans tous les cas, les commandants de détachement rendent compte à leur chef immédiat de ce qui intéresse la police, la discipline ou l'administration.

Des reconnaissances.

TITRE X.

Définition des reconnaissances.

104. Tout mouvement de troupes ayant pour objet de

découvrir ou de vérifier un ou plusieurs points relatifs à la position, aux mouvements de l'ennemi ou à la topographie du théâtre de la guerre, est une reconnaissance; on distingue trois sortes de reconnaissances : les reconnaissances journalières, les reconnaissances spéciales et les reconnaissances offensives.

Objet des reconnaissances journalières.

105. La sûreté des camps, des cantonnements, des postes avancés, exige des reconnaissances journalières. L'objet de ces reconnaissances est de s'assurer si, à la faveur de terrains couverts, coupés, montueux ou d'autres circonstances de localité propres à favoriser un mouvement offensif ou une embuscade, l'ennemi ne peut préparer une surprise; si ses avant-postes n'ont été ni augmentés, ni mis en mouvement, et si, dans ses camps ou bivouacs, il ne se passe rien qui annonce des préparatifs de marche ou d'action.

Service des reconnaissances journalières réglé par brigade.

106. Le service des reconnaissances journalières rentre dans celui de chaque brigade; il est réglé par le général commandant la division, si les brigades sont contiguës, et par le général de brigade, si les brigades campent isolément ou en arrière de localités qui exigent des reconnaissances séparées.

Ce service se fait en outre, mais avec moins d'extension, comme découvertes et patrouilles, d'après les ordres des officiers qui commandent les grand'gardes, et par des troupes qui en sont tirées.

Composition des reconnaissances journalières.

107. Les reconnaissances et découvertes journalières doivent employer peu de monde. Elles se composent, selon la nature du pays et la situation respective des forces opposées, d'infanterie ou de cavalerie, mais autant que possible de troupes des deux armes.

Leur fréquence, leur force et le moment de leur sortie dépendent principalement de la nature des localités, de la distance et de la position de l'ennemi. En général, on doit ne pas les prodiguer, et surtout ne pas les recommencer aux mêmes heures, ni par la même route. On peut les faire faire le soir, afin de s'assurer si l'ennemi n'est point en mouvement et ne s'établit pas à proximité dans quelque pli de terrain ou dans quelque bois.

La cavalerie est seule chargée des reconnaissances de plaine; les reconnaissances de lieux montueux et boisés se font par de l'infanterie, plus quelques cavaliers, pour transmettre les nouvelles urgentes. Quant la reconnaissance doit être conduite à travers un pays varié, on peut faire marcher conjointement les deux armes : la cavalerie pour protéger en plaine la retraite de l'infanterie, l'infanterie pour assurer par l'occupation d'un défilé ou d'un point culminant la retraite de la cavalerie.

Précautions à observer.

108. Dans les reconnaissances ou découvertes, on observe les indications ci-après :

On place des postes ou des ordonnances échelonnés, afin de transmettre promptement les nouvelles aux grand'gardes, qui les font parvenir au camp.

Les reconnaissances n'étant, en quelque sorte, que des grand'gardes mobiles, destinées non à combattre, mais à voir et à observer, elles évitent de se compromettre et marchent avec précaution.

Elles sont précédées, à environ deux cents pas, par une avant-garde d'une force proportionnée à la leur.

Des éclaireurs choisis parmi les cavaliers les mieux montés et les plus propres à ce genre de service, et, autant que possible, parlant la langue du pays, précèdent l'avant-garde et flanquent la reconnaissance ; ils doivent rarement s'écarter, pendant le jour, au point de perdre de vue leur détachement.

Il ne faut pas que deux éclaireurs gravissent ensemble une éminence ; ils se portent principalement sur les points culminants. Tandis que l'un y monte rapidement, l'autre s'arrête à mi-côte, afin de pouvoir, si le premier vient à être enlevé, préserver le détachement d'une surprise.

Avant le jour, l'avant-garde et les éclaireurs doivent être rapprochés ; on doit alors marcher lentement et en silence, s'arrêter souvent pour écouter, s'abstenir de fumer, et placer en arrière les chevaux qui hennissent.

Les reconnaissances ne doivent s'engager dans les villages, vallées, ravins, gorges ou bois, qu'après que les éclaireurs les ont exactement fouillés et qu'ils ont pris les renseignements nécessaires; même, au besoin, prendre des otages parmi les habitants ; elles remarquent les chemins en jonction avec celui qu'elles parcourent, et ceux qui lui sont parallèles; elles s'informent d'où partent ces chemins et où ils conduisent ; elles questionnent les habitants sur ce qui concerne l'ennemi ; elles font rester en arrière, sans exception, les individus qui marchent dans la même direction qu'elles, et arrêtent ceux qui leur paraissent suspects.

Les commandants de reconnaissance se retournent de temps en temps pour juger de l'ensemble et des détails du terrain, et en reconnaître les points les plus importants, ceux surtout qui peuvent leur être utiles en cas de retraite.

Souvent, afin de battre le plus de terrain possible et pour faire perdre à l'ennemi sa trace, l'officier qui commande une reconnaissance évite de suivre, pour revenir au camp, le chemin par lequel il en est parti : dans ce cas, il ne laisse sur ce chemin ni ordonnances ni postes intermédiaires.

Rencontre de l'ennemi.

109. Si l'on rencontre l'ennemi en mouvement, il faut l'observer et le suivre sans se laisser apercevoir, s'il est possible ; le but étant de découvrir ses forces et ses projets, il ne faut le combattre que lorsqu'on y est forcé, et que, faute de pouvoir obtenir autrement des renseignements, on est dans la nécessité de faire des prisonniers. On évite avec soin de s'en laisser faire.

Cependant, quand un corps ennemi marche rapidement sur le camp ou le cantonnement, le commandant de la reconnaissance ou découverte ne doit pas hésiter à le combattre, s'il a espoir de retarder sa marche sans trop se compromettre.

Indépendamment des ordonnances de choix qu'il a dû expédier pour avertir, le commandant annonce sa retraite, et la marche de l'ennemi, par l'incendie de quelque cabane, de quelque meule de paille, ou par tout autre signal convenu d'avance.

Rapports.

114. Toute reconnaissance exige un rapport écrit; le style de ce rapport doit être clair, simple, positif: l'officier qui le fait y distingue expressément ce qu'il a vu par lui-même des récits dont il n'a pu vérifier personnellement l'exactitude.

Pour les reconnaissances spéciales et les reconnaissances offensives, il est fait, outre le rapport, un levé à vue des localités, des dispositions et défenses de l'ennemi.

Des partisans et des flanqueurs.

TITRE XI.

Objet et composition.

115. Les opérations des corps de partisans dépendent de la nature et du théâtre de la guerre; elles entrent dans le plan général du commandant en chef, et ne peuvent être ordonnées que par lui.

La composition et la force des corps de partisans et des détachements de flanqueurs sont fixées en raison de l'objet qu'ils ont à remplir, des difficultés qu'ils peuvent avoir à surmonter, de l'espace qu'ils ont à parcourir et du temps présumé de l'expédition.

La destination de ces corps isolés est d'éclairer au loin les flancs de l'armée, de protéger ses opérations, de tromper l'ennemi, de l'inquiéter sur ses communications, d'intercepter ses courriers et les correspondances, de menacer ou de détruire ses magasins, d'enlever ses postes ainsi que ses convois, ou, tout au moins, de retarder sa marche en le forçant à protéger les uns et les autres par de forts détachements.

En même temps que ces corps isolés fatiguent l'ennemi et gênent ses opérations, ils doivent ne négliger aucun moyen pour inspirer la confiance et le dévouement en pays ami, ni pour, en pays ennemi, maintenir les habitants dans la crainte et la soumission. Ils répandent, selon les circonstances, des nouvelles propres à rassurer ou à inquiéter, et paraissent inopinément sur divers points, de manière qu'on ne puisse apprécier leur force, ni juger si ce sont des corps irréguliers ou des corps d'avant-garde.

De telles opérations comprennent toutes celles de la petite guerre; elles exigent vigilance, secret, énergie et promptitude. Obligé, pour échapper au danger de toute espèce, de suppléer au nombre par la ruse ou l'audace, l'officier envoyé en partisan a besoin de réunir à l'expérience de la guerre le génie et le caractère nécessaires pour prendre des déterminations soudaines et les exécuter avec adresse et vigueur.

Les détachements envoyés en partisans se composent quelquefois de troupes de différentes armes; mais ce genre de service appartient plus particulièrement à la cavalerie légère, qui, par des marches rapides, peut se porter avec célérité sur un point éloigné, y surprendre l'ennemi, l'attaquer à l'improviste et se retirer avant d'être compromise.

Précautions à observer.

116. L'officier envoyé en partisan marche le plus souvent la nuit, et se repose le jour dans les lieux couverts;

il s'entoure de petits postes, de sentinelles et de vedettes; il en porte au loin, aux débouchés par lesquels on peut arriver sur lui. Il maintient la plus exacte discipline dans sa troupe, et veille à ce que la conduite des militaires sous ses ordres leur concilie l'esprit des habitants; il ne néglige rien pour se rendre ces derniers favorables; il se procure, soit par ses intelligences avec eux, soit par des agents secrets, tous les renseignements qu'il lui importe d'obtenir.

Il évite les villes et les villages, cherche de préférence les vallons sinueux, les bois, les fermes isolées, avec des issues commodes. Forcé de traverser les lieux habités, il les fait fouiller avec soin; obligé d'y prendre des vivres et des fourrages, il se les fait apporter au dehors, et les commande souvent pour un nombre d'hommes et de chevaux supérieur à celui de sa troupe; contraint d'y séjourner, il envoie des espions, et, s'il en est besoin, il prend en otage les notables du lieu, il charge spécialement des postes et vedettes d'empêcher les habitants de communiquer au dehors.

Il prend toutes les précautions nécessaires pour cacher à l'ennemi sa proximité ou tout au moins sa position et ses desseins; lorsqu'il doit le combattre, il l'attaque vivement, sans lui donner le temps de reconnaître son détachement ni d'en apprécier la force; il ne continue pas les engagements dont le succès paraît douteux ou qui l'éloigneraient de son but; il change souvent et subitement de direction.

Quand un officier envoyé en partisan est chargé de dresser une embuscade, il dérobe soigneusement sa marche et ses projets, il s'assure de la force de l'ennemi, de l'espèce de ses troupes, de leur emplacement, de l'emplacement de leurs postes et vedettes; enfin des chemins par où l'on peut arriver sur lui. Les temps de pluie, de brouillard, de grande chaleur, la nuit surtout, sont favorables au succès des embuscades; lorsque l'ennemi se garde mal, elles ont lieu de préférence à la pointe du jour.

La prudence exige qu'un officier envoyé en partisan confie à celui qui commande sous lui les ordres secrets du général, indiquant l'objet et le terme de l'opération, ainsi que les différents points de jonction avec l'armée.

Guides et espions.

117. Les partisans sont obligés de faire souvent usage de guides et quelquefois d'espions.

Le choix des guides doit porter sur des hommes intelligents, et particulièrement sur des chasseurs, des braconniers, des bergers, des charbonniers, des bûcherons, des gardes champêtres ou forestiers.

Il est prudent d'en prendre plusieurs, de les questionner séparément, et de les confronter ensuite, si les renseignements qu'ils donnent diffèrent les uns des autres.

Quand on n'a qu'un guide, on le fait marcher à l'avant-garde; on le place entre deux hommes chargés de le surveiller, et, au besoin, d'user contre lui de rigueur; quelquefois même on l'attache.

Les contrebandiers et les colporteurs sont particulièrement propres à servir d'espions; quelquefois on leur adjoint, pour les surveiller eux-mêmes, un homme intelligent et sûr, qui parle la langue du pays.

Attaque d'un convoi.

118. L'attaque d'un convoi a lieu de préférence dans

les haltes, ou lorsqu'il commence à parquer, ou quand les attelages sont à l'abreuvoir. Le moment est favorable aussi lorsqu'il se trouve au passage d'un bois, d'un défilé, d'un point de route sinueux, d'un pont ou d'une montée difficile.

Un détachement destiné à l'attaque d'un convoi est principalemennt composé de cavalerie; il est utile d'y joindre de l'infanterie pour assurer le succès.

Le premier soin de l'officier chargé de cette opération est de dissiper l'escorte; une partie de son détachement attaque le gros de la troupe ennemie, une autre harcèle les voitures, une troisième est en réserve; les tirailleurs se dispersent sur les côtés de la route, et cherchent à couper les traits des chevaux. On tâche de se rendre maître des premières et des dernières voitures, et de les mettre en travers pour empêcher les autres d'avancer ou de rétrograder.

Si le convoi est parqué, la cavalerie l'entoure, harcèle l'escorte, et cherche à l'éloigner du parc. L'infanterie combat alors les troupes qui sont restées à la défense du convoi, se glisse sous les voitures et pénètre dans l'intérieur du parc. Quand la cavalerie est seule, et que l'ennemi commence à être ébranlé, un certain nombre de cavaliers mettent pied à terre et suppléent à l'infanterie.

Si le convoi est considérable, les plus grands efforts sont dirigés vers le centre afin de forcer l'escorte à se morceler; on attaque aussi de préférence les voitures chargées des objets les plus importants. Après le succès, ces voitures sont renforcées d'attelage, et celles qui ne peuvent être emmenées sont brûlées.

Prises.

119. Les prises faites par les partisans leur appartiennent lorsqu'il a été reconnu qu'elles ne se composent que d'objets enlevés à l'ennemi; elles sont jaugées et vendues par les soins du chef de l'état-major, et de l'indant ou sous-intendant, au quartier du général qui a ordonné l'expédition, et, autant que possible, en présence d'officiers et de sous-officiers du détachement. Si la troupe n'est pas rentrée, les fonds sont versés chez le payeur, pour être distribués à qui de droit. Quand les prises sont envoyées dans une place, le commandant de cette place supplée au chef de l'état-major.

Les armes et les munitions de guerre ou de bouche ne sont jamais partagées ni vendues; le général en chef détermine l'indemnité à allouer à ceux qui les ont prises.

Les officiers supérieurs ont chacun cinq parts; les capitaines, quatre; les lieutenants et les sous-lieutenants, trois; les sous-officiers, deux; les caporaux, brigadiers et soldats, une; le commandant de l'expédition en a six en sus de celles que lui donne son grade.

Quand, dans une prise, il se trouve des chevaux ou d'autres objets appartenant aux habitants, ils leur sont rendus.

Ces diverses dispositions s'appliquent à tout détachement isolé qui fait une prise.

Des marches.

TITRE XII.

Batteries et sonneries pour le départ.

122. Lorsque l'armée doit se mettre en marche, on bat le *premier*, c'est-à-dire *aux champs*, une heure avant le départ. Chaque régiment ne fait battre le *rappel* qu'au moment précis de se mettre en route et de prendre rang dans la colonne.

Lorsqu'un régiment doit partir seul, *la marche* qui lui est particulière remplace les batteries dont on vient de parler. Les régiments de cavalerie conviennent entre eux de signaux particuliers qu'ils ajoutent aux sonneries habituelles.

Entre le *premier* et le *rappel*, les officiers veillent à ce que les ustensiles de cuisine et les outils soient rassemblés et remis à ceux qui doivent les porter, à ce que les équipages soient chargés et conduits au lieu désigné pour leur réunion. Afin de ne point donner lieu à l'ennemi d'observer les mouvements de la troupe, ils ordonnent d'éteindre le feu des cuisines; ils empêchent qu'on ne brûle la paille et les baraques. Dans la cavalerie, les officiers font ramasser et ficeler le fourrage.

Les jours de marche, la soupe est, autant que possible, mangée avant le départ.

Marche de la cavalerie.

124. Rien ne détruisant plus la cavalerie que la nécessité de se conformer au pas de l'infanterie, et l'allongement des colonnes traversant un défilé, les deux armes

ne marchent ensemble que quand la proximité de l'ennemi l'exige.

Dans la cavalerie, lorsqu'elle est isolée et loin de l'ennemi, chaque régiment et, autant que possible, chaque escadron fait tête de colonne, afin que l'allure se maintienne égale de la tête à la queue, et qu'on puisse trotter toutes les fois que le terrain le permet. Cette disposition hâtant le trajet, la cavalerie doit, aussi souvent qu'elle prévoit pouvoir s'y conformer, se presser moins de partir de ses quartiers, afin de donner plus de repos aux chevaux, et de soins au ferrage et au harnachement. On ne bride qu'au moment de se mettre en route.

Inspection pendant la marche.

125. Dans la cavalerie, les commandants de peloton et les sous officiers veillent personnellement à la régularité du paquetage. Dans l'infanterie, comme dans la cavalerie, les officiers supérieurs et les capitaines font leur inspection pendant la marche. A la première halte, on fait rectifier toutes les parties de l'habillement et de l'équipement qui se trouvent défectueuses ; on replace les couvertes, on ressangle les chevaux, etc. Les officiers font fréquemment la visite des sacs et des porte-manteaux ; ils font jeter les effets qui ne sont pas d'uniforme, ou qui dépassent le nombre déterminé.

Police dans les marches.

130. Il est défendu de tirer des armes à feu dans les marches, de faire aucun cri de *halte* ni de *marche*.

On laisse le moins possible les soldats s'arrêter individuellement aux ruisseaux et aux puits; les bidons doivent être, avant le départ, remplis d'eau mélangée, s'il se peut, avec du vin ou de l'eau-de-vie.

Les troupes évitent de passer dans les villages; lorsqu'elles ne peuvent se dispenser de les traverser, les officiers et les sous-officiers veillent à ce que les soldats ne quittent pas leur rang.

Indépendamment de l'arrière-garde, le général forme, quand il le juge nécessaire, pour faire rejoindre les traînards, un détachement dont les éléments sont pris dans le dernier régiment de la colonne et auquel on ajoute, au besoin, des sous-officiers de chaque régiment; cette troupe doit visiter les chemins creux, les fermes, les villages, arrêter les maraudeurs et remettre à la gendarmerie ceux qui se trouvent pris en flagrant délit; les autres sont remis à la police de leur corps.

On évite de laisser des chevaux en arrière pour le ferrage; les chevaux déferrés sont, autant que possible, réunis à la même forge et confiés à la surveillance d'un sous-officier.

La nuit un trompette est placé à la queue de chaque escadron. Les rappels sont répétés jusqu'à la tête du régiment.

Instruction sommaire pour les combats.

TITRE XIII.

Devoirs des officiers et des sous-officiers pendant le combat.

135. Pendant le combat, les officiers et les sous-officiers doivent retenir dans les rangs, par tous les moyens en leur pouvoir, les militaires sous leurs ordres, et for-

cer, au besoin, leur obéissance. Ils ne souffrent pas que les soldats quittent les rangs pour fouiller ou dépouiller les morts, ni pour transporter les blessés, à moins d'une permission expresse qui ne peut être donnée qu'après la décision de l'affaire. Le premier intérêt, comme le premier devoir, est d'assurer la victoire, qui seule peut garantir aux blessés les soins nécessaires.

Les officiers doivent rappeler aux soldats que la générosité honore le courage. En conséquence, les prisonniers de guerre ne sont jamais dépouillés; chacun d'eux est traité avec les égards dus à son rang.

Des convois et de leur escorte.

TITRE XIV.

Objet des convois; composition de leur escorte.

139. Les convois sont de différentes sortes; ils ont pour objet le transport des munitions de guerre, de l'argent, des subsistances, des effets d'habillement et d'armement, des malades, etc.

La force et la composition de l'escorte d'un convoi doivent être calculées d'après la nature du convoi, son importance, les dangers qu'il peut avoir à courir, les localités à traverser, la longueur du trajet, etc.

Si c'est un convoi de poudre, l'escorte doit être plus nombreuse, afin qu'elle puisse mieux en éloigner le combat.

La cavalerie ne concourt à l'escorte des convois que dans la proportion nécessaire pour éclairer au loin la marche. Cette proportion est plus considérable dans un pays ouvert; elle est moindre dans un pays coupé, montueux ou boisé.

Autant que possible, on attache à chaque convoi des sapeurs et, à défaut de sapeurs, des habitants munis d'outils propres à aplanir toutes les difficultés locales, ou à former rapidement quelque obstacle défensif, par des abatis d'arbres ou autrement.

On fait en sorte d'avoir toujours des pièces de rechange pour les voitures, telles que roues, timons, etc.

L'officier général chargé d'organiser et de mettre en route un convoi donne au commandant une instruction écrite, très-détaillée.

Des distributions.

TITRE XV.

Dispositions plus particulières à la cavalerie.

152. Comme la cavalerie doit le plus souvent, pour la facilité des fourrages, occuper les villages, les officiers généraux ont soin de faire la répartition des gîtes, en raison des ressources qu'ils présentent.

Si l'on doit rester plusieurs jours, chaque officier qui commande dans un village fait réunir et rationner le foin par les habitants, afin qu'il soit distribué avec ordre et économie, et que les chevaux logés dans les lieux les moins pourvus y participent dans la même proportion que les autres.

Si la cavalerie est au bivouac, ou qu'il y ait des villages qu'on ne veuile pas occuper, les officiers généraux et les officiers supérieurs des corps font ordonner à temps aux habitants de réunir, botteler et porter au dehors les fourrages. On y conduit en ordre, et l'on prend toutes les précautions nécessaires de police et de sûreté.

Cette disposition est applicable à la réunion de la paille des camps; tout commandant de troupes placées dans un village est chargé de faire exécuter à cet égard les ordres des officiers généraux et les demandes des sous-intendants; il en est de même pour tout objet relatif à la subsistance des troupes.

« Quant aux fourrages de l'artillerie, *du génie, des équipages militaires* et des officiers d'infanterie, les officiers généraux désignent les villages qui doivent les fournir, et, à vue de l'ordre qu'ils en ont donné, les officiers commandant dans ces villages sont tenus de faire délivrer des rations au *prorata* de celles de la cavalerie. »

Les capitaines de distributions ont le plus grand soin que la corvée des fourrages et celle de la paille soient conduites avec ordre; ils font punir sévèrement les domestiques qui cherchent à s'écarter.

Retour au pied de paix.

158. Les troupes à cheval qui sont remises sur le pied de paix continuent à recevoir la ration de fourrages sur le pied de guerre jusqu'au quinzième jour inclusivement après être rentrées dans leur garnison; les officiers reçoivent également pendant un mois, à dater de cette époque, les rations de fourrages pour les chevaux qu'ils possèdent, jusqu'à concurrence du nombre qui qui leur est attribué pour le pied de guerre. Cette dispo-

sition est applicable aux officiers de toutes armes qui sont montés.

Des sauvegardes.

TITRE XVIII.

Compagnies de sauvegardes.

187. Lorsque des troupes sont rassemblées pour former une armée active, il peut être organisé une compagnie de sauvegardes d'une force relative à celle de l'armée. La compagnie de sauvegardes est composée, autant que possible, d'officiers et de sous-officiers vétérans et de la gendarmerie à pied; elle est répartie dans les quartiers généraux de la manière que le commandant en chef le juge convenable.

Les officiers, sous-officiers et gendarmes composant la compagnie de sauvegardes jouissent des attributions et pouvoirs de la gendarmerie, qu'ils secondent dans le maintien de l'ordre.

A défaut de cette compagnie, les sauvegardes sont prises de préférence dans la gendarmerie de l'armée.

Sauvegardes provisoires.

188. Les généraux de division et de brigade s'empressent de donner des sauvegardes provisoires tirées des régiments, aux hôpitaux, aux établissements publics, aux pensionnats, aux communautés religieuses, aux ministres des cultes, aux maisons de poste et aux moulins. Ils sont autorisés à en donner aux particuliers qu'il est dans l'intérêt de l'armée de faire respecter. Ils informent le chef de l'état-major général, qui fait remplacer de suite ces sauvegardes provisoires.

Un général ne peut établir de sauvegardes que dans l'étendue de son commandement.

Remplacement des sauvegardes.

189. A défaut de sauvegardes titulaires, il est pourvu au remplacement des sauvegardes provisoires par les troupes qui succèdent au corps qui les a fournies.

Si le pays est évacué, les sauvegardes sont toutes rappelées. Lorsque, par exception, on leur donne l'ordre d'attendre l'arrivée des troupes de l'ennemi, elles s'adressent à l'officier qui commande ces troupes pour être reconduites aux avant-postes.

Concours des habitants.

190. Les sauvegardes emploient, si cela est nécessaire, des gens du pays pour les seconder ; le pays est responsable des violences qu'elles pourraient éprouver de la part des habitants.

Rétributions.

191. Les généraux de division donnent aux sauvegardes un ordre scellé de leur cachet, et portant autorisation de toucher une rétribution fixée par eux selon les circonstances.

Les sauvegardes jouissent en outre de la totalité de leur solde, et, à moins de nécessité, il n'est pas fait à leur égard de bons de subsistances.

Police des sauvegardes.

192. Le grand prévôt est chargé de la surveillance et de la police générale des sauvegardes ; elles lui obéis-

sent, ainsi qu'aux officiers et sous-officiers de gendarmarie.

Sauvegardes écrites.

193. Il est aussi donné des sauvegardes écrites ou imprimées, signées du commandant en chef, contre-signées du chef de l'état-major général. Les sauvegardes de ce genre, présentées aux troupes, doivent être respectées comme une sentinelle. Elles sont numérotées et enregistrées.

Impression et mise à l'ordre du titre des sauvegardes.

194. Le présent titre *des Sauvegardes* sera imprimé sur feuilles volantes pour être distribué à tous les hommes employés en sauvegarde; l'extrait en sera mis à l'ordre plusieurs fois pendant la campagne.

Des siéges.

TITRE XIX.

Service de la cavalerie.

206. Lorsque les circonstances exigent qu'on emploie à pied des troupes de cavalerie au service de tranchée, elles sont placées, autant que possible, dans les parties de la tranchée les plus voisines de leur camp, et intercalées entre les détachements d'infanterie.

Les troupes à cheval peuvent être employées dans les assauts à porter des fascines et autres matériaux, pour combler des fossés et former des passages.

Les officiers généraux de cavalerie sont plus particulièrement employés au service des postes et des détachements placés en observation, pour protéger le siége.

Ils sont encore chargés, ainsi que les officiers supérieurs de leur arme, de commander les escortes des convois, quelles que soient les armes qui composent ses escortes. Quand ces divers services ne les occupent pas suffisamment, ils concourent au service de tranchée.

Dispositions générales.

TITRE XXI.

Honneurs; actes de l'état civil.

219. On se conforme en campagne, pour les honneurs militaires, les honneurs funèbres, les actes de naissance ou de décès, les scellés, inventaires, testaments, successions et tout ce qui concerne l'état civil, aux lois et ordonnances sur la matière, dont les chefs d'état-major de l'armée et des divisions, les intendants militaires et les conseils d'administration des régiments doivent porter avec eux un recueil, pour le consulter au besoin.

ADMINISTRATION.

PREMIÈRE PARTIE.

LOI

SUR

LE RECRUTEMENT DE L'ARMÉE

VOTÉE DANS LA SÉANCE DU 27 JUILLET 1872.

TITRE PREMIER. — Dispositions générales.

Art. Ier. Tout Français doit le service militaire personnel.

Art. 2. Il n'y a dans les troupes françaises ni primes en argent ni prix quelconque d'engagement.

Art. 3. Tout Français qui n'est pas déclaré impropre à tout service militaire peut être appelé, depuis l'âge de vingt ans jusqu'à celui de quarante ans, à faire partie de l'armée active et des réserves, selon le mode déterminé par la loi.

Art. 4. Le remplacement est supprimé.

Les dispenses de service, dans les conditions spécifiées par la loi, ne sont pas accordées à titre de libération définitive.

Art. 5. Les hommes présents au corps ne prennent part à aucun vote.

Art. 6. Tout corps organisé en armes est soumis aux lois militaires, fait partie de l'armée et relève soit du ministre de la guerre, soit du ministre de la marine.

Art. 7. Nul n'est admis dans les troupes françaises, s'il n'est Français.

Sont exclus du service militaire et ne peuvent à aucun titre servir dans l'armée :

1° Les individus qui ont été condamnés à une peine afflictive ou infamante ;

2° Ceux qui, ayant été condamnés à une peine correctionnelle de deux ans d'emprisonnement et au-dessus, ont en outre été placés par le jugement de condamnation sous la surveillance de la haute police, et interdits en tout ou en partie des droits civiques, civils ou de famille.

TITRE II. — **Des appels.**

PREMIÈRE SECTION. — *Du recensement et du tirage au sort.*

Art. 8. Chaque année, les tableaux de recensement des jeunes gens ayant atteint l'âge de vingt ans révolus dans l'année précédente et domiciliés dans le canton, seront dressés par les maires :

1° Sur la déclaration à laquelle sont tenus les jeunes gens, leurs parents ou leurs tuteurs;

2° D'office, d'après les registres de l'état civil et tous autres renseignements et documents.

Ces tableaux mentionnent dans une colonne d'observations la profession de chacun des jeunes gens inscrits.

Ces tableaux sont publiés et affichés dans chaque commune et dans les formes prescrites par les articles 63 et 64 du Code civil. La dernière publication doit avoir lieu au plus tard le 15 janvier.

Un avis publié dans les mêmes formes indique le lieu et le jour où il sera procédé à l'examen desdits tableaux et à la désignation, par le sort, du numéro assigné à chaque jeune homme inscrit.

Art. 9. Les individus nés en France de parents étrangers, et les individus nés à l'étranger de parents étrangers naturalisés Français, et mineurs au moment de la naturalisation de leurs parents, concourent, dans les cantons où ils sont domiciliés, au tirage qui suit la déclaration par eux faite en vertu de l'article 9 du Code civil, et de l'article 2 de la loi du 1er février 1851.

Les individus déclarés Français en vertu de l'article 1er de la loi du 7 février 1851 concourent également, dans le canton où ils sont domiciliés, au tirage qui suit l'année de leur majorité, s'ils n'ont pas réclamé leur qualité d'étranger conformément à ladite loi.

Les uns et les autres ne sont assujettis qu'aux obligations de service de la classe à laquelle ils appartiennent par leur âge.

Art. 10. Sont considérés comme légalement domiciliés dans le canton :

1° Les jeunes gens même émancipés, engagés, établis au dehors, expatriés, absents ou en état d'emprisonnement, si d'ailleurs leurs père, mère ou tuteur ont leur domicile dans une des communes du canton, ou si leur père expatrié avait son domicile dans une desdites communes;

2° Les jeunes gens mariés dont le père, ou la mère à défaut du père, sont domiciliés dans le canton, à moins qu'ils ne justifient de leur domicile réel dans un autre canton ;

3° Les jeunes gens mariés et domiciliés dans le canton, alors même que leur père ou leur mère n'y seraient pas domiciliés;

4° Les jeunes gens nés et résidant dans le canton, qui n'auraient ni leur père, ni leur mère, ni tuteur;

5° Les jeunes gens résidant dans le canton, qui ne seraient dans aucun des cas précédents, et qui ne justifieraient pas de leur inscription dans un autre canton.

Art. 11. Sont d'après la notoriété publique considérés comme ayant l'âge requis pour le tirage, les jeunes gens qui ne peuvent produire, ou n'ont pas produit avant le tirage, un extrait des registres de l'état civil constatant un âge différent, ou qui, à défaut de registres, ne peuvent prouver, ou n'ont pas prouvé leur âge conformément à l'article 46 du Code civil.

Art. 12. Si dans les tableaux de recensement, ou dans les tirages des années précédentes, des jeunes gens ont été omis, ils sont inscrits sur les tableaux de recensement de la classe qui est appelée après la découverte de l'omission, à moins qu'ils n'aient trente ans accomplis à l'époque de la clôture des tableaux.

Après cet âge, ils sont soumis aux obligations de la classe à laquelle ils appartiennent.

Art. 13. Dans les cantons composés de plusieurs communes, l'examen des tableaux de recensement et le tirage au sort ont lieu au chef-lieu de canton, en séance publique, devant le sous-préfet assisté des maires du canton.

Dans les communes qui forment un ou plusieurs cantons, le sous-préfet est assisté du maire et de ses adjoints.

Dans les villes divisées en plusieurs arrondissements, le préfet ou son délégué est assisté d'un officier municipal de l'arrondissement.

Le tableau est lu à haute voix. Les jeunes gens, leurs parents ou ayants cause, sont entendus dans leurs observations. Le sous-préfet statue après avoir pris l'avis des maires. Le tableau rectifié, s'il y a lieu, et définitivement arrêté, est revêtu de leurs signatures.

Dans les cantons composés de plusieurs communes, l'ordre dans lequel elles seront appelées pour le tirage est, chaque fois, indiqué par le sort.

Art. 14. Le sous-préfet inscrit, en tête de la liste de tirage, les noms des jeunes gens qui se trouveront dans les cas prévus par l'article 60 de la présente loi.

Les premiers numéros leur sont attribués de droit.

Ces numéros sont, en conséquence, extraits de l'urne avant l'opération du tirage.

Art. 15. Avant de commencer l'opération du tirage, le sous-préfet compte publiquement les numéros et les dépose dans l'urne, après s'être assuré que leur nombre est égal à celui des jeunes gens appelés à y concourir; il en fait la déclaration à haute voix.

Aussitôt, chacun des jeunes gens appelés dans l'ordre du

tableau prend dans l'urne un numéro qui est immédiatement proclamé et inscrit. Les parents des absents, ou, à leur défaut, le maire de leur commune, tirent à leur place.

L'opération du tirage achevée est définitive.

Elle ne peut, sous aucun prétexte, être recommencée, et chacun garde le numéro qu'il a tiré ou qu'on a tiré pour lui.

Les jeunes gens qui ne se trouveraient pas pourvus de numéros seront inscrits à la suite avec des numéros supplémentaires, et tireront entre eux pour déterminer l'ordre suivant lequel ils seront inscrits.

La liste par ordre de numéros est dressée à mesure que les numéros sont tirés de l'urne. Il y est fait mention des cas et des motifs d'exemption et de dispenses que les jeunes gens ou leurs parents, ou les maires des communes, se proposent de faire valoir devant le conseil de révision mentionné en l'article 27.

Le sous-préfet y ajoute ses observations.

La liste du tirage est ensuite lue, arrêtée et signée de la même manière que le tableau de recensement, et annexée avec ledit tableau au procès-verbal des opérations. Elle est publiée et affichée dans chaque commune du canton.

DEUXIÈME SECTION. — *Des exemptions; des dispenses et des sursis d'appel.*

Art. 16. Sont exemptés du service militaire les jeunes gens que leurs infirmités rendent impropres à tout service actif ou auxiliaire dans l'armée.

Art. 17. Sont dispensés du service d'activité en temps de paix :

1° L'aîné d'orphelins de père et de mère;

2° Le fils unique ou l'aîné des fils, ou, à défaut de fils ou de gendre, le petit-fils unique ou l'aîné des petits-fils d'une femme actuellement veuve ou d'une femme dont le mari a été légalement déclaré absent, ou d'un père aveugle ou entré dans sa soixante-dixième année.

Dans les cas prévus par les deux paragraphes précédents, le frère puîné jouira de la dispense si le frère aîné est aveugle ou atteint de toute autre infirmité incurable qui le rende impotent;

3° Le plus âgé des deux frères appelés à faire partie du même tirage, si le plus jeune est reconnu propre au service;

4° Celui dont un frère sera dans l'armée active;

5° Celui dont un frère sera mort en activité de service ou aura été réformé ou admis à la retraite pour blessures reçues dans un service commandé ou pour infirmités contractées dans les armées de terre ou de mer.

La dispense accordée, conformément aux paragraphes 5 et 6 ci-dessus, ne sera appliquée qu'à un seul frère pour un même cas, mais elle se répétera dans la même famille autant de fois que les mêmes droits s'y reproduiront.

Le jeune homme omis, qui ne s'est pas présenté par lui et ses ayants cause au tirage de la classe à laquelle il appartient, ne peut réclamer le bénéfice des dispenses indiquées par le présent article, si les causes de ces dispenses ne sont survenues que postérieurement à la clôture des listes.

Ces causes de dispenses doivent, pour produire leur effet, exister au jour où le conseil de révision est appelé à statuer.

Néanmoins l'appelé ou l'engagé qui, postérieurement, soit à la décision du conseil de révision, soit au 1er juillet, soit à son incorporation, devient l'aîné d'orphelins de père et de mère, le fils unique ou l'aîné des fils, ou, à défaut du fils ou du gendre, le petit-fils unique ou l'aîné des petits-fils d'une femme veuve, d'une femme dont le mari a été légalement déclaré absent ou d'un père aveugle, est, sur sa demande et pour le temps qu'il a encore à servir, renvoyé dans ses foyers en disponibilité, à moins qu'en raison de sa présence sous les drapeaux, il n'ait procuré la dispense du service à un frère puîné actuellement vivant.

Le bénéfice du paragraphe précédent s'étend aux militaires

devenus fils aînés ou petits-fils aînés d'un septuagénaire, par suite du décès d'un frère.

Les dispenses énoncées au présent article ne sont applicables qu'aux enfants légitimes.

Art. 18. Peuvent être ajournés deux années de suite à un nouvel examen, les jeunes gens qui, au moment de la réunion du conseil de révision, n'ont pas la taille d'un mètre cinquante-quatre centimètres ou sont reconnus d'une complexion trop faible pour un service armé.

Les jeunes gens ajournés à un nouvel examen du conseil de révision sont tenus, à moins d'une autorisation spéciale, de se représenter au conseil de révision du canton devant lequel ils ont comparu.

Après l'examen définitif, ils sont classés, et ceux de ces jeunes gens reconnus propres soit au service armé, soit au service auxiliaire, sont soumis, selon la catégorie dans laquelle ils sont placés, à toutes les obligations de la classe à laquelle ils appartiennent.

Art. 19. Les élèves de l'École polytechnique et les élèves de l'École forestière sont considérés comme présents sous les drapeaux dans l'armée active, pendant tout le temps par eux passé dans lesdites écoles.

Les lois d'organisation prévues par l'article 45 de la présente loi déterminent pour ceux de ces jeunes gens qui ont satisfait aux examens de sortie, et ne sont pas placés dans les armées de terre ou de mer, les emplois auxquels ils peuvent être appelés, soit dans la disponibilité, soit dans la réserve de l'armée active, soit dans l'armée territoriale, ou dans les services auxiliaires.

Les élèves de l'École polytechnique et de l'École forestière qui ne satisfont pas aux examens de sortie de ces écoles suivent les conditions de la classe de recensement à laquelle ils appartiennent par leur âge; le temps passé par eux à l'École polytechnique ou à l'École forestière est déduit des années de service déterminées par l'article 36 de la présente loi.

Art. 20. Sont, à titre conditionnel, dispensés du service militaire :

1° Les membres de l'instruction publique, les élèves de l'École normale supérieure de Paris dont l'engagement de se vouer pendant dix ans à la carrière de l'enseignement aura été accepté par le recteur de l'Académie, avant le tirage au sort, et s'ils réalisent cet engagement;

2° Les professeurs des institutions nationales des Sourds-muets et des institutions nationales des Jeunes aveugles, aux mêmes conditions que les membres de l'instruction publique;

3° Les artistes qui ont remporté les grands prix de l'Institut, à condition qu'ils passeront à l'École de Rome les années réglementaires et rempliront toutes leurs obligations envers l'État;

4° Les élèves pensionnaires de l'École des langues orientales vivantes et les élèves de l'École des chartes, nommés après examen, à condition de passer dix ans tant dans lesdites écoles que dans un service public;

5° Les membres et novices des associations religieuses vouées à l'enseignement ou reconnues comme établissements d'utilité publique, et les directeurs, maîtres adjoints, élèves-maîtres des écoles fondées ou entretenues par les associations laïques, lorsqu'elles remplissent les mêmes conditions; pourvu toutefois que les uns et les autres, avant le tirage au sort, aient pris devant le recteur de l'Académie l'engagement de se consacrer pendant dix ans à l'enseignement, et s'ils réalisent cet engagement, dans un des établissements d'éducation religieuse ou laïque, à condition que cet établissement existe depuis plus de deux ans ou renferme trente élèves au moins;

6° Les jeunes gens qui, sans être compris dans les paragraphes précédents, se trouvent dans les cas prévus par l'article 79 de la loi du 15 mars 1850, et par l'article 18 de la loi du 10 avril 1867, et ont, avant l'époque fixée pour le tirage, contracté devant le recteur le même engagement et aux mêmes conditions.

L'engagement de se vouer pendant dix ans à l'enseignement

peut être réalisé, par les instituteurs et par les instituteurs adjoints, mentionnés au présent paragraphe 6, tant dans les écoles publiques que dans les écoles libres désignées à cet effet par le ministre de l'instruction publique, après avis du conseil départemental;

7° Les élèves ecclésiastiques désignés à cet effet par les archevêques et par les évêques, et les jeunes gens autorisés à continuer leurs études pour se vouer au ministère dans les cultes salariés par l'État, sous la condition qu'ils seront assujettis au service militaire s'ils cessent les études en vue desquelles ils auront été dispensés, ou si, à vingt-six ans, les premiers ne sont pas entrés dans les ordres majeurs, et les seconds n'ont pas reçu la consécration;

Art. 21. Les jeunes gens liés au service dans les armées de terre ou de mer, en vertu d'un brevet ou d'une commission, et qui cessent leur service;

Les jeunes marins portés sur les registres matricules de l'inscription maritime, conformément aux règles prescrites par les articles 1, 2, 3, 4 et 5 de la loi du 25 octobre 1795 (3 brumaire an IV), qui se feront rayer de l'inscription maritime;

Les jeunes gens désignés à l'article 20 ci-dessus, qui cessent d'être dans une des positions indiquées audit article avant d'avoir accompli les conditions qu'il leur impose, sont tenus :

1° D'en faire la déclaration au maire de la commune dans les deux mois, et de retirer expédition de leur déclaration;

2° D'accomplir dans l'armée active le service prescrit par la présente loi, et de faire ensuite partie des réserves selon la classe à laquelle ils appartiennent.

Faute par eux de faire la déclaration ci-dessus et de la soumettre au visa du préfet du département, dans le délai d'un mois, ils seront passibles des peines portées par l'article 60 de la présente loi.

Ils sont rétablis dans la première classe appelée après la cessation de leur service, fonctions ou études. Mais le temps écoulé depuis la cessation de leurs services, fonctions ou études, jusqu'au moment de la déclaration, ne compte pas dans les années de service exigées par la présente loi.

Toutefois, est déduit du nombre d'années pendant lesquelles tout Français fait partie de l'armée active, le temps déjà passé au service de l'État par les marins inscrits et par les jeunes gens liés au service dans les armées de terre et de mer, en vertu d'un brevet ou d'une commission.

Art. 22. Peuvent être dispensés à titre provisoire, comme soutiens indispensables de famille, et s'ils en remplissent effectivement les devoirs, les jeunes gens désignés par les conseils municipaux de la commune où ils sont domiciliés.

La liste est présentée au conseil de révision par le maire.

Ces dispenses peuvent être accordées par département jusqu'à concurrence de quatre pour cent du nombre des jeunes gens reconnus propres au service et compris dans la première partie des listes du recrutement cantonal.

Tous les ans, le maire de chaque commune fait connaître au conseil de révision la situation des jeunes gens qui ont obtenu les dispenses à titre de soutiens de famille pendant les années précédentes.

Art. 23. En temps de paix, il peut être accordé un sursis d'appel aux jeunes gens qui, avant le tirage au sort, en auront fait la demande.

A cet effet, ils doivent établir que, soit pour leur apprentissage, soit pour les besoins de l'exploitation agricole, industrielle ou commerciale, à laquelle ils se livrent pour leur compte ou pour celui de leurs parents, il est indispensable qu'ils ne soient pas enlevés immédiatement à leurs travaux.

Ce sursis d'appel ne confère ni exemption ni dispense.

Il n'est accordé que pour un an et peut être néanmoins renouvelé pour une seconde année.

Le jeune homme qui a obtenu un sursis d'appel conserve le numéro qui lui est échu lors du tirage au sort, et, à l'expiration de son sursis, il est tenu de satisfaire à toutes les obligations que lui imposait la loi en raison de son numéro.

Art. 24. Les demandes de sursis adressées au maire sont instruites par lui; le conseil municipal donne son avis. Elles sont remises au conseil de révision et envoyées par duplicata au sous-préfet, qui les transmet au préfet avec ses observations, et y joint tous les documents nécessaires.

Il peut être accordé, pour tout le département et par chaque classe, des sursis d'appel jusqu'à concurrence de quatre pour cent du nombre de jeunes gens reconnus propres au service militaire dans ladite classe et compris dans la première partie des listes du recrutement cantonal.

Art. 25. Les jeunes gens dispensés du service dans l'armée active, aux termes de l'article 17 de la présente loi, les jeunes gens dispensés à titre de soutiens de famille, ainsi que les jeunes gens auxquels il est accordé des sursis d'appel, sont astreints, par un règlement du ministre de la guerre, à certains exercices.

Quand les causes de dispenses viennent à cesser, ils sont soumis à toutes les obligations de la classe à laquelle ils appartiennent.

Art. 26. Les jeunes gens dispensés du service de l'armée active aux termes de l'article 17 ci-dessus, les jeunes gens dispensés à titre de soutiens de famille, ainsi que ceux qui ont obtenu des sursis d'appel, sont appelés, en cas de guerre, comme les hommes de leur classe.

L'autorité militaire en dispose alors selon les besoins des différents services.

TROISIÈME SECTION. — *Des conseils de révision et des listes de recrutement cantonal.*

Art. 27. Les opérations du recrutement sont revues, les réclamations auxquelles ces opérations peuvent donner lieu sont entendues, les causes d'exemption et de dispenses prévues par les articles 16, 17 et 20 de la présente loi sont jugées en séance publique par un conseil de révision composé :

Du préfet, président, ou, à son défaut, du secrétaire général ou du conseiller de préfecture délégué par le préfet;

D'un conseiller de préfecture désigné par le préfet;

D'un membre du conseil général du département autre que le représentant élu dans le canton où la révision a lieu ;

Tous deux désignés par la commission permanente du conseil général, conformément à l'article 82 de la loi du 10 août 1871 ;

D'un officier général ou supérieur désigné par l'autorité militaire;

Un membre de l'intendance, le commandant du recrutement, un médecin militaire ou, à défaut, un médecin civil désigné par l'autorité militaire, assistent aux opérations du conseil de révision. Le membre de l'intendance est entendu dans l'intérêt de la loi toutes les fois qu'il le demande et peut faire consigner ses observations au registre des délibérations.

Le conseil de révision se transporte dans les divers cantons. Toutefois, suivant les localités, le préfet peut exceptionnellement réunir, dans le même lieu, plusieurs cantons pour les opérations du conseil.

Le sous-préfet, ou le fonctionnaire par lequel il aura été suppléé pour les opérations du tirage, assiste aux séances que le conseil de révision tient dans son arrondissement.

Il a voix consultative.

Les maires des communes auxquelles appartiennent les jeunes gens appelés devant le conseil de révision assistent aux séances et peuvent être entendus.

Si, par suite d'une absence, le conseil de révision ne se compose que de quatre membres, il peut délibérer, mais la voix du président n'est pas prépondérante. La décision ne peut être prise qu'à la majorité de trois voix ; en cas de partage, elle est ajournée.

Art. 28. Les jeunes gens portés sur les tableaux de recensement, ainsi que ceux des classes précédentes, qui ont été ajournés conformément à l'article 18 ci-dessus, sont convoqués, examinés et entendus par le conseil de révision. Ils peuvent alors faire connaître l'arme dans laquelle ils désirent être placés.

S'ils ne se rendent pas à la convocation, ou s'ils ne se font pas représenter, ou s'ils n'obtiennent pas un délai, il est procédé comme s'ils étaient présents.

Dans le cas d'exemption pour infirmités, le conseil ne prononce qu'après avoir entendu le médecin qui assiste au conseil.

Les cas de dispenses sont jugés sur la production de documents authentiques, ou, à défaut de documents, sur les certificats de trois pères de famille domiciliés dans le même canton, dont les fils sont soumis à l'appel ou ont été appelés. Ces certificats doivent, en outre, être signés et approuvés par le maire de la commune du réclamant.

La substitution de numéros peut avoir lieu entre frères, si celui qui se présente comme substituant est reconnu propre au service par le conseil de révision.

Art. 29. Lorsque les jeunes gens portés sur les tableaux de recensement ont fait des réclamations dont l'admission ou le rejet dépend de la décision à intervenir sur des questions judiciaires relatives à leur état ou à leurs droits civils, le conseil de révision ajourne sa décision ou ne prend qu'une décision conditionnelle.

Les questions sont jugées contradictoirement avec le préfet, à la requête de la partie la plus diligente. Les tribunaux statuent sans délai, le ministère public entendu.

Art. 30. Hors les cas prévus par l'article précédent, les décisions du conseil de révision sont définitives. Elles peuvent néanmoins être attaquées devant le conseil d'État pour incompétence et excès de pouvoirs.

Elles peuvent aussi être attaquées pour violation de la loi, mais par le ministre de la guerre seulement, et dans l'intérêt de la loi. Toutefois, l'annulation profite aux parties lésées.

Art. 31. Après que le conseil de révision a statué sur les

cas d'exemptions et sur ceux de dispenses, ainsi que sur toutes les réclamations auxquelles les opérations peuvent donner lieu, la liste du recrutement cantonal est définitivement arrêtée et signée par le conseil de révision.

Cette liste divisée en cinq parties comprend :

1° Par ordre de numéros de tirage, tous les jeunes gens déclarés propres au service militaire et qui ne doivent pas être classés dans les catégories suivantes ;

2° Tous les jeunes gens dispensés en exécution de l'article 17 de la présente loi;

3° Tous les jeunes gens conditionnellement dispensés en vertu de l'article 20, ainsi que les jeunes gens liés au service en vertu d'un engagement volontaire, d'un brevet ou d'une commission, et les jeunes marins inscrits;

4° Les jeunes gens qui, pour défaut de taille ou pour toute autre cause, ont été dispensés du service dans l'armée active, mais ont été reconnus aptes à faire partie d'un des services auxiliaires de l'armée ;

5° Enfin les jeunes gens qui ont été ajournés à un nouvel examen du conseil de révision.

Art. 32. Quand les listes du recrutement de tous les cantons du département ont été arrêtées conformément aux prescriptions de l'article précédent, le conseil de révision, auquel sont adjoints deux autres membres du conseil général également désignés par la commission permanente et réuni au chef-lieu du département, prononce sur les demandes de dispenses pour soutien de famille, et sur les demandes de sursis d'appel.

QUATRIÈME SECTION. — *Du registre matricule.*

Art. 33. Il est tenu, par département ou par circonscriptions déterminées dans chaque département, en vertu d'un règlement d'administration publique, un registre matricule, dressé au moyen des listes mentionnées en l'article 31 ci-dessus, et sur lequel sont portés tous les jeunes gens qui n'ont pas été déclarés impropres à tout service militaire ou qui n'ont pas été ajournés à un nouvel examen du conseil de révision.

Ce registre mentionne l'incorporation de chaque homme inscrit, ou la position dans laquelle il est laissé, et successivement tous les changements qui peuvent survenir dans sa situation, jusqu'à ce qu'il passe dans l'armée territoriale.

Art. 34. Tout homme inscrit sur le registre matricule, qui change de domicile, est tenu d'en faire la déclaration à la mairie qu'il quitte et à la mairie du lieu où il vient s'établir.

Le maire de chacune des communes transmet, dans les huit jours, copie de ladite déclaration, au bureau du registre matricule de la circonscription dans laquelle se trouve la commune.

Art. 35. Tout homme inscrit sur le registre matricule, qui entend se fixer en pays étranger, est tenu, dans sa déclaration à la mairie de la commune où il réside, de faire connaître le lieu où il va établir son domicile et, dès qu'il y est arrivé, d'en prévenir l'agent consulaire de France. Le maire de la commune transmet, dans les huit jours, copie de ladite déclaration au bureau du registre matricule de la circonscription dans laquelle se trouve la commune.

L'agent consulaire, dans les huit jours de la déclaration, en envoie copie au ministre de la guerre.

TITRE III. — **Du service militaire.**

Art. 36. Tout Français qui n'est pas déclaré impropre à tout service militaire fait partie :

De l'armée active pendant cinq ans ;

De la réserve de l'armée active pendant quatre ans ;

De l'armée territoriale pendant cinq ans ;

De la réserve de l'armée territoriale pendant six ans.

1° L'armée active est composée, indépendamment des hommes qui ne se recrutent pas par les appels, de tous les jeunes gens déclarés propres à un des services de l'armée et compris dans les cinq dernières classes appelées ;

2° La réserve de l'armée active est composée de tous les hommes également déclarés propres à un des services de l'armée et compris dans les quatre classes appelées immédiatement avant celles qui forment l'armée active;

3° L'armée territoriale est composée de tous les hommes qui ont accompli le temps de service prescrit pour l'armée active et la réserve;

4° La réserve de l'armée territoriale est composée des hommes qui ont accompli le temps de service pour cette armée.

L'armée territoriale et la deuxième réserve sont formées par régions déterminées par un règlement d'administration publique; elles comprennent pour chaque région les hommes ci-dessus désignés aux §§ 3 et 4, et qui sont domiciliés dans la région.

Art. 37. L'armée de mer est composée, indépendamment des hommes fournis par l'inscription maritime :

1° Des hommes qui auront été admis à s'engager volontairement ou à se rengager dans les conditions déterminées par un règlement d'administration publique;

2° Des jeunes gens qui, au moment des opérations du conseil de révision, auront demandé à entrer dans un des corps de la marine, et auront été reconnus propres à ce service;

3° Enfin, et à défaut d'un nombre suffisant d'hommes compris dans les deux catégories précédentes, du contingent du recrutement affecté par décision du ministre de la guerre à l'armée de mer.

Ce contingent fourni par chaque canton, dans la proportion fixée par ladite décision, est composé des jeunes gens compris dans la première partie de la liste du recrutement cantonal, et auxquels seront échus les premiers numéros sortis au tirage au sort.

Un règlement d'administration publique déterminera les conditions dans lesquelles pourront avoir lieu les permutations entre les jeunes gens affectés à l'armée de mer et ceux de la même classe affectés à l'armée de terre.

Pour les hommes qui ne proviennent pas de l'inscription maritime, le temps de service actif dans l'armée de mer est de cinq ans, et de deux ans dans la réserve.

Ces hommes passent ensuite dans l'armée territoriale.

Art. 38. La durée du service compte du 1er juillet de l'année du tirage au sort.

Chaque année, au 30 juin, en temps de paix, les militaires qui ont achevé le temps de service prescrit dans l'armée active, ceux qui ont accompli le temps de service prescrit dans la réserve de l'armée active, ceux qui ont terminé le temps de service prescrit pour l'armée territoriale, enfin ceux qui ont terminé le temps de service pour la réserve de cette armée, reçoivent un certificat constatant :

Pour les premiers, leur envoi dans la première réserve;

Pour les seconds, leur envoi dans l'armée territoriale;

Pour les troisièmes, leur envoi dans la deuxième réserve;

Et, à l'expiration du temps de service dans cette réserve, les hommes reçoivent un congé définitif.

En temps de guerre, ils reçoivent ces certificats immédiatement après l'arrivée au corps des hommes de la classe destinée à remplacer celle à laquelle ils appartiennent.

Cette dernière disposition est applicable, en tout temps, aux hommes appartenant aux équipages de la flotte en cours de campagne.

Art. 39. Tous les jeunes gens de la classe appelée, qui ne sont pas exemptés pour cause d'infirmités, ou ne sont pas dispensés en application des dispositions de la présente loi, ou n'ont pas obtenu de sursis d'appel, ou ne sont pas affectés à l'armée de mer, font partie de l'armée active et sont mis à la disposition du ministre de la guerre.

Ces jeunes soldats sont tous immatriculés dans les divers corps de l'armée et envoyés, soit dans lesdits corps, soit dans des bataillons et écoles d'instruction.

Art. 40. Après une année de service des jeunes soldats dans les conditions indiquées en l'article précédent, ne sont plus maintenus sous les drapeaux que les hommes dont le chiffre est fixé chaque année par le ministre de la guerre.

Ils sont pris par ordre de numéros sur la première partie de la liste du recrutement de chaque canton et dans la proportion déterminée par la décision du ministre; cette décision est rendue aussitôt après que toutes les opérations du recrutement sont terminées.

Art. 41. Nonobstant les dispositions de l'article précédent, le militaire compris dans la catégorie de ceux ne devant pas rester sous les drapeaux, mais qui, après l'année de service mentionnée audit article, ne sait pas lire et écrire, et ne satisfait pas aux examens déterminés par le ministre de la guerre, peut être maintenu au corps pendant une seconde année.

Le militaire placé dans la même catégorie qui, par l'instruction acquise antérieurement à son entrée au service, et par celle reçue sous les drapeaux, remplit toutes les conditions exigées, peut après six mois, à des époques fixées par le ministre de la guerre, et avant l'expiration de l'année, être envoyé en disponibilité, dans ses foyers, conformément à l'article suivant.

Art. 42. Les jeunes gens qui, après le temps de service prescrit par les articles 40 et 41, ne sont pas maintenus sous les drapeaux, restent en disponibilité de l'armée active, dans leurs foyers et à la disposition du ministre de la guerre.

Ils sont, par un règlement du ministre, soumis à des revues et à des exercices.

Art. 43. Les hommes envoyés dans la réserve de l'armée active restent immatriculés d'après le mode prescrit par la loi d'organisation.

Le rappel de la réserve de l'armée active peut être fait d'une manière distincte et indépendante pour l'armée de terre et pour l'armée de mer; il peut également être fait par classe, en commençant par la moins ancienne.

Les hommes de la réserve de l'armée active sont assujettis, pendant le temps de service de ladite réserve, à prendre part à deux manœuvres.

La durée de chacune de ces manœuvres ne peut dépasser quatre semaines.

Art. 44. Les hommes en disponibilité de l'armée active et les hommes de la réserve peuvent se marier sans autorisation.

Les hommes mariés restent soumis aux obligations de service imposées aux classes auxquelles ils appartiennent.

Toutefois, les hommes en disponibilité ou en réserve qui sont pères de quatre enfants vivants passent de droit dans l'armée territoriale.

Art. 45. Des lois spéciales détermineront les bases de l'organisation de l'armée active et de l'armée territoriale, ainsi que des réserves.

TITRE IV. — **Des engagements, des rengagements et des engagements conditionnels d'un an.**

PREMIÈRE SECTION. — *Des engagements.*

Art. 46. Tout Français peut être autorisé à contracter un engagement volontaire aux conditions suivantes :

L'engagé volontaire doit :

1° S'il entre dans l'armée de mer, avoir seize ans accomplis, sans être tenu d'avoir la taille prescrite par la loi, mais sous la condition qu'à l'âge de dix-huit ans, il ne pourra être reçu s'il n'a pas cette taille;

2° S'il entre dans l'armée de terre, avoir dix-huit ans accomplis et au moins la taille de 1m54;

3° Savoir lire et écrire;

4° Jouir de ses droits civils;

5° N'être ni marié, ni veuf sans enfants;

6° Être porteur d'un certificat de bonnes vie et mœurs délivré par le maire de la commune de son dernier domicile, et s'il ne compte pas au moins une année de séjour dans cette commune, il doit également produire un autre certificat du maire des communes où il a été domicilié dans le cours de cette année.

Le certificat doit contenir le signalement du jeune homme qui veut s'engager, mentionner la durée du temps pendant lequel il a été domicilié dans la commune et attester :

Qu'il jouit de ses droits civils;

Qu'il n'a jamais été condamné à une peine correctionnelle pour vol, escroquerie, abus de confiance ou attentat aux mœurs.

Si l'engagé a moins de vingt ans, il doit justifier du consentement de ses père, mère ou tuteur.

Ce dernier doit être autorisé par une délibération du conseil de famille.

Les conditions relatives soit à l'aptitude militaire, soit à l'admissibilité dans les différents corps de l'armée, sont déterminées par un décret inséré au *Bulletin des lois*.

Art. 47. La durée de l'engagement volontaire est de cinq ans.

Les années de l'engagement volontaire comptent dans la durée du service militaire fixée par l'article 36 ci-dessus.

En cas de guerre, tout Français qui a accompli le temps de service prescrit pour l'armée active et la réserve de ladite armée, est admis à contracter dans l'armée active un engagement pour la durée de la guerre.

Cet engagement ne donne pas lieu aux dispenses prévues par le paragraphe 4 de l'article 17 de la présente loi.

Art. 48. Les hommes qui, après avoir satisfait aux conditions des articles 40 et 41 de la présente loi, vont être renvoyés en disponibilité, peuvent être admis à rester dans ladite armée de manière à compléter cinq années de service.

Les hommes renvoyés en disponibilité peuvent être autorisés à compléter cinq années de service sous les drapeaux.

Art. 49. Les engagés volontaires, les hommes admis à rester dans l'armée active, ainsi que ceux qui, en disponibilité, ont été autorisés à compléter cinq années de service dans ladite armée, ne peuvent être envoyés en congé sans leur consentement.

Art. 50. Les engagements volontaires sont contractés dans les formes prescrites par les articles 34, 35, 36, 37, 38, 39, 40, 42 et 44 du Code civil, devant les maires des chefs-lieux de canton.

Les conditions relatives à la durée des engagements sont insérés dans l'acte même.

Les autres conditions sont lues aux contractants avant la signature et mention en est faite à la fin de l'acte, le tout sous peine de nullité.

DEUXIÈME SECTION. — *Des rengagements.*

Art. 51. Des rengagements peuvent être reçus pour deux ans au moins et cinq ans au plus.

Ces rengagements ne peuvent être reçus que pendant le cours de la dernière année de service sous les drapeaux.

Ils sont renouvelables jusqu'à l'âge de vingt-neuf ans accomplis pour les caporaux et soldats et jusqu'à l'âge de trente-cinq ans accomplis pour les sous-officiers.

Les autres conditions sont déterminées par un règlement inséré au *Bulletin des lois.*

Art. 52. Les engagements prévus à l'article 48 de la présente loi et les rengagements sont contractés devant les intendants ou sous-intendants militaires dans la forme prescrite dans l'article 50 ci-dessus, sur la preuve que le contractant peut rester, ou être admis dans le corps pour lequel il se présente.

TROISIÈME SECTION. — *Des engagements conditionnels d'un an.*

Art. 53. Les jeunes gens qui ont obtenu des diplômes de bachelier-ès-lettres, de bachelier-ès-sciences, des diplômes de fin d'étude, ou des brevets de capacité, institués par les art. 4 et 6 de la loi du 21 juin 1865;

Ceux qui font partie de l'École centrale des arts et manufactures, des Écoles nationales des arts et métiers, des Écoles nationales des beaux-arts, du Conservatoire de musique, les élèves des Écoles nationales vétérinaires et des Écoles nationales d'agriculture; les élèves externes de l'École des mines, de l'École des ponts et chaussées, de l'École du génie maritime et les élèves de l'École des mineurs de Saint-Étienne, sont admis avant le tirage au sort, lorsqu'ils présentent les certificats d'études émanés des autorités désignées par un règlement inséré au *Bulletin des lois*, à contracter dans l'armée de terre des engagements conditionnels d'un an selon le mode déterminé par ledit règlement.

Art. 54. Indépendamment des jeunes gens indiqués en l'article précédent, sont admis, aux mêmes époques, à contracter un semblable engagement, ceux qui satisfont à un des examens exigés par les différents programmes proposés par le ministre de la guerre et approuvés par décret rendu dans la forme des règlements d'administration publique.

Ces décrets seront insérés au *Bulletin des lois*.

Le ministre de la guerre fixe chaque année le nombre des engagements conditionnels d'un an, spécifiés au présent article. Ce nombre est réparti par régions déterminées conformément à l'article 36 ci-dessus, et proportionnellement au nombre des jeunes gens inscrits sur les tableaux de recensement de l'année précédente.

Si, au moment où les jeunes gens mentionnés au présent article et à l'article précédent se présentent pour contracter un engagement d'un an, ils ne sont pas reconnus propres au service, ils sont ajournés et ne peuvent être incorporés que lorsqu'ils présentent toutes les conditions voulues.

Art. 55. L'engagé volontaire d'un an est habillé, monté, équipé et entretenu à ses frais.

Toutefois, le ministre de la guerre peut exempter de tout ou partie des obligations déterminées au paragraphe précédent, les jeunes gens qui ont donné dans leur examen des preuves de capacité, et qui justifient, dans les formes prescrites par les règlements, être dans l'impossibilité de subvenir aux frais résultant de ces obligations.

Art. 56. L'engagé volontaire d'un an est incorporé et soumis à toutes les obligations du service imposées aux hommes présents sous les drapeaux.

Il est astreint aux examens prescrits par le ministre de la guerre.

Si, après un an de service, l'engagé volontaire d'un an ne satisfait pas à ces examens, il est obligé de rester une seconde année au service, aux conditions déterminées par le règlement prévu par l'article 53.

Si, après cette seconde année, l'engagé volontaire ne satisfait pas à cet examen, il est, par décision du ministre de la guerre, déclaré déchu des avantages réservés aux volontaires d'un an, et il reste soumis aux mêmes obligations que celles imposées aux hommes de la première partie de la classe à laquelle il appartient par son engagement.

Il en est de même pour le volontaire qui, pendant la première ou la seconde année, a commis des fautes graves contre la discipline.

Dans tous les cas, le temps passé dans le volontariat compte en déduction de la durée du service prescrite par l'article 36 de la présente loi.

En temps de guerre, l'engagé volontaire d'un an est maintenu au service.

En cas de mobilisation, l'engagé volontaire d'un an marche avec la première partie de la classe à laquelle il appartient par son engagement.

Art. 57. Dans l'année qui précède l'appel de leur classe, les jeunes gens mentionnés dans l'article 53, qui n'auraient pas terminé les études de la faculté ou des écoles auxquelles ils appartiennent, mais qui voudraient les achever dans un laps de temps déterminé, peuvent, tout en contractant l'engagement d'un an, obtenir de l'autorité militaire un sursis avant de se rendre au corps pour lequel ils se sont engagés. Le sursis peut leur être accordé jusqu'à l'âge de vingt-quatre ans accomplis.

Art. 58. Après que les engagés volontaires d'un an ont satisfait à tous les examens exigés par l'article 56, ils peuvent obtenir des brevets de sous-officier ou des commissions au moins équivalentes.

Les lois spéciales prévues par l'article 45 déterminent l'emploi de ces jeunes gens soit dans l'armée active, soit dans la disponibilité, soit dans la réserve de l'armée active, soit dans l'armée territoriale, ou dans les différents services auxquels leurs études les ont plus spécialement destinés.

TITRE V. — Dispositions pénales.

Art. 59. Tout homme inscrit sur le registre matricule, qui n'a pas fait les déclarations de changement de domicile prescrites par les articles 34 et 35 de la présente loi, est déféré aux tribunaux ordinaires, et puni d'une amende de 10 francs à 200 francs; il peut en outre être condamné à un emprisonnement de quinze jours à trois mois.

En temps de guerre, la peine est double.

Art. 60. Toutes fraudes ou manœuvres, par suite desquelles un jeune homme a été omis sur les tableaux de recensement ou sur les listes du tirage, sont déférées aux tribunaux ordinaires et punies d'un emprisonnement d'un mois à un an.

Sont déférés aux mêmes tribunaux et punis de la même peine :

1° Les jeunes gens appelés qui, par suite d'un concert frauduleux, se sont abstenus de comparaître devant le conseil de révision;

2° Les jeunes gens qui, à l'aide de fraudes ou manœuvres, se sont fait exempter ou dispenser par un conseil de révision, sans préjudice des peines plus graves en cas de faux.

Les auteurs ou complices sont punis des mêmes peines.

Si le jeune homme omis a été condamné comme auteur ou complice de fraudes ou manœuvres, les dispositions de l'article 14 lui seront appliquées lors du premier tirage qui aura lieu après l'expiration de sa peine.

Le jeune homme indûment exempté ou indûment dispensé est rétabli en tête de la première partie de la classe appelée, après qu'il a été reconnu que l'exemption ou la dispense avait été indûment accordée.

Art. 61. Tout homme inscrit sur le registre matricule, au domicile duquel un ordre de route a été régulièrement notifié, et qui n'est pas arrivé à sa destination au jour fixé par cet ordre, est, après un mois de délai, et hors le cas de force majeure, puni, comme insoumis, d'un emprisonnement d'un mois à un an, en temps de paix, et de deux à cinq ans en temps de guerre.

Dans ce dernier cas, à l'expiration de sa peine, il est envoyé dans une compagnie de discipline.

En temps de guerre, les noms des insoumis sont affichés dans toutes les communes du canton de leur domicile; ils restent affichés pendant toute la durée de la guerre.

Ces dispositions sont applicables à tout engagé volontaire qui, sans motifs légitimes, n'est pas arrivé à sa destination dans le délai fixé par sa feuille de route.

En cas d'absence du domicile, et lorsque le lieu de la résidence est inconnu, l'ordre de route est notifié au maire de la commune dans laquelle l'appelé a concouru au tirage.

A l'égard des appelés, le délai d'un mois sera porté :

1° A deux mois, s'ils demeurent en Algérie, dans les îles voisines des contrées limitrophes de la France ou en Europe;

2° A six mois, s'ils demeurent dans tout autre pays.

L'insoumis est jugé par le conseil de guerre de la division militaire dans laquelle il est arrêté.

Le temps pendant lequel l'engagé volontaire ou l'homme inscrit sur le registre matricule aura été insoumis ne compte pas dans les années de service exigées.

Art. 62. Quiconque est reconnu coupable d'avoir recélé ou d'avoir pris à son service un insoumis, est puni d'un emprisonnement qui ne peut excéder six mois. Selon les circonstances, la peine peut être réduite à une amende de vingt à deux cents francs.

Quiconque est convaincu d'avoir favorisé l'évasion d'un insoumis est puni d'un emprisonnement d'un mois à un an.

La même peine est prononcée contre ceux qui, par des manœuvres coupables, ont empêché ou retardé le départ des jeunes soldats.

Si le délit a été commis à l'aide d'un attroupement, la peine sera double.

Si le délinquant est fonctionnaire public, employé du gouvernement ou ministre d'un culte salarié par l'État, la peine peut être portée jusqu'à deux années d'emprisonnement, et il est, en outre, condamné à une amende qui ne pourra excéder deux mille francs.

Art. 63. Tout homme qui est prévenu de s'être rendu impropre au service militaire, soit temporairement, soit d'une manière permanente, dans le but de se soustraire aux obligations imposées par la présente loi, est déféré aux tribunaux, soit sur la demande des conseils de révision, soit d'office, et, s'il est reconnu coupable, il est puni d'un emprisonnement d'un mois à un an.

Sont également déférés aux tribunaux et punis de la même peine les jeunes gens qui, dans l'intervalle de la clôture de la liste cantonale à leur mise en activité, se sont rendus coupables du même délit.

A l'expiration de leur peine, les uns et les autres sont mis à la disposition du ministre de la guerre pour tout le temps du service militaire qu'ils doivent à l'État, et peuvent être envoyés dans une compagnie de discipline.

La peine portée au présent article est prononcée contre les complices.

Si les complices sont des médecins, chirurgiens, officiers de santé ou pharmaciens, la durée de l'emprisonnement sera de deux mois à deux ans, indépendamment d'une amende de deux cents francs à mille francs, qui peut aussi être prononcée, et sans préjudice de peines plus graves, dans les cas prévus par le Code pénal.

Art. 64. Ne compte pas pour les années de service exigées par la présente loi, le temps pendant lequel un militaire a subi la peine de l'emprisonnement en vertu d'un jugement.

Art. 65. Tout fonctionnaire ou officier public, civil ou militaire, qui, sous quelque prétexte que ce soit, a autorisé ou admis des exemptions, dispenses ou exclusions autres que celles déterminées par la présente loi, ou qui aura donné arbitrairement une extension quelconque soit à la durée, soit aux règles ou conditions des appels, des engagements ou des rengagements, sera coupable d'abus d'autorité, et puni des peines portées dans l'article 185 du Code pénal, sans préjudice des peines plus graves prononcées par ce code dans les autres cas qu'il a prévus.

Art. 66. Les médecins, chirurgiens ou officiers de santé qui, appelés au conseil de révision à l'effet de donner leur avis conformément aux articles 16, 18, 28, ont reçu des dons ou agréé des promesses pour être favorables aux jeunes gens qu'ils doivent examiner, sont punis d'un emprisonnement de deux mois à deux ans.

Cette peine leur est appliquée, soit qu'au moment des dons ou promesses ils aient déjà été désignés pour assister au conseil, soit que les dons ou promesses aient été agréés dans la prévoyance des fonctions qu'ils auraient à y remplir.

Il leur est défendu, sous la même peine, de rien recevoir, même pour une exemption ou réforme justement prononcée.

Art. 67. Les peines prononcées par les articles 60, 62 et 63 sont applicables aux tentatives des délits prévus par ces articles.

Dans le cas prévu par l'article 66, ceux qui ont fait des dons ou promesses sont punis des peines portées par ledit article contre les médecins, chirurgiens ou officiers de santé.

Art. 68. Dans tous les cas non prévus par les dispositions précédentes, les tribunaux civils et militaires, dans les limites de leur compétence, appliqueront les lois pénales ordinaires aux délits auxquels pourra donner lieu l'exécution du mode de recrutement déterminé par la présente loi.

Dans tous les cas où la peine d'emprisonnement est prononcée par la présente loi, les juges peuvent, suivant les circonstances, user de la faculté exprimée par l'article 463 du Code pénal.

Dispositions particulières.

Art. 69. Les jeunes gens appelés à faire partie de l'armée, en exécution de la présente loi, outre l'instruction nécessaire à leur service, reçoivent dans leurs corps, et suivant leurs grades, l'instruction prescrite par un règlement du ministre de la guerre.

Art. 70. Les ministres de la guerre et de la marine assureront par des règlements aux militaires de toutes armes le temps et la liberté nécessaires à l'accomplissement de leurs devoirs religieux les dimanches et autres jours de fête consacrés par leurs cultes respectifs. Ces règlements seront insérés au *Bulletin des lois.*

Art. 71. Tout homme ayant passé sous les drapeaux douze ans, dont quatre au moins avec le grade de sous-officier, reçoit des chefs de corps un certificat en vertu duquel il obtient, au fur et à mesure des vacances, un emploi civil ou militaire en rapport avec ses aptitudes ou son instruction.

Une loi spéciale désignera, dans chaque service public, la catégorie des emplois qui seront réservés en totalité, ou dans une proportion déterminée, aux candidats munis du certificat ci-dessus.

Art. 72. Nul n'est admis, avant l'âge de trente ans accomplis, à un emploi civil ou militaire s'il ne justifie avoir satisfait aux obligations imposées par la présente loi.

Art. 73. Chaque année, avant le 31 mars, il sera rendu compte à l'Assemblée nationale, par le ministre de la guerre, de l'exécution de la présente loi pendant l'année précédente.

Dispositions transitoires.

Art. 74. Les dispositions de la présente loi ne seront appliquées qu'à partir du 1er janvier 1873.

Toutefois la totalité de la classe de 1871 sera mise à la disposition du ministre de la guerre; les jeunes gens de cette classe qui ne feront pas partie du contingent fixé par le ministre seront placés dans la réserve de l'armée active, au lieu de l'être dans la garde nationale mobile, conformément à la loi du 1er février 1868, et y resteront un temps égal à la durée du service accompli dans l'armée active et dans la réserve par les hommes de la même classe compris dans le contingent.

Après quoi les uns et les autres seront placés dans l'armée territoriale, conformément aux dispositions de l'article 36 de la présente loi.

La durée du service pour la classe de 1871 comptera du 1er juillet 1872, conformément aux prescriptions de la loi du 1er février 1868; toutefois, pour les jeunes gens de cette classe qui ont devancé l'appel à l'activité, elle comptera du 1er janvier 1871, conformément au décret du 5 janvier 1871.

Art. 75. Les jeunes gens ne faisant pas partie de la classe de 1871 qui voudraient, avant le 1er janvier 1873, profiter des dispositions des articles 53 et 54 ci-dessus feront au ministre de la guerre la demande de contracter un engagement d'un an.

Le règlement prévu par les articles 53 et suivants et les programmes mentionnés en l'article 54 seront publiés avant le 1er novembre prochain; à partir de cette époque, les jeunes gens désignés au § 1er du présent article seront admis soit à contracter leur engagement, soit à passer les examens exigés.

Les jeunes gens des classes de 1872 et suivantes, actuellement sous les drapeaux, par suite d'engagements volontaires, pourront, à partir du 1er janvier 1873, profiter des dispositions des articles 53 et 54.

Le temps passé au service par ces jeunes gens sera, lorsqu'ils auront rempli les obligations déterminées par l'article 56, déduit du temps de service prescrit par l'article 36.

Le temps passé au service par les jeunes gens qui se sont engagés volontairement pour la durée de la guerre sera également déduit du temps de service prescrit par l'article 36.

Art. 76. Les jeunes gens des classes de 1867, 1868, 1869 et 1870, appelés en vertu de la loi du 1er février 1868, qui ont été compris dans le contingent de l'armée, seront, à l'expiration de leur service dans la réserve, placés dans l'armée territoriale, conformément aux dispositions de l'article 36 de la présente loi.

Les jeunes gens de ces mêmes classes, qui n'ont pas été compris dans le contingent de l'armée, et qui font actuellement partie de la garde nationale mobile, seront, à partir du 1er janvier 1873, placés dans la réserve de l'armée, où ils compteront jusqu'à la libération du service dans la réserve des jeunes gens de la même classe qui ont été compris dans le contingent de l'armée. Ils seront ensuite placés dans l'armée territoriale, conformément aux dispositions de l'article 36 de la présente loi.

Art. 77. Les hommes des classes antérieures appelées en vertu de la loi du 21 mars 1832, qu'ils aient été ou non compris dans les contingents fournis par lesdites classes, feront partie de l'armée territoriale et de la réserve de l'armée territoriale, conformément aux dispositions de l'article 36 de la présente loi, jusqu'à ce qu'ils aient atteint l'âge prescrit par ladite loi pour la libération du service dans l'armée territoriale et dans la réserve de l'armée territoriale.

L'état de recensement des hommes compris dans cette catégorie sera établi conformément aux dispositions de l'article 15 de la loi du 1er février 1868. Ils pourront être appelés par classe, en commençant par les moins anciennes.

Un conseil de révision par arrondissement, composé ainsi qu'il est dit à l'article 16 de la loi précitée, prononcera sur les cas d'exemption pour infirmités et défaut de taille qui lui seront soumis.

Art. 78. Les jeunes gens qui, au lieu d'être placés ou maintenus dans la garde nationale mobile, feront partie de la réserve, conformément aux dispositions précédentes, seront soumis à des exercices et revues, déterminés par un règlement du ministre de la guerre.

Art. 79. L'obligation de savoir lire et écrire pour contracter un engagement volontaire, ou pour être envoyé en disponibilité après une année de service, ne sera imposée qu'à partir du 1er janvier 1875.

Art. 80. Toutes les dispositions des lois et décrets antérieurs à la présente loi, relatifs au recrutement de l'armée, sont et demeurent abrogées.

LOI

SUR

L'ORGANISATION GÉNÉRALE DE L'ARMÉE

VOTÉE DANS LA SÉANCE DU 24 JUILLET 1873.

TITRE PREMIER.

Division du territoire. — Composition des corps d'armée.

Art. 1er. Le territoire de la France est divisé, pour l'organisation de l'armée active, de la réserve de l'armée active, de l'armée territoriale et de sa réserve, en dix-huit régions et en subdivisions de régions.

Ces régions et subdivisions de régions, établies d'après les ressources du recrutement et les exigences de la mobilisation, sont déterminées par décret rendu dans la forme des règlements d'administration publique et inséré au *Bulletin des Lois*.

Art. 2. Chaque région est occupée par un corps d'armée qui y tient garnison.

Un corps d'armée spécial est, en outre, affecté à l'Algérie.

Art. 3. Chaque région possède des magasins généraux d'approvisionnements dans lesquels se trouvent les armes et munitions, les effets d'habillement, d'armement, de harnachement, d'équipement et de campement nécessaires aux diverses armes qui entrent dans la composition des corps d'armée.

Art. 4. Chaque subdivision de région possède un ou plusieurs magasins munis des armes et munitions, ainsi que de tous les effets d'habillement, d'armement, de harnachement, d'équipement et de campement nécessaires, et alimentés par les magasins généraux de la région.

Art. 5. Dans chaque subdivision de région, il y a un ou plusieurs bureaux de recrutement. Dans chaque bureau est tenu le registre matricule prescrit par l'article 33 de la loi du 27 juillet 1872, pour les hommes appartenant à l'armée active et à la réserve de ladite armée.

Ce bureau est chargé d'opérer l'immatriculation, dans les divers corps de la région, des hommes de la disponibilité et de la réserve, conformément aux paragraphes 3, 4, 5 et 6 de l'article 11 ci-après.

Il est, en outre, chargé de la tenue des contrôles de l'armée territoriale pour les hommes domiciliés dans la subdivision, et de leur immatriculation dans les divers corps de l'armée territoriale de la région.

Par ses soins, il est fait chaque année un recensement général des chevaux, mulets et voitures susceptibles d'être utilisés pour les besoins de l'armée.

Ces chevaux, mulets et voitures sont répartis d'avance dans chaque corps d'armée et inscrits sur un registre spécial.

Art. 6. Chacun des corps d'armée des dix-huit régions comprend deux divisions d'infanterie, une brigade de cavalerie, une brigade d'artillerie, un bataillon du génie, un escadron du train des équipages militaires, ainsi que les états-majors et les divers services nécessaires.

La composition détaillée des corps d'armée, des divisions et des brigades, celle des corps de troupes de toutes armes dont l'armée se compose, et les effectifs de ces corps de troupes, tant sur le pied de paix que sur le pied de guerre, seront déterminés par une loi spéciale.

Art. 7. En temps de paix, les corps d'armée ne sont pas réunis en armées à l'état permanent.

Art. 8. Les hommes appartenant à des services régulièrement organisés en temps de paix, peuvent en temps de guerre être formés en corps spéciaux destinés à servir, soit avec l'armée active, soit avec l'armée territoriale.

La formation de ces corps spéciaux est autorisée par décret.

Ces corps sont soumis à toutes les obligations du service militaire, jouissent de tous les droits des belligérants, et sont assujettis aux règles du droit des gens.

Art. 9. Chaque corps d'armée est organisé d'une manière permanente en divisions et en brigades.

Le corps d'armée, ainsi que toutes les troupes qui le composent, sont pourvus en tout temps du commandement, des états-majors, et de tous les services administratifs et auxiliaires qui leur sont nécessaires pour entrer en campagne ; le matériel de toute nature dont les troupes et les divers services du corps d'armée doivent être pourvus en temps de guerre, est constamment organisé et emmagasiné à leur portée.

Le matériel roulant est emmagasiné sur roues.

Art. 10. A l'exception de ceux mentionnés à l'article 8, il ne peut être créé de nouveaux corps, ni apporté de changement dans la constitution normale de ceux qui existent, qu'en vertu d'une loi.

Aucun changement dans l'équipement et dans l'uniforme, si ce n'est partiellement et à titre d'essai, ne pourra avoir lieu qu'après le vote d'un crédit spécial.

Art. 11. L'armée active se recrute sur l'ensemble du territoire de la France.

En cas de mobilisation, les effectifs des divers corps de troupes et des divers services qui entrent dans la composition de chaque corps d'armée, sont complétés avec les militaires de la disponibilité et de la réserve domiciliés dans la région, et en cas d'insuffisance, avec les militaires de la disponibilité et de la réserve domiciliés dans les régions voisines.

A cet effet, les jeunes gens qui, à raison de leur numéro de tirage, ont été compris dans la partie maintenue plus d'un an sous les drapeaux, sont, au moment où ils entrent dans la réserve, immatriculés dans un des corps de la région dans laquelle ils ont déclaré vouloir être domiciliés.

Cette immatriculation est mentionnée dans une colonne spéciale, sur le certificat indiqué en l'article 38 de la loi du 27 juillet 1872, de sorte que le militaire faisant partie de la réserve sache toujours où il doit se rendre en cas de mobilisation.

Les jeunes militaires qui, conformément aux articles 40, 41 et 42 de la loi du 27 juillet 1872, restent en disponibilité dans leurs foyers, sont également immatriculés dans les divers corps de la région et reçoivent, au moment où ils sont envoyés en disponibilité, un certificat constatant leur immatriculation dans le corps qu'ils doivent rejoindre en cas de rappel. La même disposition est applicable aux engagés conditionnels d'un an, après leur année de service accomplie.

Elle est également applicable aux soldats, caporaux, brigadiers et sous-officiers envoyés en disponibilité avant l'expiration des cinq années de service dans l'armée active, prévues par l'article 36 de la loi du 27 juillet 1872.

Art. 12. Les jeunes gens qui se trouvent dans les diverses positions mentionnées dans l'article 26 de la loi du 27 juillet 1872, et dont l'autorité militaire dispose conformément audit article, sont portés sur des états spéciaux; en cas de mobilisation, ils sont versés dans les différents corps de la région selon les besoins de l'armée.

Art. 13. Les divers emplois dont la mobilisation de l'armée rend la création nécessaire, ont en tout temps leurs titulaires désignés d'avance et tenus, autant que possible, au courant de la position qui leur est assignée en cas de mobilisation.

Les officiers auxiliaires mentionnés aux articles 36, 38 et 41 de la présente loi, les sous-officiers provenant des engagés conditionnels d'un an, et les sous-officiers qui, de l'armée active, sont passés dans la réserve, sont d'avance affectés aux divers corps de la région et il leur est délivré un certificat constatant leur titre d'immatriculation.

TITRE II. — Commandement. — Administration.

Art. 14. Dans chaque région, le général commandant le corps d'armée a sous son commandement le territoire, les forces de l'armée active, de la réserve, de l'armée territoriale et de sa réserve, ainsi que tous les services et établissements militaires qui sont exclusivement affectés à ces forces.

Les établissements spéciaux destinés à assurer la défense générale du pays, ou à pourvoir aux services généraux des armées, restent sous la direction immédiate du ministre de la guerre dans les conditions de fonctionnement qui leur sont afférentes.

Toutefois, le commandant du corps d'armée exerce une surveillance permanente sur ces établissements et transmet ses observations au ministre de la guerre.

En temps de paix, le commandant d'un corps d'armée ne pourra conserver que pendant trois années au plus son commandement, à moins qu'à l'expiration de ce délai il ne soit maintenu dans ses fonctions par un décret spécial rendu en conseil des ministres.

L'exercice de ce commandement ne crée d'ailleurs aux officiers généraux qui en ont été investis aucun privilége ultérieur de fonctions dans leur grade.

Art. 15. Des corps de troupes ou fractions de ces corps appartenant à un corps d'armée en peuvent être momentanément détachés et placés dans un autre corps d'armée. Ils sont alors sous le commandement du général commandant le corps d'armée auquel ils sont temporairement annexés.

Art. 16. Le général commandant un corps d'armée a sous ses ordres un service d'état-major placé sous la direction de son chef d'état-major général et divisé en deux sections :

1° Section active marchant avec les troupes en cas de mobilisation;

2° Section territoriale attachée à la région d'une manière permanente, chargée d'assurer en tout temps le fonctionnement du recrutement, des hôpitaux, de la remonte, et en général de tous les services territoriaux.

Les états-majors de l'artillerie, du génie et les divers services administratifs et sanitaires du corps d'armée sont également divisés en partie active et en partie territoriale.

Un règlement du ministre de la guerre détermine la composition et la répartition des états-majors et des divers services pour chaque corps d'armée.

Un officier supérieur faisant partie de la section territoriale, et désigné par le ministre de la guerre, est chargé de centraliser le service du recrutement.

Art. 17. Outre les états-majors dont il est parlé en l'article précédent, le commandant du corps d'armée a auprès de lui et sous ses ordres les fonctionnaires et les agents chargés d'assurer la direction et la gestion des services administratifs et du service de santé.

Une loi spéciale sur l'administration de l'armée réglera les attributions de ces divers fonctionnaires et agents et pourvoira à l'établissement d'un contrôle indépendant.

Art. 18. Un officier supérieur est placé à la tête du service du recrutement de chaque subdivision.

Tous les militaires de l'armée active, de la réserve et de l'armée territoriale, qui se trouvent à un titre quelconque dans leurs foyers et sont domiciliés dans la subdivision, relèvent de cet officier supérieur.

Il tient le général commandant le corps d'armée et les chefs des corps de troupes et des différents services au courant de toutes les modifications qui se produisent dans la situation des officiers, sous-officiers et hommes de la disponibilité et de la réserve, et qui sont immatriculés dans les divers corps de la région.

Art. 19. Tous les six mois, il est dressé, par le service central du corps d'armée, un état des officiers auxiliaires, sous-officiers et hommes des cadres de la disponibilité et de la réserve, immatriculés dans les divers corps et dans les divers services de la région, et qui doivent être rappelés immédiatement, en cas de mobilisation, pour porter les cadres au pied de guerre.

Le général commandant transmet cet état au ministre de la guerre, et lui fait les propositions nécessaires pour que les cadres complémentaires soient toujours préparés pour la mobilisation.

TITRE III. — **Incorporation. — Mobilisation.**

Art. 20. Les jeunes soldats qui, à raison de leur numéro de tirage, sont destinés à être maintenus plus d'une année sous les drapeaux, se rendent, à la réception de leur ordre de départ, au bureau de recrutement de la subdivision de leur résidence.

Ils y reçoivent, sous la surveillance des cadres de conduite, les effets d'habillement nécessaires pour leur mise en route, et ils sont dirigés, par détachement, sur les divers corps de l'armée auxquels ils sont affectés.

Les jeunes soldats qui, par leur numéro de tirage, ne sont appelés qu'à demeurer un an au corps, se rendent également au bureau de recrutement de leur subdivision.

Ils accomplissent, dans le corps de la région dans lequel ils ont été immatriculés, la période d'instruction à laquelle ils sont assujettis.

Art. 21. En cas de mobilisation, et pour la mise sur le pied de guerre des forces militaires de la région, le ministre de la guerre transmet au général commandant le corps d'armée l'ordre de mobilisation de tout ou partie des hommes des diverses classes de la disponibilité et de la réserve, enfin de la mise en activité des diverses classes de l'armée territoriale.

Art. 22. Aussitôt cet ordre reçu, le général prescrit à chaque officier commandant le bureau de recrutement de subdivision, de faire connaître immédiatement aux militaires de la disponibilité et de la réserve destinés à porter au complet de guerre les compagnies, escadrons, batteries et services du corps d'armée de la région, qu'ils aient à se rendre à leur corps dans le délai fixé par l'ordre de départ.

Le commandant du bureau de recrutement fait remettre à chaque homme rappelé l'ordre nominatif et toujours préparé qui lui prescrit de rejoindre.

Art. 23. A dater du jour où il a reçu l'ordre de mobilisation, le général commandant le corps d'armée est assisté dans son commandement par l'officier général qui doit le remplacer et qui est désigné d'avance par le ministre de la guerre. Cet officier général prend le commandement de la région le jour où le corps d'armée quitte la région.

Art. 24. Les hommes de remplacement, à quelque région qu'ils appartiennent, peuvent être envoyés par détachement aux divers corps de l'armée, selon les besoins de ces corps.

Ils peuvent d'ailleurs être formés en compagnies, bataillons, escadrons ou batteries, et même en régiments, si les besoins de la guerre le réclament.

Art. 25. En cas de mobilisation, la réquisition des chevaux, mulets et voitures recensés en exécution de l'article 5 de la présente loi, peut être ordonnée par décret du président de la République.

Cette réquisition a lieu moyennant fixation et payement d'une juste indemnité.

Une loi spéciale déterminera le mode d'exécution de cette réquisition, et celui d'après lequel cette indemnité est fixée et payée.

Art. 26. En cas de mobilisation ou de guerre, les compagnies de chemins de fer mettent à la disposition du ministre de la guerre tous les moyens nécessaires pour les mouvements et la concentration des troupes et du matériel de l'armée.

Un service de marche ou d'étapes sera organisé sur les lignes de chemin de fer par un règlement ministériel.

Art. 27. L'administration des télégraphes tient en tout temps à la disposition du ministre de la guerre le matériel et le personnel nécessaires pour assurer ou compléter le service de la télégraphie militaire.

Art. 28. L'instruction progressive et régulière des troupes de toutes armes se termine chaque année par des marches, manœuvres et opérations d'ensemble, de brigade, de division, et, quand les circonstances le permettent, de corps d'armée. Jusqu'à la promulgation d'une loi spéciale sur la matière, un règlement d'administration publique, inséré au *Bulletin des lois*, déterminera les conditions suivant lesquelles s'effectuera l'évaluation des dommages causés aux propriétés privées, ainsi que le payement des indemnités dues aux propriétaires.

TITRE IV. — **Armée territoriale.**

Art. 29. L'armée territoriale a, en tout temps, ses cadres entièrement constitués.

Sa composition sera déterminée par la loi spéciale mentionnée en l'article 6 de la présente loi.

L'effectif permanent et soldé de l'armée territoriale ne comprend que le personnel nécessaire à l'administration, à la tenue des contrôles, à la comptabilité et à la préparation des mesures qui ont pour objet l'appel à l'activité des hommes de ladite armée.

Art. 30. L'armée territoriale est formée, conformément à l'article 36 de la loi du 27 juillet 1872, des hommes domiciliés dans la région.

Les militaires de tous grades qui la composent restent dans leurs foyers et ne sont réunis ou appelés à l'activité que sur l'ordre de l'autorité militaire.

La réserve de l'armée territoriale n'est appelée à l'activité qu'en cas d'insuffisance des ressources fournies par l'armée territoriale. Dans ce cas, l'appel se fait par classe et en commençant par la moins ancienne.

Art. 31. Les cadres des troupes et des divers services de l'armée territoriale sont recrutés :

1° Pour les officiers et fonctionnaires, parmi les officiers et fonctionnaires démissionnaires ou en retraite des armées de terre et de mer, parmi les engagés conditionnels d'un an qui ont obtenu des brevets d'officiers auxiliaires ou des commissions, conformément aux articles 36 et 38 de la présente loi.

Toutefois, les anciens sous-officiers de la réserve et les engagés conditionnels d'un an munis du brevet de sous-officier peuvent, après examen déterminé par le ministre de la guerre, être promus au grade de sous-lieutenant dans l'armée territoriale, au moment où ils passent dans ladite armée, conformément à la loi du 27 juillet 1872.

2° Pour les sous-officiers et employés, parmi les anciens sous-officiers et employés de la réserve et les engagés conditionnels d'un an munis d'un brevet de sous-officier, et parmi les anciens caporaux et brigadiers présentant les conditions d'aptitude nécessaires.

Les nominations des officiers et des fonctionnaires sont faites par le président de la République, sur la proposition du ministre de la guerre.

Les nominations des sous-officiers et des employés sont faites par le général commandant le corps d'armée de la région.

L'avancement dans l'armée territoriale sera réglé par une loi spéciale.

Un règlement d'administration publique déterminera les relations hiérarchiques entre l'armée active et l'armée territoriale.

Art. 32. La formation des divers corps de l'armée territoriale a lieu :

Par subdivision de région, pour l'infanterie;

Sur l'ensemble de la région, pour les autres armes.

A cet effet, chaque commandant de bureau de recrutement fait connaître au général commandant la région l'état, par arme, des hommes qui, finissant d'accomplir leur service dans la réserve, sont domiciliés dans sa subdivision.

Après que la répartition est faite entre les diverses armes par le général commandant, chaque homme passant dans l'armée territoriale est averti par le commandant du service de recrutement de la subdivision, du corps dont il doit faire partie. Mention en est faite dans une colonne spéciale, sur le certificat qui doit lui être délivré, conformément à l'article 38 de la loi du 27 juillet 1872.

Les dispositions des articles 34 et 35 de la loi du 27 juillet 1872 sont applicables aux militaires inscrits sur les contrôles de l'armée territoriale.

Art. 33. Chaque commandant de bureau de recrutement tient le général commandant la région au courant de la situation de l'armée territoriale, suivant le mode qui sera déterminé par un règlement ministériel.

Le général commandant propose au ministre de la guerre les nominations et mutations qui lui paraissent devoir être faites, pour tenir au complet les cadres de ladite armée.

Art. 34. En cas de mobilisation, les corps de troupes de l'armée territoriale peuvent être affectés à la garnison des places fortes, aux postes et lignes d'étapes, à la défense des côtes, des points stratégiques; ils peuvent être aussi formés en brigades, divisions et corps d'armée destinés à tenir campagne.

Enfin, ils peuvent être détachés pour faire partie de l'armée active.

Art. 35. L'armée territoriale, lorsqu'elle est mobilisée, est soumise aux lois et règlements qui régissent l'armée active, et lui est assimilée pour la solde et les prestations de toute nature.

Tant que les troupes de l'armée territoriale sont dans la région de leur formation, sans être détachées pour faire partie de l'armée active, elles restent placées sous le commandement déterminé par les articles 14 et 16 de la présente loi.

Lorsqu'elles sont constituées en divisions et en corps d'armée, elles sont pourvues d'états-majors, de services administratifs, sanitaires et auxiliaires spéciaux.

TITRE V. — Dispositions particulières.

Art. 36. Les élèves de l'École polytechnique et les élèves de l'École forestière qui ont satisfait aux examens de sortie desdites écoles, et ne sont pas placés dans un service public, reçoivent un brevet de sous-lieutenant auxiliaire ou une commission équivalente au titre auxiliaire, et restent dans la disponibilité, dans la réserve de l'armée active, dans l'armée territoriale, pendant le temps durant lequel ils y sont astreints en conformité de l'art. 36 de la loi du 27 juillet 1872.

Toutefois est déduit, conformément à l'article 19 de la loi du 27 juillet 1872, le temps passé par eux dans ces écoles.

Un règlement d'administration publique, rendu pour chacun des services dans lesquels sont placés les élèves sortant de l'École polytechnique qui ne font pas partie de l'armée de terre ou de mer, et les élèves de l'École forestière entrés dans le service forestier, détermine les assimilations de grades et les emplois qui peuvent, en cas de mobilisation, leur être donnés dans l'armée, selon la position qu'ils occupent dans les services publics auxquels ils appartiennent.

Art. 37. Les engagés conditionnels d'un an qui, après l'année de service exigée par l'article 56 de la loi du 27 juillet 1872, ont satisfait à tous les examens prescrits et ont obtenu des brevets de sous-officier ou une commission pour un des services de l'armée, restent en disponibilité, passent ensuite dans la réserve et dans l'armée territoriale, pendant le temps prescrit par la loi.

Ils sont, à cet effet, d'avance immatriculés dans les corps ou affectés aux services auxquels ils sont destinés, et reçoivent, en entrant dans la disponibilité, un titre qui leur fait connaître le corps ou le service qu'ils devront rejoindre s'ils sont rappelés.

Art. 38. Les engagés conditionnels d'un an qui ont satisfait aux examens prescrits par l'article 56 de la loi du 27 juillet 1872 peuvent, en restant une année de plus, soit dans l'armée active, soit dans une école désignée par le ministre de la guerre, et après avoir subi les examens déterminés, obtenir un brevet de sous-lieutenant auxiliaire ou une commission équivalente et être placés avec leur grade, selon les besoins de l'armée, dans la disponibilité ou la réserve de l'armée active, et, après le temps voulu par la loi, dans l'armée territoriale.

Ils sont immatriculés comme officiers dans les corps ou services du corps d'armée auxquels ils sont attachés ; mention en est faite sur leur brevet ou commission.

Art. 39. Les engagés conditionnels d'un an qui ont satisfait aux examens prescrits par l'article 56 de la loi du 27 juillet 1872, et qui veulent compléter cinq années de service dans l'armée active, peuvent y être autorisés.

Ceux qui, conformément à l'article 58 de ladite loi, ont obtenu un brevet de sous-officier, conservent alors, au titre de l'armée active, leur grade et concourent pour l'avancement dans les corps dont ils font partie.

Art. 40. Les officiers auxiliaires, les officiers de l'armée territoriale sont, pendant la durée de leur présence sous les drapeaux, considérés comme étant en activité; mais ils ne peuvent se prévaloir des grades qu'ils ont occupés ou obtenus pendant ce temps, pour être maintenus dans l'armée active.

Toutefois, ceux qui jouissaient d'une pension de retraite peuvent faire reviser leur pension.

Sous le rapport de la médaille militaire, de la croix de la Légion d'honneur, obtenues par eux pendant qu'ils sont sous les drapeaux, de même que sous le rapport des pensions pour infirmités et blessures, ils jouissent de tous les droits attribués aux militaires de même grade dans l'armée active.

Dispositions transitoires.

Art. 41. Les officiers de la garde nationale mobile qui sont assujettis par leur âge à servir dans la réserve de l'armée active en exécution de l'article 76 de la loi du 27 juillet 1872, pourront, transitoirement et à la condition de satisfaire à un examen qui sera déterminé par un règlement du ministre de la guerre, recevoir un brevet de sous-lieutenant au titre auxiliaire dans la réserve de l'armée active. Ils passeront dans l'armée territoriale en même temps que les hommes de la classe à laquelle ils appartiennent.

Les officiers, sous-officiers et soldats de la garde nationale mobile et des corps mobilisés qui, en raison de leur âge, ne sont pas classés dans la réserve de l'armée active, pourront transitoirement, et à la condition de satisfaire à un examen qui sera déterminé par un règlement du ministre de la guerre, être admis dans les cadres de l'armée territoriale.

Art. 42. Des règlements d'administration publique et des règlements ministériels pourvoiront à l'exécution des dispositions contenues dans la présente loi.

Art. 43. Sont abrogées toutes les dispositions des lois antérieures contraires à la présente loi.

DEUXIÈME PARTIE.

Définition et principes généraux.

L'administration militaire est l'ensemble des règles suivies et des moyens employés pour assurer l'existence de l'armée.

Elle consiste dans l'application des lois chargées de pourvoir à nos besoins : organisation, recrutement, état civil des militaires, avancement et droit aux récompenses, répression des fautes, crimes ou délits, prestations diverses : solde, vivres, chauffage, habillement, logement, transports, etc.

L'administration comprend essentiellement une *direction* et un *contrôle* qui appartiennent au ministre de la guerre et à ses agents ; l'*exécution* et la *comptabilité* dont il sera traité particulièrement dans ce cours.

La *comptabilité* constate, décrit les opérations administratives. Elle se compose d'*écritures*, de *comptes* et de *pièces justificatives*.

Les écritures sont consignées journellement dans des registres.

Les comptes sont dressés à certaines époques souvent périodiques.

Les pièces justificatives, établies au moment de l'accomplissement des faits qu'elles relatent, sont jointes aux registres et aux comptes.

L'administration intérieure des corps est dirigée par

un conseil d'administration sous le contrôle de l'intendance.

Le conseil a pour agents : le major, le trésorier, l'officier d'habillement.

Le major dirige et contrôle les officiers comptables, l'officier de casernement, l'officier chargé des écoles, les capitaines-commandants ; il est le chef de la comptabilité.

Le trésorier est chargé des archives et de la comptabilité en deniers.

L'officier d'habillement est chargé du magasin du corps et de la comptabilité en matières.

Chaque escadron forme une unité administrative placée sous le commandement d'un capitaine-commandant.

Administration intérieure d'un escadron.

L'administration intérieure d'un escadron a pour objet de constater l'existence des hommes et des chevaux de l'escadron et leur droit aux différentes allocations, de percevoir et de distribuer les prestations et d'en établir les comptes.

Attributions du capitaine-commandant (1).

Les capitaines-commandants sont chargés, sous l'autorité et la surveillance du major et du conseil d'administration, de toutes les écritures ou détails qui ont pour objet l'administration de leur escadron.

Ils veillent aux intérêts de leurs hommes et s'attachent à prévenir ce qui pourrait avoir pour effet d'obérer les masses individuelles.

(1) Ordonnances du 2 novembre 1833 et du 10 mai 1834.

Ils jugent, — sauf recours des intéressés au major ou au conseil, — si, en raison de la cause des dégradations, il y a lieu d'imputer aux hommes le prix des réparations aux effets ou armes. — Dans certains cas, ils ont la faculté de suspendre ces réparations.

Les capitaines-commandants sont responsables des fonds, effets ou fournitures quelconques dont ils donnent quittance, et des distributions faites sur les situations qu'ils ont signées.

Bureau de l'escadron.

Les écritures de l'escadron sont tenues par le maréchal des logis chef et les fourriers.

L'ordonnance du 2 novembre 1833 sur le service intérieur fixe les devoirs généraux des sous-officiers comptables.

En ce qui concerne l'administration, le maréchal des logis chef est responsable envers le capitaine-commandant. Il surveille et dirige le maréchal des logis fourrier et le brigadier fourrier.

Le maréchal des logis fourrier est aux ordres du maréchal des logis chef, il tient sous la direction de celui-ci les registres de l'escadron et fait les écritures. Il est particulièrement chargé du casernement.

Le brigadier fourrier seconde le maréchal des logis fourrier suivant ce qui est déterminé par le maréchal des logis chef. Il tient le livre d'ordre de l'escadron.

Contrôles annuels (1).

Les droits des militaires aux différentes prestations

(1) Ordonnances du 25 décembre 1837 et du 10 mai 1844.

varient avec les positions générales ou individuelles de ces militaires.

Ces positions sont constatées au moyen des **Contrôles annuels** qui sont tenus pour tout le corps par le major, et contradictoirement par le fonctionnaire de l'intendance qui a la surveillance administrative.

Ils sont tenus également dans les escadrons, mais sans former un registre spécial. Ils font l'objet des chapitres 1, 3, 4, 5, 6 et 7 du livre de détail qui sera étudié plus loin.

On fait des contrôles séparés pour les hommes et pour les chevaux (le modèle en est donné par l'ordonnance du 25 décembre 1837).

Contrôles en hommes.

Les noms des hommes sont inscrits dans des cases numérotées depuis la première jusqu'à la dernière, sauf celles qui sont destinées aux officiers. — Ces numéros sont dits annuels, parce qu'ils sont renouvelés avec les contrôles au commencement de chaque année.

Les hommes sont portés par rang de grade et de classe, et dans chaque grade ou classe par ancienneté.

A la suite de chaque grade ou classe, on laisse en blanc un nombre de cases double de celui formant le complet du grade ou de la classe. Ces cases sont destinées à inscrire les hommes qui arrivent dans l'intervalle de l'établissement des contrôles.

Les contrôles doivent toujours être tenus à jour, il n'y a d'autre ordre pour l'inscription de ces hommes que celui de leur arrivée; ce n'est qu'au renouvellement des contrôles qu'ils reprennent leur ancienneté.

En cas d'insuffisance des cases, ils sont rejetés à la fin

du contrôle avec le dernier des numéros affectés à leur grade ou classe, auquel on ajoute un chiffre de nouvelle série.

L'homme qui passe d'une classe à une autre, dans le même escadron, est rayé d'une part et reporté à la nouvelle classe, en relatant le numéro qu'il occupait précédemment. Il en est de même lorsqu'il passe d'un escadron à un autre.

Le numéro de l'homme rayé reste vacant jusqu'à la fin de l'année.

Contrôles des chevaux.

Le contrôle des chevaux est tenu d'une manière analogue à celui des hommes. Les chevaux sont inscrits avec leur nom et leur signalement. Pour ceux des officiers, on ajoute le nom du propriétaire.

Documents pour la tenue des contrôles.

Afin que ces contrôles puissent être tenus à jour, les capitaines-commandants fournissent, chaque matin, au rapport, l'état des mutations survenues pendant les vingt-quatre heures. Ces mutations sont portées de même au chapitre III du livre de détail de l'escadron.

Situation et rapport journaliers.

L'ordonnance du 2 novembre 1833 sur le service intérieur détermine la forme de ce rapport journalier. Le recto porte l'indication du régiment et de l'escadron, la date du. . . au. . . et la composition de l'effectif d'après les positions.

Le verso donne les mutations, les punitions et les demandes. Il porte la date et enfin la signature du capitaine-commandant, et le visa du major.

Les mutations sont inscrites suivant un formulaire adopté, qui se trouve en tête du livre de détail. Elles sont accompagnées des numéros matricules et annuels et de la situation de la masse.

État des mutations.

Les mutations sont accompagnées des pièces justificatives.

Le major relève, chaque jour, les mutations et les inscrit sur les contrôles du corps ; il dresse ensuite un **état de mutations** qu'il transmet au sous-intendant chargé de la surveillance administrative, tous les jours, ou tous les cinq jours, suivant que le corps est stationné dans le lieu où réside le sous-intendant, ou qu'il stationne dans une autre localité.

Les pièces à l'appui sont conservées par le major, et, à la fin du trimestre, lors du règlement des comptes, elles sont jointes aux **feuilles de journées.**

Vérification.

Comme vérification, le major compare, une fois par mois, le contrôle général du corps avec les livrets de détail des escadrons.

Le sous-intendant compare ses contrôles avec ceux du major; de plus, il vise les pièces à l'appui et se fait présenter les hommes rentrant de position d'absence.

Présents.	Absents.	Effectif.	
			S.-OFFICIERS: A 1 chevron.
			A 2 chevrons.
			A 3 chevrons.
			BRIGADIERS et Soldats.: A 1 chevron.
			A 2 chevrons.
			A 3 chevrons.
			TOTAUX.

RÉGIMENT D

ESCADRON.

Situation et Rapport du *au* 187 .

Tableau No 1
recto.

MODÈLE K.
Art. 247
de l'Ordonnance
du 2 novembre 1833.

DÉSIGNATION des GRADES.	PRÉSENTS. Sous les armes.	PRÉSENTS. Non disponibles. De service.	A l'infirmerie.	Malades à la chambre.	A la salle de police.	En prison.	Au cachot.	(blank)	TOTAL.	PRÉSENTS. Total.	ABSENTS. Détachés.	Aux hôpitaux du lieu.	Aux hôpitaux externes.	En permission.	En semestre ou en congé.	Manquant à l'appel.	En désertion.	En jugement.	Détenus par jugement.	En remonte.	(blank)	(blank)	(blank)	TOTAL.	EFFECTIF.	SUBSISTANCE. Du escadron.	Du escadron.	Du escadron.	TOTAL.	En subsistance d'autres corps.	CHEVAUX. Présents. Disponibles.	Indisponibles.	A l'infirmerie.	A la remonte.	(blank)	TOTAL.	Détachés.	EFFECTIF.	Subsistance. Du escadron.	Du escadron.	Du escadron.	TOTAL.	En subsistance d'autres corps.
Capitaines commandant																																											
Capitaines en second																																											
Lieutenants en 1er.																																											
Lieutenants en second																																											
Sous-lieutenants																																											
TOTAUX.																																											
Maréchal des logis chef.																																											
Maréchaux des logis																																											
Maréch. des logis fourrier.																																											
Brigadier fourrier.																																											
Brigadiers.																																											
Cavaliers de 1re classe.																																											
Cavaliers de 2e classe.																																											
Trompettes.																																											
TOTAUX.																																											
Enfants de troupe.																																											
Subsistants du																																											
Subsistants du																																											
Subsistants du																																											
Subsistants du																																											

NUMÉROS		NOMBRE des chevrons.	NOMS ET PRÉNOMS, GRADES ET MUTATIONS.	SITUATION de la masse des hommes entrant en posit. d'abstention		PUNITIONS.	DEMANDES.
Matricule.	Annuel.			Avoir.	Redû.		
1	2	3	4	5	6	7	8

A le 187

Vu : Le Major, Le Commandant de l'escadron,

REGISTRES DE L'ESCADRON.

Les sous-officiers comptables tiennent, sous la surveillance et la responsabilité des capitaines-commandants, les registres suivants :

1° Matricule du personnel et des effets et armes en service;

2° Matricule des chevaux et des effets de harnachement;

3° Livre de détail;

4° Livrets individuels des sous-officiers, brigadiers, cavaliers et enfants de troupe;

5° Registre spécial des hommes liés au service, en conformité des lois sur la dotation de l'armée ;

6° Livret d'ordinaire ;

7° Registre des punitions ;

8° Registre d'ordre;

On verra plus tard comment cette comptabilité se simplifie en campagne. — Dans les routes à l'intérieur, ces registres sont réunis dans une caisse à la suite de la colonne. Le maréchal des logis chef conserve seulement avec lui un cahier contenant le contrôle de l'escadron par pelotons et escouades. Il y inscrit tout ce qui intéresse la comptabilité, et met ses registres au courant à chaque séjour.

Matricule des hommes.

La **matricule du personnel et des effets et armes en service**, que l'on appelle simplement matricule des hommes, sert à constater l'existence des militaires et les changements qui se produisent dans cette existence. — Elle contient, en outre, la transcription de tous les renseignements que présente le registre-matricule du corps tenu par le trésorier, pour les hommes de troupe composant l'escadron; l'enregistrement des effets d'habillement, de coiffure, de grand équipement, d'armement qui leur sont distribués, et l'époque des réintégrations en magasin pour les effets de 1re catégorie (habillement).

Ce registre-matricule se compose de feuillets individuels et mobiles, afin que ceux des hommes qui cessent d'appartenir à l'escadron puissent se déplacer.

Les folios suivent les hommes dans leur nouvel escadron ou dans leur nouveau corps. Ils sont transmis au nouveau capitaine ou au nouveau corps aussitôt après la radiation des contrôles de l'escadron.

Ceux des hommes qui passent dans la réserve avec un congé provisoire de libération, sont envoyés aux commandants des dépôts de recrutement.

On remet aux archives du corps ceux des hommes qui cessent d'appartenir à l'armée, ceux des morts, désertés, disparus, prisonniers de guerre, etc.

Comme classement dans le registre, les folios sont placés par rang de numéros matricules sans distinction de grade.

Le folio matricule comprend :

1° Au recto :

La signature du major.

L'état civil du militaire et le signalement.

L'incorporation de l'homme et le titre sous lequel il sert.

Les rengagements ou remplacements pour continuation de service.

Les hautes-payes.

Les services avant l'incorporation et dans le corps.

Les campagnes, blessures et actions d'éclat.

La libération et les déductions de service s'il y a lieu.

La radiation et ses motifs.

Le lieu où se retire le militaire et la mention du certificat de bonne conduite.

2° Au verso :

La désignation des effets.

On appelle effets de la 1re catégorie ceux d'habillement, dont la durée se décompte par trimestres.

La durée des effets de la 2e catégorie se décompte par années, de même que les armes.

Pour les effets de 1re catégorie, on porte l'année et le trimestre de la mise en service, et des colonnes successives permettent d'inscrire les nouvelles distributions.

Les effets de 2e catégorie ont un numéro propre, qu'ils prennent pour tout le corps sur les contrôles de l'habillement, chaque effet formant une série particulière. Les séries pour les armes ne s'établissent pas par corps, mais en manufacture.

Pour les effets de 2e catégorie, on ajoute l'année de première mise en service, la durée n'étant pas suspendue pour ces effets, par suite de réintégration en magasin.

Une dernière case donne le numéro au contrôle annuel.

Les inscriptions du recto du feuillet matricule sont conformes à la matricule du corps, celles du verso sont conformes aux registres de l'habillement.

Nous verrons en outre que les unes et les autres se reproduisent sur le livret individuel de l'homme.

Les folios à renvoyer à d'autres corps, ou au dépôt de

recrutement, sont certifiés par le trésorier, vérifiés par le major et visés par le conseil d'administration et le sous-intendant.

Matricule des chevaux.

La **matricule des chevaux et des effets de harnachement** est destinée à recevoir l'extrait de la matricule du corps, les numéros des effets de harnachement qui sont affectés au cheval, le nom du cavalier auquel il appartient et des renseignements physiques sur l'état sanitaire du cheval.

Les folios sont individuels et mobiles et se déplacent d'une manière analogue à ceux de la matricule en hommes. Ils sont certifiés, vérifiés et visés par les mêmes personnes.

Le folio porte au recto :

La signature du major.

La date de la réception par le corps.

Le signalement, l'origine et les mutations antérieures.

Les effets de harnachement, indiqués par leurs numéros de série et l'année de mise en service.

Le nom du cavalier auquel le cheval est successivement affecté.

Le verso porte comme titre général :

Renseignements sur l'état physique et sanitaire du cheval ;

Puis : — numéro du registre tenu par le vétérinaire ;

Classement successif du cheval à son arrivée et aux inspections générales.

Séjour aux infirmeries : entrées, sorties, genre de maladie.

Date et cause de la radiation des contrôles du corps.

De même que pour la matricule en hommes, les diverses inscriptions de la matricule en chevaux se retrouvent soit sur les matricules du trésorier, soit sur les registres de l'habillement, et enfin sur les registres du vétérinaire.

Livre de détail.

Nous avons déjà vu que les inscriptions des contrôles annuels sont portées dans les escadrons au livre de détail. Ce livre comprend en outre l'inscription des comptes de la masse individuelle, de la solde et des perceptions de toute nature.

Il se divise en dix-huit chapitres, dont chacun a un but déterminé.

Le livre de détail est renouvelé le 1er janvier de chaque année. Celui de l'année précédente est déposé aux archives.

En tête du livre de détail, se trouve une instruction pour sa tenue.

Puis la série des formules de mutations, tirées du règlement sur le service de la solde et des revues (25 décembre 1837).

Chapitre Ier. — *Renseignements sur la position de l'escadron pendant l'année.*

Dans une première case, on inscrit la position de l'escadron au premier jour de l'année.

Les mouvements s'inscrivent ensuite successivement à mesure qu'ils s'effectuent. Différentes colonnes donnent la désignation des portions de l'escadron qui ont marché;

L'effectif en hommes et en chevaux, au jour du départ;

Les lieux de départ et de destination;

Les dates de départ et d'arrivée;

Enfin les cas de marches forcées.

Ces renseignements sont nécessaires pour établir les droits aux différentes prestations.

Chapitre II. — *Renseignements relatifs aux allocations de vivres de campagne, d'indemnités et fournitures extraordinaires.*

Les allocations extraordinaires ne se font que sur des ordres signés par l'autorité compétente.

Le chapitre II relate les jours où l'allocation a eu lieu et le signataire de l'ordre.

Des colonnes sont affectées aux différentes allocations.

Chapitre III. — *Situations, mutations journalières.*

La situation est établie chaque matin d'après les mutations survenues pendant la journée précédente. Les mutations sont inscrites nominativement sur un recto de page. Vis-à-vis, sur le verso précédent, on porte numériquement l'effectif avec sa décomposition par grades, présents ou absents.

L'effectif et les mutations des chevaux sont portés à la droite des mutations des hommes, dans des colonnes spéciales.

Chapitre IV. — *Contrôle annuel des officiers.*

Les officiers sont inscrits par ordre de grade et de classe.

Il est affecté à chaque grade ou classe un nombre de cases triple de celui qui forme le complet.

On porte les mutations au jour le jour dans des cases divisées par trimestres.

Chapitre V. — *Contrôle annuel des hommes de troupe, et compte courant de leur masse individuelle.*

Les hommes de troupe sont inscrits par ordre de grade et de classe, et par ancienneté, sous les mêmes numéros qu'au contrôle tenu par le major (1re leçon). Le nombre des cases affecté à chaque grade ou classe est triple de celui formant le complet réglementaire.

Il y a quatre noms par page ouverte.

Une colonne, avec la distinction des trimestres, est affectée à l'inscription des mutations.

Le recto de la page ouverte est divisé en quatre colonnes affectées chacune à l'inscription des comptes courants de l'un des hommes dont les noms sont portés à gauche.

Les comptes comprennent les recettes et les dépenses.

La gestion de la masse individuelle faisant l'objet d'une leçon ultérieure, nous ne donnerons ici que quelques indications principales.

Recettes : 1re mise; versements faits par les hommes; prime journalière.

Dépenses : Excédant du complet réglementaire; prix des effets de petit équipement; prix des réparations aux effets ou aux armes, etc.

Les comptes sont arrêtés par le capitaine-commandant, au premier jour de chaque trimestre, signés par lui et par les hommes.

On arrête aussi les comptes des hommes qui entrent en position d'absence ou qui cessent de compter à l'escadron.

S'il y a lieu à rectification après le règlement du compte, on arrête de nouveau en toutes lettres.

Lorsqu'il a été sursis à des réparations ou imputations, leur valeur estimative est inscrite sur le livret après l'arrêté provisoire.

Chapitre VI. — *Contrôle annuel des chevaux d'officiers.*

Les chevaux sont inscrits suivant l'ordre des grades ou classes des officiers, et sous les mêmes numéros qu'au contrôle général que tient le major.

Le nombre des cases est triple de celui qui forme le complet.

Différentes colonnes contiennent les numéros, noms et signalement des chevaux, noms des propriétaires. Ces inscriptions sont exactement conformes à la matricule.

Des colonnes par trimestre sont destinées aux mutations qui s'inscrivent jour par jour.

Chapitre VII. — *Contrôle annuel des chevaux de troupe.*

A l'établissement du contrôle, les chevaux formant l'effectif sont inscrits en suivant l'ordre de la matricule; les autres le sont à la date de leur arrivée.

Même note qu'au chapitre VI pour les mutations et la radiation.

Chapitre VIII. — *Solde de la troupe et rations diverses perçues.*

Les inscriptions de ce chapitre servent à établir, à la fin de chaque trimestre, la balance des allocations et des perceptions, pour faire ressortir le *trop* ou le moins *perçu*.

Les perceptions sont inscrites avec leurs dates, et à mesure qu'elles se font, dans les colonnes spécialement affectées à chacune d'elles; on totalise par trimestre.

La balance s'établit lorsque le sous-intendant a vérifié les *feuilles de journée*.

Chapitre IX. — *Liste des travailleurs.*

Le règlement autorise sous certaines conditions l'emploi des militaires comme travailleurs à l'extérieur.

Une portion du salaire de ces hommes est versée à l'ordinaire de leur escadron (15 centimes par jour), une autre portion est destinée à payer les hommes qui ont remplacé les travailleurs dans leur service; la dernière portion reste la propriété de l'homme.

Toutefois, ces dernières portions sont retenues et versées entre les mains du capitaine, lorsque la masse de ces hommes n'est pas complète. Le capitaine les inscrit à mesure qu'il les reçoit.

Les ordonnances d'officiers sont compris comme travailleurs et versent 3 francs par mois aux ordinaires.

Ce chapitre IX fournit le moyen de vérifier le livret d'ordinaire en ce qui concerne certains services payés.

Chapitre X. — *Compte ouvert avec le magasin d'habillement pour les effets de la première catégorie et les galons.*

Chapitre XI. — *Compte ouvert avec le magasin d'habillement pour les effets de la deuxième catégorie et les armes.*

Chapitre XII. — *Compte ouvert avec le magasin d'habillement pour les effets de harnachement.*

Ces trois chapitres se tiennent d'une manière analogue et servent à établir les comptes avec le magasin d'habillement.

Sur le *verso*, les distributions sont inscrites date par date et par nature d'effet; les réintégrations sont inscrites sur le *recto* de la feuille voisine, d'après les quantités relatées sur les bons ou bulletins de versement.

Les unes et les autres sont totalisées par trimestre.

Chapitre XIII. — *Compte ouvert aux effets de casernement.*

Chapitre XIV. — *Compte ouvert aux effets de campement.*

Les réceptions et les réintégrations s'inscrivent date par date; elles sont balancées à l'expiration de chaque trimestre, et lorsque tous les effets de casernement ou de campement sont rendus au garde du génie, au préposé des lits militaires, ou à l'officier d'administration comptable. — Ces deux chapitres doivent être en concordance avec les registres tenus par l'officier de casernement et l'officier chargé du campement.

Chapitre XV.—*Enregistrement des bons des effets de petit équipement reçus du magasin d'habillement.*

Les bons s'inscrivent successivement par date et par nature d'effets, avec indication de leur valeur. Ils sont totalisés le dernier jour de chaque trimestre.

Le montant en argent est égal à celui de la colonne

correspondante sur la feuille de décompte de la masse individuelle.

Remarquons que tous ces chapitres de comptes ouverts, avec le magasin d'habillement doivent être en concordance avec les chapitres correspondants du registre des recettes et consommations tenu par l'officier d'habillement.

Chapitre XVI. — *Enregistrement sommaire des bordereaux, ou relevés des états de répartition, pour réparations, dégradations et autres remboursements mis au compte des hommes.*

Les réparations aux effets et aux armes ne se font pas sur la demande individuelle de l'homme aux chefs-ouvriers. On a vu que le capitaine-commandant juge s'il y a lieu d'imputer le prix des réparations aux hommes. C'est donc l'escadron qui est chargé de faire faire ces réparations. Elles sont portées au chef-ouvrier avec un bulletin.

Ces bulletins sont inscrits, au fur et à mesure, sur un bordereau d'enregistrement journalier, qui se totalise à la fin de chaque trimestre, et qu'on remet à l'officier d'habillement. Le montant des réparations mises au compte de la masse individuelle est inscrit au chapitre XVI. Les autres imputations à faire s'inscrivent, lorsque les états de répartition sont communiqués au capitaine-commandant.

Chapitre XVII. — *Situation générale des masses à la fin de chaque trimestre.*

La situation des masses est relevée sur la feuille trimestrielle de décompte; elle présente le nombre des masses au-dessus du complet, au complet, au-dessous du complet, et le total de leur valeur; on déduit les masses en *débet*, et on établit par chaque trimestre le taux des masses de l'escadron (1).

Chapitre XVIII. — *Table des numéros d'ordre empreints sur les effets de la deuxième catégorie, sur les armes, et sur les effets de harnachement, indiquant le numéro matricule des hommes qui en sont détenteurs, ou des chevaux auxquels ils sont affectés.*

Ce chapitre se divise en trois parties, avec des colonnes particulières par nature d'effets.

Lors de l'établissement du contrôle, les effets en service sont inscrits, dans leur ordre progressif, avec le numéro matricule du détenteur en regard. A mesure des remplacements ou distributions, les effets retirés sont rayés, et on inscrit dans une colonne spéciale les nouveaux effets.

A la suite du *livre de détail*, on a ajouté un chapitre spécial qui représente le registre de tir de l'escadron.

Chaque homme y est porté nominativement; on inscrit à côté de son nom les balles tirées et les résultats obtenus. On fait aussi les moyennes de tir aux différentes distances pour l'escadron.

Livret individuel.

Chaque homme de troupe reçoit, à son arrivée au corps, un livret qui est signé par le major, et sur lequel son état civil, son signalement, le titre sous lequel il a

(1) La gestion de la masse individuelle sera étudiée plus loin.

été incorporé, et tous les renseignements que contient la matricule de l'escadron sont transcrits exactement.

Le livret contient aussi des renseignements sur la vaccination et sur l'instruction tant primaire que militaire du cavalier; les résultats du tir à la cible; les mesures des divers effets de l'homme; le nom et les numéros de son cheval et du harnachement; la nomenclature des effets de petit équipement dont l'homme doit être pourvu; les comptes de la masse individuelle, conformes au chapitre V du livre de détail; les payements faits au titre de la dotation de l'armée; les dispositions des lois et règlements dont les militaires doivent avoir incessamment le texte sous les yeux (marques extérieures de respect, Code pénal).

Une dernière feuille contient l'inscription des versements faits à la caisse du comité de patronage des sociétés de secours mutuels entre les anciens militaires.

Le livret est la propriété de l'homme (le prix en est prélevé sur sa masse); il ne peut lui être retiré sous aucun prétexte, même lorsqu'il lui en est donné un nouveau, ou qu'il quitte le service.

L'homme qui passe d'un corps dans un autre reçoit, à son arrivée, un nouveau livret.

Le capitaine-commandant arrête et signe les comptes de la masse sur les livrets des hommes, comme au livre de détail, au premier jour de chaque trimestre, lorsque l'homme entre en position d'absence, ou qu'il quitte l'escadron.

Les hommes ne signent leur compte qu'au livre de détail et pas sur les livrets.

En campagne, il n'est fait aucun arrêté de compte sur les livrets. Les comptes du temps passé en campagne ne se font qu'avec le premier arrêté de comptes trimestriel qui suit le retour à l'intérieur.

Toutes les inscriptions du livret ayant déjà été décrites, soit en étudiant les registres matricules, soit dans l'étude du livre de détail, il est superflu d'y revenir ici.

Dotation de l'armée.

Une loi du 26 avril 1855 a créé une dotation dans le but de favoriser le rengagement d'anciens militaires au moyen d'allocations en argent.

La nouvelle loi militaire a supprimé toute prime en argent, et par suite la dotation de l'armée ; toutefois, il y a encore un certain nombre d'hommes qui sont au service sous l'empire de cette loi.

Les allocations de la dotation de l'armée consistaient en prime, en haute-paye et en augmentation de pension de retraite.

Un rengagement de sept années donnait droit à une prime. Le rengagement pour une durée moindre de sept ans donnait droit à des annuités.

La prime ou les annuités se divisent en deux portions : la première payable lors du rengagement, la seconde portion était payée intégralement, ou proportionnellement suivant que le militaire avait accompli son engagement entier, ou que, par suite de certaines éventualités, le contrat n'avait pas été rempli.

(Le remplacé, le retraité ou réformé pour blessures dans le service avait droit à la deuxième portion intégrale. Une nomination d'officier ou à un emploi civil, la mort, l'exclusion de l'armée, etc., donnaient droit à des parts proportionnelles.)

Les hautes-payes sont ainsi fixées :

10 centimes après sept ans de service;

20 centimes après quatorze ans.

Les retraites, dont le minimum et le maximum sont fixés par la loi du 11 avril 1831, ont été augmentées de 165 francs pour les sous-officiers, brigadiers et cavaliers, et fixées à vingt-cinq ans de service.

Telles sont les dispositions principales de cette loi.

Registre de la dotation.

Une comptabilité particulière a été établie pour en assurer les effets.

Le trésorier tient un registre spécial qui est reproduit dans les escadrons, sous le titre de **Registre spécial de la dotation.** Les feuilles sont mobiles et suivent l'homme, comme les feuillets de la matricule. Les droits de l'homme sont constatés par le détail de ses services.

Les payements faits ou restant à faire sont relatés sur la feuille.

En cas de changement de corps ou de radiation, la mutation est inscrite sur le folio (colonne 21), qui est envoyé au nouveau corps ou conservé aux archives.

Livret d'ordinaire.

Le livret d'ordinaire sert à constater toutes les opérations de la gestion des ordinaires. Il est à la fois un bon de distribution, un compte préparatoire, un moyen de comparaison permanent entre les écritures de la commission et celles de l'escadron; il tient lieu aussi de cahier de quittances des fournisseurs.

La gestion des ordinaires sera étudiée ultérieurement; nous ne donnerons ici que quelques indications sur la tenue du livret d'ordinaire qui fait partie des registres de l'escadron.

Les inscriptions y sont faites par livrancier (boulanger, boucher, épicier, etc.) et par catégories de denrées, suivant une nomenclature qui est donnée en tête du livret.

Si les denrées sont fournies par un livrancier en dehors de sa spécialité, on les inscrit au commencement ou à la fin du paragraphe qui concerne ledit livrancier et dans l'ordre de la nomenclature.

S'il y a gestion partielle ou totale par la commission des ordinaires, les denrées fournies par ses soins sont portées dans un paragraphe distinct, à la suite des fournisseurs.

Le livret sert pour une année, du 1er janvier au 31 décembre.

Chaque feuillet contient d'un côté les recettes des cinq jours qui forment un prêt (six jours pour les fins de mois). Les dépenses du même laps de temps sont inscrites sur la feuille en regard.

Les inscriptions se font journellement.

A la fin du prêt, le maréchal des logis chef totalise les recettes d'une part, puis les dépenses par livrancier.

Après vérification contradictoire, le capitaine-commandant fait remettre, par le maréchal des logis chef, au secrétaire de la commission, la note indicative de la somme dont l'ordinaire est débiteur. Cette somme est payée directement par le trésorier.

Le livret contient l'inventaire des effets ou objets en service à la cuisine ou dans les chambres.

Registre de punitions.

Le registre de punitions est composé de feuillets mobiles, fournis par le trésorier, revêtus du visa du major et du timbre du conseil d'administration, et établis par les soins de l'escadron.

En cas de changement de corps ou d'escadron, ces feuillets suivent l'homme, comme ceux de la matricule et du registre de la dotation; ils sont alors arrêtés et signés par le capitaine-commandant. — Les feuillets de tout homme qui cesse d'appartenir à l'armée vont aux archives.

Chaque feuillet porte le nom et le numéro matricule de l'homme, la date de son arrivée au corps et le titre sous lequel il sert, son grade ou sa position dans le corps.

Les punitions s'y inscrivent à mesure.

Il est affecté un feuillet à chaque homme; on en ajoute un second, ou plus s'il est nécessaire, quand le premier est rempli.

On ne porte pas les punitions en dessous de quatre jours de consigne.

On peut, au moyen du registre de punitions, contrôler les recettes additionnelles qui résultent pour l'ordinaire des punitions de prison infligées aux hommes qui y vivent.

Registre d'ordres.

Chaque année, au 1er janvier, le trésorier fournit à chaque escadron un registre d'ordres.

Le brigadier-fourrier est chargé de la tenue de ce registre; il y transcrit les ordres que lui dicte l'adjudant de semaine, et les présente à la signature des officiers de l'escadron. Chaque ordre a un numéro et un sommaire.

On forme des chapitres séparés pour les ordres du régiment, ceux de la division et ceux de la place.

Les registres d'ordres sont conservés toute une année, après l'expiration de celle pour laquelle ils ont été établis. Ils sont ensuite brûlés en présence du lieutenant-colonel.

Les ordres généraux ou permanents qu'il est utile de conserver sont inscrits en tête du nouveau registre.

Carnet de campagne.

Les corps en campagne ne peuvent être astreints à emporter avec eux et à tenir tous les registres qui viennent d'être étudiés.

L'immatriculation et la radiation nécessitent les mêmes écritures, il faut donc emporter les matricules.

L'intérêt de la discipline exige qu'on emporte le registre des punitions.

Le livre de détail, le livre de la dotation sont laissés au dépôt où ils sont tenus par les soins d'un bureau spécial de comptabilité.

Le livre de détail est remplacé par un **carnet de comptabilité** qui se renouvelle tous les trois mois. Ce même carnet porte la mention des hautes-payes de rengagement et dispense ainsi d'emporter le registre de la dotation.

Le carnet de campagne ne contient que douze chapitres :

Chapitre Ier. — *Renseignements sur les diverses positions de l'escadron.*

Les mouvements s'inscrivent par ordre de date : les premiers et derniers carnets relatent le jour de passage de la frontière, au départ comme à la rentrée.

Chapitre II. — *Renseignements relatifs aux allocations de vivres de campagne, d'indemnités et de fournitures extraordinaires.*

Ce chapitre se tient de la même façon que le chapitre II du livre de détail, avec cette seule différence qu'on n'ouvre pas de colonne spéciale pour chaque nature d'allocation, mais qu'on les porte toutes ensemble à mesure qu'elles se produisent.

Chapitre III. — *Situations et mutations journalières.*

La situation est établie chaque matin. Les mutations se portent sommairement au moyen des numéros annuels seulement.

Le capitaine-commandant peut totaliser ce chapitre comme vérification des perceptions en deniers et en nature.

Chapitre IV. — *Contrôle des officiers* (comme au livre de détail).

Chapitre V. — *Contrôle des hommes par grade, avec indication des dépenses au compte de la masse individuelle.*

Ce chapitre contient le contrôle de l'escadron par grade et par rang d'ancienneté, l'indication des hommes ayant droit aux hautes-payes de chevrons ou de rengagement, les mutations; enfin les recettes éventuelles ou les dépenses de la masse individuelle.

Les hommes sont inscrits sous les mêmes numéros qu'au contrôle général tenu par le major. Ceux qui cessent de faire partie de l'escadron, du jour du départ à celui du passage de la frontière, sont rayés.

On laisse en blanc un nombre de cases égal à la *moitié* du complet pour les grades, au *quart* pour les emplois.

Les mutations sont inscrites très-succinctement. Chaque jour, en inscrivant les effets, on mentionne la lettre correspondante à la date des bons.

Chapitre VI. — *Contrôle des chevaux.*

On distingue les chevaux d'officiers, chevaux de selle, chevaux de trait ou de bât. On laisse en blanc, après chaque catégorie, un nombre de cases égal à la moitié du complet d'organisation.

Chapitre VII.— *Solde de la troupe et prestations diverses en denrées.*

Les prestations se totalisent à la fin de chaque trimestre. Une colonne spéciale indique, pour mémoire, le chiffre des rappels de solde d'hôpital et de chevrons. Ce total sert à l'établissement du décompte comparatif à la fin du chapitre III.

Chapitre VIII. — *Prestations diverses en nature.* — Elles s'inscrivent à mesure des perceptions.

Chapitre IX. — *Compte ouvert aux effets de campement.*

Les distributions, réintégrations ou pertes s'inscrivent à mesure, conformément aux bons, bulletins de versement ou procès-verbaux de perte. On fait la balance à la fin de chaque trimestre.

Chapitre X.—*Enregistrement des bons d'effets distribués au compte de la masse individuelle.*

Les bons s'inscrivent sommairement, par ordre de date et par nature d'effets, sans décompte. On les timbre d'une lettre alphabétique, qui se reproduit aux inscriptions correspondantes du chapitre V, et sert par conséquent de renvoi. On totalise en fin de trimestre.

Le décompte du prix des effets est établi sur les bons par l'officier d'habillement.

Chapitre XI.— *Enregistrement sommaire des bulletins et des états pour dégradations, réparations et autres remboursements mis au compte des hommes.*

L'inscription du montant des réparations et du montant des moins-values se fait au fur et à mesure de la remise des états à l'officier d'habillement. On totalise à la fin du trimestre.

Chapitre XII.— *Enregistrement des pertes de toutes espèces, par cas de force majeure, survenues pendant le trimestre.*

On y inscrit, à mesure et sans lacune, les procès-verbaux, qui contiennent succinctement : le numéro matricule de l'homme et son nom, l'indication de l'effet perdu, les causes de perte.

Chaque procès-verbal est immédiatement signé par le capitaine-commandant, le fonctionnaire major et le sous-intendant.

Pour les effets de petit équipement, on met l'estimation de la valeur au moment de la perte.

Les états de mutations sont envoyés dans les dix jours au conseil d'administration centrale.

A la fin du trimestre et dans les cinq jours qui suivent, les capitaines-commandants, après avoir certifié et signé tous les chapitres, adressent leur carnet au fonctionnaire major; celui-ci les fait collationner en ce qui les concerne par les officiers payeur et d'habillement, et les fait ensuite parvenir au conseil d'administration central.

On voit qu'il ne s'agit que d'un déplacement d'écritures. Le bureau spécial, au dépôt, tient à jour les livres de détail, les registres de la dotation, établit les feuilles de journées, de décompte, etc...

DU PRÊT ET DE LA FEUILLE.

Du Prêt.

Le prêt est la solde de la troupe payée d'avance six fois par mois aux capitaines-commandants.

Par extension on applique aussi ce mot à la période de jours pour laquelle l'avance est faite aux capitaines-commandants.

Feuille de prêt.

Le prêt se touche sur une sorte de bon d'argent que signe le capitaine et qu'on nomme **feuille de prêt**.

Les hommes sont portés sur la feuille de prêt par la désignation de leurs grades et classes et l'indication de leur nombre dans chaque grade ou classe.

Le décompte s'établit sur l'effectif des présents au jour de la perception.

SOLDE
ET
Accessoires de solde.

Prêt.

Mois de 187

° RÉGIMᵀ DE CAVALERIE.

Tableau n° 2.
recto.

° ESCADRON.

Feuille du prêt du *au* 187 *inclus.*

GRADES.	NOMBRE d'hommes présents au	NOMBRE de jours.	DÉCOMPTE en deniers.	A AJOUTER pour jours de marche.	A AJOUTER pour jours de station dans Paris.	A DÉDUIRE pour jours de marche.	A DÉDUIRE pour jours de station dans Paris.
Mal de logis chef......							
Maux des logis...... ..							
Fourrier.............							
Brigadiers..........							
Cavaliers de 1re classe..							
Cavaliers de 2e classe...							
Trompettes.							
TOTAUX....							
Augmentation d'après les mutations du au inclus.							
Ensemble.........							
Diminution........................							
Reste pour solde proprement dite.....							
Accessoires de solde: Hautes payes d'ancienneté (*Voir au verso.*)......							
Accessoires de solde:							
Accessoires de solde:							
MONTANT DU DÉCOMPTE...							

Certifié par nous, commandant l'escadron, la présente feuille de prêt, montant à la somme de (*en toutes lettres*)

Dont quittance.

A *le* 187 .

FEUILLE DE PRÊT (*verso*).

Mutations survenues du *au* 187 *inclus.*

Numéros annuels.	NOMS.	GRADES.	MUTATIONS.	NOMBRE de journées				DÉCOMPTE en deniers dont le montant est à porter d'autre part.	
				en station.	en route.		en congé.	augon.	dimon.
			Totaux....						

HAUTES-PAYES D'ANCIENNETÉ.											RENSEIGNEMENTS.
NOMBRE					Décompte en deniers.	MUTATIONS du au inclus.	Journées.	à porter ci-contre.			
de chevrons.	d'hommes		de journées								
	sous-off.	autres que s.-of.	de sous-off.	d'autres que s.-of.				augmentation.	diminution.		
Augmentation..........											
TOTAL......											
Diminution............											
Décompte à porter d'autre part...........						TOTAUX....					

La première colonne comprend la désignation des grades.

La deuxième colonne, le nombre d'hommes présents.

La troisième, le nombre de journées, qui se trouve en multipliant les chiffres portés dans la deuxième colonne par celui des jours compris dans le prêt. — On indique en tête de la colonne que ces journées sont *en station, dans* ou *hors Paris*, ou *en route*, ou *avec vivres de campagne*.

La quatrième comprend le décompte en deniers. C'est le résultat du nombre de journées multiplié par la solde journalière affectée à chaque grade ou classe, suivant la position de l'escadron au moment de l'établissement de la feuille

La cinquième et la sixième sont l'une et l'autre partagées en deux, et ne servent que lorsque dans l'intervalle du prêt l'escadron doit faire un mouvement, ce qui donne lieu à augmentation ou à déduction pour les journées de station dans ou hors Paris, et pour les jours de marche.

La somme à percevoir pour l'ensemble de l'escadron se modifie d'après les mutations individuelles; il faut donc en tenir compte. On les inscrit au dos de la feuille, nominativement autant que possible, en relatant le numéro annuel de l'homme, et en établissant dans des colonnes distinctes les augmentations ou les déductions auxquelles elles donnent lieu.

A défaut d'espace les mutations se désignent en nombre.

Quand les décomptes d'augmentation et de diminution sont totalisés séparément, on porte le premier sur le recto de la feuille, en dessous du décompte en deniers;

on déduit ensuite les diminutions et on obtient ainsi la *solde proprement dtte.*

Un petit tableau au dos de la feuille donne le décompte des hautes-payes d'ancienneté et les augmentations ou les diminutions qui les concernent.

Le montant de ce décompte est porté au recto, aux *accessoires de solde;* les différentes indemnités, suppléments de solde, etc., sont portés à la suite, et, en additionnant ces accessoires avec le restant pour solde, on obtient le *montant du décompte.*

Si par suite de mouvements prévus de l'escadron on a des augmentations ou des déductions à faire (colonnes 5 et 6), on les porte à la suite et le résultat final est inscrit dans une case à droite. Ces mouvements à faire sont indiqués au verso de la feuille dans une case intitulée *renseignements.*

La feuille est arrêtée en toutes lettres par le capitaine-commandant lui-même.

La comptabilité s'établissant par trimestre, il ne faut pas porter sur la feuille du premier jour d'un trimestre les mutations survenues pendant le prêt antérieur. Si, d'après les mutations, il y a eu trop perçu, le capitaine garde la somme jusqu'au règlement du trimestre; s'il y a eu moins perçu, le capitaine fait établir une feuille de prêt supplémentaire qui se paye le premier jour du trimestre, mais au titre du trimestre précédent.

Il arrive aussi quelquefois qu'on ait à établir une feuille de prêt spéciale, lorsque, par suite d'une augmentation brusque dans l'effectif, ou le passage du pied de paix au pied de guerre, dans l'intervalle des époques assignées pour le prêt, le capitaine réclame la somme nécessaire pour subvenir aux besoins de son escadron jusqu'à la fin du prêt commencé.

Le prêt se touche à terme échu lorsque l'escadron touche les vivres de campagne et ne fait pas ordinaire.

Le prêt se divise en deux parties : l'une pourvoit aux dépenses de l'ordinaire; la seconde forme ce qu'on appelle les centimes de poche des hommes vivant à l'ordinaire.

On a vu que les dépenses de l'ordinaire étaient payées directement par le trésorier sur la note remise par le capitaine-commandant au secrétaire de la commission.

Le trésorier retient cette somme sur le prêt suivant.

La totalité du prêt des sous-officiers ou des hommes ne vivant pas à l'ordinaire, les hautes-payes et les centimes de poche, sont remis par le capitaine-commandant au maréchal des logis chef, le premier jour du prêt suivant.

Le maréchal des logis chef remet lui-même le prêt échu aux sous-officiers et le fait payer aux hommes par les brigadiers d'escouade.

Les centimes de poche des hommes irrégulièrement absents au dernier jour du prêt sont versés à l'ordinaire. — Les hommes qui s'absentent légalement sont payés des centimes de poche et des hautes-payes jusqu'au jour de leur départ exclusivement.

Gestion de l'ordinaire.

On appelle *ordinaire* la réunion d'hommes qui vivent ensemble et tirent leurs vivres d'une même marmite.

En temps de paix, lorsque l'escadron est réuni dans un même quartier, il ne forme qu'un ordinaire, à moins que le nombre d'hommes présents soit très-élevé, auquel cas on forme un ordinaire par division.

En campagne les ordinaires se font par escouade, et on réunit autant que possible dans le même cantonnement les hommes qui font ordinaire ensemble.

L'escadron étant réuni, le capitaine désigne un brigadier apte à ces fonctions qui, sous le nom de chef d'ordinaire, dirige le service de détail.

Le capitaine-commandant surveille l'ordinaire de son escadron, et fait ses efforts pour l'améliorer le plus possible.

Les dépenses sont réglées sur le montant des recettes; il faut étudier celles-ci les premières.

Recettes.

Les recettes sont ordinaires ou additionnelles.

Les recettes ordinaires comprennent :

1° Le prélèvement fait journellement sur la solde.

En station, avec le pain seulement.	0 fr.	30
En marche, avec le pain.	0	38
Avec les vivres de campagne..	0	18

Ces chiffres peuvent être modifiés par le colonel avec l'autorisation du général de brigade, mais en aucun cas les hommes ne doivent recevoir moins de cinq centimes par jour.

Des suppléments temporaires ont été accordés en raison de la cherté des vivres, ou des difficultés de vivre dans certaines garnisons.

On comprend aussi dans les recettes ordinaires : l'indemnité représentative de la ration hygiénique d'eau-de-vie pendant les chaleurs; la demi-journée de solde qui est allouée dans des circonstances extraordinaires.

Les produits additionnels comprennent :

Versements faits par les travailleurs en ville, 0 fr. 15 centimes par jour;

Le services des ordonnances d'officiers, 3 francs par mois;

Le cinquième de la solde des officiers aux arrêts de rigueur, ou en prison avec une sentinelle à leur porte;

Supplément de 0 fr. 05 centimes par jour dû par les sous-officiers vivant à l'ordinaire ;

Totalité des centimes de poche des brigadiers ou cavaliers en prison ou à la cellule de correction, ou irrégulièrement absents au dernier jour du prêt;

Enfin le produit de la vente des issues provenant de l'ordinaire (os, eaux grasses, cendres, etc.).

Dépenses.

Les dépenses ne peuvent être autres que les suivantes:

Pain de soupe, légumes, épiceries, etc., denrées nécessaires à la nourriture des hommes. (Voir la nomenclature du livret d'ordinaire.)

Part proportionnelle du prix d'achat des registres de la commission des ordinaires. (Il y a quatre registres.)

Livret d'ordinaire de l'escadron.

Éclairage des chambres, balais, ingrédients pour le marquage des effets, sabots de cuisine.

Rasage, à raison de 0 fr. 10 centimes par homme et par mois. (Se paye aux hommes qui se rasent eux-mêmes.)

Ingrédients pour le nettoyage et l'entretien des armes et des différents effets. — Blanchissage du linge à raison de 1 chemise, 1 caleçon, 1 mouchoir, par homme et par semaine, plus 2 blouses, 2 pantalons et des torchons en nombre suffisant pour l'ordinaire.

Fourniture, entretien et remplacement des paniers qu servent au transport de la viande ou du charbon.

Entretien des ustensiles de cuisine. (Ils sont fournis par la masse générale d'entretien.)

Les dépenses sont inscrites chaque jour sur le livret d'ordinaire, en présence des hommes de corvée, dont les noms sont également portés sur le cahier.

Le maréchal des logis chef inscrit les recettes et fait la balance des recettes et des dépenses.

Le lieutenant qui a la direction de l'ordinaire vérifie les inscriptions, s'assure qu'elles sont régulièrement portées et signe le compte. — L'excédant des recettes, nommé *boni*, est reporté au prêt suivant. Il n'en est jamais fait décompte aux hommes.

Le maximum du boni est fixé à 0 fr. 80 centimes par homme.

L'achat, la réception, la distribution des denrées et des objets qui sont à la charge des ordinaires ne se fait point directement par chaque escadron, mais pour tout le régiment dans la même garnison, par les soins d'une commission spéciale.

Cette commission est également chargée de la vente des issues.

La commission est chargée de la passation des marchés et de la réception des denrées, qui doivent satisfaire à certaines conditions stipulées à l'avance dans les cahiers des charges.

Elle livre ensuite les denrées aux escadrons sur leur demande.

Il y a deux modes de procéder : la fourniture simple et la gestion par la commission. — La comptabilité exige quatre registres :

1° Registre des marchés et conventions ; 2° registre des distributions ; 3° registre des recettes et dépenses (deniers) ; 4° registre des entrées et des sorties (denrées).

Le secrétaire de la commission remet tous les cinq jours au trésorier le bordereau des sommes à payer. Les registres sont arrêtés le dernier jour de chaque mois.

Depuis le 1er juillet 1873, la fourniture de la viande fraîche a été modifiée.

Cette fourniture ne fait plus partie des dépenses de l'ordinaire.

La viande est l'objet de marchés passés directement par l'administration supérieure.

Le taux de la ration est désormais fixe, quels que soient d'ailleurs les avantages ou la perte faits sur le marché.

La ration est fixée à 300 grammes, son prix est de 0 fr. 26 centimes.

Les capitaines-commandants signent chaque jour un bon pour la quantité de rations nécessaires.

Ces bons sont totalisés par prêt et le trésorier en retient le montant sur le prêt suivant.

Tous les hommes de troupe qui touchent le pain ont droit à la ration de viande. Toutefois ceux qui sont régulièrement autorisés à ne pas vivre à l'ordinaire sont libres, à la condition de prévenir cinq jours à l'avance, de prendre ou de ne pas prendre livraison de la ration. S'ils ne perçoivent pas la ration, ils touchent les 0 fr. 26 par jour, mais ils n'ont pas droit dans ce cas aux suppléments accordés pour cherté des vivres.

Des facilités sont données aux corps pour la création et l'entretien de jardins potagers.

Ces jardins, qui sont évidemment une source d'économie et par suite d'amélioration de l'ordinaire, donnent lieu à une comptabilité spéciale que tient la commission.

Perception des prestations en nature.

Lorsque la troupe doit toucher des vivres en nature, les perceptions se font sur des bons spéciaux fournis par les capitaines-commandants tous les deux jours en station, tous les jours en marche.

Les bons s'inscrivent au chapitre VIII de la main courante ou du carnet de campagne.

Ils sont distincts par nature de service : vivres-pain, vivres de campagne, vivres-viande, liquides, fourrages.

Mode d'exécution du service.

Les prestations du service des subsistances sont distribuées aux ayants droit, soit par les manutentions de ce service, qui, après avoir reçû les denrées brutes, telles que grains, farines, etc., les délivrent manutentionnées sous la forme de pain, de biscuit, etc., soit par des entrepreneurs qui, moyennant un prix déterminé par ration, délivrent aux troupes les denrées prêtes à être consommées, surtout le pain.

Droits au pain et aux vivres de campagne.

Sur le pied de paix, le pain est dû aux sous-officiers, caporaux ou brigadiers, soldats et enfants de troupe, des corps de troupes de toutes armes (gendarmerie exceptée) en station, en route avec le corps ou en détachement, ou détenus.

Sur le pied de guerre, il est dû aux officiers, caporaux ou brigadiers, soldats ou employés militaires, ainsi qu'à tout militaire en détention.

Sur le pied de paix, le pain n'est pas dû aux hommes en congé, en semestre, en permission, à l'hôpital, marchant isolément, et aux garnisaires. Sur le pied de guerre, il n'est pas dû aux militaires nourris chez l'habitant.

Sur le pied de guerre, les vivres de campagne sont accordés à tous ceux qui ont droit au pain, et le nombre de rations de vivres accordées à chaque grade est le même que celui des rations de pain.

Quotité des rations.

Le pain comprend, outre le pain ordinaire, dit *pain de munition,* le pain biscuité au quart, à moitié ou totalement, et le biscuit.

La ration de pain est fixée à 750 grammes par jour, soit qu'il s'agisse de pain ordinaire ou de pain biscuité; celle du biscuit est de 550 grammes.

Les vivres de campagne comprennent la viande fraîche, la viande salée, le lard, le riz, le sel et les légumes secs, le sucre et le café.

La ration de la viande fraîche, comme celle de la viande salée, est de 250 grammes; celle du lard salé n'est que de 200 grammes.

La ration de riz est de 30 grammes; celle des légumes secs, pois, fèves, haricots ou lentilles, est de 60 grammes; la ration de sel est fixée à un soixantième de kilogramme.

La ration de sucre est de 21 grammes, celle de café de 16 grammes.

Les liquides se composent de vin, de vinaigre, de bière, de cidre et d'eau-de-vie.

La ration de vin est fixée à un quart de litre, celle de vinaigre à un vingtième de litre, celle de la bière et du cidre à un demi-litre, et enfin celle de l'eau-de-vie à un seizième de litre.

Observations sur la qualité des denrées.

Le pain doit remplir certaines conditions qui dénotent qu'il est bon et qu'il peut être mis en distribution. Il doit être bien cuit, sans être brûlé, d'une couleur uniforme et légèrement dorée, la croûte bien adhérente à la mie, qui doit être semée d'une foule innombrable de petits yeux bien serrés. Le pain doit, en outre, être de forme ronde, légèrement bombé au milieu, laisser dans la bouche un goût approchant de celui de la noisette, et ne pas présenter plus de quatre baisures.

Après vingt-quatre heures, la mie du pain doit être assez élastique pour ne pas conserver l'empreinte du doigt qui l'a pressée. Le manque d'élasticité de la mie est une preuve d'un défaut dans la cuisson.

Le pain, mis en distribution, pèse habituellement 1 kil. 500, et contient, par conséquent, deux rations.

Le biscuit se fabrique en galettes carrées ou rondes, du poids de 275 grammes, c'est-à-dire que deux galettes font une ration.

Viande.

La viande fraîche doit provenir le plus habituellement de bœuf ; ce n'est qu'à défaut de ce dernier que l'on donne de la vache ou du mouton, mais jamais isolément et toujours de manière que la ration contienne au moins trois quarts de bœuf et un quart de vache ou de mouton.

Droits aux liquides.

Sur le pied de paix comme sur le pied de guerre, le droit aux rations de liquides est acquis aux hommes de troupe présents sous les armes lorsque la distribution en a été ordonnée par le ministre ou les généraux commandants en chef.

Sur le pied de paix, il est habituellement accordé des rations de liquide après la revue d'honneur de l'inspecteur général, à raison d'une ration par homme présent sous les armes à cette revue.

Pendant la saison des chaleurs, il est fait aux troupes, pour assainir l'eau qu'elles boivent, des distributions de vinaigre ou d'eau-de-vie, auxquelles ont droit tous les sous-officiers, caporaux ou brigadiers, soldats et enfants de troupe présents au corps ou détenus.

Fourrages.

Les corps de troupes à cheval et les divers officiers montés ont droit à des rations de fourrages en toute position.

L'allocation commence le jour où ils justifient de la possession des chevaux ; elle est due jusqu'au jour de la vente ou jusqu'au jour inclus de la perte.

Lorsqu'un corps est appelé à faire partie d'une armée active, les allocations du pied de guerre commencent le lendemain de l'arrivée du corps à l'armée.

Ces allocations de guerre sont prolongées quinze jours après le retour du corps au pied de paix.

Les rations de route sont allouées depuis le jour du départ jusqu'au jour inclus de l'arrivée.

Du chauffage.

Entreprise par adjudication.

Bien que considéré comme une annexe du service des subsistances, qui tantôt est assuré directement par l'État et tantôt par voie d'adjudication, le chauffage ne peut être fourni aux troupes que par entreprise, c'est-à-dire par voie d'adjudication.

Le combustible à employer varie selon les ressources des localités : il se compose de bois ou de charbon de terre remplissant certaines conditions de réception. On ajoute au charbon des fagots de menu bois destinés à l'allumer, et que, pour cette raison, on appelle *fagots d'allumage*.

1° *Chauffage pour cuisson d'aliments.*

Pour la cuisson des aliments, les rations sont de deux sortes, les rations *collectives* et les rations *individuelles*.

Les rations collectives, dites *d'ordinaire*, varient en quotité selon la nature des fourneaux, qui sont à une ou deux marmites.

Les fourneaux varient également de modèles. Quant aux marmites, elles varient d'après leur contenance, qui se trouve comprise entre 65 et 75 litres; quelques-unes atteignent le chiffre de 100 litres, le litre représentant la quantité de bouillon suffisante pour un homme par repas.

Lorsque la contenance des marmites est insuffisante, on doit reverser sur un autre ordinaire les hommes qui se trouvent en excédant de cette contenance. Si cette opération est impossible, on accorde autant de rations individuelles qu'il y a d'hommes en excédant. Cette allocation est accordée parce que, toutes les fois que le nombre d'hommes est en excédant de la contenance des marmites, on retire du bouillon fait, pour le remplacer par de l'eau qui, de cette manière, permet de donner à chacun la part qui lui revient, mais arrête l'ébullition.

Rations collectives.

Les rations collectives d'ordinaire sont accordées à toute troupe faisant usage de fourneaux économiques à raison, habituellement, d'une marmite par compagnie ou escadron.

Les rations collectives sont fixées, par jour, à 25 kil. de bois ou 14 de charbon de terre par fourneau ancien modèle à une marmite ; 42 kil. de bois ou 24 de charbon par fourneau ancien modèle à deux marmites; à 40 kil. de bois ou 22 de charbon pour les fourneaux à la Choumara à deux marmites, chacune de la contenance de 75 litres et au-dessous, et à 45 kil. de bois et 25 de charbon pour les mêmes fourneaux lorsque les marmites sont d'une contenance supérieure à 75 litres.

On alloue deux fagots d'allumage par ration collective de charbon.

Prélèvement possible sur les rations.

Les troupes casernées ont droit aux rations collectives d'ordinaire à compter du jour de leur entrée en caserne.

Sur ces rations, le colonel peut ordonner un prélèvement qui ne peut excéder 2 kil. de bois ou 1 de charbon de terre par ration pour les fourneaux à une marmite, et 4 kil. de bois ou 2 de charbon de terre par ration de fourneau à deux marmites. Ce chauffage, ainsi prélevé, est destiné aux besoins de l'infirmerie régimentaire et des hommes mariés et nécessiteux.

Rations individuelles.

Les rations individuelles pour la cuisson des aliments sont accordées aux sous-officiers et autres traités comme tels, dans les corps qui font usage de fourneaux économiques, aux troupes en station logées chez l'habitant, aux troupes campées ou baraquées, aux hommes qui se trouvent en excédant de la contenance des marmites.

Chauffage d'hiver; division du territoire en trois régions.

Le chauffage pour les chambres pendant les froids de la saison rigoureuse doit varier nécessairement avec la position géographique des pays. On a partagé, à cet effet, la France en trois régions:

1° La région froide. — Dans cette région, la saison d'hiver dure cinq mois, du 1er novembre au 31 mars;

2° La région tempérée. — Dans cette région, la saison d'hiver dure quatre mois, du 16 novembre au 15 mars inclus;

3° La région chaude. — Dans cette région, l'hiver ne dure que trois mois, du 1er décembre au dernier jour de février.

Rations collectives.

La ration collective de chambre est fixée, par jour, à 30 kil. de bois ou 18 kil. de charbon dans la région froide, à 25 kil. de bois ou 15 kil. de charbon dans la région tempérée, à 20 kil. de bois ou 12 kil. de charbon dans la région chaude.

Chaque ration collective de charbon donne droit à trois fagots d'allumage.

Il n'y a que les troupes casernées qui aient droit aux rations collectives de chauffage des chambres; celles qui sont campées ou baraquées reçoivent les rations individuelles dont nous parlerons plus loin. Quant aux troupes logées chez l'habitant, étant en station, elles n'ont pas droit au chauffage d'hiver.

La ration collective est destinée à alimenter trois feux, dont un est entretenu dans la chambre des sous-officiers comptables, et les deux autres dans les chambres des soldats, d'après les prescriptions du chef de corps.

Rations individuelles.

Des rations individuelles de chauffage sont accordées aux troupes campées ou baraquées. Pour elles, l'hiver est censé commencer un mois plus tôt : ainsi, dans la région chaude, l'allocation de chauffage commence le 1er novembre pour finir le 31 mars; dans la région tempérée, elle commence le 16 octobre pour finir le 15 avril inclus; enfin, dans la région froide, elle commence le 1er octobre pour cesser le 30 avril inclus.

La ration individuelle est fixée, dans ce cas, à :

1 kil. de bois ou 0 kil. 50 de charbon dans la région chaude;

1 kil. 20 de bois ou 0 kil. 60 de charbon dans la région froide et dans la région tempérée.

Les rations individuelles de chauffage sont encore accordées aux troupes qui, non pourvues de fourneaux économiques, se chauffent à la cheminée, et pour les escadrons ou détachements dont la force n'excède pas trente-cinq hommes. Cette allocation a lieu pendant le même temps que les rations collectives, et la quotité en est fixée, d'après la différence des régions, à :

0 kil. 50 de bois ou 0 kil. 25 de charbon dans la région chaude ;

0 kil. 70 de bois ou 0 kil. 35 de charbon dans la région tempérée ;

0 kil. 80 de bois ou 0 kil. 40 de charbon dans la région froide.

La ration des sous-officiers est double de celle des soldats.

Détails sur le bon de chauffage établi par le trésorier.

Les distributions de chauffage aux troupes se font, comme toutes les autres prestations en nature, sur des bons souscrits par le trésorier au nom du corps, mais avec cette différence qu'il n'est pas fourni de bons partiels par les commandants d'escadron, pour établir le bon général du corps.

Des distributions.

Les bons sont établis habituellement pour quatre ou cinq jours (1). Ce bon, vérifié par le major, visé et enregistré par le sous-intendant militaire, est remis au capitaine de semaine avec un état indiquant la quantité de combustible revenant à chaque partie prenante et la destination de ce combustible.

Le capitaine de semaine se rend ensuite au magasin, vérifie la quantité du combustible, s'assure qu'il remplit

(1) Quand le combustible est du charbon, on ajoute le nombre de fagots d'allumage.

les conditions du cahier des charges, et fait faire la distribution.

Si le combustible fourni par l'entrepreneur ne réunit pas les qualités voulues, le capitaine suspend la distribution et informe le major. Celui-ci prévient le sous-intendant militaire, qui prononce.

Le bois est porté à bras, à moins que le lieu de la distribution ne soit à une distance de plus de 4 kilomètres des quartiers, ou qu'il n'y ait un bras de mer à traverser.

Le capitaine inscrit son avis sur le registre *ad hoc*.

Tous les trois mois, les bons souscrits par le trésorier sont totalisés en un seul bon établi en double expédition par l'entrepreneur, vérifié par le sous-intendant militaire et souscrit par le conseil d'administration. Les bons établis par le trésorier sont annulés et conservés par le sous-intendant.

Effets d'habillement, de grand équipement, d'armement et de harnachement.

Les effets d'habillement, de grand équipement, d'armement et de harnachement, sont délivrés sur des bons nominatifs et distincts par nature d'effets.

Les hommes essayent leurs effets au magasin d'habillement, en présence du capitaine-commandant, assisté du maréchal des logis chef, ou, à son défaut, du fourrier.

Les distributions d'effets d'habillement, etc., se font en première mise ou à titre de remplacement.

Les hommes nouvellement immatriculés sont habillés

et équipés à leur arrivée au corps, après la visite du médecin-major.

Les effets neufs sont donnés de préférence aux engagés volontaires, aux hommes venant d'autres corps, etc.; les effets en cours de durée aux jeunes soldats, aux remplaçants, etc. Les hommes qui, pour cause de réforme, sont présumés devoir être renvoyés prochainement dans leurs foyers ne reçoivent que les effets strictement nécessaires et pris parmi ceux hors de service autant que possible.

Les effets de la première catégorie sont remplacés de droit, au terme de leur durée réglementaire, lorsque les détenteurs sont présents, ou à leur rentrée s'ils sont absents.

Le grand équipement, les armes et le harnachement ne sont remplacés qu'après la réforme prononcée. Toutefois les effets perdus ou mis hors de service sont remplacés dès que le fait est constaté.

Les effets de la première catégorie sont marqués au magasin d'habillement du numéro du trimestre et de l'année de leur distribution au moment où ils sont délivrés; on y ajoute, dans l'escadron, le numéro matricule de l'homme.

Ceux qui rentrent en magasin après avoir fait une partie de leur temps de service reçoivent, en dessous de la première marque, le timbre du trimestre de la réintégration. — Lorsqu'ils sont remis en service, l'officier d'habillement fait ajouter au timbre de la nouvelle distribution le nombre de trimestres restant à faire, et on inscrit ce nombre sur le bon au moment de la distribution.

Les effets de la deuxième catégorie, ceux de harnachement, sont marqués du millésime de l'année de leur première mise en service et d'un numéro de série. Ils portent aussi le numéro et les initiales du corps.

Les armes sont marquées d'une lettre et d'un numéro de série (marque apposée en manufacture). Les corps ajoutent sur la plaque de couche la marque distinctive du régiment.

Établissement des bons, leur enregistrement.

Les bons s'établissent nominativement et portent autant de colonnes qu'il y a d'effets, en distinguant même, pour les effets de la première catégorie et les galons d'argent, ceux qui sont *neufs* ou *en cours de service.*

Chaque colonne est totalisée en conservant les mêmes distinctions. On inscrit ensuite en toutes lettres le nombre et la nature de chaque effet, et le capitaine-commandant signe.

Cette pièce porte pour titre :

Bon des effets de la première, de la deuxième catégorie et des armes nécessaires aux hommes ci-après dénommés.

Les effets de harnachement se touchent sur un bon analogue, les différents modèles de harnachement étant portés d'une manière distincte dans des colonnes particulières.

Les bons dont il vient d'être question sont présentés à l'approbation du major avant la perception.

L'année d'exercice et le trimestre sont indiqués en tête; le capitaine d'habillement y ajoute un numéro.

Les mutations ou causes qui donnent lieu aux distributions sont portées dans la dernière colonne.

Au fur et à mesure des distributions, les bons sont inscrits aux chapitres spéciaux du livre de détail. Ils sont totalisés au dernier jour de chaque trimestre. Ils doivent être en concordance avec le registre des comptes ouverts avec les escadrons, tenu par le magasin d'habillement.

Réintégration des effets. — Bulletin de versement.

Les effets des hommes rayés des contrôles, déclarés déserteurs, envoyés en congé illimité, condamnés..., des sous-officiers promus officiers ou adjudants, des brigadiers nommés sous-officiers, des sous-officiers cassés, etc., sont réintégrés au magasin d'habillement qui les remet en service lorsqu'ils n'ont pas atteint le terme de leur durée légale.

On verra plus loin quels sont les effets qui dans ces différentes conditions doivent être laissés aux mains de leurs détenteurs.

Ces réintégrations se font sur des états nominatifs, dits **Bulletins de versement.** Ce bulletin est d'un modèle analogue au bon de première mise, avec cette différence que les effets de première catégorie se distinguent en *bons* ou *hors de service.*

Ces états indiquent comme pertes les effets ou armes laissés aux hommes passés dans d'autres corps, libérés, réformés, promus, etc.

Les effets d'habillement sont laissés en principe aux sous-officiers promus adjudants ou officiers, ou libérés, réformés, passés à d'autres corps, etc.

Toutefois les hommes libérés, réformés, en congé illi-

A placer pages 306 et 307.

Tableau N° 3.

EXERCICE 187 .

e TIMESTRE

1res mises

N°

e RÉGIMENT DE

e ESCADRON.

BON des effets de la 1re, de la 2e catégorie et des armes nécessaires aux hommes ci-après dénommés :

Numéros matricules.	NOMS.	GRADES.	Chevrons.	EFFETS DE LA 1re CATÉGORIE.																												EFFETS DE LA 2e CATÉGORIE.										ARMES.								MUTATIONS OU CAUSES qui donnent lieu aux distributions.
				Dolmans.				Pantalons d'ordonnance de s.-offi.		Pantalons de cheval.				Pantalons de cheval transfés de s.-offi.		Vestes.		Bonnets de police.				Calottes en drap.		Galons d'argent.				Galons de laine.	Galons de trompette.	Manteaux.	Porte-manteaux.	Bretelles de fusil.	Ceinturons.	Cordons de trompette.	Dragonnes.	Gibernes.	Porte-gibernes.	Trompettes.	Lanières de trompette.	Carabines.	Jeux d'accessoires.	Jeux de pièces de rechange.	Étuis en ferblanc p. cartouches	Sabres.	Pistolets.	Nécessaires.	Tire-balles.	
				de s.-officier		de soldat.				de s.-officier		de soldat.						de s.-officier		de soldat.				de grade.		de chevrons.																						
				Neufs.	en cours de durée.	Neufs.	en cours de durée.	Neufs.	en cours de durée.	Neufs.	en cours de durée.	Neufs.	en cours de durée.	Neufs.	en cours de durée.	Neuves.	en cours de durée.	Neufs.	en cours de durée.	Neufs.	en cours de durée.	Neuves.	en cours de durée.	Neufs.	en cours de durée.	Neufs.	en cours de durée.																					
	TOTAUX. . . .																																																	
Dont { Neufs.																																																		
Dont { En cours de durée. . .																																																		

Reçu de l'officier d'habillement,

A le 187 .

LE CAPITAINE-COMMANDANT,

Approuvé,

LE MAJOR.

NOTA. Le bulletin de versement s'établit exactement de la même façon, sauf que les effets, au lieu d'être classés neufs ou en cours de durée, se distinguent en bons et hors de service. Les bons d'effets et harnachement sont de même forme.

mité, passés à des corps dont l'uniforme est différent, ne conservent leurs effets que s'ils ont parcouru la moitié de leur durée. On échange leurs effets s'il y a lieu avant leur départ.

Les ceintures de flanelle et tous les effets de linge et chaussure sont conservés en toute position.

Les effets des hommes décédés aux hôpitaux ou en congé sont réintégrés à la vigilance du major, ou par les soins des intendants, sur la demande du conseil d'administration.

Les effets des hommes entrant en position éventuelle d'absence sont visités et déposés au magasin du corps, en leur présence s'il est possible, avec un inventaire signé par le capitaine-commandant.

Les dégradations aux effets ou armes et leur valeur estimative sont inscrites sur cet inventaire et transcrites sur le livret de l'homme et le livre de détail à la suite de l'arrêté provisoire du compte de l'homme. L'inventaire dressé en double expédition est remis à l'officier d'habillement et conservé entre les mains du maréchal des logis chef. On fait le versement définitif des effets de l'homme déclaré déserteur.

Réparations.

Les réparations d'effets sont imputées au corps pour les dégradations ou usures naturelles, à l'homme lorsque la dégradation vient de sa négligence, et enfin à l'État dans les cas de force majeure.

Dans les deux premiers cas, elles donnent lieu à l'établissement de bulletins nominatifs de réparation, signés par le capitaine-commandant et approuvés par

EXERCICE 187

Tableau n° 4.

RÉGIMENT DE

e TRIMESTRE.

e ESCADRON.

Masse individuelle.

N°

BULLETIN des réparations exécutées au compte de la masse individuelle par le maître (a)

NUMÉROS annuels.	NOMS.	DÉSIGNATION des effets.	DÉTAIL DES RÉPARATIONS.	PRIX.
	Somme à payer après réparations :		Total. . . .	

(a) Désigner l'ouvrier.

Nota. — Pour les réparations à faire par le maître armurier, on ouvre deux colonnes de prix, afin de distinguer les réparations au compte de l'homme et celles au compte de l'abonnement.

A *le* 187

Le Capitaine-Commandant :

le major pour ceux imputables à la masse générale d'entretien.

Chaque bulletin désigne le maître ouvrier qui doit exécuter la réparation, le nom du détenteur de l'effet, l'indication sommaire de l'ouvrage à faire et le prix, conformément à un tarif déterminé.

Ces bulletins sont inscrits à mesure sur un bordereau d'enregistrement journalier relatant distinctement les prix alloués aux maîtres ouvriers pour chaque objet et par nature de réparation. On totalise ces bordereaux par trimestre.

Imputations.

Il arrive que des effets réintégrés au magasin ne peuvent continuer à faire un bon service ou, au moins, terminer le temps de leur durée légale. Il y a lieu alors d'imputer une moins-value à l'homme qui n'a pas entretenu l'effet ou l'a dégradé. Il en est de même pour un effet perdu.

Les moins-values se décomptent par trimestre pour les effets de première catégorie, et par année pour ceux de la deuxième catégorie et les effets de harnachement.

Les armes sont comptées au prix intégral de fabrication.

Le montant de la moins-value est inscrit sur un bulletin nominatif dressé par l'escadron, certifié par le capitaine et l'officier d'habillement, revêtu de l'avis du conseil et de l'approbation de l'intendant.

Les cas de force majeure donnent lieu à des procès-verbaux rédigés en triple expédition par l'intendant.

Effets de petit équipement.

Les effets de petit équipement ne se distribuent pas de la même manière que les autres.

Ces effets, qui comprennent le linge, la chaussure, les effets de pansage, les ustensiles de propreté et divers accessoires, sont conformes à des modèles-types envoyés par le ministre et payés dans les limites d'un tarif maximum. — Ils sont au compte de l'homme. — Tous les hommes de troupe doivent être pourvus des effets compris dans la nomenclature de l'arme.

Les hommes qui sont présumés devoir être réformés ne reçoivent que les effets strictement nécessaires.

L'achat de ces effets se fait dans le corps par une commission de trois capitaines d'escadron, présidée par le major (qui n'y a pas voix délibérative), laquelle commission passe les marchés nécessaires, procède à la réception des effets et les fait emmagasiner (le major et l'officier d'habillement ont voix délibérative pour la réception).

L'officier d'habillement distribue ces effets aux escadrons sur des bons nominatifs signés par les capitaines-commandants et vérifiés par le major.

Le bon indique les numéros annuels, les noms et le grade des hommes, la situation de leur masse au jour de l'établissement du bon, la désignation et la valeur des effets, le montant de la dépense à imputer à chaque homme et les totaux en toutes lettres des effets à percevoir.

Les effets sont ensuite distribués dans l'intérieur de l'escadron, après avoir reçu l'empreinte du numéro matricule des hommes destinataires.

MASSE INDIVIDUELLE

TRIMESTRE 187

N°

R GIMENT DE

e ESCADRON.

Tableau n° 3. *recto.*

Bulletin d'imputation (a) *sur la masse individuelle de la valeur des effets ou armes perdus ou mis hors de service par la faute de l'homme qui en était détenteur.*

NUMÉRO annuel.	NOM ET GRADE.	NOMBRE et désignation des effets ou armes perdues ou mis hors de service.	NUMÉROS des effets ou armes au contrôle général.	DURÉE légale des effets.	DURÉE RESTANT A FAIRE — NOMBRE de trimestres.	DURÉE RESTANT A FAIRE — NOMBRE d'années.	VALEUR de chaque effet neuf ou de l'arme.	VALEUR de l'arme ou décompte de la moins-value.	OBSERVATIONS.

Certifié par nous le présent bulletin pour servir à l'imputation sur la masse individuelle de la somme de :

Le Capitaine,

à le 187

Le Capitaine d'habillement,

Ou de m oins-value.

***Le** Conseil d'administration, considérant qu'il résulte des informations qu'il a prises, que l'effet désigné d'autre part a été mis hors de service dans la circonstance ci-après relatée*

est d'avis que le montant du décompte porté au présent bulletin doit être imputé sur la masse individuelle de l'homme qui y est dénommé.

A le **187**

LES MEMBRES DU CONSEIL D'ADMINISTRATION,

Le Major, le Trésorier, le Capitaine d'habillement, le Capitaine, le Chef d'escadron, le Lieutenant-Colonel, le Colonel-Président.

Le sous-intendant militaire, vu l'avis du Conseil, et attendu que les motifs sur lesquels cet avis est fondé témoignent que la mise hors de service de l'effet dont le dénommé d'autre part était détenteur, provient manifestement de sa faute, approuve que l'imputation de la moins-value constatée par le présent bulletin soit opérée sur sa masse individuelle.

A le **187**

TRIMESTRE 187

MASSE
INDIVIDUELLE

N°

RÉGIM DE

° ESCADRON.

Tableau n°

Bon des effets de petit équipement nécessaires aux hommes ci-après dénommés.

NUMÉROS ANNUELS.	NOMS.	GRADES.	SITUATION de la masse.		PRIX DE CHAQUE EFFET.									etc.	MONTANT.
			Avoir.	Débet.	Alènes.	Besaces.	Bouchons de fusil.	Chemises.	Éponges.	Gamelles.	Livrets.	Martinets.	Pantalons de treillis.		
					0,25	1,05	0,10	3,50	1,00	1,40	0,35	0,40	4,60		
	TOTAUX....														

Approuvé :

Le Major,

Reçu du capitaine d'habillement les effets détaillés dans les colonnes ci-dessus et montant à la somme de

A *le* 187

Le Capitaine-Commandant,

RÉCAPITULATION.

		c
Alènes	»	25
Besace	1	05
Bouchon de fusil	»	10
Chemise	3	50
Éponge	1	»
Gamelle	1	40
Livret	»	25
Martinet	»	40
Pantalon de treillis	4	60
etc.		
TOTAL.....		

Ces bons sont enregistrés au chapitre XV du livre de détail (X du carnet de campagne) et totalisés par trimestre.

Les effets des hommes morts, désertés, disparus, etc., sont réintégrés au magasin.

GESTION DE LA MASSE INDIVIDUELLE.

On a vu que les capitaines-commandants doivent veiller avec la plus grande sollicitude à ne point laisser obérer les masses individuelles.

La **masse individuelle** est allouée à tout homme de troupe; elle a pour objet de pourvoir et d'entretenir les hommes des effets de petit équipement réglementaires; elle solde les réparations aux effets de toute nature, dégradations ou dégâts.

Elle rembourse les avances qui ont pu être faites aux hommes voyageant isolément.

La masse est la propriété de l'homme et le suit dans toutes les positions; elle lui est payée lors de sa libération ou au moment de sa nomination d'officier; dans certains cas, le fonds en est acquis à l'État.

La masse se compose de deux parties : **la première mise, la prime journalière d'entretien.**

La première mise varie suivant l'arme (1); elle est allouée à tout homme nouvellement incorporé.

Sont considérés comme tels : les jeunes soldats, les

(1) Elle est ainsi tarifée :

Cuirassiers	75	francs.
Dragons	69	—
Chasseurs	72	—
Hussards	66	—

engagés volontaires, les hommes rentrant des prisons de l'ennemi, les déserteurs amnistiés après avoir été rayés des contrôles annuels, les hommes sortant des équipages de la marine.

L'homme de recrue qui, en arrivant au corps, paraît susceptible de réforme, ne reçoit qu'une première mise provisoire de 12 francs, — sauf à recevoir plus tard le complément, s'il est maintenu.

Il est alloué un supplément de première mise aux hommes qui passent de l'infanterie dans la cavalerie, et réciproquement; aux hommes de la seconde portion du contingent, appelés à l'activité; aux sous-officiers promus adjudants, etc.

La prime journalière d'entretien est allouée à tous les hommes de troupe présents au corps ou détachés dans un autre, pour toutes les journées de présence (à dater du lendemain s'ils ont voyagé, du jour même s'ils sont incorporés dans le lieu de leur résidence).

La prime journalière est de 14 centimes.

Recettes.

Les recettes de la masse comprennent :

Les sommes perçues à titre de première mise, complément, supplément et prime journalière;

Les versements volontaires faits par les hommes qui veulent améliorer leur masse. Ces versements sont faits entre les mains du capitaine-commandant qui, à la fin du mois, les dépose dans la caisse du trésorier.

On compte aussi comme recette :

Les masses apportées par des hommes venus d'autres corps;

Les versements faits par la masse d'entretien pour

compenser le débet des hommes morts, désertés, disparus, etc., etc.;

Enfin, la valeur des effets de petit équipement, détruits comme ayant servi à des chevaux atteints de maladies contagieuses. (Remboursement fait par la masse d'entretien.)

Dépenses.

Les dépenses comprennent :

L'achat des effets de petit équiquement, les réparations ou imputations;

Le payement de l'excédant du complet réglementaire;

L'avoir des hommes rayés quittant le service, ou promus adjudants ou officiers;

L'avoir des hommes qui passent à d'autres corps;

Le versement à la masse d'entretien de l'avoir des hommes morts, désertés, etc.

Ces différentes recettes ou dépenses, qui s'appliquent à l'ensemble de la masse individuelle du corps, sont récapitulées trimestriellement dans des feuilles de décompte établies par les capitaines-commandants, comme il sera exposé plus loin.

En ce qui concerne les hommes eux-mêmes, les recettes comprennent :

Les premières mises et la prime d'entretien; les versements volontaires et les remboursements faits par la masse d'entretien pour les effets de pansage ayant servi à des chevaux atteints de maladie contagieuse.

Les dépenses comprennent :

L'achat des effets, les réparations ou imputations; le remboursement des avances en route aux isolés.

Avoir. — Débet. — Complet de masse.

Les allocations faites pour alimenter la masse sont supposées suffire habituellement aux besoins de l'homme de troupe.

La somme non dépensée se nomme **Avoir.** On appelle **Débet** la somme dépensée en sus des allocations faites.

Le règlement a fixé, suivant les différentes armes, une somme qu'on appelle le **complet de la masse** (cavalerie : 55 francs); l'excédant des recettes au-delà du complet est payé à l'homme lors du règlement des comptes trimestriels.

Comptes-courants.

Étudions maintenant comment se tiennent les comptes-courants de la masse individuelle sur le livre de détail et sur les livrets des hommes.

Recettes. — La première mise ou le supplément s'inscrivent au moment de l'incorporation ou de la mutation.

L'avoir à la masse des hommes venus d'autres corps est inscrit lorsque la situation de masse est envoyée par l'ancien corps au nouveau.

Le produit de la prime journalière s'inscrit au dernier jour du trimestre pour toutes les journées acquises pendant le trimestre précédent. Pour les hommes rayés des contrôles ou entrant en position d'absence, l'inscription de la prime se fait au moment où la mutation est portée au contrôle annuel.

Les versements volontaires s'effectuent au moment du versement entre les mains du capitaine-commandant.

Pour les hommes venus d'autres corps, rentrés après

une première radiation, la masse se porte au moment de l'inscription des hommes au contrôle annuel.

Pour les effets de pansage détruits, le décompte en est fait par le capitaine, vérifié par le major et porté ensuite en recette.

Dépenses. — L'excédant du complet, l'avoir à la masse des libérés, des sous-officiers promus adjudants ou sous-lieutenants, s'inscrivent au moment où le payement est fait aux hommes.

Le débet d'hommes venus d'autres corps ou rentrant après radiation se porte au moment de l'inscription des hommes au contrôle annuel;

Le prix des effets de petit équipement fournis, au moment où les hommes les touchent;

Le prix des réparations aux effets ou armes, lorsque le capitaine-commandant signe le bulletin de réparation;

Le montant des pertes ou dégradations au casernement, etc., dès que l'état de répartition dressé par l'officier de casernement est communiqué au capitaine, ou au moment de la mutation, si l'homme part.

Les mandats d'avance, qui peuvent être délivrés aux hommes voyageant isolément, sont inscrits sur la feuille de route ou donnent lieu à l'envoi d'une note au corps : le capitaine-commandant porte ces mandats au compte-courant dès qu'il en a connaissance. (Les mandats dont il est question ici sont indépendants des indemnités de route.)

Les moins-values d'effets ou armes, lorsque le sous-intendant a donné son approbation au bulletin d'imputation et que le capitaine en est informé.

On a vu que les comptes sont arrêtés trimestriellement,

ou lorsque l'homme entre en position d'absence ou cesse d'appartenir à l'escadron.

Les comptes sont signés par le capitaine et par les hommes.

Les inscriptions aux livrets individuels se font aux mêmes époques que celles du livre de détail et en présence des hommes. Les livrets sont signés par le capitaine commandant.

En campagne, les livrets ne sont pas arrêtés.

Payement de l'avoir aux hommes libérés, réformés, retraités.

Les hommes libérés, retraités ou réformés doivent toucher leur masse au moment de leur départ; l'arrêté de compte, au lieu de porter : « *Restant en avoir* », porte la mention : « *Payé comptant* ».

Hommes rayés de l'effectif.

Lorsqu'un homme est rayé de l'effectif de l'escadron, ses feuillets mobiles (matricule, punitions, dotation) sont détachés des registres et remis : au trésorier, s'il est rayé des contrôles du corps; au maréchal des logis chef de son nouvel escadron, s'il ne fait que passer à une autre unité administrative.

Si l'homme est rayé des contrôles du corps, le capitaine joint aux feuillets un extrait de la situation de la masse. On porte sur le feuillet matricule l'indication du lieu où le militaire se retire, s'il a reçu ou non un certificat de bonne conduite, les effets emportés par l'homme et ceux qu'il a réintégrés.

La feuille de dotation porte la mutation.

La feuille de punitions est arrêtée en toutes lettres et signée par le capitaine-commandant et le chef d'escadron.

Lorsque l'homme passe à un autre escadron, la feuille de punitions est signée seulement par le capitaine.

Effets de casernement.

Les effets de casernement ainsi que ceux de literie se perçoivent sur des bons signés par le capitaine commandant.

On a vu que le maréchal des logis fourrier est particulièrement responsable de ces effets vis-à-vis du capitaine-commandant.

Ce dernier remet mensuellement à l'officier de casernement la situation des effets en service.

Les dégradations et pertes survenues par la faute des hommes sont constatées par des bulletins nominatifs d'imputation à la masse.

Les bons de distribution sont inscrits au chapitre III, les bulletins d'imputation au chapitre XVI du livre de détail.

RÈGLEMENT DES COMPTES TRIMESTRIELS. — FEUILLE DE JOURNÉES DES OFFICIERS ET DES HOMMES DE TROUPE. — FEUILLES DE JOURNÉES DES CHEVAUX. — FEUILLES DE DÉCOMPTE.

Règlement de comptes trimestriels.

Il a été dit précédemment que les comptes de la masse sont arrêtés trimestriellement sur le livre de détail et sur les livrets individuels; le capitaine-commandant doit en outre régler avec le conseil d'administration, représenté par le capitaine-trésorier, pour la solde, la masse individuelle et les rations, et par le capitaine d'habillement pour les effets d'habillement, d'équipement, l'armement et le campement.

Feuille de journées des officiers et des hommes de troupe.

Les comptes du service de la solde (trésorier) s'établissent au moyen des **feuilles de journées** (1).

Ainsi, la feuille de journées a pour objet de constater d'une manière précise, et pour un trimestre, les droits des officiers ou hommes de troupe composant l'escadron aux différentes allocations du service de la solde : solde, masse, vivres, chauffage et fourrage.

Ces droits sont récapitulés par grade et par classe, de manière à établir le décompte de ce qui revient à l'escadron, argent ou rations.

Les feuilles de journées ont donc pour base les contrôles annuels.

La feuille de journées se compose de sept tableaux, dont les cinq premiers sont établis en partie, certifiés par le capitaine et vérifiés par le major; les deux derniers sont dressés par le trésorier, qui complète aussi les premiers.

La feuille de peloton hors rang comprend quatre tableaux supplémentaires qui sont établis par le trésorier pour l'ensemble du corps.

(1) Ordonnance du 25 décembre 1837.

Chaque escadron établit une feuille particulière pour les chevaux.

C'est à ces feuilles de journées que se joignent les pièces justificatives.

Les feuilles servent à la confection des revues générales de liquidation, qu'établit le sous-intendant chargé de la surveillance administrative.

TABLEAU N° 1. — *Renseignements sur les mouvements de la portion de corps et sur les traitements extraordinaires auxquels elle a droit pendant le trimestre.*

Ce premier tableau est rempli par le trésorier ; il doit évidemment concorder avec les chapitres I et II du livre de détail.

TABLEAU N° 2. — *Officiers.*

Les noms, prénoms, mutations, et par suite les gains et pertes en officiers, y sont portés conformément au chapitre IV du titre de détail. On en déduit le nombre de journées dans les différentes positions, le nombre de rations, et enfin le nombre de gratifications ou indemnités spéciales auxquelles les officiers peuvent prétendre.

(On consultera, pour ce tableau comme pour les suivants, les « notes à consulter » placées en tête de la feuille.)

TABLEAU N° 3. — *Sous-officiers, brigadiers, cavaliers et enfants de troupe.*

Il contient pour ces derniers des renseignements analogues à ceux qu'on a fournis dans le tableau n° 2 pour les officiers. C'est le chapitre V qui fournit ces renseignements.

Le capitaine inscrit les noms, prénoms, grades, mutations, les mouvements de l'effectif en gains et pertes, et la comparaison de l'effectif actuel à celui de la revue précédente.

Les noms sont inscrits par catégories de grades et de classes.

Les colonnes suivantes, remplies par le trésorier, font ressortir le nombre de journées de solde et d'accessoires de solde; les allocations de première mise, supplément, complément ou prime journalière d'entretien de la masse individuelle; enfin le nombre des rations.

Les hommes promus à un nouveau grade ou classe dans l'escadron sont portés avec ceux de leur ancien grade jusqu'au jour exclu de leur réception, et depuis cette époque avec ceux de leur nouveau grade ou classe.

Si des hommes passent à un autre escadron, ils sont portés jusqu'au jour exclu de leur départ de l'escadron.

Le militaire décédé est porté jusqu'au jour inclus de son décès.

TABLEAU N° 4. — *Gains et pertes et balance de l'effectif.*

Les gains et pertes se relèvent sur les tableaux 2 et 3. Gains et pertes se classent en absolus et relatifs.

Les gains absolus sont des militaires qui n'appartenaient point au corps. Les gains relatifs comprennent les hommes qui, pour un motif quelconque, viennent d'une autre fraction du corps, ou qui changent de grade ou de classe dans le même escadron.

Les pertes sont absolues ou relatives par des motifs analogues.

TABLEAU N° 5. — *Composition et situation de l'effectif.*

Ce tableau se relève également sur les tableaux 2 et 3.

A la suite de ce tableau la feuille est certifiée par le capitaine-commandant pour l'effectif et les mutations, et vérifiée par le major, qui compare au contrôle général du corps.

TABLEAU N° 6. — *Récapitulation des journées et des nombres, et décompte des allocations en deniers.*

Ce tableau, dressé par le trésorier, sert à établir d'après le nombre de journées le décompte des allocations que le corps perçoit au titre de l'escadron.

Il se divise en quatre parties : 1° *officiers ;* 2° *sous-officiers et troupe ;* 3° *abonnements ;* 4° *gratifications et indemnités extraordinaires résultant du pied de guerre.*

On fait les totaux par nature d'allocation et un total général.

Les première et quatrième parties, qui concernent les officiers, se relèvent sur le tableau n° 2. Les deuxième et troisième parties se relèvent sur le tableau n° 3.

Le total en argent de la deuxième partie sera ultérieurement comparé aux feuilles de prêt de l'escadron pour faire ressortir les plus ou moins perçus.

Pour la troisième partie, qui contient les abonnements, et entre autres les allocations de la masse, on recherchera les sommes à porter sur la feuille qui sert à établir les comptes de la masse individuelle et qu'on appelle feuille de décompte.

TABLEAU N° 7. — *Fournitures en nature.*

Il donne, comme l'indique le sous-titre, la récapitulation des totaux portés aux tableaux 2 et 3 en ce qui concerne les fournitures en nature, telles que vivres et chauffage.

Le trésorier dresse les deux derniers tableaux et fait les décomptes pour tous. Il certifie ensuite la feuille, qui sera transmise à la vérification du sous-intendant.

Lorsqu'un corps ou un détachement de troupe est mobilisé pour faire partie d'une armée active, on fait une coupure à dater du jour où commencent les allocations du pied de guerre, c'est-à-dire qu'on fait une feuille spéciale pour les journées sur le pied de paix, et une autre feuille pour les journées passées à l'armée.

Feuilles de journée des chevaux.

Les feuilles de journée des chevaux s'établissent suivant les mêmes principes.

Elles comprennent six tableaux :

TABLEAU N° 1. — *Renseignements sur les mouvements des chevaux et sur la nature des fournitures qui ont été faites pendant le trimestre.*

Dans ce tableau on relate les routes faites, les différentes fournitures de fourrages, les suppléments et le vert avec les époques où ont commencé ou fini les allocations.

TABLEAU N° 2. — *Chevaux d'officiers.*

TABLEAU N° 3. — *Chevaux de troupe.*

Les chevaux y sont portés suivant l'ordre du contrôle

annuel avec les mutations survenues, les gains et les pertes, enfin le nombre de journées représentant un nombre égal des différentes rations de fourrages qui ont pu être perçues.

TABLEAU N° 4. — *Gains et pertes, et balance de l'effectif.*

Gains et pertes sont absolus ou relatifs comme pour les hommes.

A la suite de ce tableau le capitaine-commandant certifie l'effectif et les mutations.

TABLEAU N° 5. — *Composition et situation de l'effectif.*

Ce tableau, qui découle du précédent, est également dressé par l'escadron.

Le major vérifie la feuille et la certifie conforme au contrôle du corps.

TABLEAU N° 6. — *Récapitulation des rations de fourrage en nombre égal à celui des journées.*

Ce tableau se relève sur les tableaux 2 et 3.

On y fait ressortir, dans une case spéciale, le nombre de journées donnant droit aux allocations de la masse, l'entretien du harnachement et ferrage (1). Ce nombre est égal à celui des journées de fourrage.

(1) Une masse particulière est chargée de pourvoir aux dépenses du harnachement et du ferrage. Sans entrer dans le détail de la gestion de cette masse, nous dirons que l'entretien des effets de harnachement donne lieu à des marchés passés par le conseil d'administration avec le maître sellier et le chef armurier. La ferrure donne lieu à d'autres marchés d'abonnement passés avec les maréchaux. Ceux-ci sont payés mensuellement sur des états certifiés par les capitaines-commandants.

Après ce sixième tableau, la feuille est certifiée par le trésorier et présentée ensuite à la vérification du sous-intendant chargé de la surveillance administrative du corps.

État comparatif.

Lorsque la feuille de journées est vérifiée, le capitaine-commandant dresse un **état comparatif** des sommes qu'il a perçues pour le prêt pendant le trimestre et de celles dont sa feuille de journées constate l'allocation pour les hommes de troupe, à titre de solde et d'accessoires de solde.

C'est au moyen de cet état comparatif qu'on établit le plus ou moins perçu, qui se règle immédiatement entre le capitaine-commandant et le trésorier.

Feuille de journées de la dotation.

Pour les hommes qui sont liés au service sous l'empire de la loi sur la dotation de l'armée, on dresse, dans chaque escadron, une feuille de journées spéciale.

Cette feuille présente :

Les mutations (gains ou pertes) survenues dans le trimestre ;

Le détail des journées donnant droit à la haute-paye et le décompte des sommes payées à ce titre, le nombre des hommes admis à recevoir des allocations à titre de complément de primes ou d'arrérages de rentes.

Feuille de décompte.

La gestion de la masse individuelle est résumée trimestriellement dans une **feuille de décompte** dont l'objet est de constater les recettes et les dépenses qui ont eu lieu pendant le trimestre.

Les comptes s'établissent nominativement et donnent pour chaque homme :

Le numéro annuel, le nom et le grade; les causes d'inscription ou de radiation sur les contrôles ; le nombre de journées de prime d'entretien allouées par la feuille de journées;

Les recettes pendant le trimestre ;

Les dépenses pendant le même temps ;

La situation de la masse au dernier jour du trimestre ou au moment de la radiation des contrôles de l'escadron.

Lorsque le trésorier a clos la feuille de journées, il la communique au capitaine-commandant, qui y relève (tableau n° 6, 3e partie) les allocations de la masse : première mise, prime journalière, etc., pour les porter sur la feuille de décompte.

La situation de masse de chaque homme est relevée sur la feuille de décompte du précédent trimestre ; si elle constitue un avoir, elle est portée aux recettes; si la masse est en débet, on l'inscrit au contraire à l'article dépenses.

Les recettes et les dépenses de la masse doivent figurer sur la feuille de décompte. Ces chiffres sont d'accord soit avec les feuilles de journées et les comptes établis par le trésorier, soit avec les comptes de l'habillement, soit avec ceux de l'officier de casernement, soit enfin avec les feuilles de décompte des autres escadrons, pour les hommes passés à ces escadrons ou qui en sont venus.

La dernière division principale de la feuille porte pour

titre : **Situation de la masse.** Elle fait ressortir l'avoir, le débet ou l'excédant du complet au premier jour du trimestre suivant, pour les hommes présents ou absents comptant à l'effectif; — puis l'avoir ou le débet au jour de la radiation des contrôles, pour les hommes passés à d'autres escadrons ou à d'autres corps, qui ont quitté le service, ou sont compris parmi les morts, désertés, disparus, prisonniers de guerre, retraités ou réformés.

Ces dernières inscriptions ne sont qu'un renseignement fourni par le capitaine-commandant pour mettre l'administration du corps à portée de faire ou de vérifier les opérations d'ordre, les mouvements de fonds ou les virements occasionnés par les mutations qu'on vient de voir.

Toutes ces colonnes sont totalisées; après quoi le capitaine-commandant certifie :

1° Le montant des recettes, auquel il convient d'ajouter le débet des hommes rayés des contrôles;

2° Le montant des dépenses, en y ajoutant l'avoir des hommes rayés.

D'où il conclut l'**avoir net de la masse**, au premier jour du trimestre suivant.

Il fait la balance de l'avoir et du débet des hommes comptant à l'effectif, laquelle balance reproduit une somme égale à l'avoir net.

Pour les escadrons en campagne, la feuille est certifiée par le chef du bureau spécial de comptabilité.

La feuille de décompte est vérifiée par le trésorier et visée par le major.

Pour terminer l'étude des règlements de comptes à établir à la fin de chaque trimestre, nous rappellerons ici que les comptes ouverts avec le magasin d'habillement pour les effets de la première catégorie et les galons, pour les effets de la deuxième catégorie et les armes, pour les effets de harnachement, et enfin l'enregistrement des bons d'effets (chapitres 10, 11, 12 et 13 du livre de détail), sont totalisés en fin de trimestre et comparés avec les registres tenus par l'officier d'habillement.

Les effets de campement (chapitre 14) sont l'objet de situations mensuelles.

Le capitaine-commandant doit toujours être en mesure de fournir l'inventaire des objets existants dans son escadron. Cet inventaire s'établit notamment au 31 décembre de chaque année, afin d'aider au recensement général des matières et objets de toute nature existants dans le corps, que dresse l'officier d'habillement et que le conseil d'administration fait parvenir au ministère avec l'évaluation en deniers.

LECTURE

DES

CARTES TOPOGRAPHIQUES.

Cartes.

Une *carte* est la représentation géométrique d'une portion de la surface de la terre.

Les *cartes géographiques* qui représentent dans un cadre limité une certaine étendue de la surface de la terre, ou même l'ensemble de cette surface, ne peuvent donner que des indications générales.

Les *cartes topographiques* n'embrassent qu'une petite étendue de terrain en donnant tous les détails possibles de cours d'eau, accidents du sol, routes, constructions, cultures, etc.

La surface de la terre étant sphérique, ou à très-peu près, il est impossible de la reproduire exactement sur un plan en conservant à chaque partie ses dimensions relatives. Différents modes ont été adoptés pour tourner cette difficulté.

Pour les cartes topographiques, il n'y a pas lieu de tenir compte de la sphéricité de la terre, car il est rare qu'on représente sur ces cartes une surface plus étendue que celle que l'on peut parcourir en une journée à pied ou à cheval, étendue dont on peut quelquefois apercevoir l'ensemble d'un coup d'œil, sans qu'on puisse soupçonner la forme de la terre.

Lire une carte, c'est non-seulement se rendre compte de la valeur des signes représentatifs adoptés, mais aussi trouver sur le terrain les points de la carte qu'on a sous les yeux, et inversement (ce qui s'appelle s'orienter). Au point de vue spécial qui nous occupe, c'est aussi savoir, au vu de la carte, apprécier l'importance militaire du terrain, les avantages ou les inconvénients d'une position, le commandement des hauteurs, etc.

Pour arriver à lire une carte, il faut comprendre comment elle est faite; c'est ce que nous allons exposer succinctement.

De la planimétrie et du nivellement.

Il y a dans une carte topographique deux objets à considérer : la *planimétrie* et le *nivellement*.

Un observateur placé à une grande hauteur au-dessus du sol, en ballon, par exemple, verrait tous les objets placés verticalement au-dessous de lui par leur contour latéral et comme s'ils étaient tous projetés sur un plan horizontal : une maison sera représentée par la forme de ses murs extérieurs, un chemin par les lignes parallèles qui le limitent à droite et à gauche, etc. Cette projection sur un plan horizontal de toutes les lignes du terrain constitue la planimétrie.

Le plan horizontal de repère est supposé être celui du niveau de la mer qui se prolongerait indéfiniment sous la croûte terrestre.

Le nivellement a pour objet d'indiquer le relief du terrain. Il se rend par des côtes de niveau ou altitudes au-dessus du plan de repère dont nous venons de parler, et plus ordinairement par des courbes et hachures dont on exposera plus loin la construction.

Des échelles.

Un plan ne peut être exact qu'à condition de présenter une figure semblable à celle que forment les différentes parties du terrain, c'est-à-dire que les lignes conservent sur la carte leur relation naturelle.

Pour assurer cette proportion, on se sert d'une échelle.

L'*échelle* est donc le rapport constant d'une ligne du terrain à son homologue sur le plan.

Ce rapport est évidemment tout de convention : on le choisit en raison de l'étendue du terrain qu'on veut représenter et de l'avantage d'avoir des cartes maniables, tout en étant suffisamment claires.

On préfère les rapports simples, multiples de 10, qui permettent de trouver sans calcul la longueur d'une ligne du terrain, connaissant son homologue sur le plan, et réciproquement.

Ainsi, quand on parle d'une échelle à $\frac{1}{250}$, ou à $\frac{1}{1000}$, ou à $\frac{1}{80000}$, etc., cela veut dire que 1 mètre de la carte représente 250 mètres, ou 1000 mètres, ou 80,000 mètres de terrain ; ou encore que chaque objet de la carte sera 250 fois, 1,000 fois, ou 80,000 fois plus petit que l'objet qu'il représente.

Par suite, on déduira la valeur des sous-multiples du mètre et d'une longueur quelconque prise sur la carte.

Prenons, pour fixer les idées, une échelle à $\frac{1}{5000}$, et supposons qu'on ait mesuré sur la carte une longueur de 133 millimètres; que représente-elle sur le terrain?

1 mètre de la carte		équivaut à		5,000^m
donc	0^{m}1	—	—	500^m
—	0^{m}01	—	—	50^m
—	0^{m}001	—	—	5^m

1 millimètre équivalant à 5^m, 133^{mm} vaudront $133 \times 5 = 665$ mètres.

On peut aussi remarquer que 133^{mm} = 0^{m}1 + 0^{m}03 + 0^{m}003, et en prenant sur le tableau ci-dessus les valeurs de 0^{m}1, 0^{m}03, 0^{m}003 et en faisant l'addition, on reviendra au même chiffre 665 mètres.

	0^{m}1	équivaut à	500^m
	0^{m}03	—	150^m
	0^{m}003	—	15^m
Total.	0^{m}133		665^m

Bien que ces calculs soient extrêmement simples, il est encore plus expéditif de tracer à l'avance une règle sur laquelle les longueurs seront portées avec leur valeur proportionnelle : c'est l'échelle simple.

La longueur prise avec le compas sur la carte sera reportée sur l'échelle, et on lira immédiatement sa valeur.

Pour construire cette échelle, on trace une droite; d'un point d'origine marqué O, on porte à droite les longueurs de 100 mètres en 100 mètres, suivant l'échelle donnée (ou de 1000 en 1000 mètres). Dans l'exemple que nous avons pris, 100 mètres de terrain sont représentés par une longueur de 0^m02; c'est donc cette longueur que nous porterons à partir de 0, et successivement, pour avoir la longueur 100, 200, 300 mètres, etc. Cette première partie de l'échelle est doublée d'un second trait plus fort.

Pour pouvoir mesurer les fractions inférieures à 100 mètres, la ligne est prolongée, à gauche du 0, d'une longueur égale à 100 mètres et on la divise en dizaines de mètre. Les fractions plus faibles seront appréciées à l'œil; on ne les a pas portées, pour ne pas faire de confusion. Cependant, il peut être utile pour certains plans d'avoir ces mesures exactes. On construit alors une autre échelle, dite *échelle des dixmes*. (fig. 1.)

On trace 11 lignes parallèles et également espacées (généralement à 0^m002 d'intervalle); les divisions, étant portées d'un côté, sont marquées sur toutes les lignes par des perpendiculaires. Les divisions par dixième sont portées, dans le premier casier, sur la ligne du haut et sur celle du bas, puis on joint les points 0, 10, 20, 30, etc., de la ligne du bas, aux points 10, 20, 30, 40, etc., de la ligne du haut. On voit que chacune des parallèles horizontales varie de $\frac{1}{10}$ avec la précédente. En effet, on démontre en géométrie que dans le triangle 10-0-0, les horizontales qui coupent la hau-

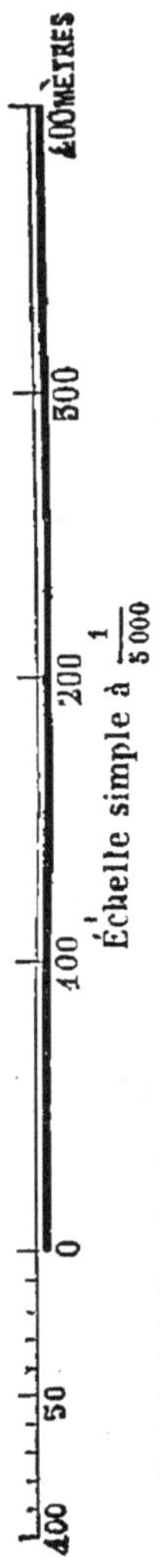

Fig. 1.

teur 00 en parties proportionnelles, sont elles-mêmes proportionnelles à la base.

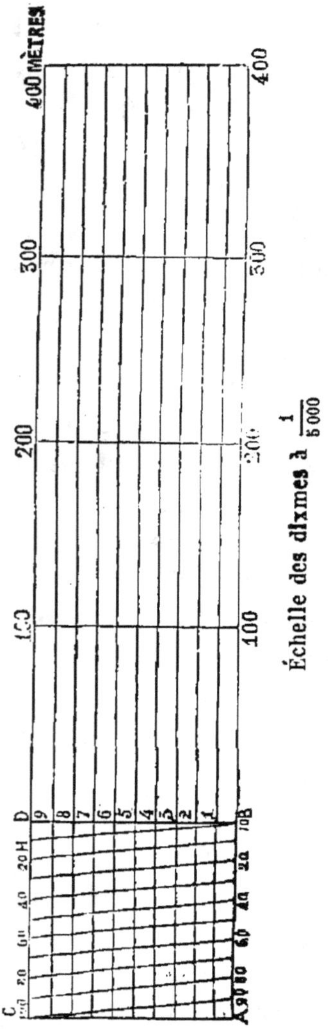

Fig. 2.

Supposons que nous ayons à prendre une longueur de 274 mètres, nous trouverons sur la ligne du bas, comme sur une échelle simple, la longueur 270, puis, remontant quatre lignes plus haut, nous placerons une pointe de compas sur la perpendiculaire 200 et l'autre pointe sur l'intersection de l'oblique 70-80 et de l'horizontale. La longueur ainsi prise est égale à 274 mètres.

Dans cet exemple, on a pu mesurer la longueur à 1^m près, c'est-à-dire à la dixième partie d'une des petites divisions portées à gauche du 0.

On voit, d'après cela, que l'approximation dépendra de l'échelle.

On admet que la longueur de deux dixièmes de millimètre est la limite des distances appréciables à l'œil ou au compas. On pourra donc calculer, pour une échelle quelconque, l'approximation des mesures prises. A l'échelle de $\frac{1}{20000}$ par exemple, deux dixièmes de millimètre représentent quatre mètres. On ne pourra donc pas mesurer de distances plus faibles.

On remarquera, à ce sujet, que dans l'exécution des cartes, certains signes conventionnels ne sont pas réduits aux dimensions qu'ils devraient avoir d'après l'échelle. Ainsi, dans la carte de l'état-major, qui est au $\frac{1}{80000}$, une route de 10 mètres de largeur ne devrait avoir que $\frac{1}{8}$ de millimètre, et on la représente par deux traits qui sont espacés de 0m00075, ce qui fait une différence sensible. La facilité de lecture de la carte exige de semblables écarts, qui n'ont, d'ailleurs, aucun inconvénient.

Planimétrie.

Pour simplifier cette étude au début nous supposerons d'abord que le terrain est horizontal; toutes les lignes, tous les objets conserveront alors en se projetant sur le plan de repère leur dimension réelle. Leur relation sera facile à déterminer.

Certains signes conventionnels ont été adoptés pour représenter les accidents naturels ou artificiels.

Signes conventionnels.

Quelques cartes de topographie régulière sont couvertes de teintes dont voici la signification :

— Le jaune pâle terni indique les terres labourées.

— Le vert franc indique les vergers.

— Vert bleuâtre, les prairies naturelles.

— Jaune verdâtre, teinte un peu forte, les bois.

— Jaune orangé un peu vif, les sables.

— Violet, les vignes.

— Bleu pâle indique les eaux.

SIGNES CONVENTIONNELS.

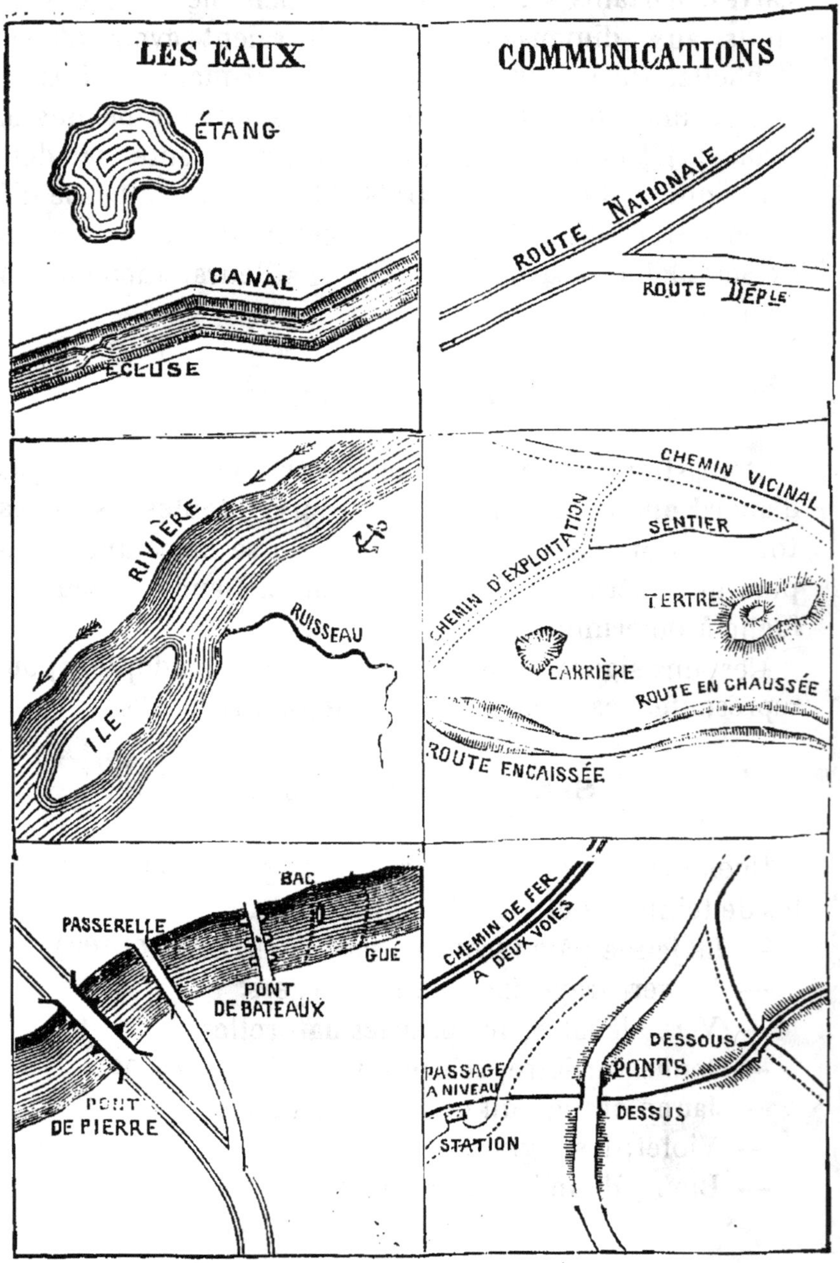

SIGNES CONVENTIONNELS.

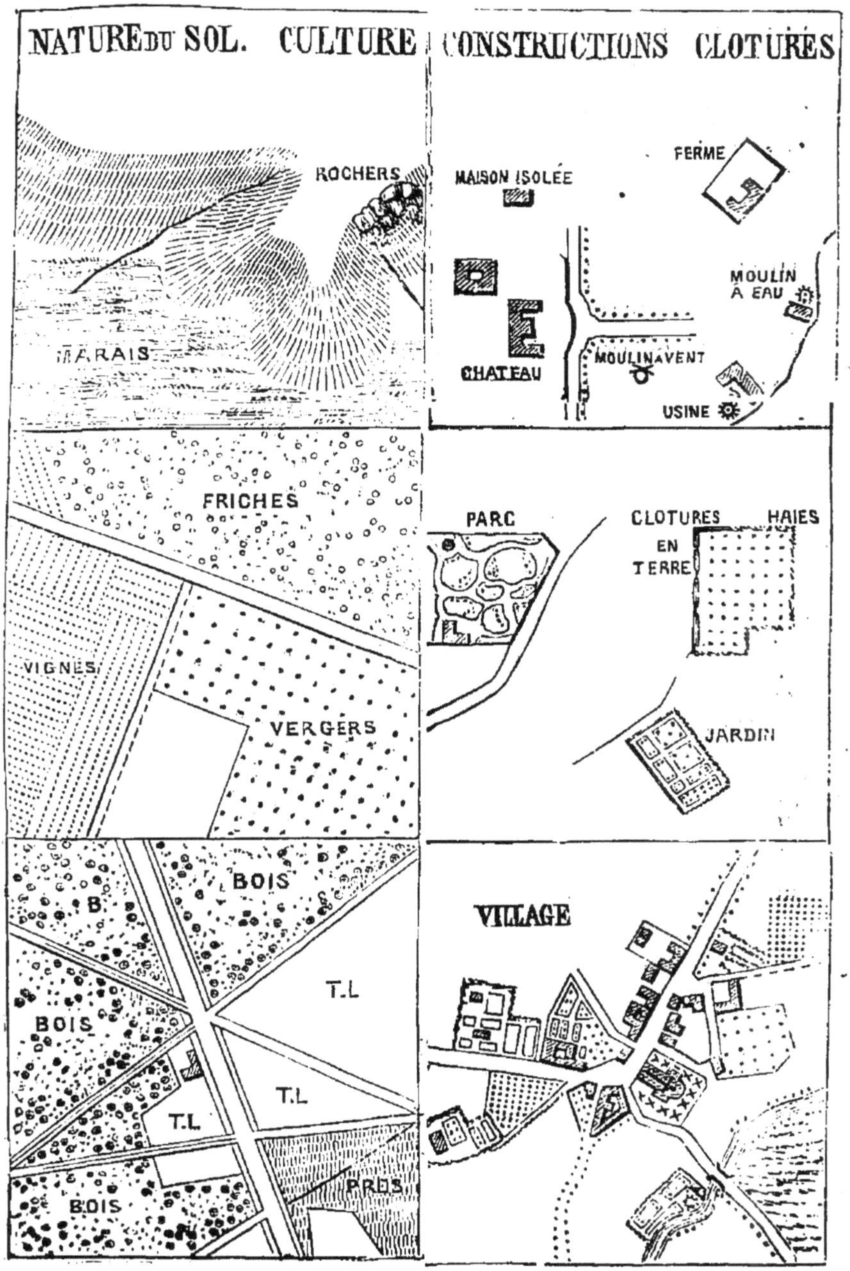

Ces teintes plates se combinent quelquefois ainsi : des friches sont représentées par taches mélangées de sables et de vergers.

Les marais sont rendus par des prairies avec des plaques bleu d'eau.

Les bruyères mélangent le vert pré et du carmin léger.

Les constructions maçonnées sont teintes en rose avec un trait plus vif à l'est et au sud.

Sur les cartes gravées ces teintes sont remplacées par des signes conventionnels (voir le tableau ci-contre); sur les levés expédiés on met simplement pour les cultures les initiales des noms, comme T. L. pour terres labourées, P. pour prés, etc.

Les eaux.

Un marais ou un lac ont leur surface couverte de traits parallèles un peu plus serrés vers les bords nord et ouest.

Pour une rivière les traits sont menés parallèlement aux bords et en se dégradant vers le centre, ce que l'on appelle filer les eaux. La rive dominante ou celle du nord sont marquées d'un trait plus fort. Le courant s'indique par une flèche, la navigabilité par une ancre.

Un simple trait indique un ruisseau; on le grossit vers l'embouchure.

Les canaux s'indiquent par des parallèles en lignes brisées suivant la direction.

Communications.

Les routes s'indiquent par deux traits plus ou moins

espacés. On met même deux traits doubles pour les routes nationales. Deux traits simples indiquent une route départementale.

Le chemin vicinal a un de ses côtés ponctué.

On les ponctue tous les deux pour un chemin d'exploitation. Enfin on marque d'un seul trait un sentier praticable. La largeur des routes est rarement réduite à l'échelle; elle se proportionne à leur importance.

Les chemins de fer sont représentés par un large trait noir sur les cartes gravées, et par deux traits parallèles sur les levés au crayon à plus faible échelle. Deux traits s'emploient aussi quelquefois pour indiquer que la voie est double.

Les hachures étant toujours employées pour exprimer les pentes, si la route est en chaussée ou encaissée on l'accompagnera de hachures dont les pointes effilées seront dirigées vers l'extérieur ou vers l'intérieur, suivant le cas. Leur direction est toujours perpendiculaire à la portion de route qu'elles accompagnent.

La même disposition s'appliquera à une carrière ou à un tertre. Chaque hachure est alors menée normalement à la courbe qui limite la carrière ou le plateau du tertre.

Nature du sol. — Cultures.

Les rochers et escarpements se rendent par des hachures irrégulières et par de gros traits transversaux qui se rapprochent un peu du paysage à l'effet.

La carte de l'état-major a adopté certains signes conventionnels pour indiquer les cultures.

Les bois sont figurés par un crayonné tremblé, comme

celui qui est employé pour les feuillés dans le dessin du paysage ; on y indique des ombres à l'est et au sud.

Les arbres isolés se marquent par des points.

Les prairies se rendent par un petit pointillé serré.

Les marais par ce même pointillé entremêlé de lignes horizontales.

Les vignes se représentent par un pointillé espacé et régulier que l'on fait parallèlement aux bases de la surface. Pour les vergers on emploie un pointillé analogue plus espacé.

Constructions.

Les constructions prennent la forme de leur projection et sont par conséquent plus ou moins grandes, suivant l'importance des bâtiments. On met toujours un trait de force à l'est et au sud. Certains bâtiments reçoivent des signes particuliers pour désigner leur destination : moulins, fabriques, etc. Les maisons sont teintées par des hachures transversales régulières.

Pour une église, pour un bâtiment militaire à signaler, ces hachures sont plus fortes. On ajoute une croix sur l'église.

Les clôtures sont faites ou en maçonnerie — un gros trait ; ou en bois — un trait moyen ; ou par des haies — un trait tremblé ; ou en terre — deux petits traits parallèles.

Un village se compose de groupes de maisons entourées de clôtures diverses et de vergers.

On indique également les petits carrés de culture maraîchère par des traits fins, dans lesquels on pique quelques arbres.

Ponts et passages.

Les ponts de pierre, les ponts de bateaux, les passerelles s'indiquent par leur projection sur la rivière dont la représentation est interrompue. Le mode de construction est indiqué, autant que possible, par la grosseur du trait et la grosseur des piles.

Les gués, les bacs sont indiqués par un trait pointillé, près duquel on met un nom pour qu'ils soient mieux signalés. — Quelquefois on distingue le gué à cheval par un double trait pointillé.

Les ponts de chemins de fer se signalent de même, et il est facile de distinguer si la route passe dessus ou dessous, d'après la ligne interrompue.

Pour un passage à niveau, les lignes se croisent et sont marquées par un trait plus fin.

Pour éviter la confusion, les courbures ou hachures qui représentent le nivellement ne se tracent pas sur les routes ni dans les constructions. On se rendra facilement compte de la pente du terrain par les hachures voisines.

Écritures.

Les noms portés sur la carte pour aider à la clarté du dessin, ne sont pas de forme indifférente.

Les caractères employés et leurs dimensions se proportionnent à l'importance des objets. La carte de l'état-major admet cinq genres d'écriture, qui se classent ainsi :

Capitale droite, C D.

Capitale penchée, *C P*.

Romaine droite, r. d.
Romaine penchée, *r. p.*
Italique, *italique.*

Autant que possible, les noms sont écrits parallèlement au bord inférieur de la carte ; pour les routes et les cours d'eau, les noms s'écrivent parallèlement à leur direction.

Nivellement.

Jusqu'à présent nous avons supposé un terrain toujours horizontal dont toutes les lignes se projettent avec

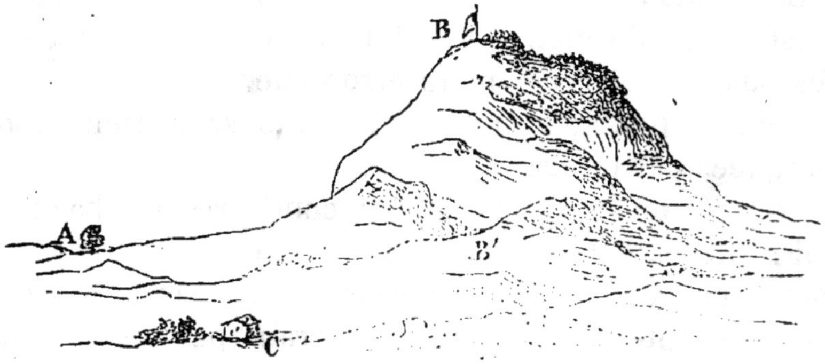

Fig. 3.

leurs dimensions vraies, les angles restant aussi les mêmes. Nous allons voir comment ces conditions seront changées s'il y a des accidents de terrain, ce qui arrive très-souvent.

Soit une montagne M; si l'observateur plane dans l'espace au-dessus du point B, ce point lui paraîtra comme s'il était en réalité en B′, et la ligne AB, par exemple, lui paraîtra longue comme AB′. De même l'angle ABC deviendra l'angle AB′C. — C'est effectivement ainsi que ces lignes sont portées sur la carte. Il ne faut pas confondre la *distance réelle* de deux objets AB avec leur *distance horizontale* qui est AB'. Les angles comme les lignes sont réduits à l'horizon.

Il importe cependant d'indiquer sur la carte que le point B n'est pas situé sur le plan horizontal.

Si à côté du point B on mettait un chiffre indiquant à combien de mètres il est situé au-dessus du plan de repère (ce qu'on appelle *cote d'altitude*), ce serait à la rigueur suffisant, et l'on pourrait aussi en multipliant les cotes donner une certaine notion du nivellement.

Toutefois ce serait surcharger la carte d'un grand nombre de chiffres qui la rendraient confuse, et il serait toujours difficile de se faire une idée exacte des formes du terrain.

On préfère un autre système qui est celui des *sections horizontales*.

Pour bien comprendre ce système, reprenons cette même colline et supposons que la rivière qui coule au pied déborde et élève son niveau de 5 mètres.

La base de la colline disparaîtra et la surface de l'eau qui forme un plan horizontal tracera sur la croûte terrestre une courbe plus ou moins régulière suivant la forme de la colline; nous aurons ainsi une première section horizontale dont nous conserverons la trace.

Supposons maintenant que le niveau de l'eau s'élève encore de 5 mètres : une nouvelle portion de la colline aura disparu; nous tracerons encore soigneusement les points où l'eau vient affleurer, et nous aurons ainsi déterminé une nouvelle section horizontale dont les dimensions seront moindres que celles de la section qui est en dessous.

Et si nous faisons monter ainsi l'eau de 5 mètres en 5 mètres, nous aurons des sections parallèles horizon-

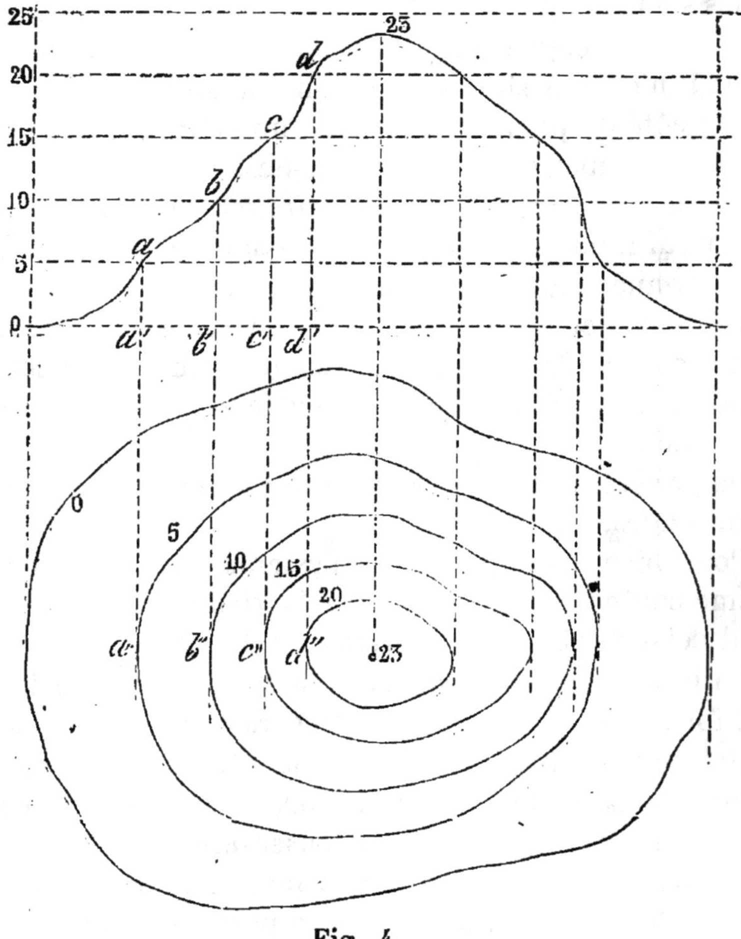

Fig. 4.

tales de plus en plus étroites jusqu'à ce que la montagne ait disparu complétement.

Ces courbes projetées sur le plan de repère se reproduiront avec leur dimension réelle, puisqu'elles sont déterminées par l'intersection de plans parallèles. Chacune d'elles est le lieu de tous les points de la colline cotés 5 mètres, 10 mètres, 15 mètres, etc. Il suffira par conséquent de mettre une seule cote par courbe.

L'écartement des courbes (c'est-à-dire leur distance horizontale) sera d'autant plus grand que la pente sera moins forte, et inversement.

Ainsi dans la figure 4, la distance horizontale *a′b′* des deux points *a*,*b* entre lesquels la pente est relativement faible est beaucoup plus grande que la distance horizontale *c′d′*, projection d'une ligne *cd* dont la pente est plus roide.

Les courbes cotées seront donc suffisantes pour connaître la forme d'une montagne, la nature de ses pentes et la cote d'un point quelconque.

Les plans horizontaux que nous avons élevés de cinq mètres en cinq mètres dans l'exemple ci-dessus pourraient se mener à toute autre distance, pourvu qu'elle fût constante pour un même plan.

Dans la pratique, cette équidistance constante a été établie pour tous les plans à la même échelle, et, pour qu'elle soit toujours facile à déterminer, on a décidé que graphiquement (c'est-à-dire réduite à l'échelle sur la carte), elle ne pourrait être moindre de 0^m0005, un demi-millimètre.

En voici la raison :

La pente à $\frac{1}{1}$, c'est-à-dire à un de base pour un de hauteur, est considérée comme la pente la plus roide que les terres puissent prendre sans soutien (au delà ce sera un escarpement rocheux dont la représentation est différente). Or dans la pente à $\frac{1}{1}$, si l'équidistance graphique est de $0^m,0005$, les courbes projetées seront également à $0^m,0005$ de distance. Les rapprocher davantage rendrait la lecture de la carte difficile.

Or un demi-millimètre de la carte représente une longueur qui sur le terrain est variable suivant l'échelle.

On voit facilement que pour les échelles de :

$$\frac{1}{5000}, \frac{1}{10000}, \frac{1}{20000}, \frac{1}{40000}, \frac{1}{80000}, \text{etc.}$$

les équidistances seront

$$2^m50, 5^m, 10^m, 20^m, 40^m, \text{etc.}$$

C'est-à-dire $\frac{1}{2000}$ du dénominateur de l'échelle.

Cette règle est importante à retenir. Elle permet d'apprécier l'altitude d'un point par rapport à un autre, connaissant l'échelle du plan et le nombre de courbes intercalées entre les deux points.

Cette équidistance graphique constante présente cet avantage réel que, *quelle que soit l'échelle, la même pente sera représentée par le même écartement des courbes.*

Supposons en effet qu'on ait levé le plan du même terrain à deux échelles différentes $\frac{1}{5000}$ et $\frac{1}{20000}$, si sur le premier plan une certaine colline est représentée par 8 courbes, il n'y en aura plus que deux à l'échelle de $\frac{1}{20000}$, et la pente ne sera pas changée pour cela. Mais comme la deuxième échelle est quatre fois plus petite que la première, l'écartement des 2 courbes du plan au $\frac{1}{20000}$ sera égal à l'écartement de 2 courbes consécutives du plan au $\frac{1}{5000}$.

On n'a admis d'exception à cette règle générale que pour les cas extrêmes de pays très-accidentés ou pays très-plats, dans lesquels beaucoup de mouvements de terrain ne seraient pas signalés.

Des formes du terrain.

Il reste maintenant à faire remarquer certains mouvements de terrain particuliers et les propriétés dont ils jouissent.

Jusqu'ici, pour simplifier les démonstrations, nous n'avons envisagé qu'une colline qui se dresserait isolée dans la plaine. Ce fait est l'exception. On voit au contraire les montagnes se relier en grand nombre les unes aux autres pour former un massif ou une chaîne principale d'où se détachent des contre-forts.

Il n'est pas besoin d'une grande observation pour comprendre la relation immédiate entre le système montagneux d'une contrée et ses cours d'eau. Le mot *versant* appliqué à la pente d'une montagne en sera par là même expliqué.

Colline ou mamelon.

On a déjà vu qu'une *colline* est représentée par une série de courbes fermées, d'autant plus resserrées que leurs cotes sont plus élevées.

Il est rare qu'une montagne commence ou finisse juste sur une section horizontale : le sommet sera indiqué par un point coté, ou par une section intermédiaire si ce sommet forme un petit plateau. Une autre section intermédiaire indiquera la base.

Croupe.

Une *croupe* est une surface convexe formée par la

réunion de deux versants sur une même *ligne de faîte*. Ce sera par exemple l'extrémité d'un contre-fort qui s'avance entre un cours d'eau et son affluent. Les pluies qui tomberont sur cette croupe se partageront entre les deux cours d'eau, et ce sera la ligne de faîte qui servira

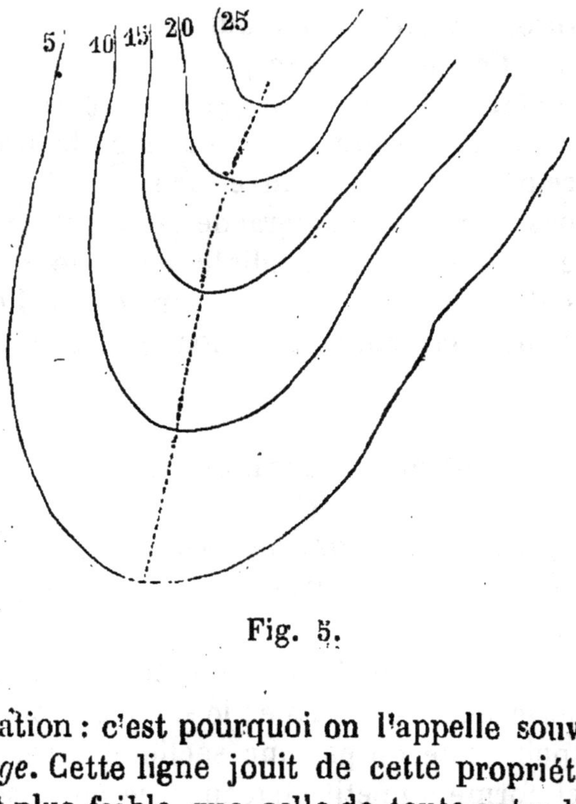

Fig. 5.

de séparation : c'est pourquoi on l'appelle souvent *ligne de partage*. Cette ligne jouit de cette propriété que sa pente est plus faible que celle de toute autre ligne passant par le sommet de la croupe. Dans l'étude du terrain, cette ligne est toujours importante à déterminer.

On y arrive précisément par la recherche de la pente plus faible qui, en projection, se traduit par un écartement plus grand des courbes.

Vallée.

La *vallée* est l'intersection concave des versants de deux croupes ou de deux chaînes qui en forment la ceinture. Les pluies qui tomberont dans la vallée viendront

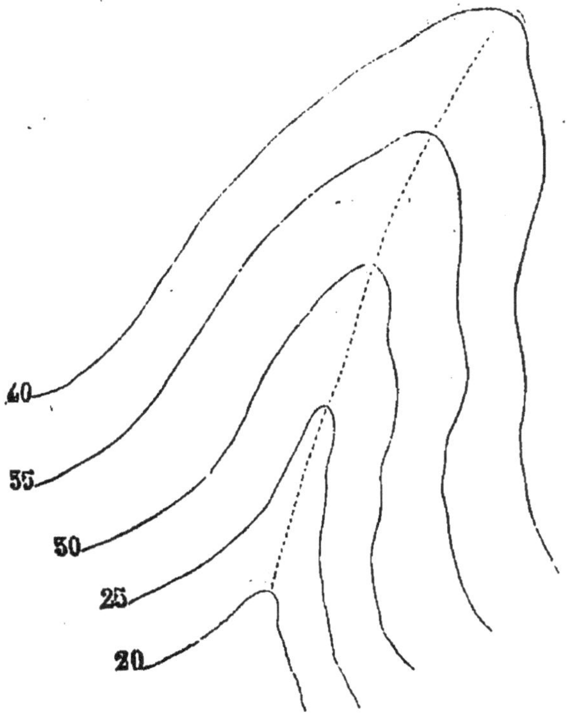

Fig. 6.

réunir leurs eaux à l'intersection des deux flancs sur une ligne que l'on nomme le *thalweg*. On démontre facilement que le thalweg est la ligne de moindre pente de la vallée.

On trouve des vallées à fond plat et très-large. D'autres au contraire sont resserrées entre des escarpements inaccessibles et constituent ce que l'on nomme des *ravins.*

Col.

Une chaîne de montagnes ne présente pas sur tout son parcours la même altitude, et si l'on veut passer d'une

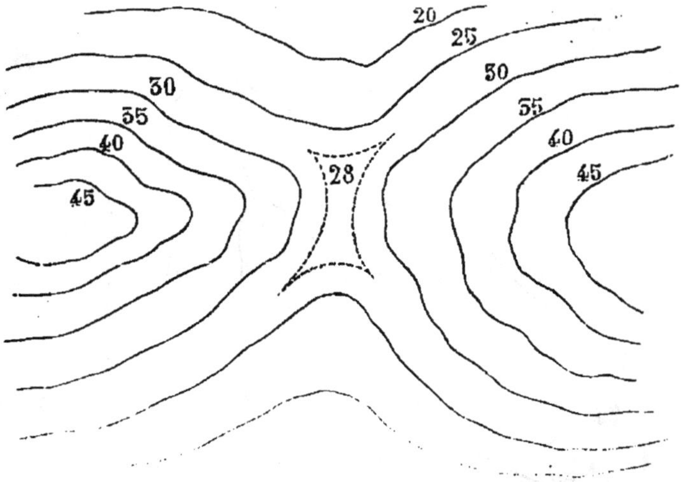

Fig. 7.

vallée dans une autre voisine, on trouve généralement un passage moins élevé qui est ce qu'on appelle un *col.*

Si, reprenant la supposition qui nous a servi, page 419, à expliquer les sections horizontales parallèles, nous élevons le niveau de l'eau sur les flancs d'une chaîne de montagnes, il y aura un certain point, marqué par la courbe 30, par exemple (fig. 7), où deux collines se trouveront séparées, leur base commune ayant disparu. Mais on trouvera entre la courbe 30 et la courbe inférieure 25 un point commun aux deux collines qui est précisément un col.

En réalité le col est presque toujours formé par un petit plateau de forme quadrangulaire qui prend une cote intermédiaire.

On remarquera que ce point appartient à la fois aux deux versants de la chaîne et à sa ligne de faîte ou de partage; presque toujours aussi il est à la tête de deux vallées opposées; il se qualifie donc *point de partage des eaux* entre les deux vallées.

Le col est un des points importants à étudier sur le terrain et dans la lecture d'une carte.

La cote s'établit par un procédé analogue à celui qui est employé pour déterminer la cote d'un point pris entre deux courbes.

Hachures.

Les mouvements de terrain sont très-nettement définis par les projections de leurs sections horizontales.

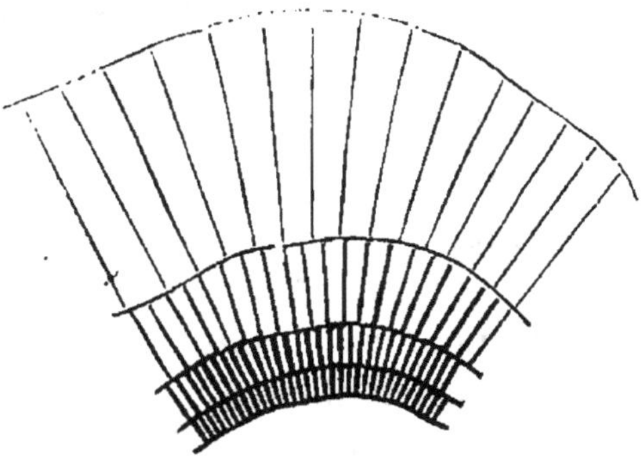

Fig.8.

Afin de rendre plus sensible à l'œil le relief du terrain, on leur substitue généralement des hachures, qui sont à proprement parler les projections d'un nombre infini de lignes de plus grande pente.

Si on regarde tomber la pluie sur un toit, chaque

goutte prendra la pente la plus rapide pour arriver au bas; elle suit une *ligne de plus grande pente*. Cette ligne est perpendiculaire aux sections horizontales qui dans cet exemple sont représentées par la gouttière et par la crête du toit. De même sur le terrain, une ligne normale à deux courbes consécutives peut être considérée comme la ligne de plus grande pente d'une petite portion de la surface du terrain; ce sont ces lignes multipliées qui forment les hachures.

On a soin de les limiter exactement aux courbes et de ne pas mettre dans le prolongement des premières celles qui couvriront la zone voisine (Fig. 8).

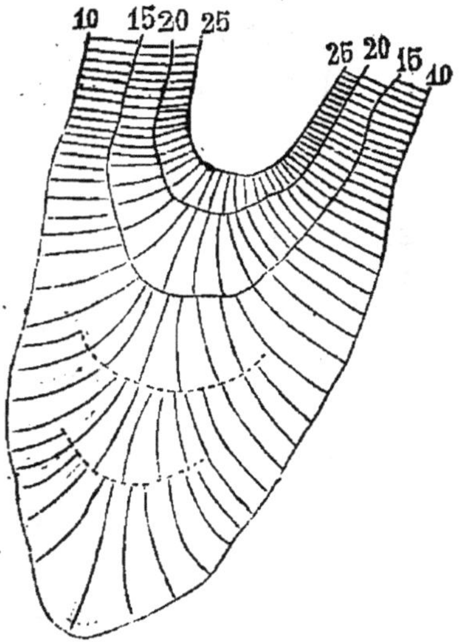

Fig. 9.

Cette précaution permet de rétablir par la pensée, quand on lit une carte, le nombre de sections horizontales ; les courbes doivent disparaître.

Les hachures doivent être écartées du quart de leur longueur et d'une grosseur proportionnée; chaque trait est tracé uniforme dans toute sa longueur. Pour la dernière tranche supérieure ou inférieure seulement, on effile les hachures à leur extrémité pour mieux fondre le terrain.

Lorsque deux courbes voisines se replient brusquement et sont inégalement espacées sur une partie de leur tracé, il devient difficile et même impossible de mener des hachures normalement aux deux courbes. On infléchit alors la hachure de telle sorte qu'étant partie normalement à une courbe, elle arrive normalement à la suivante (comme entre les courbes 15 et 20 de la figure 9).

Ou bien, on ajoute dans la portion où les courbes sont le plus écartées, et où, par conséquent, la pente est la plus douce, des courbes intermédiaires en nombre tel qu'elles se rapprochent de la direction parallèle (comme entre les courbes 10 et 15).

Lumière zénithale et lumière oblique.

Dans la carte de l'état-major et dans la plupart des cartes actuelles, on suppose le terrain éclairé verticalement par ce qu'on appelle la *lumière zénithale*. Il n'y a par suite aucun effet d'ombre à rendre et l'intensité de la teinte formée par les hachures correspond directement à l'intensité de la pente.

Certaines cartes étrangères et quelques cartes françaises anciennes sont éclairées par la *lumière oblique*, les rayons lumineux étant supposés venir de l'angle supérieur gauche de la carte et dans une direction formant 45° avec l'horizon. Il y a donc ici à tenir compte de l'ombre et de la lumière. Le contraste qui en résulte donne beaucoup de relief et de pittoresque au dessin; mais l'appréciation des pentes y est difficile puisque, suivant la direction des collines par rapport aux rayons lumineux, une même pente sera représentée par des teintes complètement différentes.

De l'orientation.

Toutes les indications données précédemment ont mis le lecteur en état de reconnaître tous les signes portés sur une carte, qu'ils se rapportent à la planimétrie ou au nivellement.

Il manque un point essentiel, c'est l'*orientation*. Toutes les cartes portent d'ordinaire l'indication des quatre points cardinaux : nord, sud, est, ouest. On pourra donc, sur la carte, déterminer la position relative des points entre eux : tel point est au nord de tel autre qui inversement est au sud du premier, etc.

Sur le terrain, les points cardinaux ne sont pas marqués et on s'exposerait à des erreurs grossières (dans les directions à suivre surtout), si on n'avait un moyen de les déterminer sûrement.

On a recours à un instrument très-simple qui est la boussole.

De la boussole.

La boussole se compose en principe d'une aiguille aimantée et d'un cercle gradué sur lequel elle fait ses évolutions.

On sait qu'une barre aimantée suspendue et livrée à elle-même dirige une de ses extrémités dans une direction qui est sensiblement le nord.

Des expériences précises ont permis d'établir que le pôle magnétique ne concorde pas avec le pôle de la terre, et que l'écart n'est pas toujours le même.

Cet écart s'appelle la *déclinaison*. Bien qu'il varie

suivant le point où l'on se trouve et souvent même suivant l'heure du jour, on peut prendre pour base la déclinaison pour Paris ; elle est actuellement de 19° 16′ ouest.

Une aiguille aimantée, dont la pointe qui se dirige vers le nord est teintée en bleu, est placée sur un pivot métallique. Afin d'éviter les frottements, le pivot porte ordinairement sur une chappe en agate.

Fig. 10.

Le pivot est placé dans une boîte en métal ou dans un évidement cylindrique d'une planchette carrée. Le cercle du fond est divisé en degrés. Un verre forme le dessus de la boîte, et un petit levier permet de soulever l'aiguille pour éviter l'usure du pivot.

La direction donnée par l'aiguille s'appelle le *méridien magnétique;* et on nomme *azimut* l'angle que forme une direction quelconque avec ce méridien.

Le méridien donne la direction du nord et du sud et par suite celles de l'est et de l'ouest qui sont perpendiculaires au méridien.

Il est quelquefois nécessaire de savoir prendre un azimut. — Sans rechercher une précision que le simple déclinatoire ne pourrait donner, voici comment on s'y prendra. On tient le déclinatoire horizontalement et on le tourne de manière que le zéro vienne se placer sous la pointe bleue de l'aiguille. On tournera ensuite la boîte de manière à viser avec une des arêtes le point dont on veut avoir l'azimut. L'aiguille, elle, aura gardé sa direction et on pourra lire le degré qui est venu se placer sous la pointe bleue.

La boussole permet de marcher sur le terrain dans une

direction quelconque déterminée, puisqu'il est toujours possible de mesurer l'angle fait par cette direction avec le méridien.

Enfin, lorsqu'on a reconnu l'orientation sur le terrain, on pourra tourner la carte de manière que le nord corresponde au nord, le sud au sud, etc., et si l'on connaît le nom du point où l'on se trouve, soit l'entrée d'un village, on verra, à la simple lecture de la carte et sans quitter le point de station, que la route va dans telle direction, que le premier village sur cette route porte tel nom, qu'il est à telle distance, etc.

L'orientation se rapporte essentiellement à l'une des opérations suivantes :

S'orienter sur le terrain ;

S'orienter sur la carte ;

Trouver sur la carte un point du terrain où l'on est en station, ou tout autre point ;

Trouver sur le terrain un point donné sur la carte.

Orientation sur le terrain.

Si on a à faire la reconnaissance d'un terrain, il faut tout d'abord déterminer les points cardinaux. Ce soin est également nécessaire si l'on ne doit que traverser une contrée pour arriver à un point donné, à moins qu'on n'ait à suivre une route qui ne laisse pas de doute sur la direction. Cette route unique est l'exception dans nos pays civilisés, et bientôt on arrivera à un embranchement devant lequel on se posera la question : « Faut-il prendre à droite ou à gauche? »

La boussole, le simple déclinatoire donnent la direction du méridien magnétique, d'où l'on déduira, s'il est nécessaire, le nord vrai, en prenant à droite de la pointe bleue un arc égal à la déclinaison, soit 17° 16'. — Dès lors, on pourra marcher dans une direction donnée, et on observera la position relative des différents accidents du sol naturels ou artificiels.

A défaut de boussole, la position du soleil, suivant l'heure de la journée, permettra de s'orienter assez exactement. Souvent même, avec un temps couvert, on pourra retrouver à travers les nuages la position approximative du soleil.

Enfin, il n'est pas un paysan dans la campagne qui ne puisse dire où est le soleil à midi, et il faut savoir demander ce renseignement, comme beaucoup d'autres.

L'orientation étant ainsi donnée, il faudra avoir soin de prendre des points de repère, éloignés autant que possible, afin d'assurer la direction.

Tout en cheminant, il faut se retourner de temps en temps et s'habituer à reconnaître les mêmes accidents du terrain sous différents aspects. Cela aidera beaucoup à retrouver la direction, si l'on doit revenir sur ses pas.

Avec de l'exercice, on arrive à se former une mémoire locale, qui est très-nécessaire non-seulement pour l'orientation, mais pour les reconnaissances rapides, dans lesquelles on ne peut faire que parcourir le pays sans dessiner.

La nuit, à défaut de boussole, on peut se régler sur l'étoile polaire.

Moyen de trouver l'étoile polaire.

On sait que, comme le soleil, tous les astres semblent parcourir autour de la terre un cercle immense en vingt-quatre heures.

Pour se reconnaître dans cette prodigieuse quantité d'étoiles, on les a groupées en constellations qui, dans ce mouvement apparent (*mouvement diurne*), conservent leur position relative.

Il nous semble encore que ce mouvement s'opère autour d'un axe immense qui irait du pôle nord au pôle sud. — Or, tout près du pôle nord, à 1° seulement, se trouve une étoile assez brillante que, par suite de son voisinage, on a appelée l'étoile polaire.

Le cercle que décrit cette étoile autour du pôle est très-petit (puis-

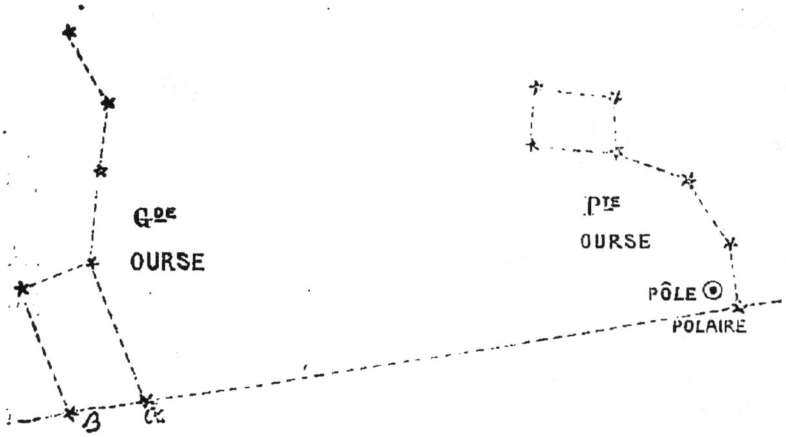

Fig. 11.

que son éloignement du pôle n'est que de 1°), et l'étoile peut être considérée comme donnant le nord exactement.

Pour trouver la polaire, on cherche dans le ciel la constellation appelée la *Grande Ourse* ou le *Chariot*, que sa forme rend facile à reconnaître (sept grandes étoiles, dont quatre forment un quadrilatère).

La position de cette constellation est variable, suivant l'heure. — Si, vers huit heures du soir, on fait face à la droite du point où s'est couché le soleil, on trouvera la Grande Ourse à environ 40° au dessus de l'horizon.

En joignant les étoiles α β, nommées les gardes de la Grande Ourse (fig. 11), on trouve dans le prolongement l'étoile polaire, qui forme l'extrémité d'une constellation semblable à la Grande Ourse, mais renversée, et qu'on appelle la Petite Ourse.

Lecture d'une carte.

S'orienter sur une carte, c'est, à proprement parler, savoir la lire.

Une simple inspection permet de trouver l'orientation relative des objets, puisque toutes les cartes portent l'indication des points cardinaux, ou tout au moins la trace d'une aiguille de boussole qui donne le méridien magnétique.

On cherche ensuite à quelle échelle est la carte, afin de se former l'œil aux distances et de n'être pas obligé de recourir à chaque instant au compas.

L'échelle indiquera aussi l'équidistance. (On se rappelle qu'elle est fixée d'ordinaire au $\frac{1}{2000}$ du dénominateur de l'échelle.)

Quant à la nature des pentes, on n'oubliera pas qu'un même écartement des courbes, une égale intensité de la teinte formée par les hachures, correspondent à des pentes semblables, *quelle que soit l'échelle*, et que la pente est d'autant plus douce que les courbes sont plus espacées ou les hachures plus longues.

Pour comprendre ensuite la configuration générale, il faut chercher le bassin principal, son thalweg, ses affluents, sa ceinture et les contre-forts qui forment les bassins secondaires des affluents.

Le thalweg principal est le niveau le plus bas, puisque toutes les eaux s'y déversent.

C'est généralement sur la ceinture du bassin principal qu'on trouvera les sommets les plus élevés.

Les différentes formes du terrain étant nettement établies, on cherche leur valeur relative, c'est-à-dire le commandement des hauteurs, qui est de première importance au point de vue militaire. On voit ce que deviennent, par suite, les voies de communication et les villes ou villages auxquels elles aboutissent.

Trouver sur la carte un point du terrain, et réciproquement.

Lorsqu'on marche sur un terrain inconnu, l'usage de la carte est pour ainsi dire constant. On a devant soi un bois dont on veut connaître l'étendue, une vallée sinueuse dont la profondeur ou la nature des pentes sont intéressantes à connaître, etc. On aura ces notions en lisant la carte, mais il faut d'abord pouvoir déterminer le point précis où l'on se trouve.

Si l'on sait la distance parcourue depuis un point initial connu et dans une direction nettement indiquée, comme une route, le problème est facile.

Les données ne sont pas toujours aussi claires; il faut alors savoir se faire une idée prompte de ce que doit être la représentation topographique du terrain qu'on a devant soi et transformer à l'œil un paysage en carte. — La boussole donnera des indications plus précises: on prendra les azimuts d'une ou de plusieurs directions environnantes, comme on l'a indiqué ci-dessus (page 356) et ces angles reportés sur la carte donneront, par l'intersection de leurs côtés, la position du point de station. Souvent, un seul azimut sera suffisant.

La carte une fois déclinée, on trouvera sans peine la position de tout autre point du terrain.

On aura souvent à faire l'opération inverse, c'est-à-dire qu'après avoir établi sur la carte une direction qu'on veut suivre, un point à occuper, etc., il faut les reconnaître sur le terrain. L'esprit de l'observateur suivra en sens opposé la marche que nous avons tracée tout à l'heure : reconstituer le paysage d'après la carte, noter, depuis le point de départ, chaque accident du terrain, chaque village, chaque embranchement, etc., à mesure qu'on y arrive, ou enfin se décliner.

Du commandement des hauteurs et du défilement.

La longue portée des armes à feu et la rapidité de leur tir rendent plus importante que jamais la recherche des points culminants du terrain, où l'on pourra établir des batteries ou des lignes de feu. Inversement, il sera avantageux de trouver des points de dépression qui offriront aux troupes un défilement naturel, où elles pourront attendre sans souffrir le moment de se lancer sur l'ennemi.

Sur le terrain, un œil exercé trouve ces points assez facilement, ou l'on y arrive après quelques tâtonnements; mais on conçoit qu'il pourra être très-utile de les lire à l'avance sur la carte, ne fût-ce que pour éviter un obstacle imprévu qu'on n'aurait pas aperçu d'abord.

Prenons un exemple :

Tel repli de terrain est marqué sur la carte avec deux tranches de hachures de plus qu'un autre repli parallèle (ce sont, si l'on veut, deux contre-forts qui se détachent d'un même plateau).

L'échelle en faisant connaître l'équidistance nous apprendra de combien la première hauteur domine la seconde; mais quelle que soit l'équidistance, nous savons que la première hauteur domine la seconde et qu'une batterie qui y serait placée (avec les conditions de portée, bien entendu) battrait tout ce second sommet et une partie de ses pentes.

Tout sera-t-il sous le feu et n'y aura-t-il aucun point de la pente où on pourra se défiler? — Cela dépendra du commandement de la hauteur dangereuse et de la nature des pentes de la seconde hauteur. Prenons sur cette dernière une tranche de hachures qui forme comme un plan. Si ce plan prolongé passe au-dessus des points dangereux, il y aura défilement. On pourrait le calculer géométriquement.

Il est évident qu'on ne fera pas de semblables calculs sous le feu d'une batterie; nous ne citons cet exemple que pour montrer tout le parti qu'on peut tirer de la lecture attentive d'une bonne carte.

Pour terminer cette instruction nous mettons sous les yeux du lecteur un fragment de la minute de la carte de France à $\frac{1}{40000}$. Nous en allons commencer la description, que l'on pourra suivre phrase par phrase sur la carte.

Suivant les principes posés dans le cours de cette notice, l'équidistance, c'est-à-dire l'écartement des plans horizontaux qui déterminent les courbes de niveau, devrait être à $\frac{1}{2000}$ du dénominateur de l'échelle, soit à 20 mètres pour une échelle à $\frac{1}{40000}$. Exceptionnellement, et afin de rendre les mouvements de terrain plus sensibles, l'équidistance pour l'exécution de la minute a été mise à 10 mètres seulement. Il en résulte que pour exprimer des pentes à $\frac{1}{1}$, à $\frac{1}{2}$, etc., l'écartement des courbes sera de un quart de millimètre, un demi-millimètre, etc.

Aspect général du pays. — Dans un des nombreux

détours que la Seine fait au-dessous de Paris, elle reçoit l'Oise qui lui vient du nord. Sur la rive gauche du fleuve quelques coteaux s'abaissent en pentes douces; vers le nord, dans le coude de la Seine et sur la rive droite de l'Oise, s'étend un plateau assez élevé, désigné sous le nom de hauteur de l'Hautie. Le sommet du plateau et une partie de ses pentes sont couverts de bois reliés entre eux par de nombreuses parcelles détachées. Plus bas, le sol se couvre de terres labourées et de vignes, de vergers, et de quelques prairies naturelles sur les bords du fleuve.

Le pays est sillonné de routes ou chemins qui relient entre eux de nombreux villages ou des exploitations rurales.

Sur la rive gauche de la Seine, nous trouvons à l'ouest la forêt de Saint-Germain qui s'étend jusqu'au pont de Conflans, et à l'est de la carte un fragment de chemin de fer de Paris au Havre qui court parallèlement à la Seine. — Il y a une station qui correspond à Triel.

Orographie. — Les hauteurs de l'Hautie s'élèvent jusqu'à 170 mètres environ au-dessus du niveau de la rivière. Les pentes s'abaissent brusquement vers l'ouest et s'étagent plus doucement du côté de l'Oise et vers le sud. Le plateau inférieur, qui fait face à l'Oise, est lui-même coupé de plusieurs petites vallées perpendiculaires au cours de cette rivière.

Hydrographie. — La Seine est d'une largeur très-variable, en raison des îles nombreuses qu'elle porte et dont quelques-unes sont assez étendues. Au pont de Triel, cette largeur est d'environ 140 mètres. Au confluent de l'Oise, le niveau d'eau n'est que de 17 mètres au-dessus du niveau de la mer. Presque toutes les îles sont couvertes de prairies naturelles et de quelques arbres. Les rives de la Seine et de l'Oise sont généralement encaissées. Nous devons enfin signaler sur la Seine les ponts de Conflans à l'est et de Triel à l'ouest; sur l'Oise ceux de Neuville et de Fin-d'Oise.

Communications. — La route nationale n° 13, après avoir franchi la Seine à Poissy, se dirige vers le nord-nord-ouest, traverse le village de Triel et suit ensuite la rive droite de la Seine pour gagner Meulan, Mantes, etc.

Plusieurs routes importantes s'embranchent sur cette première voie :

1° Un chemin de grande communication relie Poissy aux villages de Denonval, Trélan, Beaulieu, Andrésy, qui se touchent et bordent la rive droite de la Seine sur une étendue de près de deux kilomètres. Ce chemin se prolonge ensuite sur les villages de Maurécourt, Grand-Choisy, etc., et se relie à la route de Pontoise, qui franchit la Seine au pont de Conflans et l'Oise sur le pont de Fin-d'Oise.

2° Une route départementale se détache de la route nationale n° 13, court dans une direction à peu près parallèle et plus à l'est, passe au village de Chanteloup, gravit les pentes de l'Hautie et en couronne le plateau.

Plusieurs chemins aboutissent à l'important village de Triel. Signalons particulièrement celui qui franchit la Seine sur un pont de pierre et relie ce village à la station du chemin de fer et aux villages de Verneuil et de Vernouillet....

. . . .

On étudiera de même les autres routes qui sillonnent la carte, puis on fera la description des bois, des villages, en donnant leur étendue, les chemins qui les traversent, etc. — Nous passons sur cette lecture, qu'on pourra continuer à titre d'exercice, et nous allons reprendre en l'appliquant à cette carte ce que nous avons dit du commandement des hauteurs et du défilement.

L'extrémité sud du plateau de l'Hautie s'arrête assez brusquement sur une ligne qui va de Triel au confluent de l'Oise. Nous voyons en ce point une côte de 166 mètres qui indique un commandement considérable sur toute la vallée, et il est facile de trouver, au-dessus de Chanteloup, un terrain de rayon assez restreint d'où l'on aurait vue à la fois sur Triel et son pont, sur toute la presqu'île formée au sud par la Seine sur les villages de Beaulieu, Andrésy, etc., et jusqu'au confluent de l'Oise avec ses deux ponts sur la Seine et sur l'Oise.

Cette position est donc fort importante.

En regardant vers le nord nous voyons qu'elle domine également les pentes qui s'abaissent du plateau supérieur sur la ferme de Bellefontaine et les croupes qui de là se dirigent vers l'Oise. En effet, ces croupes comprises entre les petites vallées de Maurecourt, de Glatigny et de Jouy ont pour point culminant le moulin de Falaise, qui a pour cote 87 mètres.

Nous allons chercher maintenant si tout ce terrain serait sous le feu d'une batterie placée dans la partie supérieure du parc du Fay.

Considérons la petite vallée de Glatigny. Il est évident que les coups les plus bas qui seront dirigés sur ce point suivront un plan qui, partant du sommet du Fay, est tangent aux crêtes sud de la vallée de Glatigny. Or il y a entre ces deux points un peu plus de cinq centimètres (deux kilomètres sur le terrain) et la pente n'est que de $166^m - 86^m = 80$ mètres pour tout cet espace; ce qui fait 0^m 04 par mètre, ou une pente à $\frac{1}{25}$. Il est facile de voir que les pentes de cette vallée de Glatigny sont beaucoup plus rapides (il y a des hachures qui n'ont que un demi-millimètre de long, ce qui correspond à une pente à $\frac{1}{2}$), et que par conséquent le terrain s'abaisse en dessous du plan que nous avons indiqué comme dangereux. Toute la partie inférieure de la vallée sera donc défilée.

Une observation analogue montre qu'il y aurait encore défilement en longeant le pied des hauteurs entre Glatigny et Maurecourt......

Nous ne prolongerons pas cet exercice de lecture. Si on l'a suivi avec attention, si l'on s'est familiarisé avec les signes conventionnels et surtout avec les indications du nivellement, on saura lire sur la carte comme on lit sur le terrain même.

Imp. Firmin Didot Fr. Fils & Cie Paris

Echelle au 40/000 . 1000 500 0 1000 2000 3000 Mètres.

CONNAISSANCE DU CHEVAL.

PREMIÈRE LEÇON.

GÉNÉRALITÉS. — CARACTÈRES ZOOLOGIQUES DU CHEVAL. — DES TISSUS. — LOCOMOTION. — LE SQUELETTE.

Généralités.

La connaissance pratique du cheval comporte particulièrement l'étude de ce qu'on nomme l'extérieur.

Toutefois, avant de commencer cette étude, il est bon de jeter un coup d'œil rapide sur l'organisation générale du cheval.

Caractères zoologiques.

En zoologie, le cheval se distingue par des caractères particuliers qui sont les suivants :

C'est un mammifère. Il fait partie du groupe des solipèdes ou monodactyles.

Il a quarante dents : vingt-quatre molaires, douze incisives, quatre crochets. (Les crochets n'existent pas chez les juments, sauf quelques rares exceptions. Ces juments sont dites bréhaignes).

Il porte deux mamelles inguinales peu développées.

L'estomac est simple, petit; les intestins volumineux.

Le bord supérieur de l'encolure et la queue sont garnis de longs crins.

Enfin il a un cri particulier dit hennissement.

Des tissus.

Le corps du cheval, comme celui de tous les animaux vertébrés, forme un ensemble de solides et de liquides que l'on appelle des tissus. (Les liquides forment les $\frac{6}{10}$ du poids total).

Sur un *système osseux*, — le squelette, — sont placés les *muscles*, masse de filaments contractiles qui donnent le mouvement.

Les muscles sont maintenus ou prolongés par le *tissu fibreux* qui forme les tendons et les ligaments.

Le *tissu vasculaire* comprend les artères qui portent le sang du cœur aux différentes parties du corps, et les veines qui rapportent le sang vers le cœur.

La vie, la faculté de sentir et d'agir sont portées à toutes les parties du corps par le *système nerveux*. Il a pour centre le cerveau et la moelle épinière; pour agents, les nerfs.

Le *tissu cellulaire* assemble les organes sans nuire à leurs mouvements individuels.

Le *tissu séreux* sécrète un liquide onctueux qui lubrifie les surfaces de frottement des os et des tendons.

Les *cartilages* sont un tissu élastique qui prolonge les os, lorsque la flexibilité doit s'allier à la solidité, ou sert de coussinet entre des os juxtaposés.

Enfin la peau, — *tissu tégumentaire*, — recouvre le

corps et se replie à l'intérieur sous le nom de muqueuse.

Tels sont les principaux tissus.

Des fonctions.

On appelle appareil la réunion de plusieurs organes qui concourent à l'exécution d'une même fonction générale.

Nous étudierons sommairement les fonctions les plus importantes, qui sont : la locomotion, la digestion, la circulation, la respiration, la nutrition.

Locomotion.

La locomotion a pour base le système osseux et les muscles.

Les os sont formés d'une matière spongieuse dite *parenchyme* dans les cellules de laquelle sont déposés des sels calcaires.

Le *périoste*, membrane très-mince, entoure l'os, le protége et concourt à sa sécrétion; des *vaisseaux sanguins*, des *nerfs*, et un corps graisseux dit *moelle*, y portent la vie.

Les os sont pairs ou impairs, suivant qu'ils se trouvent symétriquement placés de chaque côté de la partie médiane du corps ou qu'ils se trouvent sur ce plan même.

On distingue encore des os longs, larges, courts, etc.; ces mots n'ont pas besoin d'explication.

Les os forment des articulations plus ou moins complètes dans lesquelles entrent des *ligaments*, des *cartilages* et des poches séreuses, dites *capsules synoviales*.

D'autres articulations très-peu développées, les vertèbres, par exemple, ne se produisent que par l'élasticité d'un fibro-cartilage intermédiaire.

Le squelette.

Le squelette donne la configuration générale du corps ; il est donc utile de le connaître. On verra d'ailleurs dans une autre leçon que les os (ceux des membres) sont souvent le siége d'affections graves dont on comprendra mieux les inconvénients après avoir étudié le squelette.

On le divise en tronc et membres.

La tête comprend la *boîte cranienne* (1) (V. le squelette), la *face* (A) et la *mâchoire* (B) ; la boîte cranienne forme une cavité ovoïde dans laquelle sont placés les deux lobes du cerveau. Une ouverture fait communiquer celui-ci avec la moelle épinière. D'autres petites ouvertures laissent passer des nerfs, notamment ceux de l'œil et de l'oreille.

La *colonne vertébrale* s'étend de la tête à la queue.

Elle se compose d'os courts solidement unis ; elle forme la base de la charpente animale ; elle contient la moelle épinière. On la divise en *vertèbres cervicales* au nombre de 7 (E) ; *vertèbres dorsales*, 18 (F) ; *vertèbres lombaires*, 6 (G) ; *vertèbres sacrées*, 5 (H) ; *vertèbres coccygiennes*, 20 (I) (les vertèbres sacrées sont souvent considérées comme ne formant qu'un seul os, le sacrum, et en effet ces cinq vertèbres se soudent dans l'âge adulte) ; dix-huit *côtes* (T) s'articulent sur les vertèbres dorsales ; les neuf premières s'appuient sur le *sternum* (10) et forment avec lui la cavité pectorale ; les neuf autres, dites asternales, contribuent aux fonctions respiratoires.

Les membres sont pareils deux à deux par bipèdes antérieur ou postérieur.

Les *membres antérieurs* sont ainsi composés :

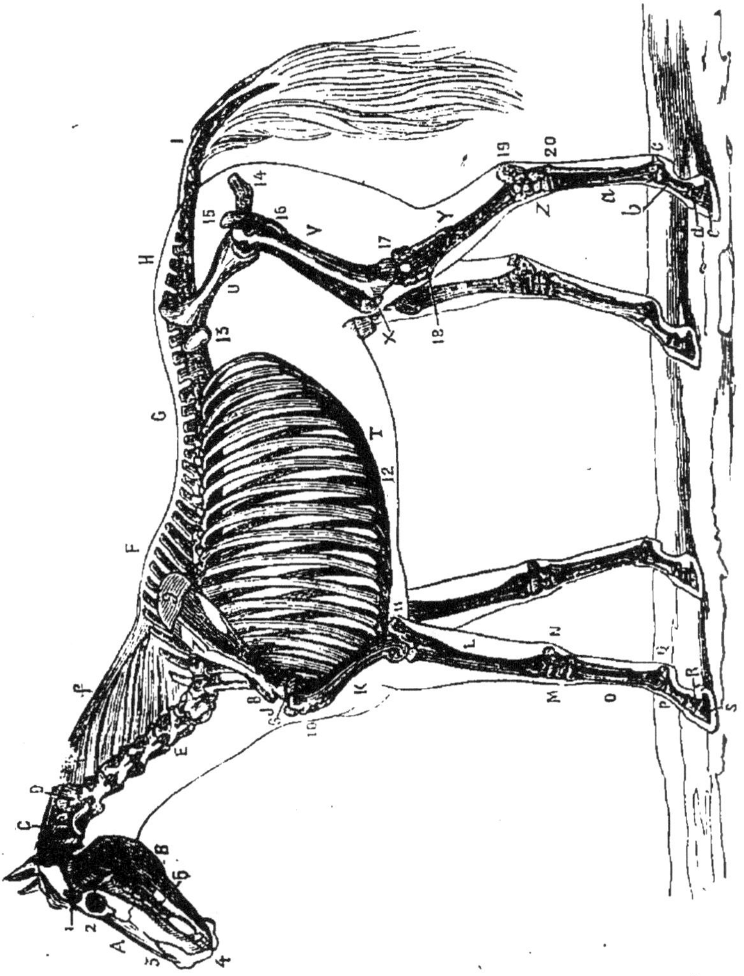

Le *scapulum* (J) ou os de l'épaule, avec une arête qui sépare les muscles extérieurs des muscles fléchisseurs et un prolongement cartilagineux vers le garrot.

L'*humérus* (K), ou os du bras, solidement fixé aux côtés et au sternum.

Le *cubitus* (L), avant-bras, au haut duquel on voit l'*apophyse olécrâne*, bras de levier où s'attachent les extenseurs.

Le *carpe* (MN) se compose de sept petits os placés en deux couches.

Le *métacarpe* (O), os du canon, est formé de trois os dont deux rudimentaires.

Le membre se termine par les *phalangiens* au nombre de trois : *os du paturon* (P), avec les deux *sésamoïdes* (Q), véritables poulies d'écartement des tendons fléchisseurs; l'*os de la couronne* (R) ; l'*os du pied* (S), en arrière duquel est le petit sésamoïde ou *os naviculaire*.

Membres postérieurs :

Le *coxal*, os de la hanche (U), forme le bassin. De grandes saillies offrent des points d'attache et des leviers aux muscles de la fesse et du dos. On distingue dans le coxal : les *ilions* (13), pointe de la hanche; les *ischions* (14), pointe de la fesse.

Le *fémur* (V), os de la cuisse, dont l'articulation avec le tibia est complétée par la *rotule* (X), sorte de poulie de renvoi.

Le *tibia* (Y), os de la jambe, porte en arrière le *péroné*.

Le *tarse* (Z) se compose de sept os, parmi lesquels on distingue l'*astragale* et le *calcaneum* (19).

Le *métatarse* (*a*), formé de trois os, le canon et les deux péronés.

Les *phalangiens* (*bde*) sont semblables à ceux des membres antérieurs.

Tels sont les leviers de la locomotion; les muscles sont les puissances qui les mettent en jeu. — L'étude de ces derniers est moins importante, nous n'en citerons que quelques-uns : dans la bouche, les lèvres et la langue qui aident à l'alimentation.

Les releveurs et les baisseurs de l'encolure. Le ligament cervical (*f*), qui a pour fonction de soutenir la tête et l'encolure.

Dans la région dorso-lombaire : l'ilio-spinal, que l'on peut considérer comme l'agent central de la progression.

Les intercostaux, qui servent à la respiration : les muscles de l'abdomen supportent les intestins.

Le diaphragme sépare les cavités pectorales et abdominales.

Les muscles des membres comprennent les muscles d'attache, les extenseurs et les fléchisseurs et leurs prolongements tendineux.

D'autres organes musculaires, le cœur, par exemple, sont étrangers à la locomotion et fonctionnent indépendants de la volonté de l'animal. — C'est la vie végétative; — leurs fonctions seront étudiées dans la prochaine leçon.

DEUXIÈME LEÇON.

FONCTIONS DE DIGESTION, DE RESPIRATION, DE NUTRITION. — LES SENS, — L'ŒIL.

Pour continuer l'étude des fonctions principales nous verrons dans cette leçon comment le cheval conserve, entretient ses différents appareils.

Le sang qui circule dans toutes les parties du corps y porte la vie ; mais comment ? et comment le sang lui-même se renouvelle-t-il ?

Par la *digestion* et la *respiration*.

Digestion.

L'appareil digestif se compose d'un long canal qui va de la bouche à l'anus. Il porte successivement les noms de *bouche*, *arrière-bouche*, *œsophage*, *estomac*, *intestin grêle* et *gros intestin*.

Des organes auxiliaires s'y ajoutent : ce sont les *glandes salivaires*, le *foie*, le *pancréas* et la *rate*.

Pour mieux comprendre le phénomène de la digestion, nous suivrons une bouchée de foin que mange le cheval et ses transformations successives.

Le cheval saisit le foin avec les incisives, en s'aidant des lèvres. La langue distribue ce foin sous les molaires qui font la mastication. Les glandes salivaires déversent dans la bouche la salive qui imprègne le foin, et unit les parcelles triturées, pour former une sorte de boule de pâte que l'on nomme le *bol alimentaire*. La langue pousse ce bol dans l'arrière-bouche, et dès lors la volonté de l'animal fait place à la vie végétative.

L'arrière-bouche est une sorte d'entonnoir qui conduit ce bol à l'œsophage.

Celui-ci, par des contractions d'avant en arrière, le chasse dans l'estomac.

Celui-ci sécrète des sucs acides qui se mêlent aux parcelles alimentaires. Les contractions mutipliées de l'estomac forment du tout une pâte homogène grisâtre que l'on appelle *chyme*.

Alors s'ouvre l'ouverture intestinale; le foie, le pancréas et sans doute aussi la rate (l'action de cette dernière est encore à connaître) mêlent au chyme leurs sucs particuliers, la *bile* et le *suc pancréatique*.

La matière avance lentement dans l'intestin et se sépare en deux produits : l'un, le *chyle*, liquide d'apparence laiteuse, est la partie nutritive ; l'autre partie, excrémentitielle, sera expulsée sous forme de crottins.

L'intestin est long d'une vingtaine de mètres et étroit dans sa première partie. De nombreux petits suçoirs y aboutissent; ils absorbent le chyle, et, de proche en proche, le conduisent à un unique canal, *canal thoracique*, — qui le verse dans le cœur.

Le cœur, divisé en deux par une cloison principale, fait office de pompe double, chaque pompe se divisant elle-même en deux parties. L'*oreillette droite* reçoit le chyle et en même temps que lui le sang noir qui revient de toutes les parties du corps après avoir perdu ses principes nutritifs. Les deux liquides mélangés passent dans le *ventricule droit* qui les chasse dans le poumon, où ils seront mis en contact avec l'air absorbé par la respiration.

Ici il faut abandonner un moment le chyle pour voir comment s'opère la respiration.

Respiration.

Les voies respiratoires se composent des *naseaux*, du *larynx*, de la *trachée*, des *bronches* et du *poumon*.

Le tube aérien se divise à l'infini dans le poumon, et l'air arrive à former une innombrable quantité de petits vésicules à l'extrémité de chacun de ces conduits.

Le chyle mélangé au sang noir est arrivé dans le poumon par des canaux de plus en plus multipliés qui l'ont divisé en portions extrêmement ténues.

A chaque gouttelette de ce liquide correspond une vésicule d'air.

De ce contact résulte une opération chimique, dite *hématose*, qui est une véritable combustion.

L'air expiré immédiatement a perdu une portion de son oxygène et contient de l'acide carbonique.

Le sang oxygéné, devenu rouge, est ramené au cœur par de nouveaux canaux, qui se réunissent en un seul aboutissant au cœur.

C'est la pompe droite qui a réuni le chyle et le sang noir dont les qualités vivifiantes étaient perdues; c'est la pompe gauche (*oreillette gauche* et *ventricule gauche*) qui reçoit le sang rouge purifié et le répartit par les artères dans toutes les parties de l'économie qu'il va reconstituer.

Nutrition.

C'est ainsi que s'opère ce phénomène sans cesse renouvelé. — Nous en avons exposé sommairement le mécanisme, mais nous n'expliquerons pas comment le même sang se transforme en os, en chair, en corne, en ligaments, etc.; ceci est la vie dont la Providence a gardé le secret.

La nutrition n'est évidemment pas la même pour tous les individus : plus forte dans la jeunesse, stationnaire dans l'âge adulte, elle décroît de plus en plus dans la vieillesse.

Bien que ce cours ne doive traiter particulièrement

que de l'extérieur, ces notions ne sont pas indifférentes: les qualités qui font un bon cheval ne se bornent pas à la vitesse et à la beauté des allures; le fonds, si nécessaire au cheval de guerre, tient surtout à la respiration.

D'autres appareils qui n'ont pour nous qu'une importance secondaire seront passés sous silence.

Les sens.

Parmi les sens, le toucher, le goût et l'odorat peuvent être négligés.

Sans étudier l'appareil de l'ouïe, on doit signaler son importance chez le cheval de guerre.

Le cheval a l'ouïe très-fine et prévient souvent son cavalier d'un bruit suspect que celui-ci n'aurait pas su distinguer.

L'œil.

L'œil est aussi très-important, et, comme il est quelquefois le siége d'affections apparentes, nous donnerons une description rapide de cet organe.

L'œil est de forme sphérique à peu près régulière. Il se compose de la *sclérotique,* membrane dure, fibreuse, blanche, dans laquelle s'ajuste, à la partie antérieure, la *cornée lucide* par où pénètrent les rayons lumineux.

La sclérotique est doublée de la *choroïde,* membrane vasculaire noirâtre, qui fait à l'intérieur la chambre noire des physiciens.

Le *nerf optique,* qui communique directement avec le cerveau, traverse ces deux premières membranes et s'épanouit à l'intérieur en nombreux filaments, qui tapissent la choroïde et forment la *rétine.*

Une matière visqueuse, dite *corps vitré*, occupe la plus grande partie de la sphère.

Le *cristallin*, sorte de lentille bi-convexe très-limpide, est placé en avant dans l'axe de la cornée lucide.

L'*humeur aqueuse*, liquide transparent, remplit l'espace entre ces deux derniers.

Cet espace est divisé en deux chambres par l'*iris*, membrane qui donne à nos yeux leur couleur distinctive.

La *pupille* s'ouvre au milieu, et l'iris en peut régler l'ouverture pour atténuer l'effet des rayons trop éclatants.

La vision s'opère à travers les humeurs et le cristallin, comme à travers une lunette qui n'a qu'une lentille, c'est-à-dire que l'image se renverse sur la rétine; le cerveau la redresse.

Les *paupières*, les *cils*, préservent soigneusement l'œil de tout contact étranger. Il s'y ajoute, chez le cheval, une membrane particulière, blanche et mince, qui se replie à l'angle interne de l'œil et qui se nomme *corps clignotant*.

Les *glandes lacrymales* sont chargées de lubrifier les surfaces de ces membranes extérieures, afin de faciliter leur mouvement sur l'œil.

TROISIÈME LEÇON.

ÉTUDE DE L'EXTÉRIEUR.

L'étude des parties externes du cheval, leur belle conformation, leurs défectuosités, les accidents qui peuvent y survenir, constituent ce qu'on appelle, en hippologie, **l'extérieur**.

Il résulte des leçons précédentes que le squelette est la base des formes du cheval, et que les os peuvent être considérés comme des leviers que les muscles mettent en mouvement.

La longueur des os entraîne celle des muscles qui les recouvrent.

La longueur des fibres musculaires implique l'étendue du mouvement; leur nombre a pour conséquence la force.

Ainsi le cheval rapide a des rayons osseux longs; le cheval fort a des os courts, mais chargés de masses musculaires considérables.

L'étendue des bras de leviers, l'insertion plus ou moins perpendiculaire des muscles, ont des conséquences faciles à saisir.

Ces principes reviendront au cours de cette étude.

L'extérieur du cheval comprend toute une nomenclature que nous étudierons en trois divisions principales : 1° avant-main; 2° corps; 3° arrière-main.

L'avant-main.

L'avant-main comprend la tête, l'encolure jusqu'au garrot, le poitrail, les épaules et les membres antérieurs.

La **tête** forme avec l'encolure un véritable balancier, dont le cheval se sert pour déplacer le centre de gravité.

La physionomie nous donnera des indications précieuses sur les qualités ou les défauts du cheval.

En commençant par le haut et sur le plan médian, nous trouverons successivement :

La *nuque*, qui est le point où la tête s'unit à l'encolure. C'est le point sur lequel repose la têtière de la bride ou du bridon.

Ces attaches y occasionnent quelquefois, chez les chevaux qui *tirent au renard*, une blessure grave dite *mal de taupe*.

Le *toupet* est l'extrémité antérieure de la crinière qui retombe en avant sur le front.

Il est long et soyeux chez les chevaux de race et surtout les chevaux d'Orient.

Le *front* s'étend entre les oreilles et les yeux. Large et plat, il laisse plus d'espace au cerveau, et par suite dénote l'intelligence et la supériorité des fonctions organiques qui tiennent au système nerveux.

Le front étroit et bombé est le signe de peu de race et d'intelligence.

Le *chanfrein* fait suite au front. S'il est large et droit, il contribue à donner du cachet à la tête et il est l'indice des facultés respiratoires. Il est quelquefois étroit et busqué, ce qui est le signe d'un mauvais type.

Le *bout du nez* est situé entre les naseaux et la lèvre supérieure, avec laquelle il se confond.

Il est nerveux et mobile chez les chevaux de race.

La *bouche* comprend les lèvres, les barres, la langue, le canal, le palais et les dents.

Les *lèvres* doivent être minces et fermes : épaisses et flasques, elles annoncent un cheval sans énergie.

Les *barres* sont cet espace interdentaire sur lequel repose le mors ; leur sensibilité sera plus ou moins grande, suivant qu'elles seront tranchantes, rondes ou charnues. L'embouchure se règle en conséquence. La main dure du cavalier y occasionne souvent des blessures.

On a vu le rôle de la *langue* dans l'acte digestif. Cet organe se loge dans le *canal*. Il importe que la langue ne soit ni trop grosse ni trop mince. Quelques chevaux la laissent pendre hors de la bouche ; elle est alors dite *pendante* ou *serpentine*.

Le *palais* est la voûte de la bouche. On y remarque des sillons transversaux qui aident à retenir les aliments.

La membrane qui le recouvre est quelquefois gonflée au moment de la dentition ; cette maladie s'appelle le *lampas*.

Les *dents* incisives de la mâchoire inférieure servent à déterminer l'âge. (Cette étude fera l'objet de la onzième leçon.) Certains chevaux ont les dents mauvaises ou endommagées et se nourrissent mal, les tiqueurs, par exemple, qui usent leurs dents à les appuyer sur le bord de la mangeoire.

Le *menton* est au-dessous de la lèvre inférieure. Sa partie saillante s'appelle *houppe*. Il est ferme, arrondi, et d'autant mieux dessiné que le cheval est distingué.

La *barbe* vient ensuite ; elle est placée à la réunion des deux branches de la mâchoire inférieure. C'est sur elle que repose la gourmette. Trop tranchante, elle se blesse; il est donc préférable qu'elle soit ronde. Si à l'examen on y trouve des excoriations ou des indurations, et si surtout des traces analogues existent simultanément aux barres, on en déduira que l'animal est indocile ou trop ardent.

L'*auge* est la cavité qui résulte de l'écartement des deux branches de la mâchoire inférieure. Elle doit être large et nette. Son rétrécissement, qui coïncide avec celui du front et du chanfrein, indique que les voies respiratoires, et souvent la poitrine elle-même, sont trop étroites.

L'engorgement de l'auge est presque toujours le symptôme de la gourme ou de la morve.

L'auge se termine à la *gorge*, qui est au pli de la tête sur l'encolure. On presse avec la main la gorge, où sont les premiers anneaux de la trachée, et on provoque ainsi chez le cheval une toux qui donne des indices sur l'état de ses organes pulmonaires.

Les parties latérales de la tête sont :

Les *oreilles*, qui contribuent beaucoup à la physionomie du cheval. Hardies dans leur position et dans leur forme, elles sont signe de race. Mal plantées et pendantes, on dit que le cheval est *oreillard;* si ces défauts sont exagérés, on dit que le cheval a des *oreilles de cochon.*

Les mouvements des oreilles, leur attitude habituelle, sont des indices du caractère de l'animal, et souvent de ses intentions de défense.

Les *tempes* sont formées par la saillie de l'arcade temporale et l'articulation de la mâchoire.

Si, sur une robe foncée, les poils des tempes sont blancs, c'est souvent un signe de vieillesse. Leur excoriation fait supposer que le cheval s'est débattu à terre par suite de coliques, d'épilepsie ou d'autres graves maladies.

Les *salières* sont les cavités qui apparaissent sur les côtés du front au-dessus des yeux. Elles se creusent souvent avant l'âge.

L'*œil* joue un grand rôle dans la physionomie ; nous y lisons l'ardeur, la docilité, l'attachement ou la méchanceté du cheval. Le cheval commun a l'œil terne et sans coloris.

L'œil doit être transparent, l'iris sensible à l'action de la lumière. Les yeux trop saillants sont dits *yeux de bœuf;* si au contraire ils sont enfoncés dans des paupières épaisses, on les nomme *yeux de cochon.*

La coloration blanche de l'iris constitue *l'œil vairon.*

Les *paupières* doivent être minces et mobiles. Le corps clignotant, qui est une troisième paupière, doit rester caché dans l'angle interne de l'œil.

L'excédant des larmes se déverse dans les naseaux par un petit canal qui aboutit à l'angle interne de l'œil. Si ce canal est oblitéré, les larmes s'écoulent sur le chanfrein. On appelle cette maladie *fistule lacrymale.*

L'œil est le siége de maladies nombreuses :

L'opacité qui se produit sur la cornée lucide ou en arrière peut rendre le cheval aveugle.

Cette affection porte les noms de *nuage*, *taie* ou *albugo*, suivant qu'elle est faible ou qu'elle envahit toute la cornée lucide.

Le cheval est susceptible de presbytie ou de myopie. On appelle *cataracte* l'opacité du cristallin.

La cécité peut encore provenir de la paralysie du nerf optique : c'est l'*amaurose* ou *goutte sereine.*

Il est une autre maladie grave qui n'apparaît que par intermittence et n'attaque souvent qu'un œil à la fois pour se porter ensuite sur l'autre : c'est la *fluxion périodique.* L'œil atteint diminue, pleure, perd sa transparence au bout d'un certain temps et conserve une teinte feuille morte qui est le caractère distinctif de cette maladie.

Les *joues* se présentent sur les côtés de la tête; leur première partie forme une large surface lisse qui a pour base le principal muscle masticateur; la partie inférieure, qui s'étend jusqu'à la commissure des lèvres, suit la forme de la mâchoire. Chez certains chevaux on trouve cette partie gonflée par les aliments qu'ils y ont accumulés; c'est ce qu'on appelle *faire grenier* ou *magasin*.

Les *ganaches* sont formées par le bout postérieur des branches de la mâchoire. Elles doivent être écartées et sèches. Si elles sont trop volumineuses, le cheval est dit chargé de ganaches.

Les *naseaux* sont les ouvertures extérieures des cavités nasales. Chacun d'eux est formé par deux lèvres qui doivent être bien ouvertes et facilement dilatables.

Nous remarquerons que le cheval les ouvre de plus en plus à mesure qu'il accélère son allure. Les naseaux étroits sont un signe de peu de fond; ils amènent souvent le cornage.

La muqueuse qui tapisse les naseaux est d'un rose vif qui est l'indice de la santé. Elle sécrète en temps ordinaire un liquide limpide peu abondant. Si celui-ci s'épaissit, s'il devient verdâtre et gluant, nous craindrons la morve. Ce symptôme coïncide avec l'engorgement de l'auge.

La tête dans son ensemble.

Si maintenant nous considérons la tête dans son ensemble, nous verrons que sa beauté dépend non-seulement de celle de chacune de ses parties, mais des proportions générales, de la forme, de la direction et de l'attache.

La tête belle présente la forme d'une pyramide quadrangulaire, large vers le front et courte intérieurement. C'est ce qu'on appelle *tête carrée.*

La peau est fine, les oreilles bien plantées et courtes, l'œil grand, doux et vif, les naseaux ouverts, le chanfrein droit ou camus, l'attache avec l'encolure bien dégagée.

Les conformations défectueuses sont :

La *tête busquée*, dont le front et le chanfrein sont convexes, et la *tête de lièvre*, qui à cette disposition du chanfrein ajoute de grandes oreilles rapprochées l'une de l'autre.

La *tête vieille,* qui pèche par excès de maigreur.

La *tête empâtée* ou *lourde* (fig. 4), dont toutes les parties semblent noyées dans le tissu cellulaire.

Le port de tête se lie à celui de l'encolure. La position de ce véritable balancier a une grande influence sur les allures.

Le cheval qui *s'encapuchonne* aura les allures raccourcies et gracieuses du manége.

Si au contraire il tend son encolure et *porte le nez au vent* (fig. 3) dans une direction horizontale, il sera dans une meilleure condition pour aller vite, mais aussi, souvent, en dehors de la main.

La position intermédiaire, qui est la plus naturelle, est aussi celle qui convient le mieux comme liberté de respiration, bonne action du mors, équilibre de la masse, facilité d'allures.

QUATRIÈME LEÇON.

EXTÉRIEUR : SUITE DE L'AVANT-MAIN.

L'encolure a pour base les vertèbres cervicales, le ligament cervical qui en détermine l'arête supérieure, la trachée qui est au-dessous, et enfin des muscles nombreux et forts, fléchisseurs, releveurs et extenseurs de la tête et de l'encolure, qui forment les parties latérales de cette dernière.

La **crinière**, qui orne la partie supérieure, est d'autant plus fine et soyeuse que le cheval est de race plus distinguée. Le bord de l'encolure doit être mince; il est quelquefois tellement empâté de tissu graisseux que l'encolure est entraînée d'un côté, ce qui constitue l'*encolure versée* ou *penchante*.

La malpropreté de la crinière occasionne des crevasses toujours longues à guérir.

Le bord inférieur doit être arrondi d'un côté à l'autre et large, ce qui annonce le développement de la trachée.

Dans certaines maladies on est obligé de pratiquer une ouverture à la trachée (*trachéotomie*), opération dont nous trouverons les traces.

On trouve aussi vers la même région des traces de *sétons* ou de *saignée* de la jugulaire.

Les sétons auront probablement été placés pour maladie des yeux, du cerveau ou des voies respiratoires. La saignée peut occasionner l'oblitération de la jugulaire, ce qui est grave (1). La circulation étant interrompue de ce côté, l'autre jugulaire peut ne pas suffire pour ramener le sang veineux de la tête au cœur. Il en résulterait une congestion cérébrale.

(1) Pour s'en assurer, on place le doigt un peu au-dessous de la cicatrice et on appuie de manière à interrompre la circulation. Le sang s'accumule alors et forme un gonflement qui disparaît quand on enlève le doigt. Ce gonflement ne se produit naturellement pas si la cicatrisation de la saignée a oblitéré la jugulaire.

L'attache de l'encolure au garrot, aux épaules, au poitrail se fait par une fusion harmonieuse des parties; c'est ce qu'on nomme l'*encolure bien sortie.*

On a déjà signalé l'importance de la tête et de l'encolure comme balancier. La pondération étant la base de la science équestre, la position de l'encolure est un des points auxquels le cavalier attache le plus d'importance. Ainsi on peut presque dire que pour le cheval de selle il n'est point d'encolure trop longue, à moins toutefois qu'elle ne soit en même temps trop grêle; l'harmonie avec les autres parties du corps est la seule règle. Lorsqu'un cheval est ainsi conformé, on dit *qu'il a de la branche.*

L'encolure a des directions variables.

Elle peut être *droite* du garrot à la nuque. Cette disposition peu gracieuse se trouve chez le cheval de course, auquel elle convient.

L'encolure *rouée* (fig. 2) décrit une courbe qui amène le cheval à s'encapuchonner.

Certains chevaux ont l'*encolure de cerf* ou *encolure renversée* (fig. 3). Comme l'encolure droite, elle est favorable aux grandes allures. Elle est quelquefois accompagnée d'une dépression plus ou moins profonde qui existe vers le garrot, et que l'on désigne du nom de *coup de hache.*

Enfin il y a l'*encolure de cygne*, qui, renversée à sa base, est rouée à la partie supérieure. C'est la plus gracieuse. Elle ne se trouve guère que chez les chevaux très-fins, qui ont des allures cadencées et brillantes.

Le **poitrail** est situé en dessous de l'encolure, entre les pointes des épaules. Son développement en hauteur et en largeur indique la longueur et l'écartement des premières côtes, et comme conséquence le volume des organes pulmonaires.

La largeur, qui indique la force musculaire, convient plutôt au cheval de gros trait. Son exagération dans le cheval de selle ralentit l'allure en déterminant souvent un bercement désagréable. On lui préférera donc la hauteur.

Les **ars** sont les plis de la peau à la jonction des membres antérieurs avec la poitrine. **L'inter-ars** est l'espace compris entre les deux ars.

Le **garrot** est placé entre l'encolure et le dos.

Il a pour base les apophyses épineuses les plus élevées des vertèbres dorsales. On se rappelle que nous avons signalé ces apophyses comme point d'attache de deux muscles importants, les ilio-spinaux qui relèvent l'avant-main sur l'arrière-main et inversement. Ce sont les muscles qui agissent pour opérer le cabrer, le saut et le galop en prenant leur point fixe à la croupe. Aussi les chevaux qui ont le garrot élevé exécutent-ils ces mouvements avec facilité.

Le garrot élevé est aussi favorable à l'allure du trot par le soutien qu'il donne à l'avant-main, facilitant ainsi le développement des membres antérieurs.

Le garrot doit aussi s'incliner en arrière, sa hauteur et sa direction se lient presque toujours à la beauté de l'épaule (fig. 2).

Le beau garrot maintient la selle et le cavalier dans une position avantageuse. Les chevaux communs ont le garrot mal sorti, bas et charnu (fig. 4); on y est mal en selle et cette conformation amène souvent des tumeurs douloureuses et longues à guérir.

La beauté de l'**épaule** dépend de sa longueur et de sa

direction oblique (fig. 2). Ces conditions indiquent un jeu plus grand dans l'angle scapulo-huméral et une plus grande intensité d'action dans les muscles dont l'insertion est plus perpendiculaire.

Les conditions de hauteur du garrot et de longueur et

Fig. 2.

Bel avant-main. — Ecolure rouée. — Beau garrot et belle épaule. Bonne attache de rein. — Croupe relativement courte. — Un peu écarté dans ses membres.

direction d'épaule sont celles qui permettent le mieux de préjuger les allures d'un cheval à l'examen.

Certains chevaux ont les *épaules froides* au départ; on appelle *épaules chevillées* les épaules constamment froides.

Le **bras** a pour base l'humérus; son étude se confond avec celle de l'épaule, leurs caractères de beauté tenant aux mêmes causes.

L'**avant-bras** est formé par le cubitus et les muscles

qui meuvent le reste du membre. Sa direction doit être verticale. Le développement des muscles indique leur force.

L'avant-bras doit être long au détriment du canon. On voit en effet que le cheval embrassera d'autant plus de terrain à chaque temps de trot, que l'avant-bras sera plus long. Si au contraire le cheval a le canon long et l'avant-bras court, il relèvera bien davantage, trottera du genou, comme on dit, et avancera moins.

Toutefois ce dernier aura souvent plus de sécurité dans les allures : le cheval qui a l'avant-bras long, marchant près de terre, *en rasant le tapis*.

Vers le milieu de la face interne de l'avant-bras, on distingue la *châtaigne*, qui est d'autant plus petite que le cheval est plus distingué.

Le **coude**, qui est formé par l'apophyse olécrane, doit être proéminent et dans un plan parallèle à l'axe du corps.

Certains chevaux qui se couchent en vache déterminent à cette partie, par le contact répété du fer, une tumeur plus ou moins volumineuse, connue sous le nom d'*éponge*.

Le **genou** est formé par l'articulation des carpiens avec le cubitus et les métacarpiens. Il importe que toutes ces parties, qui à l'extérieur sont l'avant-bras, le genou et le canon, soient dans le prolongement l'une de l'autre et dans une direction verticale : c'est une condition de solidité.

Si le genou est porté en avant, il est dit *arqué*. C'est presque toujours suite d'usure. Les jambes fléchissent sous le poids du cavalier, et les chutes sont à craindre ; déjà elles ont laissé au genou des traces qui font dire que le cheval est *couronné*.

Quelquefois le genou est en avant par conformation de naissance ; le cheval est dit alors *brassicourt.* On ne trouve pas chez ce cheval de traces d'usure comme dans le cheval arqué, ni le tremblement particulier qui caractérise ce défaut.

Si au contraire le genou est porté en arrière, on l'ap-

Fig. 3.

Cheval grêle. — Encolure renversée. — Très-belle ligne de croupe. Flanc retroussé. — Tendon failli. — Droit jointé.

pelle *genou creux.* Ce défaut, toujours congénial, est bien moins sérieux.

Le genou peut aussi être porté en dedans, ce qui s'appelle *genou de bœuf*, ou en dehors, *genou cambré.*

Bien fait, le genou présente une surface large, unie, légèrement arrondie d'un côté à l'autre.

Le **canon**, vu de face, doit être mince, car la solidité tient à la densité de l'os et non à son volume.

Vu de profil, au contraire, il ne saurait présenter trop de largeur, ce qui revient à dire que les tendons fléchisseurs qui passent sur les sésamoïdes doivent être bien détachés dans cette partie, pour s'insérer plus perpendiculairement sur les phalangiens.

Il arrive parfois que ces tendons, tout en étant bien détachés par les grands sésamoïdes, sont resserrés dans leur partie supérieure contre le genou. Cette conformation, qui a pour conséquence une déperdition de force, s'appelle *tendon failli* (fig. 3).

Chez les chevaux de race on distingue, entre le canon et les tendons, le *ligament suspenseur du boulet.*

On a compris par ce qui précède l'importance de l'articulation du boulet. On remarquera que les phalangiens sont placés dans une direction oblique, au lieu de supporter verticalement le poids considérable du corps du cheval; il faut donc que les ligaments soient très-forts, et ils auront d'autant plus de force que les grands sésamoïdes les détacheront davantage des phalangiens.

Il se produit un autre effet qui vient diminuer l'action du poids du corps (action d'autant plus destructive que l'allure est plus rapide) : c'est l'élasticité de ces trois articulations du boulet et des phalangiens. Elle décompose la résistance.

Le boulet sera dans les meilleures conditions de solidité lorsqu'il présentera beaucoup de largeur d'avant en arrière.

L'arrière du boulet est pourvu d'un petit bouquet de poils, dit *fanon*, qui est d'autant moins développé que le cheval est plus fin de race. Au milieu du fanon, à la pointe du boulet, se trouve l'*ergot*, petite production cornée.

Le **paturon** et la **couronne** se font suite et peuvent être étudiés ensemble. Ils forment avec le sol un angle de 50° à 60°. Le paturon court offre évidemment les meilleures conditions de force, mais il rendra les réactions plus dures. Il est dit alors *droit-jointé* (fig. 3).

L'exagération opposée est appelée *long-jointé*. Cette conformation fatigue doublement les tendons. Une conformation intermédiaire est préférable.

Le **pied** fera l'objet d'une prochaine leçon. Nous n'avons point parlé non plus des *tares*, elles seront traitées dans un chapitre spécial.

CINQUIÈME LEÇON.

SUITE DE L'EXTÉRIEUR : 2° LE CORPS. — 3° L'ARRIÈRE-MAIN.

2° Le corps.

Le corps comprend : le dos, le rein, les côtes, le passage des sangles, le ventre, les flancs.

Le **dos** est la partie du corps sur laquelle repose la selle et tout le poids du cavalier. Il est donc important qu'il soit fort, c'est-à-dire court, bien musclé et droit.

Quelquefois le dos est dévié et s'infléchit en bas, ce qu'on appelle *ensellé*. Ce défaut vient presque toujours de l'excès de longueur. Il en résulte des réactions plus douces, mais la force de progression est moindre et les blessures provenant du paquetage sont plus à craindre, bien qu'il y ait des selles appropriées à cette conformation.

Si au contraire le dos est voussé en contre-haut, on le nomme *dos de carpe* ou *dos de mulet*. Cette conformation est évidemment beaucoup plus propre au support des fardeaux, mais elle est contraire à la vitesse et entraîne souvent des réactions fatigantes pour le cavalier.

Le dos est *double* quand il présente de chaque côté de la ligne médiane des muscles qui font saillie ; il est plus favorable au maintien de la selle qu'il soit *tranchant*.

Ces dispositions du dos tiennent presque toujours à la conformation du **rein** qui lui fait suite. C'est une des parties les plus importantes à considérer dans le cheval de service.

La bonne direction du rein (fig. 2), son attache forte et bien musclée, son peu de longueur assurent au cheval la puissance pour supporter le poids qu'on lui impose, la bonne harmonie entre l'impulsion qui vient de l'arrière-main et le soutien que donne l'avant-main : il en résulte docilité, régularité d'allures, durée du cheval.

Le rein long, au contraire, amène une prompte usure, des allures irrégulières, des souffrances à chaque mouvement un peu violent, souffrances auxquelles nous attribuerons des défenses que le dressage ne saurait empêcher.

Si, entre le rein et la croupe, on voit une ligne de démarcation qui semble séparer ces deux parties, on dit que le rein est *mal attaché* ou *plongé*.

Cette conformation prédispose le cheval à *l'effort de rein*, maladie grave qui est une distension des muscles et des ligaments sous-lombaires.

La compression du portemanteau, ou même simplement de la selle, détermine quelquefois au rein une plaie, longue à guérir, nommée *mal de rognon*.

La souplesse du rein est un indice de santé utile à constater ; on la constate en pinçant légèrement le rein.

La cavité formée par les *côtes* correspond au développement des organes pectoraux. Hauteur et largeur seront donc, comme pour le poitrail, des indices favorables. Toutefois, pour le cheval de selle, on préférera la *côte plate*, qui présente un meilleur appui aux bandes de la selle, à la *côte en cerceau*, qui occasionne souvent le ber-

Fig. 4.

Tête lourde, encapuchonnée ; encolure courte. — Garrot bas. Croupe avalée et trop forte.

cement des allures et qui est plus sujette aux indurations (*cors*) ou blessures qu'occasionne la selle.

Le **passage des sangles** a pour base le sternum et l'insertion des côtes. Il doit être cylindrique et exempt de traces de vésicatoires, lesquelles seraient l'indice d'affections graves à la poitrine.

Le **ventre** fait suite à la poitrine et contient les intestins. Les chevaux communs élevés dans les pâturages humides ont souvent le *ventre de vache*, c'est-à-dire très-volumineux, ce qui nuit aux allures, mais peut se modifier par le régime sec.

Dans l'exagération opposée, le cheval est dit *levretté*,

il manque de boyau. C'est souvent un cheval qui se nourrit mal ou qui souffre d'une ancienne maladie.

C'est aussi quelquefois l'effet d'un tempérament trop irritable.

Le ventre est quelquefois le siége de hernies, sortes de tumeurs produites par la sortie plus ou moins volumineuse des viscères, par une ouverture accidentelle des parois de l'abdomen. Cette affection peut être grave.

Les **flancs** sont la partie supérieure du ventre comprise entre les côtes et la hanche. Ils doivent être courts comme le rein dont ils dépendent.

Les chevaux malades ou épuisés ont le *flanc creux,* preque toujours même *cordé,* c'est-à-dire qu'ils présentent une saillie en forme de corde qui s'attache à la hanche. On dit aussi que le flanc est *retroussé* (fig. 3).

Le mouvement du flanc est très-important à examiner comme indiquant l'état de la poitrine. Un arrêt, un brusque soubresaut qui coupe l'expiration, est l'indice de la *pousse,* affection qui se classe dans les vices rédhibitoires.

3° Arrière-main.

La **croupe** fait suite au rein et s'étend entre les hanches jusqu'à la queue et les cuisses. C'est elle qui transmet à la masse du corps les efforts produits par les membres postérieurs. La direction et la longueur des leviers, le développement des masses musculaires qui la composent, sont donc fort importants. Ce sont eux qui détermineront les caractères de beauté de la croupe.

Les coxaux fortement liés au sacrum s'articulent vers leur milieu sur le fémur ; les ischions qui se prolongent en arrière vers la pointe de la fesse forment avec les ilions, base de la hanche, les extrémités d'un levier qui sera d'autant plus fort qu'il sera plus long. Ceci indique comme qualité la longueur de la croupe (fig.2).

La croupe est *horizontale*, ou *avalée* (fig. 4); ce sont les limites extrêmes de direction. Avalée, elle est défectueuse, parce que les muscles qui la forment seront courts et ont peu d'action sur des leviers qui tendent à prendre une direction parallèle. Horizontale, elle sera plus apte à chasser en avant par les raisons opposées. Cette dernière conformation est aussi la plus gracieuse à l'œil, mais elle laisse moins de force à la ligne supérieure du corps pour résister au poids du cavalier et elle est moins favorable au rassembler. On lui préférera une direction un peu oblique de la pointe de la hanche à la pointe de la fesse, tandis que la ligne supérieure de la croupe restera horizontale par l'attache et le port de la queue (fig. 3).

Fig. 5. — Croupe tranchante. — Cuisse de grenouille. — Jarrets clos. — Pieds panards.

La croupe peut être *tranchante* (fig. 5) ou *double* comme le dos.

La **queue** doit être attachée haut. Elle est soyeuse et d'un port élégant chez le cheval de race.

Les chevaux communs l'ont basse, pendante et formée de crins ondulés et bourrus. On en peut rectifier le port par une opération qui consiste à couper une partie des muscles abaisseurs.

Si on a retranché une partie du tronçon et les crins, le cheval est dit *courte queue.*

Le cheval *queue de rat* est celui dont les poils sont clair-semés.

L'**anus** est l'orifice postérieur du canal de l'intestin. Il doit former un petit bourrelet serré, qu'on dit *bien bondé* ou *bien marronné.* Volumineux et béant, il est l'indice d'un tempérament lymphatique. Il est quelquefois environné de tumeurs noires, dites *mélaniques*, qui rendent un suintement fétide. Ces tumeurs existent surtout chez les chevaux de robe claire.

La **hanche** est placée en arrière du flanc. Sa saillie très-prononcée fait dire du cheval qu'il est *cornu.* Ce n'est un défaut que pour l'œil.

On remarquera quelquefois une différence dans les deux hanches (ce que l'on nomme *éhanché*) ; cela vient presque toujours d'un choc violent que le jeune cheval s'est donné.

La **fesse** sera d'autant plus belle qu'elle sera plus développée, ce que l'on nomme *bien culotté.*

Chez les chevaux maigres ou d'un tempérament nerveux, elle porte quelquefois un sillon longitudinal : c'est la *raie de misère.*

On y trouve quelquefois aussi des traces de sétons qui sont l'indice d'une maladie ancienne des membres ou des organes intérieurs.

La **cuisse** a comme le bras pour caractères de beauté: longueur et développement musculaire. On la dit *bien gigottée* ou *cuisse de grenouille* (fig. 5) suivant qu'elle est bien musclée ou maigre.

Le **grasset** a pour base la rotule. Celle-ci se luxe quelquefois, ce qui est grave chez le cheval adulte et occasionne toujours des boiteries.

La **jambe** doit être longue, oblique et bien musclée. On répétera à son sujet les considérations qui s'appliquent aux membres antérieurs.

Le **jarret** tient le premier rôle dans l'étude de la locomotion. Son épaisseur, sa largeur, la longueur du calcanéum, la sécheresse des os et des tendons sous la peau, sont les signes de la force et de la détente de l'articulation.

La direction du jarret est aussi à étudier :

Le *jarret coudé* est plus favorable à la force, puisque les muscles extenseurs agissent plus normalement; mais les allures gagnent plus en hauteur qu'en rapidité. Les extrémités postérieures étant plus engagées sous la masse, il en résulte une plus grande légèreté dans l'avant-main.

Le *jarret droit* est moins puissant, mais il est plus favorable à la vitesse des allures, au détriment de la souplesse.

Plus que toute autre articulation, le jarret est sujet à des lésions graves que nous étudierons dans une prochaine leçon.

La description du canon, du boulet, des phalangiens, qui a été faite pour les membres antérieurs, s'applique aux membres postérieurs.

Les *organes de la génération* chez le cheval sont ainsi composés :

Le **fourreau** est un pli de la peau qui enveloppe le pénis. Il doit laisser celui-ci entrer et sortir librement. Trop étroit, il peut causer un étranglement de cet organe; trop large, il laisse entrer une grande quantité d'air que le ballottement du pénis chasse avec un bruit désagréable.

Le **pénis** est contenu dans le fourreau, d'où il ne sort que dans l'érection qui sert à l'accouplement, dont nous n'avons pas à nous occuper, ou pour conduire l'urine au dehors.

Le fourreau et le pénis sont souvent le siége de *verrues* ou *poireaux* qui proviennent de la malpropreté.

Le **scrotum** forme une sorte de bourse qui contient les *testicules*. La plupart de nos chevaux de cavalerie étant *hongres*, c'est-à-dire castrés, n'ont point cet appendice. Il n'y a d'exception que pour les chevaux arabes.

Chez la jument, les organes de la génération se composent de :

La **vulve**, qui s'ouvre verticalement en dessus de l'anus. Elle présente quelquefois des excroissances charnues nommées *polypes*. Certaines juments ouvrent fréquemment la vulve pour rejeter un liquide purulent qui peut être l'indice de maladie de la matrice. C'est aussi l'effet des *fureurs utérines* qui rendent ces juments chatouilleuses, irritables et parfois dangereuses.

Les **mamelles** se trouvent dans la région inguinale. Elles sont à peine apercevables dans l'état ordinaire.

On appelle **périné** l'espace qui sépare l'anus du scrotum ou de la vulve.

SIXIÈME LEÇON.

DES PROPORTIONS. — DES APLOMBS. — DES ALLURES.

Des proportions.

L'étude de toutes les régions du corps prises isolément n'est point suffisante pour juger les aptitudes d'un cheval; il faut comparer entre elles ces différentes parties et chercher leurs bonnes proportions.

La tête a été prise comme unité de mesure, et des méthodes anciennes l'ont divisée en fractions et sous-fractions à l'infini. Sans tomber dans ces exagérations, nous accepterons volontiers la tête comme base de comparaison, parce qu'il est facile de déterminer ses caractères de beauté. Encore faut-il ajouter que l'habitude d'examiner des chevaux forme l'œil et dispense bien vite de ces mesures comparatives.

On admet que le cheval aura la longueur du corps (de la pointe de l'épaule à la pointe de la fesse) à peu près égale à la hauteur mesurée au garrot; ces deux dimensions donnent chacune 2 têtes $\frac{2}{3}$.

L'épaule mesure 1 tête.

La hauteur du tronc, au garrot, pas tout à fait 1 tête $\frac{1}{3}$. Le membre antérieur un peu plus de 1 tête $\frac{1}{3}$. L'encolure à peu près la même mesure.

Ce sont les seules dimensions qui soient facilement comparables.

Avec cela, nous chercherons la croupe longue, le rein court, les rayons supérieurs des membres longs, au détriment des inférieurs; le pied dans une bonne direction oblique, les premiers phalangiens plutôt courts que longs, les articulations larges, les tendons bien détachés.

Les défauts de proportions peuvent affecter les membres ou le corps.

L'excès de hauteur des membres fait dire d'un cheval qu'il est *haut perché*. Si, au contraire, le cheval a les membres courts, on le dit *près de terre*.

La disproportion entre l'avant-main et l'arrière-main fait le cheval *trop haut du devant* ou *bas du devant*. Dans l'un ou l'autre cas, il y a défaut d'équilibre entre l'avant et l'arrière-main, et, par suite, usure probablement plus rapide du bipède le moins fort. Il en pourra résulter aussi une défectuosité dans les allures, défectuosité que le cavalier devra combattre, soit en asseyant son cheval davantage, si c'est l'avant-main qui est plus faible, soit en ralentissant les allures, si l'arrière-main trop faible ne peut suivre les mouvements de l'avant-main.

Le garrot bas, défaut que nous avons signalé en étudiant le garrot, vient, à proprement parler, du défaut de longueur des membres antérieurs. Si ceux-ci sont assez longs et que cependant le garrot soit peu saillant, on dira qu'il est *mal sorti* ou *empâté*.

Les défauts : *trop haut* ou *trop bas* du derrière, donnent lieu à des considérations semblables.

Il faut remarquer encore que le cheval qui n'aura point de disproportion dans la hauteur de l'avant ou de l'arrière-main, peut cependant être mal équilibré par le désaccord de l'épaule et de l'avant-bras, d'une part, de la croupe et du jarret, de l'autre.

Le corps trop long est presque toujours accompagné de faiblesse et d'allures décousues. Si le corps est trop court, le cheval aura les allures ralenties, forgera souvent, mais comme compensation il présentera beaucoup plus de force.

Des aplombs.

On appelle *aplombs* la direction que prennent les

membres du cheval, soit comme supports dans la station, soit comme agents de la progression.

Comme supports, la meilleure direction sera évidemment la verticale, les membres étant examinés de face, de profil ou par derrière. (Cette direction pour les membres antérieurs s'applique à l'avant-bras, au genou et au canon; pour les membres postérieurs, au canon seul.)

Si les membres antérieurs vus de profil sont déviés en arrière et plus engagés sous la masse, le cheval est dit *sous lui du devant;* il est plus susceptible de tomber et de forger.

La déviation en avant est plus rare. On dresse quelquefois les chevaux à prendre cette attitude comme plus élégante, mais le cheval qui, de lui-même, est *campé du devant,* souffre souvent des pieds ou des épaules.

Lorsque les phalangiens sont dans une direction qui se rapproche de la verticale, le cheval est dit *droit jointé;* s'ils sont, au contraire, dans une direction trop oblique (ce qui vient presque toujours de l'excès de longueur du paturon), on le dit *long jointé.*

Le cheval vu de face est *serré du devant* si les pieds sont trop rapprochés; s'ils sont éloignés avec excès, on le dit *écarté du devant* (fig. 2).

Ces deux déviations de la colonne de sustentation sont presque toujours accompagnées de celle du pied, qui est *cagneux* ou *panard,* suivant qu'il est en dedans ou en dehors de la verticale. Ces défauts peuvent aussi exister dans les pieds seulement.

Le cheval cagneux fait l'appui surtout sur le quartier externe qui, par conséquent, s'use davantage : c'est l'inverse pour le cheval panard.

Au point de vue des allures, le cheval cagneux est disposé à se couper, ce qui peut amener des chutes.

Panard et cagneux ont aussi le défaut de ne pas mouvoir leurs membres dans le plan parallèle à celui de la progression. Il en résulte une perte de temps et de force. On dit de l'un qu'*il billarde* et de l'autre qu'*il fauche.*

Les membres postérieurs ont des défectuosités analogues.

Un cheval est *sous lui du derrière* ou *campé du derrière.* Dans le premier cas, il y a fatigue inutile des tendons et des jarrets, des allures cadencées, un enlevé facile de l'avant-main sur l'arrière-main. Dans le second, il y a surcharge dans l'avant-main, ralentissement dans les allures.

Vu par derrière, le cheval peut être *serré du derrière* ou *trop ouvert.*

Si ce sont les jarrets qui sont en dedans, on dit que le cheval a les *jarrets clos* (fig. 5); s'il les a en dehors de la verticale, ils sont *trop ouverts.* Presque toujours, le pied est en même temps panard ou cagneux.

Ces défauts ont des conséquences semblables à ce qu'on a dit des membres antérieurs.

Lorsqu'on examine un cheval, il faut le voir en station et en mouvement.

La station.

En station, on observe chacune des parties, les proportions, les aplombs, enfin l'âge et les tares que l'on étudiera plus loin.

Il faut distinguer dans la station la *station forcée,* qui

est le *rassemblé,* et la *station libre,* qui est l'attitude que le cheval prend de lui-même. Les marchands de chevaux nous laisseront difficilement étudier cette dernière, dans laquelle nous surprendrions des défauts cachés.

Les allures.

Les allures naturelles comprennent le pas, le trot et le galop.

Sans vouloir entrer dans les discussions sans nombre qu'a provoquées le mécanisme des allures, nous en donnerons une description sommaire.

Le pas.

Bien que le pas soit l'allure la plus lente, c'est la plus compliquée et celle qui a donné lieu à plus de controverse. Il s'exécute en quatre temps très-légèrement rapprochés deux à deux, qui se succèdent en diagonale, de telle sorte que chaque extrémité fasse entendre sa battue séparément.

Ainsi, au poser du membre antérieur droit succède le poser de la jambe gauche postérieure, et de même pour le diagonal gauche. Mais les extrémités postérieures n'attendent pas pour se lever que les antérieures qui les précèdent en diagonale aient effectué leur poser; c'est lorsque les antérieures sont arrivées vers le milieu de leur soutien que les postérieures commencent à se lever.

Il en résulte que la masse est supportée alternativement par un bipède latéral et par un bipède diagonal.

La station sur les diagonaux est plus longue, parce que l'équilibre est assuré.

La station sur les latéraux est plus courte, parce que

LE PAS.

1° Départ. Lever du membre antérieur droit.

2° Lever du postérieur gauche. Station sur le diagonal gauche.

3° L'antérieur droit posé, lever de l'antérieur gauche. Station sur le latéral droit, le postérieur gauche arrive au secours de la masse.

4° Le diagonal droit à terre; le postérieur droit se lève lorsque l'antérieur gauche est à mi-chemin de sa course.

5° Le latéral gauche à terre; le postérieur droit prend la place de l'antérieur comme au n° 3. Pour un instant il y aura appui sur trois membres, etc.

l'équilibre est instable; nous voyons même qu'au moment où le corps est supporté par un bipède latéral, un des membres de l'autre bipède arrive aussitôt au secours de la masse, et pendant un instant — très-court, il est vrai — la station se fait sur trois jambes. Cet effet se produit au moment où la masse passe des diagonaux sur les latéraux et des latéraux sur les diagonaux. (Voir le tableau des allures.)

Il est une autre remarque à faire sur cette allure : c'est que, dans le pas ordinaire ou pas soutenu, les membres postérieurs couvrent exactement les empreintes qu'ont laissées les membres antérieurs.

Dans le pas allongé, les empreintes se croisent. Si, au contraire, l'allure se ralentit, la trace des pieds postérieurs n'atteint pas celle des pieds antérieurs.

LE TROT.

En l'air.

A terre : diagonal droit.

En l'air.

A terre : diagonal gauche.

Le trot.

Le trot s'opère en deux temps, les extrémités se suivant par bipède diagonal avec un ensemble parfait. Chaque battue est suivie d'un soutien plus ou moins long dans l'espace.

Dans le trot soutenu, les pieds postérieurs viennent prendre sur le sol la place des antérieurs.

Dans le trot allongé, le trajet dans l'espace est beaucoup plus long et les foulées se croisent. Certains chevaux, qui parcourent le kilomètre en moins de 2 minutes, couvrent dans un pas complet $3^m,20$ à $3^m,40$.

Les chevaux poussés hors de leur allure se détraquent, et chaque battue arrive à se décomposer en deux.

Le galop.

Le galop est une allure à trois temps, dont le mécanisme est parfaitement expliqué par l'ordonnance de cavalerie.

Dans le galop à droite, le 1er temps est marqué par le membre postérieur gauche qui pose seul à terre, les autres s'enlevant comme pour le cabrer; le 2e temps est marqué par le bipède diagonal gauche; enfin, au moment où ce diagonal gauche termine son appui, la jambe antérieure droite effectue le sien, ce qui constitue le 3e temps.

La masse, ayant alors acquis une grande vitesse par la détente des extrémités, progresse dans l'espace, pendant un temps plus ou moins long, en décrivant un mouvement de bascule, pour recommencer ensuite les foulées dans le même ordre.

Le galop de course s'exécute de la même manière, seulement les foulées sont considérablement plus espacées et le temps de suspension dans l'espace plus long.

LE GALOP (sur le pied droit).

1re Foulée : postérieur gauche. 2e Foulée : diagonal gauche.

3e Foulée : antérieur droit. En l'air.

Quelques auteurs ont voulu faire du galop de course une allure particulière, qui s'exécuterait en deux temps. Nous ne pouvons classer comme allure les bonds que quelques rares chevaux d'élite ont su faire dans un moment de surexcitation suprême.

Allures défectueuses.

Toutes les autres allures sont considérées comme défectueuses ou artificielles.

Ces dernières, que l'on appelle aussi *airs de manége*, peuvent se varier à l'infini par le dressage; nous n'avons pas à les étudier dans ce cours.

Les allures défectueuses sont les suivantes :

L'*amble* s'exécute en deux temps, comme le trot, mais par bipèdes latéraux et en rasant le sol avec vitesse. Lorsque les quatre battues se font entendre séparément, on appelle cette allure *amble rompu*. Ces deux allures extrêmement douces étaient recherchées autrefois pour les bidets de poste.

Il en était de même du *pas relevé*. Le pas relevé est un pas précipité, dans lequel les quatre battues sont espacées deux à deux.

Le *traquenard* est une sorte de trot décousu et désagréable pour le cavalier, que les chevaux prennent lorsqu'on les pousse hors de leur allure.

L'*aubin* est un mode de progression dans lequel le cheval semble galoper du devant et trotter du derrière. Il résulte presque toujours d'excès d'usure.

Enfin, certains chevaux communs ont un *galop à quatre temps;* il ne diffère de celui que nous avons étudié qu'en ce que les membres du bipède diagonal, au lieu de frapper le sol en même temps, arrivent l'un après l'autre.

SEPTIÈME LEÇON.

TARES OSSEUSES.

Étude des tares.

Un grand nombre de causes, trop souvent impossibles à saisir, viennent troubler la régularité des allures.

Les boiteries déprécient le cheval, le mettent même tout à fait hors de service. Il est donc de première importance de les reconnaître.

Certaines de ces boiteries pourront provenir de tares qu'on aura découvertes à l'examen du cheval en station; dans d'autres cas nous verrons un cheval, jugé parfaitement sain des membres, boiter plus ou moins bas.

Les *tares* sont des affections congéniales ou accidentelles qui atteignent les os, les tendons, les capsules synoviales et quelquefois simplement la peau.

Celles qui se produisent sur les os sont dites *tares dures* ou *exostoses;* les autres s'appellent *tares molles.* Les unes et les autres ont les membres pour siége.

Tares dures.

Les tares dures sont presque toujours produites par une lésion du périoste, qui a amené une sécrétion anormale de la matière osseuse.

Les membres antérieurs peuvent être atteints des tares suivantes.

Exostose du genou.

Le genou est formé, comme on l'a vu, des os carpiens et de leur articulation, avec le cubitus d'une part, et le métacarpe de l'autre. L'exostose peut atteindre un ou plusieurs de ces os; quelquefois elle les soude ensemble, ce qui empêche la flexion du membre.

Les ligaments et les tendons n'ont plus leur liberté d'action, le cheval boite.

A l'extérieur, nous ne trouverons plus la surface du genou nette comme nous l'avons demandé; il y aura inflammation locale, gêne dans le mouvement.

L'exostose est presque toujours incurable.

Suros.

Fig. 7. — Face postérieure du canon.

Lorsqu'en examinant le canon, de face ou de profil, on aperçoit une saillie plus ou moins prononcée qui adhère à l'os, on dit que le cheval a un suros.

Les suros peuvent affecter un, deux ou les trois métacarpiens. Si le suros est simple, c'est-à-dire qu'il n'existe que sur un point du métacarpe et sur la partie latérale, il est peu grave, parce que les tendons et les ligaments ne passent point en cette place.

S'il descend le long du métacarpe, on le dit *en fusée* ou *en chapelet*.

Enfin, il peut être *double* ou *chevillé* s'il existe des deux côtés à la fois (fig. 7). Presque toujours alors les deux suros tendent à se rejoindre, soit en arrière sous les tendons fléchisseurs, soit en avant sous les extenseurs; il les soulève en raison de son développement et nuit à leurs fonctions.

La boiterie est incurable.

Formes.

Les formes sont des exostoses qui affectent les phalangiens. Si petites qu'elles soient, elles sont toujours graves, cette région couverte de ligaments et de tendons étant le siége d'un travail continuel.

Dans les membres postérieurs, les canons et phalangiens sont sujets aux mêmes suros et formes.

TARES DU JARRET.

Le jaret est le siége de tares toujours sérieuses qui prennent, suivant leur place, les noms de *courbe, éparvin* ou *jarde*.

La **courbe** se développe sur la tubérosité interne de l'extrémité inférieure du tibia, au point où viennent s'attacher les ligaments latéraux du tarse (fig. 8 et 9 : C-1).

Elle atteint parfois un volume considérable, contournant l'articulation et gagnant la poulie et les autres tarsiens. On la dit encore *cerclée*.

L'éparvin est beaucoup plus grave. Il se produit également à la face interne du jerret, mais en bas sur le métatarsien rudimentaire et au point d'insertion du ligament latéral. Souvent il s'étend plus en avant, sous l'attache du tendon fléchisseur (fig. 8 et 9 : D-2).

Mais comme toutes les tumeurs osseuses tendent

toujours à envahir les parties voisines, il est rare que l'éparvin se circonscrive dans les limites que nous venons d'indiquer.

La boiterie sera d'autant plus dangereuse qu'elle viendra plus en avant et plus près de l'articulation.

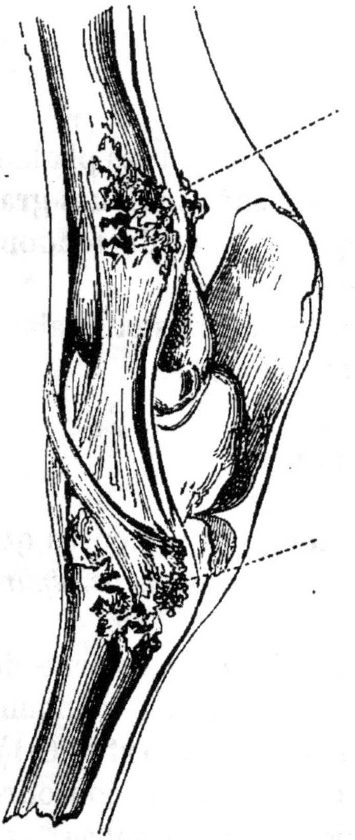

Fig. 8. — Jarret, face interne.

Lorsque l'induration de la matière osseuse est complète, l'éparvin est dit *calleux*.

D'autres fois les tissus sont imprégnés de phosphate calcaire non solidifié et qui, à la dissection, présente l'apparence de plâtre délayé. C'est ce qu'on appelle l'*éparvin de bœuf*.

La **jarde** se produit à la face externe du jarret, à l'extrémité supérieure du canon, par conséquent à l'opposé de l'éparvin (fig. 9 : E-3).

Cette tare prend généralement naissance sur la tête du métatarsien rudimentaire externe (que nous avons aussi appelé péroné); lorsqu'elle se limite à cette partie, elle prend le nom de *jardon*.

Lorsque l'exostose prend plus de développement et s'étend à la partie postérieure du jarret sous les tendons

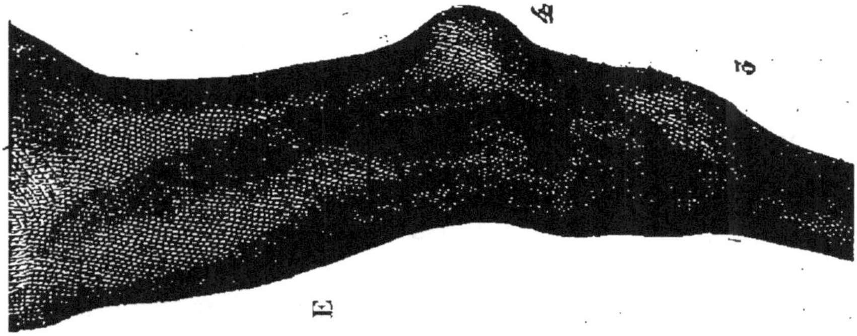

Jarret taré vu de profil.

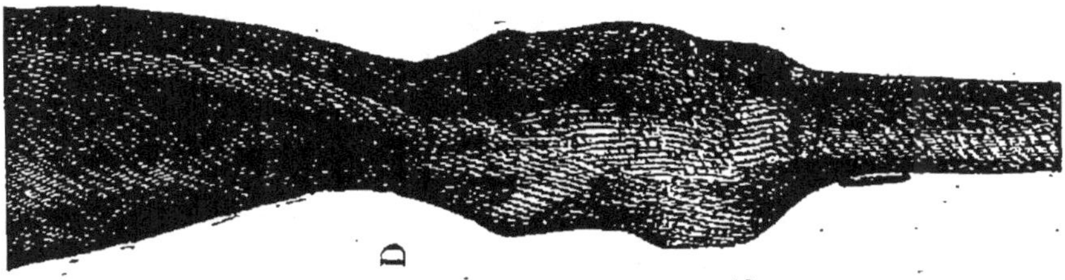

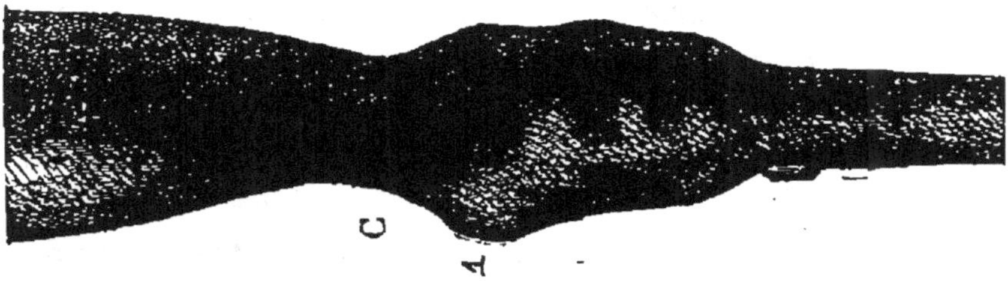

Jarrets tarés vus par devant.

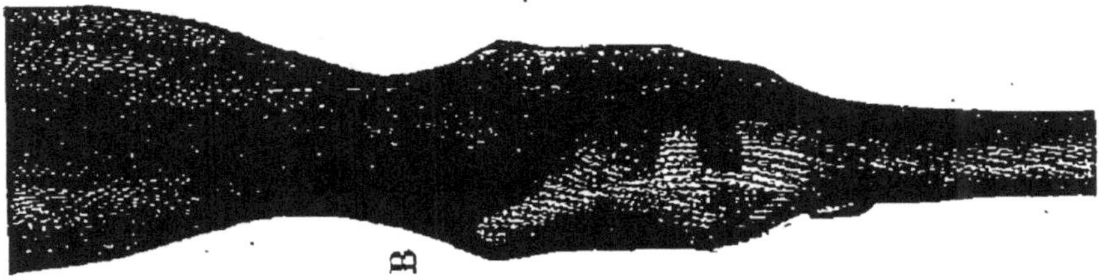

Jarret sain { A vu par derrière.
B vu par devant.

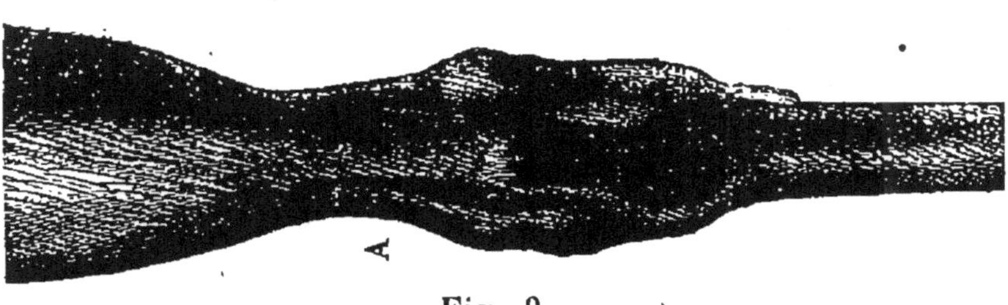

Fig. 9.

fléchisseurs des phalangiens, on l'appelle *jarde*. Cette tare est alors très-grave.

Moyens de les reconnaître.

Ces différentes tares forment une éminence plus ou moins prononcée ; mais il faut convenir qu'il est difficile de discerner cette éminence anormale de celle qui est naturelle et dont souvent elle occupe la place.

Le meilleur moyen d'y arriver est de comparer les deux jarrets ou les deux membres, et de bien s'assurer si la forme, la grosseur, la position des éminences sont parfaitement identiques (comparer fig. 9, les jarrets A, B, C, D.

Il pourra arriver que l'identité parfaite soit maintenue entre les deux membres, par suite de deux tares semblables survenues exactement à la même place ; mais ce ne peut être évidemment qu'un cas très-rare tout à fait exceptionnel.

Il ne faut pas exagérer l'importance des tares, car on voit des chevaux positivement tarés continuer à faire un très-bon service. Les Anglais même en tiennent peu compte, lorsque, après avoir essayé le cheval, ils ont constaté que la tare n'occasionnait aucune boiterie. Mais il faut songer que la sécrétion anormale du phosphate calcaire qui constitue la tare s'arrête rarement, que dans un temps plus ou moins long elle atteindra le passage des tendons ou les points d'attache des ligaments, et qu'alors le cheval deviendra boiteux et peut-être de valeur nulle.

Il est donc très-important d'observer la position actuelle de la tare et de mesurer, pour ainsi dire, l'extension qu'elle peut prendre sans inconvénient grave.

HUITIÈME LEÇON.

TARES MOLLES. — CAUSES DES TARES, LEUR TRAITEMENT. — BOITERIES.

Tares molles.

Les capsules synoviales qui enveloppent les articulations, les tendons, les ligaments, les cartilages, sont exposées à des inflammations graves qui amènent des sécrétions séreuses anormales et des infiltrations des tissus. C'est ce qui constitue les tares molles, causes fréquentes de boiteries.

Les inflammations capsulaires peuvent se produire au genou, au jarret ou au boulet. Elles n'ont pas de nom particulier au genou ; au jarret, elles portent le nom de *vésigons ;* au boulet, celui de *molettes.*

L'affection du genou est très-grave à cause de la grande quantité de tissus blancs qui se trouvent dans cette articulation. Elle se présente sous forme d'un gonflement mou que l'on reconnaît au toucher et qui est surtout apparent pendant l'appui du membre.

Le **vésigon articulaire** se présente à la partie antérieure et interne du jarret, et quelquefois dans le vide du jarret.

Les **molettes** se montrent au-dessus du boulet. Elles sont dénommées simples, doubles ou chevillées comme les suros.

Vésigons et molettes peuvent aussi être causés par l'inflammation des tendons.

Le **vésigon tendineux** se place dans le vide formé entre le tibia et le calcanéum.

Les **molettes tendineuses** se forment le long du ligament suspenseur du boulet ou du tendon d'Achille.

L'inflammation des gaînes tendineuses donne lieu à des effets analogues à celle des capsules synoviales.

Les **capelets** sont dus à une infiltration de la peau et du tissu cellulaire à la pointe du jarret (fig. 9 : E-4).

Lorsqu'ils se limitent à ces parties, ils sont peu graves. Ils sont alors mollasses et vacillants au toucher; mais ils sont quelquefois le produit d'une sécrétion anormale et peuvent être même adhérents au tendon qui couvre la pointe du calcanéum. Le capelet est alors plus grave ; il se manifeste par une fluctuation d'humeurs que l'on sent en palpant la pointe du jarret.

Causes des tares, leur traitement.

Les tares molles ou dures ont pour causes principales : les arrêts brusques, les efforts violents, les coups.

Le travail forcé, la pente trop grande du sol des écuries qui met les chevaux sur les jarrets, l'humidité constante des écuries ou des terrains marécageux, occasionnent des molettes.

Leur traitement fait partie de l'art vétérinaire ; il comprend sommairement l'application d'astringents, d'émollients et de narcotiques pendant la période inflammatoire ; puis, comme résolutifs, les frictions d'alcool camphré ou mercurielles, les réactifs violents comme le sublimé corrosif, le feu anglais et enfin la cautérisation par le fer rouge.

Les molettes et l'engorgement des membres apparaissent quelquefois à la suite d'un repos prolongé à l'écurie ; les bains dans l'eau courante, les lotions d'eau blanche, les émollients et un exercice modéré sont alors les meilleurs moyens curatifs.

Éparvin sec.

Il ne faut pas confondre les éparvins, tares osseuses dont il a été question dans la leçon précédente, avec ce qu'on appelle *éparvin sec.*

L'éparvin sec consiste en une flexion brusque, saccadée du jarret, que l'on appelle *harper*.

Il n'a pas de cause apparente et n'a d'autre inconvénient que d'être fort disgracieux et d'augmenter en pure perte le travail du membre qui en est affecté.

Effort du boulet.

L'effort du boulet consiste en une rétraction plus ou moins sensible des tendons fléchisseurs des phalangiens, qui se produit à la suite d'excès de fatigue ou d'efforts violents. Le boulet s'engorge et se porte en avant, l'appui du pied ne s'opère plus qu'en pince. On dit que le cheval est *bouleté.*

Il faut un long temps de repos et beaucoup de soins pour calmer l'inflammation et ramener les tendons à leur longueur normale.

Nerf-ferrure.

La nerf-ferrure est produite par une atteinte aux tendons ou par un effort violent qui y occasionne une grande inflammation. C'est un accident à redouter pour les chevaux de course. La guérison est lente et se termine souvent par un engorgement induré.

Boiteries.

L'examen du cheval peut n'amener la découverte d'aucune tare, et cependant, soit que la tare ait échappé à nos recherches, soit que la cause se produise à l'intérieur, le cheval boite.....

Il faudra alors rechercher soigneusement le membre malade, afin de l'examiner avec plus d'attention encore ; mais cette recherche elle-même est souvent très-difficile.

On distingue généralement trois degrés de boiterie : le cheval *feint*, il *boite*, ou il *boite bas.*

C'est surtout lorsque la boiterie est légère qu'elle est plus difficile à constater.

Le cheval cherche à soulager le membre malade en diminuant le temps et la force de l'appui.

Une oreille exercée saisit l'inégalité de la battue, et nous voyons le cheval se servir de son encolure comme d'un levier pour rejeter le poids du corps sur l'avant ou l'arrière-main, suivant qu'il souffre d'un membre postérieur ou d'un membre antérieur.

Mais ce symptôme lui-même peut nous induire en erreur : car si le cheval a levé la tête pour soulager un membre antérieur, il faut bien qu'il la baisse ensuite, et nous pourrons prendre ce deuxième mouvement comme indice d'une boiterie d'un membre postérieur.

On observera le jeu alternatif des épaules pour une boiterie antérieure et des hanches pour une boiterie postérieure. On verra l'une ou l'autre se soulever pour éviter la réaction au moment où s'opère l'appui, et s'élever ensuite pour que le membre malade participe moins à la progression.

Enfin, si la marche a fait soupçonner une boiterie, il faut observer longtemps le cheval en station libre : le cheval se place naturellement de façon que le membre atteint participe moins que les autres au soutien du corps.

Lorsqu'on n'aura pu déterminer la cause de la boiterie, on l'attribue, presque toujours avec raison, au pied, surtout pour les membres antérieurs.

On pourra quelquefois s'en assurer en faisant passer le cheval au trot de la terre molle sur le pavé : la différence dans l'intensité de la boiterie sera beaucoup plus sensible si elle vient du pied, que si elle vient des régions supérieures. L'épreuve inverse donnera des résultats opposés : la boiterie du pied sera moindre en arrivant sur le sol mou ; la boiterie augmentera, au contraire, si elle vient des membres, à cause de l'extension plus grande du mouvement sur ce terrain mou.

NEUVIÈME LEÇON.

LE PIED. — CONFORMATIONS BELLES ET DÉFECTUEUSES. — MALADIES DU PIED. — LA FERRURE.

Le pied.

En suivant l'ordre naturel, le pied aurait dû prendre place dans l'étude de l'extérieur ; on l'a rejeté à la suite des tares et des boiteries, parce que trop souvent, comme on l'a déjà dit, c'est le pied lui-même qui est le siége de la boiterie ; trop souvent aussi c'est la ferrure qui a occasionné l'inflammation du pied.

Pour supporter le poids énorme du corps du cheval, poids qui s'augmente considérablement par la vitesse, il est nécessaire que le pied soit très-résistant et en même temps élastique, afin de neutraliser l'effet destructif du choc multiplié contre le sol. La description anatomique montre que ces conditions sont parfaitement remplies.

Parties internes.

L'*os du pied* et le *petit sésamoïde*, dit aussi *os naviculaire*, sont les bases du pied. (Voy. la description du squelette.) Des ligaments très-forts unissent ces os.

L'extrémité du *tendon extenseur* vient s'implanter en avant sur la crête supérieure de l'os du pied.

Le *tendon fléchisseur* (appelé aussi *perforant*) descend en arrière du paturon et de la couronne, passe sur les coulisses du petit sésamoïde et s'attache à la face plantaire de l'os du pied.

Des *brides ligamenteuses* maintiennent en place ces deux tendons.

L'os du pied est prolongé latéralement par deux *fibro-cartilages*, sortes de coussins élastiques qui aident à la dilatation du sabot.

Un *coussinet plantaire*, production fibreuse et mollasse, remplit le même office en arrière.

Ces parties sont lubrifiées par des poches synoviales.

Le tout est enveloppé par la chair du pied, foyer de nutrition de la corne, que l'on nomme *tissu réticulaire*. Ce tissu prend différents noms et présente une texture particulière suivant la place qu'il occupe.

Sur les parties latérales du pied, on trouve la *chair cannelée*, ou *feuilletée*, qui se présente sous forme de lamelles longitudinales extrêmement minces et nombreuses, lesquelles s'engrènent dans des lamelles semblables de la corne. Aussi l'union de ces parties est-elle très-solide. Ces lames de chair et de corne forment comme des soupentes pour suspendre le pied dans l'intérieur du sabot.

La *chair du bourrelet* se trouve à la partie supérieure du pied, dans une gouttière ménagée au pied de la paroi qu'elle sécrète en grande partie.

Cette chair est ferme et présente une apparence veloutée.

La *chair de la sole et celle de la fourchette* offrent la même apparence, mais à un degré moindre, et sont moins fermes.

Les vaisseaux sanguins et les nerfs ont des ramifications très-nombreuses dans tout le pied; aussi l'inflammation s'y propage-t-elle rapidement, lorsqu'une lésion quelconque vient atteindre une des parties que nous venons de décrire.

Parties externes.

On appelle *sabot* la matière cornée, insensible, résistante et élastique, qui enveloppe le pied.

Le sabot se compose de trois parties qui se distinguent par leur place, leurs fonctions et la nature de leur corne. Ce sont la paroi, la sole et la fourchette.

La *paroi* ou muraille est la portion de corne apparente lorsque le pied est posé à terre.

La paroi est formée de filaments longitudinaux, sorte de poils agglutinés ensemble par un vernis que l'on nomme le *gluten*. Ce gluten est sécrété par le *périople*, bande de corne qui unit la paroi à la peau. Le gluten joue un rôle important dans la bonne conservation du pied.

La partie antérieure de la paroi s'appelle la *pince;* de chaque côté de la pince sont les *mamelles* à la suite desquelles viennent les *quartiers*. La paroi se replie ensuite à angles aigus pour former les *talons*. La partie repliée qui se perd dans la sole se nomme *arcs-boutants*.

L'extérieur de la paroi est lisse et luisant dans le pied en santé. La face interne s'unit étroitement avec la chair du pied par de nombreuses lamelles, comme on l'a déjà dit.

La *sole* est la plaque de corne qui constitue la face plantaire du sabot. Elle est formée de feuillets superposés. Elle s'incruste par son bord extérieur dans une échancrure de la paroi. Le bord intérieur se réunit à la fourchette.

La *fourchette* est formée de deux branches qui s'appuient sur les talons et se réunissent au centre de la sole. La fourchette est d'une corne flexible et sans filaments, comme serait du caoutchouc.

Ces trois parties de la corne sont élastiques, non-seulement par nature, mais en raison de leur conformation. La sole, qui forme une voûte, s'aplatit sous le poids du corps et presse sur le bord inférieur de la muraille; celle-ci, qui est quasi cylindrique, résiste à cette pression dans une proportion qui n'est pas la même dans ses différentes parties : l'épaisseur, et en même temps qu'elle, la force de résistance diminue graduellement de la pince jusqu'aux talons. Les talons, d'ailleurs, n'étant pas unis l'un à l'autre, cèdent plus facilement.

La fourchette s'ouvre et aide à ce mouvement de dilatation.

Lorsque le pied se lève, la paroi se resserre à la façon d'un ressort et rend à la sole sa concavité primitive. Ce mouvement alternatif est en rapport avec la violence du choc qu'il décompose ; il contribue à la conservation du pied et en même temps à la vitesse de l'allure.

On voit dès maintenant le danger et la difficulté de la ferrure : le fer n'a aucune élasticité ; il importe cependant de ne pas détruire cette qualité essentielle dans le pied du cheval.

Il faut observer que les pieds antérieurs et les pieds postérieurs ne sont point semblables. Les sabots antérieurs, dont les fonctions comme organe de support sont plus étendues, sont plus larges et plus élastiques.

Dans les sabots postérieurs, la forme est moins arrondie, la pince fait saillie, les talons sont plus serrés et plus hauts, la sole est plus creuse et la corne généralement moins dure.

Conformations belles et défectueuses.

Le pied bien fait est proportionné comme grosseur à l'ensemble du corps, la muraille forme en pince un angle de 50 à 60 degrés avec le sol ; sa surface est lisse, unie, liante, plus large en bas qu'en haut ; la sole est bombée sans excès, la fourchette bien nourrie et nette.

Le pied peut être *trop grand*, ce qui n'est guère un défaut que pour l'œil ; les chevaux élevés dans les prairies marécageuses ont souvent le pied grand, tandis que les chevaux de montagne ou des pays rocailleux ont généralement le pied petit.

Le *pied petit* peut devenir une difformité grave, en ce sens qu'elle augmente presque toujours avec le séjour dans l'écurie et qu'elle occasionne des boiteries (1).

Dans le *pied plat*, la muraille est trop oblique, la sole abaissée. Il y a peu d'élasticité dans ce pied ; l'appui se fait en talons, il y a tiraillement des tendons et prédisposition aux oignons et aux bleimes.

Le *pied comble* présente une sole convexe au lieu d'être concave. Les boiteries sont fréquentes et le cheval presque toujours hors de service.

Les *pieds dérobés* sont ceux dont la muraille est cassante. Ils sont souvent difficiles à ferrer.

Le *pied rampin* a la paroi verticale et une grande hauteur de talons. Cette conformation est plutôt disgracieuse que nuisible.

Telles sont les difformités naturelles.

D'autres sont accidentelles.

Les pieds sont dits *encastelés* lorsque les talons sont trop resserrés l'un contre l'autre. L'élasticité du pied a disparu, les parties contenues sont comprimées ; il en résulte des boiteries. L'encastelure se produit souvent dans les pieds petits et plutôt dans les membres antérieurs.

Les *pieds étroits* sont ceux dont le diamètre latéral est rétréci. Ce défaut coïncide souvent avec l'encastelure.

Le raccourcissement des tendons suspenseurs, des douleurs continues rendent les pieds *pinçards*, c'est-à-dire ne portant sur le sol que par la pince.

(1) Ce qu'on a dit du pied trop grand indique le remède : si un cheval boite parce que ses pieds se sont resserrés, on l'enverra pour quelque temps dans une prairie basse ; ou bien on garnira l'écurie de terre glaise molle, dans laquelle ses pieds reprendront leur élasticité et leur forme.

Les pieds *cerclés* présentent sur leur muraille des éminences ou des dépressions circulaires qui sont le témoignage de l'irritation dont la couronne a été le siége. Cette altération se rencontre souvent dans les pieds plats ou dans les pieds encastelés.

Maladies du pied.

Les pieds, enfin, peuvent être atteints des maladies suivantes :

Les *seimes* sont des fentes qui se produisent longitudinalement dans la paroi.

Elles proviennent de la mauvaise nature de la corne qui perd sa cohésion, se sèche et se fend; elles sont aussi quelquefois occasionnées par la maladresse des maréchaux, qui enlèvent avec la râpe le vernis protecteur du pied... La seime est longue à guérir.

La *fourbure* consiste dans l'inflammation du tissu réticulaire. Elle a généralement pour cause les marches forcées; quelquefois aussi le resserrement trop grand du fer et l'excès d'alimentation avec des substances échauffantes.

La *bleime* est une affection grave qui consiste en une meurtrissure des talons ou des quartiers. Les tissus intérieurs s'enflamment, il se produit un épanchement de sang dans les pores des talons ou de la sole, et presque toujours une suppuration.

Cette affection est d'autant plus grave que, même après guérison complète, le retour en est à craindre.

La fourchette peut être atteinte d'une décomposition très-rebelle nommée *crapaud*. Cette affection débute par un suintement fétide qui fait dire que la *fourchette* est *échauffée* ou *pourrie*.

Un accident assez fréquent est le *clou de rue* ou corps étranger quelconque qui a pénétré dans la face plantaire du pied, — presque toujours dans la fourchette ou entre la sole et la fourchette. — La boiterie est immédiate. Le premier remède est d'extirper le corps étranger, avec soin, pour qu'il ne se casse pas dans la blessure. Quelquefois il s'établit par suite une suppuration que l'on favorise en creusant en entonnoir la partie affectée.

La ferrure.

Pour garantir le pied du cheval et prévenir la dégradation de la corne qu'entraînerait la marche sur des terrains durs, on a été amené à fixer sous le pied une bande de fer préparée à cet effet.

C'est ce qui constitue la ferrure.

Il n'entre pas dans le plan de ce cours de traiter à fond de la ferrure. On ne donnera dans cette leçon que quelques principes. On y reviendra dans la dernière leçon, à propos de l'hygiène.

Le fer est fixé par des clous spéciaux. Les instruments qui servent à l'opération sont le *brochoir*, les *tricoises*, le *repoussoir*, le *boutoir*, le *rogne-pied* et la *râpe*.

Le but de la ferrure étant de prévenir l'usure du sabot, on peut poser comme principe que, pour un pied bien fait, il faut le plus possible respecter sa forme, conserver la rectitude des aplombs, ménager l'élasticité du pied.

Ces règles qui semblent si simples sont souvent difficiles à appliquer.

La corne ayant poussé, il faut, avec le boutoir et le

rogne-pied, enlever l'excédant qui se serait usé naturellement si le cheval n'avait pas eu de fers.

C'est ce qu'on appelle *parer le pied*. Il importe de le faire bien également et ne pas parer plus en pince qu'en talons, ou inversement, car l'aplomb serait évidemment changé.

Une observation analogue s'applique au choix du fer : le pied étant dans un bon aplomb, le fer doit être également épais dans toutes ses parties.

Dans ces conditions, on verra le fer s'user régulièrement ; mais si l'aplomb a été détruit par une précédente ferrure, parce que les talons auront été trop abattus, par exemple (ce qui arrive souvent), on verra le fer irrégulièrement usé, le sabot portant plus en pince qu'en talons. Le maréchal alors devra ménager les talons, et, en attendant que la corne repousse, il donnera à son fer plus d'épaisseur en cette partie pour soulager le pied et ne point augmenter la fatigue des tendons fléchisseurs (1).

Quant à l'élasticité du pied, on voit que le fer ne permet pas de la conserver entièrement. On peut du moins la laisser aux quartiers et aux talons, en rapprochant plutôt les étampures de la pince.

Il importe enfin que le fer soit préparé pour le pied et non pas le pied ajusté pour le fer, pratique trop fréquente des maréchaux qui abusent de la râpe pour façonner le pied et détruisent ainsi le vernis protecteur de la corne, dont l'action est si importante.

(1) Quelques maréchaux font le raisonnement inverse et disent que, le cheval ayant plus usé en pince, il faut augmenter l'épaisseur du fer en cette partie. — **Ils augmentent le mal au lieu de le guérir.**

DIXIÈME LEÇON.

GÉNÉRALITÉS SUR L'AGE. — FORME ET ANATOMIE DES DENTS.

De l'âge.

On conçoit qu'il est très-important de pouvoir déterminer l'âge du cheval. L'estimation des services qu'il peut rendre et par suite la valeur pécuniaire ont l'âge pour base principale.

Dans l'étude de l'extérieur on a signalé certains indices qui accompagnent la vieillesse, mais ces signes sont vagues et très-irréguliers. On a trouvé dans la dentition des indices beaucoup plus sûrs et dont la succession s'établit assez régulièrement pour tous les âges.

Les dents sont divisées en trois séries : les *incisives*, les *crochets* et les *molaires*.

Les *incisives* sont placées à l'extrémité inférieure de la tête. On les distingue en *pinces*, qui sont les deux dents placées au centre ; en *mitoyennes*, qui sont placées de chaque côté des pinces, et en *coins*, qui forment les extrémités.

Les *crochets* sont placés isolément sur les barres, entre les incisives et les molaires.

Les *molaires*, au nombre de vingt-quatre, sont disposées en rang de six sur les quatre côtés des arcades dentaires. Les trois dernières molaires de chaque rang, appelées *arrière-molaires*, sont persistantes. Les avant-molaires ainsi que les incisives du poulain sont *caduques* et tombent à époques déterminées. Elles sont remplacées par des *dents de cheval*.

Les dents, sauf les crochets, sont terminées par une section plus ou moins régulière que l'on nomme la *table de la dent* et qui frotte sur la dent opposée.

En observant les irrégularités de cette surface, on voit qu'elles proviennent de la réunion en une même dent de deux substances d'inégale densité : l'ivoire et l'émail.

L'ivoire, d'aspect jaunâtre, forme la base de la dent ; il est recouvert par l'émail, matière blanche excessivement dure qui le pénètre et l'entoure.

Les molaires présentent une large table garnie de bandes transversales qui servent à triturer les aliments.

La partie enchâssée se termine par trois ou quatre racines.

Comme il est à peu près impossible de les observer en raison de leur place, il n'en sera plus question ici.

Les incisives de la mâchoire inférieure sont les dents qu'on observe pour déterminer l'âge ; celles de la mâchoire supérieure ont des caractères trop irréguliers pour être utilement consultées.

Trois points principaux sont à considérer : l'*éruption de la dent*, la *forme de la table*, son *degré d'usure*.

On verra plus loin les époques de l'éruption des dents. Quant à la forme et au degré d'usure, il importe pour les bien comprendre de connaître la structure de la dent.

Forme et anatomie des dents.

Les incisives de lait n'ont pas la même forme que celles du cheval ; les premières sont petites, très-plates d'avant en arrière, d'un blanc laiteux; enfin, entre la partie libre et la partie enchâssée, il y a un étranglement marqué nommé *collet*.

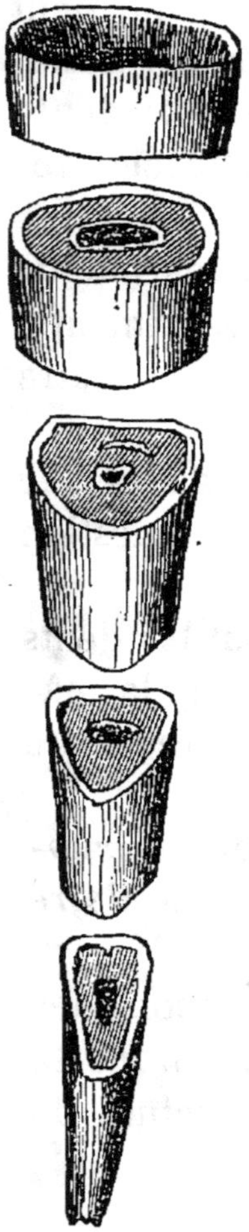

Fig. 10.
Incisive sciée à différents points de sa longueur.

Les dents de cheval sont plus volumineuses et plus longues, elles n'ont pas de collet.

Les incisives sont recourbées d'une extrémité à l'autre, présentant une convexité en avant. Leur forme varie suivant les différents points de la longueur (qui est d'environ 70 millimètres) : à l'extrémité libre, la dent est aplatie d'avant en arrière, tandis qu'à l'autre extrémité elle est aplatie d'un côté à l'autre. En sorte que si l'on sciait une incisive à différents points de sa longueur, les sections intermédiaires seraient d'abord ovales, puis arrondies, puis triangulaires et enfin aplaties d'un côté à l'autre. Or, la dent s'use annuellement de deux à trois millimètres et sort de l'alvéole d'une quantité à peu près égale; les différentes sections se présenteront donc naturellement au regard de l'observateur. Vers l'âge de huit ans, l'étude de cette conformation de la table deviendra d'importance capitale.

Si maintenant on sciait une dent non encore usée longitudinalement, et suivant une direction parallèle au plan médian de la tête, on verrait qu'elle présente deux cavités. La première externe, profonde de

12 à 15 millimètres, et limitée par deux bords tranchants, antérieur et postérieur; le bord antérieur dominant le postérieur d'environ 2 millimètres.

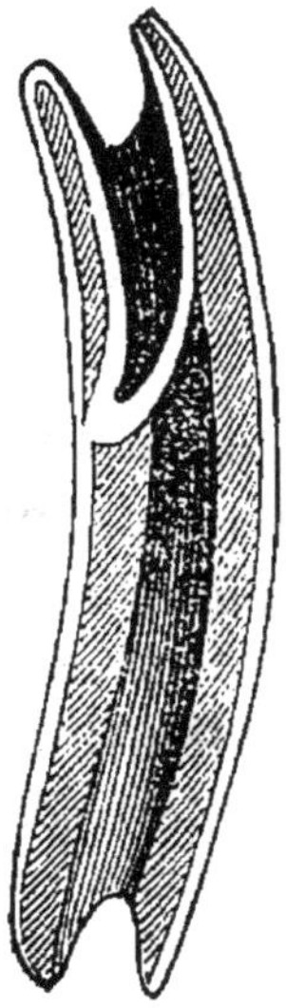

Fig. 11. — Incisive sciée longitudinalement.

La seconde cavité, plus étroite, lui est opposée. Elle part de la racine, monte dans l'ivoire et croise en avant le cornet dentaire sans le toucher. Elle contient la pulpe de la dent, substance plus jaune et moins dure que l'ivoire, organe sécréteur de la dent, que l'on verra apparaître à un certain âge.

L'émail tapisse la première de ces cavités : il en résulte qu'à un certain degré d'usure la table présentera deux cercles d'émail, l'un extérieur enveloppant l'ivoire, l'autre central limitant le cornet dentaire externe.

Un peu plus tard, on verra apparaître entre le cornet central et le bord tranchant antérieur le cul-de-sac de la cavité dentaire interne, que l'on nomme *cornet radical.*

Le mot *raser* est employé pour désigner le degré d'usure de la dent. Les auteurs n'étant pas d'accord sur la valeur et l'emploi de ce mot, il importe de le bien définir.

Pour nous conformer au cours de M. Wallon, qui a été publié avec l'attache officielle, nous dirons qu'une dent est rasée lorsque l'usure est telle que, sur tout le pourtour de la table, l'ivoire apparaît entre l'émail d'encadrement et l'émail central, — ou, en d'autres termes, lorsque l'émail aura été assez usé pour que la partie repliée à l'intérieur du cornet dentaire soit entièrement séparée de la partie qui recouvre la muraille. — C'est le degré d'usure qui a été signalé ci-dessus.

ONZIÈME LEÇON.

DE L'AGE (SUITE). — ÉRUPTION DES DENTS, LEUR RASEMENT, LEUR USURE.

Les dents ne se montrent pas toutes en même temps, et, comme conséquence, les phénomènes d'usure et de variation de forme dont il a été question dans la leçon précédente se produisent successivement : dans les pinces d'abord, puis dans les mitoyennes et enfin dans les coins, ordre dans lequel ces dents ont fait leur éruption.

Le jeune âge est marqué par l'éruption des dents de lait, leur rasement, leur chute et leur remplacement par les dents de cheval.

Pendant cette première période, les qualités du cheval se développent peu à peu, mais il est mou, impropre au travail et sous le coup d'une crise dépuratoire, la *gourme*, occasionnée par le travail fluxionnaire auquel donne lieu la dentition. Cette crise est suivie d'une grande faiblesse qui parfois réagit sur la vie entière.

L'âge adulte, que l'on pourrait aussi appeler la période stationnaire, vient ensuite. Malheureusement l'époque où le cheval a acquis la plénitude de ses forces n'est pas la même pour tous : certains chevaux sont faits à cinq ans ; pour d'autres il faut attendre jusqu'à six, sept et même huit ans.

Toutefois les remontes ont dû prendre une base fixe et les règlements de cavalerie prescrivent que les chevaux seront mis en dressage à l'âge de cinq ans.

Cette période se marque par le rasement des incisives d'abord, puis par l'arrondissement de la table de la dent.

On peut fixer à sept ans en moyenne la durée de l'âge stationnaire. Ce n'est pas à dire que la vieillesse commence à douze ans; nous voyons, au contraire, beaucoup de chevaux continuer à faire un très-bon service, mais l'ardeur n'est plus la même, l'usure laisse ses traces qui seront des indices de l'âge. Les dents en fourniront de plus précis par leur forme triangulaire d'abord, puis aplatie d'un côté à l'autre.

Première période.

Éruption des dents de lait. Huit ou dix jours après la naissance, les pinces commencent à percer la gencive, si le poulain ne les a déjà en naissant.

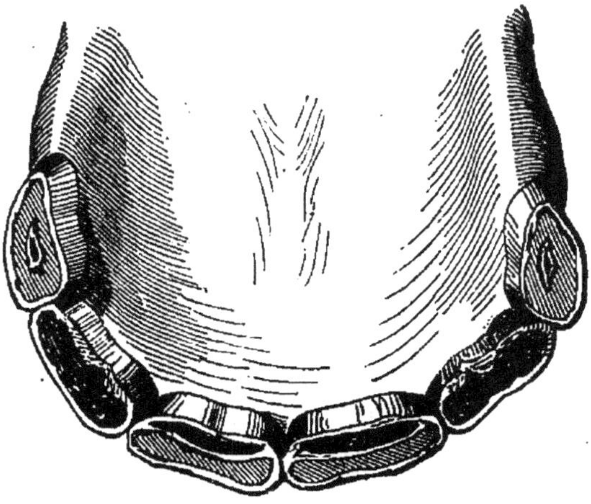

Fig. 12. — 4 ans.

Les mitoyennes apparaissent du vingtième au quarantième jour.

Les coins à six ou dix mois.

Rasement des dents de lait. Aussitôt que l'éruption d'une incisive est accomplie, le frottement commence et la table se forme.

Le rasement est assez irrégulier dans les dents caduques.

En général, les pinces ont rasé de huit à dix mois.

Les mitoyennes à douze ou quatorze mois.

Les coins de dix-huit à vingt-deux mois.

Éruption des dents de remplacement. Vers deux ans et demi, les pinces caduques tombent et l'on voit apparaître les pinces de remplacement, qui arrivent à hauteur des mitoyennes de lait à trois ans.

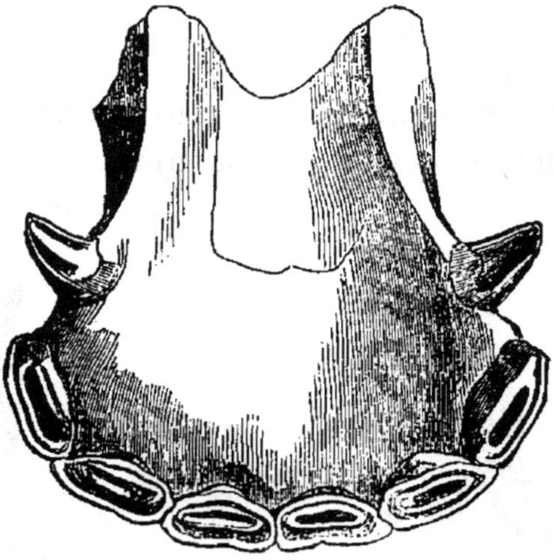

Fig. 13. — 5 ans.

Celles-ci disparaissent à leur tour et sont remplacées à trois ans et demi.

En sorte qu'*à quatre ans* le cheval n'a plus que ses coins de lait, rasés, tandis que les mitoyennes ne le sont pas du tout, et les pinces ne le sont pas encore complétement.

Les coins de lait tombent à quatre ans et demi, et *à cinq ans* le cheval aura toutes ses dents d'adulte : les pinces rasées ; les mitoyennes usées sur le bord antérieur et présentant déjà une bande d'ivoire de ce côté ; les coins à hauteur des mitoyennes, mais n'ayant pas encore frotté.

Deuxième période.

A six ans, les mitoyennes sont rasées à leur tour, les coins ne sont usés que par leur bord antérieur.

A sept ans, toutes les incisives sont rasées.

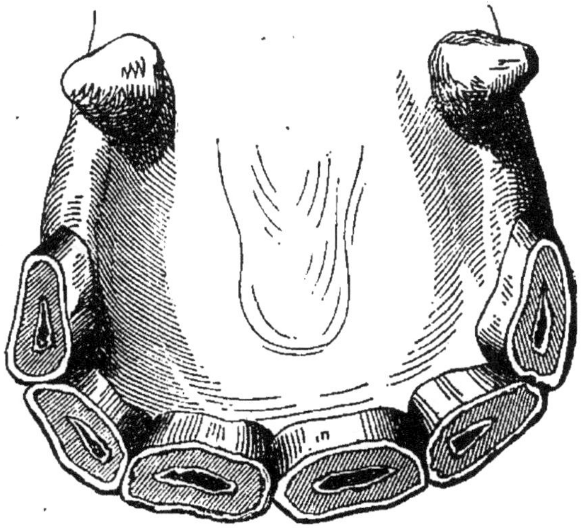

Fig. 14. — 7 ans.

La mâchoire supérieure présente généralement à cet âge un indice utile. L'arc de cercle formé par les incisives dans la mâchoire supérieure est un peu plus grand que dans la mâchoire inférieure ; il en résulte qu'une partie des coins supérieurs ne frotte pas sur les inférieurs et ne s'use pas également. La saillie qui se présente aux coins supérieurs s'appelle la *queue d'hirondelle*.

A huit ans, les incisives sont devenues ovales; le cornet dentaire s'est rapproché du bord postérieur, la queue d'hirondelle est bien marquée.

Les crochets, dont il n'a pas encore été question parce que leur éruption est irrégulière (ils sortent de quatre à sept ans), sont généralement émoussés. Le rasement n'existe pas dans les crochets.

A neuf ans, les pinces s'arrondissent; le cornet dentaire, devenu rond, s'est approché davantage du bord

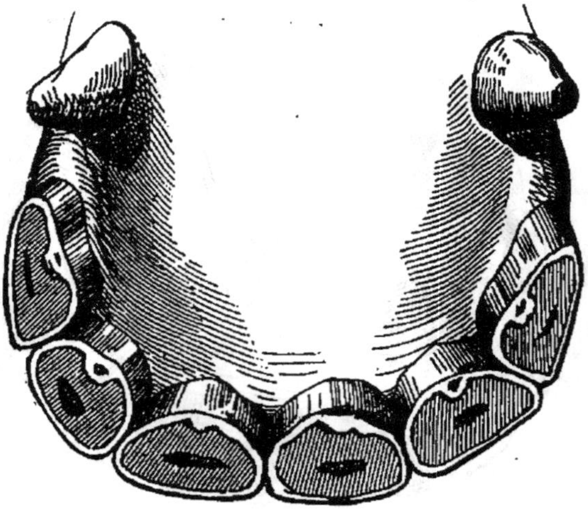

Fig. 15. — 11 ans.

postérieur; entre lui et le bord antérieur on distingue nettement, sous forme d'une bande jaunâtre, l'étoile radicale ou cul-de-sac de la cavité dentaire interne.

A dix ans, les mêmes transformations se produisent dans les mitoyennes.

A onze ans, mêmes transformations dans les coins; le cornet dentaire externe n'est plus qu'une petite exubérance d'émail qui touche le bord supérieur.

A douze ans, les incisives sont arrondies; l'émail central a disparu; tout au plus existe-t-il encore dans les coins; l'étoile radicale occupe le centre de la table.

Troisième période.

A treize ans, disparition absolue de l'émail central. Les pinces prennent la forme triangulaire, qui devient nettement accusée *à quatorze ans*. L'angle formé par les deux mâchoires est beaucoup plus aigu.

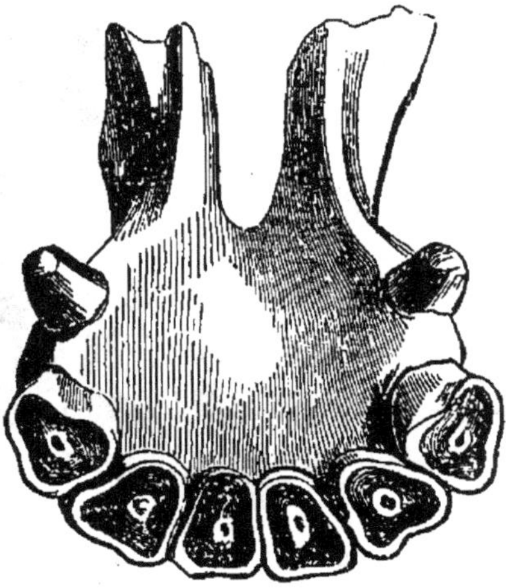

Fig. 16. — 16 ans.

A quinze ans, les mitoyennes sont triangulaires à leur tour.

A seize ans, les coins le sont aussi, l'étoile radicale se présente sur toutes les tables en un point rond central.

A dix-sept ans, les pinces commencent à s'aplatir d'un côté à l'autre.

C'est vers cette époque que l'émail central disparaît dans toutes les incisives supérieures.

A dix-huit ans, la table des pinces est plus longue d'avant en arrière que d'un côté à l'autre.

A dix-neuf ans, cette configuration se présente dans les mitoyennes.

A vingt ans, même changement dans les coins : toutes les incisives sont devenues bi-angulaires.

Au delà de cet âge les dents n'offrent plus de caractère

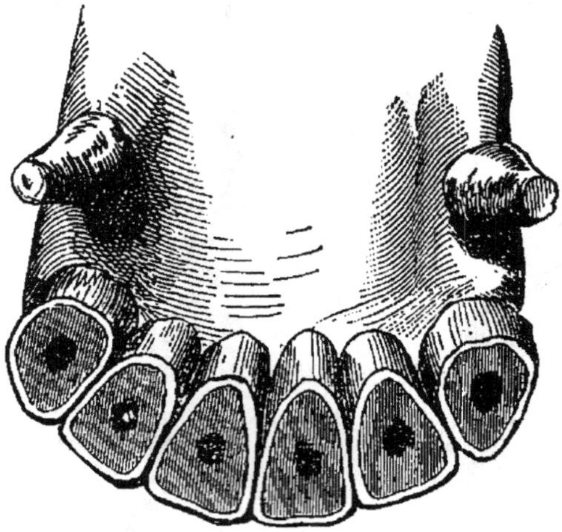

Fig. 17. — 20 ans.

précis. Le degré d'aplatissement, la direction de plus en plus oblique des deux mâchoires l'une sur l'autre, fourniront encore quelques indices qui n'ont d'ailleurs plus grande importance, le cheval étant généralement hors de service.

Les règles qu'on vient de voir s'appliquent à une dentition normale. La pratique présente des exceptions fréquentes qu'il faut savoir discerner.

En principe, la dernière dent sortie ou rasée offre les caractères plus certains que les dents précédentes.

La partie libre de la dent doit être de 18 millimètres environ dans les pinces, 15 dans les mitoyennes, 12 dans les coins. Si l'usure est irrégulière et que les dents soient trop longues ou trop courtes, le cheval paraîtra évidemment plus jeune ou plus âgé qu'il ne l'est réellement.

Une autre exception qui trompe plus facilement est la profondeur plus grande du cornet dentaire ou de l'émail qui le tapisse, et par suite leur persistance au-delà du temps fixé pour leur disparition. Dans le premier cas, le cheval est qualifié de *bégu;* dans le second, de *faux-bégu.*

C'est surtout la forme de la dent qui permettra de rectifier l'erreur.

Chez les chevaux tiqueurs, il deviendra presque impossible d'apprécier l'âge par l'inspection des dents. On examinera attentivement les signes extérieurs.

Il est bon aussi de se prémunir contre les ruses des marchands de chevaux, qui vieillissent ou rajeunissent leurs chevaux pour en augmenter la valeur et en favoriser la vente.

Les dents de lait sont arrachées pour faire paraître plus tôt les dents de remplacement.

Mais il n'y aura plus accord entre l'éruption prématurée des dents de remplacement et l'usure des dents non arrachées.

La lime et le burin sont employés pour produire artificiellement un cornet dentaire ou modifier la forme de la table. L'absence d'émail d'encadrement permettra de discerner facilement cette grossière supercherie.

DOUZIÈME LEÇON.

DES ROBES. — ROBES SIMPLES ET ROBES COMPOSÉES.

Des robes.

On entend par robe la couleur de l'ensemble des poils et des crins d'un cheval.

Les couleurs se distinguent entre elles par leurs nuances, et les robes se varient en outre par un grand nombre de signes particuliers.

Ces signes particuliers seront étudiés après les robes elles-mêmes.

Pour faciliter cette étude, nous réunirons dans une première division les robes simples, ou d'une seule couleur; la seconde division comprendra les robes composées. Cette seconde division se partage elle-même en plusieurs classes qui seront indiquées plus loin.

Première division. — Robes simples.

Cette première division comprend quatre robes : le *noir*, le *blanc*, le *café au lait* (1), l'*alezan*.

Les nuances qui les modifient sont :

1° *Noir : Mal teint. — Franc. — Jaïet.*

2° *Blanc : Mat. — Sale. — Argenté. — Porcelaine.*

3° *Café au lait : Clair. — Foncé.*

4° *Alezan : Clair. — Doré. — Foncé. — Brûlé.*

(1) Certains auteurs considèrent le café au lait comme un isabelle à crins lavés et ne comptent par conséquent que trois robes dans cette première division.

Le *noir* est dit mal teint lorsqu'il est roussâtre;

Il est franc lorsqu'il est d'une nuance bien prononcée et mate;

Il est jaïet ou jais lorsqu'il a le brillant de cette substance.

Le *blanc* est mat lorsqu'il a une teinte de lait;

Il est sale quand il semble jauni par la poussière;

Il est argenté lorsqu'il a l'éclat de l'argent neuf;

On le dit porcelaine lorsqu'il prend les reflets bleuâtres de la porcelaine.

Cet effet est produit par la coloration foncée de la peau qu'on aperçoit à travers les poils quand ils sont fins.

Le *café au lait* se rapproche de la nuance du mélange de ces deux substances. — Il se divise naturellement en clair et foncé.

L'alezan est une robe d'un brun-rouge-jaunâtre dont les nuances sont caractérisées par l'intensité plus ou moins grande de ces trois couleurs.

Il est clair lorsqu'il est presque jaune;

On le dit doré lorsqu'il prend l'éclat brillant de l'or neuf;

Il est foncé lorsqu'il tire sur le roux;

Brûlé lorsqu'il prend une nuance de café torréfié.

Deuxième division. — Robes composées.

Les robes composées comprennent quatre subdivisions :

1° Les robes d'une couleur avec l'extrémité inférieure des membres et les crins d'une autre couleur que la robe;

2° Deux couleurs intimement mélangées;

3° Trois couleurs intimement mélangées;

4° Mélange par plaques distinctes du blanc avec une autre couleur.

1° EXTRÉMITÉ INFÉRIEURE DES MEMBRES ET CRINS D'UNE AUTRE COULEUR QUE LA ROBE.

Cette classe comprend trois robes : le *bai*, l'*isabelle*, le *souris*.

Elles sont ainsi nuancées :

1° *Bai : Clair. — Cerise. — Châtain. — Marron. — Brun.*

2° *Isabelle : Clair. — Foncé.*

3° *Souris : Clair. — Foncé.*

Le *bai* a le fond de la robe brun-rouge plus ou moins foncé, avec les extrémités et les crins noirs.

Il est clair ou lavé lorsqu'il a une teinte rousse peu prononcée.

Cerise, châtain ou *marron*, il présente la coloration plus ou moins rapprochée de ces fruits.

Le *bai-brun* est d'une couleur foncée qui se rapproche du noir mal teint.

L'*isabelle* est la nuance café au lait modifiée par les extrémités et les crins noirs.

Il se divise en clair et en foncé.

Le *souris* a le fond de la robe gris cendré de l'animal de ce nom. Il est clair ou foncé.

2° MÉLANGE INTIME DE DEUX COULEURS.

Trois robes : *Gris. — Aubère. — Louvet.*

Les nuances sont :

1° *Gris : clair, — sale, — foncé, — ardoise, — tourdille, — étourneau.*

2° *Aubère : clair, — mille-fleurs, — foncé, — fleur de pêcher.*

3° *Louvet : clair, — foncé.*

Le *gris* est formé du mélange de poils noirs et blancs en variable proportion.

Dans le gris clair, les poils blancs dominent.

Le gris sale prend un ton jaunâtre.

Le gris est foncé si les poils noirs sont en plus grand nombre.

On le dit ardoisé lorsqu'il a la teinte de l'ardoise ou de la cassure récente du fer, ce qui le fait aussi nommer *gris de fer.*

Le gris tourdille est parsemé de petits bouquets de poils noirs.

Le gris étourneau est mélangé de petits bouquets blancs et noirs semblables au plumage de l'étourneau.

L'*aubère* est l'union de poils blancs et de poils alezans.

La prédominance du blanc fait l'aubère clair.

Le mille-fleurs est parsemé de petits bouquets blancs.

L'aubère foncé ou vineux a les poils alezans en plus grand nombre.

Le fleur de pêcher est parsemé de petits bouquets de poils rouges.

Le *louvet* est formé du mélange de poils noirs et alezans. Ces deux teintes sont aussi quelquefois réunies sur le même poil.

Dans le louvet clair, les poils alezans dominent; dans le louvet foncé, ce sont les noirs.

3° TROIS COULEURS INTIMEMENT MÉLANGÉES.

Une seule robe : le *rouan,* mélange de poils blancs, alezans et noirs. Il peut être *clair, vineux* ou *foncé.*

Le *rouan* est clair lorsque le blanc domine. Il est vineux si c'est le rouge ; il est foncé quand c'est le noir.

Il faut remarquer que les poils peuvent n'être pas mélangés également sur tout le corps, mais que très-souvent les poils noirs sont réunis aux extrémités, le fond de la robe étant composé de blanc et d'alezan.

4° MÉLANGE PAR PLAQUES DU BLANC AVEC UNE AUTRE COULEUR.

Ce mélange par plaques plus ou moins grandes du blanc avec une autre robe simple ou composée, est ce qui constitue la robe *pie*.

Selon la robe avec laquelle le blanc s'est allié, on dit : *pie-alezan*, *pie-noir*, *pie-bai*, *pie-gris*, etc., etc.

Les robes ne sont pas nettes dès leur jeune âge : ce n'est que vers la deuxième année qu'il devient possible de préciser la robe d'un poulain.

Les saisons ont une grande influence sur les robes : le poil d'hiver est long et terne, il rend parfois méconnaissable un cheval que l'on a vu avec le poil éclatant de l'été. Certains caractères cependant sont à peu près invariables : la nuance de la tête, celles des jambes et des crins. On y joindra les particularités qui nuancent les robes à l'infini et sont comme la marque propre de l'individu.

TREIZIÈME LEÇON.

PARTICULARITÉS DES ROBES. — SIGNALEMENTS.

Particularités des robes.

Les robes simples comme les robes composées, indépendamment de leur nuance, ont presque toujours quelques particularités.

Ces particularités sont divisées en quatre classes, qui sont formées suivant les parties du corps qu'elles affectent.

1° PARTICULARITÉS QUI SE TROUVENT SUR TOUTES LES PARTIES DU CORPS.

Les *miroitures* sont des reflets partiels qui se trouvent les uns à côté des autres et séparés par des poils de couleur moins vive.

Les *pommelures* présentent des dispositions à peu près analogues s'appliquant aux robes grises ou rouannes. On dit pommelé clair ou pommelé foncé, suivant que ce sont les poils blancs ou les poils noirs qui dominent.

Les *mouchetures* sont de petits bouquets de poils plus foncés que le fond de la robe; elles se produisent dans les gris, les aubères et les rouans.

Si ces bouquets de poil sont alezans, on les appelle des *truitures*.

Le *tisonné* ou *charbonné* sont des marques noires qui semblent faites par le frottement d'un charbon.

Marqué de feu désigne des taches d'un rouge plus ou moins vif qui se trouvent plus particulièrement aux naseaux, aux flancs ou aux fesses.

Lavé est la décoloration de certaines parties de la robe; c'est plutôt au ventre, aux flancs, aux ars, que cette marque se produit.

Les *zébrures* sont des lignes noirâtres transversales comme celles du zèbre. Elles se trouvent plutôt aux membres.

Les *tigrures* sont des mouchetures de grande dimension.

Le mot *rubican* est employé pour désigner la présence d'un certain nombre de poils blancs disséminés sur la robe sans en changer la teinte générale.

On désigne par le mot *ladre* une partie de peau colorée en rose tendre et couverte de poils très-fins. Le ladre existe par taches circonscrites près des ouvertures naturelles. S'il est veiné de noir, on le dit *marbré*.

Rouanné exprime la teinte rousse de l'extrémité des poils noirs dans certaines robes grises qui par suite paraissent rouannes en quelques parties.

Le mot *bordé* désigne le mélange des poils de différentes couleurs au pourtour d'une marque particulière, comme les pelotes en tête ou les balzanes.

Mélangé s'applique aux mêmes particularités qui, au lieu d'être tranchées par plaques, présentent un mélange de poils blancs avec ceux de la robe.

Les *épis* méritent quelquefois aussi d'être signalés; toutefois on y attache généralement très-peu d'importance parmi nous. Les Orientaux en tiennent grand compte.

L'absence complète de poils blancs sur une robe fait dire que le cheval est *zain*.

Pour les particularités qui peuvent être générales, on a soin, dans les signalements, d'indiquer si elles se trouvent effectivement sur toutes les parties du corps, ou quelles sont les parties où elles sont placées.

2° Particularités de la tête.

Certaines particularités ne se rencontrent qu'à la tête; elles ont été réunies en une classe.

Cap de More exprime la couleur noire de la tête avec une robe d'autre couleur (rouan, gris ou louvet).

Nez de renard indique des marques de feu aux naseaux et aux lèvres.

Les *marques en tête* sont des taches blanches qui se présentent sur le front, le chanfrein, le nez ou les lèvres. Elles portent différents noms suivant leur place et leur dimension.

Une marque de moyenne dimension au front fait dire que le cheval est *en tête*, — expression qui se modifie ainsi : *légèrement en tête* ou *fortement en tête*, si la tache est petite ou très-grande.

On dit aussi *quelques poils en tête* lorsqu'il n'y en a qu'un petit nombre et que la tache est à peine visible.

La marque en tête peut être appelée *pelote, étoile, croissant*, etc., suivant sa forme, qu'il faut toujours indiquer. On y ajoute aussi les qualificatifs *bordée, mélangée, truitée*, etc.

Le prolongement de la marque en tête sur le chanfrein porte le nom de *lisse*.

On indique la forme et la dimension de la lisse.

Lorsqu'elle descend à droite et à gauche du chanfrein, le cheval est dit *belle face ;* souvent ces grandes marques se terminent par du ladre aux lèvres. On dit alors que le cheval *boit dans son blanc*.

L'œil *vairon* doit être signalé.

3° Particularités du tronc.

La *raie de mulet*, bande noire, ou plus foncée que la robe, va du garrot à la queue; on la trouve dans les chevaux isabelles, souris, bais ou louvets.

Ventre de biche indique la coloration jaunâtre du ventre.

Les crins peuvent être blancs ou mélangés, ce qui existe surtout dans la robe alezane.

Si les crins blancs se présentent par mèches, il faut en indiquer le nombre et la place.

4° Particularités des membres.

La *balzane* est une tache blanche plus ou moins étendue, qui est située immédiatement au-dessus du sabot. Si la tache n'atteint pas le boulet, on dit *balzane* simplement. Plus petite, on dit *principe de balzane* ou *balzane incomplète,* ou moins encore : *trace de balzane.*

Au-dessus du boulet, la balzane est dite *chaussée;* on dit *très-haut chaussée,* si elle monte au jarret et au-dessus.

Les balzanes peuvent être *régulières, irrégulières, bordées, dentelées, truitées,* etc. On dit *herminées* lorsqu'elles présentent des bouquets de poils foncés, comme seraient ceux des fourrures d'hermine.

On désigne avec soin le membre ou les membres qui portent les balzanes; pour deux balzanes, on désigne le bipède; pour trois, on dit trois balzanes, dont une à tel membre antérieur ou postérieur.

La corne du sabot est généralement noire; quand elle est blanche, c'est à signaler.

Indices fournis par les robes.

Les robes sont bien loin de donner des indices certains sur les qualités d'un cheval; cependant on trouve dans plusieurs races les chevaux d'une ou de certaines robes généralement bons, tandis que ceux d'autres robes sont moins bons et se vendent moins cher. Ces préférences des gens du pays sont basées sur l'expérience, et on en peut tenir compte.

En général les robes franches, d'un ton intense, sans pelotes ni balzanes, sont l'apanage des chevaux énergiques, tandis que les robes lavées, le café au lait, les alezans clairs, les blancs dès le jeune âge, le ladre, les balzanes haut-chaussées se rencontrent plutôt parmi les chevaux mous, lymphatiques, souffreteux.

En Bretagne, les rouans et les aubères se vendent plus cher que les autres. Les Arabes attachent une grande importance aux mouchetures et aux truitures. L'alezan clair, l'isabelle, le bai lavé, sont pour eux en grand dédain.

Signalements.

Les signalements sont l'énumération des caractères extérieurs qui permettent de reconnaître un cheval.

Les signalements établis sur les registres matricules des corps donnent le nom, le sexe, l'âge, la robe et ses particularités.

La taille se mesure à la potence. Lorsqu'elle a été mesurée autrement, on doit l'indiquer.

Dans l'énoncé des particularités, on dit d'abord celles du corps, puis celles de la tête, et enfin celles des membres.

Voici un exemple de signalement :

Espérance, jument, 7 ans en 1873, 1m 55, alezan brûlé, légèrement rubican aux flancs, quelques poils en tête, petite balzane postérieure gauche herminée.

Il y a un autre genre de signalement, qu'on appelle signalement composé ou d'appréciation. (Il n'est pas en usage dans les corps de troupe.)

Aux renseignements ci-dessus indiqués on ajoute des détails sur la race, la conformation, le tempérament, le caractère, le genre de service que l'animal peut rendre; — enfin les tares ou marques accidentelles dont il peut être affecté : traces de feu, opérations chirurgicales, suros, etc....

Parmi ces marques accidentelles il en est une dont il n'a pas encore été question, c'est le coup de lance.

Le *coup de lance* est une dépression musculaire, une sorte de trou comme aurait pu en faire une pointe de lance et sans lésion de la peau.

Il existe à l'encolure ou à l'épaule.

QUATORZIÈME LEÇON.

NOTIONS ÉLÉMENTAIRES D'HYGIÈNE.

La conservation du cheval en santé, comme celle de l'homme, tient à bien des causes que les exigences du service ou de la guerre ne permettent pas toujours de rendre conformes aux règles de l'hygiène. Il faut du moins chercher à s'en rapprocher, et c'est surtout lorsque les chevaux seront au bivouac ou éparpillés dans des cantonnements que l'initiative individuelle pourra s'exercer et modifier par des soins intelligents des conditions fâcheuses par elles-mêmes.

Les influences principales viennent de l'air, des aliments, de la boisson, du pansage et des bains, du travail ou du repos, et de la ferrure.

De l'air.

On a vu le rôle de l'air dans la respiration; son action est donc incessante.

L'air est chimiquement composé d'un mélange de 21 parties d'oxygène et de 79 parties d'azote.

Ce mélange se modifie toujours par une addition de vapeur d'eau et d'acide carbonique, et par différents gaz et corpuscules solides dont la proportion est variable suivant les milieux dans lesquels on se trouve.

On peut admettre en principe que, à part le voisinage de certains marais fangeux et les émanations que les industries répandent autour de nos villes, l'air extérieur est sain et pur.

Cet air est profondément vicié à l'intérieur, et on peut dire que les miasmes impurs de nos écuries, par leur influence débilitante, sont la principale source des maladies.

Le cube de l'air est nécessairement fort restreint, le renouvellement difficile et incomplet; au bout de peu d'instants la respiration a transformé une partie notable d'oxygène en acide carbonique; l'odeur du fumier, l'ammoniaque qui s'en dégage, la vapeur d'eau qui vient de la transpiration cutanée ou des urines s'y ajoutent, et le cheval respire pendant la plus grande partie de sa vie cet air empoisonné. Là est sans doute la principale cause de la morve et du farcin.

Le vent, la pluie, le chaud, le froid, toutes les incommodités du bivouac n'ont jamais eu ces funestes résultats.

Aussi ne peut-on trop recommander l'aération et la

propreté des écuries, et les sorties des chevaux aussi fréquentes que possible.

Les écuries.

Pour se rendre compte de l'aération que doit avoir une écurie, il faut savoir qu'un cheval de taille moyenne absorbe environ 4 litres d'air par aspiration (la capacité des poumons étant à peu près de 25 litres). La respiration se renouvelle 16 fois par minute, ce qui demande près de 4 mètres cubes d'air par heure. Mais la transpiration pulmonaire et cutanée, les déjections et les exhalaisons qui s'en dégagent, la fermentation des litières vicient l'air dans une proportion bien plus considérable.

Les hygiénistes estiment qu'il faut introduire dans l'écurie 36 mètres cubes d'air nouveau par heure et par cheval pour maintenir celui-ci dans de bonnes conditions. Quelle différence, cependant, entre cette quantité dite suffisante, et l'espace sans bornes dans lequel respire le cheval en liberté!

L'aération se donne par les portes ou par les fenêtres. Le mieux est d'ouvrir tout en permanence, à moins qu'il n'en résulte un courant d'air direct sur les chevaux, ce qui pourrait être cause de maladies. L'aération par les fenêtres, qui sont d'ordinaire placées très-haut, est préférable pour cette raison que nous venons d'indiquer, et ensuite parce que l'air chaud et vicié montant toujours se dégage plus facilement.

Le sol des écuries doit être pavé plutôt que bitumé ou dallé, afin que le cheval ne glisse pas; les interstices des pavés cimentés ou bitumés, afin d'éviter les infiltrations. On donne une pente de 2 centimètres par mètre pour l'écoulement des urines.

La litière est nécessaire pour les chevaux qui se couchent et pour former sous les pieds des chevaux une sorte de matelas élastique qui compense la dureté du pavage.

Son bon entretien est important. Les couches inférieures s'imprègnent de l'urine et forment à la longue un fumier qu'il faut enlever de temps en temps (on le fait ordinairement tous les huit jours). On sèche la paille encore bonne et on la remet dans les écuries.

On évite de laisser séjourner le crottin sur la litière, parce qu'il la pourrit, et aussi parce qu'il donne à l'écurie une mauvaise odeur.

L'aménagement intérieur de l'écurie n'est pas indifférent. Les mangeoires de pierre, les râteliers, le mode d'attache des chevaux, les bat-flancs et leur suspension... toutes ces questions doivent être étudiées et mises dans les meilleures conditions pour que les chevaux mangent leur ration, qu'il n'y ait pas de prise de longe, pas de coup de pied, et que les chevaux embarrassés soient facilement dégagés. Sans développer ces points, qui sont toujours en dehors de notre action, nous renvoyons le lecteur à l'examen des modèles adoptés dans nos modernes quartiers de cavalerie.

La désinfection des écuries qui ont été occupées par des chevaux morveux ou farcineux est fort importante. Elle se fait au moyen de lavage avec des chlorures et de l'eau.

Les aliments.

Les aliments que reçoivent les chevaux de l'armée sont uniformément composés de paille, de foin et d'avoine (celle-ci étant remplacée par l'orge pour les chevaux arabes). Les quantités seules varient suivant les armes.

Cette alimentation, toujours la même, sauf les rares exceptions qu'amène un état morbide, offre un inconvénient sérieux.

L'estomac se blase, les facultés digestives s'émoussent en opérant toujours sur les mêmes substances. L'assimilation diminue à la longue, et la ration paraît insuffisante.

Pour introduire un peu de variété, on donne tous les ans, pendant une période de quatre à six semaines, le vert à un certain nombre de chevaux. Cette mesure serait avantageusement étendue à tous, en continuant, comme l'usage en est adopté actuellement, une ration d'avoine en même temps que le vert.

Dans l'alimentation on peut considérer deux parties distinctes : l'une de travail, qui est l'avoine; l'autre d'entretien, qui est représentée par la paille et le foin. La quantité d'avoine peut et doit se proportionner aux fatigues imposées, sans oublier que le cheval marche avec la nourriture de la veille, et non avec celle du jour.

Quant à la répartition de la ration sur l'ensemble de la journée, il faut beaucoup tenir compte du temps qui sera consacré au travail ; c'est pendant le repos que le cheval reconstitue ses forces et assimile le mieux. Les Arabes disent que l'avoine du matin va au fumier, tandis que celle du soir va à la croupe.

Le *foin* est l'herbe des prairies naturelles fauchée et desséchée de manière à pouvoir se conserver. Il se compose d'un grand nombre de plantes, les unes bonnes, les autres inutiles, quelques autres enfin nuisibles (1), dont les proportions sont variables suivant le climat, l'élévation relative des prairies, leur engrais. Ces mêmes causes modifient la qualité du fourrage.

L'époque où il a été fauché, les circonstances atmosphériques, pluie ou sécheresse, qui ont précédé ou accompagné la fenaison, ont une grande influence. Les longues pluies, les débordements, font les foins lavés ou envasés. Lorsque des brouillards épais et persistants paraissent peu avant la fenaison, ils font naître sur le foin de petits champignons qui se produisent sous forme de taches rousses. On dit le foin *rouillé*.

(1) Voici un classement sommaire des plantes qui se trouvent dans le foin:

Plantes bonnes.	Légumineuses. (Pois, gesses, fèves, lentilles, trèfle luzerne, sainfoin.)
	Graminées. (Les avenacées, fétuques, paturin, flouve, vulpin, amourette.)
Plantes inutiles.	Ombellifères. (Céleri, persil, cerfeuil, anis, angélique, carotte, panais.)
	Rosacées. (Arbres fruitiers, spiriacées (reine des prés), le sanguisorbe, vulgairement pimprenelle.)
	Labiées. (Sauge, mélisse, menthe, thym, serpolet, marjolaine.)
	Joncacées. (Joncs des prairies marécageuses.)
Plantes nuisibles.	Crucifères. (Radis, moutarde, navette, colza, giroflée.)
	Renonculacées. (Aconit, ellébore, anémone, clématite, renoncule, bouton d'or.)
	Colchicacées. (Safran des prés, tue-chien, veillotte.)

La dessiccation incomplète occasionne la moisissure, ou tout au moins une fermentation nuisible qui fait le foin échauffé.

Le bon foin est d'un vert jaunâtre foncé, légèrement lustré, composé en majeure partie de graminées et de légumineuses, dont les tiges sont souples, garnies de leurs feuilles et de leurs fleurs. L'odeur en est agréable.

Au bout de dix-huit mois le foin a perdu beaucoup de de ses qualités.

La *paille* est la tige desséchée du blé garnie de ses feuilles et de son épi, duquel on a extrait la graine.

La paille ne se présente pas toujours sous le même aspect. Quand elle est battue au fléau, elle reste entière; les tiges alors doivent être égales, flexibles, brillantes et sans odeur. La paille battue à la mécanique ou dépiquée au rouleau est toute brisée, et ses bottes se font un peu comme les bottes de foin. Les deux procédés sont bons au point de vue de l'alimentation du cheval comme au point de vue de la séparation du grain. La paille brisée est peut-être plus favorable à la mastication, mais elle occasionne toujours plus de déchet.

Les plantes fourragères que l'on rencontre quelquefois dans la paille sont plutôt une amélioration.

Les qualités et les défauts de la paille sont les mêmes que pour le foin.

L'*avoine* contient non-seulement un principe nutritif considérable, elle a aussi des propriétés excitantes qu'elle doit aux parties résineuses et aromatiques de son enveloppe.

Il existe plusieurs variétés d'avoines. Les meilleures sont les plus lourdes (elles doivent peser au moins 45 kilogrammes l'hectolitre). Les grains bien remplis glissent facilement l'un sur l'autre quand on la presse dans la main. Elle doit être lisse, luisante, d'une saveur agréable, sans odeur, et soigneusement débarrassée de la poussière ou des cailloux qui y sont souvent mélangés.

Celle qui est ridée, humide, germée ou noircie, d'une odeur désagréable, doit être rejetée.

Les régiments montés en chevaux arabes reçoivent de l'orge au lieu d'avoine. Cette graine est aussi nourrissante que l'avoine sans avoir ses principes excitants.

On appelle *vert* la nourriture fournie par l'herbe des prairies naturelles, soit prise sur pied par le cheval en liberté, soit transportée à l'écurie. Les chevaux soumis à ce régime rafraîchissant reçoivent en même temps une ration d'avoine.

On donne aussi en vert l'herbe des prairies artificielles (le trèfle, la luzerne et le sainfoin).

L'eau.

La meilleure eau est celle de pluie. Quelle que soit son origine, voici les qualités qu'elle doit réunir pour être potable : être limpide, aérée, incolore, sans odeur ni saveur.

Elle doit dissoudre le savon et bien cuire les légumes.

Les eaux qui contiennent du sulfate de chaux ne dissolvent pas bien le savon, il se forme des grumeaux. On les qualifie d'eaux dures ou crues.

L'eau courante, surtout lorsque c'est sur un fond pierreux ou sablonneux, est généralement bonne.

Les eaux trop froides ou croupies peuvent occasionner des maladies.

Le cheval boit une ou deux fois par jour, de 15 à

30 litres. On le fait boire avant de manger l'avoine; il faut avoir soin de couper l'eau, surtout si elle est froide. On évite aussi de faire boire un cheval en sueur; toutefois, si c'est au milieu d'une marche et qu'on doive se remettre en mouvement tout de suite, il n'y a pas d'inconvénient à faire boire modérément.

Le Pansage. — Les Bains.

Le pansage est l'action méthodique des instruments spéciaux destinés à entretenir la propreté du cheval. Il favorise la transpiration, active la circulation générale et contribue à l'entretien du cheval en santé.

Mais si un pansage rationnel est utile, sa trop longue durée et l'emploi d'instruments trop durs peut être nuisible. Il faut mesurer cette action à l'irritabilité du cheval. L'étrille ne doit être employée qu'un moment, pour désunir les poils agglutinés par la sueur ou par la boue. La brosse en chiendent est préférable : elle excite la peau sans l'irriter. On achève de nettoyer le cheval avec la brosse et on lustre le poil avec l'époussette. On emploie aussi avantageusement (suivant la méthode orientale reprise par les Anglais) un gant de crin ou un gros bouchon de foin légèrement mouillé que l'on appuie fortement.

L'éponge est employée pour laver toutes les ouvertures naturelles. Il faut avoir soin de l'entretenir très-propre. En été, les lotions et les bains complets ne sauraient être trop recommandés; ils calmeront l'excitation que cause la chaleur, tonifieront les muscles et favoriseront l'appétit comme rafraîchissant général. Les chevaux en éprouvent toujours un grand bien-être.

Une très-bonne pratique au retour du travail est de laver les jambes jusqu'au genou et au jarret. Mais il faut avoir soin de bien sécher ensuite, surtout dans le pli du paturon où l'humidité constante occasionne des crevasses.

L'usage de tondre les chevaux en hiver est maintenant à peu près général dans l'armée. Cette opération présente des avantages réels, qui sont surtout de donner plus d'énergie au cheval en diminuant les pertes occasionnées par la transpiration. La sueur ne séjourne pas sur la peau, le cheval est promptement sec et le pansage en est facilité. Mais il faut aussi plus de précautions, éviter les courants d'air et les refroidissements, couvrir le cheval, qui est devenu plus susceptible.

QUINZIÈME LEÇON.

SUITE DE L'HYGIÈNE.

Le Travail et le Repos.

Après l'air et des aliments sains, ce qui contribue le plus à maintenir le cheval en santé, c'est un travail proportionné à ses forces. Il excite l'appétit, rend la digestion meilleure, active la respiration, rend enfin la vie plus complète. L'excès de travail a les effets les plus funestes : on en a déjà vu les résultats en parlant des tares; ce n'est pas tout; les fonctions ne se font plus dans les conditions ordinaires; indépendamment des boiteries, le cheval est usé avant l'âge. Le cheval que l'on pousse longtemps à une allure vive sans lui laisser reprendre haleine ne répare pas les forces perdues, sa respiration devient haletante, le sang veineux n'a plus le temps de se révivifier. A la longue, ce cheval devient poussif, ou bien, tout d'un coup il tombe après une course, on le dit pris de chaleur...

Le repos prolongé est nuisible comme l'excès de travail. La circulation se ralentit, les rouages perdent leur liberté, les membres s'engorgent, le cheval devient bouffi de mauvaise graisse et tout à fait impropre à supporter la moindre fatigue : c'est un cheval de boucherie.

On doit donc s'attacher à partager raisonnablement le travail et le repos, et remplacer au besoin le travail par des promenades hygiéniques.

Les chevaux rustiques et habitués aux fatigues sont ceux qui résistent le mieux en campagne.

La Ferrure.

On a déjà parlé de la ferrure ; nous ne reviendrons pas sur les principes qui ont été donnés. Il nous reste seulement à signaler les ferrures particulières et leur objet.

On appelle *fer couvert* un fer dont la surface de couverture est plus large que les fers ordinaires. On l'emploie pour les pieds plats, pour ceux atteints de bleimes et d'oignons dont la sole a besoin d'être ménagée.

Le *fer à planche* a les deux branches réunies par une traverse soudée : on s'en sert pour soulager les talons, les relever ou aider à leur écartement. Il sert aussi à protéger la fourchette.

Pour les chevaux panards ou cagneux, ou qui se coupent en talons, on emploie le *fer à la turque,* dont une des branches est plus épaisse, plus courte et moins large. On y met aussi moins d'étampures.

Pour les chevaux encastelés, ou qui ont simplement les talons serrés, on emploie le *fer à éponges tronquées*, qui favorise l'expansion des talons. On s'en sert aussi pour les chevaux qui forgent; dans ce cas on peut mettre en même temps, aux pieds de derrière, un *fer à pince tronquée*.

Les étampures ne sont pas forcément placées à égale distance les unes des autres. Il est indiqué que, pour les pieds dérobés, il faudra les percer irrégulièrement et suivant les parties saines de la corne. On a déjà vu que le nombre des étampures peut être diminué.

La ferrure se pratique ordinairement à chaud, mais en route, en campagne, on peut ferrer à froid. Chaque cheval est à cet effet muni d'une ferrure ajustée à l'avance, que le cavalier place dans les poches à fers. Cette ferrure permet de remettre à l'instant, au milieu d'une marche et sans feu de forge, un fer qui se casse ou toute une ferrure neuve; là est son avantage. Mais les difficultés d'ajustage sont plus grandes et par suite le résultat est plus difficile à obtenir, tout en employant un temps plus long.

Les indications que nous avons données ci-dessus, particulièrement sur les écuries, l'alimentation, l'aération, s'appliquent surtout au service intérieur de garnison, dans lequel ces questions sont prévues, réglementées et un peu en dehors de l'action des cavaliers ou officiers. Le temps de guerre et même les routes à l'intérieur laissent une beaucoup plus large part à l'initiative individuelle.

On cherchera à se rapprocher des préceptes généraux

que nous avons posés dans ce cours, tout en tirant le meilleur parti des circonstances du moment.

Les écuries qu'on trouve dans les villages sont souvent petites et insuffisantes. L'air y manque, les barres sont réduites à de mauvaises poutrelles appuyées contre la mangeoire d'un côté et posant à terre par l'autre bout; souvent même elles n'existent pas... Si l'écurie est trop petite, le hangar à côté sera souvent meilleur, n'eût-il ni mangeoire ni litière... S'il faut quand même entrer dans l'écurie et que les barres manquent, il vaut mieux serrer les chevaux les uns contre les autres, en ayant soin de placer côte à côte ceux qui sont voisins d'ordinaire, que donner plus d'espace et laisser les chevaux se traverser. Surtout, que l'écurie soit nettoyée dès l'arrivée et qu'on y donne de l'air le plus possible.

On ne peut donner ici aucune indication de traitements qui sont du ressort des vétérinaires; mais il est certaines précautions, quelques premiers soins, que tout le monde doit savoir appliquer.

Les maladies sont rares en route; les accidents sont plus à redouter : c'est un coup de pied, une atteinte, un harnachement mal ajusté ou mal paqueté qui fait naître une tumeur au garrot ou sur le rein...

On n'a pas toujours un vétérinaire à portée et il faut marcher quand même. Il est un remède que l'on a toujours à portée, c'est l'eau. Quelques autres denrées se trouveront dans le moindre cantonnement.

Le cheval qui a reçu une *atteinte* ou un *coup de pied*, quelquefois même un effort léger, marchera le lendemain si on l'envoie faire une longue station dans la rivière.

Si le garrot s'enfle après que la selle est enlevée, ce qui est le commencement du *mal de garrot*, le cavalier y mettra de suite son éponge imbibée, ou mieux encore un carré de gazon enlevé avec les racines et la terre. Si c'est possible, il mêlera à l'eau un astringent quelconque et entretiendra fraîche cette compresse élémentaire. Presque toujours la grosseur disparaîtra dans la nuit. — Le cavalier verra avec soin son paquetage ou son harnachement pour que la cause de l'enflure disparaisse. — S'il y a plaie, il faut mettre la selle aux bagages : le cheval est indisponible et ne doit plus être monté.

L'eau trop froide donne souvent des coliques, surtout le matin. Il faut la faire séjourner au soleil, ou la battre, ou y mêler une poignée de son. Si un cheval a des *coliques*, il faut le bouchonner fortement sous le ventre, lui mettre la couverte et le faire marcher. Supprimer la nourriture, faire boire tiède, administrer des lavements émollients.

Un chef de détachement de remonte pourra avoir à soigner la *gourme* qui atteint les jeunes chevaux.

Cette maladie se caractérise par l'engorgement des glandes de l'auge et le jetage par les naseaux (ne pas confondre avec le jetage verdâtre de la morve qui ne se produit que d'un côté). Il faut supprimer l'avoine et le foin, tenir le cheval chaudement, lui donner des barbotages clairs et une pâte composée de miel et de poudre de réglisse.

Le vétérinaire appliquera des sétons, etc.

Si un cheval a des *crevasses* dans les paturons comme il a été dit ci-dessus, on peut les enduire d'un corps gras (*saindoux*), ou, mieux encore, y appliquer un peu d'étoupe enduite de miel et de vin blanc. Ce mélange astringent (et facile à faire) amènera la guérison.

Lorsqu'un cheval se couronne, il faut bien laver la

plaie, la graisser ensuite chaque jour, ce qui aide à la cicatrisation et fait repousser le poil.

Les atteintes demandent surtout des soins de propreté.

Quelques accidents proviennent de la ferrure :

La *piqûre* vient d'un clou mal planté qui a atteint les parties internes du pied. Le premier soin est de retirer le clou ; on met dans le trou qu'il a fait quelques gouttes d'essence de térébenthine. Il faut déferrer si l'inflammation est grande et laisser le cheval au repos.

Quelquefois, en essayant leur fer, les maréchaux tiennent ce fer chaud trop longtemps sur le pied. Il en résulte un accident que l'on nomme la *sole brûlée* ou *échauffée*, dont le caractère principal, outre la boiterie, est le dépôt dans la sole d'une humeur séreuse qui suinte à travers. Il faut déferrer et appliquer des cataplasmes émollients.

Enfin, un cheval peut boiter en sortant de la forge, simplement parce que le fer est trop serré. Comme dans toute boiterie dont la cause est inconnue, il faut toujours commencer par déferrer; le remède est appliqué du même temps.

Si le maréchal a paré trop à fond, les pieds resteront sensibles jusqu'à ce que la corne se soit suffisamment reconstituée. Il faudra nécessairement du repos pendant ce temps.

FORTIFICATION.

PREMIÈRE LEÇON.

DÉFINITIONS. — FORTIFICATION PASSAGÈRE. — PROFIL ET PLAN D'UN RETRANCHEMENT.

Définitions.

La fortification est l'art d'organiser une position de telle sorte, que le corps qui l'occupe puisse y résister sans désavantage à un corps de troupes plus considérable.

Cette science est d'un usage constant à la guerre, que l'on soit sur la défensive ou que l'on ait pris l'offensive; l'état défensif, en effet, implique presque toujours une infériorité à laquelle on ne peut remédier qu'en se fortifiant; tandis que dans l'offensive il est nécessaire de protéger ses magasins, sa base d'opération, et de mettre à l'abri d'une surprise les petits postes laissés en arrière. Quoique le génie soit spécialement chargé des ouvrages de fortification, il est cependant nécessaire d'en avoir quelques notions. Dans le service de reconnaissance il faut pouvoir se rendre compte de l'importance des ouvrages que l'on rencontre. En grand'garde, dans l'occupation d'un village, d'un bois, aussi bien que sur le champ de bataille, il faut savoir se servir de la terre pour se couvrir.

Toute fortification, pour être complète, doit réunir les deux propriétés suivantes : 1° abriter le défenseur et ses moyens de défense contre les projectiles ennemis; 2° présenter en avant, des obstacles qui arrêtent l'assaillant et le maintiennent, aussi longtemps que possible, sous le feu des défenseurs. Les obstacles opposés à l'assaillant ou à ses projectiles s'appellent *fortifications*. On peut les rencontrer dans la nature ou les créer par le travail. De là deux grandes divisions : *fortification naturelle* et *fortification artificielle*.

Fortification naturelle. La nature présente de nombreux obstacles à la marche de l'ennemi (une rivière, un marécage, un ravin, un plateau, des bois deviennent des fortifications naturelles), mais elle ne peut offrir que rarement le premier genre d'obstacles, celui destiné à arrêter les projectiles ennemis ; aussi, pour donner à la position toute la valeur possible, est-on obligé de combiner ensemble la fortification naturelle et la fortification artificielle.

Fortification artificielle. La fortification artificielle ou créée par la main des hommes porte le nom spécial de *fortification;* elle se subdivise en fortification permanente et fortification passagère.

Fortification permanente. Quand une position, par son emplacement géographique ou topographique (ville frontière commandant des routes, capitale d'un pays, position isolée au débouché d'un col, etc.), est d'une importance telle qu'on doive s'en assurer la possession permanente, on donne alors à l'exécution des travaux tout le temps nécessaire, on emploie les matériaux les plus résistants (terre, bois, pierre, fer), on se sert de toutes les ressources de l'art; cette sorte de fortification est appelée *fortification permanente;* l'on crée ainsi les places fortes.

Fortification passagère. Lorsqu'il s'agit de fortifier un point dont l'importance momentanée dépend de la position respective des armées belligérantes, de couvrir des magasins, de défendre des postes militaires, de renforcer son front au moment d'une bataille, il faut agir vite, avec les ouvriers (soldats) et les matériaux (terre et bois) que l'on a sous la main; on fait alors de la fortification passagère.

Fortification passagère.

La fortification passagère est donc celle que peut élever au moment du besoin, avec ses outils et les matériaux que l'on trouve sous la main, une armée en campagne. Les ouvrages exécutés reçoivent le nom de *retranchement.*

Le *retranchement* est composé d'une excavation (fossé) du côté de l'ennemi, les terres étant rejetées du côté du défenseur, qu'elles abritent derrière leur masse (parapet).

Profil du retranchement.

Le parapet et le fossé sont organisés de la manière suivante : la figure 1re représente le profil donné par le plan vertical perpendiculaire à la direction du retranchement, ou profil droit.

AN est l'intersection du terrain naturel horizontal avec le plan de profil.

Crête intérieure ou ligne de feu. D est la projection de la crête intérieure ou ligne de feu, la plus élevée de l'ouvrage et sur laquelle le défenseur appuie son arme pour faire feu.

Banquette. BC, sur laquelle monte le défenseur pour combattre. Elle est située à 1m30 au-dessous de la crête D, afin que les fantassins puissent appuyer leur arme sur la crête, étant debout sur la banquette. La largeur BC

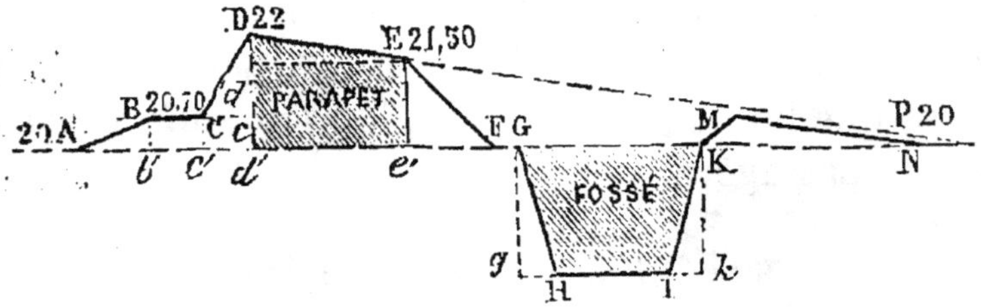

Fig. 1.

varie de 0m80 à 1m20, suivant qu'on veut avoir un ou deux rangs de fusiliers.

Talus intérieur. DC, qui relie la crête intérieure avec la banquette; il sera tenu aussi roide que possible pour permettre au défenseur de s'approcher de la crête. $\frac{Dc}{Cc}=\frac{3}{1}$, la base est le tiers de la hauteur.

Talus de banquette. BA qui soutient la banquette. Il est tenu assez doux pour être gravi facilement. $\frac{Bb'}{Ab'}=\frac{1}{2}$, la base est double de la hauteur.

Plongée. DE. La partie supérieure du parapet est un plan, dont l'intersection dans le profil est la ligne DE. Ce plan s'appelle *plongée.* On lui donne une inclinaison qui permette de diriger des feux aussi près que possible du pied du retranchement, et qui conserve en même temps une épaisseur suffisante près du sommet pour couvrir le défenseur. $\frac{Dd}{dE}=\frac{1}{6}$ ou $\frac{1}{5}$, c'est-à-dire que la distance horizontale dE des points D et E est égale à six ou cinq fois leur différence de niveau.

Crête extérieure. E est la projection de la ligne qui termine la plongée.

Talus extérieur. EF qui soutient la crête extérieure. L'inclinaison de ce talus doit être telle que les projectiles ennemis ne puissent le détruire en y occasionnant des éboulements; il doit, d'un autre côté, être aussi roide que possible, afin d'augmenter les difficultés de l'escalade. On lui donne l'inclinaison du talus que prennent les terres abandonnées à elles-mêmes, appelé talus naturel des terres $\frac{Ee'}{e'F}=\frac{1}{1}$. La base est égale à la hauteur.

Berme. FG sert à reculer le poids des terres du parapet, qui ferait ébouler les talus du fossé. Elle donne un point de repos à l'assaillant qui a franchi le fossé. Aussi la supprime-t-on quand la cohésion des terres le permet.

Talus d'escarpe. GH est aussi roide que possible, car il n'est pas atteint par les projectiles ennemis, mais il a à soutenir le poids des terres du parapet. $\frac{Gg}{gH}=\frac{3}{2}$, la base égale les deux tiers de la hauteur,

Fond du fossé. HI est horizontal.

Talus de contrescarpe. IK est aussi roide que possible; il est à l'abri des feux et ne supporte aucun poids. $\frac{Kk}{Ik}=\frac{2}{1}$.

Terre-plein est le terrain situé en dedans du talus de banquette, sur lequel est abrité le défenseur quand il ne combat pas.

Glacis. Le feu du défenseur ne bat pas le fossé ni même la contrescarpe ; cet inconvénient très-grave doit être diminué antant que possible en faisant passer la direction inférieure des feux à 0^m50 au-dessus de la contrescarpe. Pour cela, avec des terres prises dans le fossé, on forme en avant de la contrescarpe un remblai KMN, dont la surface supérieure est parallèle à la direction inférieure des feux et à 0^m50 au-dessous. Ce remblai s'appelle *glacis*.

Relief. Commandement. Le relief d'un parapet est sa hauteur au-dessus du sol, le relief absolu est sa hauteur au-dessus du fond du fossé.

Le commandement du point D sur le point M est la différence de niveau de ces deux points.

Le relief minimum du parapet ou la hauteur de la crête intérieure au-dessus du sol est de 2^m50 pour couvrir de la cavalerie et de 2 mètres pour couvrir de l'infanterie.

Épaisseur du parapet. Est déduite de la longueur de pénétration des projectiles ; cette longueur de pénétration est une fois plus grande dans les terres nouvellement remuées que dans les terres rassises ; dans le premier cas, un parapet de 4 mètres d'épaisseur résiste au boulet de 12 tiré à 50 mètres, et un parapet de 0^m60 d'épaisseur résiste à la balle de fusil tirée à la même distance.

Limite des dimensions du fossé. La largeur supérieure et la profondeur du fossé sont déterminées par la condition d'opposer un obstacle suffisant au franchissement; la largeur supérieure ne doit pas être moindre que 4 mètres et la profondeur que 2 mètres.

Plan du retranchement.

On supposera dans les leçons suivantes que la ligne principale du retranchement, la crête intérieure appelée

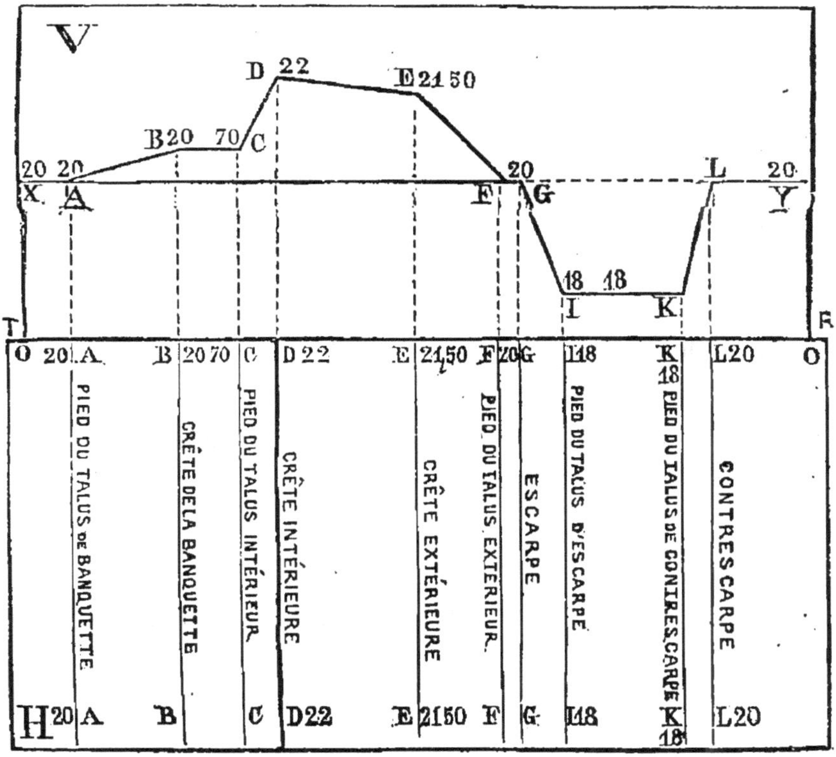

Fig. 2.

aussi *ligne de feu*, est horizontale, ainsi que le terrain sur lequel on construit, et, en outre, que le fossé a la même profondeur en tous ses points. Il en résulte que toutes les lignes de la fortification, et, par suite, leurs projections horizontales sont parallèles entre elles et situées à des distances marquées par le profil. Ainsi, soit TR, cotée 0-0, l'intersection de deux plans perpendiculaires l'un à l'autre : le plan H horizontal et le plan V vertical; soit XY la ligne, cotée 20-20, suivant laquelle le terrain coupe le plan vertical; ABCDEFGKL le profil droit du retranchement sur ce plan vertical; ce profil se projettera sur le plan horizontal suivant la ligne TR, et les différentes crêtes du retranchement suivant des lignes droites perpendiculaires (et par conséquent parallèles entre elles) à l'intersection TR des deux plans.

Il suffira donc de connaître le tracé d'une de ces lignes, celui de la crête intérieure, par exemple, pour connaître les autres; aussi dans la représentation des retranchements par leur projection horizontale se contentera-t-on de tracer la crête intérieure, en reconstruisant par la pensée les autres lignes. Les figures se trouveront ainsi simplifiées.

DEUXIÈME LEÇON.

TRACÉ DU RETRANCHEMENT. — FLANC. — FACE. — ANGLE FLANQUÉ. — SECTEUR PRIVÉ DE FEUX. — ANGLE MORT. — PRINCIPES DU FLANQUEMENT. — CONSTRUCTION D'UN RETRANCHEMENT.

Tracé du retranchement.

Le tracé le plus simple est celui en ligne droite; mais il offre l'inconvénient d'avoir son fossé dépourvu de feux. L'ennemi arrivé dans le fossé est donc à l'abri (fig. 3).

Pour éviter ce défaut, on brise la crête du retranchement, qui se composera alors de plusieurs lignes

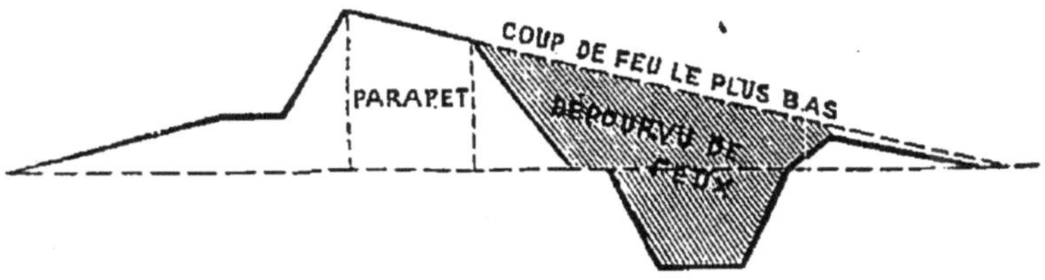

Fig. 3.

droites présentant des angles saillants et rentrants, ABCDEFGJK. Chacune de ces lignes reçoit le nom de

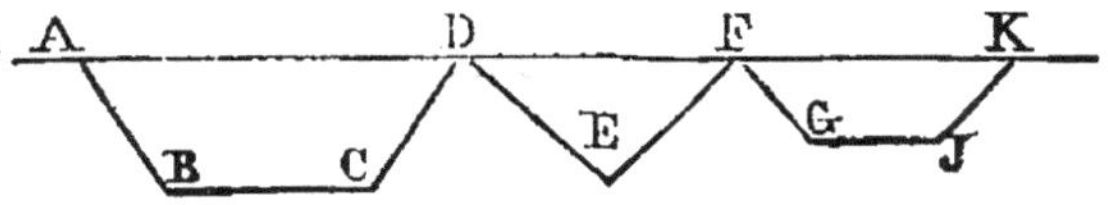

Fig. 4.

face; le fossé est alors battu au moins en partie. Mais le retranchement présente des parties fortes, les rentrants E, et des parties faibles, les saillants D (fig. 4).

Flanc, Face.

Une face d'ouvrage est appelée *flanc* quand on la con-

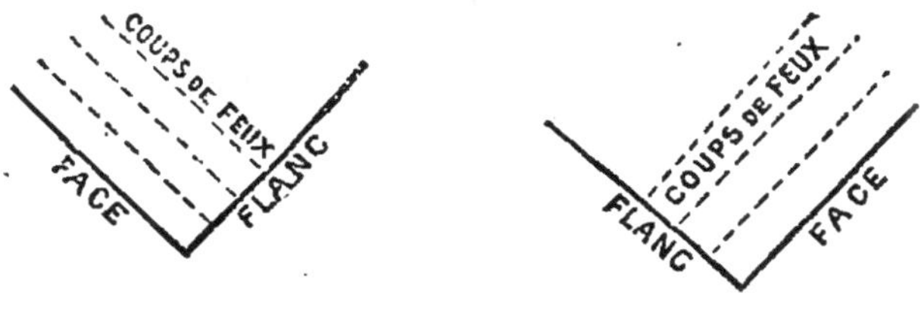

Fig. 5.

sidère par rapport à la face qu'elle flanque; celle-ci s'appelle alors *Face* (fig. 5).

Capitale.

On nomme *capitale* la bissectrice de deux faces de re-

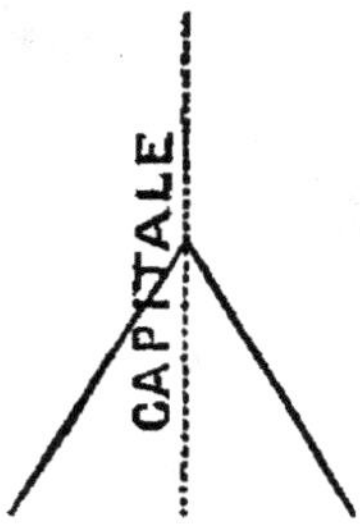

Fig. 6.

tranchement, formant entre elles un angle saillant (fig. 6).

Angle flanqué.

Un angle prend le nom d'*angle flanqué* quand des flancs

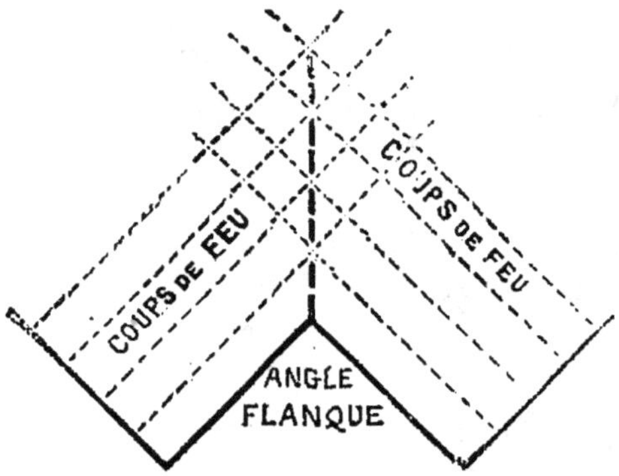

Fig. 7.

envoient en avant du saillant des feux croisés (fig. 7).

Secteur privé de feux.

Pendant l'action, les soldats tirent toujours dans une

direction perpendiculaire à la crête; il existe alors, sur le terrain en avant du saillant, un espace dégarni de

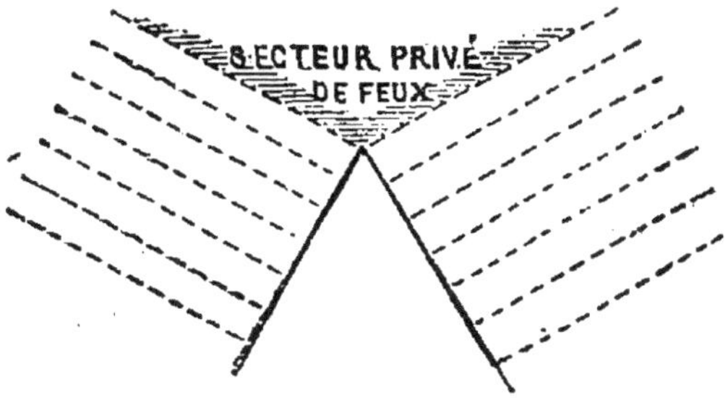

Fig. 8.

feux directs. Cet espace se nomme *secteur privé de feux*. Les flancs, par leurs feux croisés, suppléent en partie à ce défaut (fig. 8).

Angle mort.

Si l'on prolonge les plans de plongée de deux faces formant entre elles un angle rentrant, une partie du fossé dans l'angle rentrant est au-dessous de ces plans, et par conséquent à l'abri des projectiles du défenseur; la partie du terrain au-dessous de ces plans de plongée se nomme *angle mort*.

Principes du flanquement.

Les lignes qui forment un retranchement doivent être droites à cause de la facilité d'exécution, et parce que les projectiles, qui les flanquent, se meuvent en ligne droite. Le soldat tirant perpendiculairement à la crête, le flanquement sera le meilleur possible si l'angle rentrant est de 90°; moindre, les projectiles risqueraient de frapper les défenseurs de la face flanquée. Mais au-

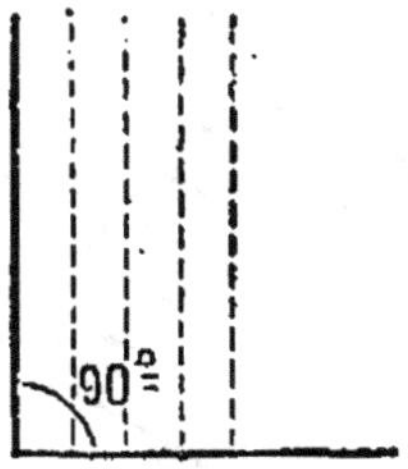

Fig. 9.

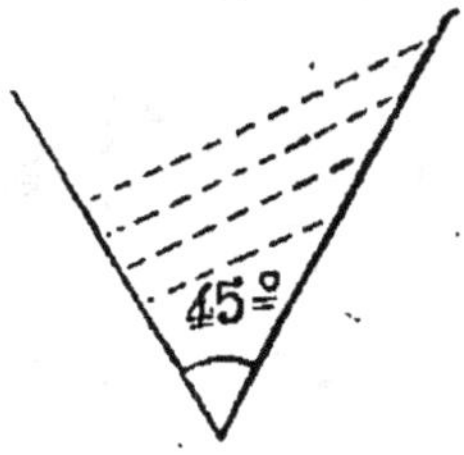

Fig. 10.

delà de 120°, la face ne doit plus être considérée comme flanquée (fig. 9, 10, 11).

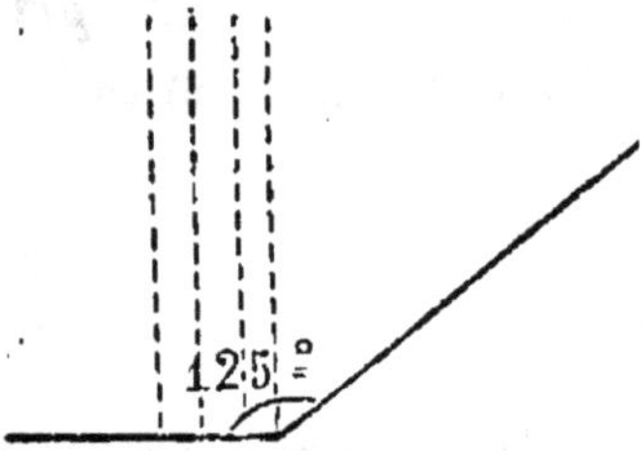

Fig. 11.

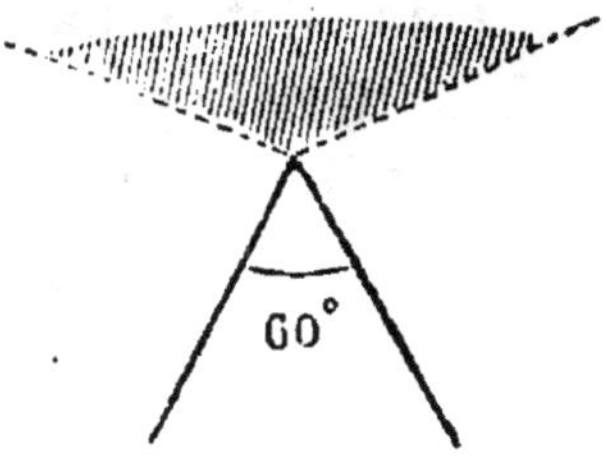

Fig. 12.

Ainsi les angles rentrants doivent varier de 90° à 120°. L'angle saillant a pour limite inférieure d'ouverture 60°

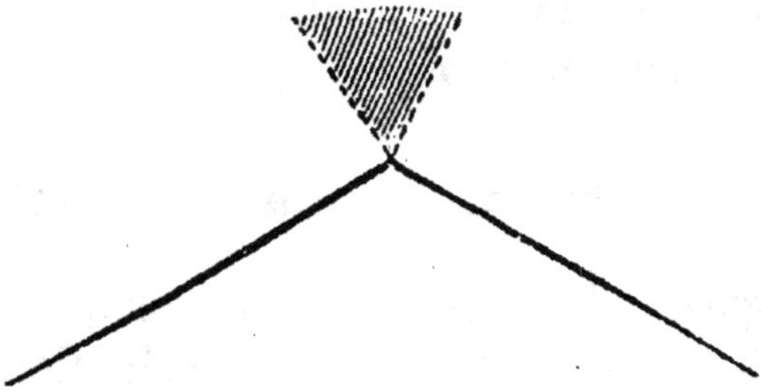

Fig. 13.

par suite de considérations relatives à la solidité de l'ouvrage; mais il n'a pas de limite maximum, le secteur privé de feux diminuant à mesure que l'angle est ouvert (fig. 12, 13).

Le minimum de la face doit être tel, que l'angle flanqué soit au-delà de l'angle mort, qui dépend du relief absolu de la crête.

Le maximum de longueur est donné par la portée du fusil, dont les projectiles doivent battre le secteur privé de feux. La longueur du flanc doit être assez grande pour battre le terrain un peu en avant de la contrescarpe.

Construction d'un retranchement.

Le volume de terre nécessaire pour construire le parapet égale le produit de la surface de ce profil par la longueur du parapet.

Le volume de terre fourni par le fossé est à peu près égal au profil du fossé par sa longueur.

Quand on veut construire un retranchement, on fixe d'abord le relief et l'épaisseur du parapet, l'inclinaison de la plongée et la profondeur du fossé, d'où l'on tire les autres dimensions.

Les terres du fossé devant suffire à construire le parapet, il semblerait nécessaire de donner au profil du fossé une surface égale à la surface du parapet, mais la terre piochée ne peut reprendre son même volume, quoique damée. Le volume du remblai est donc plus grand que le volume du déblai. Cette augmentation de volume a reçu le nom de *foisonnement*; il varie avec la nature des terres du dixième au sixième; on doit le déterminer par expérience.

Soit un parapet dont la hauteur donnée est 2 mètres,

l'épaisseur 3 mètres, la plongée inclinée à un sixième, la profondeur du fossé 2 mètres.

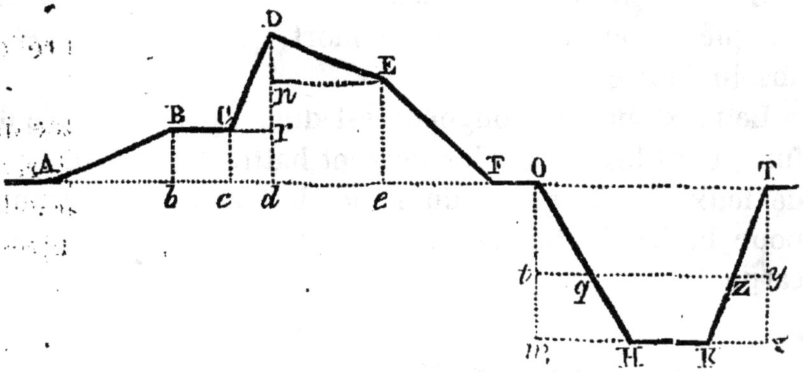

Fig. 14.

On construit le profil du parapet sur le papier en le réduisant à une échelle donnée (fig. 14).

$$\frac{Dn}{nE}=\frac{1}{6}\Big\} Dn=\frac{nE}{6}=\frac{3}{6}=0^m,50$$

$$Ee=Dd-Dn=2^m-0^m,50=1^m,50$$

$$Dr=1^m,30$$

$$\frac{Dr}{Cr}=\frac{3}{1}\Big\} Cr=\frac{1,30}{3}=0^m,43$$

$$Bc=0^m,80$$

$$Bb=Cc=dr=Dd-Dr=2-1,30=0^m,70$$

$$\frac{Bb}{Ab}=\frac{1}{2}\Big\} Ab=Bb\times 2=1^m,40$$

$$\frac{Ee}{Fe}=\frac{1}{1}\Big\} eF=Ee=1^m,50$$

Nous avons ainsi les indications nécessaires pour calculer la surface du profil en la décomposant en triangles, trapèzes et rectangles.

$$\begin{aligned}
DdeE &= \frac{Dd + Ee}{2} \times de = 5^{m},25 \\
DCr &= \frac{Cr \times Dr}{2} = 0^{m},28 \\
Ccdr &= Cc \times cd = 0^{m},30 \\
BbcC &= Bb \times bc = 0^{m},56 \\
AbB &= \frac{Ab \times Bb}{2} = 0^{m},49 \\
EeF &= \frac{Ee \times eF}{2} = 1^{m},12 \\
\hline
\text{Surface de profil} &= 8^{m},00
\end{aligned}$$

Ainsi la surface du profil est égale à 8 mètres carrés; si nous supposons que, par le foisonnement, les terres du fossé augmentent de $\frac{1}{10}$ de leur volume; il suffira que la surface du profil du fossé soit les $\frac{9}{10}$ de celle du parapet; soit $7^{m},20$.

Ceci posé, il faut chercher la largeur du haut du fossé. La surface du profil du fossé, qui doit être égale à $7^{m},20$, est un trapèze. Nous aurons donc :

$$7^{m},20 = \frac{OT + HK}{2} \times 2 = OT + HK$$

somme des deux bases.

D'où la base moyenne qz, menée à 1 mètre de profondeur égalera $\frac{7^{m}20}{2}$ ou $3^{m},60$. On voit par la construction que si l'on ajoute à cette base moyenne les longueurs tq et zy, on aura la largeur du haut du fossé; or l'inclinaison de l'escarpe $\frac{3}{2}$ et de la contrescarpe $\frac{2}{1}$ donne la valeur des lignes *m*H et K*x* ($0^m,66$ et $0^m,50$), et la similitude des triangles *om*H et *otq*, T*x*K et T*yz* celle des lignes *tq* et *zy* ($0^m,33$ et $0^m,25$). La largeur du haut du fossé aura donc : $3^m,60 + 0^m,33 + 0^m,25 = 4^m,18$; et l'on pourra alors construire le profil du fossé.

TROISIÈME LEÇON.

EXÉCUTION DES OUVRAGES. — ORGANISATION DU TRAVAIL PAR ATELIERS. — MANIÈRE D'ACCÉLÉRER LA CONSTRUCTION DES OUVRAGES. — REVÊTEMENT.

Exécution des ouvrages.

On trace les ouvrages sur le terrain comme sur le papier par des lignes droites. Chaque point est marqué par un piquet, les lignes par deux piquets, par des cordeaux, ou par de petits sillons faits avec la pioche le long d'un cordeau.

On commence par déterminer la nature de l'ouvrage, s'il n'est donné d'avance; puis on place sur le sol, au moyen de petits piquets, la projection de la crête intérieure et celle de la crête extérieure, parallèle et à une distance en avant égale à l'épaisseur du parapet.

Si l'on veut, par exemple, tracer un redan dont le parapet aura 3 mètres d'épaisseur, on marque avec des piquets les points ASK, qui déterminent la projection de la crête intérieure; celle de la crête extérieure est tracée au cordeau à 3 mètres en avant. Ces lignes une fois arrêtées, on plante sur la projection de la crête intérieure, et à environ 10 mètres des extrémités, deux perches verticales, en face desquelles on fait un profil complet (fig. 15 et 16).

Voici l'organisation d'un de ces profils. En P et perpendiculairement à la direction de la crête, est tracée sur le sol la direction du profil. Une hauteur de 2 mètres (cotée 12) est prise sur cette perche, le point M (fig. 16

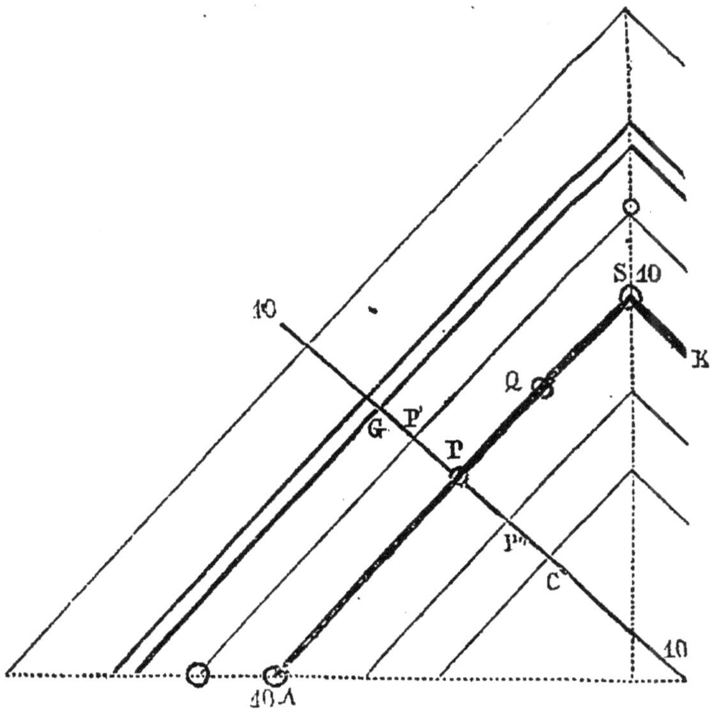

Fig. 15.

sera sur la crête intérieure. Au point de rencontre P′ de la trace du profil et de la crête extérieure, est plantée une autre perche, sur laquelle on indique la hauteur de cette crête N, donnée par l'inclinaison de la plongée. Les points MN, réunis par une latte, donnent la plongée. Le talus extérieur se profile par une autre latte NG=NP′. La trace du bord de la banquette P″ est déterminée par le calcul, on y plante une perche sur laquelle on prend la hauteur P″F = 2 — 1.30 = 0.70; une latte horizontale 0.70-0.70 est clouée en ce point. Le talus intérieur

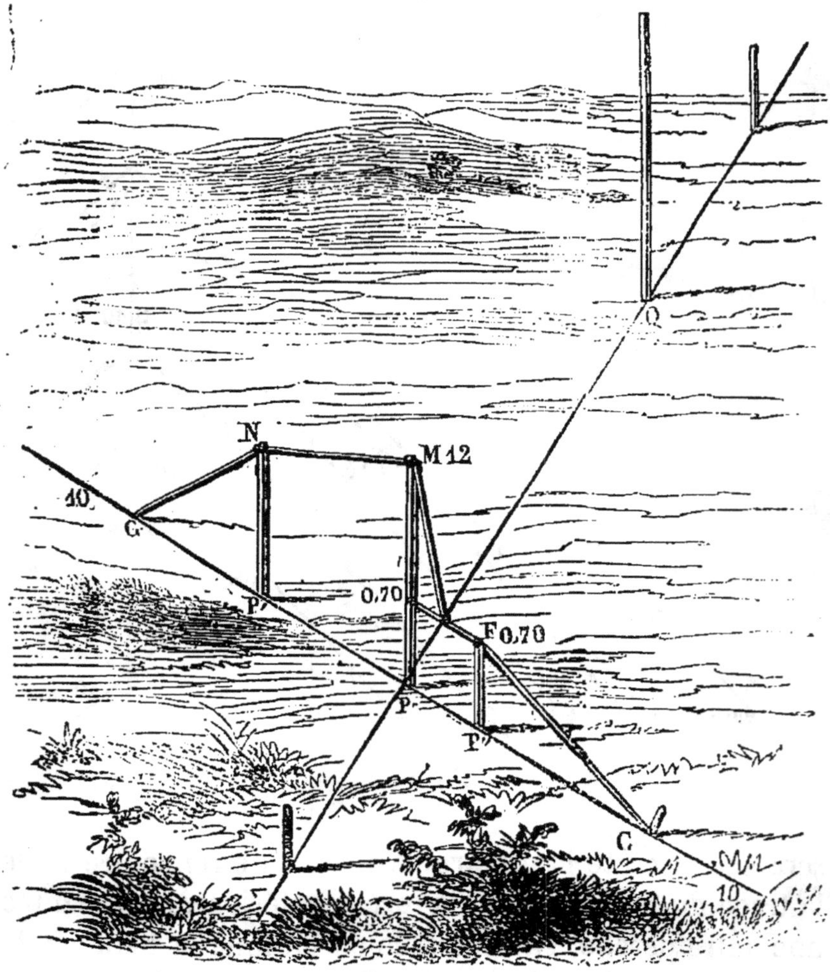

Fig. 16.

se profile par une latte inclinée à $\frac{3}{1}$. Il en est de même pour le talus de banquette. Les traces de l'escarpe et de la contrescarpe sont faites à la pioche, la largeur du fossé étant une fois déterminée.

Deux profils étant faits sur chaque face, les profils d'angle s'en déduisent par de simples alignements.

Organisation du travail par atelier.

Lorsque les dimensions du fossé sont fixées, il faut savoir la plus grande quantité d'ouvriers que l'on pourra employer et le temps nécessaire à ces ouvriers pour construire l'ouvrage. Il existe une grande différence entre les terres pour la facilité du travail ; le sable, par exemple, peut être pris immédiatement à la pelle, tandis que la terre argileuse demande à être ameublie par la pioche.

En général, la quantité de terre est représentée par un pelleur pris pour unité, plus le nombre de piocheurs qu'il faut lui adjoindre pour qu'il ne chôme jamais.

Ainsi on nomme *terre à un homme* celle qui peut être prise de suite par le pelleur; *terre à deux hommes* celle qui exige un piocheur pour un pelleur ; *terre à trois hommes* celle qui exige deux piocheurs pour un pelleur, *terre à un homme et demi* celle qui exige deux pelleurs pour un piocheur.

On détermine la qualité de la terre par l'expérience pendant que l'on pose les profils.

Les pelleurs ne devant pas être espacés de moins de 2 mètres pour ne pas se gêner, on partage l'escarpe et la contrescarpe en parties de 2 mètres de long, et on joint les points de division correspondants; l'emplacement de l'ouvrage est ainsi divisé en zones représentant chacune un *atelier*.

Les pelleurs devant jeter la terre à 4 mètres de distance horizontale et à 2 mètres de hauteur verticale, chacune de ces distances forme un *relais*.

Chaque atelier se composera donc d'autant de pelleurs qu'il y a de relais, plus le nombre de piocheurs nécessaires pour que le pelleur ne chôme pas, plus un dameur et un régaleur pour deux ateliers.

Un homme travaillant par corvée pelle 4 mètres cubes par journée de 10 heures ; s'il travaille à la tâche, il en enlève 10 mètres cubes ; il est donc facile de se rendre compte du temps nécessaire pour construire l'ouvrage.

Manière d'accélérer la construction des ouvrages.

En suivant la méthode qui vient d'être indiquée, il faut au moins quatre ou cinq jours pour construire un ouvrage. Il existe différents moyens pour en accélérer la construction. Ces moyens consistent à modifier l'organisation du travail et le mode d'exécution des ouvrages. Ainsi, on fait relever les travailleurs de quatre heures en quatre heures, on les paye, on rapproche les ateliers jusqu'à un mètre ; ou bien on mène le travail de telle sorte, qu'à chaque instant on puisse se servir pour la défense de la portion d'ouvrage exécutée. Pour cela on prolonge le talus intérieur jusqu'au sol et on construit d'abord un parapet de $1^{m}30$ de haut, puis on l'élève peu à peu, en formant en même temps une banquette.

On peut encore, pour agir plus rapidement, prendre des terres à la fois dans le fossé et le terre-plein. 8 heures suffisent alors pour construire le parapet.

Revêtement.

Les talus plus roides que le talus naturel des terres, s'ébouleraient sous l'action des pluies, si on ne les soutenait artificiellement, ce qui s'appelle les *revêtir*. On appelle donc *revêtement* le mode artificiel de soutenir les terres.

Le revêtement le plus employé est celui en gazons. On coupe dans un pré des mottes régulières de 0^m30 de long et de 0^m20 de large; on les plaque sur le talus, l'herbe en dehors, ou bien on les dispose à plat les unes sur les autres, l'herbe en bas (fig. 17).

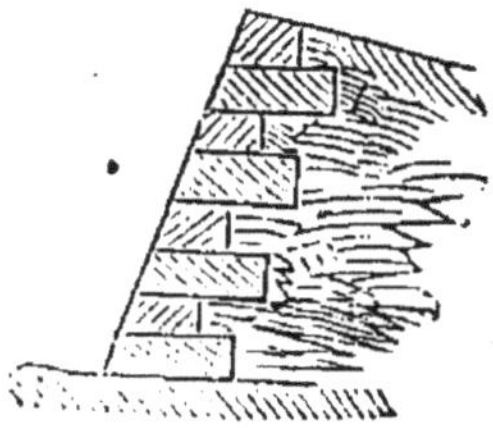

Fig. 17.

On construit aussi des revêtements en fascines. On appelle *fascine* un fagot, fait avec de menus branchages, de 0^m22 de diamètre, et de 2 mètres de long, serrés par trois ou quatre harts en osier ou en bois flexible. On place au pied du

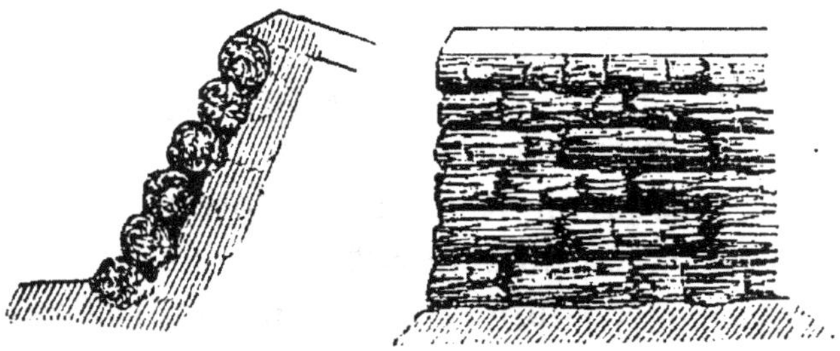

Fig. 18.

talus une rangée de fascines à demi enterrées dans le sol, puis au-dessus une seconde rangée, en ayant soin de faire croiser les joints et de fixer la seconde rangée à la première par des piquets, etc. (fig. 18).

Quelquefois on soutient les terres au moyen d'un clayonnage fait avec de petites branches; les perches, autour desquelles on clayonne, sont enfoncées dans le sol au pied du talus, à 0^m 30 les unes des autres. Le clayonnage est soutenu en outre par de forts piquets.

QUATRIÈME LEÇON.

OUVRAGES DE CAMPAGNE. — LIGNES CONTINUES. — LIGNES A INTERVALLES.

Les ouvrages de campagne ou retranchements se classent en trois grandes catégories d'après le tracé. Ils prennent le nom de :

Lignes continues. — Lorsque le parapet se continue sans interruption devant tout le front à couvrir.

Lignes à intervalles. — Lorsque le retranchement se compose d'une série d'ouvrages détachés, dont les positions respectives sont déterminées par des conditions de flanquement réciproque.

Ouvrages détachés. — Quand ces ouvrages ne sont liés entre eux par aucune condition de flanquement, mais sont disposés uniquement d'après la forme du terrain.

Ces différents retranchements ont pour base un petit nombre d'ouvrages simples servant de types. Ces ouvrages se divisent en ouvrages ouverts à la gorge et ouvrages fermés.

OUVRAGES OUVERTS A LA GORGE. — Le *redan* est un ouvrage composé de deux faces de longueur variable, formant entre elles un angle saillant qui ne peut être moindre de 60°, mais qui n'a pas de limite supérieure (fig. 19).

Fig. 19.

Fig. 20.

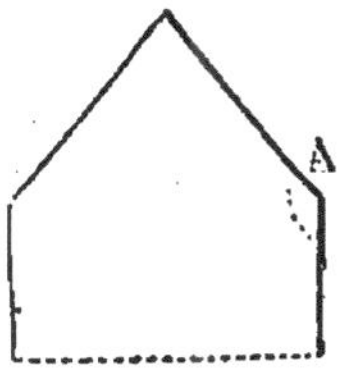

Fig. 21.

La *tenaille* est un redan renversé, dont l'angle rentrant a pour limite minimum 90° (fig. 20).

La *lunette* est composée d'un redan, aux extrémités des faces duquel on ajoute une portion de retranchement en ligne droite, qui prend le nom de

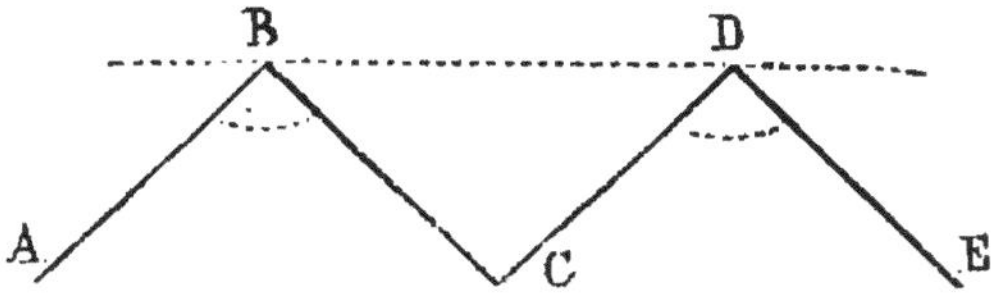

Fig. 22.

flanc, parce que sa direction est choisie de manière à diriger des feux sur une partie du terrain que la face n'aurait pu voir (fig. 21).

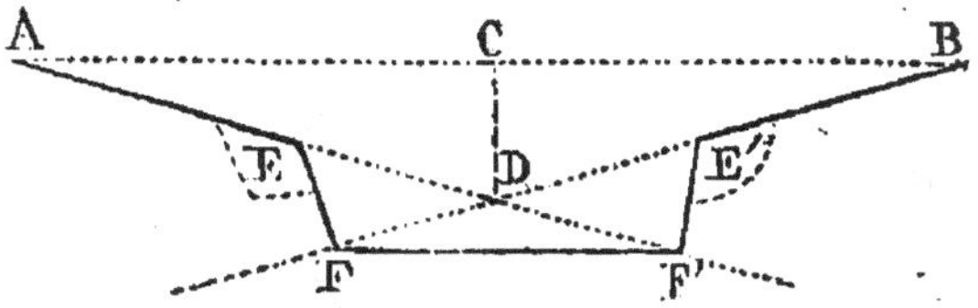

Fig. 23.

L'angle formé par la face et le flanc s'appelle *angle d'épaule* A.

La *queue d'hironde* est formée d'une tenaille BCD, aux extrémités de laquelle deux longues branches, AB et DE, doivent faire des angles qui ont pour limite minimum 60° (fig. 22).

Front bastionné. — Soit AB le front à défendre. Sur le milieu de AB que l'on nomme *côté extérieur*, on élève une perpendiculaire CD, à laquelle on donne une longueur généralement égale au sixième de ce côté. On joint D à A et à B, les lignes AD et BD se nomment *lignes de défense;* sur ces lignes on prend des longueurs AE, BE' égales au tiers du côté extérieur, ce sont les faces; des points E et E' on abaisse des perpendiculaires sur BF et AF', ce sont les flancs; on joint FF' et l'on obtient la courtine. Le tracé AEFF'E'B se nomme *front bastionné*. Les angles EE' prennent le nom d'*angles d'épaule;* ceux des flancs avec la courtine FF' d'*angles de flanc* (fig. 23).

On donne généralement au côté extérieur une longueur de 250 mètres. Quand on fait le même tracé sur plusieurs côtés extérieurs contigus, on obtient une série de lunettes réunies par les courtines. Chacune de ces lunettes prend le nom de *bastion*, et chaque front bastionné se compose de deux demi-bastions; la bissectrice de l'angle de deux faces est la capitale du bastion.

Les faces donnent des feux croisés en avant de la ligne de front. Les flancs, sur la partie du terrain en avant de A et B et sur les fossés des deux faces; la courtine sur le terrain en avant du front. Pour détruire l'angle mort en avant de la courtine et aux angles d'épaule, on enlève le massif de terre qui se trouve en avant de la courtine. Mais ce travail demande beaucoup de temps; aussi le front bastionné est-il peu employé.

Ouvrage à cornes. — Est composé d'un front bastionné ABCDEF, accompagné de deux longues branches

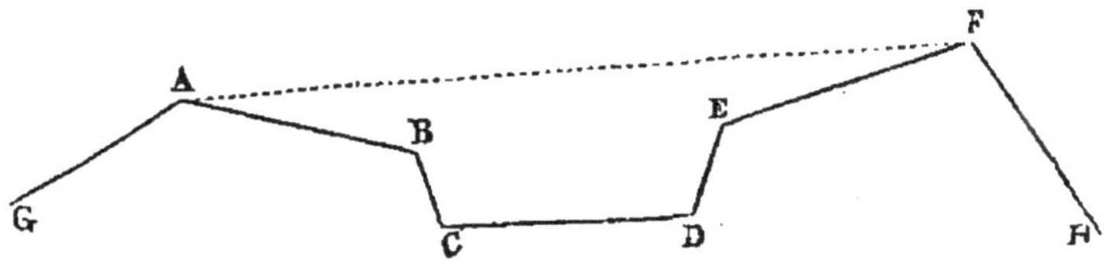

Fig. 24.

GA, FH, formant, avec les faces des demi-bastions, des angles dont la limite minimum est 60° (fig. 24).

Ouvrage à couronne. — Se compose de deux fronts bastionnés au moins, dont les lignes de front partiels

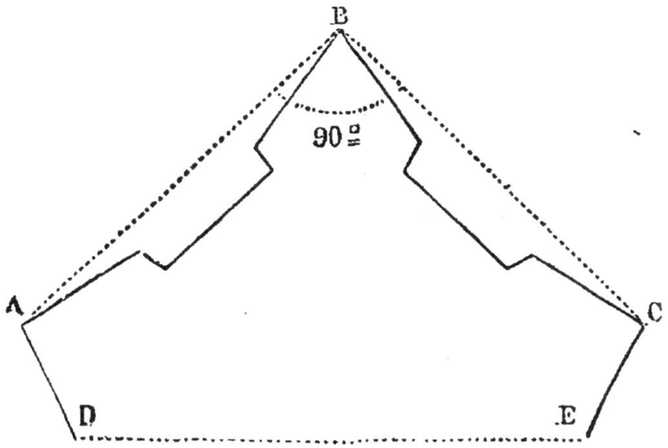

Fig. 25.

AB, BC forment un angle ABC, qui a pour limite minimum 90°. Aux extrémités de ces fronts, l'ouvrage est déterminé par deux branches AE, CD, formant avec les faces des demi-bastions des angles qui ont pour limite minimum 60° (fig. 25).

On voit que le terrain occupé par ces ouvrages n'a de

défense que d'un seul côté. La ligne qui joint les extrémités des faces ou des flancs de ces ouvrages se nomme *ligne de gorge;* ces ouvrages sont donc ouverts à la gorge.

Ouvrages fermés. — Ces ouvrages sont composés de masses couvrantes, avec leurs fossés, enceignant l'espace à défendre sans aucune interruption, sinon le passage étroit pour y entrer. Ils sont classés suivant leurs capacités et leurs tracés, en redoutes, fortins et forts.

Redoute. — La redoute est l'ouvrage fermé de la plus petite capacité, elle est ordinairement carrée ou en

Fig. 26.

losange; on l'emploie lorsque la troupe ne dépasse pas 700 hommes (fig. 26).

Fortin. — Il est plus grand que les redoutes, son tracé

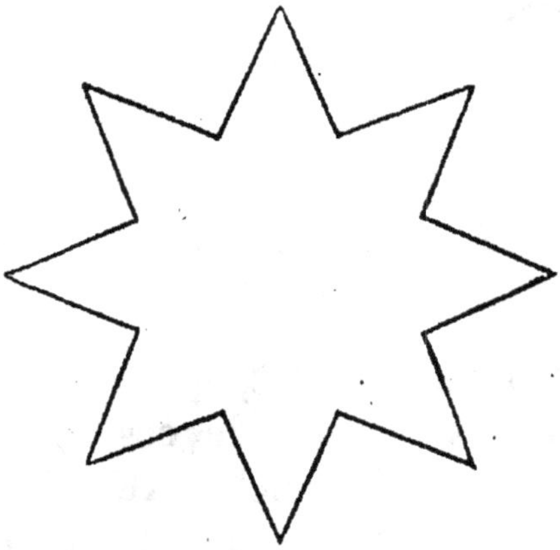

Fig. 27.

est composé d'angles saillants et rentrants pour avoir des

feux croisés dans les secteurs privés de feux. On l'emploie avec une garnison de 7 à 1,600 hommes (fig. 27).

Fort. — Est le plus grand ouvrage fermé. Il est ordinairement de 4 à 6 côtés. Les côtés sont bastionnés. On établit souvent devant chaque front un redan dont les faces de 10 mètres de long sont flanquées par celles du bastion. Le fossé du redan se raccorde avec celui du

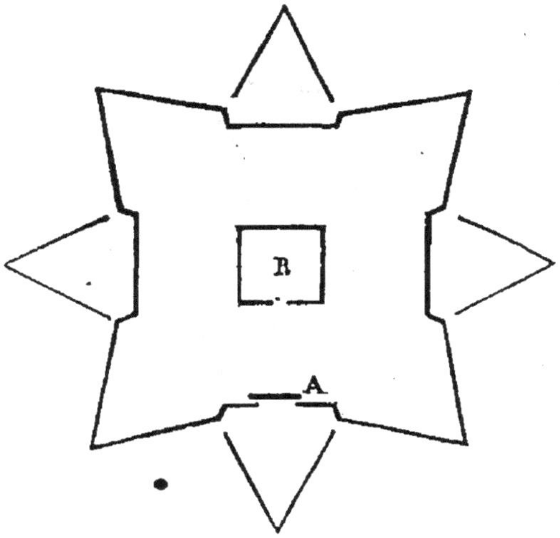

Fig. 28.

bastion. L'entrée du fort est masquée par une traverse A, placée en arrière. On peut disposer dans l'intérieur un réduit, en forme de redoute, destiné à abriter la réserve et à servir de dernier refuge aux défenseurs (fig. 28).

Blockhaus. — Est une petite forteresse de forme rectangulaire, dont les murailles sont formées de fortes pièces de bois. Ces murailles sont percées de créneaux de mètre en mètre. On construit des blockhaus à rez-de-chaussée et avec étage.

Lignes continues.

Il y a différentes espèces de lignes continues, les principales sont :

Lignes à redans. — Elles se composent de redans successifs se joignant par les extrémités de leurs faces,

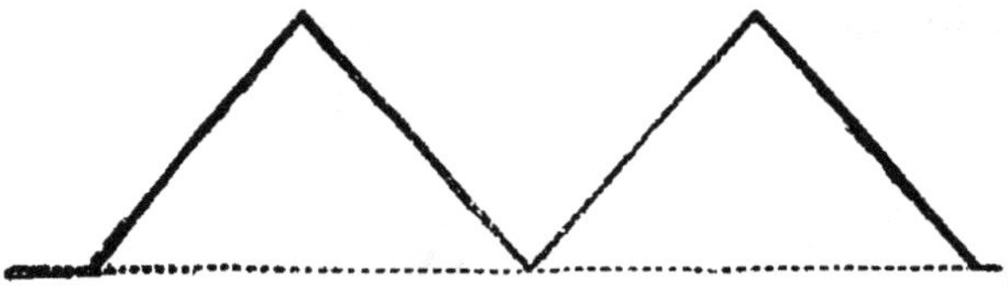

Fig. 29.

et dont les angles saillants et rentrants sont soumis aux conditions de flanquement énoncées dans la deuxième leçon (fig. 29).

Lignes à redans et courtines. — Elles se composent de redans joints entre eux par des portions de retranche-

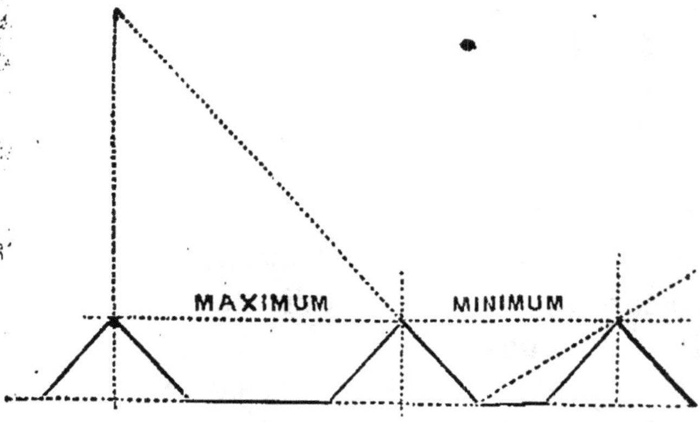

Fig. 30.

ments en ligne droite appelées *courtines.* Outre la condition générale pour l'angle saillant de ne pas s'abaisser au-dessous de 60°, elles sont soumises à des conditions particulières de flanquement, qui limitent l'écartement des saillants. Le maximum est donné par la condition que le coup de feu, partant du saillant, arrive à la capitale du redan voisin; le minimum est donné par la condition que le dernier coup de feu de la face près de l'angle rentrant ne soit pas arrêté par le redan voisin (fig. 30).

Lignes à crémaillères. — Sont des lignes à redans, dont les angles rentrants sont droits, et dont les capitales des

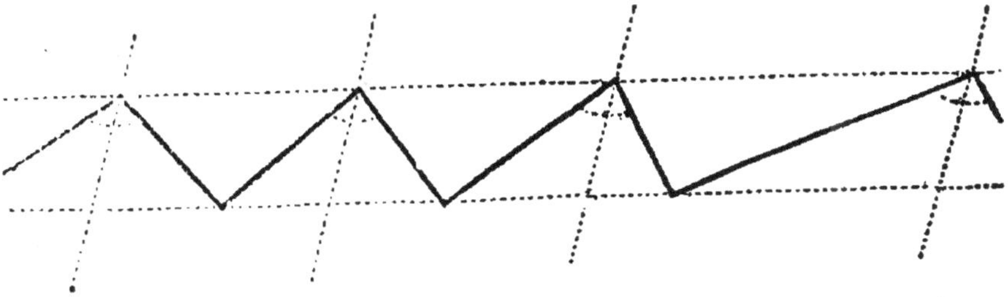

Fig. 31.

angles saillants ne sont point perpendiculaires sur la ligne de front. Les petites faces s'appellent *flancs*. Le sens, suivant lequel les grandes faces sont tracées, dépend de la position du terrain sur lequel on veut diriger le plus de feux (fig. 31).

Lignes bastionnées. — Se composent de fronts bas-

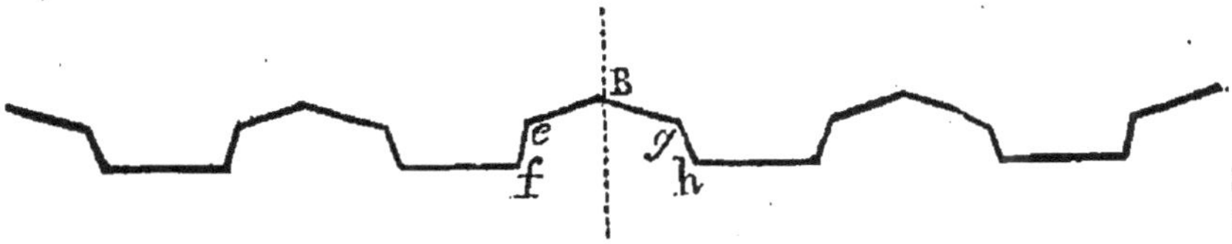

Fig. 32.

tionnés successifs. Pour cela, on divise la ligne à fortifier en lignes de front de 250 mètres de long, et sur chacune de ces lignes, on construit un front bastionné.

On obtient ainsi une série de lunettes réunies par des courtines; chacune de ces lunettes prend le nom de *bastion feBgh* (fig. 32).

Lignes à intervalles.

Quand on veut se ménager de larges passages pour un retour offensif, on couvre la position par des lignes à intervalles. Ces lignes se composent d'ouvrages généralement ouverts à la gorge, placés de manière à se prêter un mutuel appui.

On pourra, par exemple, construire trois lignes d'ou-

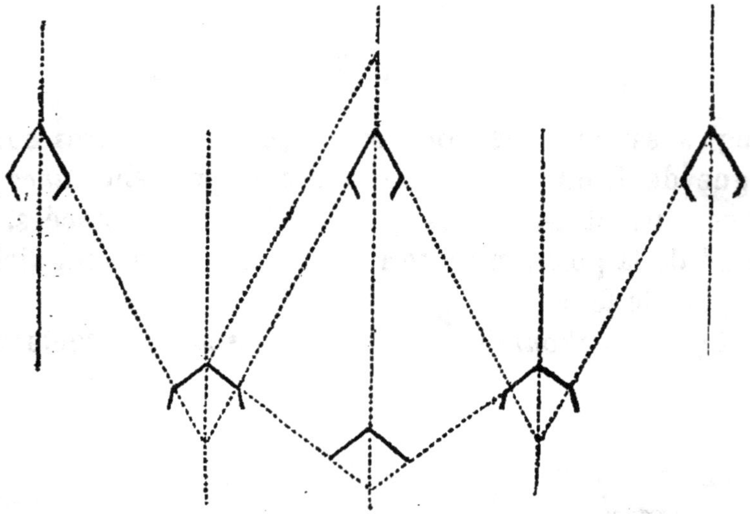

Fig. 33.

vrages; les deux premières composées de lunettes, la troisième de redans. Les lunettes de la deuxième ligne sont placées vis-à-vis des intervalles de la première, de façon que le coup de feu, partant des saillants, atteigne la capitale des lunettes du premier rang, à bonne portée de fusil. Les redans de la troisième ligne battent le terrain qui se trouve en avant des saillants de la deuxième ligne (fig. 33).

On peut encore employer le tracé modifié de la ligne à redans et courtines. Les redans se flanquent à bonne portée de fusil; les courtines sont formées d'une simple

Fig. 34.

tranchée, organisée pour permettre à l'artillerie et à l'infanterie de tirer par-dessus le remblai. L'infanterie le franchira facilement; des rampes et des coupures y seront ménagées pour les mouvements en avant de l'artillerie. Ces courtines, fortement flanquées par les redans, ne seront accessibles à l'ennemi qu'après la prise de ces saillants, pour lesquels on aura réservé un fossé et un profil aussi infranchissables que possible (fig. 34).

CINQUIÈME LEÇON.

SUITE DES OUVRAGES DE CAMPAGNE. — LIGNES A OUVRAGES DÉTACHÉS. — TRANCHÉES-ABRIS. — ARMEMENT DES RETRANCHEMENTS. — BATTERIES. — MAGASINS. — DÉFENSES ACCESSOIRES.

Lignes à ouvrages détachés.

La construction de ce genre de lignes dépend tout à fait de la forme du terrain et ne repose que sur des principes généraux. Les ouvrages étant indépendants les uns des autres, et ne se prêtant mutuellement aucun secours, il est indispensable qu'ils soient fermés, soit par la forme du retranchement (redoute, fortin, fort), soit en employant des ouvrages ouverts à la gorge, mais appuyés à des obstacles infranchissables. Ils doivent commander tous les abords.

Tranchées-abris.

Les tranchées-abris sont des ouvrages destinés à soustraire durant le combat l'infanterie, et spécialement les bataillons de la première ligne déployée, au feu de la mousqueterie, tout en leur laissant une complète liberté pour faire feu et manœuvrer (fig. 35).

On donne aux tranchées-abris le profil suivant, qui n'a,

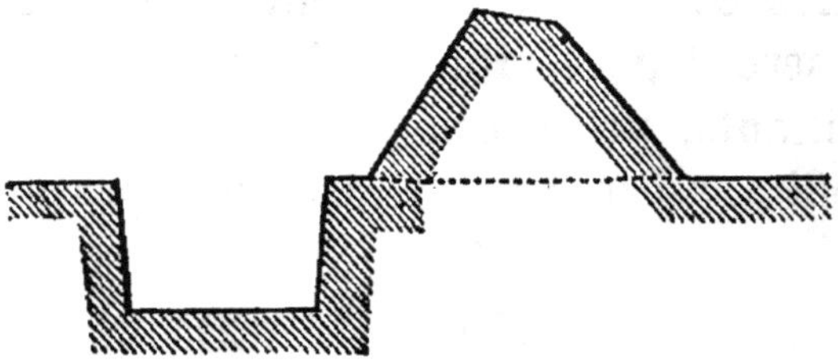

Fig. 35.

du reste, rien d'absolu, et dépend de la nature du terrain : l'excavation a une profondeur de 0^m 50, une largeur de 1^m 30 en haut et de 1^m 10 au fond. Le remblai, placé en avant, a un relief de 0^m 60 à 0^m 50 d'épaisseur au sommet, et de 1^m70 à la base. Il est séparé de la tranchée par une berme de 0^m 20 de large, qui forme un gradin de franchissement. Des hommes, se tenant debout dans la tranchée, ont la partie inférieure du corps protégée contre les projectiles et peuvent faire feu comme lorsqu'ils bordent une crête de fortification ordinaire. En faisant asseoir le premier rang sur la berme, et le second rang dans l'excavation, on obtient un défilement presque complet.

Il faut, pour exécuter cet ouvrage, de 25 à 35 minutes, suivant la nature des terres (Fig. 35).

Le tiers de l'effectif à couvrir suffit pour exécuter le travail.

Les outils, amenés par les soins du génie, en arrière de l'emplacement désigné, sont réunis en deux tas, un de pelles, l'autre de pioches, et distribués alternativement aux travailleurs placés sur un rang, à raison de deux pelleurs pour un piocheur. Pendant ce temps, un officier, aidé de quelques hommes, lui servant de jalonneurs, détermine la direction que doit avoir le bord de l'excavation du côté de l'ennemi, et la fait tracer sur le sol par une raie creusée à la pioche. Le bord intérieur est ensuite tracé à une distance de 1m30.

Ceci fait, les travailleurs sont amenés, en colonne par un, vers l'une des extrémités de la ligne, et se rangent le long de la raie par le mouvement de : sur la droite ou sur la gauche, en bataille. A mesure que l'homme arrive, un sous-officier reçoit de lui l'outil qu'il porte ; si c'est une pelle, il la pose le long de la raie; si c'est une pioche, il la pose en travers. Les pelles, qui ont en moyenne 1m30 de long, se trouvent ainsi placées bout à bout; les pioches, mises en travers, indiquent la séparation des ateliers, composés chacun de deux pelleurs et un piocheur. Ces trois hommes exécutent alors leur travail comme ils l'entendent, les officiers et les sous-officiers veillent seulement à ce que la forme et les dimensions du profil soient observées.

Armement des retranchements.

Avec de l'artillerie. — L'armement des retranchements avec de l'artillerie consiste dans la mise en batterie de quelques pièces ; les unes pour tirer à barbette, les autres pour tirer à embrasure.

Les pièces à barbette tirent dans toutes les directions; elles ont leur volée étendue sur la plongée du parapet, comme le fusil d'infanterie ; elles sont à cet effet élevées sur des massifs de terre, appelés *plates-formes*, dont le terre-plein est à 0^m 80 au-dessous de la ligne de feu, cette différence de niveau s'appelle *hauteur de genouillère*. La plate-forme, appelée *barbette*, a 5 mètres de large et 7 mètres de profondeur en capitale, à partir du pied du talus, pour le recul ; une rampe, placée en capitale et inclinée à $\frac{1}{6}$, sert à faire monter la pièce sur la plate-forme; des talus à 45° soutiennent la plate-forme et la rampe. L'espace occupé par le massif en terre, la rampe et les talus, est d'environ 65 mètres carrés; le logement des canonniers prend en outre 40 mètres carrés du terre-plein ; 13 mètres de ligne de feu se trouvent annulés par une pièce. Les pièces à barbette sont employées le plus souvent dans les angles saillants des ouvrages.

Les pièces à embrasure tirent suivant une direction fixe; elles sont écartées de 5 mètres d'axe en axe, la plate-forme est à 2^m 30 au-dessous de la crête ; par suite, les hommes et le matériel se trouvent bien abrités ; la pièce tire à travers une coupure, nommée *embrasure*, faite dans le parapet à 0^m80 au-dessus de la plate-forme. Cette coupure a 0^m50 de large, dans le talus intérieur, pour laisser passer la volée; sa largeur, dans le talus extérieur, est égale à la moitié de sa longueur. Le fond de l'embrasure est un plan dont l'inclinaison vers la campagne varie avec la direction du point à battre. On appelle *joues* de l'embrasure les talus qui soutiennent les terres du parapet de chaque côté. Il y a des embrasures droites et obliques, suivant que leurs directrices sont perpendiculaires ou non à la crête.

Pour le tir à ricochet, la pente du fond de l'embrasure est en sens inverse, de façon cependant que le pointeur puisse voir le point à battre.

Dans tous les genres de tir on place une pièce de bois horizontale, nommée *heurtoir*, au pied du talus, pour empêcher les roues de le dégrader.

Le heurtoir est placé perpendiculairement à la directrice, dans l'embrasure oblique.

Avec de l'infanterie. — Le mode de détermination de la force des garnisons d'un ouvrage dépend du genre de cet ouvrage. Ainsi, dans les lignes continues ou à intervalles, la troupe se tient en arrière de la ligne et peut porter des renforts sur le point le plus menacé, tandis que dans les ouvrages fermés, abandonnés à eux-mêmes, il doit exister certaines relations entre la garnison et l'étendue de l'ouvrage. Il est admis que l'infanterie doit garnir les crêtes à raison de 1 homme par 0^m50 courant, et que la surface nécessaire à un homme au bivouac est au moins de 1^m50.

Batteries.

On abrite l'artillerie derrière des parapets de 4 mètres

d'épaisseur au sommet et de 0 m 80 de hauteur, par dessus lesquels elle tire à barbette. Les terres sont prises dans le fossé en avant (fig. 36).

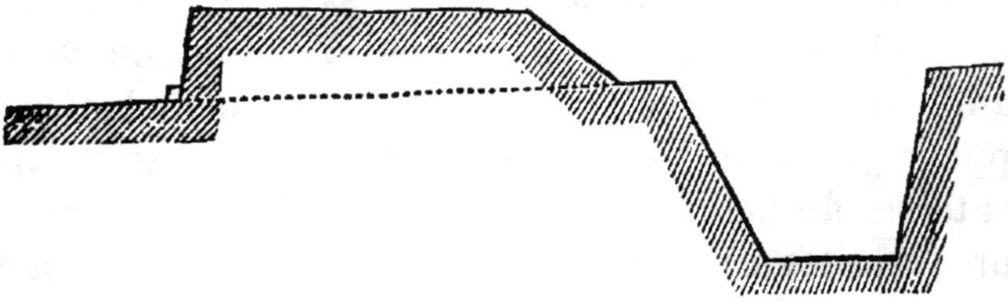

Fig. 36.

Pour mettre les servants à couvert, on peut creuser à côté de chaque pièce un fossé de 1 mètre de profondeur, perpendiculairement à l'épaulement, ou élever des traverses de 3 mètres d'épaisseur.

Magasins.

Les munitions se mettent à l'abri sous les traverses ou sous les parapets, dans des magasins d'environ 1 m 80 de largeur sur 2 mètres de hauteur, revêtus soit en charpente, soit en fascines ou en gazons, et couverts d'au moins 1 mètre de terre.

Défenses accessoires.

Pour rendre plus difficile à l'ennemi l'abord des retranchements, on peut en obstruer les accès par des défenses accessoires.

Les principales sont : les fraises, les palissades, les palanques, les abatis, les chevaux de frise, les trous de loup, les petits piquets, les chausse-trapes, les fougasses.

Les *fraises* sont faites de poutrelles ou de jeunes arbres de 0^{m}15 à 0^{m}20 de grosseur et de 3 à 4 mètres de

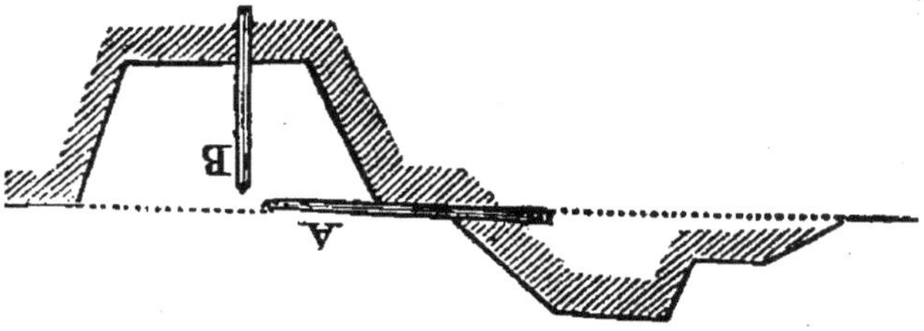

Fig. 37.

longueur, A. On les taille en pointe, on les couche jointives au haut de l'escarpe, sous le remblai du parapet, dans lequel leur queue est engagée de 1^{m}50. Elles doivent se trouver à 2 mètres au moins au-dessus du fond; il est bon de les cacher aux vues de l'artillerie ennemie par un petit glacis établi sur la contrescarpe (fig. 37).

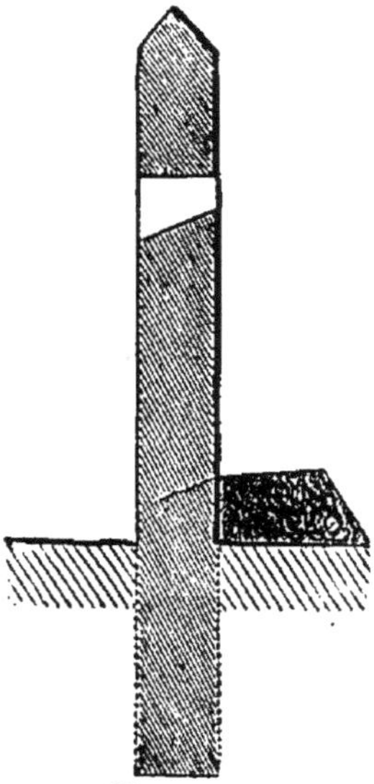

Fig. 38.

Les *palissades* se font comme les fraises, mais on les plante verticalement en les enterrant de 0^{m}60, et on leur donne un relief de 1^{m}80 au-dessus du sol. Elles sont employées pour fermer les gorges des ouvrages ou barrer des passages. Dans les fossés elles sont placées au milieu de la largueur, B. Un liteau fixé à 0^{m}70 au-dessous de leur partie supérieure les relie entre elles (fig. 37 et 38).

Les *palanques* sont de grosses palissades de 2 mètres à 2^{m}50 de hauteur. On les dispose de manière à permettre à des fusiliers placés derrière, de faire feu.

Pour cela on plante contre les joints de longs piquets destinés à arrêter les balles ennemies. De mètre en mètre on coupe ces piquets à 2 mètres au-dessus du sol, et l'on remplace la partie ainsi enlevée par un créneau taillé entre deux palanques contiguës.

Les *abatis* sont formés de têtes d'arbres dont on a coupé les menues branches. On ne conserve que les plus grosses, qu'on taille en pointe. Les abatis s'enterrent dans de petites tranchées en avant des fossés; les terres des déblais sont rejetées en glacis du côté de l'ennemi, pour couvrir les branches contre les coups de l'artillerie.

Chevaux de frise. — Le cheval de frise se compose d'une poutrelle de 3 à 4 mètres de long, percée aux deux extrémités de deux à trois trous, dans lesquels passent des fuseaux en bois de 3 mètres de long appointés aux deux bouts, et dépassant également des deux côtés. La poutrelle est placée horizontalement, de manière que le cheval de frise repose sur les pointes de deux rangs voisins de fuseaux (fig. 39).

Fig. 39.

On en attache plusieurs à la suite les uns des autres et on les place à l'abri du canon, à la gorge ou derrière des glacis. On les emploie aussi en plaine pour arrêter la cavalerie.

Les *trous de loup* sont des excavations tronconiques que l'on creuse en quinconce en avant d'un ouvrage; leur profondeur est de 1m30, leur diamètre supérieur de 2 mètres, celui du fond de 0m50, les centres sont espacés entre eux de 3 mètres, les terres des déblais sont disposées entre les trous, de telle sorte qu'il ne reste aucune surface plane où l'on puisse poser le pied. On plante au fond de chacun d'eux un piquet dont la pointe se trouve à hauteur du sol.

Les *petits piquets* sont épointés par les deux bouts. On les plante irrégulièrement à 0^{m}40 de distance les uns des autres, de manière à leur faire dépasser le terrain de 0^{m}30. On les met au fond d'un gué, d'un fossé.

La *chausse-trape* est un ensemble de quatre gros clous forgés et soudés sur la moitié de leur longueur. Les pointes font entre elles des angles égaux; en les jetant sur le sol, l'une d'elles se trouve toujours en l'air. On les sème en avant de la contrescarpe.

Fougasses. — Ce sont des puits de 2 à 4 mètres de profondeur, creusés à l'avance aux points où l'ennemi peut se rassembler, au fond desquels on place une boîte de poudre et que l'on recomble ensuite avec soin. La largeur du puits est de 0^{m}30. La poudre est mise en communication avec l'endroit d'où l'on doit mettre le feu par un petit cylindre en toile rempli de poudre nommé *saucisson;* ce saucisson est enfermé dans un petit canal en bois nommé *auget,* que l'on a soin d'enfoncer à 0^{m}15 dans le sol, pour que l'ennemi ne puisse l'apercevoir.

SIXIÈME LEÇON.

DÉFILEMENT.

Défilement. — On a supposé jusqu'à présent que le terrain sur lequel on établit la fortification était indéfiniment horizontal; et dans ce cas, pour couvrir les défenseurs situés sur le terre-plein, il suffisait d'élever les crêtes à 2 mètres ou 2^{m}50 au-dessus du sol; mais en pratique, il y aura le plus souvent, dans la limite de la portée des armes, quelques hauteurs sur lesquelles l'assaillant pourra venir se placer pour plonger dans l'intérieur de l'ouvrage, où les défenseurs ne seront plus en sûreté.

Ainsi, soit N le profil d'une face d'ouvrage, M celui d'une hauteur qui se trouve en avant dans la limite

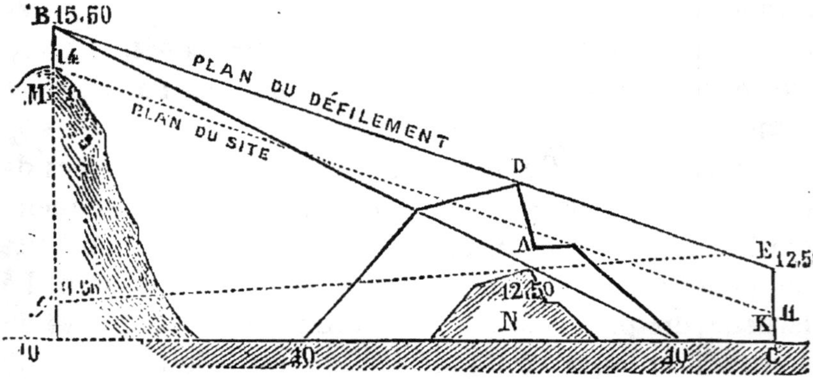

Fig. 40.

de la portée des armes; si le terrain était horizontal (les coups de l'ennemi étant considérés comme partant ordinairement de 1m50 au-dessus du sol [gA]), il suffirait, pour couvrir les défenseurs, de donner au parapet une hauteur de 2 mètres ou de 2m50; mais si au contraire les coups partent de B (1m50 au-dessus de M) et rasent la crête A, ils plongeront dans l'intérieur de l'ouvrage, dont les défenseurs ne seront plus couverts, BA (fig. 40).

L'art de soustraire le défenseur à ces coups plongeants est l'art du défilement, et défiler un ouvrage c'est le construire de telle manière que le défenseur placé sur le terre-plein soit abrité de tous les coups provenant des terrains avoisinants, dans la limite de la portée des armes. On nomme *terrain dangereux* la zone sur laquelle l'assaillant peut venir s'établir pour tirer sur le défenseur. Sa largeur dépend de la portée des armes.

On ne cherche, en général, à garantir les défenseurs que sur une zone d'une certaine largeur en arrière du parapet; la ligne qui la termine prend le nom de *limite du défilement*.

Dans un ouvrage ouvert à la gorge, le terrain à défiler est limité par le pied du talus de banquette et par la ligne de gorge; dans un ouvrage fermé, ce terrain est limité par le pied de ce talus; dans les lignes continues, la limite du défilement est une ligne, parallèle aux crêtes, située à une distance variable, suivant le besoin.

Soit le point C la limite de cette zone. Il faut que le défenseur situé en ce point soit couvert à 2 mètres ou 2^m50, c'est-à-dire que les coups partant de B ne puissent arriver au-dessus de E. On atteindra ce résultat si l'on élève la crête de A en D sur la ligne BE; de là un premier mode de défilement obtenu par l'*exhaussement du relief*.

Si l'on avait creusé le terre-plein en arrière, sans toucher à la crête A, de manière qu'il se trouve à 2 mètres au moins au-dessous du coup le plus dangereux BA, le défenseur serait encore abrité des coups partant de B par la crête primitive A, et l'ouvrage serait défilé par *l'abaissement du terre-plein*.

On peut donc défiler un ouvrage en élevant son relief ou en abaissant son terre-plein.

Dans aucun cas, la crête ne doit être élevée à plus de 4 mètres, pour que la construction ne soit pas trop difficile avec les moyens bornés dont on peut disposer en campagne ; si le plan de défilement donnait une hauteur plus considérable, il faudrait combiner ensemble le défilement par l'exhaussement des crêtes et celui-ci par l'abaissement du terre-plein.

On appelle *plan de défilement* un plan, passant par la ligne limite du défilement située à 2 mètres ou 2 m 50 au-dessus du sol, et tangent à la hauteur dangereuse relevée de 1 m 50 ; l'intersection de ce plan avec le plan de profil est BE.

En pratique, il est plus facile de trouver un plan, parallèle au plan de défilement, situé à un 1 m 50 au-dessous et tangent par conséquent à la hauteur. Ce plan auxiliaire, dont l'intersection avec le plan de profil est MK, prend le nom de *plan de site* ; il se trouve à 0 m 50 ou

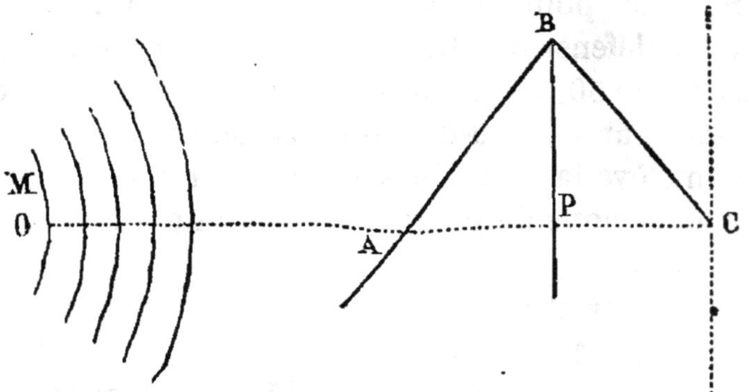

Fig. 41.

1 mètre au-dessus de tous les plans du terre-plein. Son intersection avec le point vertical passant par la ligne limite du défilement, s'appelle *charnière*.

Ce plan une fois trouvé, il suffira, pour avoir le plan du défilement, d'élever toutes les cotes de 1 m 50.

Dans les ouvrages, on choisit généralement pour charnière une droite passant par le point de l'ouvrage le plus éloigné de la hauteur, et perpendiculaire à la ligne qui joindrait ce point au terrain dangereux. Ces deux droites détermineront le plan de site, et celui-ci le plan de défilement situé à 1 m 50 au-dessus, dans lequel on tiendra les crêtes (fig. 41).

Quand le terrain est horizontal, les défenseurs placés sur la banquette d'un redan, par exemple, sont couverts de face à 1m 30, et de dos complétement. Dans le redan ABC, dominé par la hauteur M, il n'en sera pas ainsi; les défenseurs de la face AB seront pris à revers par les coups partant en arrière de la charnière à 1m 50 de hauteur, comme le montre le profil (fig. 42).

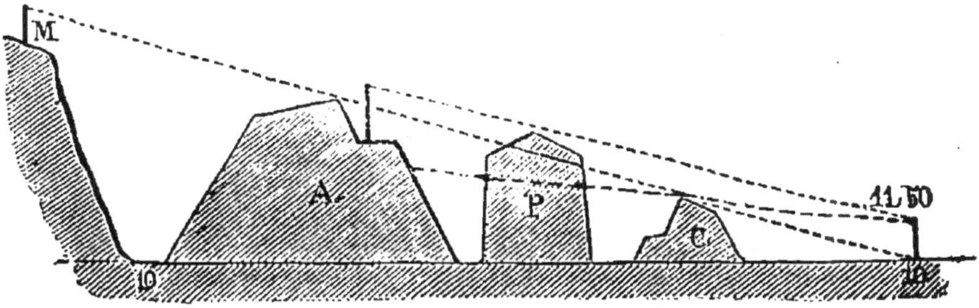

Fig. 42.

On obvie à cet inconvénient en élevant à l'intérieur une masse couvrante appelée *parados*, P.

Il en est de même si aucun plan de défilement ne peut satisfaire aux conditions exigées (passer à 2 mètres ou 2 m 50 au-dessus du terre-plein et ne pas donner plus de 4 mètres de relief aux crêtes). On sépare l'ouvrage par un remblai, appelé *traverse*, et on défile séparément chaque partie.

Pour défiler un ouvrage par l'abaissement du terre-plein, on prend la charnière sur le sol ou à $0^{m}50$ au-dessous, afin que les crêtes aient toujours au moins $1^{m}50$ de relief (si elles avaient moins, l'ennemi placé sur le bord de la contrescarpe ne serait plus dominé par le défenseur), puis on mène comme il a été indiqué le plan de défilement, dans lequel on tient les crêtes, et on

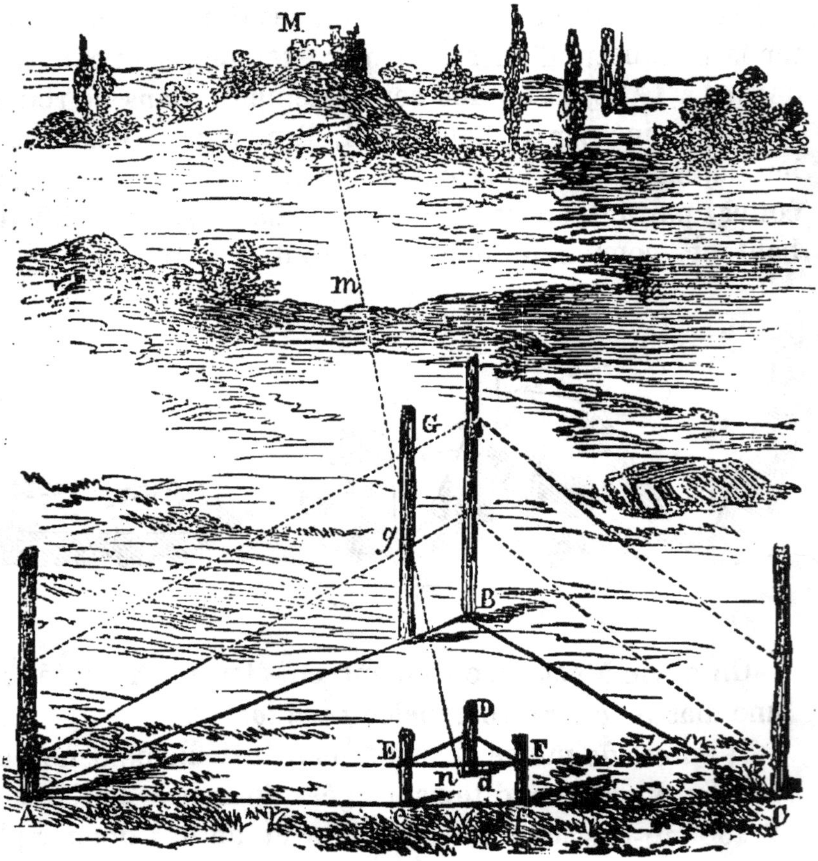

Fig. 43.

abaisse le terre-plein de 2 mètres ou de $2^{m}50$ au-dessous.

Pour défiler un ouvrage fermé, la charnière choisie sera une droite passant par un des points de la crête et laissant tout l'ouvrage d'un même côté, entre elle et la hauteur : mais il faudra presque toujours élever des traverses.

Voilà comment on opère sur le terrain. Soit la hauteur M et le redan ABC à défiler. La hauteur étant com-

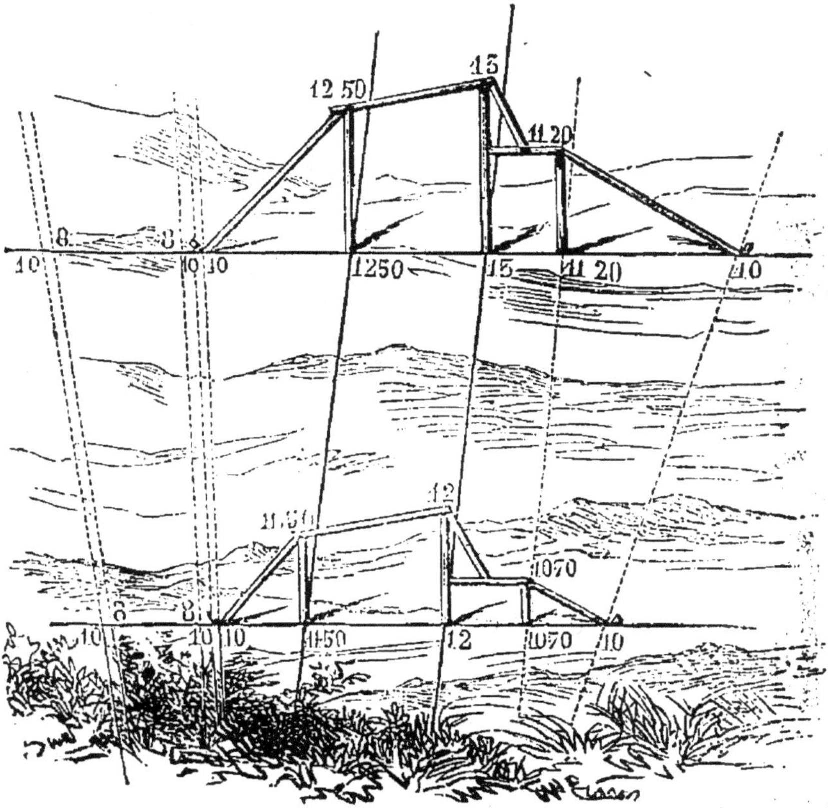

Fig. 44.

prise entre le prolongement des deux faces, on pourra prendre la charnière sur la ligne de gorge (fig. 43).

Sur cette ligne on place deux jalons, *ef*, à $1^{m}50$ l'un de l'autre, et un troisième, *d*, en avant. On fixera sur les jalons *ef* une latte EF, déterminée de manière que la droite EF, qui servira de charnière au plan de site, laisse le sol à défiler à 1 mètre au-dessous d'elle. Le

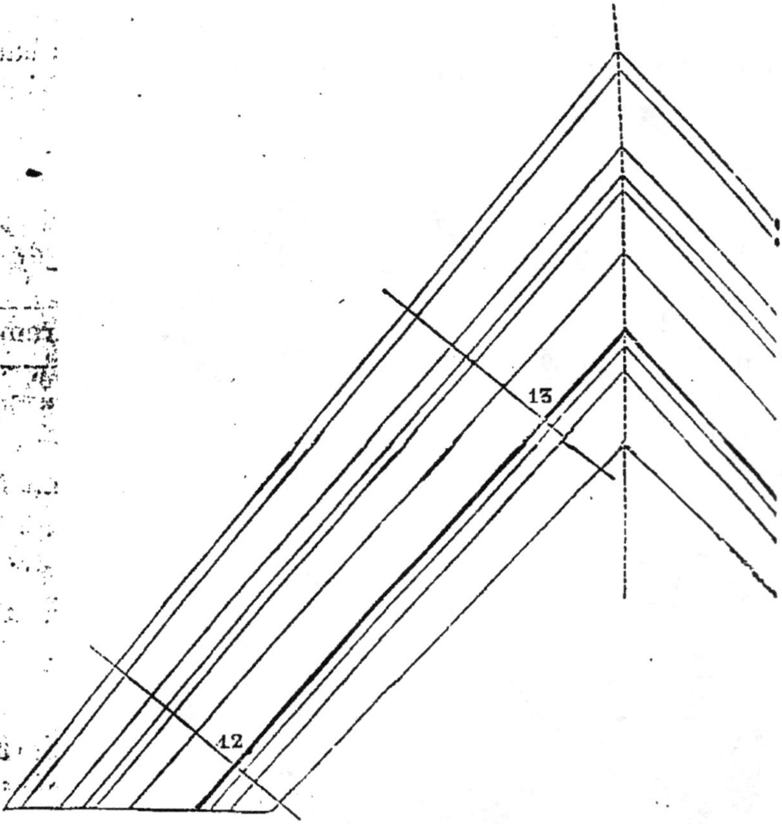

Fig. 45.

plan de site passe par cette droite et par le plus élevé des rayons visuels *m*, rasant la latte et tangent à la hauteur.

Pour le construire dans l'espace, on fixe aux deux extrémités de la latte qui représente la charnière deux autres lattes dont les extrémités, rassemblées et tenues par un aide, glissent le long du jalon *d*. Placé derrière la charnière, on dirige un rayon visuel rasant EF et la hauteur, l'aide élève ou abaisse le point D jusqu'à ce que l'une des deux lattes se trouve dans le plan déterminé par EF et le rayon visuel tangent; les lattes sont alors fixées en D, et le triangle EDF représente le plan de site.

Pour déterminer la crête en un point quelconque, on se place en arrière du plan de site, on vise par ce plan la perche placée au point cherché, on marque le point *g* où le rayon visuel la rencontre; le point G à $1^{m}50$ au-dessus sera sur la crête.

Dans la pratique, la crête des ouvrages est rarement horizontale, la construction des ouvrages en plan sera donc un peu changée, puisque le profil varie en chaque point.

Pour obtenir ce plan, on construira, sur chaque face au moins, les deux profils extrêmes, on déterminera sur chacun d'eux la largeur du fossé et on mènera des droites entre les points correspondants de ces deux profils (fig. 45).

SEPTIÈME LEÇON.

MISE EN ÉTAT DE DÉFENSE DES PRINCIPAUX OBSTACLES EXISTANT SUR LE TERRAIN. — ATTAQUE ET DÉFENSE DES RETRANCHEMENTS.

Mise en état de défense des principaux obstacles existant sur le terrain.

Les principaux obstacles que l'on rencontre sur le terrain, et dont on peut profiter, pour livrer un combat, sont les hauteurs, ravins, escarpements, bois, fossés, haies, murs, maisons, fermes, villages, marais, étangs, cours d'eau.

Hauteurs. — Aujourd'hui que les obus et les balles atteignent tout ce que voient les yeux, les positions dominantes acquièrent une grande valeur.

Les pentes d'une colline, que l'on devra occuper, auront une inclinaison faible, ou seront escarpées. Dans le premier cas, l'ennemi pourra les franchir facilement, il sera donc indispensable de les fortifier à l'aide d'ouvrages de campagne, dont la position variera suivant les circonstances; on pourra, par exemple, construire ces ouvrages à mi-côte, se réservant ainsi la possibilité, si l'on est délogé, d'aller se former en bataille au sommet. Dans le deuxième cas, c'est-à-dire lorsque les pentes seront escarpées, on tâchera de battre celles-ci par des feux latéraux; si le sommet est formé d'une simple crête, on pourra établir des lignes sur cette crête; s'il est couronné par un plateau, il vaudra mieux les établir un peu en arrière, de façon à laisser l'ennemi atteindre le sommet, et, pendant qu'il essaye de se reformer sur ce terrain trop étroit, le cribler de feux et se jeter sur lui.

Ces lignes seront établies le plus habituellement au moyen d'obstacles naturels (bois semés d'abatis, villages organisés défensivement), soutenus de distance en distance par des redoutes ou des lunettes; là où ces obstacles feront défaut, on y suppléera par des portions de lignes continues ou à intervalles.

Ravins. — Si des ravins se trouvent sur le terrain à défendre, on les fait battre par quelque face d'ouvrage, pour que l'ennemi ne puisse s'y abriter. On s'en sert quelquefois comme d'un large fossé que l'assaillant ne peut franchir, ce qui permet de diminuer l'épaisseur du parapet.

Escarpements. — Les escarpements sont utilisés de la même manière que les ravins; ils servent d'escarpe, à la condition, cependant, de faire battre leur pied par une face d'ouvrage en retour.

Fossés. — Les fossés sont excellents pour recevoir des tirailleurs et des troupes qu'on veut dissimuler aux vues de l'ennemi. Il est aisé de les rendre difficiles à traverser, quand ils ont de grandes dimensions, en escarpant les bords.

Haies. — La haie est souvent un obstacle sérieux pour le franchissement, tandis qu'elle n'est que de peu de valeur contre les projectiles ennemis; mais elle devient fort utile lorsqu'il se trouve en arrière un fossé, ou lorsqu'on peut y creuser une tranchée.

Bois. — Un bois forme un couvert précieux, le long de la lisière duquel de nombreux tirailleurs et même des pièces d'artillerie agiront efficacement sur le terrain situé en avant. Pour en interdire l'accès, on abat des arbres de manière à former des saillants et des rentrants qui se défendent réciproquement, on fait des abatis sur le bord et à l'intérieur, on tend des fils de fer, on pratique dans les chemins qui le traversent des coupures en des points battus de feux de flanc; mais en même temps on dispose ces routes, et au besoin on en crée d'autres, pour permettre de lancer au moment convenable des colonnes en dehors.

Murs. — Les murs offrent un très-bon abri contre la mousqueterie; on les organise pour la défense en y perçant des créneaux à $1^{m}30$ au-dessus du sol. L'ouverture de ces créneaux, plus grande intérieurement qu'extérieurement, donne un champ de tir assez considérable, sans découvrir le défenseur. Le fond en est incliné de l'intérieur à l'extérieur pour que les coups de fusil atteignent aussi près que possible du pied du mur (fig. 46).

Le créneau ainsi placé pourrait être facilement embouché de l'extérieur; on évite cet inconvénient en creu-

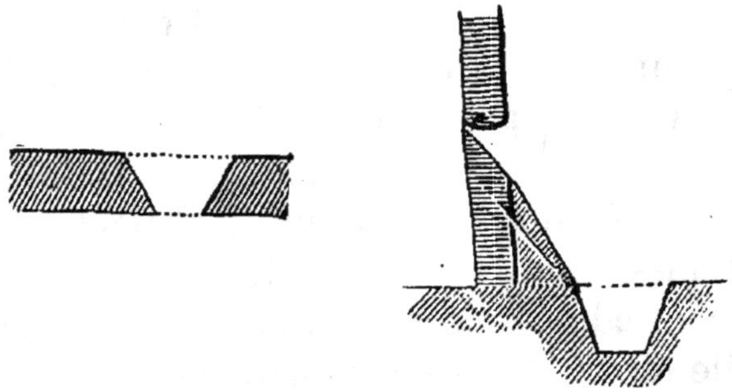

Fig. 46.

sant à 1 mètre en avant un fossé dont les terres sont rejetées le long du mur, ce qui supprime l'angle mort. Si l'on ne peut creuser le fossé, le créneau est percé à 2 mètres, et le défenseur, pour tirer, monte sur une banquette; mais alors le pied du mur n'est plus battu.

Maison. — On fortifie une maison isolée en perçant des créneaux dans les murs des divers étages sur tout le pourtour et principalement aux angles, en barricadant toutes les issues avec de doubles madriers également percés de créneaux, et en l'entourant, si l'on peut, d'un fossé.

On prépare une défense intérieure pied à pied dans les corridors et les chambres, en crénelant les cloisons et les planchers; les escaliers sont coupés et l'on se sert d'échelles pour communiquer d'un étage à l'autre; on porte aux étages supérieurs des pierres, bûches, etc. Lorsqu'on s'attend à être attaqué par de l'artillerie, on étançonne les solives principales, afin que les brèches n'entraînent pas d'éboulements. Les portes jugées nécessaires à conserver pour les sorties, sont masquées par une ligne de palanques, établie à une certaine distance en avant, et laissant une ouverture fermée par une barrière. Cet ouvrage extérieur porte le nom de *tambour*.

Il faut se précautionner contre le feu en démolissant la couverture, ou chargeant le plancher supérieur d'une couche de terre ou de fumier, et en plaçant sur cette plate-forme des baquets pleins d'eau.

On donne, si c'est possible, des flancs au bâtiment au moyen de tambours avec lesquels on communique par des ouvertures pratiquées dans les murs.

Ferme. — Pour fortifier une ferme, on organise d'une manière défensive les haies et les murs des vergers, de façon à former une première enceinte que l'on renforce dans les endroits faibles par des palissades, des tambours ou des redans.

On détruit tous les obstacles entre la ferme et cette enceinte; on coupe les chemins un peu en arrière par un fossé dont la terre forme parapet ou par une barricade; on couvre d'abatis tout le terrain en avant; on organise enfin les bâtiments comme il a été indiqué pour une maison.

Village. — Quand on juge qu'un village peut être utile pour le moment de l'action, il faut en occuper les abords du côté de l'ennemi par des troupes abritées derrière les murs et les haies, organisés défensivement, comme il a été indiqué pour une ferme.

En général, il vaut mieux que le gros des défenseurs séjourne peu dans le village même, où il aurait trop à souffrir des obus de l'ennemi et où ses mouvements offensifs seraient gênés. On place seulement des tirailleurs dans les maisons qui ont vue sur le terrain du combat et dans les rues qui peuvent servir à assurer la retraite des troupes.

L'artillerie se met en dehors sur les flancs de manière à battre les points les plus attaquables; les débouchés et sorties de rues du côté de l'ennemi sont barricadés avec des voitures, des tonneaux remplis de terre ou de fumier, des palanques, des chaînes, des abatis, des fossés, etc. Ces barricades doivent être flanquées par les maisons voisines.

Les maisons sont crénelées et mises en communication les unes avec les autres par des trouées faites dans les murs : on prépare un réduit qui consiste soit en une place fortifiée, soit dans un grand édifice tel qu'une église et son cimetière. Enfin on a soin de conserver des sorties faciles pour évacuer le village, si on y est obligé.

Marais, étangs. — Les positions fortifiées, couvertes par des marais ou des étangs, sont très-fortes, car la marche des assaillants y est incertaine, et le tir de l'artillerie et de la mousqueterie balaye parfaitement le terrain. On coupe les chaussées par lesquelles l'ennemi peut arriver, et on les enfile au moyen de feux nombreux; mais il faut se défier des marais réputés impraticables.

Cours d'eau. — Les cours d'eau sont d'excellents obstacles quand ils ont plus de deux mètres de profondeur; cependant il ne faut pas trop y compter, la facilité avec laquelle on jette maintenant les ponts permettant de les franchir assez facilement.

Il faut donc en surveiller les abords. Si l'on a conservé les ponts existants ou si l'on en établit soi-même, on devra les protéger par des ouvrages de campagne qui prennent, dans ce cas, le nom de *tête de pont*, et par des batteries. Les batteries s'établissent sur la rive de départ; les têtes de pont sur la rive d'arrivée. Ce sont des ouvrages ouverts à la gorge (la ligne de

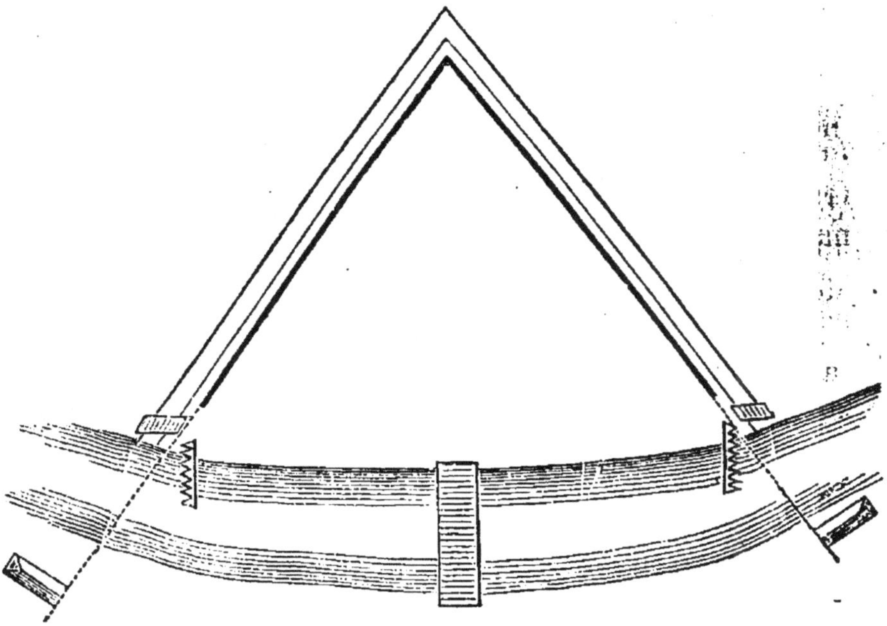

Fig. 47.

gorge étant sur la rivière), dont le tracé varie suivant le développement qu'on doit leur donner par suite du nombre de ponts établis et de l'importance de la communication. Pour couvrir un pont, on emploie la lunette; our couvrir deux ponts, l'ouvrage à cornes; pour en couvrir trois, l'ouvrage à couronne.

Mais, quel que soit le tracé, les deux faces qui s'appuient aux rives leur seront perpendiculaires, afin d'être flanquées par les batteries placées sur la rive de départ; les passages pour communiquer avec la campagne seront près du rivage pour que le mouvement des troupes ne masque pas le tir des défenseurs. Les coupures où sont établis ces passages, devront être au moins aussi larges que les ponts, afin que le défilé des troupes ne soit pas arrêté. Ces coupures seront fermées par des traverses et des palissades que l'on prolongera dans la rivière jusqu'à ce qu'il y ait 2 mètres d'eau pour que l'ennemi ne puisse tourner l'ouvrage par la gorge (fig. 47).

1° Les ponts sont écartés au moins de 100 mètres, afin de conserver entre leurs abords l'espace suffisant pour masser des troupes et des convois en attendant leur tour de passage.

2° A 1,000 mètres au-dessus sera établie en travers de a rivière une *estacade* (sorte de chaîne faite de pièces de bois liées ensemble), dans le but d'arrêter les corps flottants, envoyés par l'ennemi pour détruire les ponts. Celle-ci fera un angle de 20° avec le courant, de sorte que tout corps flottant venant buter contre, se rapprochera du rivage et sera facilement enlevé.

Les ponts employés à la guerre sont de deux sortes : ceux construits au moyen du matériel formant l'équipage de ponts (ponts de bateaux), ceux construits au moyen de matériaux que l'on trouve sous la main (ponts de bateaux de commerce, de chevalets, de gabions, de radeaux, de voitures, en charpente, de cordages, sur pilotis.)

Tout pont se compose d'un plancher nommé *tablier*, établi sur des pièces de bois appelées *poutrelles*. Ces poutrelles sont appuyées sur des bateaux, chevalets, etc., qui servent en quelque sorte de piles. On appelle *culée* le point d'appui sur la rive; *travée* l'ensemble du pont compris entre les axes de deux supports consécutifs.

Ponts de bateaux. — Ce sont les meilleurs sur les rivières larges et profondes.

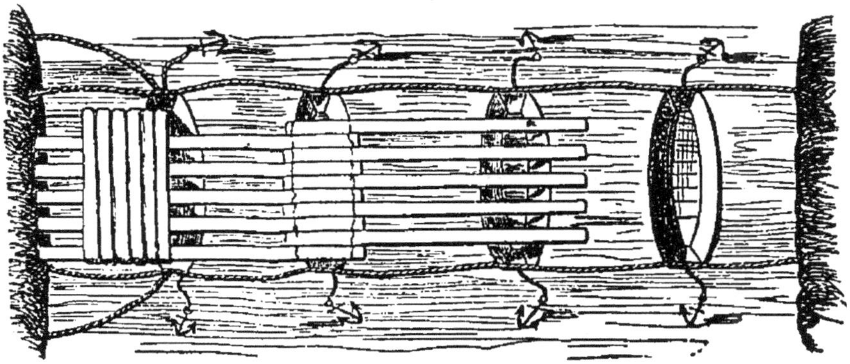

Fig. 48.

Les bateaux qui servent de piles sont espacés de six mètres et retenus en place par des ancres mouillées en amont et en aval (fig. 48).

Ponts de chevalets. — Ceux-ci ne peuvent être placés que sur des rivières dont le fond est solide, dont la profondeur n'excède pas 3 mètres et la vitesse du courant

Fig. 49.

1^{m}50 par seconde. Les chevalets qui servent de piles sont de grands tréteaux que l'on place à 4 ou 5 mètres les uns des autres (fig. 49).

Ponts de gabions. — Ils se construisent sur de faibles cours d'eau. Le *gabion* est un panier cylindrique sans fond, dont le diamètre varie de 1^m30 à 1^m55, suivant le

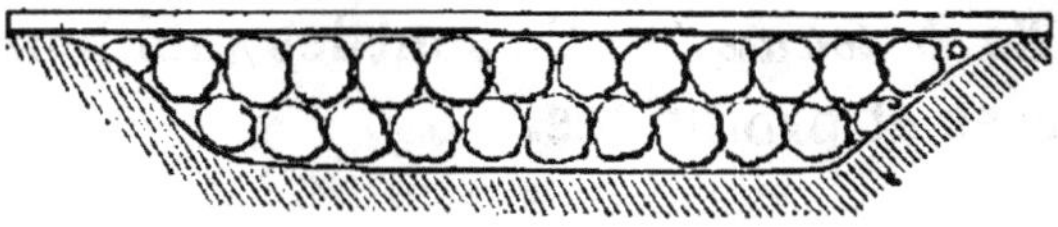

Fig. 50.

degré de force que l'on veut donner au pont; les gabions placés horizontalement les uns à côté des autres soutiennent les poutrelles, ou sont recouverts avec de la terre qui forme tablier (fig. 50).

Ponts de radeaux. — Les radeaux, faits avec des arbres de bois léger attachés l'un contre l'autre, ou avec des tonneaux liés entre eux, la bonde en dessus, soutiennent les poutrelles.

Ponts de voitures. — Ils s'établissent sur des rivières

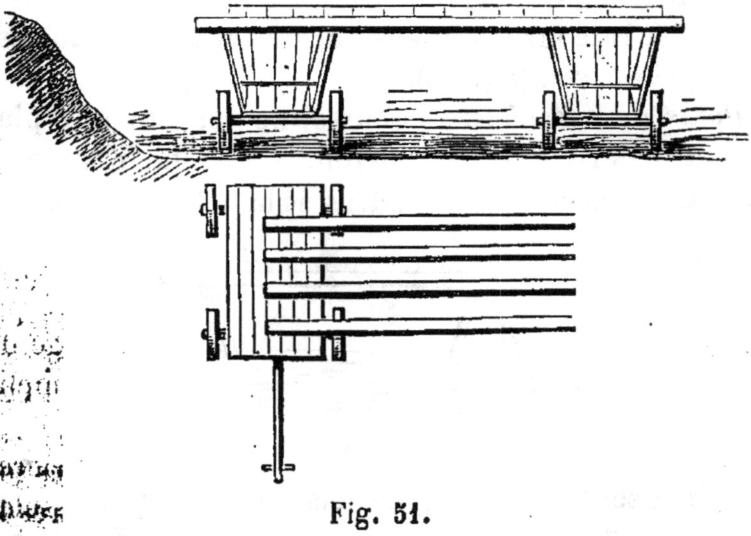

Fig. 51.

peu profondes. Si ce sont des prolonges ou des voitures

à quatre roues (les meilleures du reste pour construire des ponts) (fig. 51), on les place dans le fond de la rivière suivant le fil de l'eau. Si ce sont des voitures à deux

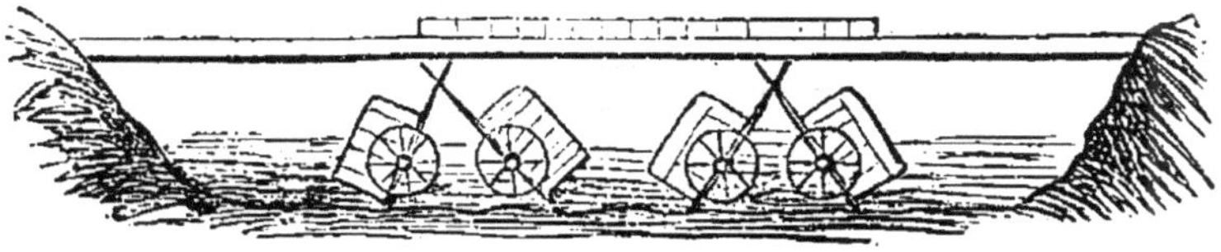

Fig. 52.

roues (qui ne peuvent servir que pour l'infanterie), on les place deux à deux, les limons en l'air et se croisant, les limons sont attachés et portent à leur croisement une traverse pour recevoir les poutrelles (fig. 52).

Ponts en charpente. — Lorsqu'on peut se procurer des bois assez longs, on les jette d'une rive à l'autre et on

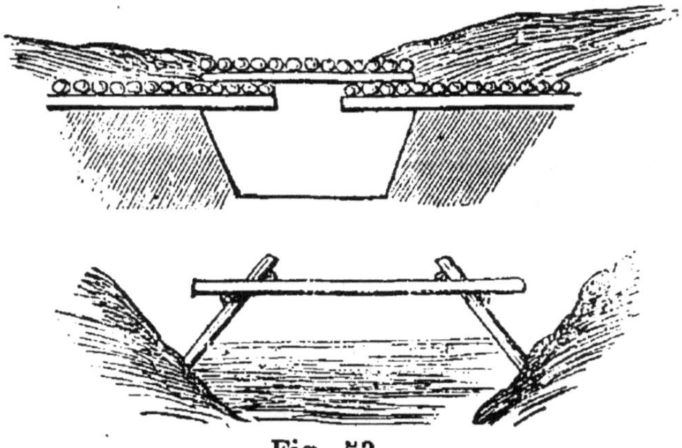

Fig. 53.

les recouvre de madriers, autrement on est obligé de construire des ponts en charpente plus ou moins compliqués.

Ponts de cordages. — Ils s'établissent sur des rivières étroites à bords escarpés; ils ont une grande ressemblance avec les ponts suspendus.

Ponts sur pilotis. — Ils consistent en traverses reposant sur de fortes pièces de bois enfoncées dans le lit de la rivière. Ces traverses soutiennent les poutrelles (fig. 51).

Fig. 54.

Attaque et défense des retranchements.

L'attaque d'une ligne fortifiée est une opération qui fait partie d'une bataille. L'art d'attaquer consiste dans le choix du point à assaillir, la vigueur et la persévérance de l'agression.

On compte quatre genres d'attaque : l'attaque d'emblée ou de vive force, l'attaque par surprise, l'attaque par ruse ou stratagème, et la fausse attaque, qui a pour objet de détourner l'attention du défenseur, afin d'assurer le succès des autres.

Avant d'attaquer un retranchement, il faut connaître, par le rapport des déserteurs et des espions ou par une reconnaissance, la force de ce retranchement, ses avenues, la composition des troupes qui le défendent, etc. Mais cependant le chef d'une colonne d'attaque dirigée sur un point déterminé d'une ligne manque souvent de temps pour reconnaître l'ouvrage qu'il doit enlever ; le succès dépend alors de la rapidité et de la justesse de son coup d'œil à en saisir les points faibles.

L'attaque doit être conduite avec ordre et énergie. On établit d'abord les batteries dans les endroits les plus convenables pour enfiler et ruiner les faces du retranchement, détruire les défenses accessoires, démonter les pièces et jeter le désordre parmi les défenseurs. Quand l'artillerie a produit son effet, on forme deux ou trois colonnes dont les unes se dirigent sur les capitales des ouvrages, tandis que les autres essayent de les tourner pour les prendre à revers. Ces colonnes, dont une seule exécute l'attaque véritable, sont précédées de travailleurs avec leurs outils pour détruire les défenses accessoires et les ouvrages.

Quelque cavalerie marche sur les ailes pour les protéger dans le cas où elles seraient repoussées par de fortes sorties. Une fois parvenues dans les fossés, les colonnes se jettent dans les angles morts pour donner l'assaut, font feu en arrivant sur la plongée et se précipitent sur les défenseurs à la baïonnette.

Dès que le retranchement est enlevé, le vainqueur doit prendre des précautions contre les retours offensifs, lors même qu'il marche en avant ; à cet effet, il laisse dans l'ouvrage les travailleurs, pour y construire un retranchement du côté de l'ennemi et préparer une route de retraite en renversant une partie du parapet dans le fossé.

L'officier chargé de defendre un retranchement doit bien connaître le terrain en avant, et la distance des objets qui se trouvent sur le terrain dans la limite de la portée des armes. Il fait bivouaquer ses troupes sur le terre-plein, en face des postes qu'elles doivent occuper, place des sentinelles, sur les banquettes pendant le jour, sur la plongée ou sur la berme pendant la nuit, désigne d'avance la réserve et fait connaître à chacun ce qu'il aura à faire. Le feu commence lorsque l'ennemi est à bonne portée, soit qu'il se dirige sur l'ouvrage, soit qu'il se porte sur les retranchements voisins : c'est lorsque l'ennemi est sur le haut de la contrescarpe que les feux produisent le plus d'effet, parce qu'il reçoit en même temps les feux directs et les feux de flancs. Lorsque les assaillants se montrent au-dessus de la plongée, ils doivent être repoussés à la baïonnette ; et lorsqu'ils vont se jeter dans le terre-plein, la réserve doit arriver pour les repousser et les culbuter dans le fossé.

Attaque et défense d'une maison. — Si l'attaque possède de l'artillerie, il faut démolir la maison et couper en même temps la retraite du défenseur. Si elle n'en a pas, il faut l'entourer de tirailleurs; ceux-ci, abrités derrière les obstacles que le défenseur aura négligé d'abattre, tireront aux créneaux, tandis qu'une colonne munie d'outils et d'échelles s'avancera rapidement, enfoncera, incendiera ou fera sauter les portes et les fenêtres, et pénétrera dans l'intérieur la baïonnette en avant.

Pour défendre une maison, on cherche d'abord à écarter l'ennemi par les feux ; lorsqu'il est parvenu au pied du mur, on lui jette ce que l'on a sous la main, on renverse ses échelles avec des crochets manœuvrés par les créneaux; lorsqu'il a pénétré, on se défend de chambre en chambre et l'on tente à la fin une vigoureuse sortie pour s'ouvrir un passage les armes à la main.

Attaque et défense d'un village. — L'artillerie ouvre des brèches dans les parties des murs d'enceinte restés à découvert et couvre le village d'obus pour l'incendier et empêcher le défenseur de s'y abriter. Des colonnes, ayant les travailleurs en tête et précédées de tirailleurs, se dirigent alors rapidement sur les points les plus faibles, attaquent ou tournent les barricades, et prennent les maisons l'une après l'autre pour rendre nulle leur protection sur les rues.

On défend l'enceinte d'un village comme un retranchement ordinaire, ensuite on dispute pied à pied les barricades, les coupures, les maisons, et on se retire lentement sur le réduit ; si un retour offensif est possible, on le tente, sinon on incendie les maisons pour arrêter l'ennemi et protéger sa retraite.

HUITIÈME LEÇON.

FORTIFICATION PERMANENTE. — FRONT DE FORTIFICATION. — DEHORS. — OUVRAGES INTÉRIEURS. — COMMUNICATIONS. — OUVRAGES EXTÉRIEURS ET DÉTACHÉS. — CASEMATES.

La fortification permanente diffère de la fortification passagère en ce qu'elle a de plus grandes dimensions, qu'elle présente à l'ennemi de fortes maçonneries et qu'elle exige de grands travaux pour parvenir à ouvrir des brèches.

Le parapet est en terre, il a la même nomenclature et la même forme qu'en fortification passagère, mais le talus d'escarpe est remplacé par un mur dont le sommet prend le nom de *magistrale;* c'est sur cette magistrale que l'on fait le tracé, qui s'obtient, en fortification passagère, au moyen de la crête intérieure. La contrescarpe est souvent aussi en maçonnerie.

La fortification de nos places fortes est basée sur le système du maréchal de Vauban, qui, le premier, posa des règles fixes pour construire le front bastionné.

Elle se compose d'une enceinte continue bastionnée

et d'ouvrages (désignés sous le nom de *dehors*) placés en avant.

L'enceinte continue comprend le corps de place et le fossé du corps de place.

Front de fortification.

Corps de place. — Pour le tracer, on entoure la ville ou le terrain à fortifier d'un polygone (plus ou moins

Plan d'un front de fortification.

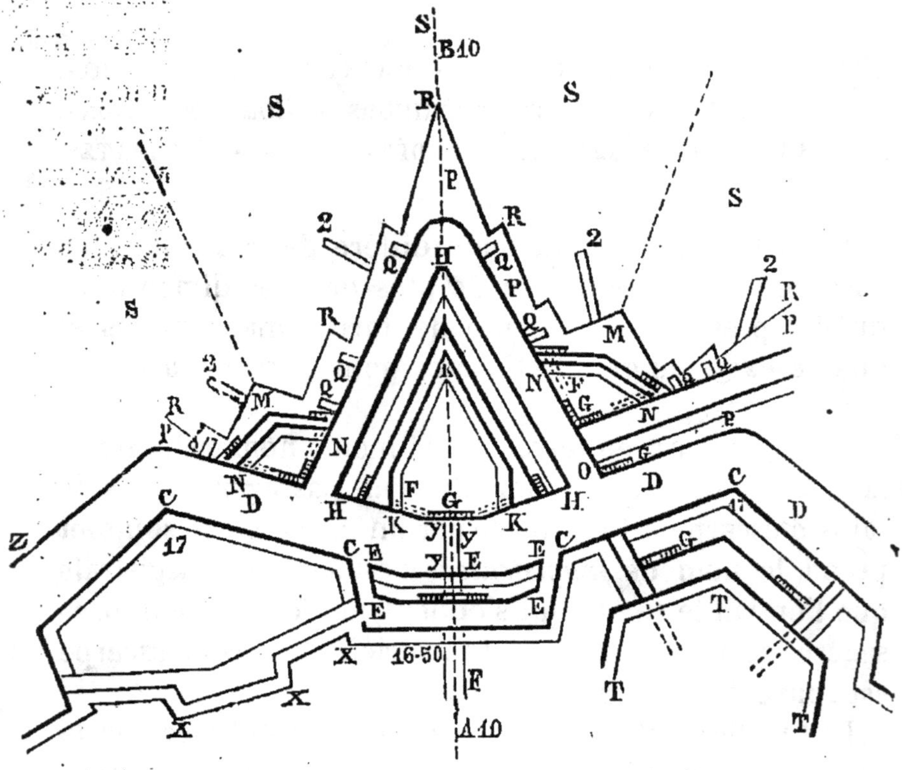

Fig. 55.

irrégulier, suivant les indications données par le terrain), dont les côtés, de 370 mètres environ de longueur, représentent les côtés extérieurs; sur chacun d'eux on construit un front bastionné, comme il a été indiqué en fortification passagère, avec cette différence que la courtine se prend égale à l'une des faces CCCC. (Il est probable qu'avec les armes à longue portée, on pourrait

Profil du corps de place de la tenaille et du fossé.

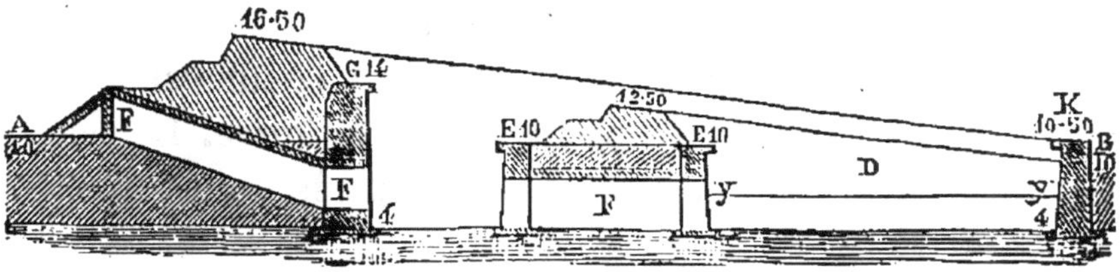

Profil du réduit de demi-lune et de la demi-lune.

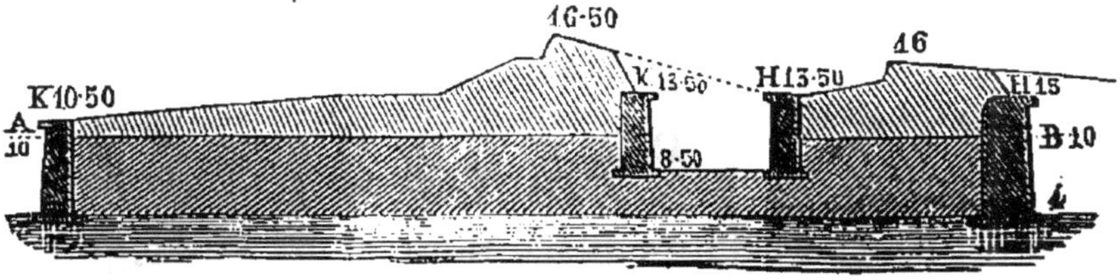

Profil du fossé de demi-lune, du chemin couvert et du glacis.

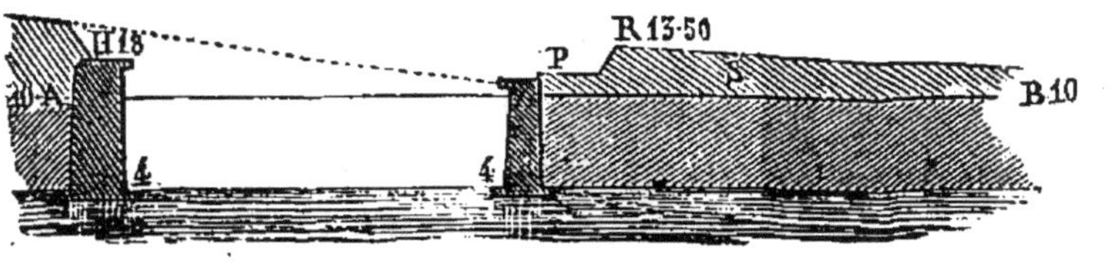

Fig. 56.

donner plus de longueur aux lignes de défense, et par conséquent aux fronts.)

La magistrale est presque toujours à 4 mètres au-dessus du sol (CCC); l'escarpe a 10 mètres de haut; le revêtement en maçonnerie est couronné d'une tablette en pierre de taille, sur laquelle on laisse une berme pour retenir les terres.

Au-dessus se trouve le talus extérieur en terre incliné à $\frac{1}{1}$, puis la plongée inclinée à $\frac{1}{6}$. Le parapet a 6 mètres d'épaisseur; la crête intérieure doit être au moins à $2^{m}50$ au-dessus de la magistrale pour pouvoir percer des embrasures; on donne à la crête du saillant du bastion un commandement de $0^{m}50$ sur celle de la courtine. En arrière du terre-plein, dont la largeur est variable, se trouve une rue, appelée *rue militaire*. Le talus qui relie le terre-plein à cette rue prend le nom de *talus de rempart*.

Fossé du corps de place. — Il se trouve en avant de l'escarpe; il a 30 mètres de large et 6 mètres de profondeur au-dessous du sol DD.

Dehors.

Les fortifications d'une place pourraient à la rigueur se composer simplement d'une enceinte continue, mais il est rare qu'on se contente d'une défense aussi simple, et on y ajoute presque toujours quelques ouvrages dont les principaux sont : la tenaille, la demi-lune avec son réduit, la place d'armes rentrante et la contre-garde. Ils peuvent être accumulés sur un même front comme l'indiquent les figures 55 et 56, mais le plus souvent ceux qui n'y sont pas indispensables sont supprimés.

La *tenaille* (EEEEE) est placée en avant de la courtine; elle se compose de trois faces, dont une est parallèle à la courtine; les deux autres se trouvent dans le prolongement des faces des bastions; sa largeur est de 14 mètres de l'escarpe à la gorge, et son relief de

2m 50 au-dessus du sol. Un fossé de 10 mètres de large la sépare des flancs de la courtine. Elle couvre la courtine contre les batteries de brèche placées sur le terre-plein de la demi-lune ainsi que la grande poterne, donne des feux sur le terre-plein du réduit de demi-lune et diminue l'angle mort en avant de la courtine.

La *demi-lune* (HHH) est un redan placé en avant de la tenaille. Les faces forment un angle minimum de 60° et s'alignent sur les faces du bastion à 30 mètres des angles d'épaule ; son parapet a 6 mètres d'épaisseur. Les ouvrages en avant devant toujours être commandés par ceux qui sont en arrière, la crête est à 1 mètre au-dessous de celle du bastion au saillant. Le fossé a 20 mètres de large. Cet ouvrage tient l'ennemi éloigné du bastion, dont l'attaque ne pourra se faire qu'après la prise des deux demi-lunes qui le flanquent.

Le *réduit de demi-lune* (KKK) est une lunette dont les faces sont parallèles à celles de la demi-lune et à 30 mètres en arrière ; les flancs ont 10 mètres de long et sont parallèles à la capitale du front, pour voir à revers la brèche du bastion. La crête du parapet est à 0m 50 au-dessus de celle de la demi-lune ; le fossé a 10 mètres de large et 5 mètres de profondeur.

La *place d'armes rentrante* (MM) est un redan, placé dans l'angle rentrant formé par la contrescarpe du corps de place et de la demi-lune. Ses faces ne sont autres que les crêtes du chemin couvert. A l'intérieur se trouve un réduit de place d'armes (NN) avec fossé en maçonnerie dont le parapet a 6 mètres d'épaisseur, et un commandement de 1 mètre sur la crête du chemin couvert ; ce réduit sert de refuge aux défenseurs des chemins couverts, il donne des feux sur les couronnements de ces chemins couverts et sur la brèche de la demi-lune.

La *contre-garde* (OO) est un redan dont la capitale est la même que celle du bastion. Les faces, parallèles à celles du bastion, ont leur terre-plein limité par la contrescarpe du fossé de corps de place. Le parapet a 6 mètres d épaisseur, la hauteur des crêtes est la même que celle de la demi-lune, le fossé a 20 mètres de large. La contre-garde couvre le bastion; l'ennemi, après s'en être rendu maître, aura beaucoup de peine à faire, sur son terre-plein étroit, les travaux nécessaires pour attaquer le bastion.

Le *chemin couvert* (PPP) longe la contrescarpe du corps de place, de la demi-lune, de la contre-garde et débouche dans les places d'armes rentrantes. Il donne des feux de mousqueterie rasants sur les glacis, facilite la surveillance contre les surprises, couvre les rassemblements pour les sorties et protége leur retraite. Son terre-plein, qui se trouve à 2m 50 au-dessous des glacis, est mis à l'abri des ricochets par des traverses (QQQQ).

Crêtes du chemin couvert (RRRR). — On donne ce nom à l'intersection du glacis avec le talus, muni d'une banquette, qui le soutient. Ces crêtes sont tracées en crémaillères pour éviter le ricochet; leur relief est déterminé par la condition de couvrir, à 1 mètre près, les maçonneries des ouvrages en arrière contre les coups éloignés.

Le *glacis* est le remblai qui relie la crête du chemin couvert à la campagne; sa surface en pente douce est battue par les ouvrages en arrière (SSS).

Ouvrages intérieurs.

Les ouvrages intérieurs se divisent en deux catégories suivant le but pour lequel on les construit : retranchement intérieur et cavalier.

Le *retranchement intérieur* (XXX) est destiné à soutenir les défenseurs lors de l'assaut au bastion et de leur offrir, si cet assaut ne peut être repoussé, un refuge d'où ils arrêtent encore l'ennemi. Il doit isoler, du reste du corps de place, la partie saillante du bastion où l'ennemi peut faire des brèches. On peut lui donner la forme d'un redan ou d'un front bastionné, dont les faces s'appuient aux flancs du bastion. Son parapet a 6 mètres d'épaisseur et sa crête a un commandement de $0^{m}50$ sur celle du bastion.

Le *cavalier* (TTT) est un ouvrage d'un grand relief, qui a pour but de battre un point déterminé de la campagne ou de couvrir des bâtiments militaires. On peut lui donner la forme d'une lunette, dont les faces seront parallèles à celles du bastion dans lequel il est placé. Son fossé a 12 mètres de large, la crête a un commandement de 10 mètres sur la campagne.

Communications.

Des communications sont établies sur chaque front pour permettre aux défenseurs de se porter du corps de place sur les divers ouvrages extérieurs et dans la campagne.

Poterne. — On appelle *poternes* les passages souterrains pratiqués pour conduire de l'intérieur d'un ouvrage dans son fossé ; elles sont en rampes, fermées par de fortes portes et assez larges pour que l'artillerie puisse y passer (FFF).

Pas de souris. — Escaliers servant à monter des fossés sur le terre-plein des ouvrages (GGG).

Rampe. — On en établit partout où l'artillerie doit passer, ainsi que du chemin couvert au glacis pour les sorties (2222).

Caponnière. — On donne ce nom à des parapets, munis de banquettes, établis ordinairement dans les fossés pour couvrir le passage d'un ouvrage à un autre ; ainsi une caponnière double couvre la communication dans le grand fossé depuis la poterne de la tenaille jusqu'à la gorge du réduit de demi-lune (*yy*).

Porte de ville. — Des ouvertures, ménagées au niveau du sol dans certaines courtines, donnent passage aux routes publiques ; ces communications sont complétées par des ponts-levis établis sur les fossés.

Ouvrages extérieurs ou avancés et détachés.

Pour éclairer les environs d'une place, on s'empare des points dont l'occupation par l'ennemi serait préjudiciable à la défense, on construit des ouvrages revêtus, exigeant pour s'en rendre maître la longueur des travaux d'un siége. Ces ouvrages prennent le nom de :

Ouvrages avancés ou *extérieurs*. — Quand ils sont flanqués par les canons de la place, ils sont presque toujours ouverts à la gorge (lunette, ouvrage à corne, à couronne), de manière à pouvoir être battus après leur prise par les feux de la place.

Ouvrages ou *forts détachés* lorsqu'ils se trouvent en

dehors de la portée des canons de la place; ce sont des ouvrages fermés et bastionnés, avec place d'armes rentrante en capitale de chaque front et chemin couvert.

Casemates.

On appelle *casemates* des abris voûtés construits en arrière de l'escarpe sous le massif du parapet et du terre-plein; le talus de rempart est remplacé par un mur dans lequel sont percées les portes et les fenêtres, tandis que des créneaux pour la mousqueterie sont ouverts dans l'escarpe. On dit alors l'escarpe casematée; pour que ces casemates soient à l'abri de la bombe, la voûte doit avoir au moins 1 mètre d'épaisseur et être recouverte d'une égale épaisseur de terre.

Destruction des voies de communication et des ouvrages d'art par la poudre.

Pour détruire une route, on fait sauter tous les ponts et aqueducs qui la traversent; on la coupe par des tranchées, de préférence dans les parties basses où le remblai produit arrêtera l'écoulement des eaux. On coupe un pont en pierre de plusieurs manières : 1° en faisant sauter une arche. — Premier moyen. Creuser suivant la direction de la clef de voûte une tranchée de $0^m,50$ de profondeur, dans laquelle on met 150 kil. de poudre. On peut aussi établir les fourneaux à la naissance de la voûte de chaque côté. Recouvrir la poudre de madriers chargés de pierres ou de terre. On met le feu au moyen d'une mèche assez longue pour avoir le temps de s'éloigner avant l'explosion. — Deuxième moyen. Suspendre sous la voûte des barils de poudre ou des boîtes de dynamite de 20 à 25 kil. — Troisième moyen. Répartir la poudre en tas sur la route; trois tas de 100 kil. crèveront une voûte de 2 mètres à la clef.

2° En renversant une pile : (*a*) établir des fourneaux dans l'intérieur des piles avec une charge de 50 à 60 kil. de poudre, mettre le feu en même temps ; (*b*) entourer la pile d'un gros saucisson de dynamite. On détruit un pont de bois par les mêmes procédés que le pont en pierre, en diminuant un peu la charge de poudre. On peut encore recourir à l'incendie en couvrant le pont de matières inflammables et en mettant le feu par les deux bouts.

Mise hors de service des voies ferrées, des télégraphes.

Voies ferrées. — Couper la chaussée, faire sauter les ponts, produire l'éboulement des tunnels, détruire ou endommager le matériel roulant, locomotives de préférence, et le matériel fixe (réservoirs d'eau en première ligne), plaques tournantes, disques, aiguilles.

Pour détruire la voie proprement dite, piocher le ballast pour découvrir les tire-fonds, les diviser, chasser les coussinets, enlever les rails...; la façon la plus expéditive est de dresser des bûchers avec des madriers, de placer les rails au sommet, et de mettre le feu. La chaleur et le poids font couler les rails et les mettent hors de service. Avec la dynamite on brise les rails de place en place en y accolant verticalement et à l'intérieur des cartouches ou un saucisson de 3 kilogrammes.

Pour démolir un tunnel : employer des fourneaux de 200 kilogrammes à 8 mètres de distance, enfoncés de 2 mètres dans la maçonnerie.

Pour mettre une locomotive hors de service, le moyen le plus expéditif est de donner un coup de hache dans le conduit à vapeur placé sur le côté de la machine.

Télégraphes.

Abattre les poteaux au moyen d'une cartouche de dynamite, couper les fils, détruire les isoloirs. Outre ces dégradations faciles à réparer, il en est d'autres qui ne se révèlent pas au premier abord. Le procédé consiste à forer un poteau ordinaire et à faire passer dans le trou un fil de terre communiquant avec la branche des isoloirs, et celle-ci avec le fil; on divise ainsi le courant en empêchant la transmission des dépêches.

Embarquement des troupes en chemin de fer.

Le matériel employé pour les transports militaires se compose : 1° de voitures à voyageurs (1re et 2e classe pour les officiers, — 3e classe pour les hommes), de wagons à marchandises appropriés au transport des hommes dans le cas de grands mouvements de troupes et en cas d'insuffisance de voitures à voyageurs; 2° de wagons-écuries ou wagons de marchandises pour le transport des chevaux; 3° de wagons plats pour le matériel d'artillerie et les équipages régimentaires.

Les hommes transportés dans les wagons de 3e classe n'occupent, s'ils sont armés et équipés, que 9 places sur 10 par chaque compartiment (8 si le trajet dépasse 150 kil.); s'ils voyagent dans des wagons de marchandises, un cartouche inscrit sur la paroi du wagon indique le nombre d'hommes qu'il doit contenir.

Les chevaux voyagent en général dessellés : ils sont placés dans le sens perpendiculaire à la voie ou dans le sens parallèle, suivant l'aménagement du wagon. La contenance de chaque wagon est également inscrite sur la paroi.

L'embarquement des hommes peut se faire à quai ou en pleine voie. Celui des chevaux et du matériel ne peut être effectué en pleine voie que si l'on dispose des ponts volants et des rampes mobiles nécessaires.

Dans tous les embarquements de troupes un officier est préposé au chargement, il précède la troupe à la gare, procède à la reconnaissance du train, prend note de la destination et de la contenance de chaque wagon.

Un sous-officier qui lui est adjoint numérote au fur et à mesure à la craie chacun des wagons, et, suivant pour les hommes et les chevaux une série distincte de numéros, il inscrit en même temps en regard des numéros d'ordre la contenance de chaque wagon en hommes et en chevaux. Ces inscriptions se font sur le grand marchepied entre les portières, et sur les grands côtés des wagons pour les chevaux. Il remet au commandant de la troupe, à son arrivée, un état indiquant la destination et la contenance du wagon.

Embarquement de l'infanterie.

La troupe se forme en bataille le long de la voie sur le point le plus favorable, tout le monde dans les rangs, sauf les officiers. Elle est fractionnée par l'adjudant-major en fractions correspondantes à la contenance des wagons sans distinction de compagnies. Les sous-officiers et caporaux sont répartis de manière à assurer l'ordre; les sapeurs, musiciens et tambours conservent leur place dans l'ordre de bataille et devront occuper les premières voitures.

Le fractionnement terminé, le commandant met sa troupe en marche par le flanc, chaque fraction est arrêtée devant le wagon qu'elle doit occuper et y fait face sans dédoubler. Au signal *garde à vous en avant*, donné par le clairon, les hommes ôtent leur sac, en maintenant leurs fusils dans la saignée du bras, et ramènent la giberne en avant. Les tambours et musiciens, sous la conduite de leurs chefs, vont déposer leurs caisses et les gros instruments dans les voitures à bagages placées en tête de train. L'embarquement commence, deux hommes montent d'abord dans chaque compartiment, tirent à la main leur sac et leur fusil, les autres ne suivent qu'après avoir successivement passé leurs sacs aux deux premiers qui les rangent partie sous les banquettes, partie sur les places réservées à cet effet. Étant assis, les hommes tiennent le fusil entre les jambes, la crosse sur le plancher; ils ont au préalable desserré le haut de leurs guêtres et en ont dégagé le pantalon.

A l'arrivée et à la sonnerie « garde à vous », suivie de la marche du régiment, les hommes sortent sans précipitation; les sacs leur sont passés par les deux derniers hommes restés dans le wagon; ils se forment par peloton devant chaque wagon, et sont emmenés par leurs officiers qui les reforment par compagnie dès qu'ils sont hors de la gare.

Embarquement de la cavalerie.

La troupe pénètre sur le quai en colonne par *un*; elle est formée ensuite en bataille sur un rang ; chaque cavalier du deuxième rang se place à gauche de son chef de file, sans se serrer. Les chevaux sont ensuite divisés par le commandant en fractions correspondant à la contenance des wagons. Après avoir mis les armes en faisceaux, on desselle ; les selles une fois rangées devant les hommes, on les porte successivement aux wagons désignés, où elles sont rangées par des hommes détachés à cet effet. Les chevaux restent bridés.

Embarquement perpendiculairement à la voie.

L'embarquement commence par le premier cavalier de droite de chaque fraction qui s'engage sur le pont volant, tourne à droite et range son cheval contre le petit côté du wagon, la tête opposée à la porte; le second cavalier entre de la même manière, tourne à gauche et range son cheval du côté opposé ; les autres suivent le même ordre, et l'on finit par les chevaux placés au centre. Le dernier cheval entré, on ferme la porte après avoir retiré le pont. Les cavaliers, après avoir attaché leurs chevaux, les débrident et sortent reprendre leur place dans le rang. Les deux derniers cavaliers entrés restent comme gardes d'écurie, se placent entre les chevaux du côté de la tête, et rabattent les strapontins pour s'asseoir. Leurs armes, brides et coiffures, sont confiés à leurs camarades.

Embarquement parallèle à la voie.

Le premier cavalier en entrant dans le wagon tourne

à droite, place son cheval contre la paroi longitudinale du côté de l'entrée, la tête tournée vers le milieu du wagon; chacun des autres cavaliers fait appuyer son cheval contre celui qui vient d'être placé. Dès qu'un rang de chevaux est complet, deux cavaliers mettent en place la barre mobile et attachent les chevaux sans débrider, puis sortent chercher leurs selles. Le deuxième rang se place de la même manière. Les selles sont placées sur deux piles dans l'intervalle. Les chevaux ne sont débridés que lorsque le train est en marche.

Les chevaux embarqués, l'embarquement des hommes se fait comme pour l'infanterie; ils débarquent les premiers à l'arrivée, et font le débarquement de leurs montures de la manière suivante : si les chevaux sont placés perpendiculairement à la voie, on passe les brides des deux chevaux du milieu aux gardes d'écurie. Les chevaux bridés, on ouvre la porte, et on les fait sortir à reculons et emmener par leurs cavaliers sur la ligne de bataille. Les autres chevaux sortent par un demi-tour à droite ou à gauche.

Lorsque les chevaux sont placés parallèlement à la voie, les cavaliers enlèvent leurs selles et vont les poser à terre sur un rang, en avant de l'emplacement où la troupe doit se former. Chacun bride son cheval que l'on fait sortir successivement.

Les chevaux sortis et rangés sur un rang, on procède au déchargement des selles, chaque cavalier du premier rang alant chercher la sienne pendant que celui du second rang tient les deux chevaux, et ainsi de suite. Les chevaux sellés, le commandant fait monter à cheval, reforme sa troupe et l'emmène.

EXERCICES

POUR LA RÉDACTION D'UN RAPPORT

QUESTIONS INDIQUÉES
PAR LA CIRCULAIRE MINISTÉRIELLE

du 19 avril 1841

ET

SPÉCIALEMENT RELATIVES AUX PETITES OPÉRATIONS DE LA GUERRE

Titres 8, 9, 10, 11 et 14 du service en campagne.

Questions militaires à donner aux sous-officiers.

1° Quelle conduite doit tenir un petit poste de six à quinze hommes pour éviter les surprises; et, en cas d'attaque par l'ennemi, de jour ou de nuit, par où se repliera-t-il sur la grand'garde?

2° Manière de fouiller un bois, un ravin, un village, et de s'assurer qu'il ne renferme pas d'embuscade.

3° Choix d'un emplacement et dispositions préliminaires d'une embuscade de huit à quinze hommes pour enlever un officier chargé de dépêches, voyageant avec une petite escorte.

4° Reconnaissance topographique d'une rive, d'un cours d'eau, d'un pont, d'un gué, d'un abreuvoir pour la cavalerie, d'un défilé, d'une ferme, d'un moulin ou usine, d'un château, d'un village.

5° Reconnaissance statistique des ressources d'une ferme, d'un château, d'un hameau, d'un village, pour les subsistances, les moyens de transport, le logement des hommes et des chevaux; les réparations de l'habillement, de la chaussure, du ferrage, du harnachement, des voitures.

6° Reconnaissance militaire d'une ferme, d'un château, d'un hameau, d'un village, pour s'assurer des moyens de défense qu'ils peuvent fournir à quinze ou vingt hommes, sans remuement de terres ni autres travaux d'art préalables.

Ces divers exercices fourniront matière à des rapports qui contiendront toujours un aperçu de l'aspect du terrain et quelques données sur l'état des routes et des chemins.

Ces rapports pourront être accompagnés d'un croquis au crayon, à la mine de plomb, à l'échelle du $\frac{1}{10000}$.

7° Itinéraire d'une route ou d'un chemin, en tableau ou levé à vue au $\frac{1}{20000}$.

8° Reconnaissance topographique, statistique et militaire d'une habitation isolée, ferme, château ou usine, d'un hameau ou d'un village, pour servir à l'établissement du cantonnement d'une section, d'un peloton d'infanterie ou de cavalerie; proposition des mesures à prendre pour garantir la troupe de surprise, et assurer sa réunion avec le reste du bataillon ou de l'escadron cantonné à proximité.

Cette reconnaissance donnera lieu à un mémoire dans lequel on fera : 1° la description physique du terrain reconnu; 2° la statistique, à l'appui de laquelle on mettra un tableau; 3° l'énumération des routes, chemins et sentiers, avec des notes sur leur état de viabilité et le nombre d'heures et de minutes nécessaire à un homme ou à un cheval pour les parcourir.

A l'appui de cette reconnaissance, qui ne pourra excéder la surface d'un kilomètre carré, on joindra une carte du terrain levée à l'échelle du $\frac{1}{20000}$, avec les teintes et les signes conventionnels.

9° Construction d'une redoute sur un point déterminé, pour quarante à soixante hommes d'infanterie.

Cet exercice donnera lieu à un travail graphique et à un mémoire. Le travail graphique donnera, en deux feuilles, le plan et les profils de la redoute à l'échelle du $\frac{1}{200}$. Le mémoire fera connaître la destination de l'ouvrage, son tracé, ses dimensions, les déblais et remblais de ses différentes parties, le temps nécessaire à sa construction, ainsi que les dispositions relatives à sa défense.

On sent que les exercices 8° et 9° ne seront prescrits qu'aux sous-officiers qui seront en état de les faire.

Questions militaires à donner aux lieutenants et sous-lieutenants.

1° Choix de l'emplacement et tracé d'un camp pour un bataillon ou deux escadrons.

2° Placement d'une grand'garde et de ses petits postes; consigne particulière à leur donner, ainsi qu'aux sentinelles et vedettes; moyens à employer de jour et de nuit pour entretenir la vigilance des petits postes, des sentinelles et vedettes ; conduite à tenir en cas d'attaque, et manière d'opérer la retraite sur le corps principal.

3° Commandement d'un détachement de quarante à cent hommes d'infanterie ou de cavalerie rejoignant le corps dont il fait partie, à travers un pays de plaine, découvert, montueux, boisé ou coupé, dans une contrée suspecte.

4° Conduite d'un convoi d'effets militaires, de subsistances, de prisonniers; division des voitures, répartition de l'escorte, précautions dans les haltes ; dispositions de défense, s'il vient à être menacé près d'un point déterminé.

5° Attaque sur un point désigné d'un convoi, dont la composition, la force de l'escorte et la disposition sont connues. Manière de conduire en lieu de sûreté le matériel capturé et les prisonniers, en face d'un secours ennemi inattendu.

6° Choix d'un lieu propre à tendre une embuscade de cinquante à cent hommes, pour l'enlèvement d'un officier général, ou pour l'enlèvement de la queue d'un convoi : dispositions préliminaires pour assurer sa réussite.

7° Conduite de la pointe d'une avant-garde, ou de l'extrême arrière-garde d'un régiment, en face de l'ennemi ou dans un pays suspect.

Tous les exercices précédents feront le sujet de rapports, dans lesquels les officiers indiqueront d'abord l'aspect du terrain et l'état des routes et des chemins. Ceux qui savent dessiner joindront à l'appui un croquis au crayon, à la mine de plomb, à l'échelle du $\frac{1}{10000}$.

8° Construction d'un itinéraire en tableau, ou levé au $\frac{1}{20000}$.

9° Reconnaissance spéciale d'un pont, d'un gué, d'un défilé, d'une partie de route. On pourra joindre à l'appui du rapport de cet exercice un plan à l'échelle du $\frac{1}{10000}$.

10° Reconnaissance militaire d'une ferme, d'un hameau, d'un village, pour s'assurer des moyens de défense qu'ils peuvent présenter, sans remuement de terres ou autres travaux d'art.

11° Reconnaissance des mêmes localités pour proposer les moyens de mettre en état de défense, à l'aide de quelques travaux que pourraient exécuter, en quarante-huit heures, quatre à six maçons, autant d'ouvriers en fer et en bois, et des matériaux qui se trouvent sur place. Évaluation du nombre d'hommes nécessaire à leur défense.

On pourra joindre à ces deux exercices des plans à l'échelle du $\frac{1}{1000}$ ou du $\frac{1}{500}$, suivant la grandeur de la localité. L'échelle des détails sera encore plus grande.

12° Reconnaissance statistique d'un gros village, où l'on annonce l'intention de cantonner un demi-bataillon, un bataillon, un ou deux escadrons au plus.

Le rapport auquel cette reconnaissance donnera lieu contiendra : 1° la description physique du terrain reconnu ; 2° sa statistique, à l'appui de laquelle sera un tableau ; 3° l'énumération des routes, chemins et sentiers, avec des notes sur leur état de viabilité et l'indication du temps nécessaire à un homme ou à un cheval pour les parcourir ; 4° enfin, les considérations militaires dans lesquelles on proposera les mesures à prendre pour garantir le cantonnement de surprise, et assurer la retraite des troupes sur le point de ralliement extérieur indiqué : on y ajoutera l'évaluation du temps pendant lequel les hommes et les chevaux pourront subsister aux dépens du village, en laissant aux habitants les grains nécessaires pour les semailles, les fourrages indispensables jusqu'à la fenaison ; on supputera en outre les ressources que peut offrir le village pour les réparations de l'habillement, de la chaussure, du ferrage, du harnachement, etc.

On joindra à l'appui de cette reconnaissance une carte équivalant pour sa surface à un carré de 2,500 mètres de côté, à l'échelle de $\frac{1}{20000}$, avec teintes et signes conventionnels.

13° Construction d'une redoute sur un point déterminé pour soixante ou cent vingt hommes d'infanterie et une pièce de canon.

Cet exercice donnera lieu à un travail graphique et à un mémoire. Le travail graphique consistera en trois feuilles de dessin, dont une sera consacrée au défilement, les deux autres au plan, aux profils et aux détails. Le plan sera à l'échelle de $\frac{1}{200}$; les profils et les détails à l'échelle du double. On fera connaître dans le mémoire l'objet de l'ouvrage, son tracé, ses dimensions, les déblais et remblais de ces différentes parties ; le temps nécessaire à sa construction, ainsi que les dispositions relatives à son armement et à sa défense.

Ces deux derniers exercices ne se donneront qu'aux officiers qui auront résolu les autres questions d'une manière satisfaisante.

Questions militaires à donner aux capitaines.

1° Choix de l'emplacement d'un camp pour un régiment d'infanterie ou de cavalerie, suivant l'arme ; sa destination et son tracé ; nombre de tentes et d'outils nécessaires pour l'établir; indication des lieux à proximité où l'on ira à la paille, au bois et à l'eau.

2° Choix d'une position propre au bivouac d'un régiment d'infanterie, ses propriétés offensives et défensives; points où l'on placera les grand'gardes et les petits postes; objets que les uns et les autres auront à remplir; lieux où l'on ira prendre la paille, le bois et l'eau.

3° Choix des villages ou hameaux propres à cantonner un régiment de cavalerie de quatre à six escadrons, pour couvrir une ou plusieurs directions indiquées; emplacement du bivouac et des postes à établir pour se garantir de surprise; répartitions des escadrons entre ces villages, d'après leur grandeur, leur position ou leurs ressources; indication des lieux de distribution, de manœuvres et de rassemblement, en cas d'alerte.

4° Conduite d'un détachement de cent à six cents hommes, ou de cent à quatre cents chevaux, suivant l'arme, qui a l'ordre de rejoindre le corps dont il fait partie, à travers un pays suspect ou en face de l'ennemi.

5° Conduite d'un convoi de cent à cent cinquante voitures, ou de quatre à huit cents prisonniers, par un détachement d'infanterie ou de cavalerie; indication de la disposition du matériel et de l'escorte pour la marche et dans les haltes; dispositions défensives prises aux approches d'un point désigné comme dangereux. ou à l'apparition de l'ennemi.

6° Attaque d'un convoi dont le nombre de voitures ou de prisonniers, ainsi que la force et la composition de l'escorte, sont connus, par un détachement de cinq à six cents hommes ou de trois à quatre cents chevaux, sur un point ou dans des circonstances indiquées; moyens pris pour conduire en lieu de sûreté le matériel capturé et les prisonniers, malgré la présence de l'ennemi.

7° Exécution d'un fourrage au vert pour huit cents chevaux, en présence de l'ennemi, sous la protection d'un à deux escadrons; placement d'un cordon qui doit les couvrir; ordres à donner pour prévenir ou repousser les attaques de l'ennemi, ou bien encore pour se retirer en protégeant les fourrageurs.

8° Exécution d'un fourrage au sec, dans un village, en face de l'ennemi, par un régiment d'infanterie ou de cavalerie, protégé par une escorte de quatre à cinq cents hommes, deux à trois cents chevaux, suivant l'arme; placement des postes extérieurs; mesures de vigilance et de police; manière d'opérer le fourrage; ordres donnés pour les cas d'attaque ou de retraite.

9° Conduite de l'avant-garde ou de l'arrière-garde d'un régiment, en face de l'ennemi, ou en pays suspect.

10° Reconnaissance topographique d'un défilé avec le projet de le forcer, ou de le défendre, avec trois ou quatre cents hommes, deux ou trois cents chevaux, suivant l'arme.

11° Reconnaissance militaire d'une habitation isolée ou d'un village, pour s'assurer des moyens de défense qu'ils peuvent présenter sans remuement de terre, ou avec quelques travaux exécutés en un court délai, par quelques maçons, ouvriers en fer ou en bois.

12° Reconnaissance statistique d'un gros village où doivent cantonner un bataillon, deux ou trois escadrons.

Tous ces exercices, à l'exception des deux derniers, donneront matière à des rapports et à des croquis semblables, pour la forme et le contenu, à ceux qu'exécuteront les lieutenants. Les exercices n°s 11 et 12 contiendront plus de développements, et seront accompagnés de cartes avec teintes et signes conventionnels.

13° Construction d'un ouvrage de fortification passagère, sur un point déterminé, par trois ou quatre cents hommes, avec de l'artillerie.

Cet exercice consistera en un travail graphique et un mémoire analogues à ceux qu'on a demandés aux lieutenants, mais il contiendra plus de développements.

Les capitaines qui résoudront très-bien ces questions pourront alors seulement être exercés sur des problèmes de même nature, mais où l'on emploiera des troupes des trois armes.

SUPPLÉMENT

AU

MANUEL DE L'ARMÉE TERRITORIALE.

SERVICE INTÉRIEUR.

CHAPITRE VI.

Adjudants-majors.

Attributions.

48. Les adjudants-majors sont chargés des détails de la police générale et du service commun à tous les escadrons, mais ils restent étrangers à leur police intérieure et à leur administration.

Police des garnisons.

49. Dans les garnisons où il n'y a pas d'état-major de place, les adjudants-majors, secondés par les adjudants, remplissent, sous la direction du lieutenant-colonel, des fonctions analogues à celles des adjudants de place.

Cas d'absence.

50. Un adjudant-major absent est remplacé par un des capitaines en second, désigné à cet effet par le colonel. Ce capitaine est alors exempt de tout autre service. Lorsque les capitaines en second présents au régiment se trouvent commander chacun un escadron, l'adjudant-major est remplacé par un lieutenant en premier.

Service de semaine.

Devoirs généraux.

51. Les adjudants-majors alternent pour le service de semaine.

L'adjudant-major de semaine a pour supérieur immédiat le chef d'escadrons de semaine ; il dirige et surveille le service des lieutenants, des sous-lieutenants et des sous-officiers de semaine.

Le service, la garde du quartier, la police des prisons du quartier, l'exactitude des signaux, les écuries en ce qui concerne les devoirs des maréchaux des logis et brigadiers de semaine et des gardes d'écurie, la propreté dans les cours et à l'extérieur, concernent directement l'adjudant-major de semaine.

En prenant le service, il reçoit de celui qu'il relève : 1° l'état des officiers, sous-officiers et brigadiers qui entrent en semaine avec lui, et la note des ordres et consignes dont l'exécution a besoin d'être particulièrement surveillée ; 2° le contrôle pour commander le service des officiers, selon les différents tours déterminés par l'ordonnance sur le service des places. Ce contrôle est établi sur un livret coté et paraphé par le lieutenant-colonel; l'adjudant-major y inscrit nominativement tous les tours de service accomplis par les officiers; il indique en vertu de quel ordre les détachements ont été fournis, ainsi que la date du départ et celle de la rentrée. Le lieutenant-colonel surveille la tenue de ce livret.

L'adjudant-major de semaine s'absente le moins possible du quartier; lorsqu'il le quitte, il s'assure que l'adjudant y reste pour donner suite à tous les ordres.

L'adjudant-major de semaine est tenu de coucher au quartier; une chambre est disposée à cet effet.

Appels et pansages.

52. Il assiste aux appels et aux pansages; il en dirige les détails. Il s'assure fréquemment que les officiers de semaine désignés pour veiller aux repas des chevaux s'y trouvent avec exactitude.

Les escadrons sont assemblés, à rangs ouverts, pour l'appel qui précède le pansage; l'appel se fait dans tous à la fois, au signal d'un demi-appel que fait sonner l'adjudant-major.

Dès que l'appel est fini, il est rendu à l'adjudant-major, par les officiers de semaine réunis autour de lui, au signal d'un second demi-appel.

Après que l'ordre a été lu dans chaque escadron, l'adjudant-major fait donner le signal pour se rendre aux écuries.

L'appel du soir se fait dans les chambres; chaque officier de semaine, accompagné du maréchal des logis chef, le rend par écrit à l'adjudant-major dans la salle du rapport. L'adjudant-major signe le billet général de cet appel, et le fait porter chez le colonel par un maréchal des logis de semaine; il en fait faire un double pour le commandant de la place, et l'envoie, cacheté, par un cavalier de la garde de police.

Il fait faire, après l'appel du soir, des contre-appels, toutes les fois qu'il le juge nécessaire.

Pendant l'été, lorsqu'après le soleil couché les chevaux doivent, d'après les ordres du chef d'escadrons de semaine, être attachés au dehors des écuries, l'adjudant-major s'assure qu'un des officiers de semaine pour deux escadrons, et un cavalier pour quatre chevaux, restent présents jusqu'à ce que les chevaux soient rentrés. Les dispositions à cet égard sont prescrites aux appels qui précèdent les pansages.

Toutes les fois que le temps le permet, l'adjudant-major donne l'ordre de faire sortir la litière des écuries et de la faire sécher en l'étendant au soleil.

Rapports.

53. Après les pansages, il reçoit les rapports verbaux des lieutenants ou sous-lieutenants et de l'adjudant de semaine, ainsi que des vétérinaires ; il fait ensuite le sien au chef d'escadrons de semaine.

Les escadrons sont conduits en ordre aux écuries, et ramenés de même, lorsqu'elles ne sont pas près du logement de la troupe.

Garde montante et ordre ; parade.

54. L'adjudant-major se rend au rassemblement de la garde ; il en passe l'inspection ; il la fait défiler, si elle est commandée par un capitaine moins ancien que lui ou par un autre officier.

Après que la garde a défilé, il indique l'heure des rassemblements, celle des corvées, des classes d'instruction, etc. Il commande le service général, et fait commander par l'adjudant celui des sous-officiers, brigadiers et cavaliers. Il communique les ordres qui n'auraient pas été donnés au rapport, et désigne, à tour de rôle, les officiers de semaine qui doivent assister aux repas des chevaux.

Lorsqu'il y a parade pour la garnison, la garde du régiment est conduite au rendez-vous général, soit par l'adjudant-major, soit par l'officier qui la commande, s'il est capitaine plus ancien que l'adjudant-major, soit enfin par l'adjudant de semaine, s'il n'y a point d'officier.

L'adjudant-major veille à ce que l'adjudant de semaine dicte aux fourriers les ordres qui doivent être transcrits sur les registres.

Détachements; piquets; classes d'instruction.

55. Il réunit, secondé par l'adjudant de semaine, les détachements qui sont formés d'hommes de différents escadrons ; il en passe l'inspection, et les remet aux officiers qui doivent en prendre le commandement.

Il a la surveillance du piquet, lorsqu'il n'est pas commandé par un capitaine; il en fait faire fréquemment l'appel.

Il s'assure que les classes d'instruction sont réunies aux heures prescrites.

Promenades des chevaux; corvées générales.

56. Lors des rassemblements pour la promenade des chevaux, pour le bain, ou pour une corvée générale, l'adjudant-major de semaine, après avoir réuni le régiment, en remet le commandement au capitaine de se-

maine, à moins qu'il n'y ait un officier supérieur. Les officiers et sous-officiers de semaine des escadrons sont seuls obligés de se trouver à ces rassemblements.

Soins au retour du régiment, après une sortie à cheval.

57. Lorsque le régiment, après avoir monté à cheval, est de retour au quartier, l'adjudant-major prend les ordres du chef d'escadrons de semaine, pour fixer le moment de desseller; il s'assure que les chevaux, pendant qu'ils restent sellés, sont attachés au râtelier par la longe du licou; lorsqu'on a dessellé, il veille à ce que les officiers et sous-officiers de semaine fassent bouchonner les chevaux et exposer au soleil ou à l'air les selles et couvertes mouillées; il exige que les panneaux soient battus avant que les selles soient remises en place.

Inspection des postes du quartier; visite des détenus.

58. Il inspecte, aussi souvent qu'il le juge nécessaire, la garde de police, ainsi que les autres postes qui auraient été placés extraordinairement au quartier; il les dirige et les fait surveiller par l'adjudant dans les détails de leur service.

Il visite les salles de police et les prisons du quartier. Il veille à ce que les détenus à la salle de police et les consignés soient exercés aux heures prescrites; à ce qu'ils fassent les corvées du quartier et reçoivent les subsistances qui leur sont dues; il entend leurs réclamations, et, si elles sont fondées, il y fait droit ou les fait parvenir à l'autorité compétente.

Toutes les cantines établies dans le qnartier sont placées sous la surveillance de l'adjudant-major de semaine; il les fait fermer lorsque la tranquillité du quartier et le maintien de l'ordre le rendent nécessaire; dans ce cas, il en rend compte sur-le-champ au chef d'escadrons de semaine.

Visites au quartier par des officiers supérieurs.

59. Il accompagne le colonel et le lieutenant-colonel quand l'un ou l'autre se trouve au quertier; il accompagne de même tout officier supérieur qui le demande.

CHAPITRE XIV.

Officiers à la suite.

Rang et fonctions.

134. Les officiers à la suite, quelle que soit leur ancienneté, prennent rang après les titulaires de leur grade; ceux-ci les commandent toujours à grade égal dans le service intérieur, et dans les services qui se font par fractions constitutives du régiment.

Les officiers à la suite concourent avec les titulaires pour le service de semaine; ils roulent avec eux, selon leur ancienneté, pour les différents tours de service de place, ainsi que pour le commandement des détachements composés d'hommes de divers escadrons.

ls sont employés : 1° au remplacement des officiers titulaires de leur grade absents ; 2° à des fonctions spéciales d'administration ou d'instruction ; 3° au service d'officiers d'ordonnance près des généraux.

Les lieutenants et les sous-lieutenants sont placés de préférence dans les escadrons dont les officiers de leur grade sont employés à des fonctions spéciales qui les dispensent de service; ils les remplacent dans le commandement de leurs pelotons.

CHAPITRE XV.

Adjudants.

Fonctions.

Les adjudants ont autorité et inspection immédiate sur les sous-officiers et les brigadiers, pour tout ce qui a rapport au service et à la discipline. Ils observent le caractère et surveillent la tenue, la conduite privée et les progrès des sous-officiers. Ils sont sous les ordres immédiats des adjudants-majors, à qui ils doivent des rapports sur tout ce qui est relatif au service et au bon ordre.

Étrangers entrant au quartier.

136. Les étrangers qui se présentent pour entrer au quartier sont conduits, par les soins du maréchal des logis de garde, à l'un des adjudants. Les adjudants n'autorisent l'entrée que de ceux qui y ont affaire et ils les font respecter. Ils veillent, avec un soin particulier, à ce qu'il ne s'y introduise ni gens sans aveu, ni femmes de mauvaise vie.

Répartition du service entre les adjudants.

137. Les adjudants alternent pour le service de semaine; celui qui n'est pas de semaine est chargé, sous la direction de l'adjudant-major, d'aider l'autre adjudant pour les rassemblements relatifs aux classes d'instruction, aux distributions, etc.

Dans une place, l'adjudant qui n'est pas de semaine est en outre chargé d'aller tous les matins à l'état-major, muni du livre d'ordres et du rapport. Après avoir inscrit l'ordre de la place et tous les détails relatifs au service, il se rend chez le colonel, qui lui donne ses instructions particulières, et ensuite chez l'adjudant-major de semaine, qui en assure l'exécution.

Il communique ces ordres au lieutenant-colonel avant la garde montante.

Police des garnisons.

138. Dans les villes où il n'y a pas d'état-major de place, les adjudants secondent les adjudants-majors dans le service et la police militaire de la garnison. Ils doivent plus particulièrement alors prendre connaissance des auberges et autres lieux publics fréquentés par les soldats, afin de pouvoir y diriger les patrouilles et y faire la recherche des hommes qui manqueraient aux appels, ou qu'on aurait vus dans un état d'ivresse.

L'adjudant sortant de semaine réunit le matin, une demi-heure après le réveil, les rapports des chefs de poste. Il les porte à l'heure indiquée à l'officier supérieur commandant la place.

Cas d'absence.

139. Un adjudant absent est remplacé par un maréchal des logis chef désigné par le colonel, sur la proposition du lieutenant-colonel.

Service de semaine.

Devoirs généraux.

140. L'adjudant de semaine est sous les ordres directs de l'adjudant-major de semaine ; il lui rend compte de l'exécution des ordres donnés et de tout ce qui se passe

au quartier en son absence. Dans les circonstances imprévues, il peut, si l'adjudant-major n'est pas au quartier, faire directement son rapport au chef d'escadrons de semaine, au lieutenant-colonel, et même au colonel.

En prenant le service, il reçoit de l'adjudant qu'il relève : 1° le contrôle des sous-officiers et brigadiers pour commander le service ; 2° l'état des sous-officiers et brigadiers qui entrent en semaine avec lui ; 3° le livre d'ordres de l'état-major. Il affiche dans la salle du rapport la liste des officiers, sous-officiers et brigadiers de semaine.

Il surveille spécialement le service des maréchaux des logis et brigadiers de semaine et de planton au quartier, la garde de police, le trompette de garde, et le piquet lorsqu'il est commandé par un sous-officier.

Il se trouve aux appels, aux rassemblements de la garde, aux départs des détachements et aux réunions de la totalité ou d'une partie du régiment.

Les adjudants sous-officiers de semaine sont tenus de visiter, au moins une fois par jour, les infirmeries régimentaires et les salles de convalescents, afin d'y assurer le maintien de la discipline, ainsi que l'exécution des prescriptions et des ordres donnés par les officiers de santé.

Sonneries.

141. Il est responsable de la ponctualité des sonneries, lors même qu'il se fait suppléer à cet égard par le maréchal des logis de garde.

Les sonneries pour le service journalier sont habituellement fixées aux heures suivantes :

Le réveil,
- à quatre heures et demie, pendant les mois de mai, juin, juillet et août;
- à cinq heures, pendant les mois de mars, avril, septembre et octobre;
- à six heures, pendant les mois de novembre, décembre, janvier et février.

Le déjeuner des chevaux un quart d'heure après le réveil.

L'appel et le pansage, une heure après le déjeuner des chevaux.

L'abreuvoir, après le pansage, au signal qu'en fait donner l'adjudant-major.

La soupe du matin,
- à neuf heures, depuis le 1er mars jusqu'au 1er novembre;
- à dix heures, depuis le 1er novembre jusqu'au 1er mars.

La corvée de propreté, après la soupe mangée.

Le rassemblement de la garde, à onze heures et demie.

Le dîner des chevaux, à midi.

L'appel pour le pansage du soir, à deux heures.

L'abreuvoir, après le pansage.

La soupe du soir,
- à cinq heures, depuis le 1er mars jusqu'au 1er novembre;
- à quatre heures, depuis le 1er novembre jusqu'au 1er mars.

Le souper des chevaux,
- à sept heures, pendant les mois de novembre, décembre, janvier et février;
- à sept heures et demie, pendant les mois de mars, avril, septembre et octobre;
- à huit heures, pendant les mois de mai, juin, juillet et août.

Le rassemblement des trompettes, un quart d'heure avant la retraite.

La retraite, à l'heure ordonnée par le commandant de place.

L'appel, une demi-heure après la retraite.

L'extinction des lumières, à dix heures.

Les heures des rassemblements pour l'instruction pratique et théorique sont fixées par le tableau du service journalier.

Le travail à cheval a toujours lieu dans la matinée. Lorsqu'en été les chaleurs nécessitent qu'on monte à cheval avant le pansage du matin, les chevaux sont bouchonnés et épongés ; ils reçoivent la moitié du repas d'avoine du matin ; l'autre moitié leur est donnée après le pansage, qui se fait à la rentrée du terrain d'exercice.

A la suite des essais successifs qui ont été faits en 1852, 1853, 1854 et 1855, et après avoir pris l'avis du comité de la cavalerie, le ministre a arrêté ainsi qu'il suit le mode de répartition de la ration des chevaux des régiments de cavalerie :

En hiver et pendant la majeure partie de l'année.

Au réveil, donner $\frac{1}{3}$ de foin.

Après le pansage, faire boire, donner $\frac{1}{2}$ ration d'avoine, $\frac{1}{3}$ de paille.

Après la rentrée du travail ou de la promenade, à midi ou une heure, donner $\frac{1}{3}$ de foin.

Après le pansage de trois heures, faire boire, donner $\frac{1}{2}$ ration d'avoine, $\frac{1}{3}$ de paille.

Au souper, donner $\frac{1}{3}$ de foin, $\frac{1}{3}$ de paille.

Pendant la saison des manœuvres.

Au réveil, donner $\frac{1}{3}$ d'avoine.

Après la manœuvre, $\frac{1}{3}$ de foin.

Une heure après, bouchonner, faire boire, donner $\frac{1}{3}$ d'avoine et $\frac{1}{3}$ de paille.

A trois heures et demie, pansage, faire boire, donner $\frac{2}{3}$ d'avoine et $\frac{2}{3}$ de paille.

Au souper, $\frac{2}{3}$ de foin et $\frac{1}{3}$ de paille.

L'instruction à pied a lieu ordinairement entre l'heure du rassemblement de la garde et le pansage du soir; dans les grandes chaleurs, elle est remise après la soupe.

Quand le climat, le service ou l'instruction exigent des changements dans les heures des sonneries, ces changements sont ordonnés par le colonel.

A moins d'impossibilité absolue, les chevaux doivent sortir tous les jours au moins pendant deux heures, après leur déjeuner ou après leur dîner, soit pour les exercices, soit pour les marches militaires, soit même pour la simple promenade. Dans ce dernier ças, ils seront tous montés, sellés et en bridon.

La promenade journalière des chevaux et les soins qui leur sont donnés à leur rentrée à l'écurie tiendront lieu du pansage du matin, qui sera remplacé par un simple bouchonnage.

Lorsque la promenade ou les exercices auront lieu le matin, les chevaux boiront et mangeront l'avoine avant le travail, et, à leur rentrée, ils recevront la paille.

Les chevaux devront toujours recevoir l'avoine immédiatement après avoir bu. Depuis le 1er septembre jusqu'au 1er avril, les chevaux seront abreuvés à l'écurie, le matin; ils le seront aussi le soir lorsque le temps sera froid, pluvieux et humide; dans les autres mois de l'année, les chevaux seront abreuvés à l'écurie, lorsque l'état de l'atmosphère le fera jugera nécessaire (*Extrait des instructions sur les revues d'inspection générale des corps de cavalerie*).

Les chevaux amenés au pas après les manœuvres, et de manière à ce qu'ils ne soient pas en transpiration, seront dessellés à la rentrée à l'écurie et soumis à un bouchonnage immédiat et suffisant; ils seront revêtus de leur couverte pour un temps dont la durée sera réglée par le colonel, suivant la saison, la température des écuries et le travail auquel les chevaux auront été soumis. Enfin l'on fera un usage fréquent de la couverte.

Garde montante et parade.

142. L'adjudant de semaine rassemble la garde montante et place à la gauche les ordonnances et plantons.

Lorsque l'adjudant-major a passé l'inspection des hommes de service, l'adjudant forme les postes; il a soin que les hommes du même escadron soient, autant que possible, placés dans le même poste, à l'exception du poste de la garde de police, qui est formé d'hommes de tous les escadrons. Il réunit ensuite le peloton des sous-officiers d'ordre, composé des maréchaux des logis chefs, des maréchaux des logis et brigadiers de semaine; il le forme sur deux rangs en face de la garde; il en passe l'inspection.

Il fait défiler la garde, si elle n'est pas commandée par un officier. Lorsque la garde a défilé, il fait former le cercle, et commande le service des sous-officiers et cavaliers pour le lendemain.

S'il y a parade pour la garnison, et qu'il n'y ait pas d'officier de service, l'adjudant conduit la garde du régiment sur la place d'armes; dans ce cas, le plus ancien maréchal des logis chef marche à la tête des sous-officiers d'ordre.

Ordre.

143. Avant l'appel de deux heures, il dicte l'ordre aux fourriers; il veille à ce qu'ils l'écrivent avec régularité.

Appel du soir.

144. Il contre-signe les permissions d'appel du soir, et en tient note pour vérifier le rapport que le maréchal des logis de garde fait des hommes rentrés.

Il fait, en double expédition, le relevé général des billets d'appels du soir, et le présente à la signature de l'adjudant-major.

Devoirs après la retraite.

145. A l'heure de l'appel ou à l'heure fixée par le colonel, il fait fermer les cantines; il veille à ce que l'extinction des lumières ait lieu à dix heures.

Il répond, envers l'adjudant-major et l'officier supérieur de semaine, de la tranquillité du quartier pendant la nuit; il fait des rondes, il en fait faire par le maréchal des logis et par le brigadier de garde.

Il fait les contre-appels que l'adjudant-major a ordonnés; il peut en faire de son chef si quelque circonstance particulière l'exige; il en rend compte à l'adjudant-major le lendemain matin.

Propreté du quartier.

146. Il assure la propreté de l'extérieur et des cours du quartier, ainsi que des corridors et des escaliers du peloton hors rang; il fait exécuter par le maréchal des logis de garde et les brigadiers de semaine tous les ordres donnés à cet égard.

Détenus et consignés.

147. Il fait rassembler les détenus et les consignés aux heures fixées pour les exercices de punition.

Il surveille la nourriture des détenus; il s'assure qu'ils sont rasés, au moins deux fois par semaine, par le perruquier de leur escadron; il informe de leur sortie le maréchal des logis chef de l'escadron, quand elle a lieu pour cause de santé ou par ordre du colonel.

Il charge le maréchal des logis de garde de faire de fréquents appels des consignés; la liste en est déposée au corps de garde; il fait remplir les auges par les consignés avant chaque pansage : à défaut de consignés, il les fait remplir par les gardes d'écuries.

Il envoie deux fois par semaine un perruquier à l'hôpital et à la prison de place, pour raser les militaires du régiment malades ou détenus pour fautes contre la discipline.

Visites au quartier par des officiers supérieurs.

148. En l'absence de l'adjudant-major de semaine, il accompagne le colonel et le lieutenant-colonel lorsqu'ils viennent au quartier; il accompagne de même tout officier supérieur qui le demande.

CHAPITRE XVI.

Vaguemestres.

Fonctions.

149. Le vaguemestre est sous la surveillance immédiate du major.

Muni d'une commission du conseil d'administration, il retire de la poste aux lettres paquets, argent et effets adressés au conseil, ainsi qu'aux officiers, sous-officiers et cavaliers; il en est responsable; il les distribue immédiatement, et sans aucune rétribution en sus de la taxe.

Il remplit les fonctions de maréchal des logis chef près du peloton hors rang.

Les commissions des vaguemestres doivent être visées par le sous-intendant militaire chargé de la surveillance administrative du corps, ainsi qu'il est prescrit par le règlement du 1er mars 1823 sur le service des postes militaires.

Les vaguemestres des détachements, comme ceux des corps entiers, doivent toujours être munis du registre qui est prescrit par l'article 150 ci-après. Ce registre doit être visé par le sous-intendant militaire.

Dans les fractions de corps ou détachements où il n'existe pas de major, la vérification du registre du vaguemestre a lieu tous les lundis par les soins de l'officier commandant la fraction du corps ou le détachement.

Dans les portions de corps et détachements qui sont en route ou stationnés loin de leur régiment, si le sous-officier vaguemestre est mis dans l'impossibilité de continuer ses fonctions, il est provisoirement suppléé par un autre sous-officier, choisi et commissionné par l'officier commandant le détachement.

Cette commission provisoire doit être également soumise au visa d'un sous-intendant militaire, et faire mention du cas d'urgence qui motive la dérogation au présent article.

Registre.

150. Il tient un registre divisé en deux parties : la première sert à enregistrer les titres qui lui sont confiés pour retirer de la poste les lettres chargées, l'argent adressé aux officiers, aux sous-officiers et aux cavaliers, et à justifier de la remise qu'il en a faite ; la signature du directeur de la poste constate la recette du vaguemestre, et celle du militaire opère sa décharge. La seconde partie est destinée à constater les divers chargements de lettres et de fonds qu'il fait de la part des militaires du régiment.

Ce registre est coté et parafé par le major. Le major le vérifie tous les lundis.

Boîte aux lettres.

151. Il est placé près du corps de garde de police une boîte aux lettres dont le vaguemestre a la clef ; l'heure de la levée des lettres est indiquée par une affiche.

Le vaguemestre passe chez le colonel, dans les bureaux du major, du trésorier et de l'officier d'habillement, pour y prendre les dépêches.

Remise des lettres et de l'argent.

152. Il remet d'abord au colonel les lettres à son

adresse et à celle du conseil d'administration. Il porte ensuite celles du major, du trésorier et de l'officier d'habillement. Il porte à domicile les lettres et l'argent adressés aux officiers, à moins qu'il n'ait l'occasion de les leur remettre, sans retard, à quelque réunion.

Il remet également aux sous-officiers, brigadiers et cavaliers du petit état-major et du peloton hors rang, les lettres et l'argent qui leur sont adressés. Il distribue, par l'intermédiaire de chaque maréchal des logis chef, les lettres qu'il reçoit pour les sous-officiers, les brigadiers et les cavaliers des escadrons. Les lettres chargées et l'argent reçu pour les brigadiers et cavaliers sont remis directement aux intéressés par le vaguemestre, en présence du maréchal des logis de semaine, qui signe avec eux au registre de celui-ci, et qui en informe l'officier de semaine. Si ces militaires ne savent pas écrire, ils font une croix, et l'officier et le maréchal des logis de semaine signent au registre pour certifier le payement.

Le vaguemestre donne à l'adjudant de semaine un état signé par le directeur de la poste, constatant les différentes sommes, ainsi que les lettres chargées, qu'il a reçues pour les sous-officiers, les brigadiers et les cavaliers. Cet état est annexé au rapport ; l'adjudant en donne lecture aux maréchaux des logis chefs, qui en rendent compte au capitaine commandant et aux officiers de semaine.

Si le vaguemestre n'a reçu aucun article d'argent, il remet à l'adjudant un état négatif, également signé par le directeur de la poste.

Lettres de rebut ; argent adressé aux absents.

153. Les lettres de rebut sont rendues par le vaguemestre à la poste, sans avoir été décachetées, après que le motif du refus a été inscrit au dos ; le port en est remboursé par le directeur de la poste.

Si la lettre est décachetée, le port reste à la charge de celui qui l'a ouverte.

Les sommes et reconnaissances de versement adressées à des militaires qui sont décédés, qui n'appartiennent plus au corps, ou qui en sont absents, doivent être rendues au directeur de la poste, lequel, suivant le cas, les fait parvenir aux ayants droit ou les tient à leur disposition.

Le délai, pour la remise à la poste des lettres et sommes non distribuées et des reconnaissances de versement, est de huit jours.

Réclamations.

154. Les capitaines commandants veillent soigneusement à ce que la remise des lettres et de l'argent adressés aux sous-officiers et cavaliers sous leurs ordres soit faite avec une scrupuleuse exactitude. S'il y a des réclamations, ils les transmettent au major, qui y fait faire droit sur-le-champ. Si des infidélités ont été commises, le major en rend compte au colonel, qui fait punir les coupables suivant les lois.

CHAPITRE XXV.

Rapport journalier.

247. Tous les matins, les maréchaux des logis chefs présentent à leur capitaine-commandant le rapport des vingt-quatre heures, contenant la situation, les demandes et les punitions des sous-officiers, des brigadiers et des cavaliers, et toutes les mutations.

Le capitaine vérifie et signe le rapport, après y avoir ajouté les demandes des officiers de son escadron, ainsi que ses observations.

Les maréchaux des logis chefs remettent ces rapports et les pièces à l'appui des mutations à l'adjudant de semaine, au moins une heure avant celle de la réunion du rapport. L'adjudant en forme le rapport général, après y avoir ajouté celui de la garde de police, et le signe. L'adjudant-major de semaine le vérifie et fait sonner à l'ordre à l'heure fixée. Les rapports des escadrons sont rendus, avec les pièces à l'appui, aux maréchaux des logis chefs.

L'adjudant-major, le chirurgien-major, l'adjudant, le vétérinaire en premier, les maréchaux des logis chefs, le trompette maréchal des logis, un des sous-officiers attachés à l'instruction et le fourrier d'état-major se réunissent dans la salle du rapport.

Le chef d'escadron de semaine s'y trouve, prend connaissance du rapport et recueille tous les renseignements nécessaires.

Le lieutenant-colonel reçoit le rapport chez lui ; il en fait la lecture ou la fait faire à haute voix ; il y fait inscrire par l'adjudant-major les demandes des officiers de l'état-major.

Il se rend ensuite chez le colonel, accompagmé du chef d'escadrons, de l'adjudant-major et de l'adjudant. Il lui rend compte des punitions infligées aux officiers et prend ses ordres.

Le major se rend directement chez le colonel.

Le colonel prononce sur les objets contenus au rapport, et donne les ordres relatifs au service.

L'adjudant-major fait prendre par l'adjudant et prend

lui-même une note écrite de toutes les décisions du colonel. L'adjudant retourne sur-le-champ au quartier pour les communiquer aux maréchaux des logis chefs. Il informe les officiers de l'état-major des dispositions qui les regardent.

Les maréchaux des logis chefs vont rendre compte aux capitaines-commandants des décisions du colonel; ils font communiquer, par les brigadiers fourriers, aux autres officiers de l'escadron, les ordres qui concernent ces officiers.

A l'heure indiquée, les rapports des escadrons sont portés au major par les fourriers, avec les pièces à l'appui des mutations. Le major, après avoir vérifié les mutations, vise les rapports et les envoie au trésorier avec les pièces.

Le rapport du peloton hors rang est conforme à celui des escadrons; le vaguemestre l'établit, le présente à la signature de l'officier d'habillement et le porte ensuite au trésorier qui y inscrit les mutations du grand et du petit état-major; ce rapport, après avoir été transcrit par l'adjudant de semaine sur le rapport général, reçoit la même destination que ceux des escadrons.

Le rapport journalier du capitaine instructeur comprend les mutations, les demandes et les observations relatives à l'instruction; il n'est point transcrit sur le rapport général.

Lorsque l'intérêt du service ne s'y oppose pas, le lieutenant-colonel peut quelquefois, avec l'agrément du colonel, être suppléé au rapport par le chef d'escadrons de semaine. Dans ce cas, l'adjudant-major va lui donner communication des décisions du colonel.

Lorsque le régiment occupe plusieurs casernes, un adjudant ou un maréchal des logis chef par caserne accompagne le lieutenant-colonel chez le colonel, afin de recevoir de l'adjudant de semaine les décisions sur le rapport et les ordres donnés par le colonel, et de les communiquer immédiatement aux maréchaux des logis chefs des escadrons avec lui.

CHAPITRE XXVIII.

Mode de réception des officiers, des sous-officiers et des brigadiers.

Nominations mises à l'ordre.

253. Les nominations d'officiers, de sous-officiers, de brigadiers et de cavaliers de première classe, sont mises à l'ordre du régiment.

Réception des officiers.

254. Les officiers sont reçus de la manière suivante :

Le colonel, par le maréchal de camp commandant la brigade ou la subdivision militaire;

Les officiers supérieurs, les capitaines commandants et le capitaine instructeur, par le colonel; cette disposition s'applique aux capitaines en second qui deviennent capitaines-commandants;

Les capitaines en second, les adjudants-majors et le porte-étendard, par le lieutenant-colonel;

Les lieutenants et les sous-lieutenants, par leur chef d'escadrons;

Les officiers comptables, par le major.

A défaut des officiers ci-dessus désignés pour procéder aux réceptions, les officiers du grade immédiatement inférieur les suppléent; le major est suppléé par le chef d'escadrons de semaine.

Pour la réception du colonel et celle du lieutenant-colonel, le régiment monte à cheval en grande tenue, avec l'étendard.

Les chefs d'escadrons et le major sont reçus à cheval, en grande tenue, sans l'étendard : les chefs d'escadrons se placent devant le centre des escadrons qu'ils doivent commander; le major se place vis-à-vis du centre du régiment.

Les autres officiers peuvent être reçus, la troupe étant à pied, lors de la première réunion du régiment; ils se placent devant le front de leur escadron; les officiers comptables devant le centre du régiment. Le porte-étendard est reçu la première fois que le corps prend les armes avec l'étendard.

L'officier qui doit être reçu se place à la gauche de celui qui le fait recevoir; l'un et l'autre mettent le sabre à la main; ils font face à la troupe. Celui qui reçoit fait porter les armes, ou mettre le sabre à la main, et ouvrir un ban; il prononre à haute voix la formule suivante :

(Pour la réception du colonel.) *Au nom de la loi, officiers, sous-officiers, brigadiers et cavaliers, vous reconnaîtrez pour colonel du régiment M..., et vous lui obéirez en tout ce qu'il vous commandera pour le bien du service et pour l'exécution des règlements militaires.*

Quand l'officier qui procède à la réception est d'un grade inférieur à celui qu'il reçoit, il se place à la gauche et substitue les mots *nous reconnaîtrons et nous lui obéirons* à ceux *vous reconnaîtrez et vous lui obéirez.*

Après la réception, les trompettes ferment le ban.

Les officiers qui avancent en grade sans changer d'emploi ne sont pas reçus : leur avancement est annoncé par la voie de l'ordre. Il en est de même de la nomination des chirurgiens et de celle des vétérinaires. *La réception des chefs, sous-chefs de musique et musiciens, est constatée seulement par la voie de l'ordre.*

Réception des sous-officiers et brigadiers.

255. Les adjudants sont reçus à la garde montante par l'adjudant-major de semaine, en présence de tous les sous-officiers.

Les maréchaux des logis chefs, les maréchaux des logis, les fourriers et les brigadiers sont reçus par le capitaine-commandant, la première fois que l'escadron prend les armes.

Le trompette maréchal des logis et le trompette brigadier sont reçus à la garde montante, en face des trompettes, par l'adjudant-major de semaine.

La formule de réception est la même que pour les officiers. Il n'est point ouvert de ban; seulement il est sonné un demi-appel pour la réception des adjudants.

CHAPITRE XXIX.

Consigne générale pour la garde de police.

Dispositions générales.

256. Il y a toujours au quartier une garde de police dont la force est déterminée suivant les localités; elle défile au quartier.

Elle ne reçoit de consignes verbales et journalières que des officiers supérieurs, de l'adjudant-major ou de l'adjudant de semaine; elle n'en reçoit d'écrites et de permanentes que du commandant du régiment.

Les devoirs généraux prescrits par l'ordonnance sur le service des places sont applicables à la garde de police.

La consigne générale pour la garde de police est affichée dans le corps de garde.

Devoirs du maréchal des logis de garde.

Formation de la nouvelle garde.

257. Le maréchal des logis de garde amène la garde montante à la gauche de l'ancienne, ou vis-à-vis, à défaut d'espace; la garde, quand elle est au-dessous de neuf hommes, n'est formée que sur un rang; le brigadier est à la gauche.

Le maréchal des logis ne fait rompre les rangs que lorsque la garde descendante est partie.

Le maréchal des logis responsable du service.

258. Il est responsable de la ponctualité avec laquelle le brigadier et les sentinelles remplissent leurs devoirs; il leur fait répéter souvent leurs consignes.

Il est chargé, sous les ordres de l'adjudant de semaine, de faire exécuter toutes les sonneries.

Visite des salles de discipline et prisons; consignés.

259. Il visite, matin et soir, la salle de police, la prison et le cachot; il reçoit les demandes des détenus. Il fait prévenir les officiers et les sous-officiers auxquels les prisonniers désirent adresser des réclamations.

Il fait fréquemment l'appel des consignés.

Propreté du quartier.

260. Une demi-heure après la soupe du matin, il rassemble les détenus et les consignés; il leur fait balayer les cours et les latrines; lorsque leur nombre n'est pas suffisant, il demande des hommes de corvée aux brigadiers de semaine.

Surveillance de la tenue de la troupe.

261. Lorsqu'il n'y a pas à la porte du quartier un maréchal des logis de planton chargé spécialement de surveiller la tenue, cette surveillance appartient au maréchal des logis de garde; il ne laisse sortir aucun sous-officier, brigadier ou cavalier, que dans la tenue prescrite.

Étrangers entrant au quartier.

262. Lorsqu'un étranger se présente pour entrer au quartier, le maréchal des logis le fait conduire à l'un des adjudants. Il refuse l'entrée aux gens sans aveu et aux femmes qui lui paraissent suspectes.

Fermeture des portes; rondes aux écuries.

263. A l'appel du soir, il fait fermer par le brigadier les portes du quartier. Il visite ensuite les écuries, regarde si les chevaux ne sont pas détachés ou empêtrés, si les lanternes éclairent suffisamment, si les gardes d'écurie sont à leur poste et dans la tenue prescrite; cette visite est renouvelée toutes les heures, soit par lui, soit par le brigadier.

Extinction des lumières.

264. A dix heures, il fait sonner pour éteindre les

lumières ; il indique dans son rapport les chambres dans lesquelles il a été obligé de passer pour les faire éteindre.

Avant ou après chaque visite d'écurie, il fait des rondes autour du quartier, pour voir si tout est tranquille; il en fait faire quelquefois par le brigadier.

Après l'appel, les brigadiers et cavaliers ne peuvent plus rentrer sans se présenter au maréchal des logis, qui retire leur permission ; les sous-officiers qui rentrent après cet appel doivent également se présenter à lui.

Secours du chirurgien-major.

265. Le maréchal des logis remet au chirurgien-major, lorsque celui-ci vient le matin faire sa visite au quartier, les billets que les maréchaux des logis chefs ont fait déposer au corps de garde. Si, pendant la nuit, il est averti que quelqu'un ait besoin de prompts secours, il envoie aussitôt appeler le chirurgien-major ou son aide par un homme de garde intelligent.

Inspection de la garde.

266. Avant l'appel du matin, il fait mettre la garde en bonne tenue et en passe l'inspection.

La garde défère aux réquisitions de l'autorité.

267. Il fait marcher une partie de la garde, sur la demande de tout militaire en grade. Il défère aux réquisitions des officiers de police judiciaire et civile, et même des habitants, lorsqu'il s'agit de rétablir l'ordre et d'arrêter ceux qui le troublent. Dans aucun cas, il ne marche lui-même et ne dégarnit son poste de plus de la moitié de sa force.

Registre des rapports journaliers.

268. Il y a, dans chaque corps de garde de police, un registre destiné à l'inscription des consignes qui doivent durer plusieurs jours, des entrées et des sorties des salles de discipline, des rentrées au quartier après l'appel ou après les heures portées sur les permissions, des rondes, des patrouilles et des événements qui doivent être mentionnés au rapport.

Ce registre est signé le matin par le maréchal des logis, qui le porte à l'adjudant de semaine une demi-heure après le réveil; l'adjudant le vise; le chef d'escadrons de semaine l'arrête le dimanche.

L'indication du logement des officiers du régiment et des chirurgiens est inscrite en tête de ce registre; l'adjudant de semaine y mentionne les changements à mesure qu'ils surviennent.

Descente de la garde.

269. La sentinelle crie : *Aux armes!* dès qu'elle aperçoit la nouvelle garde. Après que les consignes sont rendues, le corps de garde et les salles de discipline visités, le maréchal des logis fait partir sa troupe par le flanc; à quinze pas, il fait remettre le sabre.

Garde de police commandée par un officier.

270. Lorsque la garde de police est commandée par un officier, cet officier assure, de concert avec l'adjudant-major de semaine, la tranquillité du quartier et l'exécution de la présente consigne; le maréchal des logis continue à être chargé, sous la surveillance de l'adjudant, des dispositions concernant les détenus, la

propreté du quartier, la surveillance de la tenue et l'exactitude des sonneries.

Devoirs du brigadier de garde.

Vérification au corps de garde et aux salles de discipline.

271. Le brigadier reconnaît en arrivant tous les ustensiles, registres et consignes du corps de garde; s'il les trouve en mauvais état, il en fait le rapport au commandant du poste. Il visite les salles de discipline; il y vérifie le nombre des détenus.

Répartition du service entre les hommes de garde.

272. Il numérote les hommes de garde pour déterminer l'ordre des factions; il désigne, lorsqu'il y a lieu, les plus intelligents pour porter les rapports verbaux et pour aller recevoir le mot d'ordre. Les corvées sont faites à tour de rôle, en commençant par les cavaliers qui doivent aller les derniers en faction.

Manière de relever les sentinelles.

273. Pour conduire en faction, le brigadier fait sortir en même temps tous les cavaliers de pose, les place sur un rang, s'il y a moins de quatre hommes, et les met en marche l'arme sur l'épaule droite ou le sabre à la main.

Il relève d'abord la sentinelle devant les armes, et ensuite la plus éloignée : toutes, excepté la première, doivent le suivre jusqu'à son retour au poste, et s'arrêter à six pas de celle qu'on remplace. Les hommes sont placés en faction par ordre de numéro, en commençant par la sentinelle devant les armes.

Pour relever, il place la nouvelle sentinelle à la gauche de l'ancienne, et commande :

1° *Portez (vos) armes,*

2° *A droite et à gauche,*

3° *Présentez (vos) armes.*

Il fait répéter la consigne, et il explique ce qu'il croit convenable pour la faire mieux comprendre.

Il reconnaît les objets que doivent contenir les guérites, tels que manteaux, consignes, etc.

Il ramène les factionnaires dans le même ordre qu'il a conduit la pose, leur fait faire demi-tour à droite, présenter les armes, faire haut les armes et rompre les rangs.

Il rend compte au maréchal des logis.

Reconnaissance des rondes ou patrouilles.

274. Lorsqu'une ronde ou patrouille est arrêtée, le brigadier se porte à quinze pas de la sentinelle, crie *qui vive!* et après qu'on lui a répondu, il dit : *Avance à l'ordre!* Il reçoit le mot d'ordre et donne le mot de ralliement.

Il a désigné d'avance les hommes pour aller reconnaître avec lui.

Si c'est une ronde-major, la garde prend les armes. Le chef de poste vient la reconnaître ; il reçoit le mot de ralliement et donne le mot d'ordre.

Salles de discipline.

275. Le brigadier a les clefs des salles de discipline; il ne peut les confier qu'au maréchal des logis de garde. Il n'y laisse entrer et n'en laisse sortir qui que ce soit, sans l'ordre du maréchal des logis.

Il fait porter la soupe à tous les détenus en même temps; il est présent pendant qu'ils la mangent. Il s'oppose à ce qu'on leur porte de la lumière, des pipes, du vin ou de l'eau-de-vie.

Il empêche les cavaliers de communiquer avec les détenus.

Il visite les salles de discipline matin et soir : il reconnaît les dégradations, voit s'il n'y a pas de malades, fait vider les baquets, balayer et renouveler l'eau dans les cruches.

Les salles de police doivent être aérées deux fois par jour, en prenant les précautions nécessaires pour empêcher l'évasion des détenus.

Devoirs de la sentinelle.

Alertes et honneurs.

276. Les sentinelles de la garde de police crient : *au feu!* si elles aperçoivent un incendie, et *à la garde!* lorsqu'elles entendent du bruit par suite de querelles ou d'attroupements. La sentinelle qui est devant les armes crie : *aux armes!* lorsqu'elle aperçoit le Saint-Sacrement, une troupe armée, un officier général ou le commandant de la place ; elle crie : *hors la garde!* lorsque le colonel, ou l'officier supérieur qui commande en son absence le régiment, vient au qnartier.

Les sentinelles présentent les armes aux officiers généraux, aux officiers supérieurs de tous les corps, aux intendants et sous-intendants militaires, aux médecins et pharmaciens inspecteurs; elles les portent à tous les autres officiers médecins et vétérinaires militaires, ainsi qu'à toutes les personnes décorées d'un ordre français et portant leur décoration.

Pour les militaires décorés de la médaille militaire, les sentinelles doivent régulariser leur position.

Les sentinelles ne rendent point d'honneurs aux officiers en tenue du matin ou revêtus de leurs manteaux, mais elles doivent les marques de respect qui consistent à régulariser leur position.

Il n'est point rendu d'honneurs avant le lever ni après le coucher du soleil.

Paquets portés ou jetés hors du quartier.

277. La sentinelle placée à la porte du quartier s'oppose à ce qu'aucun soldat sorte avec un paquet, sans être accompagné d'un brigadier. Elle ne laisse de même sortir aucun étranger, porteur d'armes ou d'effets, sans l'autorisation du maréchal des logis.

Si on jette dehors un paquet, elle en avertit le maréchal des logis ou le brigadier de garde.

Sortie des chevaux.

278. Elle ne laisse sortir aucun cavalier avec son cheval sans l'autorisation d'un maréchal des logis ou d'un brigadier.

Propreté du quartier.

279. Elle ne permet pas de jeter ou de faire des ordures près du poste, ni dans l'intérieur du quartier.

Entrée d'étrangers au quartier; entrées et sorties après l'appel.

280. Elle ne laisse entrer aucun étranger, ni aucun

militaire d'un autre corps, sans l'autorisation du maréchal des logis.

Après l'appel du soir, elle fait passer au corps de garde les militaires de tous grades qui rentrent au quartier; elle empêche de sortir sans le consentement du maréchal des logis.

Lumières à faire éteindre.

281. Si elle aperçoit des lumières dans les chambres après la sonnerie pour les éteindre, elle en avertit le maréchal des logis.

Rondes et patrouilles.

282. Après onze heures du soir, elle crie : *qui vive!* sur tout le monde, et exige qu'on passe à quelques pas d'elle.

Si la garde est extérieure et qu'on réponde : *patrouille!* la sentinelle crie : *halte-là; brigadier, patrouille!* Si c'est une ronde d'officier, de maréchal des logis ou de sergent, elle crie : *halte-là ; brigadier, ronde d'officier!* (*de maréchal des logis ou de sergent*) ; si c'est une ronde major : *halte-là ; aux armes, ronde-major!*

CHAPITRE XXXIII.

Travailleurs.

Cavaliers employés près des officiers.

305. Les officiers ne peuvent employer habituellement aucun cavalier à leur service personnel; il leur est seulement permis d'en prendre un de leur escadron pour l'entretien de leurs armes et de leurs effets d'équipement et de harnachement, et pour le pansage de leurs chevaux. Ces cavaliers ne peuvent être pris que parmi

ceux qui sont admis à l'école d'escadron; ils ne sont dispensés d'aucune partie du service et de l'instruction; toute autre tenue que celle d'uniforme leur est interdite; ils sont constamment dans la tenue prescrite pour les autres cavaliers. Il leur est payé 4 francs par mois pour chaque cheval, et 3 francs pour l'entretien des armes et du harnachement.

Quand les officiers veulent obtenir l'autorisation de payer le service de cavaliers qui pansent leurs chevaux, le capitaine commandant en fait la demande au rapport, s'il juge qu'elle puisse être accordée sans inconvénient. Dans ce cas, le service de ces cavaliers est payé 3 francs par mois.

Les officiers supérieurs et les officiers faisant partie de l'état-major du régiment ne pourront prendre ni faire compter dans le peloton hors rang les soldats qui leur sont nécessaires pour l'entretien de leurs armes et de leurs effets d'équipement, et pour le pansage de leurs chevaux.

Les officiers qui passent de la portion active d'un corps au dépôt, et réciproquement, ou d'une portion active d'un corps à un autre, ont la faculté, avec le consentement du chef de corps, d'emmener avec eux leurs cavaliers d'ordonnance.

CHAPITRE XXXIV.

Tenue.

Des différentes tenues.

307. Il y a trois tenues dans les régiments :

1° La tenue du matin pour les officiers et celle d'écurie pour la troupe;

2° La petite tenue } pour les officiers et la troupe.
3° La grande tenue }

La tenue du matin est permise aux officiers jusqu'à midi.

La petite tenue est la tenue habituelle; la grande tenue se prend quand elle est indiquée par l'ordre du régiment ou de la place.

Lorsque le régiment ou une portion du régiment se réunit en armes, les officiers sont dans la même tenue que la troupe.

Les officiers de semaine sont en tenue du matin, mais avec le sabre, jusqu'à midi; après midi, ils sont dans la même tenue que les autres officiers.

Lorsque le service de semaine acquiert une importance particulière, soit par suite de la réunion de plusieurs régiments dans la même garnison, soit par tout autre motif, le colonel peut ordonner pour les officiers de semaine une tenue distincte de celle des autres officiers.

Dans ce cas, les officiers de semaine des régiments de carabiniers, de cuirassiers et de dragons, sont en casque et habit-veste; ceux des régiments de lanciers, chasseurs et hussards, ont la giberne pour signe distinctif.

Les sous-officiers et les cavaliers sortent en tenue d'écurie jusqu'à midi; ils ne peuvent pas sortir après midi sans être en habit, en casque ou shako et en sabre.

Les maîtres ouvriers sont habituellement dispensés d'être en tenue.

Cheveux et moustaches.

308. Les cheveux des officiers, sous-officiers et cavaliers sont coupés courts, surtout par derrière; ils ne forment jamais de touffes ni de boucles.

Les favoris ne dépassent pas la hauteur de la bouche, et ne doivent pas se joindre aux moustaches.

Les moustaches ne doivent être ni cirées, ni graissées.

Manière de porter et d'ajuster les effets.

309. Le casque et le shako se placent droit, de manière à ce que le milieu de la visière corresponde à la ligne du nez.

Le bonnet de police penche légèrement à droite, le bord touchant presque au sourcil droit et éloigné d'environ un centimètre du sourcil gauche.

Lorsqu'on met les chaînettes ou jugulaires, elles sont attachées court sous le menton et en arrière des joues.

Le col est suffisamment serré pour ne pas bâiller sous le menton; il doit dépasser le collet de l'habit d'environ deux lignes, et ne jamais laisser apercevoir la chemise.

L'habit et la veste d'écurie sont toujours boutonnés dans toute la longueur, et tirés en bas pour emboîter les hanches.

Le pantalon est soutenu par des bretelles.

La basane du pantalon de cheval est cirée.

La chaussure est toujours propre et cirée; l'éperon nettoyé et poli.

Le sabre est soutenu par la bretelle; à pied, il est relevé et mis au crochet, la monture en arrière, le ceinturon caché par l'habit.

Dans les régiments où le ceinturon se place par-dessus l'habit, il est ajusté de manière que la boucle s'agrafe sur les derniers boutons, et que le devant de l'habit sorte sous le ceinturon d'environ six lignes.

La grande bélière est d'une longueur de 810 millimètres. La petite est ajustée de manière que le cavalier puisse atteindre aisément la poignée du sabre, en inclinant légèrement le corps, lorsqu'il met le sabre à la main étant à cheval.

La dragonne se passe dans le haut de la branche principale du sabre, où elle est maintenue par un des passants-coulants.

L'autre passant-coulant est assez éloigné du gland pour que le cavalier puisse engager le poignet dans la dragonne : à pied, la dragonne est passée une fois autour de la poignée du sabre.

Le porte-giberne est ajusté de manière que le dessus du coffre de giberne se trouve à hauteur du coude droit du cavalier.

Les cuirasses sont ajustées de manière à ne pas comprimer la poitrine et les hanches des cavaliers. Elles joignent sur les côtes et sur les épaules, sans se croiser. Le bourrelet ressort sur les bords de la cuirasse de manière à garantir les vêtements; l'extrémité de la courroie de ceinture est arrêtée dans le passant-coulant.

Les cavaliers sont munis de leur manteau quand ils sont de service à un autre poste que celui de la garde de police et que ce service doit durer la nuit. Le manteau est alors roulé et porté en sautoir, de droite à gauche.

Les officiers, les sous-officiers et les cavaliers qui sont en deuil de famille peuvent porter un crêpe noir au bras gauche.

CHAPITRE XXXV.

REVUES.

Revues des inspecteurs généraux.

Honneurs à rendre aux officiers généraux inspecteurs.

310. Lorsque le lieutenant général inspecteur a fait connaître l'heure de son arrivée, un détachement de vingt-cinq hommes, commandé par un officier, est envoyé à un quart de lieue au-devant de lui.

Après son arrivée, il est envoyé à son logement une garde de cinquante hommes, commandée par un capitaine, un lieutenant et un sous-lieutenant. Le trompette sonne des appels. Il est placé deux sentinelles à la porte du lieutenant général inspecteur.

Si l'inspecteur général ne juge pas à propos de conserver sa garde, le poste le plus voisin est augmenté du nombre d'hommes nécessaire pour fournir les deux sentinelles.

Les gardes et postes de la place et du quartier prennent les armes et montent à cheval quand l'inspecteur général passe devant eux ; les trompettes sonnent des appels.

Il lui est fait une visite de corps en grande tenue de service.

A défaut d'état-major de place, le mot d'ordre lui est porté par un adjudant major.

Quand il passe devant le front du régiment, ou lorsque le régiment défile devant lui pour la première ou la dernière fois, les officiers supérieurs et l'étendard saluent.

Il est reconduit, à son départ, par un détachement semblable à celui qui a été à sa rencontre.

Lorsque l'inspecteur général est un maréchal de camp, il est envoyé au-devant de lui un détachement de douze hommes, commandé par un maréchal des logis. La garde envoyée à son logement est de vingt-cinq hommes : elle est commandée par un officier; le trompette est prêt à sonner. Il est placé deux sentinelles à sa porte. Les gardes et postes de la place et du quartier prennent les armes et montent à cheval quand il passe devant eux; les trompettes sont prêts à sonner. Il lui est fait une visite de corps en grande tenue de service. Le mot d'ordre lui est porté par un sous-officier. Quand il passe devant le front du régiment, ou lorsque le régiment défile devant lui pour la première ou la dernière fois, les officiers supérieurs saluent. A son départ, un détachement de douze hommes le reconduit.

Du reste, le maréchal de camp inspecteur général exerce sur les troupes de son inspection la même autorité et a sur elles les mêmes droits que s'il était lieutenant général.

Pendant toute la durée de l'inspection, le régiment, à moins d'ordres contraires de l'inspecteur général, est en grande tenue avec l'étendard.

311. Lorsque l'inspecteur général se rend sur le terrain pour la revue d'ensemble, le régiment est en bataille pour le recevoir. Après avoir passé devant le front, il ordonne au colonel de faire rompre par escadron.

Les hommes se placent par rang de contrôle, les officiers, les sous-officiers et les brigadiers à la droite de leur escadron; le grand et le petit état-major, ainsi que le peloton hors rang, se réunissent à la droite du régiment.

L'officier d'habillement pour l'état-major et le peloton hors rang, les capitaines commandants pour leur escadron, remettent successivement à l'inspecteur général une feuille d'appel des hommes et un contrôle des chevaux.

L'inspecteur général fait lui-même l'appel des officiers : il fait faire celui du petit état-major et du peloton hors rang par l'adjudant vaguemestre, et celui des escadrons par les maréchaux des logis chefs, qui se tiennent en arrière du rang formé par l'escadron et à hauteur de l'inspecteur général.

Pendant le temps que dure la revue d'un escadron, cet escadron a le sabre à la main; les autres sont au repos et gardent le silence.

Le colonel, le lieutenant-colonel, le major, les chefs d'escadrons et les capitaines commandants pour leurs escadrons respectifs, le trésorier, l'officier d'habillement et le chirurgien-major accompagnent l'inspecteur général.

Quand la revue est terminée, l'inspecteur général fait défiler le régiment devant lui.

Revue de détail.

312. L'inspecteur général détermine si la revue de détail des hommes et des chevaux sera passée en même temps, ou si elle aura lieu séparément.

Les escadrons sont à l'avance formés sur un rang et pied à terre ; les officiers, les sous-officiers et les brigadiers sont à la droite de leur escadron, peloton, section ou escouade, afin de répondre aux questions que l'inspecteur peut leur adresser concernant les hommes et les chevaux sous leurs ordres.

Les lieutenants, les sous-lieutenants et les maréchaux des logis sont porteurs du livret de leur peloton ou section ; les maréchaux des logis chefs et les fourriers, des registres de l'escadron.

A moins d'un ordre contraire, les portemanteaux sont mis à terre et ouverts, de manière que l'inspecteur puisse aisément vérifier tout ce qu'ils contiennent ; le livret de chaque homme est placé sur son portemanteau.

Les officiers comptables portent sur le terrain tous les modèles des effets et tous les registres et comptes ouverts avec les escadrons.

Ordres de l'inspecteur général.

313. Pendant le temps que dure l'inspection, le colonel reçoit directement les ordres de l'inspecteur général pour tout ce qui concerne la tenue, l'instruction, l'administration et le service en général.

Le régiment se conforme exactement aux instructions écrites que l'inspecteur général donne avant son départ.

Les généraux, sous les ordres desquels le régiment est placé, sont chargés d'en assurer l'exécution, dont les maréchaux de camp se font rendre fréquemment compte.

REVUES DES GÉNÉRAUX.

Revues mensuelles et trimestrielles.

314. Les maréchaux de camp commandant les brigades actives passent tous les mois la revue d'ensemble, et tous les trimestres la revue de détail des régiments sous leurs ordres. Les régiments sont formés alors de la

manière prescrite pour les revues d'inspecteurs généraux, et se conforment à toutes les dispositions indiquées aux art. 311 et 312.

Les lieutenants généraux commandant les divisions actives passent eux-mêmes ces revues, lorsqu'ils le jugent convenable.

Les lieutenants généraux et les maréchaux de camp commandant les divisions et les subdivisions territoriales passent, autant que possible, tous les mois et tous les trimestres, des revues semblables des régiments sous leurs ordres, qui ne sont pas réunis en divisions ou en brigades.

Les maréchaux de camp rendent compte du résultat de leurs revues au lieutenant général; le lieutenant général en fait l'objet d'un rapport d'ensemble qu'il adresse chaque trimestre au ministre de la guerre.

Indépendamment de ces revues périodiques, les généraux en passent d'extraordinaires toutes les fois qu'ils le croient utile.

REVUES DES INTENDANTS ET SOUS-INTENDANTS MILITAIRES.

Revues sur le terrain.

315. Les revues d'effectif ont lieu aux époques fixées par les règlements sur l'administration.

Outre les revues périodiques et réglementaires, les intendants et sous-intendants militaires en passent sur le terrain toutes les fois qu'ils en reçoivent l'ordre du ministre de la guerre ou des lieutenants généraux, ou lorsqu'ils le jugent utile au bien du service.

Quand il s'agit d'une revue prescrite par les règlements, ou d'une revue ordonnée, soit par le ministre, soit par un lieutenant général, les intendants et sous-intendants en préviennent l'officier général sous les ordres duquel le corps se trouve.

S'ils reconnaissent la nécessité de passer une revue extraordinaire, ils doivent au préalable en demander l'agrément à l'officier général commandant, et lui en déduire les motifs. Si l'officier général croit devoir s'opposer à la revue, il en rend immédiatement compte au ministre de la guerre.

Les intendants et sous-intendants militaires, avant de passer une revue, se concertent avec le commandant de la place, à l'effet de fixer le jour, l'heure et le lieu de la réunion des troupes.

Le colonel en est informé, la veille, par le commandant de la place.

Tous les officiers, les sous-officiers et les cavaliers, tous les chevaux d'officiers et de troupe, doivent être présents aux revues des intendants et sous-intendants militaires; à cet effet, les postes et les plantons sont relevés par d'autres troupes de la garnison; lorsque le régiment est seul dans la place, le premier escadron fournit, immédiatement après avoir été passé en revue, les hommes nécessaires pour relever les postes.

Avant l'arrivée de l'intendant ou du sous-intendant, les escadrons sont formés sur un rang, les officiers, les sous-officiers et les brigadiers à la droite, les trompettes, les enfants de troupe et les cavaliers à leur numéro de contrôle annuel; le grand et le petit état-major, ainsi que le peloton hors rang, à la droite du régiment.

L'intendant, le sous-intendant et le régiment sont en grande tenue de service.

Le major remet à l'intendant ou au sous-intendant

l'état nominatif des hommes malades à la chambre ou à l'infirmerie; cet état est certifié par le chirurgien-major et visé par le major. Les hommes composant la garde de police, les gardes d'écurie et les hommes en prison que des motifs particuliers empêchent de paraître à la revue, sont portés sur un état nominatif que signe l'adjudant-major de semaine, et que le lieutenant-colonel, après l'avoir visé, remet à l'intendant ou au sous-intendant. Dans un détachement, ces deux états sont certifiés par l'officier commandant.

Lorsque l'intendant ou le sous-intendant se présente à la tête d'un escadron, le capitaine commandant, après avoir fait mettre le sabre à la main, lui remet la feuille d'appel de son escadron. L'intendant ou le sous-intendant fait lui-même l'appel des officiers; le maréchal des logis chef fait en arrière du rang l'appel des sous-officiers, des brigadiers et des cavaliers.

Les maréchaux des logis chefs sont porteurs du livre d'escadron, les sous-officiers et les cavaliers ont leur livret dans le portemanteau, afin que l'intendant ou le sous-intendant puisse vérifier, pendant sa revue, quand il le croit utile, l'existence des effets d'habillement, de grand équipement, d'armement et de harnachement.

Le sous-intendant s'assure que tous les chevaux de troupe sont marqués; il fait marquer immédiatement ceux qui ne l'ont pas été ou dont la marque est effacée.

Après la revue d'un intendant, le régiment défile par deux, sous la direction des capitaines commandants.

Visite au quartier après la revue.

316. Lorsque la revue sur le terrain est terminée, l'intendant ou le sous-intendant, accompagné du major, du chirurgien-major et du vétérinaire en premier, se rend au quartier et aux infirmeries, pour y vérifier l'existence des hommes de garde, malades ou en prison, et des chevaux restés à l'infirmerie.

CHAPITRE XXXVI.

PERMISSIONS.

Permissions pour les officiers.

Permissions pour la journée.

317. Les permissions pour la journée, sauf les exceptions spécifiées pour l'instruction et le service de semaine, sont accordées :

Aux lieutenants et sous-lieutenants, par les capitaines commandants, qui en rendent compte à leur chef d'escadrons ;

Aux capitaines, par leur chef d'escadrons ;

Aux officiers comptables, par le major ;

Au capitaine instructeur, aux adjudants-majors, au porte-étendard et aux chirurgiens, par le lieutenant-colonel ;

Aux officiers supérieurs, par le colonel.

Les chefs d'escadrons et le major rendent compte au lieutenant-colonel des permissions qu'ils accordent et de celles qu'ils obtiennent pour eux-mêmes.

La dispense des devoirs du service de semaine est accordée aux lieutenants et sous-lieutenants par l'adjudant-major, qui en rend compte au chef d'escadrons de semaine ; elle est accordée à l'adjudant-major et au capitaine par le chef d'escadrons de semaine, qui en rend compte au lieutenant-colonel.

Lorsque cette dispense est accordée pour toute la journée, elle oblige les officiers à se faire remplacer; ceux des escadrons en préviennent leur capitaine commandant.

Les exemptions d'exercice ou d'évolutions sont accordées aux officiers par le lieutenant-colonel.

Permissions pour quitter la garnison.

318. Les permissions de s'absenter de la garnison qui ne doivent pas excéder huit jours sont accordées par le commandant du régiment, qui en rend compte au maréchal de camp dans son plus prochain rapport. Toute permission pour découcher d'une garnison où il y a un état-major de place est soumise à l'approbation du commandant de la place.

Lorsqu'un officier qui a obtenu une permission est de retour, le colonel en informe le commandant de la place par le rapport du lendemain.

Les permissions qui excèdent huit jours sont accordées par le maréchal de camp; celles qui excèdent quinze jours le sont par le lieutenant général jusqu'à concurrence de trente jours.

Ces permissions sont visées par le sous-intendant militaire.

La faculté donnée aux officiers généraux et aux colonels d'accorder des permissions s'exerce de manière que tout le monde soit présent aux inspections générales.

Officiers rentrant de permission.

319. Les officiers rentrant de permission se présentent au commandant de leur escadron et au colonel.

Lorsque leur absence a duré huit jours ou plus, ils se présentent, en outre, à leur chef d'escadrons, au lieutenant-colonel, et, dans les villes de guerre, au commandant de la place.

Officiers qui s'absentent sans une permission, ou qui la dépassent.

320. Les officiers qui n'ont pas rejoint à l'expiration de leur congé ou permission, et qui ne justifient pas de leur retard, sont mis aux arrêts de rigueur. Si la permission a été dépassée de huit jours, ils sont mis en prison et privés de congé pendant un an; *si elle a été dépassée de quinze jours, le lieutenant général convoque un conseil d'enquête.*

Les officiers qui s'absentent sans permission sont punis des arrêts de rigueur si cette absence a duré quarante-huit heures; si elle a duré huit jours, ils sont mis en prison et privés de congé pendant un an.

Permissions pour les sous-officiers, brigadiers et cavaliers.

Exemptions d'appel du matin et de deux heures.

321. Les exemptions d'un appel du matin ou d'un appel de deux heures sont accordées, soit par l'officier de semaine, soit par le maréchal des logis chef. En leur absence, elles peuvent être accordées aux brigadiers et cavaliers par le maréchal des logis de semaine. Ces deux sous-officiers en rendent compte à l'officier de semaine, qui en informe l'adjudant-major de semaine et le capitaine commandant.

Les exemptions pour les deux appels ne sont accordées que par l'officier de semaine.

Les permissions pour manquer à la soupe sont accordées par le brigadier de chambrée, qui en rend compte au maréchal des logis de semaine.

Exemptions d'appel du soir.

322. Les exemptions d'appel du soir sont accordées par le capitaine commandant; elles sont demandées au maréchal des logis chef, qui les lui soumet lorsqu'il lui porte le rapport. Elles sont signées par le capitaine commandant et contre-signées par l'adjudant de semaine. Ceux qui les obtiennent les remettent au maréchal des logis de la garde de police en rentrant au quartier.

Si, dans le courant de la journée, un brigadier ou un cavalier a besoin d'une exemption de l'appel du soir, il s'adresse au maréchal des logis chef qui la demande à l'officier de semaine; celui-ci est autorisé à l'accorder, lorsqu'il en reconnaît l'urgence; dans ce cas, elle est signée par lui; il en rend compte à l'adjudant-major de semaine. Le maréchal des logis chef en rend compte au capitaine commandant le lendemain matin.

Exemptions d'exercice et d'évolutions.

323. Les exemptions d'exercice ou d'évolutions sont accordées aux sous-officiers, brigadiers et cavaliers par le capitaine commandant, sur la demande de l'officier de semaine ou du maréchal des logis chef.

Elles sont accordées par le capitaine instructeur aux sous-officiers, brigadiers et cavaliers attachés aux classes d'instruction sous sa direction, ainsi qu'aux recrues qui en font partie. Les unes et les autres, quand elles doivent durer plus d'un jour, sont demandées au rapport.

Permissions pour découcher ou pour quitter la garnison.

324. Les permissions pour découcher, sans quitter la garnison, sont demandées au rapport.

Les permissions de s'absenter de la garnison sont demandées par les capitaines commandants et accordées comme celles des officiers.

Permissions permanentes pour les sous-officiers.

325. Les maréchaux des logis, lorsqu'ils ne sont pas de semaine, et les fourriers sont dispensés de se trouver le soir à l'appel ; les sous-officiers qui ne sont pas de semaine sont autorisés à ne rentrer au quartier qu'une heure après cet appel. Le colonel retire cette permission lorsqu'il en est fait abus ou que le service l'exige.

Lorsqu'après l'appel du soir, les sous-officiers sortent du quartier ou y rentrent, ils sont tenus de se présenter au maréchal des logis de la garde de police.

Les punitions privent d'exemptions et de permissions.

326. Hors le cas de nécessité reconnue, les exemptions et les permissions ne sont accordées qu'à des hommes dont la conduite est habituellement régulière.

Tout sous-officier, brigadier ou cavalier qui a été puni du cachot, de la prison ou de la salle de police, est privé de permissions et d'exemptions pendant le reste de la semaine et le dimanche suivant.

Dispositions communes aux divers grades.

327. Le nombre des permissions et des exemptions d'exercice est limité par le colonel, lorsqu'il le juge nécessaire.

Les permissions accordées pour la journée et au delà sont mentionnées au rapport.

CHAPITRE XL.

Conseils de discipline pour les cavaliers.

Envoi aux compagnies de discipline.

377. Les cavaliers qui, sans avoir commis des délits justiciables des conseils de guerre, persévèrent néanmoins à porter le trouble et le mauvais exemple dans le régiment, sont désignés au lieutenant général pour être incorporés dans une compagnie de discipline.

Lorsqu'un capitaine commandant juge qu'un cavalier de son escadron a mérité d'être envoyé dans une compagnie de discipline, il en fait le rapport par écrit à son chef d'escadrons, en précisant les fautes ou les contraventions du cavalier, les punitions qui lui ont été infligées, et les récidives qui donnent à sa conduite un caractère de persévérance dangereux pour l'ordre et la police du corps. Le chef d'escadrons adresse ce rapport avec son avis au lieutenant-colonel qui le transmet au colonel. Le colonel, ou, lorsqu'il est absent, le commandant du régiment, convoque un conseil de discipline, composé d'un chef d'escadrons, des trois plus anciens capitaines et des trois plus anciens lieutenants, pris hors de l'escadron auquel appartient le militaire inculpé.

Lorsque deux ou plusieurs escadrons sont détachés ensemble hors du département dans lequel le régiment est stationné, le conseil de discipline est convoqué, sur la demande de l'officier commandant ces escadrons, par le maréchal de camp commandant la brigade ou la subdivision militaire dont les escadrons font partie; il est composé du plus ancien capitaine, des deux plus anciens lieutenants, et des deux plus anciens sous-lieutenants pris, toutes les fois qu'il est possible, hors de l'escadron auquel appartient le cavalier inculpé. Lorsqu'un soldat a été reconnu susceptible d'être traduit devant un conseil de discipline, et que le corps ou le détachement, dont ce militaire fait partie, ne présentera pas, en officiers, les ressources suffisantes pour la formation du conseil, le général de brigade désignera, suivant le cas, pour composer ou pour compléter le conseil de discipline, des officiers des autres corps de la garnison, et, à défaut, des officiers appartenant à la garnison la plus voisine.

Le chef d'escadrons sous les ordres duquel se trouve l'escadron dont le cavalier fait partie, le capitaine commandant et le plus ancien adjudant-major, sont consultés; lorsqu'ils se sont retirés, le cavalier est entendu dans sa défense. Le conseil rédige ensuite son avis motivé, et le remet au colonel. Si cet avis est défavorable au cavalier, le colonel le transmet, avec son opinion particulière, au maréchal de camp; il y joint le rapport du capitaine commandant, l'avis du chef d'escadrons, l'état signalétique et de services du cavalier inculpé et celui de ses punitions. Ces deux états sont en double expédition. Le maréchal de camp adresse ces pièces, avec son avis, au lieutenant-général, qui prononce et qui, s'il y a lieu, fait diriger le militaire sur une des compagnies de discipline que le ministre lui a désignée à l'avance. Le cavalier attend dans la prison de la place la décision du lieutenant-général.

Quand le lieutenant-général juge que tous les moyens

de répression n'ont pas été épuisés, il ne donne pas suite à la demande du conseil; il peut infliger au cavalier que cette demande concerne une détention dans un fort ou dans une prison militaire; cette détention ne doit pas excéder deux mois.

Dans tous les cas, il rend compte au ministre.

CHAPITRE XLI.

Assiette du logement; casernement.

Par qui les détails en sont suivis.

378. En arrivant dans une garnison, le major reçoit de l'adjoint au trésorier, qui a devancé la troupe, les premiers renseignements sur l'établissement du régiment; il fait, en se conformant aux règlements, les dispositions nécessaires pour l'assiette du logement; le porte-étendard est chargé, sous ses ordres, de suivre tous les détails du casernement.

Logement des escadrons.

379. Soit que le régiment occupe une ou plusieurs casernes, soit qu'il loge chez l'habitant, le logement est assis selon l'ordre de bataille des escadrons, et, dans les escadrons, selon le rang des divisions, pelotons, sections et escouades.

Le maréchal des logis chef, le maréchal des logis fourrier et le brigadier fourrier, logent ensemble, autant que possible, dans une chambre particulière au centre de l'escadron.

Les maréchaux des logis logent ensemble.

Logement du petit état-major et du peloton hors rang.

380. Les adjudants ont chacun une chambre; à défaut de chambre particulière, ils logent ensemble.

Le vaguemestre loge toujours seul.

Le trompette maréchal des logis et le trompette brigadier logent ensemble.

Lorsque le régiment occupe deux quartiers, on loge dans chacun d'eux, si cela est jugé nécessaire, un adjudant et le trompette maréchal des logis ou le trompette brigadier.

Les maîtres ouvriers logent dans leurs ateliers.

Le peloton hors rang en est logé le plus près possible.

Un emplacement spécial est destiné aux tables des sous-officiers.

État des lieux ; réception des fournitures de couchage.

381. Le porte-étendard constate avec l'officier du génie, avant l'occupation, l'état du quartier que le régiment doit occuper ; il signe l'état des lieux, ainsi que le major.

La réception des fournitures de couchage a lieu à l'arrivée du régiment. Les officiers de semaine y assistent; les fournitures sont examinées avec le plus grand soin ; tout ce qu'elles ont de défectueux est constaté par écrit. S'il s'élève des contestations, le major les soumet au sous-intendant militaire.

État, par escadron, des objets de casernement.

382. Le porte-étendard fait dresser par les fourriers l'état de tout ce que contiennent les chambres de leur escadron. Ces états sont vérifiés et arrêtés par les capitaines commandants.

Tableau des logements.

383. Dès que le régiment est établi, le porte-étendard remet au major un état général indiquant le logement des officiers logés dans les bâtiments militaires, celui des escadrons et de l'état-major. Le major, après avoir visé cet état, le remet au colonel.

Chaque capitaine commandant remet l'état du logement de son escadron à son chef d'escadrons.

Registre des bons de fournitures.

384. Le porte-étendard tient un registre sur lequel il inscrit les fournitures et tous les objets de casernement reçus des magasins militaires, ainsi que ceux qu'il délivre aux escadrons et à l'état-major.

Il reçoit les bons des capitaines commandants pour les escadrons, et fait lui-même les bons pour l'état-major et le peloton hors rang; il soumet les uns et les autres à l'approbation du major, qui vérifie et arrête le registre tous les trois mois.

Visite trimestrielle.

385. Tous les trois mois, il fait une visite générale des fournitures et du casernement : il en fait prévenir les capitaines commandants; les officiers de peloton y assistent. Le porte-étendard prescrit, au compte de qui de droit, la réparation ou le remplacement des objets détériorés ou perdus. Une semblable visite est faite avant le départ du régiment.

S'il y a des réclamations, le major en décide.

Changement des draps de lits.

386. Le porte-étendard fait changer les draps de lits tous les vingt jours en été, et tous les mois en hiver.

Les serviettes allouées à chaque officier logé dans les bâtiments militaires sont renouvelées chaque semaine; les draps, tous les quinze jours en été, tous les vingt jours en hiver.

Il est donné des draps blancs à tout homme arrivant au régiment; les draps d'un homme qui s'absente sont retirés.

Nettoyage des cheminées.

387. Le porte-étendard veille à ce que les cheminées soient nettoyées aussi fréquemment qu'il est nécessaire.

Remise du casernement au départ.

388. Lorsque le régiment doit quitter la garnison, le porte-étendard fait, la veille du départ, dès le matin, rendre par les fourriers les fournitures de lit. Les capitaines en second, ou à leur défaut les officiers de semaine, assistent à cette remise.

Les chambres, les corridors, les escaliers et les cours des quartiers, sont mis dans le plus grand état de propreté, faute de quoi les frais de balayage qui en résultent sont au compte des escadrons.

Le lendemain, dès que le régiment est assemblé, le porte-étendard procède, avec le préposé du génie et en présence des fourriers, à l'estimation des dégradations, provenant du fait de la troupe, qui n'ont pas été réparées. S'il y a des contestations, elles sont soumises par le major au sous-intendant militaire.

Ce jour-là, le colonel fait porter l'étendard par le plus ancien maréchal des logis chef.

CHAPITRE XLII.

Tables.

Table des officiers.

389. Le lieutenant-colonel est spécialement chargé de la surveillance des tables d'officiers; il règle dans un esprit de rigoureuse économie le prix de pensions, et s'assure que le paiement a régulièrement lieu tous les mois.

Les officiers supérieurs vivent ensemble.

Les capitaines et les adjudants-majors forment une table. Les lieutenants et sous-lieutenants en forment une ou plusieurs autres.

Pendant la saison des semestres, ainsi qu'en route et dans les détachements, les officiers supérieurs peuvent manger avec les capitaines.

Les officiers mariés dont la famille est au corps sont autorisés à manger chez eux.

Lorsque le régiment est divisé, ou lorsque, pour tout autre motif, des officiers de différents grades vivent ensemble, les dépenses sont toujours réglées sur les appointements de l'officier le moins élevé en grade.

Table des sous-officiers.

399. Les adjudants vivent ensemble; il en est de même des maréchaux des logis chefs. En détachement, un adjudant peut vivre avec les maréchaux des logis chefs.

Les maréchaux des logis et les fourriers du même

escadron, ou de plusieurs escadrons réunis, vivent également ensemble.

Le prix des pensions des sous-officiers est proportionné à leur solde, et réglé par le lieutenant-colonel.

En détachement, quand les sous-officiers ne peuvent vivre séparément, ils tirent leur subsistance de l'ordinaire des cavaliers, en y versant cinq centimes de plus que les soldats. La soupe leur est mise à part.

Les adjudants surveillent et dirigent, sous les adjudants-majors, tout ce qui regarde les tables des sous-officiers; ils exigent que les dépenses en soient régulièrement payées. A cet effet, il est placé dans les pensions un cahier servant à recevoir, chaque jour de prêt, les quittances de ceux qui tiennent ces pensions. Le plus ancien adjudant-major vise ce cahier tous les quinze jours au moins.

Le sous-chef de musique prend ses repas avec les adjudants sous-officiers. Les musiciens des 1re, 2e et 3e classes prennent leurs repas à une pension analogue à celle des sous-officiers, mais séparément.

Repas de corps.

391. Les repas de corps sont généralement interdits; cependant, dans quelques circonstances rares, le colonel, avec l'approbation du maréchal de camp commandant, peut les autoriser, et, dans ce cas, ils ont lieu par grade.

CHAPITRE XLIII.

Dettes.

Poursuites judiciaires.

394. Les actions en recouvrement de créances étant

du ressort des magistrats civils, les officiers et les juges militaires ne peuvent en prendre connaissance qu'à l'armée et hors de France; ils ne peuvent non plus apporter aucun obstacle à la poursuite et à l'exécution du jugement.

Les armes, les chevaux, les livres, les instruments d'étude, les effets d'habillement et d'équipement dont les règlements prescrivent que les officiers soient pourvus, ne peuvent être saisis ni vendus au profit des créanciers.

Les créanciers sont sans recours sur la solde.

396. Il est interdit aux sous-officiers, aux brigadiers et aux cavaliers de contracter, sous quelque prétexte que ce soit, aucun emprunt, dette ou engagement, et les créanciers sont sans recours légal sur leur solde. Lorsque le capitaine commandant a autorisé la dette, il en est responsable; dans ce cas, il peut ordonner des retenues sur la solde des sous-officiers; il les fait alors vivre à l'ordinaire du soldat.

Dans les villes où il n'y a pas d'état-major de place, le colonel, à l'arrivée du régiment, invite l'autorité municipale à faire publier ces dispositions, afin que les habitants ne soient pas exposés à des pertes, et qu'ils ne contribuent pas au dérangement des militaires par une blâmable facilité.

TITRE III.

ROUTES DANS L'INTÉRIEUR.

CHAPITRE XLIV.

ROUTES.

Dispositions préliminaires.

Marches militaires.

397. Pour disposer les hommes et les chevaux à la route, il est fait, plusieurs jours avant le départ, des marches militaires avec armes et bagages. Les chevaux reçoivent, pendant les trois jours qui précèdent le départ, le supplément d'avoine déterminé par l'article 295.

L'adjoint au trésorier devançant le régiment.

398. Un ou deux jours avant que le régiment se mette en route, l'officier adjoint au trésorier part pour faire dans chaque gîte les dispositions suivantes :

1° Il se présente, à son arrivée, chez le général commandant la division ou la subdivision ; il remet au commandant de la place, au sous-intendant militaire et au maire, une situation numérique du régiment ;

2° Il fait préparer le logement de manière que l'ordre de bataille soit observé, et que les officiers, les sous-officiers et les cavaliers du même escadron soient logés, autant que possible, dans la même rue ou le même quartier, et à portée de leurs chevaux : il demande pour les chefs d'ordinaire des maisons où la soupe puisse se faire et se manger commodément par escouade ; il recommande qu'il ne soit pas délivré de billets de logement pour les maisons qui ne sont pas habitées, et que les habitants qui ne logent pas les militaires chez eux fassent connaître à l'avance les maisons où ils les envoient, afin que les billets soient faits en conséquence, et que les militaires puissent s'y rendre directement;

3° Il fait désigner, pour les chevaux des hommes de service, une écurie voisine du corps de garde de police;

4° Il s'assure qu'on a préparé les denrées nécessaires à la consommation du régiment, ainsi que les voitures destinées aux transports à la suite du corps. Si, dans certaines localités, il est reconnu nécessaire de passer des marchés pour la viande et le pain de soupe, les maires interviennent dans la fixation du prix de ces denrées. Les marchés doivent exprimer que les distributions se feront par escouade, et, autant que possible, dans chaque cantonnement, si le régiment est divisé;

5° Avant son départ de chaque gîte, il laisse à la mairie, pour le major, une lettre par laquelle il l'informe des mesures prises pour le logement, les vivres et les transports, ainsi que des marchés, s'il en a passé.

Si quelque partie de la troupe doit être détachée en arrière ou sur les côtés du lieu d'étape, il demande au maire un guide pour chaque détachement, et prend les mesures nécessaires pour que le colonel soit prévenu à temps; il lui indique les points où, pour ne pas faire de chemin inutile, les détachements doivent se séparer du régiment, et ceux où ils peuvent rejoindre le lendemain.

Lorsque le régiment doit faire séjour, l'adjoint au trésorier attend le trésorier pour prendre connaissance des mutations.

Tenue.

399. L'ordre de l'avant-veille du départ prescrit la tenue pour la route.

Livres et comptabilité des escadrons; contrôles et états pour la route.

400. Les maréchaux des logis chefs réunissent, dans une caisse ou dans un ballot, les registres et les papiers de leur comptabilité, de même que les livres de théories des sous-officiers, brigadiers et cavaliers ; le tout ficelé et étiqueté par escadron. Cette caisse est mise sur une des voitures à la suite du régiment.

Les effets qui ne doivent point entrer dans le portemanteau et qu'on permet de conserver, ainsi que ceux qui appartiennent à l'escadron en général, sont réunis dans un ballot étiqueté au numéro de l'escadron et déposé au magasin d'habillement.

Chaque maréchal des logis chef ne conserve qu'un cahier contenant le contrôle de l'escadron, par pelotons, escouades et camarades de lits, et le contrôle d'ancienneté. Il inscrit sur ce cahier les mutations, les punitions, le prêt, les distributions et les effets délivrés aux hommes pendant la route ; il fait préparer les états qui peuvent être demandés pendant la route, tels que feuilles d'appel, feuilles de prêt, états pour le logement, etc.

Ferrure.

401. Le colonel s'assure du bon état de la ferrure ; il prescrit aux capitaines commandants de faire pourvoir chaque homme monté de deux fers forgés et des clous nécessaires.

Les cavaliers sont responsables de ce dépôt envers les maréchaux.

Chevaux douteux.

402. Les chevaux douteux sont laissés à la garnison; s'ils ne peuvent y être mis en subsistance dans un régiment, le sous-intendant militaire prend les mesures nécessaires pour qu'ils reçoivent les soins d'un vétérinaire de ville.

Le vétérinaire désigne au rapport journalier, quelques jours avant le départ, les chevaux qui, pour cause de maladie, doivent rester à la garnison, et ceux qui, en raison de leur âge ou de leur santé, doivent voyager à petites journées, comme les convois de chevaux de remonte.

Logement.

Composition et départ du logement.

403. Le logement, composé de l'adjudant de semaine et des fourriers, ayant avec eux chacun un cavalier, part deux heures avant le régiment.

Le capitaine de semaine part avec le logement et le commande pendant la marche.

Le trésorier part de manière à arriver aussitôt que le logement.

Devoirs du trésorier, du capitaine de semaine et du major à leur arrivée.

404. Dès son arrivée, le trésorier se rend chez le commandant de la place et chez le sous-intendant militaire, pour les prévenir de l'heure présumée de l'arrivée du régiment; lorsqu'il n'y a pas de commandant de place,

il se présente chez le maire. Il prend les mesures nécessaires pour que les voitures demandées par l'adjoint au trésorier, à son passage, soient exactement fournies, et qu'elles puissent être chargées le soir.

Le capitaine de semaine va reconnaître les denrées et le lieu des distributions. S'il a à se plaindre du poids ou de la qualité, il fait immédiatement ses réclamations au sous-intendant militaire, ou, à son défaut, au maire.

Quand le major est présent, il marche habituellement avec le logement; il dirige les officiers qui sont chargés des détails du logement et des subsistances; il fait toutes les démarches que le bien du service peut rendre nécessaires.

Devoirs de l'adjudant.

405. L'adjudant, après s'être assuré que le logement est fait conformément aux principes établis, en forme un état sommaire indiquant les rues occupées par les différents escadrons, et le remet au major; il distribue ensuite aux fourriers les billets de logement pour leur escadron.

Il reconnaît le corps de garde de police, l'écurie destinée aux chevaux des hommes de garde, les abreuvoirs et les endroits les plus convenables pour les divers rassemblements. Il visite le logement du colonel et celui du lieutenant-colonel.

Il va au-devant du régiment, le conduit sur la place, et remet aux officiers d'état-major leurs billets de logement.

Il établit la garde de police et remet au commandant de cette garde une note indiquant les logements des officiers de l'état-major, des chirurgiens, des adjudants, des vétérinaires, du vaguemestre et du maréchal des logis trompette.

Devoirs des fourriers.

406. Aussitôt que les fourriers ont reçu les billets de logement, ils reconnaissent les logements destinés à leurs capitaines; ils vérifient si les écuries peuvent contenir le nombre de chevaux de troupe marqué sur les billets; ils en désignent une pour les chevaux éclopés; ils logent les cavaliers le plus près possible de leurs chevaux.

Les fourriers du premier et du quatrième escadron reconnaissent les logements de leurs chefs d'escadrons.

Les fourriers logent un trompette dans la même maison que le maréchal des logis chef, ou près de lui.

Ils inscrivent au dos des billets le nom des hommes auxquels ils sont destinés.

Ils dressent un état général et sommaire du logement, portant l'indication des rues et des maisons, ainsi que celle du logement du capitaine commandant et du maréchal des logis chef. Ce sous-officier le communique au capitaine commandant, ainsi qu'aux officiers qui veulent le consulter.

Ils se rendent ensuite sur la place pour attendre leur escadron.

Il est défendu aux fourriers, sous peine de suspension ou de cassation, de faire avec les habitants aucun trafic des billets.

Hommes à pied; chevaux de remonte; infirmerie.

407. Les hommes à pied sont formés en détachement pour la route; ils sont commandés par un officier, et de

préférence par un capitaine en second désigné spécialement par le colonel.

Les chevaux de remonte et ceux de l'infirmerie sont sous les ordres du capitaine instructeur, et sont commandés par lui pendant la marche. Il est attaché aux hommes à pied et aux chevaux de remonte le nombre d'officiers et de sous-officiers nécessaire.

Les chevaux de remonte qui ne seraient pas encore entrés dans les escadrons et qui, au moment où le régiment auquel ils appartiennent reçoit un ordre de mouvement, seraient reconnus trop faibles pour être mis en route sans précautions particulières, voyageront sous la direction du capitaine instructeur.

Un brigadier-fourrier est désigné pour remplir les fonctions de fourrier près du détachement des hommes à pied.

Le fourrier d'état-major, indépendamment de ses obligations envers le peloton hors rang, remplit les fonctions de fourrier près du détachement des chevaux de remonte.

L'un des vétérinaires marche avec l'infirmerie.

Les hommes à pied, ainsi que les chevaux de remonte et ceux de l'infirmerie, partent à l'heure fixée par le colonel, et toujours avec le régiment ; en arrivant au gîte, ils se rendent sur la place. Les billets de logement leur sont immédiatement délivrés. Si, avant d'entrer dans la ville, ils sont rejoints par le régiment, ils marchent à sa suite.

Les cavaliers attachés aux chevaux de l'infirmerie, et, autant que possible, ceux qui pansent les chevaux de remonte, sont exempts de service ; ils doivent être logés avec leurs chevaux.

Les hommes à pied, les chevaux de remonte et ceux de l'infirmerie restent toujours avec l'état-major au lieu d'étape. Les détachements sont divisés en escouades; les hommes font ordinaire entre eux.

Départ et marche.

Rassemblement.

408. Deux heures et demie ou trois heures avant le départ, on sonne le réveil : à ce signal, on donne à manger aux chevaux.

Une demi-heure après, on sonne le boute-selle : à ce signal, on fait le pansage, et l'on selle ensuite les chevaux.

Une heure et demie après le boute-selle, on sonne le boute-charge : à ce signal, on charge, et, s'il fait mauvais temps, on trousse la queue des chevaux.

Une demi-heure avant le départ, on sonne à cheval : à ce dernier signal, on bride.

Le colonel modifie les heures de ces différentes sonneries quand il le juge nécessaire; il les rapproche lorsque les cavaliers ont acquis l'habitude de seller, de paqueter et de se réunir avec ordre et célérité.

A moins de nécessité absolue, le régiment ne se met en route qu'une heure ou deux après le jour. Lorsque le trajet doit être court, soit en raison du peu de distance, soit en raison de ce que le terrain permettrait assez fréquemment l'allure du trot, le colonel retarde l'heure du départ pour laisser plus de repos aux chevaux.

Lorsque les chevaux sont dispersés, on se réunit d'abord par écurie, ou par escouade, à l'endroit où, la veille, les escouades ont mis pied à terre et se sont divisées.

Les pelotons, les sections ou les escouades, selon qu'ils sont d'abord réunis, sont amenés par leurs chefs immédiats au rassemblement de l'escadron.

Le maréchal des logis chef réunit l'escadron et fait l'appel; il envoie à la recherche des hommes qui manquent; si l'on ne les trouve pas, il remet leur nom au commandant de l'arrière-garde; si l'on soupçonne qu'un homme a déserté, il en est donné avis sur-le-champ au commandant de la gendarmerie, et le signalement est envoyé aussitôt que possible.

A mesure que les escouades arrivent, les officiers de peloton font rapidement leur inspection; elle porte principalement sur la manière dont les chevaux sont sellés, bridés et chargés. Les capitaines et les officiers supérieurs font la leur, en se portant successivement à la hauteur de chaque file, lorsqu'on s'est mis en marche.

Les chefs d'escadrons, après avoir reçu les rapports des capitaines commandants, font le leur au lieutenant-colonel; semblables rapports sont rendus par les maréchaux des logis chef à l'adjudant de semaine, qui les transmet à l'adjudant-major de semaine lequel les rend au lieutenant-colonel.

En cas de réunion ou de départ imprévu, soit de jour, soit de nuit, on sonne *à cheval;* à ce signal, les escadrons se réunissent avec armes et bagages et se rendent tout de suite au rassemblement général.

Étendard.

409. Aussitôt que la division qui doit aller prendre l'étendard est réunie, elle se rend directement devant le logement du colonel, et conduit l'étendard au rassemblement général.

Chevaux de main.

410. Les chevaux de main des officiers et des escadrons sont conduits au rendez-vous général par les maréchaux des logis de semaine; l'adjudant est chargé de les réunir et de les remettre à l'officier désigné pour les conduire; ils marchent dans le même ordre que les escadrons.

Départ.

411. Le régiment se met en marche, le sabre à la main; les trompettes sonnent la marche et des fanfares. Lorsque le régiment est hors du lieu où il a couché, le colonel fait remettre le sabre et commander : *repos.*

Chaque rang marche séparément sur les côtés de la route.

Tête de colonne et avant-garde.

412. Les escadrons tiennent alternativement la tête de la colonne:

L'escadron qui tient la tête de la colonne fournit un brigadier et quatre cavaliers pour l'avant-garde. Deux des cavaliers marchent les premiers à vingt-cinq pas en avant du brigadier, qui, suivi de deux autres, marche à cent pas en avant des trompettes.

Place de service des trompettes.

413. Les trompettes marchent réunis à la tête du régiment. Ils sonnent toutes les fois que le régiment passe dans une ville ou dans un village.

Le trompette de garde suit le colonel.

Dans les marches de nuit, un trompette est placé à la

queue de chaque escadron pour sonner des appels quand l'obscurité ou la difficulté du chemin arrête la marche. Ces appels se répètent jusqu'à la tête du régiment. Dans les mauvais pas, la route est jalonnée par des sous-officiers ou brigadiers qui sont relevés successivement.

Arrière-garde.

414. L'arrière-garde se compose, en tout ou en partie, de la garde descendante; elle est commandée par un officier. Cet officier fait arrêter tous les hommes qui sont rencontrés sans permission après le départ du régiment. Il fait faire des patrouilles qui visitent avec célérité les divers quartiers de la ville, et particulièrement les cabarets où pourraient s'être arrêtés les militaires qui ont manqué à l'appel.

Il prend à la mairie le certificat de bien vivre, et le remet au lieutenant-colonel en arrivant.

L'arrière-garde marche à une distance de cent à cent cinquante pas du régiment, et ne laisse personne derrière elle.

Allures pendant la marche.

415. La route se fait partie au pas et partie au trot, selon la nature du terrain; chaque escadron soutient son allure, sans s'astreindre rigoureusement à maintenir ses distances; quand elles sont perdues, elles se reprennent insensiblement sans à-coup, ou à chaque halte.

En montant et en descendant les côtes, on ralentit le pas, et quelquefois on met pied à terre.

Pendant toute la marche, les officiers et les sous-officiers veillent à ce que les cavaliers soient tranquilles et d'aplomb sur leurs chevaux, et à ce qu'ils ne sortent pas du rang sans permission.

Les chefs d'escadrons, les capitaines commandants et les officiers commandant les deux premiers pelotons de chaque escadron marchent à la tête des escadrons; les capitaines en second et les commandants des deux derniers pelotons marchent à la queue.

Lorsque les rangs se rapprochent, soit pour traverser une ville, soit pour exécuter une formation, les officiers de peloton reprennent leur place dans l'ordre de colonne par deux ou par quatre.

Haltes.

416. Lorsque le régiment doit faire une halte, il est sonné un demi-appel; la tête ralentit l'allure, les escadrons reprennent leur distance. A un second demi-appel, chaque escadron arrête sur le terrain qu'il doit occuper; les officiers, sous-officiers et cavaliers mettent pied à terre.

Quand la halte est finie, on sonne à cheval; un couplet de marche annonce le départ.

La première halte a lieu trois quarts d'heure après le départ; les autres ont lieu d'heure en heure, et toujours à quelque distance des villages ou des habitations.

A chaque halte, et particulièrement à la première, les officiers et les sous-officiers s'assurent que les cavaliers replacent les couvertes et les charges dérangées, et ressanglent les chevaux.

La dernière halte se fait à un quart de lieue du nouveau gîte; on y rétablit la tenue.

Rapports.

417. A la première halte, l'adjudant fait sonner à

l'ordre pour le rapport général; chaque maréchal des logis chef lui remet le rapport particulier de son escadron : quand l'adjudant-major et le chef d'escadrons de semaine ont pris connaissance de ces rapports, le lieutenant-colonel les reçoit et les remet au colonel, qui prononce immédiatement sur leur contenu.

A l'arrivée au gîte, l'adjudant établit la feuille du rapport général et la remet au colonel. Il remet au major les rapports particuliers des escadrons; les pièces justificatives des mutations restent entre les mains des maréchaux des logis chefs, pour être remises au major à chaque séjour.

Chevaux des hommes qui s'arrêtent.

418. Quand un brigadier ou un cavalier a besoin de s'arrêter entre deux haltes, il en demande la permission à l'officier de son peloton ou au maréchal des logis, et il laisse son cheval au cavalier qui marche à côté de lui.

Rencontre d'un autre régiment.

419. Quand deux troupes se rencontrent, elles appuient réciproquement à droite; toutes deux continuent à marcher, si le terrain le permet; dans le cas contraire, si l'une est d'infanterie et l'autre de cavalerie, celle-ci s'arrête pour laisser passer l'infanterie; si elles sont de même arme, la première dans l'ordre de bataille continue sa route.

Le colonel fait mettre le sabre à la main; les trompettes sonnent; les cavaliers s'alignent dans leurs rangs. Les officiers et sous-officiers font observer l'ordre et le silence.

Lorsque le régiment traverse une ville, il met le sabre à la main. En passant devant un poste sous les armes, les escadrons lui rendent successivement les honneurs.

Arrivée au gîte.

Ordre donné.

420. A l'arrivée au gîte, lorsque le régiment est formé en bataille, on sonne à l'ordre ; le cercle se compose du colonel, du lieutenant-colonel, des chefs d'escadrons, du major, du capitaine et de l'adjudant-major de semaine, du chirurgien-major, de l'adjudant, des maréchaux des logis chefs, du trompette maréchal des logis et du vétérinaire en premier.

Les capitaines commandants se rendent au cercle, lorsque le colonel l'ordonne ; dans ce cas, les maréchaux des logis chefs se placent derrière leur capitaine commandant.

L'ordre indique les distributions, l'heure des repas des chevaux, le pansage et le pansement, la tenue, l'inspection, et la visite de corps, s'il y a séjour, le lieu de rassemblement et l'heure du départ.

L'adjudant fait connaître le logement du colonel, des officiers supérieurs, du chirurgien-major et du vétérinaire en premier.

L'ordre donné et l'étendard étant parti, le colonel fait rompre le régiment.

L'adjudant conduit l'étendard au logement du colonel.

Escadrons conduits au logement.

421. Le fourrier conduit l'escadron au centre du quartier qu'il doit occuper; le capitaine commandant le

met en bataille. L'ordre étant donné, le service commandé et les billets de logement distribués, le capitaine fait mettre pied à terre : chaque cavalier conduit son cheval à l'écurie. Les pelotons dont les écuries sont trop éloignées s'y rendent à cheval.

Le fourrier remet au corps de garde les billets des hommes qui ne sont pas arrivés, l'adresse du capitaine commandant et celle du maréchal des logis chef.

Premiers soins aux écuries.

422. Dès que les chevaux sont dans les écuries, les cavaliers les débrident et les attachent assez court pour qu'ils ne puissent pas se rouler; ils les déchargent, débouclent le poitrail, lâchent un peu les sangles, relèvent les étriers, dégagent la croupière et roulent les courroies de charge. Les armes, brides, schabraques, portemanteaux et manteaux sont portés au logement.

Quand il y a plus de douze chevaux réunis, on met un garde d'écurie.

Moment où les officiers et cavaliers se rendent au logement.

423. Quand les chevaux sont placés et déchargés, les officiers de peloton et les cavaliers vont à leur logement; les cavaliers prennent aussitôt la tenue d'écurie.

Devoirs des trompettes.

424. Toutes les sonneries sont répétées par les trompettes de chaque escadron, sous la responsabilité du maréchal des logis chef.

Le trompette de garde est sous les ordres du maréchal des logis de garde et de l'adjudant de semaine, qui le dirigent pour les sonneries.

Escadrons détachés.

425. Lorsque des escadrons sont détachés du gîte principal, le commandant de chaque cantonnement établit une garde de police ou un poste de surveillance; il prend à son départ un certificat de bien vivre.

Distributions.

426. A la sonnerie pour les distributions, les maréchaux des logis et les brigadiers de semaine, ainsi que les fourriers, rassemblent leurs escadrons à l'endroit où ils ont mis pied à terre, et les conduisent en ordre au rendez-vous indiqué.

Le capitaine de semaine divise les corvées, répartit les officiers de semaine, et fait faire les distributions. Lorsqu'elles sont terminées, il va en rendre compte au major.

S'il a été passé des marchés par l'adjoint au trésorier, les officiers de semaine font payer les fournisseurs et s'en font remettre les reçus.

Soins au retour du fourrage.

427. De retour aux écuries, les cavaliers donnent à manger aux chevaux, sous la surveillance des maréchaux des logis et des brigadiers. Les chevaux sont bouchonnés et attachés à la mangeoire. Si le temps le permet, les selles et couvertes sont exposées au soleil ou à l'air; les sous-officiers empêchent qu'elles soient placées dans des endroits humides et que les panneaux soient contre terre.

Pansage; surveillance de la part des officiers et des sous-officiers.

428. Le pansage dure au moins une heure; on doit faire plus souvent usage du bouchon que de l'étrille, particulièrement sur le dos du cheval, que la selle et la charge rendent en route plus sensible.

Les capitaines et les officiers de peloton assistent au pansage.

Les capitaines commandants font conduire au pansement les chevaux blessés; ils prescrivent les réparations nécessaires aux selles de ces chevaux; ils désignent ceux qui ne doivent pas être montés le lendemain.

Abreuvoirs.

429. Quand il y a des abreuvoirs commodes pour passer les chevaux à l'eau et que la saison est favorable, ils y sont conduits en ordre.

Ordinaires et logements.

430. Les ordinaires se font dans les logements des brigadiers; ceux-ci sont responsables du bon ordre, de la tranquillité, du respect pour les propriétés, et de la déférence que les militaires doivent aux habitants. Les hôtes ne sont tenus de fournir, pour les ordinaires, que la place au feu et à la chandelle, et les ustensiles nécessaires pour faire et manger la soupe.

Lorsque la soupe ne peut se faire par ordinaire, elle se fait dans chaque logement.

Il est dû, par deux brigadiers ou cavaliers et par deux maréchaux des logis, un lit garni d'une paillasse, d'un matelas ou lit de plume, d'une couverture de laine, d'un traversin et d'une paire de draps propres. Chaque adjudant, maréchal des logis chef et trompette maréchal des logis, a droit à un lit.

Jamais les hôtes ne peuvent être déplacés du lit ni de la chambre qu'ils occupent habituellement.

Il est dû, dans tous les logements, place au feu et à la chandelle.

Les cavaliers doivent ne rien exiger de leurs hôtes, quand même ceux-ci refusent de leur donner ce qui leur est dû; ils avertissent leur officier ou leur maréchal des logis de peloton, qui s'adresse à la mairie pour leur faire rendre justice.

Ces dispositions sont rappelées par la voie de l'ordre, lorsque le régiment doit faire route.

Service de semaine.

431. En route, le service de semaine des officiers se borne aux appels et aux distributions. Chaque officier est chargé de tous les autres détails pour son peloton.

Visites dans les logements.

432. Avant le pansage, les officiers et les sous-officiers visitent chacun une partie des logements de leur peloton, et particulièrement ceux où se font les ordinaires; ils entendent les réclamations des cavaliers, et font droit aux plaintes des hôtes quand elles sont justes. Les officiers reçoivent les rapports des sous-officiers et rendent compte de ces visites au capitainec ommandant, le lendemain matin.

Si des réclamations exigeaient l'intervention du capitaine, ils l'en informeraient sur-le-champ. Le capitaine ferait tout de suite les démarches nécessaires pour qu'il fût rendu justice aux militaires.

Malades et éclopppés.

433. A l'arrivée des équipages, les malades et les éclopppés sont visités et pansés au corps de garde de police; le chirurgien-major désigne ceux qui doivent être admis sur les voitures le lendemain; l'autorisation d'y monter leur est donnée par écrit.

Les brigadiers font connaître le logement des cavaliers de leur escouade qui ne peuvent venir au corps de garde; un des chirurgiens va les visiter.

Le colonel prend toutes les mesures nécessaires pour empêcher les cavaliers d'entrer dans les hôpitaux militaires ou civils, à moins qu'ils n'y soient envoyés par les chirurgiens du régiment. Il charge un officier de se présenter en son nom à l'autorité municipale des villes que le régiment traverse ou dans lesquelles il loge, de l'inviter à n'admettre dans les hospices que les militaires porteurs d'un billet signé d'un chirurgien du corps, et de lui donner le nom des hommes restés en arrière sans autorisation, afin que, si ces hommes se présentent à elle, elle puisse en avertir la gendarmerie; à leur retour, ces hommes sont sévèrement punis.

Chevaux conduits au pansement.

434. Tous les jours, à l'heure indiquée par le chef du corps, le pansement des chevaux blessés ou malades se fait devant le corps de garde de police : ces chevaux y sont conduits par les cavaliers sous la surveillance du maréchal des logis de semaine de chaque escadron, qui

informe le capitaine commandant des prescriptions du vetérinaire.

Le maître sellier se trouve au pansement, afin de juger des réparations à faire aux selles qui ont blessé les chevaux.

Compte rendu par le vétérinaire.

435. Le vétérinaire désigne aux capitaines commandants les chevaux dont la charge ou la selle doit être mise aux équipages, ceux qui doivent marcher avec les chevaux de main, et ceux qui sont hors d'état de suivre le régiment.

Si le vétérinaire reconnaît que des chevaux sont atteints ou suspects de maladies contagieuses, il en fait informer sur-le-champ le capitaine commandant; ces chevaux sont séparés pendant la marche; les maires des gîtes d'étape sont prévenus de leur maladie; il est demandé pour eux des locaux isolés, et les cavaliers qui les pansent sont logés séparément.

Ces chevaux sont laissés en subsistance dans le premier corps de troupes à cheval qui se trouve sur la route parcourue par le régiment.

Compte rendu par le capitaine instructeur.

436. Le capitaine instructeur assiste souvent aux pansements; il surveille les opérations des vétérinaires; il en rend compte au lieutenant-colonel.

Appel du soir.

437. Quand le colonel a ordonné un appel du soir, les officiers, les sous-officiers, les brigadiers et les cavaliers de chaque escadron se réunissent, soit à l'endroit

où l'escadron a rompu, soit au lieu du rassemblement général.

Si l'appel se fait dans le quartier de chaque escadron, le maréchal des logis chef se rend immédiatement après au corps de garde; il fait connaître par écrit le résultat de l'appel à l'adjudant de semaine, qui le porte au colonel.

Retraite.

438. A l'heure prescrite, les trompettes se réunissent devant l'étendard pour y sonner la retraite; ils parcourent les lieux indiqués par l'adjudant; ils se séparent ensuite et sonnent dans le quartier occupé par leur escadron.

Dans une ville où il y a des troupes, un trompette par escadron se réunit aux tambours et trompettes de la garnison pour sonner la retraite.

Une demi-heure après la retraite, les brigadiers et les cavaliers doivent être rentrés dans leurs logements.

Patrouilles après la retraite.

439. Dans les villes où il n'y a pas d'état-major de place, le commandant de la garde de police fait faire, après la retraite, des patrouilles pour faire rentrer à leur logement les brigadiers et les cavaliers qui sont encore dans les rues, et conduire au corps de garde ceux qui sont pris de vin ou qui font du bruit. Le lendemain, au réveil, il les renvoie à leur escadron, à moins qu'ils n'aient mérité une punition grave.

L'adjudant de semaine passe au corps de garde avant le départ, pour savoir ce qui est survenu pendant la nuit.

Séjours.

440. Dès l'arrivée au gîte où le régiment doit avoir séjour, les officiers et les sous-officiers veillent à ce que l'habillement, l'équipement, le harnachement et l'armement soient réparés, à ce que la ferrure soit mise dans le meilleur état.

Il est passé une revue générale des chevaux par le colonel ou le lieutenant-colonel.

L'inspection des hommes se passe le soir du séjour : elle a lieu à pied et habituellement en tenue de route.

Les visites de corps ont lieu seulement pendant les séjours ; elles sont bornées à l'officier général le plus élevé en grade, et, à défaut d'officier général, au commandant de la place.

Lorsqu'il n'y a pas séjour, le commandant du corps ou du détachement, accompagné par un officier, se présente chez l'officier général ou chez le commandant de la place.

Punitions.

Place, en marche, des officiers punis.

441. Les officiers aux arrêts simples marchent à leur rang.

Les officiers aux arrêts de rigueur ou en prison marchent sans sabre, sous une escorte particulière qui se tient en avant et hors de la vue du régiment.

Quand l'intérêt de la discipline n'exige pas impérieusement que la punition des arrêts de rigueur ou de la prison soit subie immédiatement après la faute, le colonel ne la fait subir que pendant les séjours, et, s'il se peut, à l'arrivée de la garnison.

Place des sous-officiers, des brigadiers et des cavaliers.

442. Les sous-officiers, les brigadiers et les cavaliers punis de la salle de police ou de la prison marchent avec leur escadron ; ils reprennent leur punition à l'arrivée au gîte. Les brigadiers et les cavaliers mis au cachot sont confiés à la garde des hommes à pied.

Les sous-officiers suspendus de leurs fonctions ou punis de la prison pour des fautes très-graves peuvent être démontés pendant le temps de ces punitions et remis à la garde des hommes à pied.

Les cavaliers au cachot sont démontés pour toute la route.

Les cavaliers qui maltraitent leurs chevaux ou qui n'en ont aucun soin sont également démontés pour toute la route.

Les brigadiers et les cavaliers peuvent être condamnés à marcher à pied, soit pendant plusieurs jours, soit seulement pendant une partie de la journée. Cette punition qui, dans certains cas, peut porter préjudice aux chevaux, n'est infligée que par les capitaines commandants ou les officiers supérieurs.

Les brigadiers et les cavaliers condamnés à aller à pied pour une ou plusieurs journées marchent à l'avant-garde du détachement des hommes à pied.

Les condamnés pour moins d'un jour marchent avec l'avant-garde du régiment.

Les hommes qui, pendant la marche, encourent une punition grave, sont conduits et consignés à l'arrière-garde par le maréchal des logis de semaine.

Ceux qui sont prévenus de délits du ressort des tribunaux sont remis à la gendarmerie; en attendant, ils peuvent être attachés, si cette mesure est jugée nécessaire.

Équipages.

Ils sont sous les ordres du vaguemestre; par qui gardés.

443. Les équipages sont sous les ordres du vaguemestre.

Le peloton hors rang fournit leur garde pendant la marche. Il les charge et les décharge chaque jour.

Les domestiques des officiers et les cantiniers qui marchent avec les équipages doivent obéir au vaguemestre.

Chargement des voitures.

444. Une des voitures porte la caisse du conseil, celle du trésorier, la caisse de comptabilité des escadrons mentionnée à l'article 400, et la partie des archives indispensable au trésorier; cette voiture marche toujours la première.

Les autres voitures sont réservées :

Aux sous-officiers, brigadiers et cavaliers malades;

A la caisse de chirurgie et à celle du vétérinaire;

Aux porte-manteaux des officiers: le poids de chaque porte-manteau ne doit pas excéder trente kilogrammes;

Aux effets de harnachement des chevaux blessés.

Les armes ne sont placées sur les voitures que lorsqu'il y a impossibilité de les faire porter par les cavaliers; elles sont enfermées dans une caisse d'armes destinée à cet usage.

Les bagages ne sont reçus que sur une note signée du capitaine commandant; ils doivent être étiquetés, solidement fermés et enregistrés. Le nom des officiers est écrit sur leurs porte-manteaux.

Malades; hommes mariés, enfants de troupe.

445. Aucun sous-officier, brigadier ou cavalier, n'est admis dans les voitures sans un certificat du chirurgien-major. Si le nombre des malades l'exige, un chirurgien marche avec les équipages.

Les enfants de troupe peuvent être autorisés à marcher avec les équipages. Ils montent sur les voitures lorsqu'ils ne sont pas en âge de faire la route à pied.

Les hommes mariés qui ne sont pas montés peuvent également être autorisés à marcher avec les équipages : ils aident alors au chargement et au déchargement des bagages.

Départ, marche et arrivée.

446. Les équipages partent assez matin pour arriver en même temps que le régiment; ils sont chargés dès la veille. Pendant la route, le vaguemestre y maintient le plus grand ordre; il ne permet à aucun homme de leur garde de s'en éloigner; à l'arrivée au gîte, les billets de logement ne sont remis aux hommes de garde que lorsque les voitures sont déchargées et les équipages consignés à la garde de police.

CHAPITRE XLV.

Détachements.

Composition des détachements.

447. Les détachements sont formés habituellement

de fractions constitutives du régiment, telles qu'escadrons, pelotons, sections, escouades.

Il est établi pour ces détachements un tour de service entre les escadrons du régiment. Ce tour s'établit par escadron sans tenir compte de l'ancienneté des capitaines commandants.

Autorité du chef d'un détachement; par qui remplacé.

448. Tout commandant de détachement est responsable du bon ordre dans les marches, les garnisons ou les cantonnements; il est revêtu, quel que soit son grade, de toute l'autorité d'un chef de corps pour le service, la police, la discipline et l'instruction; il se conforme à cet égard aux règles établies par le régiment.

Il observe scrupuleusement les instructions particulières qui lui ont été données; si les circonstances l'obligent à s'en écarter, il en rend compte sur-le-champ au colonel.

Si, pendant la durée d'un détachement, le commandement en devient vacant, ce commandement appartient à l'officier le plus élevé en grade, et, à grade égal, au plus ancien.

Ordres et pièces de comptabilité.

449. Le commandant d'un détachement doit être muni d'un ordre de départ, d'une instruction par écrit sur l'objet et le service de son détachement, et d'une feuille de route.

Il reçoit du major une instruction détaillée sur la comptabilité qu'il doit tenir et les états et les pièces prescrits par les règlements d'administration.

Comptes à rendre; mutations.

450. Il adresse au colonel, aux époques qui lui sont prescrites, un rapport détaillé sur le service et la discipline du détachement.

Il y joint pour le major l'état des mutations, visé par le sous-intendant militaire.

Ces rapports ne le dispensent pas de rendre compte immédiatement au colonel de tout événement important ou imprévu.

Retour au régiment.

451. Lorsque le détachement rejoint le régiment, il est, à son arrivée, et selon le grade de celui qui le commande, inspecté par le colonel, le lieutenant-colonel, le chef d'escadron ou l'adjudant-major de semaine.

Le commandant du détachement remet au lieutenant-colonel les certificats de bien vivre qui lui ont été délivrés pendant la route. Il se présente chez les officiers supérieurs et chez son capitaine commandant.

Il règle sans délai, avec le trésorier et l'officier d'habillement, les comptes de son détachement.

CHAPITRE XLVI.

Escortes.

Escorte d'honneur.

452. Le commandant d'une escorte doit présenter et maintenir la troupe dans le meilleur ordre et la meilleure tenue.

Si c'est une escorte d'honneur, il va, en arrivant, prendre les ordres de la personne qu'il doit accompagner. Son service fini, il ne se retire qu'après avoir de nouveau pris les ordres de cette personne.

Escorte d'un convoi.

453. Quand une escorte est chargée de la garde et de la conservation d'un convoi, le commandant se fait précéder par une avant-garde pour connaître à temps les obstacles, faire débarrasser la route, et reconnaître les terrains propres aux haltes. Il a une arrière-garde et, au besoin, des flanqueurs.

En plaine, le gros de la troupe marche habituellement sur les côtés de la route, à hauteur du centre du convoi ; dans les défilés, il marche, soit à la tête, soit à la queue.

La tête du convoi doit marcher d'un pas uniforme, et plutôt lent qu'accéléré.

Si le convoi est considérable, il est partagé en plusieurs divisions.

Les voitures marchent sur deux files, toutes les fois que la largeur de la route le permet.

Si une voiture se casse, elle est tirée hors de la route; quand elle est réparée, elle prend la queue du convoi; si elle ne peut être réparée promptement, il est laissé pour sa garde un nombre d'hommes suffisant.

Le commandant fait faire des haltes d'heure en heure pendant quelques instants, pour faire reprendre haleine aux chevaux et donner aux dernières voitures le temps de serrer à leur distance.

Il n'est fait de grandes haltes que très-rarement, et dans des lieux reconnus à l'avance.

Escorte de prisonniers.

454. Le commandant d'une escorte de prisonniers

fait charger les armes en leur présence, avant de se mettre en route.

Il divise sa troupe en deux parties principales: l'une marche de front à la tête, l'autre ferme la marche de la même manière. Le reste est réparti sur les flancs de distance en distance, tant pour éclairer la route que pour ressaisir au besoin les fuyards.

Le détachement marche d'un pas modéré. Les haltes sont fréquentes, mais courtes; elles ont toujours lieu dans des endroits découverts.

Pendant les haltes, l'officier qui commande l'escorte redouble de surveillance. Jamais il ne perd de vue, envers les prisonniers, les égards dus au malheur, mais il se refuse à toute condescendance contraire à son devoir.

Si, à l'arrivée au gîte, les prisonniers doivent passer la nuit dans la prison du lieu, il s'en fait donner un reçu. S'ils doivent rester sous sa garde, il prend les précautions et donne toutes les consignes nécessaires pour prévenir les évasions. Il veille, dans tous les cas, à ce qu'ils reçoivent ce qui leur est alloué par les règlements; il en est responsable. Il empêche qu'ils ne soient rançonnés sur le prix des objets qu'ils peuvent avoir à faire acheter. Arrivé à sa destination, il prend de qui de droit un reçu des prisonniers.

Dispositions du chapitre Détachements, *communes aux escortes.*

455. Les escortes se conforment, en tout ce qui leur est applicable, aux dispositions prescrites pour les détachements.

SERVICE DANS LES PLACES DE GUERRE.

TITRE III.

CHAPITRE VI.

Rapports du commandant de place avec les autorités militaires.

Rapports avec les commandants des troupes.

39. Les commandants des corps et détachements de la garnison sont, ainsi que leurs troupes, soumis à l'autorité du commandant de place, pour tout ce qui tient au service et à la police générale de la place. Quant à la police dans l'intérieur des casernes, les commandants de corps ou de détachement l'exercent immédiatement, conformément aux règlements.

Le commandant de place ne peut s'immiscer dans l'administration intérieure des corps de troupes.

Les demandes que le commandant de place est dans le cas d'adresser aux chefs de corps ou de détachement sont formulées sous forme de réquisition, lorsque le chef de corps ou de détachement est son supérieur par le grade; sous forme d'ordre, lorsqu'il est son inférieur ou son égal en grade.

La réquisition est formulée au nom du général commandant la subdivision et en termes respectueux.

Le chef de corps ou de détachement est, du reste, toujours tenu d'obtempérer à la demande, qu'elle soit faite sous forme d'ordre, ou simplement de réquisition.

Les chefs de corps doivent au commandant de place (1):

1° Le premier jour de chaque mois, une situation de leurs troupes ;

2° Tous les cinq jours un rapport, indiquant les mutations, en gain ou en perte, survenues depuis le rapport précédent, et le nombre d'hommes qui, à divers titres, ne sont pas disponibles pour le service;

3° Tous les jours un rapport contenant les noms des officiers, sous-officiers et caporaux qui prennent le service à la garde montante, les punitions infligées par les officiers du corps ou ceux de la place pour fautes commises dans le service de la place ou pour infraction aux consignes générales de police, et les renseignements dont ils n'ont pas cru nécessaire de l'informer sur-le-champ : un adjudant porte ce rapport au secrétariat de la place, tous les matins, à l'heure fixée par le commandant de place ;

4° Le billet de l'appel du soir, désignant nominativement les hommes qui ont manqué à cet appel : ce billet cacheté est, aussitôt après l'appel, porté au secrétariat par un soldat de la garde de police ;

5° Enfin les chefs de corps ou chefs de service doivent envoyer au visa du commandant de place les permissions d'absence, même pour une seule nuit, qu'ils accordent aux militaires ou agents sous leurs ordres.

(1) Voir l'article 146, dernier paragraphe, pour l'état de situation que le commandant de la gendarmerie locale doit au commandant de place.

Ordres donnés.

40. Le commandant de place donne aux chefs de corps tous ses ordres par écrit; les adjudants des corps les reçoivent à l'heure du rapport, comme il a été dit article 23; les ordres qui ne peuvent pas être donnés au rapport sont l'objet d'une lettre spéciale. Les chefs de corps, le commandant de l'artillerie, le chef du génie et le sous-intendant militaire se rendent chez le commandant de place, ensemble ou séparément, lorsque des circonstances urgentes lui font juger nécessaire de les y appeler, ou lorsque la nature ou l'importance des ordres exige qu'il les leur donne directement, ou qu'il en concerte avec eux les moyens d'exécution.

Lorsqu'il a inopinément besoin d'un détachement, il le fait demander directement au quartier par un adjudant de place. L'adjudant-major de semaine est tenu de le mettre sur-le-champ à sa disposition; il en rend compte à son chef direct. Le commandant de place envoie l'ordre par écrit le plus tôt possible au chef de corps.

CHAPITRE VII.

De l'arrivée des troupes et de leur établissement dans la place.

Devoirs du commandant de place avant l'arrivée d'une troupe.

43. Dès que le commandant de place est informé qu'une troupe doit arriver dans la place pour y tenir garnison, il fait connaître au chef du génie et au sous-intendant militaire les casernes et quartiers que cette

troupe devra occuper, conformément à l'assiette générale du logement ; le chef du génie et le sous-intendant prennent les mesures nécessaires.

Ces bâtiments sont, autant que possible, ceux qu'occupait la troupe relevée, les corps déjà établis ne devant être déplacés que lorsqu'il en résulte des avantages pour le service et pour les troupes. Pour s'assurer que ces bâtiments sont en bon état, le commandant de place en fait une visite avant l'arrivée de la troupe ; il est accompagné, au besoin, par le sous-intendant et l'officier du génie chargé du casernement.

Si la troupe doit loger chez l'habitant, le commandant de place se concerte avec l'autorité civile pour que ses fractions constituées soient logées dans des quartiers contigus ; il veille à ce qu'il ne soit point donné de billets de logement pour les maisons qui ne sont pas habitées.

L'officier qui devance la troupe en remet la situation au commandant de place, qui lui donne ses ordres.

Visite des employés des douanes.

44. Si la troupe doit être visitée par les préposés de la douane ou de l'octroi, cette visite a lieu sur les glacis. Dans les troupes à pied, le chef du corps ou du détachement fait former les faisceaux et ouvrir les rangs ; chaque sous-officier et soldat ouvre son sac, et le place devant lui de manière à faire voir ce qu'il contient. Un employé passe dans chaque rang et visite les sacs sous les yeux d'un officier ; il peut requérir la visite, par des caporaux ou sous-officiers, des gibernes et des habits des soldats qu'il désigne. Les officiers font arrêter les hommes qui sont en contravention. Les hommes de suite et les équipages sont visités en présence d'un officier.

Dans les troupes à cheval, les hommes sont à pied à la tête de leurs chevaux, leurs porte-manteaux ouverts devant eux ; les préposés visitent le harnachement et l'équipement des chevaux, s'ils le jugent nécessaire.

Des dispositions analogues sont prises pour la visite, par les préposés, des corps qui ont un matériel de voitures.

Toutes les fois que ces prescriptions doivent recevoir application, les troupes en sont informées à l'avance par la voie de l'ordre.

Entrée dans la place. — Ordres donnés.

45. Le commandant de place est prévenu de l'heure à laquelle la troupe doit arriver ; il envoie au-devant d'elle jusqu'à l'avancée un adjudant chargé de la conduire sur la place d'armes.

La troupe entre en bon ordre ; la colonne est dégagée de tout ce qui peut embarrasser sa marche ; les équipages et les chevaux de main forment une colonne particulière marchent à cent pas, au moins, en arrière de la première.

Le commandant de place ou l'un des officiers de l'état-major se trouve sur la place pour recevoir la troupe ; il fait ouvrir un ban et lire les ordres dont il est le plus urgent de lui donner connaissance, tels que les consignes particulières de la place, les règlements de police municipale et les défenses spéciales que les circonstances rendent nécessaires. Ces ordres sont en plusieurs expéditions pour que la lecture puisse en être faite simultanément à chaque compagnie, escadron ou batterie.

Le sous-intendant passe la revue d'effectif, s'il y a lieu. La troupe se rend ensuite à ses logements.

Service le jour de l'arrivée.

46. Habituellement, les troupes ne participent pas au service de la place le jour de leur arrivée. Lorsqu'une troupe à pied est obligée de fournir des gardes à son arrivée, elles sont formées sur la place d'armes à la gauche de la ligne de bataille.

Les troupes à cheval ne fournissent de garde à cheval, le jour de leur arrivée, qu'en temps de guerre ou dans des circonstances extraordinaires; si elles en fournissent à pied, ces gardes ne sont formées que lorsque la troupe et les chevaux sont logés.

Visite des casernes ou des logements chez l'habitant.

47. Dans les trois jours qui suivent l'établissement de la troupe dans les casernes, le commandant de place en fait la visite, avec le chef de corps, l'officier du génie chargé du casernement et le sous-intendant militaire.

Lorsque la troupe est logée chez l'habitant et qu'elle doit y rester plusieurs jours, les officiers font, le lendemain de l'arrivée, la visite des logements; le chef de corps fait connaître les rectifications jugées nécessaires au commandant de place, qui les réclame de l'autorité municipale. L'état des logements des officiers est adressé au commandant de place par le colonel. Les officiers veillent à ce qu'il ne s'élève pas de discussion entre les soldats et les habitants; ils sont responsables des dommages causés par les soldats, quand ces dommages sont la conséquence d'un défaut de surveillance.

CHAPITRE VIII.

1° Des différents tours de service de l'infanterie.

Classement des tours de service.

48. Dans les places de guerre, l'infanterie a six tours de service, savoir :

Premier tour : Les détachements, les escortes et les gardes des postes extérieurs, qui ne sont relevés qu'après un certain nombre de jours;

Second tour : Les gardes de la place, les gardes de police, les plantons et les ordonnances, qui sont relevés journellement;

Troisième tour : Les gardes d'honneur;

Quatrième tour : Les rondes;

Cinquième tour : Les travaux et corvées;

Sixième tour : Les détachements en mer.

Le premier, le troisième, le cinquième et le sixième tour de service s'accomplissent en temps de paix comme en temps de guerre.

Le deuxième et le quatrième tour sont continués d'une garnison à l'autre.

Les détachements qui doivent durer plus de vingt-quatre heures sont toujours composés d'hommes de la même compagnie.

Travaux spéciaux pour construction de routes, canaux, ports, etc.

49. Les travaux pour construction de routes, canaux, ports, etc., lorsque le ministre de la guerre ordonne d'y employer des troupes, forment un tour particulier. Si le corps n'est pas commandé en entier pour ce service, il est commandé par compagnie ou fraction de compagnie.

Ce service dure du lever au coucher du soleil; si les travaux sont d'une nature très-fatigante, les détachements sont relevés au milieu du jour, toutes les fois que la force de la garnison le permet.

Les corps concourent entre eux pour les différents tours de service.

50. Les corps en garnison dans une place concourent entre eux pour les différents tours de service; les officiers, les sous-officiers et les soldats composant chaque poste ou détachement commandé doivent appartenir au même corps.

1er *tour. Détachements, escortes, gardes extérieures.*

51. Les détachements sont habituellement composés de fractions constituées, telles que bataillon, compagnie, ou section; les officiers et les sous-officiers marchent alors avec leur troupe. Un chef de bataillon peut être commandé pour marcher avec la moitié de son bataillon, et même avec une force moindre, si l'importance du service à exécuter l'exige. Un adjudant-major et un

adjudant accompagnent, dans ce cas, cet officier supérieur.

Lorsque, pour un service exceptionnel, un détachement est composé d'officiers, de sous-officiers et de soldats pris dans toutes les compagnies d'un corps ou d'une fraction constituée d'un corps, ils sont commandés en suivant l'ordre d'après lequel ils sont appelés à marcher pour le premier tour de service.

Le chef de détachement reçoit du commandant de place des instructions relatives à l'objet de sa mission.

Le service des détachements qui sont contremandés est censé fait lorsqu'ils ont passé la dernière barrière de la place.

Les règles ci-dessus sont applicables aux escortes, ainsi qu'aux gardes des postes extérieurs qui ne sont relevées qu'après un certain nombre de jours.

2e *tour. Gardes de la place.*

52. Les gardes de la place sont relevées toutes les vingt-quatre heures.

La force des postes est, en général, déterminée par le nombre des sentinelles qu'ils sont chargés de fournir, en comptant trois ou quatre hommes pour une sentinelle, afin que chaque soldat fasse au plus huit heures de faction et au moins six.

Le service d'une garde contremandée est censé fait quand elle a pris possession du poste.

Le nombre d'hommes à fournir par chaque corps est réglé de manière qu'ils aient au moins quatre nuits de repos. Si la faiblesse de la garnison et les besoins indispensables du service obligent le commandant de place à s'écarter momentanément de cette règle, il en rend compte.

Tous les mois et plus souvent, s'il y a lieu, le commandant de place fixe, d'après la force des corps, le service que chacun d'eux doit fournir.

A cet effet, les chefs de corps lui envoient, le premier jour de chaque mois, la situation des officiers, sous-officiers et soldats sous leurs ordres, *disponibles pour le service.* Cette situation est conforme au modèle 1.

Gardes de police.

53. Pour mieux assurer l'égale répartition du service entre les corps de la garnison, les gardes de police sont comprises dans le service de la place. Ces gardes défèrent comme celles de la place aux réquisitions de l'autorité militaire ou civile, en vue du rétablissement de l'ordre public, s'il a été troublé; mais, dans aucun cas, leur chef ne peut faire sortir plus de la moitié de l'effectif dont il dispose, et il ne marche jamais lui-même.

Leur force est subordonnée aux localités et déterminée par le commandant de place, sur la proposition des chefs de corps. Les gardes de police défilent dans leurs quartiers, et sont sous la surveillance spéciale de l'adjudant-major de semaine. Elles ne reçoivent pas de consigne des officiers de la place (art. 82, dernier paragraphe).

Répartition des postes.

54. Chaque corps occupe de préférence les postes les plus rapprochés de son quartier; le commandant de place peut modifier cette disposition toutes les fois

qu'il le croit utile au bien du service ou à son égale répartition.

Les postes assignés à chaque corps sont numérotés par le major de la place, dans l'ordre de leur importance.

L'officier le plus élevé en grade ou le plus ancien commande le premier poste d'officier ; le plus élevé en grade ou le plus ancien après lui commande le second, et ainsi de suite.

Les plus anciens sergents commandent les postes de sergents dans l'ordre de leur importance ; les moins anciens sont placés aux postes commandés par des officiers.

Les plus anciens caporaux commandent les postes de caporaux ; les moins anciens sont placés aux postes où il y a des sergents.

Les sergents et les caporaux derniers à marcher sont employés au service d'ordonnance et de planton.

Plantons et ordonnances.

55. Le service des plantons et des ordonnances commence à la garde montante et dure vingt-quatre heures.

Les plantons et les ordonnances ne se trouvent à la parade que lorsque le commandant de place l'ordonne ; habituellement, après avoir été inspectés au quartier avec la garde montante, ils se rendent directement au lieu où ils sont de service. Ils sont dans la même tenue que les gardes.

3e *tour. Gardes d'honneur.*

56. Les gardes d'honneur sont commandées d'après les mêmes règles que les gardes de la place. Elles sont soumises aux consignes générales.

Les commandants de ces gardes doivent, en outre, prendre les ordres particuliers de la personne près de laquelle elles sont placées. Ils sont tenus de faire au commandant de place le rapport prescrit par l'art. 99.

Les détails relatifs au service de ces gardes sont exprimés par les articles 336 et 389.

4e tour. Rondes.

57. Le commandant de place prescrit à des officiers et des sous-officiers appartenant aux corps de la garnison de faire des rondes pendant la nuit, pour s'assurer de la vigilance des postes et de leur exactitude à remplir leurs devoirs.

Le service de ces officiers et sous-officiers, commandé pour vingt-quatre heures comme les services du deuxième tour, est réglé par les prescriptions des articles 123, 124 et suivants.

5e tour. Travaux de la place, corvées.

58. Le cinquième tour de service comprend :

1° Les travaux à faire aux fortifications, ceux qui ont lieu dans les arsenaux ou pour le mouvement du matériel d'artillerie sur les remparts, ou enfin dans les magasins de l'administration, lorsqu'il est nécessaire que les troupes d'infanterie secondent ou suppléent celles du génie, de l'artillerie ou de l'administration militaire ;

2° Les corvées dans l'intérieur de la place.

Ce tour de service est commandé sur toutes les compagnies.

Lorsque, dans le cinquième tour de service, il doit y avoir des détachements armés, ils sont formés des hommes les premiers commandés.

6e *tour. Détachements en mer.*

59. Sont réputés détachements en mer, ceux qui sont destinés à leur garnison dans les îles voisines du continent, dans les forts et îlots formant la défense des rades et des côtes, comme aussi les détachements, requis pour un service public, qui sont mis à bord des bâtiments ou embarcations de la marine et de la douane.

Piquet.

60. Quand le commandant de place veut avoir des troupes prêtes à marcher pour fournir promptement un service extraordinaire, les détachements qu'il fait commander à cet effet dans les corps de la garnison prennent la dénomination de *piquet*.

Le piquet est formé, suivant les besoins du service, de la totalité des officiers, des sous-officiers, des caporaux et des soldats commandés pour le service ordinaire du lendemain, ou seulement d'une partie d'entre eux, les premiers à marcher.

Le piquet est réuni en même que la garde montante et dans la même tenue; il ne se trouve à la parade que par exception, lorsque le commandant de place en donne l'ordre.

Pendant tout le temps qu'ils sont disponibles pour le service, les sous-officiers, les caporaux et les soldats de piquet ne peuvent pas quitter la caserne; les officiers ne peuvent le faire qu'avec l'autorisation du chef de bataillon de semaine. Les hommes de piquet ne se déshabillent pas la nuit, si le commandant de place l'ordonne.

Si le piquet est commandé par un capitaine, cet officier s'assure, par de fréquents appels, de la présence des hommes qui le composent. Si le piquet n'est pas sous les ordres d'un capitaine, ce devoir appartient à l'adjudant-major de semaine. Pour rassembler le piquet, le tambour de garde bat un rappel suivi de trois coups de baguette.

Le piquet ne marche jamais sous cette dénomination : les détachements qu'il fournit prennent, suivant le cas, les noms de détachement, de garde ou de patrouille; pour les hommes qui ont marché, le tour de service est accompli. Ces hommes ne sont pas remplacés au piquet, à moins d'un ordre spécial du commandant de place; il en est commandé d'autres pour le service ordinaire du lendemain.

2° Règles à observer pour commander le service dans les corps. — Dispositions générales.

61. Lorsque le service est fait par des compagnies entières ou fractions constituées de compagnie, elles sont commandées d'après leur rang dans l'ordre de bataille, en commençant par la droite, pour les services du premier, du troisième et du cinquième tour.

L'officier, sous-officier ou caporal premier à marcher pour différents tours de service qui doivent s'accomplir en même temps, est commandé pour celui de ces tours qui est le premier dans l'ordre déterminé art. 48; il reprend ultérieurement les autres, à moins qu'il n'ait été employé à un détachement de plus d'un jour.

La même règle s'observe pour commander les soldats.

Service des officiers.

62. Les officiers des compagnies concourent pour les différents tours de service. Le commandant de place veille

à ce qu'ils soient tous commandés à leur tour; à cet effet, les chefs de corps lui font remettre un contrôle des officiers indiquant les premiers à marcher pour chaque tour de service.

Les officiers sont commandés par rang d'ancienneté pour tous les tours de service. L'adjudant-major de semaine les désigne d'après le contrôle qu'il tient à cet effet, et sur lequel il inscrit successivement les tours accomplis par chacun d'eux.

Les capitaines roulent entre eux, les lieutenants et les sous-lieutenants roulent également entre eux, en alternant; le plus ancien lieutenant marche le premier, le plus ancien sous-lieutenant marche le second, et ainsi de suite.

Les officiers ne peuvent changer entre eux leur tour de service qu'avec l'agrément du chef du corps, qui prévient le commandant de place.

Officiers exemptés du service.

63. Sont exemptés du service de place (*voir aussi les art.* 73 *et* 123) :

1° Les rapporteurs et commissaires du Gouvernement près les tribunaux militaires;

2° Leurs substituts, quand le général commandant la division juge que cette exemption doit leur être étendue;

3° Les officiers cités en témoignage;

4° Les capitaines chargés momentanément du commandement d'une place, d'un fort ou d'une garnison; ces officiers marchent cependant avec leur compagnie, si elle est commandée pour un détachement de plus de vingt-quatre heures;

5° Les capitaines qui commandent provisoirement un

bataillon ou remplissent les fonctions de major; ces officiers ne suivent pas leur compagnie, si elle est détachée pour un service de place, et conservent jusqu'à l'arrivée du titulaire les fonctions qu'ils exercent;

6° Les officiers pourvus d'emplois spéciaux.

Les officiers de compagnie employés à l'instruction ou chargés de détails administratifs non prévus par le règlement sur le service intérieur des corps peuvent être exemptés du service de place, sur la demande du chef de corps. Lorsque le commandant de place ne croit pas devoir accéder à cette demande, il en rend compte au commandant de la subdivision.

Les officiers régulièrement exemptés du service ne reprennent pas les tours qui leur sont échus pendant la durée de leur exemption. Il en est de même des officiers qu'une maladie ou une absence autorisée a empêchés de faire leur service.

Aucun officier ne peut être commandé deux fois pour le même tour de service, avant que tous les officiers du même grade l'aient été une fois. Lorsqu'un officier commandé pour un service ne peut le faire pour cause d'indisposition, le premier à marcher après lui est commandé à sa place; le commandant de place en est informé.

Service des sous-officiers et caporaux.

64. Les sergents et les caporaux des compagnies concourent pour les différents tours de service.

Le service des sergents est commandé par les adjudants, sur un contrôle établi conformément au modèle K.

Les sergents y sont inscrits par compagnie selon l'ordre de bataille, et, dans chaque compagnie, par rang d'ancienneté.

Le service des caporaux est commandé par les adjudants, d'après les mêmes principes, et sur un contrôle conforme au modèle L.

Les sous-officiers employés comme greffiers près des tribunaux militaires sont exemptés du service pendant le temps qu'ils remplissent ces fonctions.

Il en est de même des sous-officiers, des caporaux et des soldats cités comme témoins devant les tribunaux civils ou militaires.

Service des soldats.

65. Le service des soldats est commandé par les sergents-majors sur le contrôle des compagnies, en commençant en même temps par la droite et par la gauche.

Service des tambours et clairons.

67. Les tambours et clairons des compagnies roulent entre eux pour le service. Ils sont commandés d'après le rang des compagnies dans l'ordre de bataille, en commençant par le plus ancien de chaque compagnie.

Chasseurs à pied, etc.

68. Dans les corps d'infanterie dont l'organisation ne comporte pas de compagnies d'élite, le service est commandé dans les compagnies sans distinction entre les soldats de 1re et de 2e classe. Mais, dans les postes, les hommes d'élite fournissent de préférence la sentinelle devant les armes, les sentinelles d'honneur et celle du drapeau.

CHAPITRE IX.

De la parade et de l'ordre.

Parade.

75. La parade est la réunion sur la place d'armes des gardes montantes. Elle a lieu habituellement à midi.

Si les circonstances s'opposent à la réunion des gardes montantes sur la place d'armes, la parade a lieu isolément, pour chaque troupe, dans la caserne qu'elle occupe.

Les gardes montantes sont dans le tenue du jour, à moins qu'il n'en soit ordonné autrement.

Les troupes à pied ont le sac au dos. Les troupes à cheval, commandées pour un service à pied, ont le manteau en sautoir. Les gardes d'honneur sont toujours en grande tenue, à moins d'un ordre spécial.

Les gardes de chaque corps sont conduites en ordre sur la place d'armes, les tambours, clairons ou trompettes en tête; un adjudant de place leur assigne l'emplacement qu'elles doivent occuper, conformément aux dispositions des articles 296 et 297. Les pelotons d'ordre, composés des sergents-majors ou maréchaux des logis chefs, des sergents ou maréchaux des logis et des caporaux ou brigadiers de semaine, marchent à la gauche des gardes de leurs corps et se placent vis-à-vis d'elles, en bataille. Ces pelotons sont dans la même tenue que les gardes; ils n'ont ni le sac ni le manteau. En approchant de la place d'armes, les tambours battent aux champs à la cadence du pas accélré, les clairons et trompettes sonnent la marche.

Un adjudant de place veille à ce que le front de la troupe et le terrain qu'elle doit parcourir soient dégagés d'embarras. S'il a été envoyé des ordonnances pour conduire les gardes à leurs postes, il les range sur l'alignement des serre-files chacune derrière la garde qu'elle est chargée de conduire.

Les officiers de semaine assistent à la parade. Ils se placent devant le peloton d'ordre.

Le commandant de place assiste à la parade et passe l'inspection des gardes, s'il le juge convenable.

Il peut se faire suppléer par le major de place.

Les gardes défilent pour se rendre à leurs postes, au commandement de l'officier de service du grade le plus élevé ou le plus ancien dans ce grade.

Les gardes se rendent à leurs postes, marchant en ordre et en silence.

A l'ordre.

76. Lorsque le commandant de place veut faire transmettre aux corps des ordres qui n'ont pu être donnés à l'heure du rapport, il charge le major, après que les gardes ont défilé, de faire battre à l'ordre et former le cercle par les sous-officiers d'ordre. Les adjudants-majors et adjudants sous-officiers se placent au centre. Les caporaux et les brigadiers font face en dehors, se placent à quatre pas des sergents et des maréchaux des logis formés en cercle, et présentent les armes.

Le major transmet les ordres du commandant de place ; il y ajoute les explications qu'il croit nécessaires ; les sous-officiers de chaque corps forment ensuite un cercle particulier, s'il y a lieu.

Un adjudant de place ou le secrétaire archiviste communique par écrit aux commandants de l'artillerie et du génie et aux sous-intendants militaires les ordres qui peuvent les concerner.

TITRE III.

—

CHAPITRE XIII.

De la police militaire dans les places.

Assemblée des troupes.

141. Aucune troupe ne peut se rassembler dans une place de guerre, hors de ses casernes, sans l'autorisation du commandant de place. Cette autorisation est demandée, une fois pour toutes, pour les inspections du dimanche lorsqu'elles ne peuvent être passées dans l'intérieur des casernes, et pour tous les exercices qui ont lieu dans l'intérieur de la place. Les chefs de corps font connaître les heures auxquelles ces exercices ont lieu.

Lorsqu'un corps doit, pendant le jour, prendre les armes ou monter à cheval seul et à l'improviste, le commandant de place, après avoir prévenu le chef de corps, fait battre la marche particulière au régiment ou sonner le boute-selle; les tambours ou les trompettes parcourent les différents quartiers de la ville. De nuit, le ressemblement a lieu sans bruit de caisse ni de trompette; des sous-officiers ou des caporaux vont prévenir les officiers dans leurs logements.

Une troupe en marche ne doit pas se laisser couper.

142. Une troupe marchant en armes dans l'intérieur de la place ne doit pas se laisser couper par la foule ou par les voitures.

SERVICE EN CAMPAGNE.

TITRE III.

Des camps et des cantonnements.

Camps, cantonnements et campement.

32. On entend par *camp* les lieux où les troupes sont établies sous la tente, dans des baraques, ou au bivouac; par *cantonnement*, l'ensemble des lieux habités qu'elles occupent sans y être casernées; par *campement*, la réunion des individus chargés de préparer soit un camp, soit un cantonnement.

Choix et forme du camp.

33. Autant que possible, le général fait d'avance reconnaître l'emplacement du camp; le choix et la forme en sont déterminés par l'objet qu'il doit avoir; si c'est un camp de marche, l'officier chargé de l'établir ne consulte que la sûreté et la commodité des troupes, la facilité des communications, la proximité du bois et de l'eau, les ressources en vivres et en fourrages; si ce doit être un camp retranché, un camp destiné à couvrir un pays, s'il doit inquiéter l'ennemi ou le tromper sur le nombre de troupes qu'il contient, on lui donne une

assiette et des dimensions relatives au but qu'on se propose.

Composition du campement.

34. Le campement d'un régiment se compose d'un adjudant-major, d'un adjudant, et, par compagnie, du fourrier, d'un caporal et de deux soldats. Tout adjudant marche avec le campement de son bataillon, quand celui-ci doit camper séparément. Le général détermine, selon que les régiments doivent cantonner ou camper, être divisés ou réunis, si la garde de police marchera ou non avec le campement; il peut faire marcher avec le campement des bataillons, compagnies ou escadrons, lorsqu'il croit cela nécessaire pour assurer sa marche, pour occuper des débouchés, des villages ou tout autre point dont il faudrait s'emparer à l'avance.

Les équipages ni les chevaux de main ne peuvent, sous aucun prétexte, marcher avec le campement.

Réunion du campement.

35. Lorsque le général peut envoyer à l'avance préparer le camp, il donne au chef d'état-major ses instructions à cet égard; si la récolte n'est pas faite, il prescrit les dispositions nécessaires pour assurer la conservation ou la répartition des grains et des fourrages. Le chef d'état-major demande aux corps leur *campement* qu'un officier supérieur d'état-major est chargé de conduire.

Devoirs de l'adjudant-major de campement.

36. L'adjudant-major chargé du campement reconnaît ou fait reconnaître les abreuvoirs et les endroits

où les hommes peuvent prendre de l'eau; il signale ceux qui seraient dangereux, soit par la proximité de l'ennemi, soit par toute autre cause. Si, pour les rendre plus praticables, quelques travaux sont nécessaires, il les fait exécuter par des hommes de la garde de police ou par des habitants.

Il reconnaît, en outre, à portée du camp, une maison où l'armurier et le sellier puissent travailler.

Lorsque le campement n'a pas précédé la troupe, un adjudant-major est chargé de prendre les dispositions ci-dessus aussitôt après l'arrivée de celle-ci au camp.

Guides et sauvegardes.

37. Les officiers de campement envoient au devant des troupes, si cela est nécessaire, des fourriers, des caporaux ou des soldats avec des guides du pays.

L'officier commandant le campement ou l'avant-garde fait placer des sauvegardes dans les hameaux, maisons ou magasins à proximité du camp, et si la rareté de l'eau l'exige, des sentinelles aux puits et fontaines. Ces sauvegardes sont relevées à l'arrivée des régiments par des hommes désignés pour ce service.

Ordre donné avant l'établissement du camp.

38. En arrivant au camp, et pour les rassemblements généraux, l'infanterie se forme sur le front de bandière; la cavalerie, au contraire, se forme en arrière de son camp ou bivouac.

Les officiers généraux activent le plus possible l'établissement des troupes dans le camp, surtout après des marches longues et pénibles.

L'ordre est donné, dans chaque brigade, par le général aux colonels personnellement; dans les régiments, par le colonel aux officiers supérieurs, aux commandants des compagnies, aux adjudants-majors et aux adjudants réunis en cercle, les sergents-majors étant derrière leurs capitaines. L'ordre a pour objet de faire connaître le nombre d'hommes que le régiment doit fournir pour les gardes, pour le piquet et pour les ordonnances; la nature, l'heure, le lieu des distributions et les corvées qu'on doit y envoyer; les travaux à exécuter pour établir des communications ou retrancher des postes; les dispositions relatives au départ et toutes celles qui concernent le bon ordre et le service intérieur ou extérieur du camp.

L'adjudant-major et l'adjudant de semaine commandent le service.

Les capitaines donnent à haute voix l'ordre à leur compagnie, en y ajoutant les explications nécessaires; les sergents-majors commandent les hommes de service.

L'officier supérieur de semaine fait réunir les gardes et le piquet; les gardes partent sans délai pour leurs différents postes.

Entrée dans le camp.

39. Les dispositions précédentes étant prises, le drapeau est planté au centre du bataillon avec lequel il marche; les compagnies forment les faisceaux; deux hommes de corvée établissent les chevalets sous la direction d'un sergent, qui ensuite y place les armes.

Les corvées pour les vivres, le bois, les fourrages, et les détachements pour les travaux, sont réunis en arrière des faisceaux. Les hommes qui ne sont pas de service construisent les baraques.

Si l'on est à portée de l'ennemi, le piquet reste sous les armes jusqu'à la rentrée des corvées; dans ce cas, il est au besoin renforcé par un certain nombre d'hommes de chaque compagnie.

Dans les troupes à cheval, l'étendard est confié provisoirement à la garde de police.

Chaque division se porte un peu en arrière de l'emplacement où doivent être attachés ses chevaux, et s'y forme sur un rang, ainsi qu'il est prescrit, art. 42. On met alors pied à terre : des cavaliers sont désignés pour tenir les chevaux; les autres, après avoir placé leurs armes en faisceaux, plantent les piquets et y fixent les cordes; on ne s'occupe des baraques que lorsque les chevaux sont attachés et qu'il a été pourvu à leurs besoins. Les baraques étant construites, chaque homme pose, contre le côté le moins exposé à la pluie, son fusil, son mousqueton ou sa lance; il y suspend son sabre et la bride de son cheval.

L'étendard est ensuite porté à la baraque du colonel.

Instruction pour le tracé d'un camp.

40. Les termes de tête ou de front, de flanc, de droite, de gauche, de file et de rang, ont pour le camp la même acceptation que pour l'ordre de bataille.

Toutes les dimensions pour le camp sont mesurées en pas de deux pieds; trois de ces pas équivalent à deux mètres.

L'étendue du camp est ordinairement égale au front de la troupe qui doit l'occuper.

La grandeur des baraques varie suivant l'espèce de matériaux qu'on peut y employer, mais en général les grandes baraques sont à préférer ; les baraques ont, pour vingt hommes, sept pas de large sur dix de long ; pour seize hommes, sept pas sur huit ; pour huit hommes, quatre pas sur huit. Les baraques pour cavalerie, devant contenir les selles, sont occupées par un plus petit nombre d'hommes.

Les baraques sont disposées par files et par rangs.

Le nombre des rangs varie selon la force des compagnies ou des escadrons, et selon la dimension des baraques.

Défense de s'établir dans les maisons.

43. Aucun officier ne peut s'établir ni placer ses équipages dans les maisons qui sont sur le terrain qu'occupe une brigade, lors même que ces maisons sont vides, à moins toutefois d'une autorisation expresse du général de la brigade, qui, dans ce cas, rend compte au général de la division.

Communications à établir.

44. Quand le général a jugé nécessaire d'établir des communications, les colonels reconnaissent le terrain, accompagnés du lieutenant-colonel et d'un adjudant-major. Le général assigne à chaque régiment sa portion du travail nécessaire pour cet objet.

Les outils qui manquent aux régiments leur sont fournis par le parc du génie, ou, à défaut, par le parc de réserve de l'artillerie, *d'après les ordres du général.*

TITRE VI.

De l'ordre à observer pour commander le service.

Ordre du service dans les régiments et dans les brigades.

57. L'ordre du service des brigades dans les divisions, et des régiments dans les brigades, est réglé selon leur rang dans l'ordre de bataille.

Les ordres concernant le service et les détachements sont adressés aux généraux des brigades. Ces officiers généraux déterminent, suivant l'emplacement et la force de chaque régiment, les postes qu'il doit occuper et le nombre d'hommes qu'il doit fournir.

Tour de service.

58. Il y a trois tours de service.

Le premier tour comprend :

1° Les grand'gardes et autres postes extérieurs;

2° Les gardes d'honneur;

3° Les gardes intérieures (y compris celles des magasins, hôpitaux et autres établissements);

4° Le service d'ordonnances;

5° La garde de police.

Le second tour comprend :

1° Les travaux de guerre, tels que les ouvrages de campagne et les ouvertures de communications;

2° Les détachements nécessaires à la protection de ces travaux:

3° Les détachements chargés de protéger les différentes corvées.

Le troisième tour comprend :

1° Les corvées non armées, au dedans et au dehors du camp;

2° Les détachements qui assistent aux exécutions.

Dans la cavalerie, la garde d'écurie forme un tour de service à part et compte avant les corvées.

Les officiers, sous-officiers et soldats commandés pour les différents services du premier tour, y marchent dans l'ordre déterminé ci-dessus : ainsi, les premiers à marcher sont employés aux grand'gardes, ceux qui les suivent aux gardes d'honneur; les derniers à marcher sont placés à la garde de police.

La même règle s'observe pour le second tour de service : les premiers à marcher sont chargés de protéger les travaux; les travailleurs viennent ensuite; les derniers à marcher sont employés à protéger les corvées.

Dans le troisième tour, les premiers à marcher font les corvées hors du camp, les autres les corvées dans le camp. Lorsque plusieurs officiers de même grade sont commandés pour le troisième tour, le plus ancien commande la corvée la plus nombreuse.

Ordre dans lequel le service est commandé.

59. Les officiers sont commandés pour les trois tours de service, par rang d'ancienneté.

Les capitaines roulent entre eux; ils sont exempts de corvées autres que celles des distributions. Les lieutenants les sous-lieutenants roulent ensemble en alternant; le plus ancien lieutenant est le premier à marcher, le plus ancien sous-lieutenant est le second, et ainsi de suite.

Les sergents, caporaux, soldats et tambours sont commandés pour les trois tours de service d'après les règles établies dans les ordonnances sur le service intérieur et sur le service des places. Ils marchent sac au dos pour tous les services du premier tour, et, à moins d'ordres contraires, se rendent avec armes et bagages aux travaux qui se font hors du camp.

Dans la cavalerie, les chevaux sont chargés pour tout service à cheval.

Officier absent ou malade.

60. Lorsqu'un officier commandé pour un service quelconque est hors d'état de faire ce service, ou ne se trouve pas au camp au moment de marcher, il est remplacé par le premier à marcher après lui. Dès que la garde a dépassé l'enceinte du camp, ou, si c'est une garde intérieure, dès qu'elle est arrivée à son poste, l'officier qui aurait dû marcher ne peut plus en prendre le commandement ni en faire partie; il prend le tour de l'officier qui a marché pour lui.

Lorsqu'un officier se trouve par maladie dans l'impossibilité de faire le service pour lequel il est commandé, son tour est réputé passé.

Ces dispositions s'appliquent également aux sous-officiers et soldats.

Service censé fait.

61. Les services du premier et du deuxième tour sont censés faits, lorsque les gardes ou détachements ont dépassé l'enceinte du camp ou cantonnement, et, s'il s'agit d'une garde intérieure, lorsque cette garde est arrivée à son poste.

Les corvées sont censées faites lorsque les détachements qui en sont chargés ont dépassé l'enceinte du camp ou cantonnement, et, s'il s'agit d'une corvée dans le camp, lorsque cette corvée a commencé.

Tours de service à reprendre.

62. Tout officier, sous-officier ou soldat marchant ou premier à marcher pour un service de premier tour, reprend les services de deuxième et de troisième tour qui lui sont échus pendant ce temps, à moins qu'il n'ait marché pour un détachement de plus de vingt-quatre heures.

TITRE VII.

DE LA GARDE DE POLICE ET DU PIQUET.

CHAPITRE II.

Du piquet.

Destination du piquet.

77. Le piquet se forme habituellement de la réunion des officiers, sous-officiers et soldats qui doivent marcher le lendemain pour le service du premier tour; il est destiné à fournir les détachements et les gardes qui peuvent être commandés extraordinairement pendant les vingt-quatre heures; il est commandé chaque jour à la suite des hommes de garde : on compte le service du piquet comme service du premier tour à ceux qui ont marché pour un détachement ou pour une garde, ou qui ont passé la nuit au bivouac.

Les officiers, sous-officiers et soldats de piquet sont toujours habillés et équipés; les chevaux sont sellés, les sacs et porte-manteaux sont prêts à être chargés.

Les détachements et les gardes que fournit le piquet se composent d'officiers, sous-officiers, caporaux et soldats les premiers à marcher ; les soldats sont, autant que possible, pris en nombre égal dans chaque compagnie.

Les officiers, sous-officiers et soldats du piquet qui marchent avant la retraite sont remplacés ; ceux qui marchent après ne le sont pas, à moins d'un ordre spécial.

Composition du piquet.

78. Chaque bataillon fournit, pour le piquet du régiment, deux sergents, quatre caporaux, un tambour et quarante soldats. Le piquet est commandé par un capitaine qui a sous ses ordres un lieutenant ou un sous-lieutenant dans les régiments de deux bataillons, et deux lieutenants ou sous-lieutenants dans les régiments de trois bataillons.

Dans un bataillon détaché, le piquet est commandé par un lieutenant ou un sous-lieutenant.

Le piquet d'un régiment de cavalerie est de dix cavaliers par escadron ; il est commandé par un capitaine, qui a sous ses ordres deux lieutenants ou sous-lieutenants, quatre maréchaux des logis, huit brigadiers et deux trompettes.

Lorsque le régiment est divisé, chaque fraction fournit un piquet proportionné au service qu'elle doit faire. Dans un escadron détaché, le piquet est commandé par un lieutenant ou un sous-lieutenant.

Réunion du piquet.

79. Le piquet est réuni par l'adjudant de semaine en

même temps que les gardes ; il est placé à douze pas en arrière de celle-ci, et partagé en deux ou trois pelotons; il ne défile pas. Lorsque les gardes ont défilé, le commandant du piquet le conduit à la gauche de la garde de police et lui fait mettre ses armes au chevalet qui leur est destiné ; elles sont consignées à la sentinelle de la garde de police.

Hors le cas de détachement ou de garde à fournir, le piquet ne prend les armes que lorsque les généraux, le colonel ou l'officier supérieur de semaine veulent en passer l'inspection ; il se forme à la gauche de la garde de police.

L'officier supérieur de semaine fait faire pendant le jour plusieurs appels du piquet. Pour le rassembler, le tambour de garde de police bat un rappel suivi de trois coups de baguette ; les trompettes sonnent deux appels consécutifs. Les appels et les inspections du piquet ont lieu le sac au dos dans l'infanterie, et à pied dans la cavalerie.

A la retraite, le piquet se réunit ; le capitaine en fait faire l'appel et passe l'inspection des armes. Les officiers, les sous-officiers et les soldats couchent dans leurs baraques, mais sans se déshabiller.

Quand le piquet s'assemble pendant la nuit, ce qui n'a lieu qu'en cas d'alerte ou bien lorsqu'il doit marcher en totalité ou en partie, l'adjudant-major et l'adjudant de semaine préviennent les officiers; ceux-ci éveillent les sous-officiers sans bruit ni batterie de caisse ; les sous-officiers éveillent les soldats. A cet effet, les uns et les autres reconnaissent à l'avance les baraques occupées par ceux qu'ils sont chargés d'avertir.

La nuit, le piquet de cavalerie se réunit à cheval.

Les piquets rentrent dans les compagnies toutes les fois que les régiments prennent les armes pour des revues, des manœuvres, des marches ou des actions de guerre.

Piquet au bivouac.

80. Quand le piquet doit bivouaquer, le colonel détermine l'emplacement; les chevaux sont sellés et chargés ; on ne les réunit que dans le cas où le bivouac est trop éloigné du camp ou trop proche de l'ennemi.

Des détachements.

Composition des détachements.

99. Les détachements sont de préférence composés de fractions constituées, telles que bataillons, escadrons, compagnies, pelotons, sections, etc.

Pour fournir les détachements, un tour de service est établi entre les régiments d'une brigade, les bataillons ou les escadrons d'un régiment, et les compagnies d'un bataillon.

Les compagnies d'élite ne peuvent, sans un ordre exprès du général de la division, être employées à un détachement de plus de vingt-quatre heures, à moins toutefois qu'elles ne marchent avec leur bataillon.

Les officiers et sous-officiers faisant partie d'une fraction constituée, commandée par un détachement, marchent avec cette fraction.

Lorsque le général de la division croit devoir ordonner, par exception, qu'un détachement soit composé d'hommes pris sur tous les escadrons ou sur toutes les compagnies d'un régiment, on commande pour ce service les premiers à marcher au tour de garde. Dans ce cas, si le détachement doit durer plus de vingt-quatre heures, et que deux officiers ou deux sous-officiers d'une même compagnie soient appelés à en faire partie, celui qui se trouve le moins élevé en grade ou, à parité de grade, le moins ancien, est employé à une garde de vingt-quatre heures, et remplacé au détachement par le premier à marcher après lui.

Les officiers, sous-officiers et soldats appelés à faire partie d'un détachement au moment où ils sont employés à un autre service, doivent être relevés de ce service, s'ils peuvent être rentrés au camp ou cantonnement avant le départ du détachement.

Un chef de bataillon peut marcher avec la moitié de son bataillon, ou avec un détachement équivalent à un demi-bataillon, et même avec une force moindre, si l'importance de l'objet fait juger sa présence nécessaire; de même, dans chaque grade, tout officier peut marcher avec une partie plus ou moins forte de la fraction qu'il commande habituellement.

Le colonel, lorsqu'il marche en détachement, est toujours accompagné d'un adjudant-major. Il en est de même du lieutenant-colonel et des chefs de bataillons ou d'escadron.

Un détachement composé de fractions prises dans différents régiments doit, autant que possible, être commandé par un officier supérieur en grade aux officiers employés dans ces fractions, ou par un officier d'état-major.

Rencontre de plusieurs détachements.

101. Si plusieurs détachements se rencontrent dans

un lieu où il n'y a pas d'autres troupes établies, le commandement est réglé entre eux pour tout le temps qu'ils sont réunis, comme s'ils ne formaient qu'un seul et même détachement; néanmoins le commandant d'un détachement ne peut empêcher l'autre de suivre sa destination et d'exécuter les ordres qu'il a reçus.

Quand un détachement entre dans un poste occupé par d'autres troupes, l'officier qui commande le détachement est, pendant tout le temps qu'il s'arrête, sous les ordres du commandant du poste, quand même ce dernier lui serait inférieur en grade. Le commandant du poste ne peut, sous quelque prétexte que ce soit, y retenir le détachement.

TITRE XII.

DES MARCHES.

Dispositions générales.

120. Le but du mouvement et la nature du terrain déterminent l'ordre de la marche, le nombre des colonnes sur lesquelles on doit marcher, ainsi que l'espèce de troupes qui doit les composer.

On cherche à former le plus de colonnes qu'on peut, en faisant attention toutefois qu'elles ne soient pas trop faibles. Leur distance respective doit être telle qu'elles puissent se communiquer, se soutenir mutuellement et se réunir avec facilité, et pour cet effet, tout commandant de colonne doit, indépendamment de ses instructions particulières, être informé de la composition, de la force et de la direction des autres colonnes.

Avant-garde et arrière-garde.

121. L'avant-garde et l'arrière-garde sont ordinairement formées de troupes légères; leur force et leur composition en différentes armes se règlent d'après la nature du terrain et la position où l'on se trouve à l'égard de l'ennemi. Elles sont uniquement destinées à couvrir les mouvements du corps dont elles font partie, et arrêter l'ennemi jusqu'à ce que le général commandant ait eu le temps de faire ses dispositions. L'avant-garde ne tient pas toujours la tête de la colonne; dans une marche de flanc, elle est employée à s'emparer des positions propres à couvrir le mouvement qu'on exécute.

Quand cela est jugé nécessaire, des compagnies de sapeurs du génie sont attachées à l'avant-garde.

Rapports.

126. Lors du rassemblement, les colonels font leur rapport verbal au général de brigade; ils lui remettent une situation sommaire des présents sous les armes, comprenant les mutations. Les généraux de brigade font le même rapport au général divisionnaire.

Rassemblements.

127. Autant que possible, on ne prend pas pour lieux de rassemblement les grandes routes, les chemins particuliers, ni aucun autre point où la troupe pourrait gêner la circulation.

Les généraux de division envoient à l'avance un officier d'état-major au rendez-vous pour y recevoir les corps;

les brigades ou les régiments isolés y envoient également un officier.

En arrivant au rendez-vous, l'infanterie et la cavalerie, à moins d'indication contraire, se placent d'après leur rang dans l'ordre de bataille et se forment en colonnes serrées. Lorsque l'artillerie et les équipages restent sur la route, on les range en file sur un des côtés, afin de laisser l'autre côté libre pour le passage.

Le moment où les troupes de corps différents, qui ont à parcourir la même route, doivent se remettre en marche, est réglé dans l'intérêt du service par l'officier le plus élevé en grade, et, à grade égal, par le plus ancien, qui, après avoir reçu communication des ordres de destination, décide, sur sa responsabilité.

Départ jamais retardé.

128. L'exécution des ordres ne devant jamais éprouver de retard, si le général de division ou le général de brigade, le colonel ou tout autre officier, n'est pas à la tête de sa troupe lorsque celle-ci doit partir, l'officier du rang immédiatement inférieur la fait mettre en marche.

Sapeurs en tête des colonnes; jalonnages.

129. Chaque colonne est, autant que possible, précédée par un détachement de sapeurs du génie ou de régiment, destiné à aplanir les obstacles qui peuvent retarder la marche. Les sapeurs sont aidés, au besoin, par des gens du pays ou par des soldats d'infanterie.

Ce détachement est partagé en deux sections; au premier obstacle qu'il rencontre, la première section s'arrête et l'autre poursuit sa marche jusqu'à ce qu'il se présente un nouvel obstacle. Un officier du génie, ou, *à son défaut, tout autre officier désigné à cet effet*, dirige les travaux.

S'il n'est pas laissé à chaque embranchement de route un officier d'état-major pour indiquer le chemin aux soldats et aux équipages restés en arrière, un adjudant-major du dernier régiment de la colonne est chargé de faire établir, à l'endroit de ces embranchements, un signal, comme de la paille attachée à un arbre ou à un poteau, des branches coupées, etc.

Dans les marches de nuit et dans les mauvais pas, la route est jalonnée de fourriers ou de caporaux intelligents, qui sont relevés successivement de bataillon en bataillon.

TITRE XIV.

Des convois et de leur escorte.

Objet des convois; composition de leur sorte.

139. Les convois sont de différentes sortes; ils ont pour objet le transport des munitions de guerre, de l'argent, des subsistances, des effets d'habillement et d'armement, des malades, etc.

La force et la composition de l'escorte d'un convoi doivent être calculées d'après la nature du convoi, son importance, les dangers qu'il peut avoir à courir, les localités à traverser, la longueur du travail, etc.

Si c'est un convoi de poudre, l'escorte doit être plus nombreuse, afin qu'elle puisse mieux en éloigner le combat.

La cavalerie ne concourt à l'escorte des convois que dans la proportion nécessaire pour éclairer au loin la marche. Cette proportion est plus considérable dans un pays ouvert ; elle est moindre dans un pays coupé, montueux ou boisé.

Autant que possible, on attache à chaque convoi des sapeurs et, à défaut de sapeurs, des habitants munis d'outils propres à aplanir toutes les difficultés locales, ou à former rapidement quelque obstacle défensif, par des abatis d'arbres ou autrement.

On fait en sorte d'avoir toujours des pièces de rechange pour les voitures, telles que roues, timons, etc.

L'officier général chargé d'organiser et de mettre en route un convoi donne au commandant une instruction écrite, très-détaillée.

Autorité du commandant.

140. L'officier commandant l'escorte d'un convoi a pleine autorité sur les troupes de toutes armes qui la composent, ainsi que sur les agents des transports et des équipages militaires.

Si la convoi ne se compose que de munitions de guerre, le commandement en appartient à l'officier d'artillerie, pourvu qu'il soit d'un grade supérieur ou même seulement égal à celui du commandant de l'escorte. Dans tous les cas, le commandant de l'escorte défère, autant que la défense du convoi lui paraît le permettre, aux demandes de l'officier d'artillerie, en ce qui concerne les heures du départ, les haltes, la manière de parquer les voitures, l'ordre à y maintenir et les sentinelles à placer pour les garantir d'accident.

Les officiers étrangers à l'escorte qui marchent avec le convoi ne peuvent, quel que soit leur grade, y exercer aucune autorité sans l'assentiment du commandant; ce dernier dispose, dans l'intérêt du service, de tous les militaires présents qui lui sont égaux ou inférieurs en grade.

Division du convoi.

141. Quand un convoi est considérable, il est essentiel de le partager en plusieurs divisions, et de placer près de chacune le nombre d'agents nécessaire pour la maintenir dans l'ordre et veiller à ce qu'il n'y ait que quatre pas d'intervalle d'une voiture à une autre. Un petit détachement d'infanterie est attaché à chaque division, et s'il y a dans le convoi des voitures du pays, des soldats sont répartis de distance en distance pour en surveiller les conducteurs.

Les munitions de guerre sont habituellement en tête du convoi; les voitures portant des subsistances marchent ensuite; puis, viennent celles qui sont chargées d'effets militaires.

Les voitures auxquelles les officiers ont droit forment une division séparée; l'ordre de marche pour ces dernières est réglé d'après le rang des officiers auxquels elles appartiennent. Les voitures des vivandiers, cantiniers et marchands, sont à la queue du convoi.

Toutefois, ces dispositions sont subordonnées aux projets présumés de l'ennemi; les voitures dont la conservation importe le plus à l'armée doivent toujours marcher dans l'ordre le plus propre à les préserver de danger.

Il n'est jamais permis aux soldats de placer leur sac sur les voitures.

Renseignements et reconnaissances préalables.

142. L'ordre et la marche d'un convoi sont réglés en raison de la proximité de l'ennemi, de la force et de l'espèce des troupes respectives, de la nature des lieux et de l'état des chemins. Le commandant se fait donner, sur ces différents objets, des renseignements très-détaillés dont il vérifie l'exactitude par des reconnaissances poussées aussi loin qu'il est besoin. Il ne se met jamais en route qu'après avoir reçu le rapport de ces reconnaissances, et donné en conséquence ses instructions aux troupes chargées de l'éclairer. La prudence doit présider à toutes ses dispositions.

Dispositions pour la marche et pour la défense.

143. Le convoi a toujours une avant-garde et une arrière-garde; le commandant concentre le gros de l'escorte sous ses ordres immédiats, au point le plus important, ne laissant aux autres points que de petits corps, ou seulement des gardes.

Dans les terrains entièrement découverts, le corps principal marche sur les côtés de la route, à hauteur du centre du convoi; dans les autres circonstances, il marche, soit à la tête, soit à la queue, selon que l'une ou l'autre est plus exposée aux attaques de l'ennemi.

L'avant-garde part assez à l'avance pour aplanir les obstacles qui retarderaient la marche du convoi; elle fouille les bois, les villages et les défilés; elle se lie avec le convoi par des cavaliers chargés de transmettre au commandant les renseignements qu'elle recueille, et de recevoir ses ordres. Elle reconnaît le terrain propre aux haltes et à l'établissement des parcs.

Si l'on craint pour la tête de la colonne, l'avant-garde s'empare de tous les défilés et de toutes les positions où l'ennemi pourrait opposer des obstacles ou des troupes. Le corps principal, qui suit alors de plus près l'avant-garde, la remplace dans ces positions, et n'en repart que lorsque la tête du convoi l'a rejoint; il y laisse, s'il en est besoin, quelques troupes qui sont relevées successivement par les petits corps restés à l'escorte des voitures; la position n'est abandonnée entièrement que quand la totalité du convoi l'a dépassée, ou plus tard encore, si le commandant le juge convenable.

Des règles analogues sont suivies lorsque les derrières du convoi sont menacés; l'arrière-garde est alors chargée de rompre les ponts, de barricader et détériorer les chemins, et d'opposer à l'ennemi le plus d'obstacles possible. Elle se lie au convoi par des cavaliers.

Si les flancs sont menacés, si en même temps le terrain est peu accessible, entrecoupé, s'il y a plusieurs défilés à passer, la défense du convoi est plus difficile. On ne doit avoir alors que peu de monde à l'avant-garde et à l'arrière-garde; les positions qui peuvent couvrir la marche sont occupées par le corps principal, avant que la tête soit parvenue à la hauteur de ces positions, et jusqu'à ce que le convoi soit entièrement au delà.

Si le convoi est considérable, et si l'on doit passer par des endroits que la force et la proximité de l'ennemi rendent dangereux, il est quelquefois nécessaire, de crainte qu'il ne se trouve compromis en totalité, d'en faire partir les divisions séparément et à intervalle, pour ne les réunir qu'après le passage effectué. Dans ce cas, la majeure partie des troupes marche avec la première division; les positions dont elle s'empare sont couvertes par des tirailleurs et des éclaireurs, et au besoin par des petits postes; ces positions ne sont abandonnées que lorsque la totalité du convoi a passé.

Si le convoi a du canon, le commandant en dispose comme l'indiquent les localités et les circonstances.

Pour hâter le trajet et faciliter la défense, on fait marcher les voitures sur deux files, toutes les fois que la largeur de la route le permet.

Si une voiture se casse, elle est tirée hors de la route; quand elle est réparée, elle prend la queue du convoi; si la réparation en est impossible, son chargement est réparti sur les autres voitures; ses chevaux fournissent du renfort aux attelages qui en ont besoin.

Les convois par eau sont escortés d'après les mêmes principes: chaque bateau reçoit un petit poste d'infanterie; une partie de la troupe précède ou suit le convoi sur des bateaux particuliers; la cavalerie qui marche à la hauteur du convoi, l'avant-garde et l'arrière-garde, qui font également route par terre, se lient aux bateaux par des flanqueurs, et leur font passer les avis qui les intéressent. Lorsque les rivières coulent entre des montagnes très-rapprochées, la majeure partie de l'infanterie doit suivre par terre, pour empêcher l'ennemi de s'établir sur les sommités et d'inquiéter le convoi.

Haltes, parcs.

144. D'heure en heure, on s'arrête pendant quelques instants pour laisser reprendre haleine aux attelages, et donner aux dernières voitures le temps de serrer à leur distance. Il n'est fait que très-rarement de grandes haltes, et seulement dans des lieux reconnus à l'avance et favorables à la défense du convoi. Les villages envi-

ronnants sont fouillés, ainsi que les terrains qui pourraient servir à cacher l'ennemi. Les chevaux ne sont pas dételés; on se garde militairement.

La nuit, on parque de manière à se défendre contre une attaque ouverte ou à se garder d'une surprise, et de préférence loin des lieux habités, si le pays qu'on traverse est ennemi ou mal disposé.

Pour parquer, les voitures sont habituellement placées sur plusieurs rangs, essieu contre essieu, les timons dans une même direction; on laisse entre chaque rang une rue assez large pour que les chevaux puissent y circuler aisément.

Si l'on craint une attaque, le parc est formé en carré, les roues de derrière tournées vers l'extérieur, les chevaux dans l'intérieur du carré.

Au départ du convoi, chaque division ne bride qu'au moment où elle est prête à suivre le mouvement de la division qui la précède.

Défense d'un convoi.

145. Dès que le commandant est averti de la présence de l'ennemi, il fait serrer le plus possible les files des voitures et continue sa marche dans le plus grand ordre. Ordinairement, il évite les occasions de combattre; cependant, si l'ennemi l'a devancé dans un défilé ou sur une position qui domine la route, il l'attaque vigoureusement avec une grande partie de sa troupe, mais il ne s'abandonne point à la poursuite, afin de ne jamais s'éloigner du convoi, et de ne pas donner dans le piége d'une feinte retraite. Le convoi, qui a dû s'arrêter, ne reprend sa marche qu'après que la position a été enlevée.

Quand le commandant du convoi s'est assuré que les forces de l'ennemi sont trop supérieures aux siennes, il se décide à parquer; le parc est formé hors de la route et en carré, dans l'ordre indiqué à l'article précédent.

Lorsqu'il n'est pas possible de sortir de la route, les voitures doublent les files, si elles ne se trouvent déjà dans cet ordre; chaque voiture serre sur la précédente, le plus possible, le timon placé en dedans de la route; en tête et à la queue du convoi, des voitures sont mises en travers pour fermer le passage.

Les conducteurs des voitures sont à pied, à la tête de leurs chevaux, pour mieux en être maîtres. Les conducteurs et les domestiques qui voudraient fuir sont à la disposition absolue des officiers et sous-officiers.

Les tirailleurs tiennent le plus longtemps possible l'ennemi loin du convoi; s'il devient nécessaire de les soutenir, le commandant y pourvoit, mais avec la plus grande circonspection, parce qu'il est essentiel qu'il conserve réuni le plus de monde possible pour le moment où l'ennemi fera ses plus grands efforts.

Dans le cas où le feu prend au convoi, il faut, s'il est parqué, s'occuper d'éloigner les voitures enflammées, ou, si on ne le peut, les voitures de munitions d'abord, puis celles qui se trouvent sous le vent. Sur une route, on renverse dans le fossé les voitures en combustion, après en avoir ôté les attelages, qu'on répartit ainsi qu'il a été dit.

On essaye de faire filer un certain nombre de voitures, si la tournure que prend le combat rend ce moyen extrême nécessaire, et si la nature du pays ou la proximité d'un poste en favorisent l'exécution. Quelquefois, le commandant abandonne à l'ennemi une partie du convoi pour sauver l'autre; dans ce cas, il laisse de préférence les voitures chargées de vin ou d'eau-de-vie, et ne sacrifie les munitions de guerre qu'à la dernière extrémité.

Lorsqu'après une défense opiniâtre, et la perte de la majeure partie de sa troupe, le commandant se sent trop faible pour résister plus longtemps, et qu'il ne peut espérer aucun secours, il fait mettre le feu au convoi, puis il tente, par une action vigoureuse, de se frayer une issue, et d'emmener ses chevaux d'attelage; il les tue plutôt que de les abandonner à l'ennemi.

La défense d'un convoi de malades ou de blessés a lieu d'après les mêmes règles; celle d'un convoi de prisonniers de guerre présente des difficultés particulières: a-t-on à s'arrêter pour résister à l'ennemi? il faut les obliger de se tenir couchés, avec menace de tirer sur eux, s'ils tentent de se relever avant d'en avoir reçu l'ordre. Dans tout autre cas, il faut presser leur marche, atteindre un village, et les y enfermer dans une église ou dans un grand bâtiment, dont on défend les approches.

TITRE XV.

Des distributions.

Ordre dans lequel les corps reçoivent les distributions.

148. Dans les divisions, les brigades et les régiments, on commence les distributions alternativement par la droite et par la gauche, en suivant l'ordre de bataille des régiments dans les divisions et les brigades, des bataillons ou escadrons dans les régiments.

Un corps que son tour appelle à être servi le premier

ne peut faire interrompre la distribution d'un autre corps, lorsqu'il la trouve commencée.

Capitaine de distributions.

149. Il est commandé par chaque régiment d'infanterie ou de cavalerie un capitaine de distributions; ce service compte au troisième tour; dans la cavalerie, les capitaines en second sont ordinairement chargés.

On désigne aussi un capitaine de distributions pour un bataillon ou deux escadrons détachés.

Le capitaine de distributions se conforme à ce qui est prescrit par le règlement de service intérieur. S'il croit avoir à se plaindre du poids ou de la qualité des denrées, et qu'il ne puisse faire rendre justice sur-le-champ, il est autorisé à suspendre la distribution, et à faire auprès du général, du chef d'état-major, du sous-intendant ou des autorités locales, les démarches convenables.

Le capitaine de distributions veille à ce que la viande ne soit pas distribuée quand elle est encore chaude. S'il est impossible de faire autrement, on accorde, en compensation, autant que les ressources le permettent, une augmentation de poids.

La vente et le rachat des rations sont sévèrement défendus, soit que les fournitures aient été faites par l'administration de l'armée, soit qu'elles l'aient été par les autorités locales. Il n'est accordé de rations de fourrages que pour les chevaux présents.

Visite de l'hôpital.

150. S'il y a un hôpital ou une ambulance à portée du camp ou du cantonnement, le capitaine de distribu-

tions est tenu de s'y transporter, pour vérifier la qualité des aliments, et recevoir les réclamations des malades; il écrit ses observations sur un registre à ce destiné.

Lorsque le service des distributions l'empêche de faire cette visite, il est remplacé par le capitaine premier à marcher au troisième tour.

Le capitaine de distributions fait à l'officier supérieur de semaine le rapport des distributions et, en outre, de sa visite de l'hôpital.

Magasins non fournis.

151. Quand les magasins ne sont pas approvisionnés, les généraux peuvent employer des officiers d'état-major ou des officiers de chaque corps, concurremment avec les sous-intendants militaires, pour la réunion des denrées à fournir par les villages. Les corvées sont conduites en ordre aux distributions par le capitaine et les autres officiers de distributions. Il en est de même lorsque, par des circonstances fortuites, on est forcé d'aller aux subsistances sans qu'elles aient été réunies; dans ce cas, le capitaine de distributions a le commandement sur l'escorte qui doit protéger et contenir les hommes de corvée.

ARTILLERIE.

ARMES A FEU PORTATIVES. — BOUCHES A FEU, LEURS PROPRIÉTÉS. — POUDRE DE GUERRE, MUNITIONS, LEUR TRANSPORT.

CHAPITRE PREMIER.

Armes à feu portatives.

Toute arme à feu destinée au service de guerre doit être à la fois une arme de jet et une arme de main. Par suite, la valeur de cette arme dépendra des conditions dans lesquelles on aura su concilier les qualités suivantes, comme arme de jet :

1° Vitesse de chargement;

2° Certitude que le coup partira à la volonté du tireur;

3° Tension de la trajectoire;

4° Justesse du tir;

5° Portée;

6° Sécurité pour le tireur et pour ses voisins;

7° Simplicité de l'arme et facilité du maniement;

8° Légèreté de l'arme et des munitions.

Comme arme de main :

9° Facilité du maniement avec la baïonnette.

L'armement actuel de la France comprend deux catégories d'armes bien distinctes :

1° Armes se chargeant par la bouche ;
2° Armes se chargeant par la culasse.

Les premières n'offrent plus d'intérêt qu'au point de vue historique. Il y en a encore quelques-unes en service dans les corps, mais elles sont destinées à disparaître de l'armement régulier. Nous n'en parlerons point.

Il y a aujourd'hui en service six modèles d'armes se chargeant par la culasse :

Fusil d'infanterie	modèle 1866	une cartouche, la même pour les quatre armes.
Fusil de cavalerie	—	
Carabine de gendarmerie	—	
Mousqueton d'artillerie	—	

Carabine modèle 1859 transformée, une cartouche.
Fusils transformés, une cartouche.

Le cadre restreint de cet ouvrage ne nous permet pas d'entrer dans de bien longs détails sur chacune de ces armes ; nous nous bornerons donc ici à une description sommaire.

Fusil modèle 1866.

Le fusil d'infanterie modèle 1866, généralement connu sous le nom de *fusil Chassepot* (*fig.* 1 et 2), se divise, de même que toute arme à feu se chargeant par la culasse, en trois parties principales, savoir :

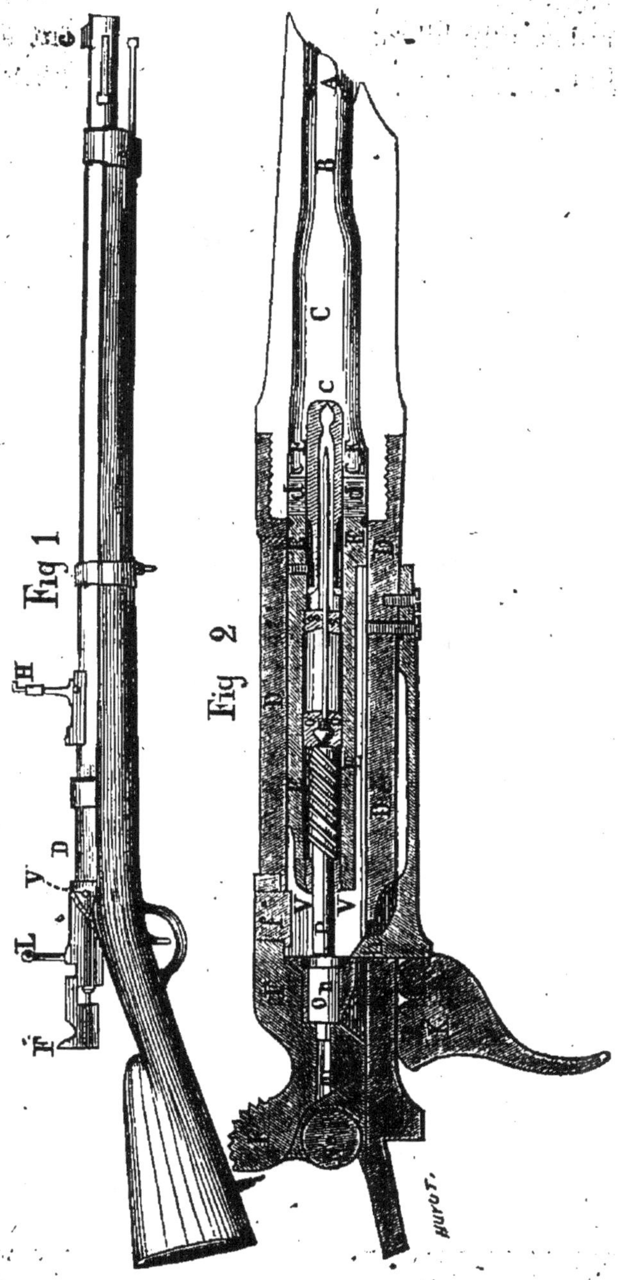

Fig 1

Fig 2

1° Le canon;

2° La culasse mobile et le mécanisme servant à produire le feu;

3° La monture;

4° Les garnitures;

5° La baïonnette.

1° Le canon est en acier pudlé fondu; il se divise en deux parties principales: l'âme, du calibre de 11 millimètres portant quatre rayures en hélice; le tonnerre, placé à l'arrière du canon et servant de logement à la cartouche; les parois du tonnerre sont plus épaisses que celles de l'âme.

Lorsque l'arme est chargée, la balle occupe la partie AB (*fig.* 2), et l'étui à poudre la partie BC. La cartouche est maintenue en avant par le ressort B, en arrière par le dard de la tête mobile *a*. L'espace annulaire E qui reste vide autour du dard de la tête mobile porte le nom de *chambre ardente*. La présence de cette chambre facilite la combustion de la cartouche.

Le pointage de l'arme s'exécute au moyen d'une hausse H et d'un guidon G placés à la partie supérieure du canon (*fig.* 1).

Le canon est réuni à la boîte de culasse D (*fig.* 2) par une partie filetée.

La boîte de culasse sert de logement à la culasse mobile.

Dans la boîte de culasse on distingue la fente supérieure qui livre passage au levier L (*fig.* 1) dans les mouvements en avant et en arrière de la culasse mobile; l'échancrure avec son rempart dans laquelle vient se loger le renfort du levier lorsqu'on rabat ce dernier à droite pour fermer le tonnerre, la vis arrêtoir V (*fig.* 1) qui limite le mouvement en arrière de la culasse mobile. A la partie inférieure la boîte de culasse est percée d'un trou pour le passage de la gâchette.

2° La culasse mobile (*fig.* 2) comprend des pièces destinées, les unes à fermer le tonnerre, les autres à produire l'inflammation de l'amorce.

Les pièces de fermeture sont au nombre de 3 :

1° Le cylindre E (*fig.* 2) avec son levier de manœuvre.

Une fente latérale creusée sur le côté droit du cylindre dans l'épaisseur du métal reçoit l'extrémité de la vis arrêtoir et sert de direction au cylindre dans ses mouvements.

2° La tête mobile *a* (*fig.* 2);

3° La rondelle en caoutchouc *d* (*fig.* 2).

La tête mobile porte à l'avant un dard *a* et en arrière une tige qui traverse la rondelle en caoutchouc. Une vis arrêtoir, traversant la paroi supérieure du cylindre, vient s'engager dans un collet *b* pratiqué autour de la tige et relie ainsi la tête mobile au cylindre.

La tête mobile est traversée suivant son axe par un canal pour le passage de l'aiguille; à l'extrémité antérieure de ce canal se trouve la chambre à crasse *c* dans laquelle se rassemblent les crasses dues à la combustion de la cartouche.

La plaque de caoutchouc, pièce essentielle de l'obturation, est maintenue en arrière par la tranche antérieure du cylindre et en avant par la plaque de recouvrement de la tête mobile *e*.

Les pièces qui servent à la production du feu sont les suivantes :

Le cylindre E qui est creux et sert de logement au

ressort. Un grain S (*fig.* 2) sépare le logement du ressort de celui de la tête mobile. Ce grain est percé d'un trou pour le passage de l'aiguille.

A l'arrière du cylindre on remarque le cran de l'armé, qui a pour but de maintenir le chien dans une position telle que l'aiguille soit complétement rentrée pendant que la culasse mobile est retirée en arrière pour le chargement; la rainure de sûreté dans laquelle s'engage la pièce d'arrêt *f* (*fig.* 2) lorsque, l'arme étant chargée, on ne veut pas faire partir le coup; la rainure du départ dans laquelle pénètre la pièce d'arrêt au moment du départ du coup. Lorsque le tonnerre est fermé, cette rainure est exactement en face de la pièce d'arrêt. Le logement du ressort est fermé à l'arrière par la vis-bouchon V (*fig.* 2) que traverse la tige porte-aiguille P. Cette vis sert d'appui au ressort à boudin.

Le mécanisme proprement dit comprend :

1° Le chien et son galet;

2° La noix;

3° Le porte-aiguille;

4° Le manchon;

5° L'aiguille;

6° Le ressort à boudin.

Le chien F (*fig.* 2) porte à l'arrière une tête quadrillée sur laquelle agit le pouce de la main droite pour armer et un galet N qui facilite le glissement du chien sur le fond de la boîte de culasse. A la partie supérieure se trouve le coude auquel est reliée par une goupille la pièce d'arrêt. Le chien est percé en son centre d'un trou *m* dans lequel pénètre l'extrémité du porte-aiguille.

La noix, sorte de virole qui entoure le porte-aiguille, est logée dans la partie antérieure du chien. Elle porte un cran à sa partie inférieure, lequel prend appui contre la tête de gâchette pour maintenir le ressort au bandé. Une goupille réunit la noix et le porte-aiguille au chien.

Le porte-aiguille *o* (*fig.* 2) est une tige cylindrique divisée en deux parties inégales par une embase. La partie postérieure *n*, qui est la moins longue, porte la noix et s'engage dans le chien; la partie antérieure traverse la vis-bouchon, pénètre dans le logement du ressort et est terminée par un T sur lequel se place le manchon *o* qui relie l'aiguille au porte-aiguille.

Le manchon sert d'appui au ressort dont il reçoit directement l'action.

L'aiguille sous l'action du ressort à boudin vient frapper la capsule de la cartouche et détermine son inflammation.

Voici maintenant comment ces différentes pièces fonctionnent.

Dans la position que représente la figure 2, l'arme est chargée et prête à tirer. La gâchette H maintient le cran de la noix, le ressort est bandé et l'aiguille complétement rentrée; le levier *L* est rabattu à droite de manière que le renfort soit placé dans l'échancrure de la boîte de culasse. Le coude du chien est engagé par sa partie antérieure dans la fente supérieure de la boîte de culasse. Si l'on fait effort avec le doigt sur la détente *k*, la gâchette s'abaisse, le chien n'étant plus retenu peut se porter en avant sous l'action du ressort, l'aiguille vient frapper l'amorce de la capsule et en même temps la pièce d'arrêt s'engage dans la rainure de départ. A ce moment tout mouvement de la culasse mobile est impossible.

Pour recharger l'arme, il faut agir avec le pouce sur

la crête du chien de manière à replacer le cran de la noix en arrière et contre la gâchette. Ce mouvement fait rentrer l'aiguille, bande le ressort et dégage la pièce d'arrêt de la rainure de départ. On peut alors faire tourner le levier de manière à l'amener dans la fente supérieure de la boîte de culasse. Le chien n'obéit pas à ce mouvement de rotation parce que, comme nous l'avons dit, l'extrémité du coude est engagée dans la fente supérieure de la boîte. Le levier étant dans sa nouvelle position, la pièce d'arrêt est en face du cran de l'armé; si l'on retire la culasse mobile en arrière, le ressort reste bandé et l'aiguille rentrée. Lorsqu'on referme le tonnerre en ramenant la culasse en avant, après avoir chargé, le cran de la noix revient se replacer derrière la gâchette qui l'arrête, et, lorsqu'on rabat le levier à droite, la rainure de départ revient en face de la pièce d'arrêt; l'arme est prête à tirer.

3° La monture est en bois; elle se divise en trois parties principales : le fût dans lequel est encastré le canon; la poignée qui sert à saisir l'arme et la crosse qui fait contre-poids au canon et répartit sur l'épaule du tireur l'action de recul.

4° Les garnitures; ce sont les diverses pièces qui maintiennent le canon réuni au fût ou qui protégent certaines parties de l'arme. Les garnitures sont au nombre de neuf.

La baguette sert à décharger l'arme et à nettoyer le canon.

L'embouchoir maintient le canon contre le fût près de la bouche et la baguette dans son canal.

La grenadière, placée au milieu du canon qu'elle

maintient aussi contre le fût, porte un des deux battants dans lesquels passe la bretelle.

La pièce de détente porte la bouterolle qui sert d'écrou à la vis de culasse; elle est percée d'un trou rectangulaire pour le passage de la détente.

Le pontet, qui protége la détente.

Les deux battants, l'un à la grenadière, l'autre à la crosse; ce sont les points d'attache de la bretelle.

L'embase du battant de crosse fixé sur la crosse par deux vis.

La plaque de couche protége l'extrémité de la crosse.

5° Le sabre-baïonnette s'adapte par une douille à l'extrémité du canon, lorsqu'on veut transformer le fusil en arme de main.

Accessoires et pièces de rechange.

On donne le nom d'*accessoires* aux instruments nécessaires au soldat pour nettoyer son arme. L'ensemble de ces instruments ainsi que la boîte qui les contient s'appelle *nécessaire d'armes*. Le nécessaire d'armes se compose :

1° D'une boîte cylindrique en tôle de fer dont le fond est percé d'une fente rectangulaire dans laquelle on engage une lame de tourne-vis ou une clef. Cette boîte est fermée par un huilier qui est lui-même bouché par une vis;

2° D'une lame de tourne-vis dont les deux bouts ont des dimensions différentes; le plus large sert pour les grandes vis, le plus étroit pour les petites;

3° D'une clef pour dévisser et revisser la vis-bouchon du cylindre;

4° D'une spatule curette pour nettoyer l'intérieur de la tête mobile;

5° D'un lavoir pour nettoyer le canon. Cette pièce se fixe à l'une des extrémités de la baguette.

Ces cinq objets sont réunis dans une trousse en drap.

Le nettoyage intérieur du cylindre exige une pièce spéciale, c'est la grande curette. Il y en a une par escouade.

Pièces de rechange.

Chaque soldat reçoit trois pièces de rechange : un obturateur en caoutchouc, un ressort à boudin, une aiguille; le ressort et l'aiguille sont enfermés dans un étui en fer-blanc.

Chaque escouade reçoit en outre quelques têtes mobiles de rechange.

2° *Fusil de cavalerie.*

Le fusil de cavalerie est établi d'après les mêmes principes que le fusil d'infanterie et n'en diffère que par quelques détails :

Le cavalier à cheval porte son arme soit à la botte, soit à la grenadière. Ces deux manières de porter le fusil ont nécessité quelques modifications dans certaines pièces de l'arme. Pour le port à la botte, il a fallu couder le levier du cylindre, car le levier droit aurait été gênant et même dangereux quand les chevaux sont serrés dans les rangs; il a fallu, en outre, arrondir les angles saillants de la hausse, qui frottaient contre le pantalon et finissaient par le couper. Pour le port à la grenadière, on a dû déplacer les attaches de la bretelle de manière que le pontet ne vînt pas blesser le dos du cavalier pendant le trot ou le galop. Le battant de crosse a été placé en avant du pontet et il est devenu battant de sous-garde. Cette modification en a amené d'autres : afin de consolider le pontet, on l'a réuni à la pièce de détente. — Ensuite il a fallu remonter la grenadière vers l'embouchoir, ce qui a amené à attacher le canon au fût par un troisième point intermédiaire entre la grenadière et le pontet à l'aide de la capucine.

L'embouchoir, la grenadière, la capucine, le pontet et la plaque de couche sont en laiton.

3° *Carabine de cavalerie.*

Mêmes principes que pour les deux armes précédentes. La carabine des gendarmes à pied peut recevoir un sabre-baïonnette à douille et à lame quadrangulaire.

4° *Mousqueton d'artillerie.*

Le mousqueton d'artillerie, destiné aux servants des pièces, est semblable, sauf la longueur, à la carabine de gendarmerie. Cette longueur a été déterminée en raison du service spécial des troupes qui sont armées de ce mousqueton.

Cartouche.

Les quatre armes dont nous venons de parler tirent la même cartouche (fig. 3).

Cette cartouche est combustible, c'est-à-dire qu'elle est entièrement brûlée dans le canon par les gaz de la poudre. Elle se compose d'un étui amorcé et rempli de poudre et d'une balle pleine réunie à l'étui par un cône de papier et une ligature.

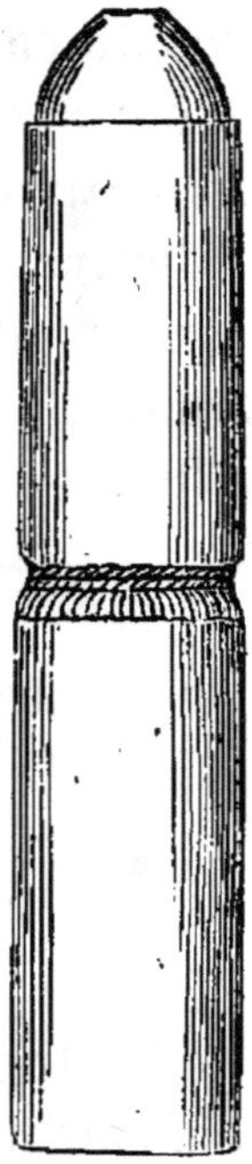
Fig. 3.

L'étui en papier recouvert d'une révolution de gaze de soie porte l'amorce à l'une de ses extrémités. Cette amorce est formée par une capsule engagée dans une collerette en carton. L'ouverture de la capsule est fermée par une petite rondelle de caoutchouc qui obstrue le canal de la tête mobile pendant la combustion du caoutchouc. La collerette en carton est collée sur une étoile en papier collée elle-même sur l'étui.

L'étui contient 5gr,50 de poudre B. Au-dessus de la poudre on place une rondelle en carton percée d'un trou central. Le papier de l'étui est rabattu sur le carton, puis tortillé et coupé ras; l'excédant se loge dans le trou central.

La balle pèse 24g,50. Un tronc de cône en papier plus long que la balle entoure celle-ci sur presque toute sa hauteur et la déborde du côté de la base. Cette portion en excès coiffe l'étui à poudre et reçoit la ligature que l'on place sous la rondelle de carton. Le cône de papier est graissé; la tranche postérieure de la cartouche est cirée.

La cartouche terminée pèse 32gr,50 environ.

Les cartouches, pour le transport, sont réunies au nombre de neuf dans des boîtes en carton.

Les avantages de la cartouche précédente sont les

suivants : la fabrication en est simple et facile; elle est d'un prix peu élevé ; elle est légère et ne porte pas avec elle, comme les cartouches métalliques, un poids mort considérable; enfin, étant combustible, elle rend inutile l'emploi d'un extracteur pour retirer l'étui vide de la chambre.

Par contre les inconvénients sont graves : les ratés sont assez fréquents; la cartouche se détériore très-vite par l'humidité; un choc accidentel la brise facilement; enfin elle nécessite l'emploi d'un obturateur, de la rondelle en caoutchouc, et d'une chambre ardente.

Depuis la guerre de 1870 des études sérieuses ont été entreprises en vue de modifier la cartouche et par suite le fusil modèle 1866. Ces études, qui se poursuivent encore actuellement, conduiront prochainement sans doute à la transformation et peut-être à l'abandon complet du système Chassepot. On paraît disposé à revenir aux cartouches métalliques dont les avantages semblent, dans les expériences, l'emporter sur les inconvénients.

Carabine et fusils transformés.

Les anciennes armes se chargeant par la bouche, qui armaient autrefois l'infanterie, ont été transformées d'après le système dit *à tabatière*.

Dans ce système, le tonnerre est fermé par une culasse mobile massive, fixée à la boîte de culasse par une broche parallèle à l'axe du canon autour de laquelle elle peut tourner; lorsque le tonnerre est fermé, la culasse mobile est maintenue en place par un ressort. Lorsque le tonnerre est ouvert, la culasse mobile peut recevoir, sur la broche charnière, un léger déplacement vers l'arrière; dans ce mouvement elle entraîne un tire-cartouche enfilé sur la broche, le tire-cartouche à son tour entraîne l'étui de la cartouche dans la boîte de culasse. La culasse mobile est traversée obliquement par le percuteur qui débouche en avant, vis-à-vis l'axe du canon, et qui en arrière est terminé par un bouton sur lequel s'exerce l'effort du chien.

Le chien est mis en mouvement par une platine ordinaire.

Le percuteur rentre dans son logement par la pression d'un ressort lorsqu'on arme le chien pour charger l'arme.

Cartouches.

Les cartouches des deux armes dont nous nous occupons ne diffèrent que par le poids de la balle et par la charge de poudre. Ces cartouches sont à étui métallique.

L'étui se compose :

1° D'un culot à bourrelet au centre duquel est l'amorce. Le bourrelet donne prise au tire-cartouche ;

2° D'un étui à poudre formé d'une révolution de clinquant entouré de papier. Cet étui est engagé dans le culot contre lequel il est serré par une rondelle de carton embouti.

Cette rondelle maintient en même temps l'amorce au centre du culot.

La balle est séparée de la poudre par une rondelle de carton.

Les cartouches sont chargées avec de la poudre à mousquet, $4^{gr},50$ pour le fusil, 5 gram. pour la carabine. La balle pèse 36 gram. pour le fusil et 44 gram. pour la carabine.

Revolvers.

Les revolvers appartiennent à la catégorie des armes dites *à magasin*. Le magasin consiste en un barillet cylindrique mobile autour d'un axe horizontal. Ce barillet, dans la plupart des revolvers, est percé de six trous qui peuvent recevoir chacun une cartouche.

Le revolver est dit *à mouvement simple* lorsque la rotation du barillet ne s'effectue que lorsqu'on arme le chien avec la main.

Pendant qu'on arme le chien, le barillet exécute un sixième de tour, et est maintenu dans sa nouvelle position par un mécanisme particulier dont les dispositions sont variables suivant les modèles.

Lorsque la rotation et l'arrêt du barillet peuvent avoir lieu soit quand on arme le chien avec la main, soit quand on agit sur la détente, le revolver est dit *à double mouvement*. Dans ce système, le mécanisme est disposé de telle sorte que la pression sur la détente produit les effets suivants :

Le chien est armé, le barillet tourne, puis s'arrête, et en dernier lieu le chien revient à l'abattu, et le coup part. On peut aussi armer le chien à l'avance comme dans le système précédent.

Enfin, il existe un troisième système dans lequel tous les mouvements simultanés du barillet et du chien ne s'effectuent que lorsqu'on agit sur la détente. Ces revolvers sont dits *à tir continu*.

Cartouches. — Les cartouches de revolvers sont

presque toutes des cartouches métalliques. Elles sont de deux espèces : à percussion centrale lorsque le chien vient frapper le culot au centre; ou à broche lorsqu'elles portent perpendiculairement à leur paroi une broche sur laquelle vient agir le chien.

Nous ne nous étendrons pas davantage sur ces armes dont il existe de nombreux modèles. Le revolver a été adopté en principe pour l'armement des troupes à cheval, mais le modèle réglementaire n'est pas encore arrêté.

Renseignements et observations sur les armes à feu modèle 1866.

Nous terminerons ce qui est relatif aux armes portatives par le paragraphe suivant, extrait du Manuel de l'instructeur de tir.

Dégradations pouvant gêner ou arrêter la marche du mécanisme.

« Par suite du frottement des pièces mobiles sur les pièces fixes, il se produit quelquefois des bavures qui gênent momentanément la marche des pièces. Un coup de lime suffit pour remettre l'arme en état. Ces bavures se trouvent ordinairement, soit à l'extrémité de la fente latérale, soit aux crans du cylindre, soit sur la pièce d'arrêt, soit sur le carré de la vis-bouchon, soit enfin sur le bourrelet de la tête mobile.

« Le jeu du mécanisme peut encore être enrayé par la tête carrée de la gâchette, la vis arrêtoir du cylindre, ou la vis arrêtoir de la tête mobile, lorsque ces pièces ont une trop grande longueur.

Principales causes de ratés.

« Une chambre trop longue, une cartouche trop courte, une rondelle de carton trop étroite ou trop molle, peuvent amener des ratés, surtout au premier coup.

« On peut attribuer la presque-totalité des ratés de premier coup à l'insuffisance de l'arrêt fourni par la rondelle de carton de l'étui à poudre ; ils se produisent surtout lorsque la chambre est huilée ou graissée.

« Avant chaque tir et chaque jour en campagne, il faut s'assurer que la chambre est parfaitement sèche ; il vaudrait mieux, pour la sûreté du départ, qu'elle fût en crassée que graissée. On peut d'ailleurs éviter les ratés de premier coup en coiffant de papier la première cartouche.

« L'aiguille peut être émoussée, faussée ou trop courte ; le ressort à boudin trop faible ; la chambre à crasse, obstruée.

« Toutes ces causes peuvent produire des ratés. Mais si l'on passe la visite des armes avant le tir, on reconnaîtra l'existence de ces défauts, et l'on préviendra les ratés, soit en changeant les pièces, soit en les mettant en bon état de service. »

Départs accidentels.

« Les départs accidentels pendant le chargement se produisent ordinairement par suite de la rupture de l'aiguille ou de la goupille qui relie le chien à la tige porte-aiguille. Quelle qu'en soit la cause, il est facile de s'en apercevoir, car la pointe de l'aiguille reste en saillie en avant du dard au moment où l'on ouvre le tonnerre pour charger. Il suffit donc, pour éviter les accidents, de s'assurer que l'aiguille est rentrée, soit en regardant le dard de la tête mobile lorsqu'on met la cartouche, soit en touchant l'extrémité de la pièce avec l'index de la main droite. »

CHAPITRE II.

Bouches à feu.

On donne le nom de *bouches à feu* aux armes non portatives dont le service exige le concours de plusieurs hommes.

Le métal employé à la fabrication des bouches à feu est le bronze, alliage de cuivre et d'étain dans la proportion de 100 de cuivre pour 11 d'étain sur 111 parties.

Les bouches à feu se divisent en deux catégories :

1° Les canons qui lancent des projectiles allongés à grandes distances, avec une trajectoire aussi tendue que possible ;

2° Les mortiers qui lancent des projectiles sphériques nommés bombes, avec une trajectoire très-courbe (1).

Les canons se divisent à leur tour, d'après le service auquel ils sont destinés, en canons de montagne, de campagne, de siége et de place. Il n'y a qu'une classe de mortiers.

Les bouches à feu se distinguent aussi entre elles par le calibre. Le calibre d'un canon s'indique par le poids du projectile exprimé en nombre rond de kilogrammes.

(1) Nous omettons à dessein de parler des obusiers et des pièces lisses de l'ancienne artillerie qui sont destinés à disparaître de l'armement dans un avenir prochain.

Le calibre d'un mortier s'indique par le diamètre de la bombe exprimé en nombre rond de centimètres. Tout les canons sont rayés; les mortiers sont lisses.

On donne le nom de *rayures* à des canaux creusés en hélice sur la paroi de l'âme et destinés à communiquer au projectile, par l'intermédiaire des ailettes dont il est pourvu, un mouvement de rotation autour de son axe.

Cette rotation augmente la justesse du tir et la portée.

Les canons actuellement en service sont au nombre de 11. Voici leurs noms, en commençant par les plus gros calibres :

Canon de 24 rayé de place se chargeant par la bouche.
— de 24 rayé de siége —
— de 12 rayé de place —
— de 12 rayé de siége —
— de 12 rayé de campagne —
— de 8 rayé de campagne —
— de 7 rayé de campagne se chargeant par la culasse.
— de 5 rayé de campagne —
— de 4 rayé de campagne se chargeant par la bouche.
— de 4 rayé de montagne —

Mitrailleuses ou canons à balles se chargeant par la culasse.

Les mortiers sont au nombre de quatre :

Mortiers de 32 centimètres.
— de 27 —
— de 22 —
— de 15 —

Formes des bouches à feu. — Les formes et les dimensions des bouches à feu dépendent du service qu'elles sont appelées à remplir.

Les canons sont longs, parce qu'il est nécessaire, pour obtenir le maximum de portée, que la poudre soit complétement brûlée avant que le projectile quitte la pièce. Au contraire, les conditions spéciales du tir des mortiers exigent que ces bouches à feu soient courtes.

Ame. — L'âme est le vide intérieur destiné à recevoir la charge. Elle est cylindrique ; le fond est perpendiculaire aux parois dans les canons se chargeant par la bouche ; dans les mortiers, le fond de l'âme est occupé par une chambre d'un diamètre inférieur à celui de l'âme et dans laquelle on place la poudre. L'âme des canons se chargeant par la culasse est fermée à l'arrière par le système de fermeture.

Rayures. — Les canons se chargeant par la bouche ont six rayures tournant de gauche à droite dans la partie supérieure de l'âme. Les rayures sont numérotées dans le sens de l'hélice ; la rayure dont l'origine est à la partie inférieure de l'âme prend le n° 1. Cette même rayure est rétrécie sur une partie de sa longueur, disposition qui a pour but de maintenir le projectile dans l'axe de la pièce, ou en d'autres termes de la centrer.

Les pièces de 7 et de 5 portent 14 rayures, tournant de gauche à droite dans la partie supérieure de l'âme.

Dans les canons se chargeant par la bouche,

Canon de 4 rayé de campagne.

Échelle à 1|15.

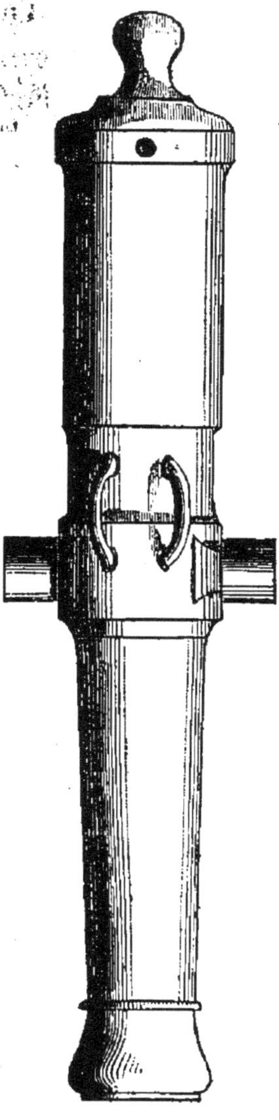

Fig. 5.

Fig. 4.

rayures ont leur origine à une distance du fond de l'âme égale à la longueur du sachet de poudre.

Dans les pièces de 7 et 5, la portion de l'âme qui reçoit le projectile et la gargousse est dépourvue de rayures.

40.

Les rayures sont séparées l'une de l'autre par les cloisons.

Culasse. — La culasse est la partie de la pièce opposée à la bouche. Ses parois sont très-épaisses, parce qu'elles ont à supporter le premier effort des gaz de la poudre qui est le plus considérable. La partie supérieure de la culasse est traversée par le canal de lumière, dans lequel est vissé un grain de lumière en cuivre rouge; ce métal, moins fusible que le bronze, résiste mieux aux dégradations causées par les gaz de la poudre. La lumière est percée suivant l'axe du grain.

Dans les pièces de 7 et de 5, il n'y a pas de grain de lumière; le canal de lumière traverse le système de fermeture et débouche vis-à-vis le centre du culot de la gargousse.

La culasse des canons se chargeant par la bouche est terminée par un bouton de culasse, auquel on fixe un levier ou un câble pour exécuter les manœuvres de force.

Les logements des hausses sont placés à la partie postérieure de la culasse.

Les trois pièces de 12 (campagne, siége et place), celles de 8 et de 4 de campagne ont deux logements: l'un pour la hausse médiane, l'autre, à droite, pour la hausse latérale.

Les deux pièces de 24 (siége et place), la pièce de 4 de montagne et la mitrailleuse n'ont qu'un logement de hausse, sur la partie droite de la culasse.

Les pièces de 7 et de 5 n'ont aussi qu'un logement de hausse, mais sur la partie gauche de la culasse.

Les mortiers n'ont pas de logements de hausse.

Anses. — Les anses sont deux poignées, placées à la partie supérieure de la pièce, servant, comme le bouton, à faciliter les manœuvres de force.

Les pièces munies d'une hausse médiane ont deux anses, placées symétriquement à droite et à gauche de l'arête supérieure de la bouche à feu. Cependant les canons de 24, bien que dépourvus de hausse médiane, ont aussi deux anses.

Le 7 et le 5 de campagne, la mitrailleuse, le 4 de montagne n'ont pas d'anses.

Les mortiers n'ont qu'une anse perpendiculaire à l'axe de la pièce. Le mode de pointage employé permet d'en supprimer une.

Tourillons. — Les tourillons, au nombre de deux, un de chaque côté de la pièce, sont cylindriques ; ils maintiennent la pièce sur son affût. Le canon à balles n'a pas de tourillons. La pièce est montée sur une semelle en bronze qui en est munie.

Système de fermeture des pièces de 5 et de 7.

La pièce de 7 a été imaginée par M. le lieutenant-colonel de Reffye. Celle de 5 a été établie, d'après les mêmes principes, à la suite d'expériences exécutées l'année dernière. Ces deux bouches à feu ne diffèrent que par les dimensions ; les systèmes de fermeture sont du même modèle. Nous nous bornerons à décrire celui du canon de 7.

Ce système, qui a beaucoup d'analogie avec celui des pièces de la marine, se compose de trois parties principales : la vis, le volet, l'écrou.

La vis ou culasse mobile est cylindrique ; sa surface

est divisée en six secteurs égaux; trois secteurs sont filetés, les trois autres sont lisses; les secteurs filetés alternent avec les secteurs lisses. Sur les trois secteurs lisses sont creusées les trois coulisses-guides qui règlent le mouvement de la vis.

Le volet est un anneau qui sert à réunir la vis à la pièce contre laquelle il est lui-même fixé par une charnière verticale. Il porte trois vis-guides qui pénètrent dans les coulisses-guides de la vis, et trois évidements qui donnent passage aux filets de la vis, lorsqu'on la tire en arrière pour ouvrir la culasse. Ces évidements se nomment les *passages des filets*. Sur la partie du volet opposée à la charnière se trouve le verrou disposé de telle sorte que le volet ne peut s'ouvrir que lorsque la vis est complétement retirée, et que la vis ne peut être poussée en avant dans la culasse qu'au moment où le volet est fermé.

L'écrou est une bague d'acier vissée dans le métal de la pièce qui porte, comme la vis, trois secteurs filetés égaux, séparés par trois secteurs lisses.

La pièce étant chargée, il faut trois mouvements pour fermer la culasse : 1° fermer le volet; 2° pousser la vis à fond; 3° faire exécuter à la vis $\frac{1}{6}$ de tour pour engager ses filets dans ceux de l'écrou. On ouvre la culasse par les mouvements inverses.

Système de fermeture de la mitrailleuse.

Le canon à balles ou mitrailleuse se divise en deux parties principales : 1° les canons; 2° la cage.

Canon. — Les canons sont en acier et à section octogonale. Les sommets de l'octogone suivent des hélices de même pas, tracées sur la surface de l'âme; les angles formés par les côtés remplissent ainsi le rôle des rayons. Les canons sont au nombre de 25 et rangés par couches horizontales et verticales de 5 chacune. Ils sont noyés dans une enveloppe en bronze.

Cage. — La cage contient : la culasse porte-cartouche et le système de percussion.

La culasse est un prisme rectangulaire en acier, percé de 25 canaux, disposés par rangées comme les canons. Chaque canal peut recevoir une cartouche. Lorsqu'elle est placée dans la cage, la culasse repose par deux tenons, fixés à ses parois latérales sur deux crochets portés par le système; elle est munie en outre de 4 tenons lesquels, lorsque le système est serré à fond, pénètrent dans des mortaises pratiquées dans l'enveloppe de bronze et assurent la fixité de la culasse au moment du départ du coup.

Système de percussion. Le système de percussion se divise en deux parties principales : la partie postérieure et la partie antérieure.

La partie postérieure D, fig. 6, en acier, contient les ressorts à boudin qui actionnent les percuteurs. Ces ressorts sont placés dans des logements distincts, disposés par rangées de 5. L'ouverture de ces logements, tournée du côté des canons, est fermée par une plaque en bronze E percée de 25 orifices en forme d'entonnoir qui laissent passer l'extrémité des percuteurs, tout en limitant leur course. Sur cette plaque sont fixées quatre chevilles en fer, ou goujons, qui traversent de part en

Échelle de 1/5.

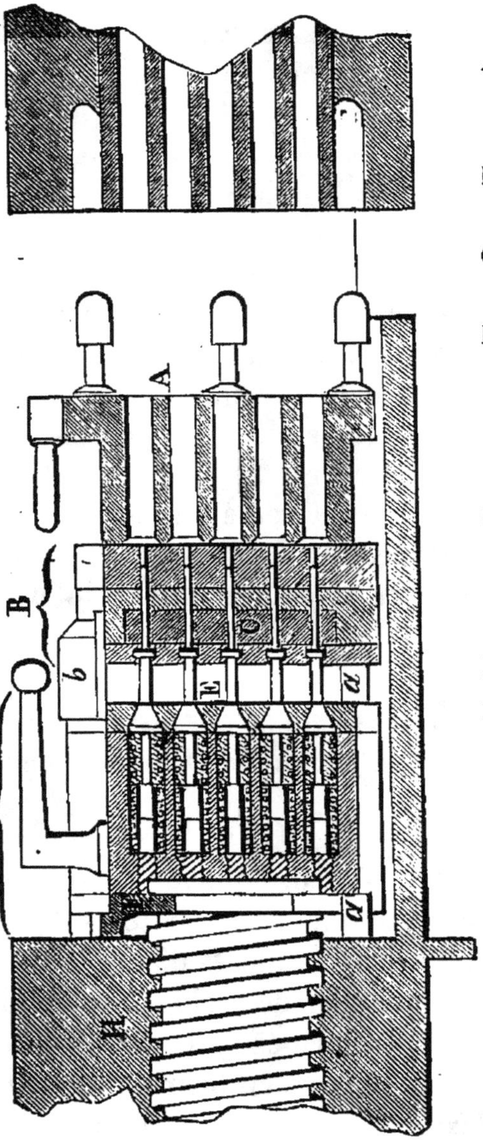

A culasse mobile avec ses tenons et sa poignée.

B partie antérieure du sytème.

C plaque de déclanchement.

D partie postérieure du système avec sa poignée, les ressorts dans leurs logements et les percuteurs.

E Plaque percée de trous en entonnoir contre laquelle viennent buter les percuteurs.

F lunette de serrage.

H vis de serrage.

a Goujons de la partie antérieure du système.

b plaque en laiton recouvrant le joint entre les deux parties du système.

Fig. 6.

part le bloc d'acier qui sert de logement aux percuteurs. Ces goujons sont échancrés près de leur extrémité, de manière à livrer passage à la lunette de serrage.

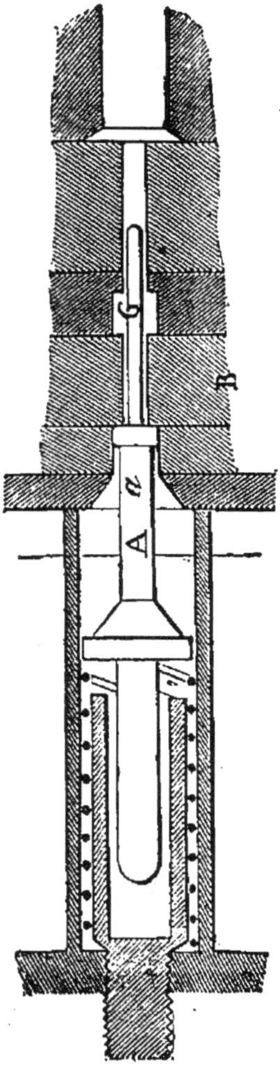

Échelle à 1/2.

A, percuteur, — a, tige, — b, dard.

Fig. 7.

La partie antérieure du système B est en bronze. Elle se réunit à la partie postérieure par quatre goujons échancrés comme ceux dont nous venons de parler et dans le même but. Ces goujons dépassent d'une certaine longueur la partie postérieure du système.

Cette partie du système constitue une sorte de boîte dans laquelle est placée la plaque de déclanchement C. Cette plaque est carrée et percée d'ouvertures pour le passage de la tige des percuteurs. Ces ouvertures sont réunies par des coulisses assez étroites pour ne livrer passage qu'aux dards des percuteurs. Au moyen d'une petite manivelle à vis, placée sur le côté droit de la pièce et nommée *manivelle de percussion*, on peut communiquer à la plaque de déclanchement un mouvement latéral de gauche à droite ou de droite à gauche. Lorsque les percuteurs sont en face des coulisses (*fig.* 7), leurs dards sont rentrés et les ressorts bandés; lorsque, par suite du mouvement de la plaque de déclanchement, une ouverture se présente en face d'un percuteur, celui-ci peut se porter en avant sous l'action du ressort et vient frapper la capsule de la cartouche.

Le derrière de la cage sert d'écrou à la vis de serrage H (*fig.* 6), au moyen de laquelle tout le système est mis en mouvement. La tête de cette vis est réunie au système par la lunette de serrage.

Manœuvre. — Lorsque la pièce est chargée et le coup prêt à partir, la plaque de déclanchement est placée dans la partie gauche de son logement; les coulisses sont en face des percuteurs (*fig.* 7); au contraire, après le départ du coup, elle se trouve du côté droit, et comme les tiges des percuteurs sont engagées dans les orifices de la plaque, il est impossible de faire revenir celle-ci à sa position primitive. Il faut donc faire rentrer les percuteurs avant de ramener la plaque du côté gauche. A cet effet, on desserre la vis de serrage de manière à entraîner le système et la culasse mobile en arrière. Au moment où les goujons fixés à la partie antérieure du système et qui font saillie en arrière, comme nous l'avons dit, viennent toucher le fond de la cage, la partie antérieure du système est arrêtée, tandis que la partie postérieure, la plaque E et, par suite, les percuteurs, continuent leur mouvement de recul.

Les deux parties du système sont alors dans la position représentée par la figure 6, et comme les dards des percuteurs peuvent glisser dans les coulisses sans s'opposer aux mouvements de la plaque de déclanchement, on peut alors ramener celle-ci à l'aide de la manivelle de percussion dans la partie gauche de son logement. Il suffit alors de remplacer la culasse vide par une nouvelle et de ramener tout l'ensemble en avant en serrant la vis de serrage. Les percuteurs prennent la position du bandé représentée par la figure 7.

Projectiles.

Les projectiles de l'artillerie sont de plusieurs sortes : les obus ordinaires, les obus à balles, les boîtes à mitraille pour les canons, les bombes pour les mortiers. Tous sont creux.

La fabrication des projectiles est confiée aux forges de l'État.

Les obus et les bombes sont en fonte; on les coule dans des moules en sable; les boîtes à mitraille sont en zinc.

La lumière d'un projectile est l'orifice placé à la partie antérieure qui reçoit la fusée. La partie opposée à la lumière s'appelle le culot. Les boîtes à mitraille n'ont pas de lumière.

Obus ordinaires. — Les obus ordinaires ont une forme cylindro-ogivale. Ceux des canons rayés se chargeant par la bouche portent deux couronnes de six ailettes chacune (*fig.* 8). Ces ailettes en zinc (*fig.* 9) sont placées dans des cavités nommées alvéoles, ménagées dans le corps du projectile pendant la coulée.

Il faut avoir soin d'engager les ailettes dans les rayures lorsqu'on introduit le projectile dans l'arme. L'obus est chassé par les gaz de la poudre. Ses ailettes suivent les direction des rayons, ce qui l'oblige à prendre un mouvement de rotation autour de son axe.

Dans les pièces se chargeant par la culasse, la rotation est obtenue par un procédé différent. Le corps cylindrique de l'obus porte deux cordons de plomb (1), d'un diamètre légèrement supérieur à celui de l'âme

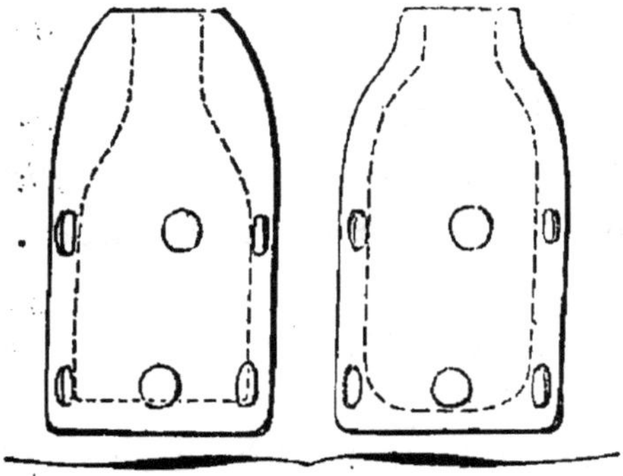

Fig. 8.

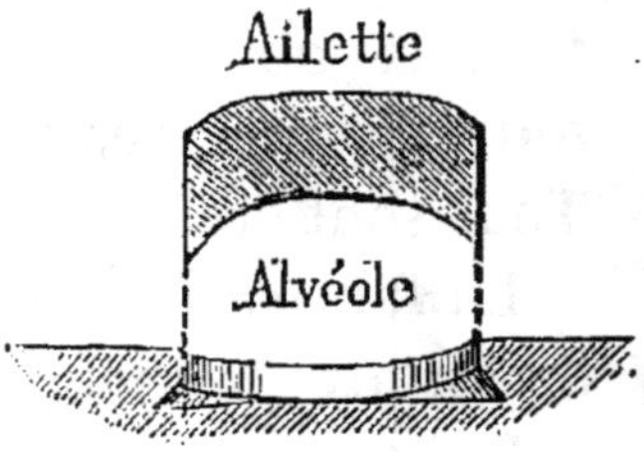

Fig. 9.

près du fond des rayures. Lorsque le coup part, le projectile se trouve comme moulé dans l'âme; les cloisons pénètrent profondément dans le plomb des cordons et obligent ainsi le projectile, en raison de leur trace en hélice, à prendre un mouvement de rotation autour de son axe.

Les obus renferment à l'intérieur une charge de poudre destinée à les faire éclater.

Obus à balles. — L'obus à balles est un projectile destiné à produire des effets de mitraille.

Il se compose d'une enveloppe en fonte contenant :

1° Un certain nombre de balles qui, au moment de l'éclatement de l'enveloppe, sont projetées en gerbe sur le but à atteindre ;

(1) Le projectile de 5 n'a qu'un large cordon.

2° Du sable pour maintenir les balles réunies et empêcher les ballottements;

3° Du soufre pour séparer la charge de poudre et les balles;

4° La charge de poudre destinée à rompre l'enveloppe.

Les obus à balles sont peints en rouge, afin qu'on puisse les distinguer des obus ordinaires; de plus, leur partie antérieure est en forme de col de bouteille.

Les canons se chargeant par la culasse ne tirent pas d'obus à balles.

Les obus ordinaires de tous les calibres et les obus à balles de 12, de 8 et de 4 sont armés de la fusée percutante Desmaret.

Les obus à balles de 24 sont armés d'une fusée fusante à 6 durées.

Boîtes à mitraille. — Les boîtes à mitraille sont cylindriques et sans ailettes; elles contiennent un certain nombre de balles en fer réunies entre elles avec du soufre fondu. L'enveloppe de zinc est rompue par l'effort des gaz de la poudre au moment du départ du coup; et les balles se trouvent séparées dès leur sortie de l'âme.

Projectiles de la mitrailleuse. — La mitrailleuse tire des balles de plomb d'une forme analogue à celle de la balle d'infanterie modèle 1866. Pour le tir à mitraille on emploie des cartouches dans lesquelles la balle est coupée en trois morceaux.

Bombes. — Les bombes sont sphériques : elles sont percées d'une lumière comme les obus; la partie opposée à la lumière est renforcée par une épaisseur de métal appelée le culot.

Les bombes sont munies de deux anneaux en fer qui permettent de les transporter avec des crochets et un levier. Les projectiles des mortiers de 22 et de 15 portent le nom d'obus et ne sont pas munis d'anneaux. On les transporte à la main. Les bombes sont armées de fusées de bois et contiennent une charge de poudre qui produit leur éclatement.

Poudres.

La poudre est un mélange intime de salpêtre, de soufre et de charbon. Par extension on donne aussi le nom de poudre à des produits explosifs de compositions très-variées.

Le dosage de la poudre, c'est-à-dire les proportions dans lesquelles les trois éléments entrent dans sa composition, varie avec la destination.

Dosage des poudres françaises.

	Salpêtre.	Soufre.	Charbon.
Poudre de guerre.	75	12,5	12,5
Poudre B pour armes portatives se chargeant par la culasse.	74	15,5	10,5
Poudre de chasse.	78	12	10
Poudre de mine	62	18	20

Fabrication de la poudre.

Les poudres sont fabriquées dans des établissements de l'État nommés poudreries, sous la surveillance de l'artillerie. Nous ne parlerons ici que de la fabrication de la poudre de guerre et de la poudre B.

On désigne sous le nom de poudre de guerre, deux espèces de poudre qui ne diffèrent que par la grosseur de leurs grains : la poudre à canon et la poudre à mousquet. Ces deux poudres sont fabriquées par le procédé des pilons. Les matières, parfaitement pulvérisées et mélangées en proportions convenables, sont battues, pendant onze heures, dans un mortier sous un pilon en bronze. Après ce battage le mélange est aggloméré en galettes. Les galettes de poudre sont concassées dans une tonne horizontale appelée le grenoir. Cette tonne contient des gobilles de bronze; ses parois sont constituées par une toile métallique, nommée le sur-égalisoir, qui arrête les grains trop gros et ne laisse passer que ceux qui ont la grosseur voulue et ceux qui sont trop petits. Ces derniers sont séparés à l'aide d'un tamis appelé *sous-égalisoir*. Les bons grains sont ensuite lissés, séchés, puis époussetés.

La poudre B est fabriquée par le procédé des meules pesantes. Le mélange salpêtre, soufre et charbon est placé sur une aire horizontale et soumis pendant trois heures à la pression de lourdes meules verticales en fonte qui écrasent les matières et les agglomèrent en galette. La galette est portée dans un appareil composé de trois tamis superposés. Dans le premier, la galette est concassée par un tourteau en bois; le second tamis sert de sur-égalisoir et le troisième de sous-égalisoir. La poudre B est lissée, séchée et époussetée comme la précédente.

Les gargousses des canons se chargeant par la culasse sont chargées avec des rondelles de poudre comprimées.

Cette poudre n'est autre que la poudre à canon ordinaire dont les grains ont été comprimés dans un moule, à la presse hydraulique.

Les poudres, avant d'être expédiées par les poudreries, sont soumises à des épreuves qui permettent de constater leurs propriétés. Leur densité est évaluée à l'aide du gravimètre et leur puissance balistique à l'aide du fusil pendule et du mortier éprouvette.

Conservation de la poudre.

La poudre est expédiée, par les poudreries, en barils de 50 kilogrammes. Chaque baril est revêtu d'une enveloppe protectrice nommée chape. Une caisse rectangulaire d'un nouveau modèle vient d'être mise à l'essai pour le transport et la conservation de la poudre.

Les barils sont conservés dans des magasins voûtés à l'épreuve de la bombe et éloignés de toute habitation. Ces magasins sont entourés d'un mur qui en défend l'accès; une sentinelle doit être placée à la porte pour surveiller les abords.

Dynamite.

La dynamite est un mélange mécanique de nitroglycérine et de sable poreux. La force d'explosion de cette substance est beaucoup plus grande que celle de la poudre.

La dynamite ne détone pas sous le choc; au contact d'un corps en combustion, elle brûle lentement. Elle est plus facile et moins dangereuse à manier que la poudre. On l'emploie pour démolir des maçonneries, pour rompre des pièces de canons, pour détruire des ponts, pour faire sauter des blocs de rochers.

On fait actuellement des expériences pour utiliser la dynamite au chargement des projectiles creux.

Munitions pour bouches à feu.

Les charges de poudre pour bouches à feu se chargeant par la bouche sont contenues, soit dans des sachets en serge de laine, soit dans des gargousses en papier.

On se sert de sachets en laine pour les mnnitions qui doivent être confectionnées longtemps à l'avance, comme celles des canons rayés se chargeant par la bouche.

Le papier, au contraire, est employé à la confection des gargousses, qui n'ont pas à subir de transport, par exemple celles des mortiers.

Les gargousses de 7 et de 5 se composent d'une douille rigide en papier, consolidée par du fer-blanc et emboîtée dans un culot en cuivre. Ce culot est percé en son centre d'un trou pour le passage des gaz de l'étoupille. Ce trou est recouvert à l'intérieur de la gargousse par une cuvette en cuivre, percée de quatre évents, par lesquels le feu se communique à la poudre. Au moment de l'explosion, le culot produit l'obturation de la culasse, et la cuvette celle du trou central.

La douille contient 5 rondelles de poudre comprimée, surmontées d'une rondelle de graisse, le tout est recouvert par un disque en carton qui ferme la gargousse.

La cartouche de la mitrailleuse se compose d'une douille rigide, contenant six petits cylindres de poudre, comprimée et fermée par un culot en cuivre. Ce culot porte en son centre une capsule fulminante. La balle en plomb est réunie à la douille. Dans la cartouche à mitraille, la balle unique est remplacée par trois petites balles cylindriques, placées l'une au-dessus de l'autre et réunies dans une enveloppe en étoffe. Cette cartouche a la même longueur que la précédente. Les cartouches sont placées dans des boîtes cubiques en carton durci. Il y en a 25 dans chaque boîte. Les boîtes à cartouches ordinaires sont vertes, les boîtes à mitraille sont rouges.

Transport des munitions.

Les munitions d'artillerie et d'infanterie sont transportées dans des coffres ou dans des caissons, dont les dimensions et les dispositions intérieures sont très-variables.

Les munitions de montagne sont placées dans des caisses allongées qui peuvent être transportées à dos de mulets.

Il y a quatre modèles de coffres à munitions pour les munitions des pièces de campagne :

1° Le coffre modèle 1840, qui transporte les munitions du 12, du 8 et du 7 de campagne;

2° Le coffre modèle 1840 allongé, pour munitions de 7 ;

3° Le coffre modèle 1858, pour munitions de 4 de campagne ;

4° Le coffre modèle 1858 allongé, pour munitions de 5 et de mitrailleuses.

Dans tous ces coffres les projectiles et les charges

sont séparés et maintenus par un compartimentage en bois.

Les coffres modèle 1840 et modèle 1858 peuvent servir au transport des cartouches d'infanterie lorsqu'ils sont dépourvus de leur compartiment.

Une voiture spéciale, le caisson à deux roues, sert au transport des cartouches d'infanterie. Ce caisson s'ouvre par le côté de devant et contient dix caisses hautes et étroites que l'on peut tirer successivement hors du caisson.

Enfin on a utilisé aussi pour ce transport les caissons Whitworth de 3 livres que possédaient nos arsenaux à la suite d'achats faits pendant la dernière guerre.

La contenance de tous ces différents coffres en munitions d'infanterie est la suivante :

Coffre 1840.	9,504
Coffre 1858.	6,480
Caisson à deux roues. . . .	11,880
Caisson Whitworth.	5,103

Mise hors de service des bouches à feu.

Introduire un dégorgeoir ou une baguette de fusil dans la lumière et river intérieurement avec un refouloir.

Un clou tronconique en fer de 0m20 de longueur et 0m005 de diamètre est préférable pour enclouer une pièce. On peut enfoncer le clou avec un marteau.

Mater le cuivre du grain avec un marteau de manière à boucher la lumière.

Introduire un obus dans l'âme de la pièce avec des éclisses en fer ou bien la pointe la première.

Faire éclater les pièces en les tirant à forte charge remplies de sable. Tirer les pièces bouche à bouche ou la bouche de l'une contre la volée de l'autre. — Casser les tourillons.

Faire ployer la volée en plaçant les pièces au-dessus d'un grand feu.

Si l'on a de la dynamite à sa disposition, en placer quelques cartouches dans l'âme et mettre le feu.

Si l'on veut mettre hors de service une mitrailleuse :

Enlever le système, les culasses mobiles, les lunettes de serrage ou de déclanchement. —Tirer une cartouche dans un des canons préalablement bouché avec une balle de plomb.

Pour les canons de 5 et de 7, on peut fausser la charnière du volet ou bien enlever complétement la vis de culasse.

TOPOGRAPHIE.

RENSEIGNEMENTS TOPOGRAPHIQUES ET STATISTIQUES.

Les renseignements que fournissent les cartes doivent être complétés par une description écrite du terrain, destinée à en faire ressortir les particularités les plus remarquables, et à donner la notion aussi exacte que possible des objets que leur nature ou la petitesse de l'échelle n'aurait pas permis d'exprimer sur le dessin.

On fera connaître principalement ce qui est relatif aux communications : leur largeur, leur viabilité et les pentes qui nécessitent l'enrayage; la nature des ponts et la facilité qu'on aurait à les détruire ou à les rétablir en cas de rupture; la largeur et profondeur des cours d'eau, leur vitesse, la position des gués. Les villages et maisons isolés seront étudiés et décrits au point de vue de leur configuration et de l'appui qu'ils peuvent donner à une troupe en campagne.

Les renseignements statistiques seront très-concis: généralement l'indication du chiffre de la population d'un village et des occupations de ses habitants (agricoles ou industriels) suffit pour donner une idée des ressources qu'il peut offrir au point de vue militaire.

Enfin l'officier qui fait une reconnaissance ne doit

(Modèle d'un tableau statistique.)

TABLEAU STATISTIQUE DES RESSOURCES QUE

NOMS des COMMUNES.	Population.	Nombre de feux.	RESSOURCES pour le logement		MOYENS DE TRANSPORT.								
			Hommes.	Chevaux.	Voitures suspendues.	Chariots.	Bateaux.	Chevaux.	Bœufs.	Anes et mulets.		Selliers-bourreliers.	Maréchaux ferrants.

Ce tableau peut se modifier, se restreindre ou s'augmenter suivant les ressources des communes reconnues. On y ajoute souvent la statistique de la richesse communale et la division de son territoire en cultures différentes.

PRÉSENTENT LES COMMUNES SUIVANTES :

PROFESSIONS UTILES. CLASSEMENT DE LA POPULATION.									RESSOURCES POUR LA BOULANGERIE.						
Mécaniciens.	Autres ouvriers en fer.	Charpentiers.	Charrons.	Autres ouvriers en bois.	Boulangers.	Bouchers.	Épiciers.	Aubergistes.	Moulins à vent.	Moulins à eau.	Produit par jour de quintaux métriques.	Nombre de fours.	Nombre de rations en 24 heures.		

On peut faire, pour un chemin de fer reconnu, un tableau statistique analogue, donnant les ressources en employés, en matériel, etc...

pas négliger d'interroger les habitants qui le renseigneront souvent mieux qu'il ne pourrait le faire lui-même sur les différents points sur lesquels son examen doit porter. On trouvera ci-contre le modèle d'un tableau dans lequel il est commode de réunir les renseignements ci-dessus indiqués. C'est la forme sous laquelle on les présente d'ordinaire.

Tracé d'un itinéraire.

L'itinéraire est le levé de terrain réduit à sa plus simple expression, c'est le tracé graphique d'une route et des accidents importants qui peuvent se trouver à droite ou à gauche. Un carton sur lequel est collée une feuille de papier, une petite boussole dite *déclinatoire* fixée sur le carton et un double décimètre suffisent pour l'exécution.

Après avoir indiqué sur son papier, au crayon, l'origine de la route en un point tel que, d'après la direction donnée par les cartes générales, l'ensemble du levé puisse autant que possible tenir dans les limites du cadre, l'officier trace deux lignes parallèles représentant la première section de la route en question. Il se porte ensuite en avant, en comptant ses pas, et s'arrête au premier tournant. Il a dû à l'avance *étalonner* ses pas, c'est-à-dire calculer le rapport de son pas au mètre et se construire, d'après le principe des échelles, une *échelle de pas*. Il porte alors, avec son décimètre, sur la direction tracée, la longueur donnée par son échelle et correspondant au nombre de pas comptés. Il oriente ensuite, avec sa boussole, son carton maintenu horizontal, en se plaçant au coude de la route et en dirigeant la ligne déjà tracée le long du côté de la route qu'il vient de parcourir; puis il vise avec son décimètre la nouvelle direction, la trace légèrement et repart en comptant ses pas. S'il arrive à un embranchement, il s'oriente et trace la direction du nouveau chemin de la même manière qu'il vient de le faire pour le tournant de la route.

Les maisons ou objets remarquables qui se trouvent sur la route sont placés au fur et à mesure qu'on avance à leur distance respective donnée par l'échelle de pas. Si elles forment groupe et ont des cours et des jardins, il est utile d'y pénétrer afin d'en mieux retracer la disposition. Si les maisons sont à quelque distance, à droite ou à gauche de la route, on détermine leur situation au moyen de *recoupements*. A cet effet, on trace d'une des stations d'où on les aperçoit une ligne dans la direction de l'objet visé; il est bon d'inscrire légèrement, le long de cette ligne, la disposition de l'objet afin d'éviter toute confusion. Au bout d'un certain temps, lorsqu'on a dépassé l'objet, on le revise en arrière, le recoupement des deux lignes donne assez exactement la position de la maison. Il est quelquefois difficile de recouper un objet, on évalue alors sa distance à vue et on le place en conséquence. On continue ainsi de proche en proche jusqu'à l'extrémité de la route qu'on a à lever. Généralement on se contente de donner les objets visibles à une distance de 500 à 1,000 mètres de la route. Le figuré du terrain est exprimé par des éléments de courbe qu'on rapproche si les pentes sont accusées, qu'on espace davantage si elles sont plus douces. On termine enfin le dessin en plaçant dans un coin du cadre une flèche indiquant la direction du nord, en inscrivant le

(Modèle du registre d'itinéraire).

ITINÉRAIRE DE LA ROUTE DE

NOMS DES LIEUX et distances DU POINT DE DÉPART.	DISTANCES d'un point à l'autre.	POINTS REMARQUABLES.	LARGEUR de LA ROUTE.

Les points remarquables sont les changements de direction de la route, les pentes, les maisons ou villages près desquels elle passe, les ponts, défilés, embranchements de chemins, etc.

A (DISTANCE TOTALE KILOMÈTRES).

VUES OU PROFILS des POINTS REMARQUABLES.	DÉTAILS DESCRIPTIFS.	OBSERVATIONS.

Les vues ou profils sont faits pour abréger la description et aider à connaître la route.

nom des objets, ceux des lieux parallèlement à un des côtés du cadre, ceux des routes et des cours d'eau dans le sens de leur direction; puis on trace une échelle, le plus souvent celle de $\frac{1}{20\,000}$.

Si l'on ne compte pas le levé par un tableau d'itinéraire, on met en note, sur les côtés de la feuille, les principaux renseignements topographiques ou statistiques qui n'ont pu être exprimés par le desin. (Voir ci-contre le modèle ou tableau du registre d'ordinaire.)

ADMINISTRATION ET LÉGISLATION.

ENGAGEMENTS VOLONTAIRES ET RENGAGEMENTS.

Décret du 30 novembre 1872.

1° ENGAGEMENTS VOLONTAIRES.

Durée des engagements. — La durée de l'engagement volontaire est de cinq ans.

En cas de guerre, il peut être reçu des engagements pour la durée de la guerre.

Le temps de service de l'engagé compte du jour où il a souscrit son acte d'engagement.

Conditions à remplir. — Tout Français qui demande à contracter un engagement de cinq ans, pour l'armée de terre, doit :

1° Avoir dix-huit ans accomplis et au moins la taille de 1m 54 ;

2° Savoir lire et écrire ;

3° Jouir de ses droits civils ;

4° N'être ni marié ni veuf avec enfants ;

5° Être porteur d'un certificat de bonne vie et mœurs, et, s'il a moins de vingt ans, justifier du consentement de ses père, mère ou tuteur ;

6° Être sain, robuste et bien constitué ;

7° Ne pas être âgé de plus de vingt-quatre ans accomplis ;

8° Satisfaire, selon le corps où il veut entrer, aux conditions de taille et d'aptitude déterminés;

9° N'être lié au service de terre ou de mer, ni comme engagé ou rengagé, ni comme appelé, ni comme inscrit maritime.

Il désigne le corps dans lequel il veut servir; mais il ne peut faire choix d'un corps en garnison dans le département où il réside, que s'il est accepté par le chef de corps.

Il peut toujours être changé de corps et d'arme, dans l'intérêt du service.

Formalités à observer. — Il se présente devant le chef du corps dans lequel il désire prendre du service, ou devant le commandant du dépôt de recrutement.

L'officier s'assure qu'il a la taille et les autres qualités requises pour le corps auquel il se destine, et fait constater en sa présence, par un médecin militaire, ou, à défaut, par un docteur en médecine désigné par le sous-intendant, qu'il n'a aucune infirmité ni maladie apparente ou cachée, et qu'il est sain et robuste.

Muni du certificat d'acceptation de l'autorité militaire, il se présente devant le maire d'un chef-lieu de canton, justifie de son âge et produit les pièces énoncées ci-dessus.

Le maire constate son identité et lui fait déclarer : 1° qu'il n'est ni marié ni veuf avec enfant; 2° qu'il n'est lié ni au service de terre ni au service de mer, et inscrit cette déclaration, faite devant deux témoins, dans l'acte d'engagement.

A partir du 1er janvier 1875, cette déclaration sera écrite et signée par le contractant en présence du maire et des deux témoins. Elle restera annexée à la minute de l'acte.

Si l'engagé a été déclaré impropre au service par le conseil de révision, ou s'il a déjà servi, il doit produire le titre en vertu duquel il a été renvoyé dans ses foyers.

Les inscrits maritimes présentent un acte de déclassement signé par le commissaire de l'inscription maritime de leur quartier.

Les jeunes gens qui ont pris part au tirage au sort ne sont reçus à s'engager que jusqu'à la veille du jour où le conseil de révision examine les jeunes gens du canton auquel il appartient.

Signature de l'acte. — L'acte d'engagement est conforme au modèle.

Avant sa signature, le maire donne lecture à l'engagé :

1° Des articles 7, 46, 47 et 50 de la loi du 27 juillet 1872 ;

2° Des articles 15, 14 et 3 de la loi du 30 novembre 1872 ;

3° De l'acte d'engagement.

Les certificats et autres pièces produites restent annexés à la minute de l'acte.

Immédiatement après la signature de l'acte, l'engagé reçoit une expédition de cet acte et un ordre de route pour se rendre à son corps.

Mise en route en cas d'insoumission. — Il se rend directement à son corps, et doit s'y présenter dans les délais fixés par sa feuille de route.

Si, un mois après, il n'y a point paru, il est, à moins de motifs légitimes, poursuivi comme insoumis, et puni d'un emprisonnement d'un mois à un an, en temps de paix, et de deux à cinq ans en temps de guerre. Dans ce dernier cas, à l'expiration de la peine, il est envoyé dans une compagnie de discipline.

Contestation de la légalité de l'acte. — L'engagé qui contesterait la légalité ou la régularité de l'acte qui le lie au service, adressera sa réclamation au préfet du département où l'acte a été contracté. Les préfets transmettront ces demandes en annulation d'acte au ministre de la guerre, qui statuera, s'il y a lieu, ou renverra la contestation devant les tribunaux.

Cas de réforme. — L'engagé reconnu impropre au service reçoit un congé de réforme.

Mais, s'il est réformé pour des motifs autres que blessures reçues dans un service commandé, ou infirmités contractées dans les armées de terre ou de mer, il peut être ultérieurement appelé à faire partie de la classe à laquelle il appartient par son âge, si les motifs de la réforme ont cessé d'exister.

Engagement pour la durée de la guerre. — Tout Français qui veut contracter dans l'armée active un engagement pour la durée de la guerre, doit :

1° Être libre de toute obligation dans l'armée active et la réserve de cette armée ;

2° Être sain, robuste et en état de faire un bon service ;

3° Avoir les qualités requises pour le corps où il veut servir;

4° N'être dans aucun cas d'exclusion prévu par l'article 7 de la loi du 27 juillet 1872 ;

5° S'il a moins de vingt ans, justifier du consentement de ses père, mère ou tuteur.

L'acte d'engagement doit être conforme au modèle.

Engagement spécial des hommes passant dans la réserve. — Les militaires envoyés en disponibilité, et ceux qui doivent y être envoyés, sont admis, sur leur demande, à compléter cinq années de service sous les drapeaux.

L'engagement de compléter cinq années de service dans l'armée active est contracté devant un fonctionnaire de l'intendance, dans les formes prescrites par la loi.

L'acte est conforme au modèle.

2° RENGAGEMENTS.

Durée et limite d'âge. — Sont contractés pour deux, trois, quatre ou cinq ans.

Les conditions d'âge sont réglées de manière que le caporal et le soldat ne soient pas maintenus dans le service actif au delà de vingt-neuf ans, et le sous-officier, au delà de trente-cinq ans accomplis.

Militaire de l'armée active. — Le militaire qui fait partie de l'armée active doit justifier :

1° Qu'il est dans sa dernière année de service actif;

2° Qu'il réunit les qualités requises pour faire un bon service dans le corps où il veut servir ;

3° Qu'il a toujours tenu une bonne conduite pendant son séjour sous les drapeaux ;

4° Que le chef du corps dans lequel il veut servir consent à le recevoir.

Militaire de la réserve de l'armée active. — Celui qui fait partie de la réserve de l'armée active peut se rengager s'il se trouve dans les conditions d'âge prévues ci-dessus ; il justifie à cet effet :

1° Qu'il réunit les qualités requises pour faire un bon service dans le corps qu'il a choisi ;

2° Qu'il a toujours tenu une bonne conduite pendant son séjour sous les drapeaux ;

3° S'il est absent de son corps depuis plus de trois mois, qu'il a tenu une bonne conduite depuis son départ du corps ;

4° Que le chef du corps dans lequel il veut entrer consent à le recevoir.

Par qui reçus. — Les rengagements sont reçus par les fonctionnaires de l'intendance pour le corps désigné par le rengagé, et dans les formes prescrites par la loi.

L'acte est conforme au modèle.

Mise en route du rengagé. — Tout militaire, s'il n'est pas déjà présent au corps pour lequel il s'est rengagé, est immédiatement dirigé sur le corps dans lequel il veut servir. Le temps de service que le rengagé doit accomplir dans la réserve de l'armée active se confond avec la durée du rengagement.

Haute paye d'ancienneté de service. — La haute paye de rengagement n'est due qu'au rengagé comptant cinq années de service sous les drapeaux.

Elle ne peut être touchée que par le militaire entré dans la durée de son rengagement.

La haute paye, dite du premier chevron, est acquise aux militaires ayant plus de cinq ans de service et moins de dix.

Celle de deux chevrons, à ceux qui ont plus de dix ans de service et moins de quinze.

Celle de trois chevrons, à ceux qui ont plus de quinze ans de service.

Militaires pouvant atteindre vingt-cinq ans de service et être mis à la retraite. — Les militaires actuellement sous les drapeaux, qui, au 1er janvier 1873, compteront douze années de service, pourront être autorisés à contracter des rengagements de deux à cinq ans, de façon à compléter vingt-cinq ans de service.

ENGAGEMENTS CONDITIONNELS D'UN AN.

Décret du 1er décembre 1872.

Conditions à remplir. — Tout Français qui veut contracter un engagement conditionnel d'un an, pour servir dans l'armée de terre, doit :

1° Réunir les conditions indiquées dans la loi du 27 juillet 1872;

2° Être sain, robuste et bien constitué;

3° N'avoir pas concouru au tirage au sort;

4° N'être pas lié au service des armées de terre et de mer;

5° Avoir, selon le corps où il servira, la taille fixée et réunir les conditions d'aptitudes déterminées;

6° Se trouver dans l'un des cas mentionnés en l'article 53 de la loi du 27 juillet 1872, ou avoir satisfait aux examens prévus par l'article 54;

7° Avoir rempli les obligations résultant du premier alinéa de l'article 55.

Les jeunes gens qui se trouvent dans l'un des cas mentionnés par l'article 52 de la loi, en justifieront par la production de certificats délivrés par les recteurs d'académie, ou le directeur des Écoles.

Les examens porteront sur le programme approuvé par le règlement.

Versements à opérer. — Les jeunes gens versent, avant de contracter l'engagement conditionnel d'un an, une somme qui est fixée par le ministre.

Les versements sont reçus à la direction générale de la Caisse des dépôts et consignations, et chez les préposés de cette Caisse.

Ces versements donnent lieu à l'établissement :

1° De récépissés ;

2° De déclarations de versement.

A la charge, par les parties versantes, de soumettre les deux pièces immédiatement au visa du contrôle placé près de la Caisse des dépôts et consignations, à Paris, et dans les vingt-quatre heures, au visa du préfet, dans les départements.

Les sommes versées ne sont plus remboursées dès que l'incorporation est devenue définitive.

Les jeunes gens retenus sous les drapeaux, en exécution de l'article 56 de la loi du 27 juillet 1872, ne sont pas tenus à nouveau versement.

Demandes d'exemption de versement. — Les préfets prennent l'avis des conseils municipaux, sur les demandes que peuvent former les jeunes gens indiqués à l'article 54, pour être exemptés de tout ou partie des obligations déterminées à l'article 55.

Ils soumettent ces demandes à la commission permanente du conseil général, instituée par la loi du 10 août 1871.

Des formes de l'engagement. — Les engagements sont contractés au chef-lieu du département, devant l'officier de l'état civil.

La décision du ministre qui fixe le nombre des engagés d'un an, détermine, pour chaque département, les corps dans lesquels les engagés des diverses catégories sont reçus, et le nombre d'hommes qui pourront être dirigés sur chaque corps.

L'acte d'engagement est conforme au modèle;

Avant la signature de l'acte, le maire donne lecture à l'engagé :

1° De l'article 1er du présent décret ;

2° Des articles 7 et 76 de la loi du 27 juillet 1872 ;

3° Des articles 13 et 14 du décret du 30 novembre 1872 ;

4° Du dernier paragraphe de l'article 3 dudit décret;

5° De l'acte d'engagement.

Les certificats et autres pièces produites resteront annexés à la minute de l'acte.

Jeunes gens ajournés. — Les jeunes qui, par suite d'inaptitude au service, n'ont pu, dans l'année qui précède le tirage au sort de la classe, contracter l'engagement conditionnel d'un an, sont susceptibles, s'ils sont déclarés aptes au service par le conseil de révision, d'être admis aux mêmes avantages que les engagés conditionnels d'un an.

Engagés suivant les cours des Écoles. — Les engagés conditionnels d'un an, mentionnés à l'article 53 de la loi, qui ont obtenu l'autorisation de poursuivre les études de la faculté ou des écoles auxquelles ils appartiennent, sont disponibles en cas de guerre.

Mise en route et sursis de service. — Les engagés conditionnels sont mis en route à la date fixée par le ministre.

Le temps qu'ils doivent passer dans le service actif ne compte qu'à partir de cette date.

Ceux qui ne se rendent pas à leurs corps dans les délais prescrits seront poursuivis pour insoumission et, en cas de condamnation, déchus des avantages réservés aux volontaires d'un an.

Lorsqu'ils ont accompli leur temps de service, ils sont envoyés en disponibilité dans leurs foyers.

Dispenses aux frères. — Ces engagés ne confèrent à leurs frères que la dispense prévue par l'article 17 de la loi du 27 juillet 1872.

Décret du 30 *janvier* 1873.

Mariés ou veufs avec enfant. — Les jeunes gens mariés ou veufs sans enfant sont admissibles à contracter des engagements volontaires d'un an, dans les conditions déterminées par la loi du 27 juillet 1873.

SOLDE DES TROUPES.

Position de solde.

Les militaires et employés ne peuvent jouir d'une solde d'activité que s'ils sont en activité de service.

La solde se divise en deux parties principales.

1° Pour les officiers et la troupe :

Solde de présence { sur le pied de paix, en station ou en route;
sur le pied de guerre.

2° Pour les officiers seulement, les employés et les adjudants sous-officiers :

Solde d'absence { en congé;
à l'hôpital;
en jugement;
en captivité.

Droit à la solde.

Les droits à la solde s'établissent de la manière suivante :

1° Officiers sans troupe et employés : le jour où ils prennent possession de leur emploi, ou bien le jour où ils se mettent en route pour en prendre possession ;

2° Officiers de troupe : le jour où ils sont reçus sous les drapeaux, ou bien le jour où ils se mettent en route pour leur destination ;

3° Jeunes soldats appelés : le jour où, *formés en détachement*, ils sont mis en route pour leurs corps ;

4° *Les jeunes soldats et engagés volontaires isolés* : le jour de leur incorporation, s'ils n'ont pas droit à l'indemnité de route ; le lendemain de leur arrivée, s'ils ont eu droit à cette indemnité.

Les droits à la solde d'indemnité cessent :

Pour les officiers et employés : le lendemain du jour où ils reçoivent l'ordre de rentrer dans leurs foyers.

Pour la troupe : le lendemain du jour où leur congé leur est remis.

La solde des militaires décédés est acquise à leurs héritiers jusqu'au jour inclus de leur décès.

La solde d'activité, de disponibilité ou de non-activité ne peut être cumulée avec une pension civile ou militaire, ni avec un traitement à la charge de l'État ou des communes.

Il est fait exception pour les décorés de la Légion d'honneur ou de la médaille militaire.

Tout militaire qui remplit temporairement des fonctions attribuées à un grade supérieur ou inférieur au sien ne touche que la solde du grade dont il est titulaire.

Solde de route.

Les corps et détachements ont seuls droit à la solde en route sur le pied de paix.

Il faut au moins six hommes du même corps réunis pour former un détachement.

Mais si le détachement est réduit au-dessous de six hommes, en route, il continue à recevoir cette solde jusqu'à destination.

La solde de route est due pour toutes les journées de marche et de séjour, y compris le jour du départ et celui de l'arrivée. Elle cesse d'être due si, pendant la route, un séjour se prolonge au-delà de deux jours.

Solde de guerre.

Les troupes ne peuvent recevoir la solde sur le pied de guerre, et passer du pied de guerre au pied de paix, qu'en vertu d'une décision du pouvoir exécutif.

Les troupes n'ont droit à cette solde qu'autant qu'elles font partie d'une armée, d'un rassemblement mis sur le pied de guerre, ou de la garnison d'une place en état de siége, et seulement pour les journées passées à ces armées, rassemblement ou place.

Congé et permissions.

Hors les cas de maladies constatés, d'entrée à l'hôpital ou de mission, les militaires ne peuvent s'absenter de leur poste ou corps qu'en vertu d'une permission ou d'un congé.

La durée des permissions et congés comprend le temps de l'aller et du retour.

Solde d'absence.

Les journées passées dans une position d'absence quelconque par les sous-officiers et soldats ne donnent droit à aucun rappel de solde, ni de la prime journalière d'entretien de la masse individuelle. Cette mesure n'est pas applicable aux adjudants sous-officiers et aux assimilés.

Pour les officiers, la solde en congé, en jugement, en captivité, est fixée conformément à la moitié de la solde de présence.

L'officier qui entre à l'hôpital étant à son poste et celui qui y entre étant en congé continue à recevoir : le premier, la solde de présence, le second, la solde de congé; mais le montant de la retenue qui, dans les tarifs se trouvait déduite de leur solde respective, doit être imputée aux parties prenantes dans la forme ordinaire des trop perçus.

Suppléments de solde.

Des suppléments de solde sont accordés :

1° A la solde de route, pour les distances d'étapes parcourues dans un même jour, en sus de la première, aux corps et détachements lorsque le mouvement a lieu d'après un ordre spécial du ministre, ou en cas d'urgence, du général commandant sur les lieux ;

2° Pour résidence dans Paris, aux officiers et à la troupe stationnés soit dans la capitale, soit dans la place de Vincennes, Bicêtre, Saint-Denis, Neuilly, Rueil, Courbevoie, Saint-Cloud, Sèvres, Meudon, Versailles et Saint-Germain en Laye. Il n'est dû que pour les journées de présence dans cette place ou dans les limites indiquées.

Hautes-payes.

Des hautes-payes journalières d'ancienneté, sous la désignation de premier, deuxième et troisième chevron, sont accordées suivant le tarif déterminé pour chaque degré d'ancienneté de service aux sous-officiers et soldats légalement liés au service.

Indemnité de logement.

L'indemnité de logement est due aux officiers et employés militaires en station dans l'intérieur lorsqu'ils ne sont ni campés, ni baraqués, ni logés dans les bâtiments de l'État ou aux frais des communes.

Ceux logés dans les bâtiments non meublés et ceux campés ou baraqués dans l'intérieur, ont droit seulement à l'indemnité d'ameublement.

Indemnité extraordinaire.

Des indemnités extraordinaires en cas de ressemblement sont accordées, pour cause de cherté de vivres, aux militaires de tous grades qui font partie de ces rassemblements; mais ces indemnités doivent être au préalable autorisées par une décision du pouvoir exécutif.

Elle est fixée par grade et par emploi et n'est due que pour les journéespassées dans la circonscription du rassemblement, soit en marche, soit en station.

Date de la solde.

Tout militaire qui s'absente de son corps ou de son poste sans autorisation régulière ne reçoit aucune solde pour le temps de son absence.

Les hommes qui manquent à l'appel cessent d'avoir droit à la solde le lendemain de leur disparition et ne recouvrent leurs droits à la solde que le lendemain de leur retour au corps.

Règles à suivre pour les payements de la solde.

La solde des officiers comprenant les indemnités et accessoires de la solde inhérentes aux positions respectives des officiers se paye par mois et à terme échu.

La solde de la troupe comprenant les suppléments, hautes-payes d'ancienneté, indemnités en remplacement de vivres ou de rassemblement, est perçue par quinzaine, à l'avance, les 1er et 16 de chaque mois.

Aux armées et lorsque les troupes reçoivent les vivres de campagne, la perception de la solde de la troupe et des suppléments a lieu aux mêmes époques, mais seulement à terme échu.

La solde des officiers et les accessoires de solde se décomptent par mois à raison de la douzième partie de la fixation annuelle, et par jour, à raison de la trois cent soixantième partie de la même fixation.

La solde, les suppléments, indemnités et hautes-payes des hommes de troupes se décomposent par jour et sur le pied de la fixation journalière indiquée au tarif.

FONCTIONNEMENT GÉNÉRAL

DE LA

JUSTICE MILITAIRE.

La justice militaire fonctionne au moyen de trois sortes de tribunaux :

1° Les prévôtés;
2° Les conseils de guerre;
3° Les conseils de révision.

Prévôtés.

Le commandant de la gendarmerie d'une armée est appelé grand prévôt; celui d'une division, prévôt.

Le grand prévôt exerce sa juridiction, soit par lui-même, soit par les prévôts de division, sur tout le territoire occupé par l'armée et sur les places et les divisions.

Les prévôts jugent seuls, assistés d'un greffier pris parmi les sous-officiers et brigadiers de gendarmerie.

Leur juridiction s'étend sur toutes les personnes non militaires suivant l'armée en vertu d'une permission; sur les vagabonds; sur les soldats et sous-officiers prisonniers de guerre.

Les jugements des prévôts ne donnent droit à aucun recours et sont définitifs.

Conseils de guerre.

Les tribunaux militaires ne peuvent statuer que sur l'action publique, c'est-à-dire sur les crimes et les délits.

En temps de paix, les militaires de tous grades, les membres de l'intendance et tous les assimilés aux militaires sont justiciables des conseils de guerre.

En temps de guerre, aux armées, outre les catégories de justiciables indiquées ci-dessus, sont encore justiciables des conseils de guerre : tous les individus employés dans les différents services de l'armée; ceux qui suivent l'armée en vertu d'une permission; sur le territoire ennemi, tous les individus auteurs ou complices des crimes et délits commis contre le devoir militaire; sur le territoire français, en présence de l'ennemi, tous les individus auteurs ou complices des crimes ou délits intéressant la sûreté de l'armée.

En état de siége, dans les communes, départements et places de guerre, la compétence des conseils de guerre aux armées est appliquée, sans préjudice des effets de la loi du 9 août 1840 sur l'état de siége.

Le conseil de guerre est composé d'un président et de six juges, pris parmi les officiers et sous-officiers en activité de service dans la division ou d'un grade en rapport avec celui de l'accusé.

A chaque conseil est attaché un parquet comprenant : un commissaire du gouvernement, son rapporteur, son greffier, des substituts pouvant être adjoints au commissaire du gouvernement et son rapporteur.

En principe, il n'y a qu'un conseil de guerre permanent au chef-lieu de chaque division territoriale; mais, si les besoins du service l'exigent, le chef de l'État a le droit de créer un second conseil.

Aux armées, dans chaque division, il est établi deux conseils de guerre, ainsi qu'au quartier général du corps d'armée et de l'armée.

Les crimes et délits se divisent en trois catégories :

1° Contre la sûreté de l'État : trahison, espionnage, pillage, destruction, dévastation d'édifices ;

2° Contre le droit militaire : capitulation, abandon de sa faction ou de son poste ; non-comparution à un service prévu ou commandé ; manque de surveillance sur les condamnés ; révolte, insubordination, rébellion, abus d'autorité ; insurrection, désertion, vente, détournement, mise en gage et recel d'effets militaires ;

3° Contre le droit commun : vol ; faux en administration militaire, corruption, prévarications et infidélités dans le service et dans l'administration ; usurpation de fonctions, uniformes, costumes civiques, décorations et médailles.

Les tribunaux militaires appliquent les peines portées par les lois pénales ordinaires, à tous les crimes et délits non prévus par le Code de justice militaire, et font, dans ce cas, application de l'article 463 du Code pénal, s'il y a des circonstances atténuantes.

Un militaire en activité de service, accusé d'un crime ou d'un délit, ne peut être arrêté, sauf le cas de flagrant délit, que sur l'ordre de ses supérieurs.

Lorsqu'un militaire en activité de service a commis un crime ou délit qui le rend justiciable des tribunaux militaires, le chef du corps auquel appartient l'inculpé adresse au général commandant la division, par la voie du général de brigade, une plainte à laquelle sont annexées les pièces suivantes :

1° Rapport circonstancié du commandant de la fraction du corps à laquelle appartient l'inculpé ;

Ce rapport doit contenir le récit détaillé et précis des faits, et une appréciation sur la conduite antérieure de l'inculpé. On y joint, autant que possible, les dépositions des témoins recueillis par les soins du chef de corps ou de son délégué.

2° Un état signalétique et des services ;

3° Un relevé des punitions ;

4° Un extrait du livre de détail indiquant la situation de la masse ; et, en cas de désertion, un état indicatif des armes et effets qui auraient été emportés par l'inculpé ;

5° Un état des pièces à conviction, à charge ou à décharge, s'il y a lieu.

Mais la poursuite des crimes ou des délits ne peut avoir lieu, à peine de nullité, que sur un ordre d'informer donné par le général commandant la division.

Le général peut donner cet ordre d'office, sur les actes et procès-verbaux dressés par les officiers de police judiciaire.

Le général peut aussi refuser de donner suite à la plainte, en motivant son refus sur ce que : en l'état, faute de gravité dans les faits, ou de précision, ou parce que ces faits ne constituent ni crime ni délit.

Les mots : en l'état, indiquent que s'il survenait de nouveaux renseignements, de nature à modifier sa première opinion, le général aurait le droit et le devoir de faire reprendre les poursuites.

Le général doit rendre compte, tous les mois, au ministre de la guerre, des refus d'informer qui se sont produits.

Dès que le général a donné l'ordre d'informer, cet ordre, avec les rapports, procès-verbaux, objets saisis, est adressé au commissaire du gouvernement près le conseil qui doit être chargé de l'affaire.

Le commissaire du gouvernement, après avoir pris connaissance des pièces, les transmet au rapporteur en indiquant cette transmission, visée par lui sur l'ordre d'informer.

Le rapporteur est alors saisi de l'affaire, et son premier acte de l'instruction doit être l'interrogatoire de l'accusé; sauf à lui faire subir des suppléments d'interrogatoires si la découverte de la vérité l'exige.

Les pièces de la procédure sont communiquées au président du conseil qui y puise les éléments nécessaires à la direction des débats.

Vingt-quatre heures avant l'ouverture des débats, l'accusé fait connaître au commissaire du gouvernement, par lui-même ou par son défenseur, la liste des témoins qu'il désire faire entendre en sa faveur.

Le général est investi d'un droit d'appréciation qui réclame toute sa sollicitude en raison des graves intérêts de personnes et d'ordre public qui s'y rattachent.

Les décisions du général doivent être motivées ainsi que nous l'avons indiqué pour les refus d'informer.

Si le général décide qu'il n'y a pas lieu d'ordonner la convocation du conseil, il rend, par ce fait, une ordonnance de non-lieu, dont il doit compte au ministre.

L'ordre de mise en jugement une fois donné, la notification doit en être faite à l'accusé, trois jours pleins avant la réunion du conseil, par le commissaire du gouvernement.

Il fait connaître au prévenu le crime ou le délit pour lequel il est mis en jugement, le texte de la loi applicable et les noms des témoins qu'il se propose de faire citer pour l'audience.

Copies de ces notifications sont remises à l'accusé, par un agent de la force publique, qui dresse, à cet effet, un procès-verbal.

Le commissaire du gouvernement avertit en outre l'accusé, à peine de nullité, que s'il n'a pas fait choix d'un défenseur, il lui en sera nommé un d'office par le président.

Au jour et à l'heure indiqués par l'ordre de convocation, le conseil se réunit en séance publique, à peine de nullité.

Mais si la publicité des débats paraît dangereuse pour l'ordre et pour les mœurs, le conseil peut ordonner que les débats aient lieu à huis clos, et interdire le compte rendu de l'affaire.

Dans tous les cas, le jugement est prononcé publiquement et peut être publié.

Des exemplaires du Code de justice militaire, du Code d'instruction criminelle et du Code pénal ordinaire sont déposés sur le bureau.

Les membres du tribunal ayant pris place, le président déclare la séance ouverte et ordonne qu'on amène l'accusé, lequel comparaît, sous garde suffisante, libre et sans fers, assisté de son défenseur.

Le président procède à l'interrogatoire du prévenu.

Les juges, le commissaire du gouvernement et le défenseur peuvent faire poser les questions qu'ils jugent nécessaires.

Le président reçoit la déposition des témoins séparément. Avant de déposer, ils prêteront serment, à peine de nullité, de parler sans haine et sans crainte, de dire toute la vérité, rien que la vérité.

Mais si l'accusation ni la défense ne prennent acte de la non-prestation de serment, le cas de nullité ne pourra être invoqué.

Il n'est pas nécessaire que le témoin lève la main en disant : Je le jure.

Le président leur demandera ensuite leurs nom, prénoms, âge, profession, domicile; s'ils connaissaient l'accusé avant le fait pour lequel il est traduit en jugement; s'ils sont parents ou alliés de l'accusé, et à quel degré; s'ils ne sont pas attachés au service l'un de l'autre.

Cela fait, les témoins déposeront oralement.

Des questions peuvent être faites aux témoins par les juges, le commissaire du gouvernement, la défense ou l'accusé, avec l'autorisation du président.

Le commissaire du gouvernement développe ensuite les moyens de l'accusation, et fait son réquisitoire.

Le défenseur et l'accusé sont entendus dans leurs moyens de défense.

Le commissaire du gouvernement réplique, s'il y a lieu; mais l'accusé et son défenseur ont toujours la parole les derniers.

Le président demande ensuite à l'accusé s'il n'a rien à ajouter à sa défense, et déclare les débats terminés.

Il ordonne de faire retirer l'accusé.

Les juges se rendent dans la salle des délibérations.

Les juges ne peuvent plus communiquer avec personne, ni se séparer avant que le jugement ait été rendu.

Toutes les pièces de la procédure sont mises sous les yeux du conseil; mais il n'est fait aucun résumé de l'affaire par le président.

Le président pose les questions et recueille les voix, en commençant par le grade inférieur et en émettant son opinion le dernier.

La culpabilité ne peut être établie qu'à la majorité de cinq voix.

S'il n'y a que quatre voix pour la culpabilité, l'accusé ne peut être condamné; il est alors acquitté à la minorité de faveur.

Si l'accusé est déclaré coupable, le conseil délibère sur l'application de la peine, qui ne peut être prononcée qu'à la majorité de cinq voix.

Si aucune peine ne réunit cette majorité, la peine la plus faible est alors appliquée.

Lorsque la loi autorise l'admission de circonstances atténuantes, le président pose la question; mais le jugement ne doit en faire mention qu'autant que la majorité l'a résolue en faveur de l'accusé, et alors le jugement le constate.

Lorsque plusieurs accusés sont impliqués dans la même affaire, il est posé autant de questions, et pour chaque fait, qu'il y a d'accusés. — Il est ensuite délibéré pour l'application de la peine sur chaque accusé individuellement.

En cas de conviction de plusieurs crimes ou délits, la peine la plus forte est seule prononcée.

Les délibérations closes, le conseil rentre en séance

publique, et le président donne lecture des motifs et du dispositif du jugement.

Si l'accusé n'est pas reconnu coupable, le conseil prononce son acquittement, et le président ordonne qu'il soit mis en liberté, s'il n'est retenu pour autre cause.

Si le fait commis par l'accusé ne donne lieu à l'application d'aucune peine, le conseil le déclare absous, et le président ordonne qu'il sera mis en liberté à l'expiration du délai pour le recours en révision.

Si le condamné est décoré de la Légion d'honneur ou de la médaille militaire, dans les cas prévus par la loi, le jugement le déclare déchu de ses droits.

Conseils de révision.

Il y a huit conseils de révision, dont trois pour l'Algérie.

Les conseils de révision prononcent sur les recours formés contre les jugements des conseils du guerre établis dans leurs ressorts.

Ils ne connaissent pas du fond des affaires et ne peuvent annuler les jugements que dans les cas suivants :

1° Si le conseil n'a pas été composé conformément à la loi ;

2° Si les règles de la compétence n'ont pas été observées;

3° Si la peine appliquée ne se rapporte pas aux faits déclarés constants, ou s'il y a peine prononcée en dehors des cas prévus par la loi ;

4° S'il y a eu omission ou violation des formes prescrites à peine de nullité ;

5° Lorsque le conseil a omis de statuer sur une demande de l'accusé ou du commissaire du gouvernement, tendant à l'usage d'un droit.

Compétence en cas de complicité.

Lorsque la poursuite d'un crime, d'un délit ou d'une contravention comprend des individus non justiciables des conseils de guerre et des militaires ou assimilés, tous les prévenus, indistinctement, sont introduits devant les tribunaux ordinaires, sauf les exceptions ci-après.

1° Lorsqu'ils sont tous militaires ou assimilés, quand bien même un ou plusieurs d'entre eux, en raison de leur position au moment du crime ou du délit, ne seraient pas justiciables des conseils;

2° Lorsque les complices sont des étrangers;

3° Si les crimes ou délits ont été commis aux armées en pays étrangers, ou, sur le territoire français, en présence de l'ennemi.

Si les crimes ou délits ont été commis par des complices marins ou assimilés, la connaissance en est attribuée aux tribunaux maritimes, si le fait a été commis sur les navires de l'État, ou dans l'enceinte des ports, arsenaux et autres établissements maritimes.

Pourvois devant la cour de cassation.

Le Code de justice militaire interdit les pourvois contre les jugements des conseils de guerre et de révision :

1° Aux individus que la loi a formellement déclarés justiciables de ces tribunaux;

2° A ceux qui, sur le territoire ennemi, sont auteurs

ou complices de crimes prévus par le Code de justice militaire;

3° A ceux qui, en France, mais en présence de l'ennemi, sont étrangers ou prévenus de faits intéressant la sûreté de l'armée.

Dans ces divers cas, le jugement est exécutoire dans les vingt-quatre heures, à partir de l'expiration du délai fixé pour le recours en révision, ou de la réception de la décision qui a rejeté le recours.

Mais le Code maintient la faculté de se pourvoir en cassation à tous les citoyens français, non militaires, traduits devant les conseils, en la réduisant seulement au cas d'incompétence. Dès que la compétence de la juridiction est reconnue, tout ce qui touche à la procédure et à l'application des lois ne saurait relever que du conseil de révision.

Les pourvois en cassation peuvent être faits, dans tous les cas, lorsque des faits notoires connus déterminent une violation des lois; mais les pourvois ne sont introduits que par le ministre de la justice, sur la dénonciation qui lui en est faite par le ministre de la guerre.

Exécution du jugement.

S'il n'y a pas eu recours en révision et si le pourvoi en cassation est interdit au condamné, le jugement est exécutoire dans les vingt-quatre heures après l'expiration du délai de recours.

S'il y a recours, il est sursis à l'exécution.

Si le recours en révision est rejeté, le jugement est exécutoire dans les vingt-quatre heures après la réception de la décision qui a rejeté le pourvoi.

Dans les cas prévus, si la voie du pourvoi en cassation est ouverte, le condamné doit le former dans les trois jours qui suivent la notification de la décision du conseil de révision, et s'il n'y a pas eu recours, à l'expiration du délai accordé pour l'exercer.

Le pourvoi en cassation est reçu par le greffier du conseil ou par le directeur de la prison.

S'il n'y a pas eu pourvoi, le jugement est exécutoire dans les vingt-quatre heures qui suivent l'expiration du délai accordé pour l'exercer et, s'il y a eu pourvoi, dans les vingt-quatre heures qui suivent la réception de l'arrêt qui l'a rejeté.

Le commissaire du gouvernement rend compte au général de ces diverses situations, et requiert l'exécution du jugement, lorsqu'il y a lieu.

Les jugements sont exécutés sur l'ordre du général commandant la division, à la diligence du commissaire du gouvernement, en présence du greffier qui dresse procès-verval, dont la mention est inscrite sur la minute du jugement et sur l'extrait qui doit suivre le condamné.

Procédure des conseils de guerre et de révision aux armées, dans les communes et départements en état de siége et dans les places de guerre.

La procédure des conseils dans les divisions en état de paix n'a été modifiée, en ce qui concerne les conseils aux armées, dans les départements, communes ou places en état de siége, qu'en ce qui touche certaines dispositions s'appliquant à des situations exceptionnelles.

Ainsi :

Lorsque un officier de police judiciaire doit pénétrer

dans un établissement, et qu'il ne se trouve pas sur les lieux d'autorité civile pour l'assister, il est passé outre et mention en est faite dans le procès-verbal.

L'ordre d'informer est donné, suivant les cas que nous avons indiqués dans la compétence, par le général en chef, le général commandant le corps ou la division, par le commandant de détachement, gouverneur ou commandant supérieur.

L'ordre de mise en jugement et de convocation est donné par l'autorité qui a ordonné l'information.

Mais une modification importante est celle produite par l'article 156 qui autorise à traduire, directement et sans instruction préalable, l'accusé devant le conseil.

Les généraux en chef dans leur commandement, les gouverneurs et commandants supérieurs dans les places en état de guerre ou de siége, ont les mêmes pouvoirs que le ministre, sauf cependant pour les faits de capitulation s'appliquant à des généraux.

Les conseils statuent, séance tenante, sur tous les crimes et délits commis à l'audience, alors même que les coupables ne seraient pas justiciables par eux.

Jugements par contumace et par défaut.

Lorsqu'un accusé d'un fait qualifié crime n'a pu être saisi, ou si, étant arrêté, il s'est évadé, le président du conseil rend une ordonnance, mise à l'ordre du jour de la place, indiquant le crime pour lequel l'accusé est poursuivi, et portant qu'il sera tenu de se présenter dans un délai de dix jours.

Si, à l'expiration du délai, l'accusé ne se présente pas, sur l'ordre du général commandant la division, il est procédé au jugement par contumace.

Les rapports, procès-verbaux, dispositions des témoins et les autres pièces de l'instruction sont lus en entier à l'audience; nul défenseur ne peut se présenter pour l'accusé.

Le commissaire du gouvernement fait ses réquisitions, et le jugement est rendu dans la forme ordinaire, mis à l'ordre de la place, affiché à la porte du conseil et à la mairie du domicile de l'accusé.

Le greffier et le maire dressent procès-verbal de cet affichage, et ces formalités tiennent lieu de l'exécution par effigie.

Le commissaire du gouvernement seul peut se pourvoir en révision.

Lorsqu'il s'agit d'un fait qualifié délit par la loi, si l'accusé n'est pas présent, il est jugé par défaut.

Le jugement rendu dans la forme ordinaire est mis à l'ordre de la place, affiché à la porte du conseil et signifié à l'accusé ou à son domicile.

Dans les cinq jours de la signification, outre un jour par myriamètre, l'accusé peut former opposition.

Ce délai expiré, le jugement devient définitif et est réputé contradictoire.

TABLE DES MATIÈRES

CONTENUES DANS CE MANUEL.

Service des places.

Des honneurs et préséances.

Service en campagne.

Administration.

Lecture des cartes topographiques.

Connaissance du cheval.

Fortification.

SUPPLÉMENT.

Service intérieur.

Service dans les places de guerre.

Service en campagne.

Artillerie.

Topographie.

Administration et législation.

STATUTS

DE LA

RÉUNION DES OFFICIERS

DE TERRE ET DE MER.

(Ces statuts résultent d'une révision des statuts primitifs, faite conformément aux prescriptions de l'art. 20 de ces statuts.)

Constitution et but de la Réunion.

ARTICLE PREMIER. — La Réunion des Officiers de terre et de mer a pour objet d'établir un lien général entre tous les officiers français; elle résulte de l'initiative privée des officiers et a un caractère essentiellement facultatif.

Elle se propose :

1° De développer l'étude des questions militaires et d'en vulgariser l'application;

2° De produire et de publier le plus grand nombre possible de mémoires, de traductions, de notices historiques et techniques;

3° De favoriser les relations mutuelles des officiers;

4° De contribuer, en ce qui dépendra d'elle, à la création de bibliothèques et de cercles militaires dans toutes les garnisons;

5° D'établir des relations entre ces différents centres;

6° De publier un Bulletin hebdomadaire;

7° De faire et d'encourager des entretiens militaires;

8° En un mot, de favoriser le développement de l'étude et de l'activité parmi les officiers, sous toutes les formes et par tous les moyens possibles.

La réunion des Officiers se place sous le patronage du chef de l'État et des ministres de la guerre et de la marine.

Admissions.

ART. 2. — Seront membres de la Réunion, à la charge de verser annuellement la cotisation fixée à l'art. 9, et aussitôt après avoir donné leurs noms, grades et adresses :

1° Tous les officiers, fonctionnaires et employés assimilés, français, des armées de terre et de mer, en activité de service ;

2° Tous les officiers en retraite qui adhéreront aux statuts ;

3° Les officiers démissionnaires présentés par deux officiers de l'arme ou du corps duquel ils sortent.

Aucune autre condition n'est exigée.

Droits des officiers de la Réunion.

ART. 3. — Les officiers de la Réunion reçoivent le Bulletin, jouissent des journaux et des livres de la bibliothèque, des instruments, modèles, etc.

Leurs mémoires sont imprimés gratuitement toutes les fois que cela est possible, soit au Bulletin, soit ailleurs, au moyen des avantages que la Réunion peut faire aux libraires.

Ils prennent part aux élections du Bureau.

Présidence.

ART. 4. — La présidence d'honneur est dévolue aux chefs d'état-major des ministres de la guerre et de la marine.

Bureau.

ART. 5. — L'expédition des affaires de la Réunion se fait par les soins d'un Bureau élu par l'ensemble des officiers.

Le Bureau est responsable de tous les actes de la Réunion.

Le Bureau se choisit un Président et fait lui-même son règlement intérieur.

Il se compose d'officiers de toutes armes dans les proportions suivantes :

État-Major, 3 ; Infanterie, 8 ; Cavalerie, 4 ; Artillerie, 4 ; Génie, 4 ; Intendance et service de santé, 4 ; Marine, 4 ; autres corps, 4.

Les élections du Bureau ont lieu le 1er juin et le 1er décembre de chaque année pour le semestre suivant.

Les conditions d'éligibilité sont :

Être en activité de service et résider à Paris ou aux environs.

Le Bureau a la faculté de s'adjoindre, pour l'aider dans ses travaux, un nombre indéterminé d'officiers, choisis soit parmi ceux en activité de service, soit parmi ceux en retraite, soit parmi les démissionnaires.

Bibliothèque.

Art. 6. — La bibliothèque est ouverte de 10 heures du matin à 10 heures du soir. Elle contiendra, outre les livres, instruments, modèles, cartes, etc., les journaux et revues obtenus par échange avec le Bulletin ou autrement.

Son organisation sera analogue à celle indiquée par le règlement du 1er juin 1872, sur les bibliothèques de garnison.

Elle servira aux entretiens et lectures.

Elle sera sous la surveillance du Bureau.

Entretiens.

Art. 7. — La Réunion fera, au moins une fois par semaine, sauf en été, des entretiens où les officiers viendront exposer leurs idées et le résultat de leurs études.

Ces entretiens présenteront de préférence un caractère technique et pratique.

Ils seront, autant que possible, publiés soit par le Bulletin, soit autrement.

Tous les officiers sont invités à assister aux entretiens et à y prendre part.

Bulletin.

Art. 8. — Le Bulletin étant surtout destiné à multiplier les relations entre les officiers, à leur servir de lien, à leur fournir des renseignements, à s'ouvrir à tous pour l'expression de toutes les idées, paraîtra au moins une fois par semaine. Il recevra tout le développement que les ressources pécuniaires permettront de lui donner.

Les officiers qui ne feront pas encore partie de la Réunion seront invités à lui envoyer leurs travaux, qui pourront aussi être insérés.

Cotisations.

Art. 9. — Les cotisations ont pour but :

1° De subvenir aux frais généraux, entretien des salles, bibliothèque; gérance, etc.;

2° De couvrir les frais d'impression et de poste du Bulletin, des circulaires, etc.

Dans le cas où les recettes seraient en excédant à la fin de l'année, elles serviraient à la formation d'un fonds de réserve.

Les dons en argent qui pourraient être faits à la Réunion, passeraient au fonds de réserve.

Les cotisations sont annuelles et ouvrent les droits à partir du jour où elles sont payées.

Le prix de la cotisation est fixé à 15 francs.

La cotisation annuelle peut être rachetée au prix de 150 fr. une fois payés.

Administration.

Art. 10. — La Réunion possédant un matériel en meubles, instruments, livres, et pouvant être appelée à en avoir un plus considérable, ayant en outre la propriété du Bulletin, se choisit un gérant civil et le nombre nécessaire d'employés pour la garde et l'entretien des salles, l'expédition du journal, la comptabilité, etc.

L'administration est surveillée par le Bureau.

Le gérant de la Réunion est aux ordres du Président du Bureau, qui se rend directement responsable.

Dispositions générales.

Art. 11. — Il ne peut être introduit à la Réunion de consommations d'aucune sorte.

Tout litige est réglé par le Bureau.

Toute demande de modification aux Statuts sera soumise par le Bureau aux ministres de la guerre et de la marine, par l'intermédiaire des Présidents honoraires.

Le Bulletin, comme propriété littéraire et matérielle, appartient exclusivement aux officiers.

1er juillet 1872.

Vu et approuvé :

Le Ministre de la guerre,
Gal DE CISSEY.

Le Ministre de la marine,
Al POTHUAU.

Paris. — Typ. de Firmin Didot frères, fils et Cie, rue Jacob, 56.

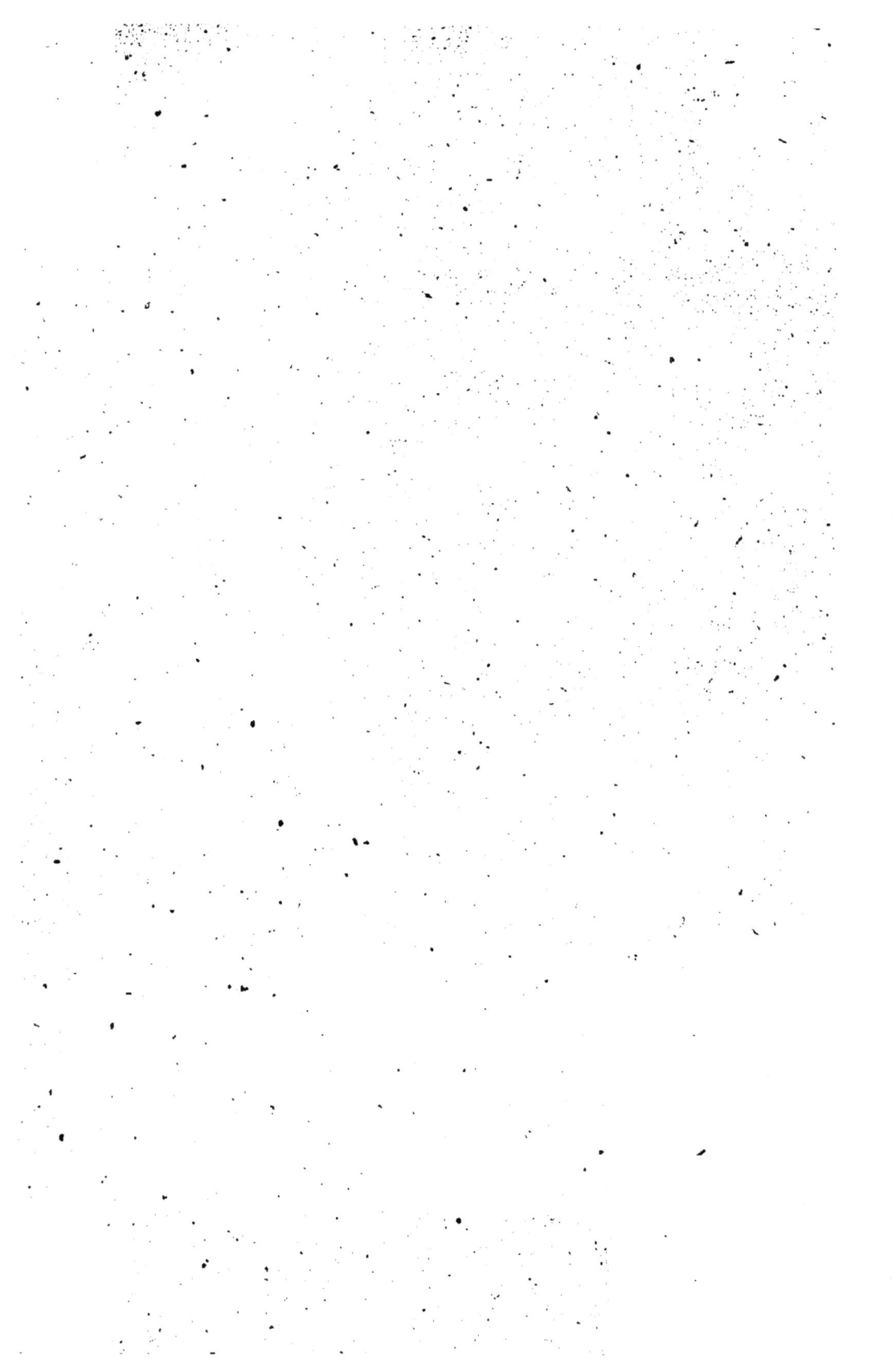

Paris. — Typographie de Firmin Didot frères, fils et Cie, rue Jacob, 56.